CRIANÇAS E ADOLESCENTES
Uma abordagem multidisciplinar

CRIANÇAS E ADOLESCENTES
Uma abordagem multidisciplinar

Editado por

António Castro Fonseca

CRIANÇAS E ADOLESCENTES

AUTOR
ANTÓNIO CASTRO FONSECA

EDITOR
EDIÇÕES ALMEDINA, SA
Av. Fernão Magalhães, n.º 584, 5.º Andar
3000-174 Coimbra
Tel.: 239 851 904
Fax: 239 851 901
www.almedina.net
editora@almedina.net

IMPRESSÃO | ACABAMENTO
G.C. – GRÁFICA DE COIMBRA, LDA.
Palheira – Assafarge
3001-453 Coimbra
producao@graficadecoimbra.pt

Julho, 2010

DEPÓSITO LEGAL
313379/10

Os dados e as opiniões inseridos na presente publicação
são da exclusiva responsabilidade do(s) seu(s) autor(es).

Toda a reprodução desta obra, por fotocópia ou outro qualquer
processo, sem prévia autorização escrita do Editor, é ilícita
e passível de procedimento judicial contra o infractor.

Biblioteca Nacional de Portugal – Catalogação na Publicação

CRIANÇAS E ADOLESCENTES

Crianças e adolescentes / ed. António Castro
Fonseca. – (Psicologia)
ISBN 978-972-40-4296-1

I – FONSECA, António Castro

CDU   159.922

À memória de
> Álvaro Miranda Santos
> e
> Maria da Conceição Taborda Simões

meus colegas da Faculdade de Psicologia e de Ciências da Educação da Universidade de Coimbra que, recentemente, nos deixaram.

António Castro Fonseca

Índice

Lista de participantes ix
Introdução 1

Secção I: Tendências actuais no estudo do desenvolvimento humano

1. O desenvolvimento humano e seus desvios 11
   Jerome Kagan
2. Significados múltiplos de uma perspectiva desenvolvimentista
   da psicopatologia 27
   Michael Rutter
3. O desenvolvimento positivo da juventude: perspectivas teóricas
   contemporâneas 69
   Richard M. Lerner, Mona M. Abo-Zena, Michelle J. Boyd, Kristen Fay, Sonia Issac, Megan K. Kiely, Christopher M. Napolitano & Kristina L. Schmid
4. A adultez emergente na Europa: um novo (e mais longo)
   caminho para a vida adulta 91
   Jensen Arnett
5. Metodologias em psicologia do desenvolvimento — Breve
   introdução aos estudos longitudinais... 109
   António Simões & António Castro Fonseca

Secção II: Representações da infância e da adolescência

6. A criança na Grécia antiga: concepções, normas e representações ... 137
   Luísa de Nazaré Ferreira
7. As representações da criança — da a Idade Média aos tempos
   modernos 173
   Collin Heywood

8. Representações sociais da adolescência 197
    Ângela Almeida & Isabel Miguel
9. Os *media* e a identidade adolescente 223
    Michael Morgan

Secção III: Grandes questões do desenvolvimento na adolescência

10. Desenvolvimento do cérebro na adolescência 245
    Tomáš Paus
11. O desenvolvimento cognitivo durante a adolescência 287
    Henri Lehalle
12. O desenvolvimento do controlo cognitivo e o cérebro adolescente ... 331
    Beatriz Luna
13. Juízo moral e motivação moral: seus desenvolvimentos
    na adolescência 371
    Gertrude Nunner-Winkler
14. Tomada de decisão na adolescência: do conflito à prudência 419
    Miguel Oliveira & Lúcia Pais
15. Desenvolvimento da memória autobiográfica 477
    Maria Salomé Pinho

Secção IV: Riscos e desafios na infância e na adolescência

16. Problemas de ansiedade em crianças e adolescentes 501
    António Castro Fonseca
17. Prevenção e tratamento das perturbações de consumo de droga
    na adolescência 541
    Ana M. Abrantes
18. Os adolescentes perante a Lei 595
    **Kaitlyn McLachlan, Nathalie Gagnon,
    Sarah Mordell & Ronald Roesch**

Lista de Participantes

ANA M. ABRANTES
 Universidade Brown – EUA

ÂNGELA ALMEIDA
 Universidade Federal de Brasília – Brasil

JENSEN ARNETT
 Universidade Clark – EUA

MICHELLE J. BOYD
 Universidade Tufts – EUA

LUÍSA NAZARÉ FERREIRA
 Universidade de Coimbra – Portugal

KRISTEN FAY
 Universidade Tufts – EUA

ANTÓNIO CASTRO FONSECA
 Universidade de Coimbra – Portugal

NATHALIE GAGNON
 Universidade Simon Fraser – Canadá

COLLIN HEYWOOD
 Universidade de Nothingham – Grã-Bretanha

SONIA ISSAC
 Universidade Tufts – EUA

JEROME KAGAN
 Universidade de Harvard – EUA

MEGAN K. KIELY
 Universidade Tufts – EUA

HENRY LEHALLE
 Universidade de Montpellier – França

RICHARD M. LERNER
 Universidade Tufts – EUA

CHRISTOPHER M. NAPOLITANO
Universidade Tufts – EUA

BEATRIZ LUNA
Universidade de Pitsburgo – EUA

MIGUEL OLIVEIRA
Universidade de Coimbra – Portugal

KAITLYN MCLACHLAN
Universidade Simon Fraser – Canadá

ISABEL MIGUEL
Universidade de Coimbra – Portugal

SARAH MORDELL
Universidade Simon Fraser – Canadá

MICHAEL MORGAN
Universidade de Massachusetts - Amherst – EUA

LÚCIA PAIS
Instituto Superior de Ciências Policiais – Lisboa / Portugal

TOMÁŠ PAUS
Universidade de Nothingham – GB e *Universidade de McGill* – Canadá

MARIA SALOMÉ PINHO
Universidade de Coimbra – Portugal

RONALD ROESCH
Universidade Simon Fraser – Canadá

MICHAEL RUTTER
King's College - Universidade de Londres – Grã-Bretanha

KRISTINA L. SCHMID
Universidade Tufts – EUA

ANTÓNIO SIMÕES
Universidade de Coimbra – Portugal

GERTRUDE NUNNER-WINKLER
Universidade de Leipzig – Alemanha

MONA M. ABO-ZENA
Universidade Tufts – EUA

Agradecimentos

Este livro é o resultado do esforço conjunto de várias pessoas, entre as quais se incluem não só os autores e tradutores dos diversos capítulos, mas também os colaboradores anónimos que, de maneira discreta mas eficaz, asseguraram a realização das inúmeras tarefas técnicas ou burocráticas indispensáveis à preparação de uma obra destas dimensões.

Igualmente determinante na preparação deste volume foi o apoio do Centro de Psicopedagogia da Universidade de Coimbra, designadamente através do projecto de investigação PTDC/PSI-PED/104849/2008.

Aqui lhes deixamos os nossos agradecimentos.

A. C. F.

Introdução

António C. Fonseca

Os temas da infância e da adolescência são actualmente muito populares em psicologia e disciplinas afins. O número de publicações que anualmente sobre eles aparece é deveras impressionante e não pára de crescer, incluindo enciclopédias, livros, monografias ou revistas especializadas na problemática dos jovens bem como diversos textos publicados em obras de cariz mais generalista. Alguns desses trabalhos têm mesmo gozado de considerável sucesso editorial, em vários países, contribuindo para uma maior tomada de consciência geral do efeito (positivo ou negativo) que sobre o desenvolvimento humano podem exercer variáveis tão diversas como a herança genética, as experiências dos primeiros anos de vida, as competências educativas dos pais ou outros factores sociais e culturais. Em consequência, os nossos conhecimentos sobre a infância e sobre a adolescência são, hoje em dia, muito mais vastos do que poderia imaginar-se há alguns anos.

Porém, a maioria das publicações encontra-se em inglês (*v. g.*, Arnett, 2006; Damon & Lerner, 2006; Cicchetti & Cohen, 2006; Lerner & Steinberg, 2009; Rutter *et al.*, 2008) ou em francês (*v. g.*, Lautrey, 2006) e a sua leitura requer, frequentemente, conhecimentos bastante especializados, nem sempre acessíveis ao público em geral. É o que acontece, por exemplo, com trabalhos recentes sobre o desenvolvimento da memória autobiográfica (*v. g.*, Markowitsch & Welzer, 2010), sobre as mudanças endocrinológicas da puberdade (Susman, 2008), sobre novas técnicas e estratégias estatísticas (Loeber & Farrington, 2008; McCord, 2000; Singer & Willett, 2003) ou sobre a maturação do cérebro e suas implicações para o desenvolvimento cognitivo e social do indivíduo (Kagan, 2005; Stiles, 2008). Acresce, ainda, que os investigadores empenhados no estudo destes períodos do desenvolvimento têm, até agora, feito pouco esforço para comparar e integrar diferentes perspectivas e contributos. Assiste-se, assim, a uma fragmentação dos saberes sobre o mundo da criança e do adolescente, por vezes dentro de uma mesma disciplina. Além disso, em muitos desses trabalhos, a infância e a adolescência são abordadas separadamente, como se de duas fases completamente independentes da vida se tratasse, sem se prestar a devida atenção às continuidades e descontinuidades que entre elas existem.

O objectivo deste livro é fornecer ao público de língua portuguesa, num único volume, uma amostra representativa, se bem que restrita, dos grandes avanços, teóricos e metodológicos, que nesta área de estudo, nos últimos anos, se têm registado. Para tal contactaram-se diversos investigadores nacionais e estrangeiros, alguns dos quais têm dedicado toda a sua carreira ao estudo da infância e da adolescência, pedindo-se-lhes um capítulo sobre um tópico da sua especialidade. Embora a maioria desses textos aborde temas tradicionais da psicologia do desenvolvimento, várias outras disciplinas estão também aqui representadas (*v. g.*, história, sociologia, neurociências, ciências da comunicação, criminologia, biologia). Pretende-se, deste modo, traçar um quadro que reflicta bem a perspectiva transdisciplinar que, nas últimas décadas, tem caracterizado muitos dos trabalhos de investigação e de intervenção neste domínio. De facto, é cada vez mais evidente que o estudo e a explicação do processo de desenvolvimento do indivíduo não podem limitar-se apenas à psicologia.

Uma outra característica bem saliente deste volume é a sua ênfase na adolescência. Duas razões principais levaram a fazer essa opção. A primeira é que essa fase da vida foi durante muito tempo relativamente descurada pela investigação científica e, em particular, pela psicologia que, comparativamente, tem devotado mais atenção às questões da infância ou do adulto. A segunda é que a sua definição e a sua caracterização têm sofrido grandes transformações nas últimas décadas, pelo menos no mundo ocidental industrializado (Duba, Miller & Pettersen, 2003). Considerada, no passado, como uma fase de curta duração, a adolescência aparece, nos nossos dias, como um período do desenvolvimento que se estende bem para lá da segunda década de vida (Furstenberg, 2000; Koots & Lukerman, 2003). Isso tem levado à formulação de novas questões de investigação e à abertura de novas áreas de intervenção. No entanto, apesar desta autonomização progressiva da adolescência em relação à infância, nem sempre é possível estabelecer entre elas fronteiras claras e seguras. Aliás, as crianças e os adolescentes são, muitas vezes, considerados como um único grupo (*os menores*) que é contraposto ao grupo dos adultos. É o que sucede, por exemplo, nos domínios da justiça, com os tribunais de menores e, no domínio da saúde, com os hospitais pediátricos. É também, até certo ponto, o que acontece no mundo da educação, com a escolaridade obrigatória cada vez mais prolongada. Por tudo isso, a infância e a adolescência serão aqui abordadas num mesmo volume.

As questões que em relação a cada uma dessas idades se colocam, ao longo dos dezoito capítulos deste livro, são muito diversas: metodologia, processos básicos, autocontrolo e vários outros temas relacionados com o desenvolvimento normal ou anormal dos jovens. O livro cobre, assim, uma grande diversidade de temas teóricos e práticos, abordados sob perspectivas muito diferentes ou complementares por autores provenientes de várias disciplinas e de vários países. Para facilitar a sua leitura, os diversos capítulos foram organizados em quatro secções principais, exclusivamente com base na semelhança ou proximidade dos seus conteúdos.

Estrutura do livro

A *primeira secção* fornece um quadro bastante expressivo da renovação conceptual, teórica e metodológica a que, nas últimas décadas, se tem assistido em psicologia do desenvolvimento normal ou desviante. Assim, o capítulo 1 apresenta uma breve descrição das características das diversas fases da vida da criança. Particular atenção é prestada aos efeitos da interacção das bases biológicas (*v. g.*, temperamento) e do meio, designadamente o contexto cultural, no processo de desenvolvimento da criança. Embora a ênfase seja colocada no desenvolvimento normal, encontram-se aí, também, diversas referências aos problemas mais comuns nessa fase de vida, os quais são, muitas vezes, bem diferentes dos que são abordados na psicopatologia dos adultos. Essa ideia é, aliás, retomada no capítulo 2, onde se analisam os grandes contributos da psicopatologia do desenvolvimento para uma melhor compreensão da infância e adolescência, salientando-se a necessidade de uma renovação teórica e metodológica mais apropriada às características específicas dos mais novos. Alguns desses conceitos (*v. g.*, períodos sensíveis, resiliência, interacção da hereditariedade e do meio) e alguns dessas inovações técnicas (*v. g.*, estudos longitudinais, estudos de genética do comportamento, experimentação natural) são aí discutidas em profundidade. Por sua vez, no capítulo 3, apresenta-se, o modelo do "desenvolvimento positivo dos jovens", pondo-se em evidência as suas possíveis implicações para futuros trabalhos de investigação, bem como programas de intervenção destinados a promover o desenvolvimento e o bem estar dos jovens. Ao invés dos modelos tradicionais do desenvolvimento que, desde os tempos de S. Hall (1904), consideravam a adolescência como uma idade marcada por tensões e conflitos intensos, esta nova abordagem coloca a ênfase na promoção do desenvolvimento dos jovens em todas as áreas e considera a adolescência, antes de mais, como um período durante o qual se abrem ao indivíduo múltiplas possibilidades de realização. No capítulo 4, analisa-se o conceito de *adultez emergente* e apresentam-se dados relativos à sua caracterização em diversos países da Europa. Os resultados desse estudo fornecem um bom argumento a favor da validade transcultural desse novo *estádio* do desenvolvimento introduzido para caracterizar o mundo dos indivíduos que se situam entre a adolescência e a entrada plena na idade adulta. Por fim, no capítulo 5 faz-se uma breve introdução à metodologia longitudinal, salientando-se a sua superioridade em relação aos métodos transversais no estudo do desenvolvimento humano. Mas, ao mesmo tempo, apontam-se-lhe algumas limitações e descrevem-se os esforços mais recentemente levados a cabo para as ultrapassar.

Na *segunda secção*, analisam-se as representações da infância e da adolescência em várias disciplinas e/ou em vários períodos da história. Entre os temas aí abordados incluem-se as representações da criança na Antiguidade Clássica, designadamente em Atenas (capítulo 6) e no período que vai da Idade Média até ao século vinte, na Europa Ocidental (capítulo 7). Ainda nesta secção, foram também incluídos um capítulo sobre as representações da adolescência na psicologia social, baseado sobretudo em investigações brasileiras contemporâneas (capítulo 8) e outro sobre a influência que, em nossos dias, os *media* (designadamente a *Internet* e as novas gerações de telemóveis) podem ter na formação da identidade pessoal dos adolescentes (capítulo 9). Estes temas raramente são contemplados nos manuais de psicologia da criança ou do adolescente, mesmo quando se trata de obras especializadas. No entanto, o seu estudo reveste-se de grande importância, na medida em que pode ajudar a melhor perceber como numerosas variáveis de ordem social ou cultural influenciam a maneira como os conceitos de infância e de adolescência se vão construindo, diferenciando e utilizando em sucessivos momentos da história ou em diferentes sociedades e contextos. Visto sob esta perspectiva, o desenvolvimento humano não pode ser entendido como um processo simplesmente natural que, inexoravelmente, segue um determinado curso, mas antes como uma história que pode ir em várias direcções, em função da confluência de múltiplos factores individuais, sociais e culturais.

A *terceira secção*, de longe a mais extensa e completa, trata de vários temas específicos da psicologia do desenvolvimento contemporânea, salientando-se os avanços mais recentemente nela observados. Os seus seis capítulos incidem sobre diversos aspectos do desenvolvimento do cérebro, com especial destaque para as estratégias metodológicas e as técnicas de investigação mais modernas (capítulo 10), sobre as tendências actuais no desenvolvimento cognitivo numa perspectiva neo-piagetiana (capítulo 11), sobre as bases biológicas e sociais do autocontrolo durante a adolescência (capítulo 12) e sobre as tendências actuais no estudo do desenvolvimento do juízo moral dos jovens, numa perspectiva pós--Kohlbergiana (capítulo 13). Desta secção fazem parte igualmente um capítulo relativo a novas ideias sobre tomada de decisão na adolescência e suas implicações para as políticas sociais e da justiça (capítulo 14), bem como uma revisão da literatura sobre memória autobiográfica e sua relevância para a formação do conceito de si próprio em crianças e adolescentes (capítulo 15). Apesar da sua diversidade, estes capítulos apresentam também características comuns, típicas da psicologia e da psicopatologia do desenvolvimento contemporâneas, a saber: a ênfase crescente colocada nas variáveis de natureza biológica; o reconhecimento do papel da interacção hereditariedade e meio; e a tendência para reexaminar e, por vezes, modificar as ideias centrais dos modelos tradicionais de psicologia do desenvolvimento (*v. g.*, os modelos de Piaget ou de Kohlberg), à luz dos novos dados da investigação que apontam para modelos e processos mais complexos. Qualquer destes temas tem originado muita investigação e, não raramente, intenso debate científico ou mesmo alguma controvérsia.

Por fim, na *quarta e última secção* deste livro, analisam-se alguns dos problemas ou perturbações do desenvolvimento mais comuns e típicos da infância e da adolescência. Apesar do seu número reduzido, estes capítulos ilustram bem as novas possibilidades (e os novos desafios) criados pela aplicação dos conhecimentos produzidos em psicologia do desenvolvimento ao domínio da saúde, da educação ou das questões sociais e da justiça. Concretamente, entre os temas aí abordados, encontram-se as perturbações de ansiedade em crianças e adolescentes (capítulo 16), os transtornos de consumo de drogas, com particular destaque para os programas de tratamento e prevenção (capítulo 17), bem como diversas questões de psicologia forense suscitadas pelo comportamento anti-social e a delinquência dos adolescentes (capítulo 18). Durante muito tempo, no estudo destes problemas, utilizavam-se quadros teóricos, instrumentos e estratégias de intervenção originalmente desenvolvidas para a população adulta. Porém, à luz dos novos conhecimentos da psicologia e da psicopatologia do desenvolvimento, essa prática tem-se revelado inadequada. Na verdade, ao longo dos últimos anos, têm-se vindo a acumular provas de que as crianças e os adolescentes não são simplesmente adultos em miniatura. Pelo contrário, eles apresentam características, necessidades e problemas muito específicos. Consequentemente, pode acontecer que o que é anormal para os adultos não o seja necessariamente para as crianças e, do mesmo modo, os métodos de avaliação psicológica ou de intervenção que são adequados para os primeiros podem não o ser para os segundos.

Concluindo, este livro fornece uma boa ilustração das tendências contemporâneas no estudo da infância e da adolescência, com particular destaque para os contributos da psicologia do desenvolvimento. Ao longo dos seus vários capítulos procurou-se sempre utilizar uma linguagem simples e clara, mesmo quando se abordam temas novos e complexos, de maneira a tornar os seus conteúdos acessíveis a uma grande diversidade de leitores, sem, todavia, nunca se descurar o rigor científico na análise dos temas aí apresentados. Neste sentido, o presente volume contrasta nitidamente com várias publicações recentes, algumas delas muito populares, que abordam os mesmos temas de maneira bastante ligeira, parcial, insuficientemente documentada ou, por vezes, até enviesada.

Espera-se, assim, contribuir para que os pais, os profissionais da infância e da adolescência, bem como os decisores políticos disponham de material variado, actual e cientificamente bem fundamentado, de maneira a mais eficazmente responder às necessidade e anseios dos jovens e a melhor promover o seu desenvolvimento saudável, neste início de século e de milénio. Quanto aos estudiosos interessados em aprofundar os seus conhecimentos sobre algum dos temas aqui abordados, esses encontrarão ao seu dispor uma bibliografia extensa e actualizada, no fim de cada capítulo, bem como diversas sugestões para futuros trabalhos nesse domínio.

Bibliografia

Arnett, J. J. (2007). *International Encyclopedia of Adolescence* (2 vols.). New York: Routledge/Taylor & Francis.

Cicchetti, D. & D. Cohen (Eds.). *Developmental Psychopathology* (2.ª ed., 3 vols.). Hoboken, NJ: Wiley.

Damon, W. & Lerner, R. M. (Eds.) (2006). *Handbook of Child Psychology* (6th ed., 4 vols). Hoboken, NJ: John Wiley & Sons.

Dubas, J. S., Miller, K. & Pettersen, A. C. (2003). The study of adolescence during the 20th century. *History of the Family, 8*, 375-397.

Furstenberg, F. F. (2000). The sociology of adolescence and youth in the 1990's: A critical commentary. *Journal of the Marriage and the Family, 62*(4), 896-910.

Hall, G. S. (1904). *Adolescence* (vols. I & II). New York: Appleton.

Kagan, J. & Hershkowitz, N. (2005). *The young mind in a growing brain*. Mahwah, NJ: Lawrence Erlbaum.

Koops, W. & Zuckerman, M. (2003). Introduction: A historical developmental approach to adolescence. *History of the Family, 8*, 345-354.

Lautrey, J. (2006). *Psychologie du développement et psychologie différentielle*. Paris: Presses Universitaires de France.

LeHalle, H. (2006). Histoire et évolution de la psychologie du développment. In J. Lautrey (Ed.), *Psychologie du développement et psychologie différentielle* (pp. 7-35). Paris: PUF.

Lerner, R. M. & Steinberg, L. (2009). *Handbook of Adolescent Psychology* (2 vols). Hoboken, NJ: Wiley.

Loeber, R. & Farrington, D. (2008). Advancing knowledge about causes in longitudinal studies: experimental and quasi-experimental methods. In A. M. Liberman (Ed.), *The long view of crime: A synthesis of longitudinal research* (pp. 257-279). New York: Springer.

Markowitsch, H. J. & Welzer, H. (2010). *The development of autobiographical memory* (trad. De D. Emmans). Hove: Psychology Press.

McCord, J. (Ed.) (2000). Longitudinal analysis (Special issue). *Journal of Quantitative Criminology, 16*(2).

Rutter, M., Bishop, D., Pine, D., Scott, S., Stevenson, S., Taylor, E. & Thapar, A. (Eds.) (2008). *Child and Adolescent Psychiatry* (5th ed.). London: Blackwell Publishing.

Singer, J. & Willett, J. B. (2003). *Applied longitudinal data analysis: Modeling Change and Event Occurence.* New York: Oxford University Press.

Stiles, J. (2008). *The fundamentals of brain development: integrating nature and nurture.* Boston: Harvard University Press.

Susman, E. & Dorn, L. D. (2009). Puberty: Its role in development. In R. M. Lerner & L. Steinberg Eds.), *Handbook of Adolescent Psychology* (vol.1, pp. 116-151). Hoboken, NJ: Wiley.

Trabalho efectuado no âmbito do Projecto PTDC/PSI-PED/104849/2008) do Centro de Psicopedagogia da Universidade de Coimbra.

Secção I

**TENDÊNCIAS ACTUAIS
NO ESTUDO DO DESENVOLVIMENTO HUMANO**

1

O desenvolvimento humano e seus desvios *

Jerome Kagan

Cada espécie animal dota os seus membros de genes que determinam o padrão fundamental da sua anatomia, fisiologia e repertório comportamental. Estes genes garantem que, num embrião saudável, pelo menos 98% dos recém-nascidos saudáveis terão quatro membros, dois olhos, corrente sanguínea e um cérebro que permitirá ao bebé ver, ter paladar, ouvir, cheirar e chuchar. Porém, não haverá dois bebés, nem mesmo dois gémeos monozigóticos, que sejam exactamente iguais em todos os aspectos devido a alterações nos genes durante o desenvolvimento, assim como a acontecimentos pré-natais, designadamente infecções maternas, stress, dietas, ou consumo excessivo de álcool ou drogas pela mãe. Os bebés desta última categoria estarão em risco de, mais tarde, apresentar perfis desviantes e alguma forma de psicopatologia. Neste capítulo traça-se, em termos gerais, um breve quadro do desenvolvimento normal, seguindo-se uma discussão sobre o desenvolvimento da psicopatologia.

O curso normal do desenvolvimento

O primeiro ano
Duas importantes transições ocorrem durante o primeiro ano de vida, respectivamente entre as 8 e as 12 semanas e entre os 7 e os 12 meses. A

---

* Tradução de Teresa S. Machado.

primeira transição — das 8 às 12 semanas — é caracterizada pelo desaparecimento dos reflexos inatos do recém-nascido, uma diminuição acentuada no choro, a emergência do ritmo circadiano [1] de 24h, melhorias na capacidade para reconhecer acontecimentos que ocorreram num passado imediato, e emergência do sorriso social. Quatro bebés que foram observados semanalmente, das 2 às 65 semanas, mostraram uma clara redução no choro espontâneo e um aumento no sorriso dirigido a adultos, entre as 10 e as 14 semanas de vida (de Weerth & van Geert, 2002). Antes das 12 semanas, a atenção do bebé é principalmente controlada pelas características físicas do acontecimento. Após as 12 semanas, a atenção passa a ser progressivamente controlada, em maior grau, pelo conhecimento adquirido pelo bebé, pois o bebé de 12 semanas pode relacionar o acontecimento que vê, ou ouve, com o seu esquema (entretanto) adquirido. A capacidade para relacionar a experiência perceptiva com o que (já) sabe é ainda muito frágil ao longo dos primeiros dois meses de vida. Esta fragilidade deve-se às conexões, ainda imaturas, entre o hipocampo e o córtex frontal, que direcciona e mantém a atenção dirigida a acontecimentos (Geva, Gardner & Karmel, 1999).

A transição dos 7 para os 12 meses é acompanhada de aperfeiçoamentos nas capacidades cognitivas que dependem do lobo frontal e suas conexões com outras zonas cerebrais. Três processos cognitivos inter-relacionados melhoram durante este período: (1) a capacidade para reconhecer que um dado acontecimento no seu campo perceptivo partilha, ou não, características do conhecimento que o bebé (entretanto) adquiriu; (2) a capacidade para recuperar uma representação de um evento que não está presente no campo perceptivo e, finalmente, (3) a capacidade para manipular representações do acontecimento em curso, conjugando-as com

---

[1] O *ritmo circadiano* — ou ciclo biológico — refere-se ao período de, aproximadamente, 24 horas, que regula os ritmos bioquímicos, fisiológicos e psicológicos dos seres vivos. Os ritmos cicardianos são endógenos mas capazes de sincronizar com ritmos ambientais, particularmente pela luz solar e especula-se que sejam também influenciados pelas marés e toda a dinâmica climática da Terra. O "relógio" que processa estes ritmos encontra-se, nos mamíferos, situado numa área cerebral — *núcleo supraquiasmático* — localizado no hipotálamo. Estes ritmos permitem ao organismo preparar-se (numa espécie de antecipação) para se "regular" de acordo com as alterações ambientais. A designação de *circadiano* deve-se a Franz Halberg, derivando do latim (*circa* = à volta de, e *diem* ou *dies* = dia; significando literalmente "à volta de um dia") (N. T.).

conhecimento recuperado de um acontecimento ocorrido num intervalo de tempo restrito (habitualmente inferior a 30 segundos). O primeiro processo é designado de *memória de reconhecimento;* o segundo de *memória de recuperação/evocação*; e o terceiro *memória de trabalho*. Os bebés podem agora resolver o "problema" piagetiano da permanência do objecto, mesmo quando existe um hiato entre o esconder o objecto e a oportunidade da criança o procurar. Muitos estudos independentes, sobre a memória de trabalho, mostraram um aumento linear — ao longo do primeiro ano de vida — no intervalo de tempo que a criança consegue tolerar entre o ver o objecto ser escondido e a oportunidade (conseguida) de o alcançar. Os bebés de 7 meses conseguem-no com um intervalo de 5 segundos, mas não mais; aos 12 meses, um intervalo de 12 segundos permite ainda o sucesso na tarefa (Kagan, 2006).

O aumento da memória de trabalho permite aos bebés experienciar incerteza quando se defrontam com um acontecimento inesperado ou discrepante. Se o bebé não consegue assimilar o acontecimento não-familiar àquilo que já conhece, não tendo nenhuma estratégia de *coping* (disponível), então, uma resposta designada de *medo à novidade* pode ocorrer. A maioria dos bebés mostra o seu primeiro *medo do estranho* entre os 7 e os 11 meses. A reacção universal de evitamento ou choro perante um estranho ocorre porque a face, corpo, e forma ou o movimento de aproximação do estranho é discrepante do esquema (construído) — pelo bebé de 7 meses — relativo aos seus cuidadores familiares. O bebé presta atenção ao estranho, mas recupera a informação (i. e., esquema construído) extraída das características dos adultos que conhece. Se o bebé não pode assimilar as características do estranho ao *esquema* que possui, então não pode controlar a situação e, compreensivelmente, poderá chorar; este fenómeno é designado de *ansiedade perante o estranho* [2].

---

[2] A manifestação do *medo do estranho* — como é habitualmente designado — é na verdade (e ao contrário da interpretação dos leigos que referem tal bebé como demasiado "tímido"), um sinal do desenvolvimento da incipiente *capacidade de representação* que permite ao bebé manter presente, na mente, a mãe (ou cuidador principal) quando esta se ausenta. Para que tal possa ocorrer foi necessário o convívio rotineiro com ela. Daí que longas separações, ocorridas até aos 6 meses de idade, façam com que tal não ocorra. Assim, em rigor, o que acontece não é tanto o medo do estranho (em si mesmo), mas a *ansiedade pela ausência* (traduzida pelo não reconhecimento) da figura de vinculação. É pois um sinal inequívoco de progressos cognitivos espantosos. Presentemente, dado mui-

Um choro perante o desaparecimento inesperado da figura cuidadora significativa — i. e., *ansiedade de separação* — ocorre na mesma altura, precisamente pelas mesmas razões. A partida inesperada da mãe, especialmente se tal ocorre num ambiente (*e. g.*, sala) não familiar, confronta a criança com uma discrepância de se ver sozinha num local desconhecido. Após a partida do cuidador, a criança recupera / evoca o esquema da sua presença (prévia) e relaciona-o com a percepção actual da sua ausência. Se a criança não consegue assimilar ou compreender que a mãe partiu, ficará assustada e poderá chorar. Mesmo em casa, a partida da mãe pode provocar mais choro se ela parte por uma saída não habitual (*e. g.*, porta da cave) do que quando sai pela passagem habitual (a familiar porta da frente). Observações de crianças de quatro culturas diferentes — Botswana, cidade de Antígua na Guatemala, um kibbutz em Israel e de uma aldeia Maia na Índia no nordeste da Guatemala — mostram que os primeiros choros perante a partida da mãe se verificam entre os 8 e os 15 meses. A semelhança na idade do início do aparecimento do medo de separação é notável, sobretudo se tivermos em conta as diferenças nas rotinas consoante as culturas. Por exemplo, os bebés dos kibbutz [3] vêem a mãe poucas horas por dia, enquanto que os bebés Botswana estão praticamente sempre junto das suas mães (Kagan & Herschkowitz, 2005).

Este período é também aquele em que os bebés começam a imitar espontaneamente outros adultos. É importante distinguir-se a imitação espontânea da imitação provocada. Na primeira, a criança recupera um esquema para um comportamento que ela viu no passado e implementa essa acção. Por exemplo, alguns bebés de um ano lidam com uma peça de

---

tos bebés serem tratados por vários cuidadores (*e. g.*, nas creches) esse fenómeno pode não manifestar-se com a mesma acuidade (N. T.).

[3] O *kibbutz* (plural *kibbutzim*) é uma *comunidade colectiva* criada em Israel no início do séc. XX — na altura, os kibbutzim eram essencialmente colónias agrícolas, onde todos trabalhavam para o mesmo propósito e, cada um segundo as suas possibilidades. Independentemente da vontade (utópica) da criação de uma sociedade justa e igualitária (não havia propriedade privada) o facto é que se tratou de uma questão de sobrevivência. Desde o seu estabelecimento até aos anos 1970, a maioria dos *kibbutzim* tinha um sistema de cuidados à infância em que as crianças passavam o dia e dormiam em "casas comuns". Os bebés referidos no texto foram criados neste sistema de guarda conjunta. Hoje a maioria dos *kibbutzim* estão privatizados e a agricultura foi suplantada por outras actividades económicas (N. T.).

roupa como se fosse uma manta ou cobertor pois a roupa tem características que pertencem ao seu esquema para a manta/cobertor. A imitação provocada ocorre quando um adulto executa uma dada acção e a criança imediatamente realiza uma versão dessa mesma acção.

O segundo ano

O segundo ano pode distinguir-se pelo aparecimento de quatro competências psicológicas que, embora diferentes à superfície, parecem depender de maturações semelhantes a nível cerebral. As quatro novas competências são: (1) a compreensão e expressão da linguagem; (2) a capacidade para inferir pensamentos e sentimentos de outra pessoa; (3) o conhecimento de que algumas acções são proibidas e uma incipiente compreensão dos conceitos de *certo* e *errado*; e, por fim, (4) o conhecimento consciente de alguns sentimentos e intenções próprias. O facto de todas estas capacidades emergirem entre os 12 e 24 meses implica que todas elas dependem do mesmo conjunto de processos biológicos (Kagan, 1998).

Duas hipóteses podem ajudar-nos a compreender por que estas competências emergem, na maioria das crianças, durante o segundo ano de vida. Consideremos o aparecimento da linguagem. A primeira assumpção é a de que as crianças de um ano têm um *esquema* para os humanos que as inclui a si próprias, assim como os adultos. Deste modo, as crianças estão atentas às expressões faciais dos adultos e à sua fala. A segunda hipótese é a de que estes esquemas estão mais completamente representados no hemisfério direito do que no esquerdo. Em contrapartida, as palavras estão mais representadas no hemisfério esquerdo. Quando os neurónios na *camada 3* [4] do córtex crescem, ao longo do segundo ano, os neurónios dos

---

[4] O córtex cerebral é um tecido fino, de cor cinza — que cobre a maior parte dos hemisférios cerebrais — tendo uma espessura entre 1 e 4 mm e estrutura laminar formada por 6 camadas distintas (que se desenvolvem do exterior para o interior) de diferentes tipos de corpos celulares de neurónios; entre os quais os *piramidais* (que ligam as várias camadas entre si e podem ser pequenos, médios, largos ou células gigantes) e constituem a maior parte das camadas 3 e 5. As diferentes camadas do córtex não estão apenas sobrepostas, mas possuem conexões específicas entre os diferentes níveis. Assim, diferentes tipos de neurónios estão distribuídos entre as diferentes camadas no córtex, de modo que as suas combinações são particulares relativamente a diferentes áreas dos hemisférios, cada uma com funções específicas (N. T.).

hemisfério esquerdo e os do direito são ligados através do corpo caloso. Dessa conexão resulta uma mais rápida e eficiente integração da informação esquemática proveniente do hemisfério direito, com a informação semântica do hemisfério esquerdo (Mrzljak, Uylings, Van Eden & Judas, 1990). Assim sendo, quando a criança vê uma chávena na mesa, a activação do esquema perceptivo para "chávena" é integrada rapidamente com a representação semântica da palavra para esse objecto e a criança poderá dizer "chávena".

A nova capacidade para inferir pensamentos e sentimentos de outro indivíduo abre a possibilidade da criança experimentar empatia para com a aflição de outro. Se a criança de um ano assiste a situações nas quais o experimentador finge, por exemplo, que se aleija (entalando os dedos numa mala), ou vê a mãe que finge que se magoou no joelho, raramente apresentará, nesta idade, uma reacção empática. Porém, aos dois anos a criança apresenta sinais de empatia para com a aflição do adulto; tal justifica-se porque ela tem agora a capacidade para inferir o estado de dor que o adulto está a experimentar. A progressiva conexão entre o hemisfério esquerdo e o direito podem explicar o aparecimento da empatia. A representação dos sentimentos do *self,* armazenados primariamente no hemisfério direito, são rapidamente integrados com as representações semânticas (do hemisfério esquerdo) que a criança faz relativamente ao estado da pessoa que observa. Quando as representações em ambos os hemisférios são activadas, quase simultaneamente, a criança mostra empatia (Kagan, 1998).

Por fim, temos que os primeiros componentes de *consciência de si próprio* emergem também durante este estádio de desenvolvimento. As crianças de dois anos, mas não as de um, estão conscientes de algumas das suas próprias intenções, sentimentos e capacidades. O sorriso que fazem ao terminar uma tarefa difícil, o facto de dizerem frequentemente ao adulto para se comportar de dada maneira (que elas pretendem), o facto de ficarem tristes se não conseguem imitar o comportamento (que queriam) de outra pessoa — são tudo exemplos dessa capacidade incipiente. Algumas crianças de dois anos utilizam mesmo a técnica de ir descrevendo o que fazem à medida que progride a sua actividade.

O exemplo clássico do desenvolvimento da consciência de si próprio é a situação em que a mãe, sem que a criança note, coloca uma mancha vermelha no nariz da criança e depois lhe diz para se ver ao espelho. As crianças com menos de 18 meses não fazem nada de particular, mas as crianças com idades superiores aos 18 meses tocam no seu nariz automaticamente (Lewis & Brooks-Gunn, 1979). Uma tal acção sugere que estas crianças reconhecem que o reflexo no espelho provavelmente as representa. As crianças aos 3 anos conseguem mesmo escolher a fotografia da sua face entre uma série de fotos com caras de outras crianças (Nolan & Kagan, 1980).

O período dos 2 aos 8 anos
Entre os dois e os oito anos aparecem cinco novas capacidades. Estas incluem: (1) o melhoramento na capacidade para integrar o passado com o presente, (2) a capacidade para antecipar o futuro, (3) a capacidade para apreciar a causa da relação entre acontecimentos, (4) a melhoria nos conceitos semânticos e, finalmente, (5) a capacidade para notar relações comuns entre acontecimentos e categorias.

Integração do passado com o presente — As crianças de 4 anos, mas não as de 3 anos, ao verem a mãe a entrar pela porta carregada com sacos, recordam o esquema prévio da mãe que saiu uma hora antes para comprar um gelado e esperam que ela brevemente lho dará. As crianças de três anos sabiam que o objectivo da mãe, quando saiu uma hora antes, era ir comprar gelados; mas menos provavelmente recuperarão esse conhecimento prévio quando, mais tarde, a virem regressar, pois não integram o passado com o presente. Esta progressiva integração está relacionada com o fenómeno que Piaget denominou de *conservação*.

Piaget afirmou que, entre os 5 e os 7 anos as crianças adquiriam o pensamento operatório concreto. Uma faceta desse pensamento, designada *conservação da substância,* traduz o conhecimento de que a matéria de um objecto não se altera quando a sua forma é modificada. Numa demonstração clássica, um investigador mostra à criança duas bolas idênticas de plasticina e pergunta-lhe se acha que as bolas têm a mesma quantidade de plasticina, ou se uma tem mais do que a outra. O examinador roda de seguida uma das bolas até que fique com a forma de salsicha e pergunta novamente "Têm ambas ("bola" e "salsicha") a mesma quantidade, tem mais a "bola" ou mais a "salsicha"? As crianças de 4 anos tratam estas questões como se fosse independente da primeira situação, pois não integram o passado com o presente. Assim, como a longa "salsicha" parece ter mais plasticina, ela afirma que esta tem mais do que a "bola". Porém, a criança de 7 anos encara a "salsicha" como uma parte de uma sequência temporal que se iniciou antes, quando o investigador lhe mostrou as duas "bolas" iguais. Assim, quando o investigador transforma a "bola" em "salsicha" e coloca a mesma questão, as crianças mais velhas compreendem que o que o investigador realmente está a perguntar é "Tendo em conta a sequência que viste nos últimos minutos, qual "bola" tem mais plasticina? Ou têm a mesma quantidade? As crianças mais velhas recuperam a sua representação (inicial) das duas bolas de plasticina idênticas, lembram-se da sua resposta inicial, e respondem correctamente [5].

As crianças são também capazes de representar o futuro distante. Por exemplo, mostrou-se a crianças, entre os quatro e os sete anos, um friso cronológico onde se marcaram acontecimentos familiares e foi-lhes perguntado quanto tempo faltava para cada um deles ocorrer (*e. g.*, o seu próximo aniversário, Natal, uma festa de Verão...). A maioria das crianças de 4 anos não conseguiu diferenciar entre os acontecimentos que ocorreriam num futuro próximo dos que só aconteceriam num futuro distante. Porém, as crianças de 7 anos distinguiram os acontecimentos que ocorreriam dentro de poucos dias daqueles que estariam distantes (Friedman, 2000).

Uma terceira característica desta fase de desenvolvimento consiste no alargamento da possibilidade de recorrer, i. e., basear-se, em redes semânticas. A maioria dos adultos consegue recordar acontecimentos que ocorreram antes do seu quinto aniversário, mas poucos conseguem recordar muitos acontecimentos que aconteceram antes dos quatro anos — fenómeno designado por *amnésia infantil*. Uma razão para esta amnésia consiste no facto de as crianças pequenas não usarem palavras para codificar as suas experiências; assim, elas não as conseguem descrever verbalmente.

O aumento na capacidade para recorrer a categorias semânticas tem implicações para o desenvolvimento do conceito de *self*. Por volta do seu quarto aniversário, as crianças adquirem os conceitos de *rapariga, rapaz, adulto* e *criança,* e estão conscientes das diferenças óbvias entre as suas próprias características e as características dos adultos. As diferenças notórias entre as crianças e os adultos chamam a atenção e motivam as

---

[5] Diz-se, nestas situações, que a *criança pré-operatória* (i. e., a mais nova) raciocina fundamentalmente sobre *"estados"* (daí que as suas respostas não sejam, na sua óptica, contraditórias) e a criança *operatória-concreta* já pode raciocinar sobre *"transformações"* (N. T.).

crianças a querer possuir algumas das características dos mais velhos, que elas acham atractivas, como por exemplo, tamanho, força, capacidades, liberdade, auto-confiança e capacidade para controlar o medo. As crianças aos 5 e 6 anos acreditam que pelo facto de partilharem, com um ou os dois progenitores, algumas características (*e. g.*, partilham o último nome, cor de pele, religião, e podem ter a cor do cabelo semelhante), partilharão também algumas das outras características (dos pais) que apreciam e desejam. Se, para além disso, as crianças sentem orgulho ao ter tal crença, os psicólogos dirão que elas se sentem identificadas com esse membro da família. Claro que, por outro lado, uma criança pode sentir vergonha se o pai bebe em demasia, tem um vocabulário pobre ou se está sempre desempregado.

A capacidade para detectar *relações semânticas entre conceitos* é outra competência que se desenvolve neste período. A criança pode então compreender que o conceito "o mais manso dos seis cães" partilha uma relação semântica "o melhor" com a expressão "a mais esperta das seis crianças". O conceito "o melhor" é a relação que é comum à afirmação "os seis cães mansos" e "as seis crianças mais espertas". A capacidade para avaliar relações entre conceitos é exercida quando a criança se compara a si mesma com os amigos em traços como capacidade para a leitura, popularidade, ou atractividade. É de facto habitual vermos as crianças compararem-se a si mesmas (i. e. o seu *self*) com outras.

As crianças de 4 a 5 anos, quando se descrevem a si mesmas, referem usualmente o seu nome, posses, desejos e os comportamentos que normalmente fazem (*e. g.*, toco piano, ando de *skate*). Aos 7 anos, é já mais usual descreverem-se recorrendo a comparações entre as suas capacidades e as dos pares, no que se refere às características desejáveis, assim como às indesejáveis. Por exemplo, uma criança de 4 anos dirá (normalmente) ao descrever-se, "Chamo-me João, vivo numa casa grande com a minha mãe, pai e irmã. Tenho televisão no meu quarto". Mas, a descrição mais típica de uma criança aos 7 anos será, "Estou no terceiro ano e sou bastante popular com as raparigas. Sei controlar as minhas raivas e fico envergonhado se não o fizer. Sinto-me bastante inteligente na escola mas bastante lento em aritmética e ciências, especialmente quando vejo o que os outros conseguem fazer". As descrições — do *self* — das crianças mais velhas envolvem com maior frequência comparações, num contínuo bom-mau, com os traços dos outros.

Todas estas competências surgem à volta do mesmo período de desenvolvimento ou idade, o que sugere que lhes estão subjacentes importantes modificações cerebrais a nível químico e estrutural (Kagan & Hershkowitz, 2005).

Adolescência

Um dos grandes desenvolvimentos que ocorre ao longo da adolescência, também associado com a maturação do cérebro, é a construção do que Piaget designou por *operações formais*. Por volta dos 13 ou 14 anos, os indivíduos começam a ser capazes de analisar acontecimentos hipotéticos (que não ocorrem no mundo natural), tornam-se aptos a detectar inconsistências entre as suas crenças, e conseguem avaliar se esgotaram todas as soluções possíveis para resolver um dado problema. Estas três competências explicam por que é que os suicídios se tornam possíveis durante a adolescência, mas são raros antes deste período. Para que se desenvolva um estado de depressão suficientemente profundo para provocar uma tentativa de suicídio, os adolescentes têm de acreditar que todas as tentativas para resolver um problema pessoal sério falharam, e que não resta nenhuma acção construtiva possível. Por sua vez, a capacidade para detectar inconsistências entre uma série de crenças pessoais contribui para a rebelião, zanga, e ansiedade observadas em muitos adolescentes. E o reconhecimento de inconsistências sérias entre as suas concepções acerca da sexualidade, Deus, e as esperanças dos pais, cria incertezas e exige a sua resolução, seja ela através da rejeição de uma das anteriores crenças, seja através da criação de novas crenças.

A psicopatologia

Os psicólogos e os psiquiatras diagnosticam uma doença mental, ou psicopatologia, quando um comportamento ou emoção que se manifestam são estranhas (i. e., geralmente quando são experimentados por menos de 10% da população), quando o paciente (ou sua família) fica perturbado pelos sintomas, ou quando os sintomas interferem com a adaptação da pessoa à sociedade a que pertence. Muitas vezes, o sofrimento pessoal e a reduzida adaptação à sociedade, ocorrem juntos. Porém, a frequência do sintoma e as suas qualidades adaptativas variam ao longo da história e entre culturas. Do mesmo modo, a prevalência de alguns sintomas de psicopatologia também varia ao longo do tempo.

Por exemplo, a maioria das crianças do século XVII não frequentava a escola nem tinha de se manter atenta durante cinco horas por dia. Assim, não havia um conceito como PHDA (perturbação de hiperactividade com défice de atenção). A fobia social era também menos comum, pois a maioria dos adolescentes viveria em pequenas cidades e conhecia todas as pessoas da sua vila ou aldeia. Por sua vez, uma criança do séc. XVII que resistisse aos conselhos e pedidos parentais seria classificada como uma criança má, enquanto que os psiquiatras contemporâneos classificá-la-iam como apresentando uma *perturbação de oposição* ou *problema de comportamento*.

A maioria dos diagnósticos em psicopatologia da criança é baseada inicialmente em sintomas descritos pelos pais, e não numa combinação entre as descrições parentais, o comportamento actual da criança, e algumas avaliações fisiológicas que pudessem fornecer alguma pista sobre a causa do sintoma. Embora a maioria das perturbações psiquiátricas seja definida como se cada uma delas fosse uma doença singular, na sua grande maioria, perturbações aparentemente similares podem ter diferentes origens e, cada concretização individual derivar de um perfil único de (combinação) entre genes e a história pessoal.

Infelizmente, mais de 90% dos diagnósticos da infância são baseados unicamente nas descrições que os pais fazem da criança, sem se recorrer a qualquer avaliação psicológica ou biológica. Algumas crianças diagnosticadas com PHDA têm dificuldade em manter uma atenção prolongada ao discurso de outro, mas desempenham-se muito bem quando estão a jogar futebol no recreio e, aí, não são hiperactivos. Outras crianças são agitadas na sala de aula, mas não têm problemas em prestar atenção. Só uma pequena parte apresenta ambos os sintomas. Infelizmente, muitos pediatras ou psiquiatras designam estes três tipos de crianças por PHDA e prescrevem a todas o mesmo medicamento (Ritalina).

Igualmente preocupante é o dramático aumento, de mais de 40% relativamente à década passada, no diagnóstico de desordem bipolar em crianças mais novas — diagnósticos igualmente baseados nas queixas parentais de desobediência extrema, impulsividade com agressão, ou incapacidade para controlar emoções. Porém, estes sintomas podem ser o resultado de práticas de socialização permissivas, por parte de pais relutantes em criar muita ansiedade ou culpa nos seus filhos. Esse risco poderá ser particularmente elevado no caso de as crianças se encontrarem em sistemas de guarda alternativos devido à profissão de ambos os pais. A maioria das crianças diagnosticadas como bipolares não apresenta os ciclos de excitação maníaca e depressão que definem a desordem bipolar nos adultos.

Os diagnósticos de autismo estão também a aumentar. Os comportamentos que conduzem a este diagnóstico incluem atrasos significativos na linguagem, capacidades sociais comprometidas, emoções inapropriadas, e estereotipias motoras como puxar o cabelo, balancear, ou bater com a cabeça. Porém, estes sintomas podem derivar de um grande, mas ainda desconhecido, número de distintas condições biológicas, incluindo alterações nos genes ou cromossomas, doença mental materna durante a gravidez, ou talvez uma reacção imune rara no bebé. Ou seja, o autismo não é uma doença, mas muitas. O hábito de diagnosticar uma criança como pertencendo ao "espectro do autismo" implica, incorrectamente, que existe uma única causa para uma condição psicológica que varia apenas no grau de severidade. Nenhum médico incluiria uma criança com dor de cabeça numa categoria designada espectro de dor de cabeça, pois o médico sabe que existem muitas razões para que uma criança possa ter uma dor de cabeça.

Quatro famílias tipo

Paul McHugh (2008) sugeriu que podemos falar em quatro tipos gerais de família que propiciam o desenvolvimento da psicopatologia.

Família 1 – O primeiro tipo de família é definido por ter sérios défices de atenção, memória, raciocínio, linguagem, ou estados de consciência que, usualmente, resultam em anatomias cerebrais anormais, ou sérios desequilíbrios na química cerebral que são herdados ou, nalguns casos, resultantes de infecções. Os pacientes destas famílias são usualmente diagnosticados como esquizofrénicos, bipolares, ou autistas.

Família 2 – O segundo tipo de família é caracterizado por relatos de episódios crónicos ou intensos, de ansiedade ou depressão, devidos a combinações várias de enviesamentos temperamentais e histórias de vida. Os pacientes destas famílias apresentam padrões de sintomas muito diferentes, com nomes como distúrbio fóbico, distúrbio de stress pós-traumático, distúrbio ou desordem de pânico, desordem de ansiedade generalizada, desordem obsessivo-compulsiva, anorexia e depressão. Cada uma destas categorias inclui doenças distintas com diferentes origens. Ao contrário dos sintomas na *família 1*, estes sintomas são mais comuns no género feminino do que no masculino e resultam, mais frequentemente, de desequilíbrios químicos do que de deficiências anatómicas. Para além disso, a maioria dos sujeitos deste tipo de *famílias 2* consegue cumprir a maioria das suas obrigações enquanto estudantes ou cidadãos, apesar do seu sofrimento privado. Uma faceta biológica crítica em muitos destes pacientes consiste numa grande excitabilidade num conjunto de estruturas cerebrais relacionadas entre si, que incluem a amígdala e o córtex cingulado anterior. Estes indivíduos estão predispostos a reacções emocionais exageradas quando enfrentam novas experiências ou desafios que não conseguem entender, ou quando devem seleccionar a acção mais apropriada entre uma série de alternativas razoáveis.

Família 3 – O terceiro tipo de família inclui pacientes com comportamentos aditivos — e. g., dependência de drogas ou álcool — os que não conseguem inibir impulsos agressivos ou sexuais, e as crianças que não conseguem manter-se atentas. Estes sintomas são comuns ao sexo feminino e masculino. Cada um destes sintomas está associado a uma biologia distinta. Por exemplo, existem pelo menos seis mecanismos neuroquímicos diferentes que medeiam o prazer que motiva a maioria dos comportamentos aditivos de cocaína, anfetaminas, heroína, álcool, cigarros ou marijuana. Porém, a maioria dos adolescentes do tipo de *família 3* não apresenta os sérios défices a nível da percepção, raciocínio ou linguagem que caracterizam os pacientes da primeira família; mas apresenta problemas no funcionamento do córtex pré-frontal, que medeia a inibição do comportamento inapropriado.

A doença, na *família 3,* está mais sujeita a alterações da sua prevalência ao longo do tempo porque as acções que definem esta categoria estão, elas próprias, sujeitas a valores sociais localizados e estes valores alteram-se com o tempo. Por exemplo, o comportamento de beber com frequência, até ficar realmente intoxicado, é típico dos jovens em qualquer sociedade que produz cerveja, vinho ou espumantes. A maioria das sociedades antigas não olhariam estes indivíduos como doentes mentais. A sociedade americana do século XIX atribuía falhas morais aos que bebiam em excesso, ou às prostitutas, mas não os encarava como psicologicamente doentes. Nessa altura, tal como agora, ambas essas categorias de comportamento eram mais comuns entre os sujeitos com nível de educação mais baixo. O que queremos aqui destacar é que as condições históricas e culturais exercem uma maior influência na prevalência da doença mental (típica) da *família 3* do que na prevalência de doença nas *famílias 1* e *2*.

Família 4 – O quarto tipo de família é único na medida em que os *seus* sintomas são devidos unicamente à história de vida do sujeito, ou à presença de circunstâncias stressantes, e não exigem qualquer tipo de vulnerabilidade biológica especial, como acontece nos três tipos anteriores de família. As circunstâncias que normalmente levam à ansiedade, depressão, insucesso escolar, ou comportamento anti-social, incluem a história de abuso na infância, uma vida de pobreza, ou presença de progenitores que não incentivam o envolvimento escolar, assim como não desencorajam a agressividade e a impulsividade. Em todas as sociedades, estes sintomas são mais comuns entre os sujeitos pobres e marginalizados (Kagan, 2010).

É importante ter-se em consideração que os acessos frequentes de ansiedade ou depressão podem ocorrer em pacientes que pertencem a qualquer um destes quatro tipos de família. Além disso, podem resultar de diferentes combinações entre temperamento e histórias de vida. Um paciente bipolar da *família 1,* um adolescente ansioso da *família 2,* um toxicodependente da *família 3,* um pobre adolescente hispânico com insucesso escolar, podem ficar deprimidos ou ansiosos devido às circunstâncias da sua vida. Assim sendo, a ansiedade ou a depressão não são características distintivas destas diferentes categorias de patologia mental. Por fim, é importante reconhecer que o aumento de uma preocupação e atitude ética geral no que diz respeito à igualdade entre todos — atitude que se vai estendendo através da Europa Ocidental e América do Norte — "obriga" cada cidadão a reconhecer dignidade a todos, independentemente dos seus valores éticos pessoais. Esta ideia tem contribuído para a noção — bastante atractiva — de que a maioria das doenças mentais terão uma causa biológica ou genética determinante. Uma tal crença torna difícil culpabilizar os pais pelo facto de contribuírem (efectivamente) para o fraco desempenho académico, ou para o comportamento agressivo dos seus filhos; mas facilita a assumpção de que são "falhas" nos genes as causas de tais sintomas. Nestas circunstâncias, nem o paciente, nem a família podem ser culpabilizados. Ser designado como sofrendo de doença mental, neste século, assemelha-se um pouco ao estado que seria atribuído à vítima de uma bruxaria no século XV. As novas tecnologias que permitem a identificação de genes e a crescente divulgação que os órgãos de comunicação social fazem sobre o determinismo biológico, persuadiram muitos europeus e americanos de que os genes devem ter um papel muito forte na origem da doença mental. Esta ideia propaga-se, apesar de, na realidade, não se ter encontrado (i. e., identificado), nenhum gene particular que se possa correlacionar de modo consistente com as perturbações de comportamento que citámos (i. e., défices na capacidade de atenção, hiperactividade, comportamento agressivo, insucesso escolar, desobediência, depressão ou ansiedade); e mais ainda, nenhum gene que o explique e actue independentemente do sexo do sujeito, classe social, grupo étnico, meio cultural de origem e experiência de vida.

Referências

de Weerth, C. & van Geert, V. (2002). Changing patterns of infant behavior and mother-infant interaction. *Infant Behavior & Development, 24*, 347-371.

Friedman, W. J. (2000). The development of children's knowledge of the times of future events. *Child Development, 71*, 913-932.

Geva, R., Gardner, J. M. & Karmel, B. Z. (1999). Feeding-based arousal effects on visual recognition memory in early infancy. *Developmental Psychology, 35*, 640-650.

Kagan, J. (2010). *The Temperamental Thread*. New York: Dana Press.

Kagan, J. (2006). *An Argument For Mind*. New Haven, CT: Yale University Press.

Kagan, J. & Hershkowitz, N. (2005). *The young mind in a growing brain*. Mahwah, NJ: Lawrence Erlbaum.

Kagan, J. (1998). *The Second Year*. Cambridge, MA: Harvard University Press.

Lewis, M. & Brooks-Gunn, J. (1979). *Social Cognition and the Acquisition of Self*. New York: Plenum.

McHugh, P. R. (2008). *Try To Remember*. New York: Dana Press.

Mrzljak, L., Uylings, H. B., Van Eden, C. G. & Judas, M. (1990). Neuronal development in human prefrontal cortex in prenatal and postnatal stages. *Progress in Brain Research, 85*, 185-222.

Nolan, E. & Kagan, J. (1980). Recognition of self and self's products in pre-school children. *Journal of Genetic Psychology, 137*, 285-29.

2

Significados múltiplos de uma perspectiva desenvolvimentista em psicopatologia *

Michael Rutter

INTRODUÇÃO

Nos últimos quarenta anos, tem havido enormes mudanças nas abordagens investigativas ao estudo do desenvolvimento. Em primeiro lugar, nos anos 60 do século passado, o principal foco de atenção eram as supostas mudanças normativas, ao passo que, agora, há um grande interesse pela natureza das diferenças individuais e pela sua origem. Em segundo lugar, a aceitação implícita de que a idade constitui explicação suficiente para o desenvolvimento deu lugar à pesquisa sistemática de um leque de processos causais, que desempenham um papel relevante nas continuidades e nas descontinuidades do desenvolvimento. Entre os indicadores de idade, contam-se, para além de outros, os seguintes: maturação física, estado hormonal, nível cognitivo, circunstâncias sociais e experiências de vida (Rutter, 1989a). Sendo assim, é necessário perguntar qual destes factores pode ser responsável por determinadas diferenças de idade encontradas numa função psicológica ou psicopatológica particular. A terceira das principais mudanças é que, há 40 anos, quase toda a investigação, no domínio do desenvolvimento, era feita na expectativa de que

---

* Tradução de António Simões.

era necessário lidar apenas com a mente. Hoje, porém, à medida que os estudiosos do desenvolvimento tomaram consciência da importância da biologia, a atenção tem vindo a voltar-se, cada vez mais, para os mecanismos implicados nas relações cérebro-mente.

A magnitude da mudança, com o tempo, reflecte-se bem na comparação de trabalhos empíricos publicados na revista *Child Development*, entre 1960-1961, e os publicados entre 2000-2001. Em 1960-1961, menos de um em vinte desses trabalhos utilizaram dados longitudinais, ao passo que, em 2000-2001, acima de um terço deles o fizeram. Mais do que duplicou a percentagem de trabalhos relacionados com um ou outro aspecto da psicopatologia, representando os anos de 2000-2001, precisamente, o início do interesse pela genética. Isto dizia respeito apenas a uma mão-cheia de trabalhos empíricos, mas não se aplicava a nenhum dos publicados 40 anos antes. A outra tendência foi o enorme aumento de autoria internacional. No primeiro período, era raro um trabalho com autoria internacional, enquanto que, em 2000-2001, isso acontecia em cerca de um em cinco. Tal era devido, em parte, a que o desenvolvimento da criança, nos Estados Unidos, se tinha tornado muito menos fechado nas suas fronteiras, reflectindo, em parte, o crescimento da psicologia do desenvolvimento europeia. Mas talvez a razão fosse, sobretudo, que o referido desenvolvimento da psicologia da criança traduzia uma atitude cada vez mais positiva, relativamente ao valor da colaboração, a nível das disciplinas e dos diferentes centros de investigação. O objectivo principal deste estudo é considerar como e porquê são importantes as perspectivas desenvolvimentistas em psicopatologia. O ponto de partida, porém, tem de ser o próprio conceito de desenvolvimento. É que a maior parte das recomendações, para que se adopte uma perspectiva desenvolvimentista, não conseguem especificar que é que isto significa, sendo óbvio que muitos dos conceitos de desenvolvimento são enganadoramente simplistas.

QUE É QUE SE ENTENDE POR MUDANÇA DESENVOLVIMENTISTA?

A primeira questão é, então, a de saber como se define a mudança desenvolvimentista. De que modo difere o desenvolvimento de uma mudança não desenvolvimentista? À primeira vista, pode parecer óbvio que a definição deveria envolver referência aos ganhos nas competências ou nas capacidades. Mas não é assim. Isto, porque perdas e ganhos são parte normal do desenvolvimento, o que se torna evidente, por exemplo, na eliminação de neurónios, que constitui parte integrante do desenvolvimento normal do cérebro (Curtis & Nelson, 2003; Huttenlocher, 2002), e é também aparente na perda de competências fonológicas discriminatórias, presentes na infância, mas que desaparecem, se as diferenciações fonéticas não estiverem incluídas na linguagem do meio em que a criança é educada (Rutter, 2002a). Além disso, é preciso notar que o desenvolvimento não tem apenas que ver com as competências e as capacidades. Por exemplo, o desenvolvimento do sistema imunitário diz respeito às mudanças na maneira como o corpo lida com as infecções, o que não pode, razoavelmente, reduzir-se a conceitos de competência e de capacidade. No domínio psicológico, o mesmo se aplicaria ao desenvolvimento emocional. É claro que, à medida que crescem, as crianças se tornam mais capazes de "ler" as emoções das outras pessoas e de compreender o que elas sentem. Mas isso não constitui, de forma alguma, a totalidade do desenvolvimento emocional. Poderia também pensar-se que o desenvolvimento tem de ser considerado, em termos de mais do mesmo, mas, obviamente, também isso não está correcto. Por exemplo, a transição da lagarta para a borboleta implica mudanças radicais, que estão longe de serem mais do mesmo. No caso dos humanos, o início da fertilidade, na altura da puberdade, constituiria outro exemplo, ou seja, o da emergência de uma nova função, que não é, simplesmente, o crescimento de uma outra que lhe preexiste.

 É tentador procurar definir o desenvolvimento psicológico, em termos de maturação biológica, pois, é óbvio que ele está crucialmente ligado a esta última. Porém, isso não se traduz, facilmente, em qualquer tipo de critérios de pronta aplicação, uma vez que a experiência afecta certos aspectos do desenvolvimento cerebral. Foi o que se mostrou, há alguns anos, no que concerne ao papel do *input* visual no desenvolvimento do córtex visual. Mas sabe-se, agora, que os efeitos das experiências sobre o desenvolvimento cerebral se estendem bem para lá da visão (Knudsen, 2004; Rutter, *no prelo*, a). É relevante que todas as formas de funcionamento psicológico sejam afectadas, tanto pelo meio como pela hereditariedade, e que o desenvolvimento psicológico não possa ter lugar sem a maturação biológica geneticamente influenciada. Mas, enquanto isto, as mudanças biológicas estão longe de ser independentes do *input* ambiental.

Uma outra tentação seria a de procurar definir o desenvolvimento, em termos que o confinassem aos processos exclusivamente normais. Tal pretensão iria, claramente, contra tudo o que está implicado no conceito de psicopatologia desenvolvimentista (Rutter & Sroufe, 2000; Sroufe & Rutter, 1984). Além de que — e isto é mais importante — não teria em conta que não há diferenciação categórica clara entre normalidade e desordem. Assim, e em primeiro lugar, está bem estabelecido que há continuidades e descontinuidades, quanto à depressão e à agressão, ou ao comportamento anti-social. Num extremo, a desordem depressiva é uma condição seriamente ameaçadora da vida, que envolve numerosas modificações biológicas. No outro extremo, os sentimentos de miséria, e até de desespero, são parte normal da condição humana, que a maioria das pessoas experimentam, nalgum momento da vida. O facto a relevar, aqui, é que não existe um ponto bem determinado, a partir do qual se possa dizer que a normalidade termina e a patologia começa. Manifestações subclínicas da depressão constituem os precursores das principais perturbações depressivas manifestas. A distinção categórica implícita no diagnóstico de uma condição patológica é significativa, visto que se chega a um ponto em que o sofrimento, a perturbação funcional, ou o risco de suicídio indicam que o tratamento é essencial. Todavia, da perspectiva do desenvolvimento desta condição, são evidentes as continuidades com a normalidade. O mesmo se aplica, exactamente, à agressão e à perturbação anti-social (Rutter, Giller & Hagell, 1998).

Em segundo lugar, a plasticidade e a adaptação à doença e ao *stress* são factores chave do desenvolvimento normal. Quer dizer, à medida que crescem, forçoso é que as crianças esperem encontrar certo grau de trauma e adversidade, que exigem adaptação e reacção da sua parte. Mas, ainda para além disto, é claro que a sua resposta a doenças mais graves implica a plasticidade inerente ao funcionamento normal do cérebro. O exemplo das mudanças, em resposta a lesões unilaterais do cérebro, no que se refere ao desencadear da afasia, constitui um caso ilustrativo e dramático (Rutter, 1993). De modo semelhante, as progressões psicopatológicas de graves desordens mentais podem estar crucialmente dependentes de aspectos do desenvolvimento cerebral. Assim, por exemplo, embora a psicose esquizofrénica não comece, geralmente, antes do final da adolescência, ou do início da idade adulta, os factores neurodesenvolvimentistas predisponentes aparecem, muito mais cedo, ou seja, na infância (Keshavan, Kennedy & Murray, 2004).

O próprio termo "desenvolvimento" parece implicar que tem de haver um termo fixo, que reflecte o momento em que é atingida a maturidade. Isso parece razoável, e até há algo de válido no conceito. Mas o que não é claro é como definir ou medir a maturidade psicológica. Assim, por exemplo, como poderia ser aplicado este critério ao desenvolvimento das relações sociais? Muitos adultos, com efeito, permanecem bastante incompetentes, no que àquelas diz respeito. Será que isto significa que eles são, verdadeiramente, "imaturos", ou têm alguma desordem, ou, antes, quer isso dizer que há algo de artificial no conceito de maturidade, entendida como ponto terminal fixo do desenvolvimento social? Além disso, certos aspectos do desenvolvimento psicológico podem estar dependentes de experiências de ocorrência futura. Tal pode acontecer, por exemplo, no caso da sexualidade e da maternidade. Será que os indivíduos que permanecem solteiros carecem, necessariamente, de maturidade? Como muitos estudos documentam, a experiência da maternidade conduz a mudanças psicológicas. Mas significa isto que as mulheres que não dão à luz são imaturas, nalgum sentido razoável? O conceito de maturidade, referido ao desenvolvimento psicológico, não é totalmente inapropriado. Mas não parece fornecer um critério muito fácil de operacionalizar.

Por último, poderia pensar-se que era possível definir o desenvolvimento, em termos de permanência das mudanças. Assim, a menos que exista alguma doença manifesta, uma vez que os indivíduos atingiram a sua estatura de adultos, não a perdem, a seguir (excepto na velhice). Pelo contrário, as mudanças que acompanham a doença, de um modo geral, perdem-se (pelo menos, em boa parte), logo que as pessoas se restabelecem. Mas, mais uma vez, isto não representa qualquer avanço satisfatório. Para começar, muitas mudanças devidas a doenças são permanentes. Um exemplo óbvio é a doença de Alzheimer. Segundo, muitas mudanças desenvolvimentistas não são permanentes. Já nos referimos à eliminação de neurónios, na sequência do hipercrescimento dos mesmos, no início da vida. De modo semelhante, a perda da fertilidade, na menopausa, é parte de um processo de desenvolvimento normal, e não consequência da doença. Um problema adicional diz respeito à incerteza, no que toca à maneira de conceptualizar as mudanças permanentes, provenientes das experiências da vida adulta. Por exemplo, o advento da imagiologia cerebral tornou possível a realização de estudos, para evidenciar mudanças estruturais substanciais no cérebro, derivadas das experiências na vida adulta. Foi o caso, por exemplo, de mudanças no hipocampo, em consequência do conhecimento extraordinariamente pormenorizado das ruas de Londres, conhecimento esse que é parte do que é exigido aos taxistas daquela cidade (Maguire et al., 2000). Mudanças comparáveis foram encontradas em violinistas competentes (Elbert, Pantev, Wienbruch, Rockstroh & Taub, 1995).

Seria desejável conseguir chegar a uma noção definitiva do que se pretende significar por desenvolvimento. Mas este é, do meu ponto de vista, um conceito intrinsecamente "vago", sendo que, embora existam distinções importantes entre mudança desenvolvimentista e não desenvolvimentista, estas sobrepõem-se, até certo ponto. O que, acima de tudo, se torna necessário é investigar os processos causais de ambas, bem como das continuidades e descontinuidades entre normalidade e patologia. Uma definição útil de desenvolvimento, apresentada há cerca de uns doze anos, oferece um guia para o que está implicado nesse conceito: é "uma mudança sistemática, organizada, intra-individual, claramente associada a progressões relacionadas com a idade, cuja concretização tem, de algum modo, implicações para o tipo de funcionamento das pessoas, num momento futuro do tempo" (Rutter & Rutter, 1993). A ênfase na organização sistemática não implica, como é óbvio, fixidez, nem inevitabilidade. Do mesmo modo, incorpora o reconhecimento do papel dos eventos casuais, e bem assim dos processos de reflexão no desencadear da acção (Dennet, 2003). O ponto principal, como foi expresso por Sroufe e Rutter (1984), é que o processo tem uma coerência unificadora. Como, mais recentemente, afirmou Morange (2001), a biologia oferece um padrão regular e um sistema organizado de mecanismos. É dinâmico e probabilístico, não determinista, nos seus efeitos, mas é sistemático e ordenado (cf. também Rutter, *no prelo*, b).

Os dez problemas de desenvolvimento básicos, que constituem algumas das facetas de uma perspectiva desenvolvimentista em psicopatologia, a discutir, são os seguintes: (1) influências pré-natais; (2) efeitos dos períodos sensíveis; (3) mecanismos mediadores do efeito a longo termo das experiências; (4) idade em que começam as diferenças; (5) diferenças sexuais; (6) normalidade e desordem; (7) conexões entre diferentes domínios psicológicos; (8) progressões psicopatológicas; (9) resiliência e (10) interacção genes–ambiente. Foram seleccionados, com base na sua importância para reflectirem o vasto espectro das perspectivas desenvolvimentistas, as suas implicações para a psicopatologia, e o facto de que cada um deles envolve avanços recentes fundamentais na conceptualização e na investigação empírica. O objectivo deste trabalho é considerar estes avanços, no intuito de identificar algumas prioridades para a investigação. É evidente que os resultados têm implicações para a prevenção e para o tratamento. Mas isso ultrapassa o âmbito deste estudo.

INFLUÊNCIAS PRÉ-NATAIS

Há perto de meio século, os pediatras andavam muito preocupados com os supostos efeitos negativos derivados de complicações na gravidez, muito se falando, então, no fenómeno das lesões à nascença. Inicialmente, a atenção concentrava-se, sobretudo, na paralisia cerebral e no atraso mental. Mas, particularmente através da obra pioneira de Pasamanick e Knoblock (1966), foi-se aceitando a noção de um "contínuo de causalidade reprodutiva". O argumento era que, se graves complicações reprodutivas conduzissem a resultados devastadores, seria provável que complicações de menor monta resultassem em graus inferiores de lesão cerebral, com os efeitos consequentes sobre o comportamento e o desenvolvimento psicológico. Este conceito não resistiu à prova do tempo, por duas razões principais. Primeira, acumularam-se dados, segundo os quais muitas das supostas consequências de lesões, à nascença, derivavam, na realidade, de problemas com origem num período muito anterior de gestação (Nelson & Ellenberg, 1986). Segunda, na medida, porém, em que muitos destes dados provinham de associações estatísticas entre gestação prematura e baixo peso, à nascença, a inferência de que elas tinham levado a lesões cerebrais era, quando muito, circunstancial. A incerteza desta inferência era sublinhada pela associação muito forte entre desfavorecimento social, a variedade de circunstâncias que o acompanhavam e a taxa de gestação prematura e baixo peso. O problema era, então, o de saber se as sequelas derivavam das circunstâncias sociais ou dos seus efeitos sobre o funcionamento cerebral. Por causa destas dúvidas relevantes, a atenção desviou-se algo das consequências sobre o desenvolvimento das anormalidades pré e perinatais.

O pêndulo oscilou, então, para trás, em grande parte, devido a vários avanços ao nível da investigação. Em primeiro lugar, o desenvolvimento tecnológico das técnicas imagiológicas — especialmente do ultra-som, utilizado, durante o período da gravidez, e a ressonância magnética, usada na infância — transformou a situação, proporcionando os meios de medir, verdadeiramente, os efeitos sobre o cérebro, em vez de ter de os inferir, indirectamente. Foram-se acumulando dados que documentam a realidade e a frequência de anomalias, na estrutura cerebral, associadas à acentuada deficiência de peso, à nascença, e à gestação muito prematura (Cooke & Abernethy, 1999; Fearon et al., 2004; Stewart et al., 1999). Estudos de *follow-up* mostraram também que os défices incluem problemas comportamentais e dificuldades específicas de aprendizagem, bem como paralisia cerebral e atraso mental grave (Marlow, 2004; Marlow, Wolke, Bracewell & Samara, 2005). Todavia, o que permaneceu mais enigmático foram as associações um tanto inconsistentes entre os dados da imagiologia cerebral e as medidas do funcionamento e disfuncionamento psicológico.

Os dados sobre as influências pré-natais são dignos de nota, por razões de natureza diferente. Primeira, é evidente que, ao considerar as possíveis influências ambientais sobre o desenvolvimento psicológico, devem ser incluídas as que são exercidas sobre a criança, no período em que permanece no ventre materno (Coe & Lubach, 2005). Segunda, ao que parece, há efeitos provenientes do *stress* materno, durante a gravidez (O'Connor, Heron, Golding & Glover, 2003), assim como influências físicas mais bem documentadas de toxinas, tais como drogas e álcool (Chasnoff et al., 1998; Koren et al., 1998; Mayes, 1999; Streissguth, Barr, Bookstein, Sampson & Olson, 1999). É claro que os efeitos do *stress* não implicam que o feto avalia ou reconhece as emoções da mãe, no período intra-uterino. É mais provável que eles sejam mediados pelas hormonas geradas pelo *stress*, que cruzam a barreira placentária (Maccari et al., 2003). Terceira, os estudos com animais oferecem uma indicação clara de que as hormonas sexuais masculinas do período pré-natal têm um efeito duradouro sobre o desenvolvimento cerebral (Hines, 2004). Até certo ponto, o mesmo parece aplicar-se aos humanos, com as implicações daí decorrentes para os comportamentos sexualmente diferenciados. Quarta, a importância das diferenças individuais, no que concerne às respostas às experiências pré-natais e pós-natais, precisa de ser reconhecida, tal como a eventualidade de que a interacção genes-ambiente está aí, provavelmente, implicada. Por exemplo, Kahn, Khoury, Nichols e Lanphear (2003) mostraram que a exposição ao fumo, no período pré--natal, tinha um efeito significativo sobre a hiperactividade / impulsividade e sobre o comportamento de oposição, mas só para indivíduos que eram homozigóticos, no que concerne ao genótipo DAT (*homozygous for the DAT genotype*). É também muito provável, embora não esteja ainda demonstrado, que os efeitos das hormonas sexuais operem, exercendo a sua influência na expressão dos genes (Petronis, 2001). As mensagens principais são que as influências pré-natais podem muito bem ter um impacto sobre os efeitos psicopatológicos superior ao que, habitualmente, se supunha; que os mecanismos mediadores têm de ser considerados, do ponto de vista do desenvolvimento; que os estudos de *follow-up* necessitam de incluir medidas neuroendócrinas e imunológicas e de imagiologia cerebral e têm de utilizar estratégias de investigação de genética molecular.

EFEITOS DOS PERÍODOS SENSÍVEIS

Há perto de meio século, muitos estudiosos do desenvolvimento partiam do princípio de que existiam períodos críticos crucialmente importantes, e de que os primeiros dois ou três anos de vida constituíam o principal destes períodos críticos. A "impressão" (*imprinting*) era considerada como o modelo geral dos efeitos que operavam, apenas, durante o primeiro período de desenvolvimento, efeitos esses cujas consequências eram permanentes. Estudos com animais lançaram, depois, dúvidas sobre a fixidez dos supostos efeitos dos períodos críticos (Bateson, 1966), do mesmo modo que investigações com humanos realçavam o papel das experiências, em todas as idades, e não apenas no início da vida (Clarke & Clarke, 1976). Não é que o fenómeno da "impressão" não fosse real e não tivesse efeitos mensuráveis sobre o cérebro. Pelo contrário, estudos experimentais rigorosos serviram para mostrar a base neural da "impressão" (Horn, 1990). Não obstante, a generalidade dos efeitos foi seriamente posta em questão e os conceitos de período crítico caíram em desuso.

Na última década, ou à volta disso, numerosos estudos, com humanos e com animais, renovaram o interesse pelos efeitos experienciais, em idades específicas, e produziram abundantes provas da sua realidade e importância. A terminologia mudou, passando-se de "períodos críticos" para "períodos sensíveis", em resposta à evidência de que era errada a noção de fixidez dos primeiros conceitos de período crítico. Mas é válida a importância da especificidade das fases de desenvolvimento, no que toca a alguns efeitos experienciais (porém, não todos).

É útil distinguir entre aquilo que Greenough designou por efeitos a esperar da experiência (Greenough, Black & Wallace, 1987) e o que outros chamaram efeitos adaptativos relativamente à experiência (Rutter, *no prelo*, a; Rutter, O'Connor *et al.*, 2004a). O exemplo mais conhecido e mais bem documentado de efeitos a esperar da experiência diz respeito ao papel do *input* visual no desenvolvimento do córtex visual. A sua importância foi evidenciada, pela primeira vez, por Hubel e Wiesel (1965, 1970), numa obra que lhes valeu o Prémio Nobel. O que os seus estudos experimentais mostraram foi que o *input* visual padronizado era essencial para o desenvolvimento normal do córtex visual e que era necessário que o *input* visual coordenado proveniente de ambos os olhos existisse, para ter lugar a visão binocular. A implicação prática para o desenvolvimento é que, se o estrabismo (ou seja, o olhar de soslaio) não for corrigido, nos primeiros anos da vida, é improvável que, mais tarde, se torne possível a visão binocular normal. Estas descobertas são crucialmente importantes, na medida em que mostram que o desenvolvimento normal do cérebro está dependente do *input* experiencial. Infelizmente, porém, elas foram generalizadas por muitos comentadores do domínio da psicologia, de maneira altamente equívoca (cf. Bruer, 1999, para uma crítica).

Para começar, os ambientes adequados para proporcionarem o desenvolvimento normal do cérebro são de âmbito extremamente vasto. A expressão efeitos "a esperar da experiência" foi deliberadamente escolhida para indicar que, em todas as circunstâncias normais, se poderá esperar que os ambientes necessários estarão disponíveis. Mas estas descobertas não têm implicações para os efeitos de variações, num âmbito normal extenso. Em segundo lugar, os efeitos a esperar da experiência não dizem respeito a todos os sistemas. Sabe-se que se aplicam à visão e é possível que também a aspectos do desenvolvimento social e a experiências sociais (Rutter, *no prelo*, a). Mas é duvidoso que se estendam a outros domínios do desenvolvimento psicológico. A conclusão deve ser, portanto, que os efeitos a esperar da experiência são crucialmente importantes para alguns sistemas, mas, provavelmente, são mais a excepção do que a regra.

Os efeitos adaptativos relativamente à experiência são diferentes, no que toca a vários aspectos importantes. A ideia geral é que o desenvolvimento biológico está programado para ser adaptativo, no que concerne aos ambientes particulares, experienciados durante o período em que os sistemas somáticos relevantes estão a ser estabelecidos (Bateson *et al.*, 2004; Bateson & Martin, 1999). O exemplo mais conhecido diz respeito aos efeitos da subnutrição, no início da vida. Numerosos estudos mostraram que as crianças com deficiências graves de peso, à nascença e durante o primeiro ano de vida, têm um risco muito mais acrescido de contrair, mais tarde, doenças das artérias coronárias, hipertensão e diabetes. Barker e colaboradores (1997, 1999) formularam a hipótese de que o efeito desse risco é desencadeado, porque o organismo está programado, nestas circunstâncias, para responder optimamente a uma dieta de subnutrição. Se as dietas futuras forem normais, ou ainda pior, se forem superabundantes, o organismo não está em boas condições para responder, de maneira apropriada, ocorrendo, assim, mudanças patológicas. A fisiologia subjacente a tudo isto é ainda um pouco incerta. Mas as descobertas empíricas não sofrem grande contestação. É particularmente de admirar que os riscos derivem da deficiência de peso no período neonatal, ao passo que, para as mesmas ocorrências, provêm do excesso peso na meia-idade.

O exemplo psicológico mais conhecido é proporcionado pelos dados relativos à relação entre o *input* linguístico e a discriminação fonológica (Kuhl, 1994: Kuhl *et al.*, 1997; Maye, Werker & Gerken, 2002; Werker & Tees, 1984). Durante os primeiros seis meses de vida, ou à volta disso, as crianças do mundo inteiro apresentam competências parecidas na discriminação fonológica. Muito pelo contrário, a partir da segunda metade do primeiro ano em diante, as discriminações fonológicas resultam cada vez mais afectadas pelo ambiente linguístico particular experienciado por elas. Isto é ilustrado pela bem conhecida dificuldade da maioria dos japoneses em diferenciar os sons de "r" e de "l". Tal distinção não se verifica na língua japonesa, ao passo que é fundamental em Inglês e em muitas outras línguas europeias. Um exemplo anormal do mesmo fenómeno é proporcionado pelos efeitos da surdez profunda. Os sons emitidos por crianças profundamente surdas não são muito distintivos, durante os primeiros seis meses de vida, ou por aí assim. Mas tornam-se, obviamente, anormais, daí em diante. Parece que essa produção de sons é dirigida pelo *input* sonoro, só a partir de cerca dos seis meses de idade (Lenneberg, 1967; Murphy, 1964).

É muito provável que estejam em acção ainda outros efeitos adaptativos à experiência. Deve ser o que se verifica, por exemplo, no domínio da imunologia (Bock & Whelan, 1991) e também dos efeitos das experiências de stress sobre o desenvolvimento estrutural e funcional do sistema neuroendócrino (Hennessey & Levine, 1979).

A maior parte da literatura sobre os efeitos dos períodos sensíveis fixou-se no papel da biologia. Mas é também importante considerar que a sensibilidade das fases de desenvolvimento pode derivar de influências que abrangem tanto o contexto social como a maturação. Por exemplo, os demonstrados riscos psicopatológicos, associados à multiplicidade de internamentos hospitalares ou à separação das crianças de suas famílias, por outras razões, tendem a ser maiores, no período pré-escolar, a seguir à infância (Rutter, 1979). É provável que a relativa protecção, durante o período da infância, derive do facto de que as crianças muito novas ainda não desenvolveram vinculações fortes e selectivas às outras pessoas. A relativa protecção, a partir do período escolar em diante, deriva, provavelmente, do facto de, nessa idade, as crianças serem capazes de manter relações, no decurso da separação, e de compreenderem melhor o significado dessa separação. É claro que estas mudanças cognitivas são dirigidas pela maturação biológica. Mas os dados sugerem que são também influenciadas pelo contexto e pelas experiências sociais. Por exemplo, a compreensão pelas crianças dos problemas do procedimento e do tratamento hospitalares é afectada, na medida em que fizeram parte de suas experiências. Há também indicações de que as respostas das crianças a múltiplos internamentos hospitalares podem ser influenciadas pela maneira como experienciaram prévias separações satisfatórias (Stacey, Dernden, Pill & Robinson, 1970) e na medida em que tiveram ou não experiências de adversidade crónica em contexto familiar (Quinton & Rutter, 1976). Os dados disponíveis sobre tais contextos e experiências sociais são sem dúvida nenhuma limitados. Mas justificam estudo mais sistemático do que se fez até aqui. A implicação é que, ao considerar os riscos psicopatológicos associados às primeiras experiências adversas, se deve dar mais atenção à possibilidade dos efeitos dos períodos sensíveis, reconhecendo que estes poderão reflectir, tanto a programação biológica como as influências do contexto e das experiências sociais.

EFEITOS FARMACOLÓGICOS

As observações clínicas sugeriram importantes diferenças etárias no modo como os indivíduos respondem às drogas. Por exemplo, a anfetamina é uma droga que cria forte dependência na vida adulta, em virtude dos seus efeitos euforizantes. Em contrapartida, ela não parece ter esse efeito na infância, período em que exerce uma influência disfórica, se é que alguma apresenta. Embora tenha sido muito usada, no passado, para tratamento do défice de atenção/hiperactividade (ADHD) e ainda da enurese nocturna, a droga não aparenta ser utilizada, na infância, para fins recreativos, tendo um efeito muito diferente sobre o humor. De modo semelhante, embora a medicação tricíclica tenha um efeito benéfico bem documentado no tratamento de perturbações depressivas, na vida adulta, os estudos com crianças e adolescentes registam, essencialmente, a ausência de benefícios significativos. Surpreendentemente, muito pouca investigação sistemática com humanos tem sido feita, no que diz respeito a estas diferenças de idade na resposta às drogas (embora existam dados confirmatórios, a nível animal, de algumas diferenças relacionadas com a idade; cf. Supear, 2000). Assim, as diferenças etárias nos efeitos farmacológicos parecem ser reais, necessitando, sem dúvida, de mais investigação sistemática, para determinar os mecanismos envolvidos. Estudos de natureza clínica / epidemiológica mostraram que o consumo prematuro e imoderado da canábis tem um efeito significativo no eclodir de psicoses esquizofrénicas, em indivíduos geneticamente vulneráveis (Arseneault, Cannon, Witton & Murray, 2004; Caspi *et al.*, 2005; Henquet *et al.*, 2005). Porém, tal efeito só se verifica, no caso de consumo imoderado, e não para divertimento ocasional. Mas, além disso, parece estar largamente associado a um forte consumo, no início da vida, e não tanto na adultez. Neste caso, há dados, a nível animal, segundo os quais o consumo de canábis, por altura da puberdade, mas não na vida adulta, prejudica a cognição (Schneider & Koch, 2003). Mais uma vez, é necessária mais investigação sobre a base biológica desta diferença etária. Será relevante considerar, tanto os efeitos do risco do consumo de substâncias como o planeamento dos tratamentos farmacológicos.

MECANISMOS MEDIADORES DOS EFEITOS A LONGO TERMO DAS EXPERIÊNCIAS

A investigação do desenvolvimento mostrou a realidade dos efeitos a longo termo sobre o funcionamento psicológico das experiências psicossociais na infância (Rutter, 2000; Rutter, 2005). Não é que tais experiências tenham, invariavelmente, efeitos a longo termo, nem que tenham os mesmos efeitos em todos os indivíduos. Sendo assim, é crucial perguntar que mecanismos poderiam mediar tais efeitos a longo prazo, quando eles são evidentes. É claro que vários tipos muito diferentes de mediação têm de ser considerados (Rutter, 1989b). Seis grandes alternativas servem para ilustrar o leque das possibilidades a examinar.

Efeitos sobre a expressão dos genes

Em primeiro lugar, a investigação recente com roedores pelo grupo de Meaney mostrou, claramente, a importância dos efeitos experienciais sobre a expressão dos genes. Planos de investigação de cruzamento de crias serviram para diferenciar entre riscos mediados ambiental e geneticamente, mostrando que o comportamento maternal estimulante, no início da infância, afecta a expressão dos genes (Cameron *et al.*, 2005; Weaver *et al.*, 2004). As experiências não alteram as sequências genéticas e, portanto, os efeitos não são genéticos. Influenciam, antes, a expressão desses genes em tecidos particulares, através do impacto sobre a metilação (*methylation*), que parece ser um dos principais processos implicados no que veio a chamar-se efeitos epigenéticos (Rutter, *no prelo*, b; Rutter, Caspi & Moffit, *no prelo*). Tal efeito é funcionalmente importante, porque, embora o DNA constitua as partículas da hereditariedade genética, a sua acção está crucialmente dependente de processos que levam à expressão dos genes. O DNA está presente em todas as células, mas a sua expressão tende a ser, quer específica do tecido, quer da fase do desenvolvimento particular, embora seja, frequentemente, de longa duração.

Programação biológica

Como já foi indicado, a programação biológica de natureza diversa constitui um mecanismo pelo qual os efeitos a longo prazo podem ser desencadeados. Não se sabe se estes envolvem ou não algumas influências sobre a expressão dos genes. Mas pode muito bem acontecer que sim. Um estudo de *follow-up* a longo termo de crianças, que passaram os primeiros anos, em instituições extremamente carenciadas da Roménia, mas que foram adoptadas por famílias bem organizadas do Reino Unido, aponta para a necessidade de invocar alguns mecanismos deste género (Rutter, *no prelo*, a; Rutter, O'Connor *et al*., 2004 a). De entre os factores examinados, a duração da privação institucional representava o efeito mais robusto sobre os resultados psicológicos. O que era verdadeiramente notável, e algo surpreendente, era que os efeitos da duração da privação institucional revelaram ser quase tão robustos, aos 11 anos de idade, como tinham sido aos 6 e, antes disso, aos 4 anos. As crianças melhoraram, às vezes, o seu funcionamento, com o tempo, mas pouco decréscimo se verificava nos efeitos preditivos com origem no ambiente anterior (Beckett *et al*., 2005). E isto acontecia tanto ao nível dos resultados no domínio cognitivo como no domínio social.

Estes e outros efeitos como estes são importantes (cf. Knudsen, 2004; Rutter, *no prelo*, a, para alguns resultados, no domínio animal). Mas é crucial evitar falsas extrapolações, a partir da neurociência. Argumenta-se, muitas vezes, que, em virtude do desenvolvimento cerebral ser mais acentuado no início da vida, só as experiências dos primeiros anos têm probabilidade de ter efeitos duradouros, com reflexos permanentes na estrutura e no funcionamento cerebral (cf. Bruer, 1999, para uma crítica). Sabe-se que esta extrapolação é falsa, por várias razões de natureza diferente. Para começar, os estudos com humanos mostraram o impacto preponderante dos ambientes, no período a seguir à infância. Por exemplo, no estudo de *follow-up* das crianças adoptadas romenas, verificou-se uma assinalável recuperação no funcionamento psicológico, a seguir à retirada das mesmas da instituição carenciada para as famílias de adopção, no Reino Unido (Rutter *et al*., 1998; Rutter, *no prelo*, a). Não se tratou apenas de uma melhoria passageira, pois, os benefícios eram evidentes, ainda aos 11 anos de idade. Os efeitos das variações no ambiente das famílias adoptivas, durante os anos dos meados da infância, revelaram-se muito claramente no estudo levado a efeito por Duyme, Dumaret e Tomkiewicz (1999). Estes autores investigaram crianças que tinham sido tiradas de junto dos seus pais biológicos, por abuso ou negligência destes, as quais foram adoptadas, entre os quatro e os seis anos de idade, tendo sido avaliados os seus QIs, antes da adopção e, depois, num *follow-up*, por alturas da adolescência. No seu conjunto, e sem surpresas, o grupo mostrou uma subida no QI, a seguir à adopção. Mas o que era particularmente novo e importante, nos resultados obtidos, era que o grau de melhoria do QI estava sistematicamente associado às qualidades sociais e educacionais do lar de adopção.

Estes estudos mostraram a importância dos ambientes mais tardios sobre o funcionamento psicológico, mas não examinaram os efeitos sobre o cérebro, enquanto tal. Isto, porém, foi investigado, tanto com humanos como com animais (cf. Rutter, 2002 a). Num e noutro caso, se verificaram os efeitos estruturais da privação e da estimulação, nos anos posteriores à infância (Elbert *et al.*, 1995; Greenough *et al.*, 1987; Maguire *et al.*, 2000). Não se trata, aqui, de efeitos de programação biológica, como são vulgarmente entendidos, mas representam, sem dúvida, o impacto das experiências sobre a estrutura e o funcionamento do cérebro.

Organizações cognitivas e afectivas, modelos e conceitos de si

A influência das experiências sobre o processamento e os modelos cognitivos ou os conceitos de si constitui um possível mediador muito diferente dos efeitos a longo termo. Está bem estabelecido que, da infância em diante, os indivíduos processam, conceptualizam e reflectem nas suas experiências. Tem-se argumentado que as diferenças individuais na maneira como as pessoas processam as suas experiências podem constituir um factor determinante da existência ou não de efeitos adversos a longo termo (Main, Kaplan & Cassidy, 1985). Tal noção é, certamente, plausível, mas só de modo muito limitado foi rigorosamente investigada. McCarthy e Maughan (2005) abordaram a questão, examinando os modelos de funcionamento interno da vinculação e a sua associação com as relações amorosas do adulto, utilizando uma amostra de mulheres com deficientes relações pais-filhos, na infância. O contraste foi proporcionado pelo facto de que as relações negativas em criança estavam associadas a boas relações amorosas, em adulto, no caso de algumas mulheres, e a relações amorosas deficientes, em adulto, no caso de outras. O que os resultados mostraram foi que uma vinculação segura, no adulto, avaliada por uma entrevista sobre este fenómeno, nessa idade, estava fortemente associada à diferença nas qualidades das relações amorosas, na adultez. Porém, uma limitação deste estudo consiste no facto de os modelos de funcionamento terem sido avaliados, na vida adulta, e não na adolescência. Assim, não é possível ir para além da associação estatística, de modo a poder afirmar o que é que causa o quê, ou se as duas coisas derivam de uma outra influência comum. Hughes e colaboradores (Hughes, Turton, Hopper, McGauley & Fonagy, 2004; Turon, Hughes, Fonagy & Fainman, 2004) utilizaram uma estratégia de investigação diferente, centrando a atenção em mulheres que experienciaram concepções de nados-mortos, seguindo-as, depois, a fim de examinarem os resultados, em termos de perturbações emocionais. A hipótese baseada na teoria da vinculação deveria ser, ao que parece, que vinculações não resolvidas teriam de estar associadas a piores resultados emocionais. Mas, no caso vertente, não foi isso que se verificou. Dodge e colaboradores (Dodge, Bates & Pettit, 1990; Dodge, Pettit, Bates & Valente, 1995) estudaram uma amostra de crianças vítimas de abusos físicos, a fim de examinar se sim ou não as consequências relativas ao comportamento disruptivo futuro eram mediadas pelas diferenças no processamento cognitivo. Os resultados revelaram efeitos mediadores significativos, mas davam conta de uma percentagem muito reduzida da variância total. Mostrou-se que as atribuições negativas desempenham um papel no decurso da depressão. Mas é menos claro se elas também exercem influência no desencadear inicial da mesma (Teasdale & Barnard, 1993). Apesar da proeminência das noções teóricas sobre os importantes efeitos mediadores das organizações cognitivo / afectivas, a conclusão, de momento, tem de ser que elas constituem uma forma potencial importante de mediação dos efeitos das experiências, mas o fenómeno tem ainda de ser testado, sistematicamente, numa escala mais alargada.

Efeitos sobre os padrões de interacção interpessoal

A investigação levada a cabo, até agora, acerca dos efeitos mediadores de tipos de interacção interpessoal, tomou, quase inteiramente, o comportamento da infância como ponto de partida, de preferência às suas experiências. No entanto, dada a importância dessas experiências para o comportamento infantil, os resultados terão, provavelmente, implicações para a mediação de efeitos duradouros sobre tais experiências, embora isso tenha ainda de ser sujeito a investigação sistemática. O vigor das influências foi mostrado, em primeiro lugar, num *follow-up* levado a efeito por Robins (1966), com rapazes anti-sociais e um grupo de controlo, prolongando-se até à meia-idade. Os resultados evidenciaram diferenças acentuadas nas relações adultas, reflectidas em termos de divórcios (especialmente, divórcios múltiplos) e da ausência quase total de amigos. O mesmo estudo indicou, igualmente, efeitos relevantes no ambiente adulto, indexados, de outra maneira. Por exemplo, por altura do *follow-up*, os rapazes anti-sociais tinham muito mais probabilidades de se encontrarem desempregados, de registarem, pelo menos, dez mudanças de emprego, em dez anos, e de terem uma profissão não especializada ou semi-especializada. Mais recentemente, Champion, Goodall e Rutter (1995) revelaram os robustos efeitos das perturbações emocionais e comportamentais, aos dez anos de idade, e apontaram para a probabilidade de os indivíduos experienciarem eventos graves e severamente negativos e dificuldades a longo termo, 18 anos mais tarde. O efeito dos problemas de comportamento sobre os factores de *stress*, na vida futura, era muito forte, mas os efeitos da perturbação emocional eram comparáveis, embora mais fracos.

Efeitos sobre as continuidades ambientais

Os resultados acabados de analisar, relativos aos tipos de interacção interpessoal, reflectem também os efeitos sobre as continuidades ambientais. Todavia, estes foram revelados, também por outras vias. Por exemplo, durante muito tempo, a perda dos pais foi considerada como um factor de risco principal de pertebuções depressivas, na vida adulta. Harris, Brown e Bifulco (1986) confirmaram esse efeito de risco, mas mostraram, para além disso, que estava inteiramente dependente de a perda dos pais conduzir ou não à ausência de parentalidade adaptativa: os efeitos de risco derivavam da deficiência dos cuidados maternos, sendo a perda importante, apenas porque predispunha para tais inadequações no ambiente educacional. É de notar que os efeitos da deficiência dos cuidados maternos eram tão grandes nos indivíduos que não experimentaram a perda dos pais como naqueles em que isso acontecia. A perda era importante, porque predispunha para o próximo factor de risco, ou seja, a falta de cuidados adequados. Mas era este último que constituía o processo de risco imediato. Esses dados diziam respeito aos efeitos imediatos da perda sobre o ambiente educacional. Mas o mesmo conjunto de estudos levados a cabo por Brown e colaboradores mostraram também a importante mediação representada por experiências posteriores de tipo diferente. Por exemplo, a gravidez na adolescência constituía um mediador ulterior de risco, mais perto no tempo, do início da depressão (Harris, Brown & Bifulco, 1990).

Efeitos sobre as respostas societais e outras

Por último, é necessário considerar os possíveis efeitos mediadores, que derivam das respostas societais a comportamentos provenientes (pelo menos, em parte) de experiências adversas. Assim, por exemplo, eram evidentes os efeitos benéficos, no que concerne à oferta de oportunidades associadas ao serviço militar para indivíduos de meios socialmente desfavorecidos, como foi revelado tanto por Elder (1986) como por Sampson e Laub (1996). Por certo que não era o caso de que estar na vida militar fosse, em si mesmo, uma coisa boa: era, antes, o servir nas forças armadas que proporcionava outras oportunidades educacionais e de carreira e alargava o grupo dos colegas, tanto para os indivíduos provenientes de meios desfavorecidos, como para os não desfavorecidos. Efeitos adversos eram evidentes, no caso das consequências do encarceramento, enquanto resposta societal ao comportamento delinquente ou criminoso (Sampson & Laub, 1993). É claro que pode acontecer que os indivíduos "mereçam" punição pelo seu comportamento anti-social. Mas o que sublinham os resultados é que o encarceramento tornou mais provável que os indivíduos viessem a ter graves dificuldades em conseguir um emprego e que a experiência do desemprego tornava também mais provável que eles voltassem ao crime. O que foi crucialmente importante, nos estudos do desenvolvimento dos efeitos, a longo prazo, das experiências, foi a demonstração de um largo espectro de possíveis mecanismos mediadores. É o conhecimento destes mediadores que será decisivo no planeamento de intervenções eficazes, quer de natureza preventiva, quer terapêutica. Uma necessidade fundamental de investigação diz respeito aos mecanismos mediadores de eficácia nos estudos de intervenção.

DATA DE INÍCIO DOS EFEITOS

Na sua maior parte, tanto a literatura psicológica como a psiquiátrica tenderam a tratar a psicopatologia, sem grandes referências à possível data de início das diferenças. No entanto, os dados da investigação apontam para a probabilidade de existirem importantes efeitos associados à data de início dos problemas. Por exemplo, alguns dos poucos estudos genéticos, que examinaram este assunto, tendiam a indicar influências genéticas mais robustas sobre a depressão com começo na adolescência ou na vida adulta do que sobre a que tinha início na infância (Silberg et al., 1999; Thapar & McGuffin, 1996). O *follow-up* a longo termo da amostra da Ilha de Wight, inicialmente estudada na infância e na adolescência e agora reavaliada nos meados da quarta década, também evidenciou diferenças potencialmente importantes nos correlatos da depressão, de acordo com a data do começo da mesma (Maughan, Pickles, Colliseus, Messer, Shearer & Rutter, 2005). Assim, a experiência de maus-tratos na infância estava, talvez, mais fortemente associada ao começo da depressão na adolescência do que na vida adulta. Isto poderia provir, simplesmente, de que um começo mais recente tornou mais provável que acontecesse a recorrência da depressão, sugerindo a comparação das duas variáveis que a referida recorrência e a data de início eram factores influentes. Diferenças ainda mais notórias se revelaram, no que toca à associação aos sintomas de conduta, na infância. Encontravam-se estes muito mais frequentemente associados à depressão com início na adolescência do que àquela que aparecia na idade adulta. Visto que, até agora, se tem prestado tão pouca atenção às diferenças de idade, é deficiente a nossa compreensão dos mecanismos em causa. Assim, é necessário questionarmo-nos se as diferenças derivam da idade das pessoas, quando a depressão se tornou evidente, pela primeira vez, ou se provêm, antes, do facto de os tipos de depressão que começam mais cedo serem diferentes dos que têm início mais tardio.

Problemas parecidos se colocam, a respeito do comportamento anti--social. Moffit (1993) fez uma distinção importante entre o que ela chamou comportamento anti-social persistente ao longo da vida e comportamento anti-social limitado à adolescência. Dados da investigação têm mostrado que estas duas categorias diferem em aspectos importantes, não havendo dúvida alguma de que tal diferenciação foi útil, em todo o domínio do comportamento anti-social. No entanto, temos de questionarmo-nos acerca dos mecanismos mediadores. Assim, por exemplo, será que as diferenças encontradas, no que concerne aos factores associados ao risco, derivam do grau de persistência do comportamento anti-social, da idade em que apareceu pela primeira vez, ou da associação entre começo precoce e hiperactividade? Foi revelado que o início precoce da delinquência está associado a uma carga familiar mais forte, em parentes em primeiro e segundo grau (Taylor, Iacono & McGue, 2000). Mas as mesmas questões se colocam, relativamente a este contraste. Será também que a carga familiar implica um efeito genético mais robusto, ou deriva ela de um ambiente mais seriamente adverso, que conduz a um início mais precoce da delinquência? Mais uma vez, os dados apontam para a necessidade de colocar estas questões na agenda dos investigadores, sendo que a maior parte do trabalho de pesquisa está ainda por fazer. A principal ênfase da literatura sobre a investigação clínica tem sido posta na questão de saber se os critérios de diagnóstico têm ou não de ser modificados, de acordo com a diversidade dos grupos etários. Trata-se de uma importante questão. Porém, os dados respeitantes ao desenvolvimento indicam que tem de se prestar muito maior atenção ao significado das diferenças na data do começo das perturbações. É a depressão da pré-puberdade a mesma síndrome que a depressão com início na vida adulta? É a perturbação da comportamento no princípio ou no meio da infância diferente da que aparece na adolescência? Para responder a estas perguntas e outras do género, temos grande necessidade de investigação que, aliás, está apenas no início. São essenciais estudos longitudinais da população geral e a longo termo.

DIFERENÇAS SEXUAIS

Até recentemente, a maioria dos investigadores e dos clínicos tendia a considerar as diferenças sexuais como um "dado", como algo que não pode ser mudado e, portanto, pouco digno de muita atenção. É, agora, claro que se trata de uma visão completamente errada, porque, embora o sexo biológico seja, na verdade, um "dado", os mecanismos de risco e de protecção podem implicar um leque muito diverso de mediadores, desde as influências hormonais, às expectativas societais, às variações relacionadas com o sexo nas experiências de risco e à interacção entre os genes e o ambiente (Rutter, Caspi & Moffit, 2003). Quer isto dizer que é provável que a determinação dos mecanismos das diferenças sexuais seja relevante para os factores de risco, ao nível de ambos os sexos. Por ser provável que sejam importantes os mecanismos causais de níveis múltiplos e operando ao longo do tempo, o estudo das diferenças sexuais tem de ser parte da psicopatologia desenvolvimentista. A maior parte das revisões neste domínio sublinharam o número relativamente pequeno de diferenças entre homens e mulheres num vasto âmbito de funcionamento psicológico, revelando uma enorme sobreposição entre os dois sexos e uma grande margem de diferenças individuais (Hines, 2004; Maccoby, 1988; Maccoby & Jacklin, 1974). A conclusão foi que as diferenças, ao nível de cada sexo, ultrapassam, de longe, as diferenças entre os dois sexos. Todavia, enquanto tal é, de facto, o caso, no que respeita a muitas características psicológicas, são ainda maiores as diferenças no domínio da psicopatologia. Três exemplos ilustram o que acaba de dizer-se. Em primeiro lugar, estão os dados segundo os quais existe uma acentuada subida no grau de depressão nas raparigas adolescentes, subida essa muito mais pronunciada que nos rapazes. Há muito poucas diferenças entre os dois sexos na taxa de depressão, na infância, mas uma diferença notável, na vida adulta, diferença essa com origem na adolescência (Hankin & Abramson, 2001; Hankin et al., 1998). Existem indicações de que tal diferença sexual reflecte o papel crescente das influências genéticas, durante este período etário, e uma associação com os acontecimentos e experiências de vida negativos, admitindo-se a possibilidade de que a interacção dos genes e do ambiente tenha maior influência nas mulheres do que nos homens (Silberg et al., 1999; 2001). Os dados dos estudos com gémeos sublinham a importância das correlações genes-ambiente e as suas interacções, no que se refere à depressão nas raparigas adolescentes (Eaves, Silberg & Erkanli, 2003). Mas não foram ainda feitas as necessárias comparações entre rapazes e raparigas.

    Numerosos estudos mostraram ser mais elevada a frequência de comportamentos anti-sociais nos homens do que nas mulheres, mas só recentemente se chamou a atenção para o facto de que esta diferença varia bastante, segundo o tipo de comportamento anti-social considerado e também do grupo etário estudado (Rutter et al., 1998). Em particular, a diferença mais acentuada diz respeito ao contraste entre o comportamento anti-social persistente ao longo da vida, muito mais comum nos homens, e o comportamento anti-social limitado à adolescência, que apresenta diferenças sexuais muito menores (Moffit, Caspi, Rutter & Silva, 2001). Tal contraste é particularmente digno de nota, porque, muitas vezes, se assumiu que o aumento da criminalidade e a emergência de comportamentos mais gravemente violentos, nos anos da adolescência, reflectem as consequências da subida do nível da testosterona que, nos indivíduos de sexo masculino, acompanha a puberdade. Sem dúvida que a testosterona tem efeitos comportamentais. Mas tais efeitos parecem revelar-se mais no sector da dominância que da violência (Rowe, Maughan, Worthman, Costello & Angold, 2004), sendo que os dados segundo os quais o aumento do comportamento anti-social, neste período etário, é, pelo menos, tão acentuado nas mulheres como nos homens vão contra a hipótese do maior efeito causal das hormonas sexuais masculinas sobre as actividades anti-sociais.

A terceira característica é a marcada preponderância masculina em quase todas as perturbações neurodesenvolvimentistas, tais como a dislexia, os atrasos de linguagem, o autismo e a desordem do défice de atenção e hiperactividade (Rutter *et al.*, 2003). Durante algum tempo, certos comentadores argumentaram que a maior parte das diferenças sexuais na dislexia era um artefacto proveniente da disparidade de casos enviados a consulta especializada (Shaywitz, Shaywitz, Fletcher & Escobar, 1990). Mas é agora claro, tendo em conta múltiplos estudos epidemiológicos, em larga escala, que tal não é o caso. As dificuldades de leitura são cerca de duas vezes mais comuns nos rapazes que nas raparigas (Rutter *et al.*, 2004 b). As diferenças sexuais no autismo e na ADHD são ainda maiores. O uso da expressão perturbações neurodesenvolvimentistas não deve ser entendido no sentido de significar que as diferenças sexuais se referem, particularmente, a situações que implicam patologias cerebrais. Assim, não há grande diferença entre os dois sexos, no que respeita à taxa de paralisia cerebral ou da epilepsia. Pelo contrário, a diferença tem a ver com situações, que envolvem défices neurocognitivos, de um género ou de outro, associados à psicopatologia, os quais se tornam, pela primeira vez, evidentes, nos anos pré-escolares. O que é verdadeiramente impressionante é que não tenha havido quase nenhuma investigação sistemática, a respeito das razões de ser destas diferenças sexuais. É digno de nota que a preponderância feminina se confina, em grande parte, aos problemas emocionais com origem na adolescência (depressão e desordens alimentares) e a preponderância masculina às perturbações neurodesenvolvimentistas de início precoce. Isto implica, por certo, que podem haver influências comuns, no interior destes dois grupos, as quais diferem entre os mesmos dois grupos. Para estudar, adequadamente, o assunto, é essencial ter em conta o leque dos possíveis factores susceptíveis de estar envolvidos nas diferenças sexuais e considerar a necessidade de encarar as diferenças, a vários níveis diferentes (Rutter *et al.*, 2003).

NORMALIDADE E DESORDEM

A literatura está cheia de disputas, em grande parte infrutíferas (especialmente, entre psicólogos e psiquiatras), sobre os prós e os contras das abordagens dimensionais *versus* categóricas aos conceitos de funcionamento psicológico e de psicopatologia (Rutter, 2003). Todos os tipos de pressupostos estiveram implicados nessas batalhas, muitos dos quais se não justificam.

Os dados sobre as continuidades entre normalidade e psicopatologia são de natureza diferente e, tomados no seu conjunto, os resultados são convincentes. Assim, como no resto da medicina (Rutter, 2003), deduz-se, claramente, dos estudos longitudinais que as variações na sintomatologia, no âmbito normal, são preditivas de futuras desordens mentais clinicamente significativas, do género das perturbações multifactoriais comuns, tal como acontece com a depressão e com o comportamento anti-social. O mais surpreendente é que as continuidades parecem dizer também respeito às doenças mentais graves, tais como a esquizofrenia e o autismo, que era costume considerar como qualitativamente muito distintas da normalidade. O mesmo parece aplicar-se à dislexia, às deficiências específicas da linguagem e à desordem de défice da atenção com hiperactividade (ADHD). Nestes casos, os dados provêm de investigações com gémeos e outros consanguíneos, sendo de particular importância os resultados dos estudos longitudinais de grupos de alto risco. Assim, os estudos de consanguíneos mostraram que a propensão genética para a esquizofrenia abrange as perturbações esquizotípicas e paranóides (Kendler, Neale & Walsh, 1995), enquanto que os estudos longitudinais com indivíduos de alto risco, tendo em conta a carga familiar, mostraram as progressões a partir destas características precursoras, na adolescência, até chegar à psicose manifesta (Johnstone, Ebmeier, Miller, Owens & Lawrie, 2005). De modo semelhante, estudos longitudinais de populações normais revelaram continuidades entre perturbações comuns de tipo psicótico, na infância, e o desenvolvimento posterior de distúrbios do espectro da esquizofrenia (Cannon *et al.*, 2002; Poulton *et al.*, 2000). No caso destes precursores comuns da infância e dos pródromos da adolescência, é importante notar que, embora estas perturbações estejam associadas a riscos muito mais acrescidos de uma perturbação do espectro da esquizofrenia, só uma minoria (mas considerável) faz, de facto, esta progressão.

No caso do autismo, a aparente continuidade entre a normalidade e uma perturbação incapacitante deriva de estudos com gémeos, que mostram que a propensão genética se estende aos défices sociais e de comunicação, em indivíduos de inteligência normal (Le Couteur *et al.*, 1996), e baseia--se ainda em resultados de estudos de consanguíneos, que revelam que perturbações algo parecidas ocorrem em mais de um quinto dos parentes em primeiro grau (Bailey, Palferman, Heavey & Le Couteur, 1998; Rutter, *no prelo*, c). As mesmas estratégias de investigação conduziram a conclusões parecidas, no caso das deficiências específicas de linguagem (Bishop, North & Donlan, 1995) e da dislexia (Snowling, Gallagher & Frith, 2003). Dados de estudos com gémeos, sobre o distúrbio de problemas de atenção com hiperactividade (ADHD), mostraram também que a susceptibilidade genética se estende, para além da categoria diagnóstica, a uma dimensão da hiperactividade/défice de atenção (Levy & Hay, 2001),

Duas questões surgem deste conjunto razoavelmente bem estabelecido de resultados. Primeira, devem os dados ser interpretados como indicando, simplesmente, um alargar da categoria diagnóstica, ou antes, reflectem eles uma verdadeira continuidade entre a situação psicopatológica e as variações no funcionamento psicológico, no âmbito normal? Presentemente, não há resposta definitiva para esta importante questão, tendo de ser consideradas ambas as possibilidades. Segunda, quais são os mecanismos implicados nas transições entre a situação psicopatológica e o fenótipo mais alargado, ou a dimensão normal? Será, simplesmente, que a situação incapacitante representa um conjunto mais severo de factores de risco, ou é necessário invocar algum tipo de mecanismo de "duplo impacto", em que um conjunto de influências se aplica a um fenótipo ou dimensão mais alargada, e o segundo implica a transição para a perturbação incapacitante? Não existem, até agora, respostas adequadas a estas questões, que se apliquem aos três exemplos apresentados. Todavia, é óbvio que uma perspectiva desenvolvimentista é essencial para dar uma resposta às mesmas.

CONEXÕES ENTRE
DIFERENTES DOMÍNIOS PSICOLÓGICOS

No seu conjunto, os psiquiatras consideraram, tradicionalmente, as desordens mentais como se cada uma constituísse um todo coerente.

Assim, a investigação concentrou-se em torno das possíveis influências causais do desenvolvimento da esquizofrenia, do autismo, ou das perturbações do desenvolvimento da linguagem, como se fosse provável elas operarem sobre a desordem, enquanto tal. Sem dúvida que pode ser assim que as causas operam. No entanto, uma questão desenvolvimentista fundamental diz respeito às possíveis conexões entre os diferentes domínios psicológicos. Por exemplo, um dos principais avanços, relativamente à compreensão do autismo, proveio dos estudos experimentais de Hermelin e O'Connor (1970), que mostraram a importância dos défices cognitivos, nesta pertrurbação, com a implicação de que eles poderiam estar subjacentes aos défices sociais que a definiam. Mais recentemente, avançou-se ainda mais na elucidação destas conexões, mediante a demonstração de défices nas operações mentais, que acabaram por ser categorizados como falhas na "teoria da mente" (Baron-Cohen, Leslie & Frith, 1985; Frith, 2003). Alguns tipos diferentes de questões surgiram destas importantes descobertas. Assim, e para começar, as primeiras manifestações de autismo aparecem, antes que as competências da teoria da mente se tornem evidentes. Deste modo, começou a sentir-se a necessidade de saber quais são os precursores das competências da teoria da mente e, a partir daí, colocar questões acerca do processo cognitivo básico que subjaz às anormalidades do desenvolvimento social (Sigman & Ruskin, 1999). Em segundo lugar, embora os défices nas operações mentais pareçam ter uma conexão compreensível com as deficiências sociais e na comunicação, não era assim tão óbvio como poderiam eles dar conta dos comportamentos repetitivos e estereotipados, que são parte crucial do autismo. Voltou-se, então, a atenção para o conceito de uma falta de coerência central, por outras palavras, para a constatação de que os indivíduos autistas tendiam a perceber as feições fisionómicas, com base em pormenores, de preferência à "gestalt" de um todo significativo (Happé, 1994, 2003). Sem dúvida que isto coloca a questão ulterior de saber quais são as conexões entre a coerência central e a teoria da mente. Em terceiro lugar, os geneticistas começaram a perguntar se as influências genéticas poderiam ser específicas destas diferentes afecções (Rutter, *no prelo*, c). Existem algumas indicações de que tal poderia ser o caso, mas os dados até agora disponíveis são contraditórios e inconclusivos. No entanto, o que é claro é que estas são questões importantes do desenvolvimentio que precisam de ser a averiguadas.

Problemas semelhantes surgem, em relação às perturbações do desenvolvimento da linguagem. Tradicionalmente, estas eram vistas como perturbações confinadas às funções da linguagem. É, de facto, isso que as define. Mas um leque de estudos clínicos, epidemiológicos e de *follow-up* mostram que tais desordens (pelo menos, as que envolvem anormalidades receptivas e pragmáticas) implicam também um espectro um pouco mais extenso de deficiências cognitivas (incluindo a teoria da mente) e estão associadas a uma frequência surpreendentemente elevada de défices sociais na vida adulta (Clegg, Hollis, Mawhood & Rutter, 2005). Não há ainda dados disponíveis para entender como tudo isto encaixa entre si, mas o conceito de perturbações desenvolvimentistas da linguagem teve de ser modificado e ampliado, tendo-se colocado novas questões, a respeito de como operam as interconexões entre os diferentes domínios psicológicos, no decurso do desenvolvimento destes problemas.

Questões algo parecidas surgem, relativamente a afecções quase-autistas, encontradas, quer em crianças congenitamente cegas (Brown, Hobson & Lee, 1997; Hobson, Lee & Brown, 1999), quer em crianças educadas em instituições profundamente carenciadas (Rutter et al., 1999). As descrições clínicas destes grupos têm semelhanças notáveis com as do autismo, tal como é ordinariamente diagnosticado, mas há, também, algumas diferenças de grande monta (daí o uso da expressão "quase-autista", de preferência à de autista). De momento, é incerto se os resultados têm ou não implicações para as desordens do espectro do autismo, uma vez que elas surgem em crianças sem antecedentes institucionais ou cegueira congénita. Todavia, o que é claro é que precisamos de considerar como é que estas perturbações se desenvolvem e quais são os seus mecanismos mediadores.

PROGRESSÕES PSICOPATOLÓGICAS

Uma das mudanças verdadeiramente importantes, ocorrida, em tempos recentes, foi a consideração de que é necessária uma abordagem desenvolvimentista, tanto às desordens psiquiátricas do adulto como às que têm lugar na infância. Em parte alguma isso é mais evidente do que na mudança de pontos de vista relativa à esquizofrenia (Keshavan *et al.*, 2004). Um leque de estudos, que lançou mão de estratégias de investigação variadas, mostrou com que frequência a esquizofrenia é precedida, na infância, por anormalidades neurodesenvolvimentistas, por problemas de atenção e por anormalidades do comportamento (Rutter & Garmezy, 1983). Com o tempo, as conexões tornaram-se, porém, muito mais claramente delineadas, uma vez que se evidenciaram as mesmas progressões, através de estudos epidemiológicos de coortes, à escala da população geral. Uma outra reviravolta teve origem no Estudo Longitudinal de Dunedin, que mostrou que as anormalidades de tipo psicótico podiam ser detectadas, mesmo na infância (Cannon *et al.*, 2002; Poulton *et al.*, 2000). Assim, como foi observado mais acima, o conceito actual é o de precursores infantis, que se encaminham para um estado prodrómico, o qual, por sua vez, conduz, depois, a uma psicose esquizofrénica manifesta. Uma das questões básicas é, sem dúvida, a de saber quais os factores de risco implicados nesta progressão, que se estende por uma ou mais décadas. Um indício de resposta foi proporcionado pelos dados, segundo os quais o risco de esquizofrenia aumenta com o consumo precoce e imoderado de canábis (Arseneault *et al.*, 2004; Henquet *et al.*, 2005). Porém, é importante notar que o efeito da canábis parece operar, em grande parte ou inteiramente, naqueles que são geneticamente vulneráveis (Caspi *et al.*, 2005).

Um tipo bastante diferente de progressão psicopatológica está implicado na transição da ADHD, enquanto desordem, ou da hiperactividade / inatenção, enquanto dimensão, para o posterior comportamento anti-social (Rutter *et al.*, 1997). A progressão está bem documentada, numa série de estudos diferentes, mas os seus mecanismos permanecem algo obscuros. Num grau considerável, eles reflectem, provavelmente, uma susceptibilidade genética partilhada entre a ADHD e o comportamento anti-social (Nadder, Silberg, Rutter, Maes & Eaves, 2002). Mas é duvidoso que isso constitua toda a história. O papel da hiperactividade, enquanto factor de risco, precisa também de ser considerado, tendo em conta a extensa evidência de que a violência física, no início da infância é também um factor de risco para o posterior comportamento anti-social (Tremblay, Hartup & Archer, 2005).

Uma terceira progressão diz respeito aos dados segundo os quais a ansiedade pré-pubertária tende a conduzir à depressão pós-pubertária. Isto tornou-se evidente, tanto ao nível dos estudos genéticos como das pesquisas longitudinais (Eaves *et al.*, 2003; Silberg *et al.*, 2001). Em grande parte, tal facto reflecte uma susceptibilidade genética partilhada entre a ansiedade e a depressão. Mas é esta a totalidade da explicação?

Um quarto exemplo é oferecido pelo percurso da perturbação da conduta precoce para o posterior consumo de drogas, até chegar à depressão (Rutter, 2002 b). Aqui, colocam-se as mesmas questões. Por outras palavras, qual é o papel da propensão genética partilhada e qual é o papel dos factores de risco partilhado? E de que maneira pode um comportamento constituir um factor de risco para outro comportamento? Como acontece com tantas facetas de uma perspectiva desenvolvimentista consideradas neste trabalho as questões estabelecem a agenda de investigação, mas as respostas aguardam por mais pesquisas.

RESILIÊNCIA

A característica universal de todos os estudos de riscos ambientais, sejam eles físicos ou psicológicos (digam eles respeito aos humanos ou aos outros animais), são as enormes diferenças individuais nas respostas. Isto aplica-se a todos os riscos ambientais estudados. E levou, em primeiro lugar, aos conceitos de vulnerabilidade e invulnerabilidade, como se se tratasse de absolutos, o que depressa os tornou noções desacreditadas. Seguiu-se-lhes o conceito de resiliência, com as implicações de que, embora se tratasse de um factor gradual (e não categórico), também ele foi considerado uma qualidade geral. Mas também isto é, claramente, inválido (Rutter, *no prelo,* d). É, não só implausível que as mesmas qualidades se apliquem à resiliência relativamente às infecções, às doenças cardiovasculares e às condições psicopatológicas, como ainda tem de questionar-se se a resiliência reside nas características individuais ou na situação, conceptualizada, de maneira mais geral. O que a investigação numa perspectiva desenvolvimentista nos trouxe foram dados indicativos de que as influências sobre a resiliência incluem qualidades de pré-*stress* (no indivíduo e no ambiente); abrangem factores que operam, durante a experiência adversa; e experiências que ocorrem, a seguir ao *stress* ou à adversidade. Por outras palavras, a "acção" não reside, simplesmente, na química do momento, em que opera o factor stressante. Pelo contrário, ela tem de ser vista, em termos de um processo que incorpora, tanto os factores de risco como os factores protectores, que influenciam a maneira como as pessoas encaram a experiência; abrange as particularidades relativas à maneira como lidam com a experiência (incluindo os mecanismos de enfrentamento — *coping* — que utilizam); e, ainda, as experiências que ocorrem na sua vida futura, as quais podem desencadear efeitos de viragens recuperativas (Rutter, 1996). Por outras palavras, a resiliência tem de ser reconceptualizada como sendo um processo, e não como uma característica individual. Um outro ponto, que emerge dos dados da investigação, é que as diferenças individuais estão em jogo mesmo nas adversidades mais graves. Poderia supor-se que, em caso de grave privação geral, todos seriam afectados, na mesma medida. Mas é claro que tal não acontece. O *follow-up* das crianças romenas institucionalizadas mostrou que as diferenças individuais eram tão acentuadas naquelas que tinham tido privação prolongada como naquelas que registavam curtos períodos da mesma (Rutter, no prelo, a). A implicação é que as consequências psicopatológicas da adversidade não serão totalmente explicáveis, com base no conjunto das influências de risco e protectoras; é que a investigação dos mecanismos mediadores terá também de ser informada pela evidência sobre os factores associados às diferenças individuais na resposta à adversidade; e que a investigação da resiliência necessita de passar da pesquisa centrada nos traços para a pesquisa focalizada nos processos (Ruter, no prelo, d).

INTERACÇÃO GENES-AMBIENTE

O último tópico a abordar aqui diz respeito à enorme importância da interacção genes-ambiente (Moffitt, Caspi & Rutter, 2005; Rutter, no prelo, b; Rutter, Caspi & Moffitt, no prelo; Rutter & Silberg, 2002). Em tempos, havia a tendência geral para subdividir as desordens (e os traços) naquelas que eram, sobretudo, determinadas socialmente e nas que eram, de preferência, influenciadas pelos genes. Pelo menos, no que concerne às perturbações de traços multifactoriais, que constituem a vasta maioria das que interessa considerar, essa é uma dicotomia inteiramente enganadora e falsa. Não só acontece que todos os traços e todas as perturbações envolvem influências genéticas e ambientais, mas — muito mais importante — que ambos implicam a co-acção ou interacção dos genes e do ambiente. Temos de considerar três modalidades principais. Primeira, há influências genéticas sobre a exposição aos ambientes de risco (através das correlações genes-ambiente). Segunda, há influências genéticas sobre a susceptibilidade aos ambientes de risco (através das interacções genes-ambiente). Terceira, há influências ambientais sobre a expressão dos genes [através dos efeitos sobre a metilação (*methylation*), enquanto parte da epigénese]. No que respeita às interacções, elas foram evidenciadas, de forma assaz convincente, mediante o uso de técnicas da genética molecular. Assim, Caspi *et al.* (2002) mostraram que o comportamento anti-social surgia, em função da actividade de MAOA, influenciada geneticamente, e de uma história de maus-tratos na infância. Não havia efeito principal dos genes, existia um efeito principal fraco do ambiente, mas verificava-se uma forte interacção entre os dois. De modo semelhante, Caspi *et al.* (2003) mostraram que os efeitos dos maus-tratos na infância sobre a susceptibilidade para a depressão eram moderados pelo gene 5-HTT. Mais recentemente, Caspi *et al.* (2005) revelaram que os efeitos de risco de esquizofrenia, associados ao consumo precoce e excessivo de canábis, são moderados pelo alelo da valina do gene COMT. Este campo de investigação encontra-se ainda numa fase inicial, mas pode antecipar-se, com segurança, que os dados sobre as três formas de co-acção e interacção entre genes e ambiente se expandirão, fortemente, nos anos vindouros (Moffitt, Caspi & Rutter, 2005; Rutter, Caspi & Moffitt, *no prelo*).

VISÃO DE CONJUNTO
SOBRE AS IMPLICAÇÕES DA INVESTIGAÇÃO

Como foi ilustrado, nos exemplos apresentados, são cinco as implicações principais da investigação, derivadas das considerações destas dez facetas de uma perspectiva desenvolvimentista da psicopatologia. Primeira, como foi observado, na introdução, os estudos desenvolvimentistas necessitam de incluir a focalização nas diferenças individuais e também na delineação das continuidades e descontinuidades entre a normalidade e a desordem. Segunda, tem de haver uma abordagem do género do teste de hipóteses ao estudo dos mecanismos causais, e não apenas uma documentação das diferenças etárias. Terceira, a fim de estudar os mecanismos desenvolvimentistas, são essenciais estudos longitudinais prospectivos a longo prazo. Estes têm de incluir amostras epidemiológicas da população geral e também grupos de alto risco, com base nas suas características comportamentais, nas experiências adversas, ou no património genético. Para investigar alguns tipos de risco, tais estudos prospectivos têm de começar no período pré-natal e de incluir a avaliação dos factores de risco de natureza imunológica, neuroendócrina e tóxica. Quarta, é importante que tal investigação envolva a integração de conceitos e estratégias sociais, genéticos e desenvolvimentistas (Rutter & McGuffin, 2004). Quinta, a investigação dos mecanismos causais tem de incorporar um leque de estratégias relevantes e informativas, incluindo a genética quantitativa e molecular, a imagiologia cerebral e modelos animais, para mencionar apenas três exemplos particularmente importantes.

CONCLUSÕES

Em conclusão, como foi ilustrado por alguns exemplos da investigação apresentados, as estratégias básicas de pesquisa, que vão ter de ser aplicadas, nos anos vindouros, abrangem um leque muito variado. Incluem a genética molecular quantitativa, a imagiologia funcional, estudos longitudinais a longo e a mais curto prazo, as experiências naturais (cf. Rutter, Pickles, Murray & Eaves, 2001) e modelos de funcionamento interno e de organizações mentais. No passado, teve de aceitar-se que os investigadores em psicopatologia do desenvolvimento utilizassem um leque muito reduzido de estratégias; que não tivessem aproveitado as vantagens adequadas do progresso tecnológico; e que negligenciassem a necessidade de considerar as relações cérebro-mente. Felizmente, esses são problemas, em grande parte, do passado, registando este campo avanços, cada vez mais vigorosos. A investigação desenvolvimentista é um domínio rico de alto potencial, que tem de ser orientada para os processos, de preferência às normas, necessitando de se concentrar nas interconexões entre o cérebro e a mente e de fazer das diferenças individuais o seu pólo de interesse dominante. Todos os exemplos dados indicam que isto está a acontecer a um ritmo cada vez mais acelerado. Mas apontam também para a desafiadora agenda de investigação a propor, a qual tem de dar atenção a questões realmente importantes sobre os mecanismos mediadores, questões essas suscitadas, a propósito de todas as múltiplas facetas da perspectiva desenvolvimentista da psicopatologia, consideradas neste trabalho.

Referências

Arseneault, L., Cannon, M., Witton, J. & Murray, R. (2004). Causal association between cannabis and psychosis: Examination of the evidence. *British Journal of Psychiatry, 184,* 110-117.

Bailey, A., Palferman, S., Heavey, L. & Le Couteur, A. (1998). Autism: The phenotype in relatives. *Journal of Autism and Developmental Disorders, 28,* 381-404.

Barker, D. J. P. (1997). Fetal nutrition and cardiovascular disease in later life. *British Medical Bulletin, 53,* 96-108.

Barker, D. J. P. (1999). Fetal programming and public health. In P. M. S. O'Brien, T. Wheeler & D. J. P. Barker (Eds.), *Fetal programming: Influences on development and disease in later life* (pp. 3-11). London: RCOG Press.

Baron-Cohen, S., Leslie, A. M. & Frith, U. (1985). Does the autistic child have a "theory of mind"? *Cognition, 21,* 37-46.

Bateson, P. (1966). The characteristics and context of imprinting. *Biological Reviews, 41,* 177-211.

Bateson, P., Barker, D, Clutton-Brock, T., Deb, D., D'Udine, B., Foley, R. A., Gluckman, P., Godfrey, K., Kirkwood, T., Lahr, M. M., McNamara, J., Metcalfe, N. B., Monaghan, P., Spencer, H. G. & Sultan, S. E. (2004). Developmental plasticity and human health. *Nature, 430,* 419-421.

Bateson, P. & Martin, P. (1999). *Design for a life: How behaviour develops.* London: Jonathan Cape.

Beckett, C., Maughan, B., Castle, J., Colvert, E., Groothues, C., Kreppner, J., O'Connor, T., Rutter, M., Stevens, S. & Sonuga-Barke, E. (2005). Do the effects of early severe deprivation on cognition persist into early adolescence? *Findings from the English and Romanian Adoptees Study.* Manuscript submitted for publication.

Bishop, D. V. M., North, T. & Donlan, C. (1995). Genetic basis of specific language impairment: Evidence from a twin study. *Developmental Medicine and Child Neurology, 37,* 56-71.

Bock, G. & Whelan, J. (Eds.) (1991). *The childhood environment and adult disease: CIBA Foundation Symposium.* Chichester, UK: Wiley.

Brown, R., Hobson, R. P. & Lee, A. (1997). Are there autistic-like features in congenitally blind children. *Journal of Child Psychology and Psychiatry, 38,* 693-703.

Bruer, J. T. (1999). *The myth of the first three years.* New York, NY: The Free Press.

Cameron, N. M., Parent, C., Champagne, F. A., Fish, E. W., Ozaki-Kuroda, K. & Meaney, M. J. (2005). The programming of individual differences in defensive responses and reproductive strategies in the rat through variations in maternal care. *Neuroscience & Biobehavioral Reviews, 29,* 843-865.

Cannon, M., Caspi, A., Moffitt, T. E., Harrington, H. L., Taylor, A., Murray, R. M. & Poulton, R. (2002). Evidence for early childhood, pan-developmental impairment specific to schizophreniform disorder. *Archives of General Psychiatry, 59,* 449-456.

Caspi, A., McClay, J., Moffitt, T. E., Mill, J., Martin, J., Craig, I. W., Taylor, A. & Poulton, R. (2002). Role of genotype in the cycle of violence in maltreated children. *Science, 297,* 851-854.

Caspi, A., Moffitt, T. E., Cannon, M., McClay, J., Murray, R., Harrington, H., Taylor, A., Arseneault, L., Williams, B., Braithwaite, A., Poulton, R. & Craig, I. W. (2005). Moderation of the effect of adolescent-onset cannabis use on adult psychosis by a functional polymorphism in the COMT gene: Longitudinal evidence of a gene × environment interaction. *Biological Psychiatry, 57,* 1117-1127.

Caspi, A., Sugden, K., Moffitt, T. E., Taylor, A., Craig, I. W., Harrington, H. L., McClay, J. Martin, J., Braithwaite, A. & Poulton, R. (2003). Influence of life stress on depression: Moderation by a polymorphism in the 5-HTT gene. *Science, 301,* 386-389.

Champion, L. A., Goodall, G. M. & Rutter, M. (1995). Behavioural problems in childhood and stressors in early adult life: A 20-year follow-up of London school children. *Psychological Medicine, 25,* 231-246.

Chasnoff, I. J., Anson, A., Hatcher, R., Stenson, H., Iaukea, K. & Randolph, L. (1998). Prenatal exposure to cocaine and other drugs. *Annals of the New York Academy of Sciences, 846,* 314-328.

Clarke, A. M. & Clarke, A. D. B. (1976). *Early experience: Myth and evidence.* London: Open Books.

Clegg, J., Hollis, C., Mawhood, L. & Rutter, M. (2005). Developmental language disorder — a follow-up in later adult life. Cognitive, language, and psychosocial outcomes. *Journal of Child Psychology and Psychiatry, 46,* 128-149.

Coe, C. L. & Lubach, G. R. (2005). Prenatal origins of individual variation in behavior and immunity. *Neuroscience Biobehavioral Reviews, 29,* 39-49.

Cooke, R. W. I. & Abernethy L. J. (1999). Cranial magnetic resonance imaging and school performance in very low birthweight infants in adolescence. *Archives of Disease in Childhood: Fetal Neonatal Edition, 81,* F116-F121.

Curtis, W. J. & Nelson, C. A. (2003). Toward building a better brain: Neurobehavioral outcomes, mechanisms, and processes of environmental enrichment. In S. S. Luthar (Ed.), *Resilience and vulnerability: Adaptation in the context of childhood adversities* (pp. 463-488). Cambridge: Cambridge University Press.

Dennett, D. C. (2003). *Freedom evolves.* London: Allen Lane, The Penguin Press.

Dodge, K. A., Bates, J. E. & Pettit, G. S. (1990). Mechanisms in the cycle of violence. *Science, 250,* 1678-1683.

Dodge, K. A., Pettit, G. S., Bates, J. E. & Valente, E. (1995). Social information--processing patterns partially mediate the effect of early physical abuse on later conduct problems. *Journal of Abnormal Psychology, 104,* 632-643.

Duyme, M., Dumaret, A.-C. & Tomkiewicz, S. (1999). How can we boost IQs of "dull children"?: A late adoption study. *Proceedings of the National Academy of Sciences of the United States of America, 96,* 8790-8794.

Eaves, L., Silberg, J. & Erkanli, A. (2003) Resolving multiple epigenetic pathways to adolescent depression. *Journal of Child Psychology and Psychiatry, 44,* 1006-1014.

Elbert, T., Pantev, C., Wienbruch, C., Rockstroh, B. & Taub, E. (1995). Increased cortical representation of the fingers of the left hand in string players. *Science, 270,* 305-307.

Elder, G. H., Jr. (1986). Military times and turning points in men's lives. *Developmental Psychology, 22,* 233-245.

Fearon, P., O'Connell, P., Frangou, S., Aquino, P, Nosarti, C., Allin, M., Taylor, M., Stewart, A., Rifkin, L. & Murray, R. (2004). Brain volumes in adult survivors of very low birth weight: A sibling-controlled study. *Pediatrics, 114,* 367-371.

Frith. U. (2003). *Autism: Explaining the enigma.* Oxford: Blackwell.

Greenough, W. T., Black, J. E. & Wallace, C. S. (1987). Experience and brain development. *Child Development, 58,* 539-559.

Hankin, B. L. & Abramson, L. Y. (2001). Development of gender differences in depression: An elaborated cognitive vulnerability-transactional stress theory. *Psychological Bulletin, 127,* 773-796.

Hankin, B. L., Abramson, L. Y., Moffitt, T. E., Silva, P. A., McGee, R. & Angell, K. E. (1998). Development of depression from preadolescence to young adulthood: Emerging gender differences in a 10-year longitudinal study. *Journal of Abnormal Psychology, 107,* 128-140.

Happé, F. (1994). *Autism: An introduction to psychological theory.* London: UCL Press.

Happé, F. (2003). Cognition in autism: One deficit or many? In G. Bock & J. Goode (Eds.), *Autism: Neural basis and treatment possibilities* (pp. 198-212). Chichester, UK: Wiley.

Harris, T., Brown, G. W. & Bifulco, A. (1986). Loss of parent in childhood and adult psychiatric disorder: The role of lack of adequate parental care. *Psychological Medicine, 16,* 641-659.

Harris, T, Brown, G. W. & Bifulco, A. (1990). Loss of parent in childhood and adult psychiatric disorder: A tentative overall model. *Developmental Psychopathology, 2,* 311-327.

Hennessey, J. W. & Levine, S. (1979). Stress, arousal, and the pituitary-adrenal system: A psychoendocrine hypothesis. In J. M. Sprague & A. N. Epstein (Eds.), *Progress in psychobiology and physiological psychology* (pp. 133-178). New York, NY: Academic Press.

Henquet, C., Krabbendam, L., Spauwen, J., Kaplan, C., Lieb, R., Wittchen, H.-U. & van Os, J. (2005). Prospective cohort study of cannabis use, predisposition for psychosis, and psychotic symptoms in young people. *British Medical Journal, 330,* 11-15.

Hermelin, B. & O'Connor, N. (1970). *Psychological experiments with autistic children.* New York, NY: Pergamon Press.

Hines, M. (2004). *Brain gender.* Oxford: Oxford University Press.

Hobson, R. P., Lee, A. & Brown, R. (1999). Autism and congenital blindness. *Journal of Autism and Developmental Disorders, 29,* 45-56.

Horn, G. (1990). Neural bases of recognition memory investigated through an analysis of imprinting. *Philosophical Transactions of the Royal Society of London, 329,* 133-142.

Hubel, D. H. & Wiesel, T. N. (1965). Binocular interaction in striate cortex of kittens reared with artificial squint. *Journal of Neurophysiology, 28,* 1041-1049.

Hubel, D. H. & Wiesel, T. N. (1970). The period of susceptibility to the physiological effects of unilateral eye closure in kittens. *Journal of Physiology, 206,* 419-436.

Hughes, P., Turton, P., Hopper, E., McGauley, G. A. & Fonagy, P. (2004). Factors associated with the unresolved classification of the adult attachment interview in women who have suffered stillbirth. *Development and Psychopathology, 16,* 215-230.

Huttenlocher, P. R. (2002). *Neural plasticity: The effects of environment on the development of the cerebral cortex.* Cambridge, MA: Harvard University Press.

Johnstone, E. C., Ebmeier, K. P., Miller, P., Owens, D. G. C. & Lawrie, S. M. (2005). Predicting schizophrenia: Findings from the Edinburgh high-risk study. *British Journal of Psychiatry, 186,* 18-25.

Kahn, R. S., Khoury, J., Nichols, W. C. & Lanphear, B. P. (2003). Role of dopamine transporter genotype and maternal prenatal smoking in childhood hyperactive-impulsive, inattentive and oppositional behaviors. *Journal of Pediatrics, 143,* 104-110.

Kendler, K. S., Neale, M. C. & Walsh, D. (1995). Evaluating the spectrum concept of schizophrenia in the Roscommon family study. *American Journal of Psychiatry, 152,* 749-754.

Keshavan, M. S., Kennedy, J. L. & Murray, R. M. (Eds.) (2004). *Neurodevelopment and schizophrenia.* New York, NY: Cambridge University Press.

Knudsen, E. I. (2004). Sensitive periods in the development of the brain and behavior. *Journal of Cognitive Neuroscience, 16,* 1412-1425.

Koren, G., Nulman, I., Rovet, J., Greenbaum, R., Loebstein, M. & Einarson, T. (1998). Longterm neurodevelopmental risks in children exposed in utero to cocaine. *Annals of the New York Academy of Sciences, 846,* 306-313.

Kuhl, P. K. (1994). Learning and representation in speech and language. *Current Opinion in Neurobiology, 4,* 812-822.

Kuhl, P. K., Andruski, J. E., Chistovich, I. A., Chistovich, L. A., Kozhevnikova, E. V., Ryskina, V. L., Stolyarova, E. I., Sundberg, U. & Lacerda, F. (1997). Cross-language analysis of phonetic units in language addressed to infants. *Science, 277,* 684-686.

Le Couteur, A., Bailey, A. J., Goode, S., Pickles, A., Robertson, S., Gottesman, I. & Rutter, M. (1996). A broader phenotype of autism: The clinical spectrum in twins. *Journal of Child Psychology and Psychiatry, 37,* 785-801.

Lenneberg, E. H. (1967). *Biological foundations of language.* New York, NY: Wiley.

Levy, F. & Hay, D. (Eds.) (2001). *Attention, genes and ADHD.* Hove, UK: Brunner-Routledge.

Maccari, S., Darnaudery, M., Morley-Fletcher, S., Zuena, A. R., Cinque, C. & Van Reeth, O. (2003). Prenatal stress and long-term consequences: Implications of glucocorticoid hormones. *Neuroscience and Biobehavioral Reviews, 27,* 119-127.

Maccoby, E. E. (1998). *The two sexes: Growing up apart, coming together.* Cambridge, MA: Belknap-Harvard.

Maccoby, E. E. & Jacklin, C. N. (1974). *The psychology of sex differences.* Stanford, CA: Stanford University Press.

Maguire, E. A., Gadian, D. G., Johnsrude, I. S., Good, C. D., Ashburner, J., Frackowiak, R. S. & Frith, C. D. (2000). Navigation-related structural change in the hippocampi of taxi drivers. *Proceedings of the National Academy of Sciences of the United States of America, 97,* 4398-4403.

Main, M., Kaplan, N. & Cassidy, J. (1985) Security in infancy, childhood and adulthood: A move to the level of representation. In I. Bretherton & E. Waters (Eds.), *Growing points in attachment theory and research* (pp. 66-106). Monographs of the Society for Research in Child Development.

Marlow, N. (2004). Neurocognitive outcome after very preterm birth. *Archives of Disease in Childhood, 89,* F224-F228.

Marlow, N., Wolke, D., Bracewell, M. A. & Samara, M., for the EPICure Study Group (2005). Neurologic and developmental disability at six years of age after extremely preterm birth. *New England Journal of Medicine, 352,* 9-19.

Maughan, B., Pickles, A., Collishaw, S., Messer, J., Shearer, C. & Rutter, M. (2005). *Age at onset and recurrence of depression: Developmental variations in risk.* Manuscript submittedfor publication.

Maye, J., Werker, J. F. & Gerken, L. (2002). Infant sensitivity to distributional information can affect phonetic discrimination. *Cognition, 82,* B101-B111.

Mayes, L. C. (1999). Developing brain and in-utero cocaine exposure: Effects on neural ontogeny. *Development and Psychopathology, 11,* 685-714.

McCarthy, G. & Maughan, B. (2005). *Continuities and discontinuities between negative parent child relationships and problems in adult love relationships: The role of internal working models of attachment.* Manuscript submitted for publication.

Moffitt, T. E. (1993). Adolescence-limited and life-course-persistent antisocial behavior: A developmental taxonomy. *Psychological Review, 100,* 674-701.

Moffitt, T. E., Caspi, A. & Rutter, M. (2005). Strategy for investigating interactions between measured genes and measured environments. *Archives of General Psychiatry, 62,* 473-481.

Moffitt, T. E., Caspi, A. & Rutter, M. (*in press*). Measured gene-environment interactions in psychopathology: Concepts, research strategies, and implications for research, intervention, and public understanding of genetics. *Perspectives on Psychological Science.*

Moffitt, T. E., Caspi, A., Rutter, M. & Silva, P. A. (2001). *Sex differences in antisocial behavior: Conduct disorder, delinquency, and violence in the Dunedin longitudinal study.* Cambridge: Cambridge University Press.

Morange, M. (2001). *The misunderstood gene.* Cambridge, MA: Harvard University Press.

Murphy, K. (1964). Development of normal vocalisation and speech. In C. Renfrew & K. Murphy (Eds.), *The child who does not talk* (pp. 11-15). London: Heinemann.

Nadder, T. S., Silberg, J. L., Rutter, M., Maes, H. H. & Eaves, L. J. (2002). Genetic effects on the variation and covariation of attention deficit-hyperactivity disorder (ADHD) and oppositional-defiant/conduct disorder (ODD/CD) symptomatologies across informant and occasion of measurement. *Psychological Medicine, 32,* 39-53.

Nelson, K. B. & Ellenberg, J. H. (1986). Antecedents of cerebral palsy: Multivariate analysis of risk. *New England Journal of Medicine, 315,* 81-86.

O'Connor, T. G., Heron, J., Golding, J., Glover, V. & ALSPAC Study Team (2003). Maternal antenatal anxiety and behavioural/emotional problems in children: A test of a programming hypothesis. *Journal of Child Psychology and Psychiatry, 44,* 1025-1036.

Pasamanick, R. & Knobloch, H. (1966). Retrospective studies on the epidemiology of reproductive casualty: Old and new. *Merrill-Palmer Quarterly, 12,* 7-26.

Petronis, A. (2001). Human morbid genetics revisited: Relevance of epigenetics. *Trends in Genetics, 17,* 142-146.

Poulton, R. P., Caspi, A., Moffitt, T. E., Cannon, M., Murray, R. & Harrington, H. L. (2000). Children's self-reported psychotic symptoms predict adult schizophreniform disorders: A 15-year longitudinal study. *Archives of General Psychiatry, 57*, 1053-1058.

Quinton, D. & Rutter, M. (1976). Early hospital admissions and later disturbances of behaviour: An attempted replication of Douglas' findings. *Developmental Medicine & Child Neurology, 18*, 447-459.

Robins, L. (1966). *Deviant children grown up: A sociological and psychiatric study of sociopathic personality*. Baltimore, MD: Williams and Wilkins.

Rowe, R., Maughan, B., Worthman, C. M., Costello, E. J. & Angold, A. (2004). Testosterone, antisocial behavior, and social dominance in boys: Pubertal development and biosocial interaction. *Biological Psychiatry, 55*, 546-552.

Rutter, M. (1979). Separation experience: A new look at an old topic. Fifth Harry Bakwin Memorial Lecture. *Behavioral Pediatrics, 95*, 147-154.

Rutter, M. (1989a) Age as an ambiguous variable in developmental research: Some epidemiological considerations from developmental psychopathology. *International Journal of Behavioral Development, 12*, 1-34.

Rutter, M. (1989b). Pathways from childhood to adult life. *Journal of Child Psychology and Psychiatry, 30*, 23-51.

Rutter, M. (1993) An overview of developmental neuropsychiatry. In F. Besag & R. Williams (Eds.), *The brain and behaviour: Organic influences on the behaviour of children* (pp. 4-11). Special Supplement to *Educational and Child Psychology, 10*.

Rutter, M. (1996). Transitions and turning points in developmental psychopathology: As applied to the age span between childhood and mid-adulthood. *International Journal of Behavioral Development, 19*, 603-626.

Rutter, M. (2000) Psychosocial influences: Critiques, findings and research needs. *Development and Psychopathology, 12*, 375-405.

Rutter, M. (2002a). Nature, nurture, and development: From evangelism through science toward policy and practice. *Child Development, 73*, 1-21.

Rutter, M. (2002b). Substance use and abuse: Causal pathways considerations. In M. Rutter & E. Taylor (Eds.), *Child and adolescent psychiatry* (4th ed., pp 455-462). Oxford: Blackwell Scientific.

Rutter, M. (2003). Categories, dimensions and the mental health of children and adolescents. In J. A. King, C. F. Ferris & I. I. Lederhendler (Eds.), *Roots of mental illness* (pp. 11-21). New York, NY: The New York Academy of Sciences.

Rutter, M. (2005). Environmentally mediated risks for psychopathology: Research strategies and findings. *Journal of the American Academy of Child and Adolescent Psychiatry, 44*, 3-18.

Rutter, M. (in press a). The psychological effects of institutional rearing. In P. Marshall & N. Fox (Eds.), *The development of social engagement*. New York, NY: Oxford University Press.

Rutter, M. (in press, b). *Genes and behavior: Nature-nurture interplay explained*. Oxford: Blackwell.

Rutter, M. (in press c). Genetic influences in autism. In F. Volkmar, A. Klin & R. Paul (Eds.), *Handbook of autism and pervasive developmental disorders* (3rd ed.). New York, NY: Wiley.

Rutter, M. (in press d). The promotion of resilience in the face of adversity. In A. Clarke-Stewart & J. Dunn (Eds.), *Families count: Effects on child and adolescent development*. Cambridge: Cambridge University Press.

Rutter, M., Andersen-Wood, L., Beckett, C., Bredenkamp, D., Castle, J., Groothues, C., Kreppner, J., Keaveney, L., Lord, C., O'Connor, T. G. & English and Romanian Adoptees (ERA) Study Team (1999). Quasi-autistic patterns following severe early global privation. *Journal of Child Psychology and Psychiatry, 40,* 537-549.

Rutter, M., Caspi, A., Fergusson, D., Horwood, L. J., Goodman, R., Maughan, B., Moffitt, T. E., Meltzer, H. & Carroll, J. (2004b) Sex differences in developmental reading disability: New findings from four epidemiological studies. *Journal of the American Medical Association, 291,* 2007-2012.

Rutter, M., Caspi, A. & Moffitt, T. E. (2003). Using sex differences in psychopathology to study causal mechanisms: Unifying issues and research strategies. *Journal of Child Psychology and Psychiatry, 44,* 1092-1115.

Rutter, M., Caspi, A. & Moffitt, T. E. (in press). Gene-environment interplay and psychopathology. *Journal of Child Psychology and Psychiatry,*

Rutter, M. & English and Romanian Adoptees (ERA) Study Team (1998). Developmental catch-up, and deficit, following adoption after severe global early privation. *Journal of Child Psychology and Psychiatry, 39,* 465-476.

Rutter, M. & Garmezy, N. (1983). Developmental psychopathology. In E. M. Hetherington (Ed.), *Socialization, personality, and social development. Vol. 4, Mussen's handbook of child psychology* (4th ed., pp. 775-911). New York, NY: Wiley.

Rutter, M., Giller, H. & Hagell, A. (1998). *Antisocial behavior by young people.* New York, NY: Cambridge University Press.

Rutter, M., Maughan, B., Meyer, J., Pickles, A., Silberg, J., Simonoff, E. & Taylor, E. (1997). Heterogeneity of antisocial behavior: Causes, continuities, and consequences. In R. Dienstbier (Series Ed.) & D. W. Osgood (Vol. Ed.), *Nebraska symposium on motivation. Vol. 44, Motivation and delinquency* (pp. 45-118). Lincoln, NE: University of Nebraska Press.

Rutter, M. & McGuffin, P. (2004). The Social, Genetic Developmental Psychiatry Research Centre: Its origins, conception, and initial accomplishments. *Psychological Medicine, 34,* 933-947.

Rutter, M., O'Connor, T. & English and Romanian Adoptees (ERA) Research Team (2004a). Are there biological programming effects for psychological development? Findings from a study of Romanian adoptees. *Developmental Psychology, 40,* 81-94.

Rutter, M., Pickles, A., Murray, R. & Eaves, L. (2001). Testing hypotheses on specific environmental causal effects on behavior. *Psychological Bulletin, 127,* 291-324.

Rutter, M. & Rutter, M. (1993). *Developing minds: Challenge and continuity across the lifespan.* New York, NY: Basic Books.

Rutter, M. & Silberg, J. (2002). Gene-environment interplay in relation to emotional and behavioral disturbance. *Annual Review of Psychology, 53,* 463-490.

Rutter, M. & Sroufe, L. A. (2000). Developmental psychopathology: Concepts and challenges. *Development and Psychopathology, 12,* 265-296.

Sampson, R. J. & Laub, J. H. (1993). *Crime in the making: Pathways and turning points through life.* Cambridge, MA: Harvard University Press.

Sampson, R. J. & Laub, J. H. (1996). Socioeconomic achievement in the life course of disadvantaged men: Military service as a turning point, circa 1940-1965. *American Sociological Review, 61,* 347-367.

Schneider, M. & Koch, M. (2003). Chronic pubertal, but not adult chronic cannabinoid treatment impairs sensorimotor gating, recognition memory, and the performance in a progressive ratio task in adult rats. *Neuropsychopharmacology, 28,* 1760-1769.

Shaywitz, S. E., Shaywitz, B. A., Fletcher, J. M. & Escobar, M. D. (1990). Prevalence of reading disability in boys and girls: Results of the Connecticut longitudinal study. *Journal of the American Medical Association, 264,* 998-1002.

Sigman, M. & Ruskin, E. (1999). *Continuity and change in the social competence of children withautism, Down syndrome, and developmental delays.* Monographs of the Society for Researchin Child Development, No. 256, 64, 1.

Silberg, J., Pickles, A., Rutter, M., Hewitt, J., Simonoff, E., Maes, H., Carbonneau, R., Murrelle, L., Foley, D. & Eaves, L. (1999). The influence of genetic factors and life stress on depression among adolescent girls. *Archives of General Psychiatry, 56,* 225-232.

Silberg, J. L., Rutter, M. & Eaves, L. (2001). Genetic and environmental influences on the temporal association between earlier anxiety and later depression in girls. *Biological Psychiatry, 49,* 1040-1049.

Snowling, M. J., Gallagher, A. & Frith, U. (2003). Family risk of dyslexia is continuous: Individual differences in the precursors of reading skill. *Child Development, 74,* 358-373.

Spear, L. P. (2000). The adolescent brain and age-related behavioral manifestations. *Neuroscience and Biobehavioral Review, 24,* 417-463.

Sroufe, L. A. & Rutter, M. (1984). The domain of developmental psychopathology. *Child Development, 55,* 17-29.

Stacey, M., Dernden, R., Pill, R. & Robinson, D. (1970). *Hospitals, children and their families: The report of a pilot study.* London: Routledge & Kegan Paul.

Stewart, A. L., Rifkin, L., Amess, P. N., Kirkbride, V., Townsend, J. P., Miller, D. H., Lewis, S. W., Kingsley, D. P. E., Moseley, I. F., Foster, O. & Murray, R. M. (1999). Brain structure and neurocognitive and behavioural function in adolescents who were born very preterm. *Lancet, 353,* 1653-1657.

Streissguth, A. P., Barr, H. M., Bookstein, F. L., Sampson, P. D. & Olson, H. C. (1999). The long term neurocognitive consequences of prenatal alcohol exposure: A 14 year study. *Psychological Science, 10,* 186-190.

Taylor, J., Iacono, W. G. & McGue, M. (2000). Evidence for a genetic etiology of early onset delinquency. *Journal of Abnormal Psychology, 109,* 634-643.

Teasdale, J. D. & Barnard, P. J. (1993). *Affect, cognition, and change: Re-modelling depressive thought.* Hove, UK: Lawrence Erlbaum Associates, Ltd.

Thapar, A. & McGuffin, P. (1996). The genetic etiology of childhood depressive symptoms: A developmental perspective. *Development and Psychopathology, 8,* 751-760.

Tremblay, R. E., Hartup, W. H. & Archer, J. (Eds.) (2005). *Developmental origins of aggression.* New York, NY: Guilford Press.

Turton, P., Hughes, P., Fonagy, P. & Fainman, D. (2004). An investigation into the possible overlap between PTSD and unresolved responses following stillbirth: An absence of linkage with only unresolved status predicting infant disorganization. *Attachment and HumanDevelopment, 6,* 241-253; discussion, 255-261.

Weaver, I. C. G., Cervoni, N., Champagne, F. A., D'Alessio, A. C., Charma, S., Seckl, J., Dymov, S., Szyf, M. & Meaney, M. J. (2004). Epigenetic programming by maternal behavior. *Nature Neuroscience, 7,* 847-854.

Weersing, V. R. & Weisz, J. R. (2002). Mechanisms of action in youth psychotherapy. *Journal of Child Psychology and Psychiatry, 43,* 3-29.

Werker, J. F. & Tees, R. C. (1984). Cross-language speech perception: Evidence for perceptual reorganization during the first year of life. *Infant Behavior and Development, 7,* 49-63.

Este texto foi originalmente publicado em 2005, na revista *European Journal of Developmental Psychology,* 2(3), 221-252.

3

Desenvolvimento positivo da Juventude:
— perspectivas teóricas contemporâneas [*]

Richard M. Lerner, Mona M. Abo-Zena, Michelle J. Boyd, Kristen Fay, Sonia Issac, Megan K. Kiely, Christopher M. Napolitano & Kristina L. Schmid

Este capítulo tem como objectivo apresentar os fundamentos teóricos e empíricos de uma concepção relativamente recente da juventude, designada por *"Perspectiva do Desenvolvimento Positivo da Juventude"* (DPJ). Esta nova orientação conceptual eclodiu devido ao interesse demonstrado por alguns psicólogos em utilizar sistemas desenvolvimentistas ou modelos dinâmicos do comportamento que realçassem a plasticidade do desenvolvimento humano, sublinhando ademais a importância das relações interindividuais e da inscrição ecológica dos sujeitos no mundo real, como condição de variabilidade ao longo da ontogénese.

Começando por apresentar os fundamentos conceptuais da perspectiva DPJ, especificam-se os conceitos axiais, analisando, de seguida, a crescente investigação empírica realizada no âmbito desta abordagem e suas implicações a nível da intervenção.

---

[*] Tradução de Maria Formosinho e Paulo Renato de Jesus.

I – Modelos teóricos clássicos do desenvolvimento do adolescente

Desde o estabelecimento do estudo científico relativo ao desenvolvimento do adolescente (Hall, 1904), o quadro conceptual predominante da análise descritiva deste período etário definiu-o como uma fase de "tempestade e tensão" (*Sturm und Drang*) ou seja, um periodo ontogenético de perturbação desenvolvimental normativa (Freud, 1969). Frequentemente, estes modelos que configuraram a adolescência, numa base carencial ou deficitária, inspiraram-se em modelos biológicos reducionistas de determinação genética ou maturacional (Erikson, 1959), e originaram descrições do jovem adolescente como disruptivo ou em risco de disrupção (Benson, Scales, Hamilton & Sesma, 2006), ameaçador e vulnerável (Anthony, 1969), em suma, como uma "entidade problemática a ser gerida" (Roth & Brooks-Gunn, 2003). Com efeito, se alguma concepção positiva do desenvolvimento adolescente foi equacionada na literatura especializada — pelo menos até aos anos 90 —, a mesma restringiu-se, de forma implícita ou explícita, à sua figuração como ausência de comportamentos negativos ou indesejáveis (Benson *et al.*, 2006). Assim um dado jovem, que manifestasse um comportamento indicativo de um desenvolvimento positivo, era descrito como alguém que *não* consumia drogas nem ingeria álcool, que *não* praticava sexo desprotegido, que *não* se envolvia em actos criminosos ou violentos.

Se bem que, em quase todo o decurso do século passado, a maior parte dos estudos e pesquisas sobre a adolescência se tivesse baseado nesta concepção negativista dominante, diversos dados empíricos (Bandura, 1964; Block, 1971; Douvan & Adelson, 1966; Offer, 1969) não deixaram de comprovar que, para a maioria dos jovens, a segunda década de vida não é necessariamente uma travessia tempestuosa, documentando, simultaneamente, a diversidade inerente às trajectórias evolutivas e à natureza das interacções indivíduo/contexto(s), subjacente à modelação de direcções específicas de mudança com que nos deparamos neste período do ciclo vital. No entanto, e apesar destas pesquisas terem evidenciado a *plasticidade* potencial inerente às mudanças genéticas, o ângulo predominante de conceptualização da adolescência continuou, até aos anos 90, a recorrer de forma patente ou latente, ao modelo clássico do défice.

II – Origens da perspectiva do Desenvolvimento Positivo da Juventude

As raízes da perspectiva do *Desenvolvimento Positivo da Juventude* podem ser encontradas em vários trabalhos de psicólogos comparativos (por exemplo, Gottlieb, 1997; Schneirla, 1957) e de biólogos (nomeadamente Novikoff, 1945a, 1945b; von Bertalanffy, 1933), que haviam estudado a plasticidade dos processos de desenvolvimento resultantes da interactividade entre níveis biológicos e contextuais de organização (Tobach & Greenberg, 1984). A valorização destas concepções, referentes à pertinência dos vários níveis de integração na modelação das mudanças ontogénicas, começou a ter impacto nas Ciências do Desenvolvimento nos anos 70 (cf. Cairns & Cairns, 2006; Gottlieb, Wahlsten & Lickliter, 2006; Lerner, 2002, 2006; Overton, 2006). Como exemplos elucidativos, há que referir os trabalhos teóricos de Overton (1973) e Lerner (1978), nos quais se defende que a controvérsia natureza / cultura pode ser solucionada, se se adoptar uma perspectiva integrativa interaccionista no que diz respeito à influência genética e contextual no desenvolvimento humano.

Certo é que, com a expansão das pesquisas relativas à adolescência, durante o último quartel do século XX (Lerner & Steinberg, 2004), e com a ênfase crescente que foi sendo dada à potencial plasticidade onto-genética nesta fase, devido ao reconhecimento da existência de relações de interdependência recíproca entre os níveis biológico, individual e contextual de organização, alguns psicólogos interessados na pesquisa sobre a adolescência começaram a explorar as implicações da abordagem sistémica do desenvolvimento, proposta pela Psicologia comparada e pela Biologia (Gottlieb *et al.*, 2006; Suomi, 2004), com vista à construção de um novo quadro teórico para o estudo da adolescência. Por seu turno, este esforço heurístico veio reforçar, ainda mais, o interesse que vários psicólogos do desenvolvimento, polarizados para o estudo de outros períodos do ciclo vital (por exemplo, idade adulta e terceira idade), começaram a demonstrar pelo estudo dessa etapa que figurava, a seus olhos, como um "laboratório ontogenético" de testagem da aplicação das concepções evolutivas sistémicas (cf., por exemplo, Lerner, Freund, De Stefanis & Habermas, 2001).

Para enquadrar este elenco de investigações, torna-se, pois, importante retomar a discussão em torno das características fundamentais de tais teorias com vista a explicar o impacto dos modelos sistémicos do desenvolvimento na elaboração das perspectivas do Desenvolvimento Positivo da Juventude.

III – Características distintivas das teorias sistémicas do desenvolvimento

Os estudos contemporâneos do desenvolvimento humano centram-se em conceitos e modelos associados às teorias psicogenéticas sistémicas (Cairns & Cairns, 2006; Gottlieb *et al.* 2006; Overton, 2006). Sem dúvida que as raízes destas teorias remontam a concepções que foram sendo apresentadas nos anos 30 e 40 (*v. g.*, Maier & Scheirla, 1935; Novikoff, 1945a, 1945b); e, mesmo já anteriomente, figurando de forma embrionária em certos conceitos utilizados, nos finais do século XIX e começos do século XX, pelos fundadores do estudo do desenvolvimento infantil. Há várias características que definem as teorias sistémicas do desenvolvimento, a saber:

1. *Uma metateoria relacional*

Alicerçadas numa perspectiva filosófica pós-moderna que transcende o dualismo cartesiano, as teorias sistémicas do desenvolvimento são configuradas por uma metateoria relacional do desenvolvimento humano. Basicamente, estas teorias corporizam uma rejeição de todas as cisões entre as componentes da ecologia do desenvolvimento humano (*v. g.*, entre as variáveis referentes à natureza e as variáveis referentes à cultura), procurando superar a dicotomização, assim como entre continuidade / descontinuidade e entre estabilidade / mudança. Novas sínteses ou integrações sistémicas substituem as anteriores dicotomias e outras delimitações reducionistas do processo de desenvolvimento.

2. *A integração dos níveis de organização*

O pensamento relacional e a rejeição das cisões cartesianas estão associados à ideia de que todos os níveis de organização, no seio da ecologia do desenvolvimento humano, se encontram fundidos ou integrados. Estes níveis abarcam desde a componente biológica e fisiológica até à componente cultural e histórica.

3. Regulação do desenvolvimento no decurso da ontogénese, envolvendo relações indivíduo / contexto mutuamente interdependentes

Por efeito da integração dos vários níveis, a regulação do desenvolvimento ocorre através de ligações de interdependência recíproca entre todos os níveis do sistema de desenvolvimento, indo dos níveis genético, fisiológico, mental e comportamental até aos níveis social, cultural, ecológico e histórico.

4. As acções integradas resultantes das relações indivíduo ←→ contexto constituem as unidades básicas de análise no âmbito do desenvolvimento humano.

Referenciar a regulação do desenvolvimento significa que a integração das acções — tanto do indivíduo sobre o contexto como dos múltiplos níveis do contexto sobre o indivíduo (indivíduo ←→ contexto) — constitui a unidade fundamental de análise no estudo do processo ontogenético.

5. Temporalidade e plasticidade no desenvolvimento humano

Como consequência da integração do nível histórico de análise — e, portanto, da temporalidade —, o sistema de desenvolvimento é caracterizado por um potencial de mudança sistemática, ou seja, pela plasticidade. Assim é que as trajectórias de mudança intraindividual podem variar de acordo com o tempo e com o contexto, devido precisamente a essa plasticidade.

6. Plasticidade relativa

A regulação do desenvolvimento pode, simultaneamente, facilitar e limitar as oportunidades de mudança. Deste modo, a mudança observada nas relações indivíduo ←→ contexto não é infinita e a magnitude da plasticidade pode variar no decurso do ciclo vital. Contudo, o potencial para a plasticidade, quer ao nível do indivíduo, quer ao nível do contexto, constitui um recurso fundamental para o desenvolvimento de todos os seres humanos.

7. Mudança intra-individual, diferenças inter-individuais na mudança intra-individual e relevância substantiva da diversidade

A combinação de variáveis ao longo dos níveis integrados de organização ontogenética varia, pelo menos em parte, entre indivíduos e grupos. Esta diversidade é sistemática e regularmente produzida pelo jogo interactivo entre fenómenos idiográficos e fenómenos genéricos (*nomotéticos*). A amplitude das diferenças interindividuais na mudança intraindividual, observada em qualquer momento temporal, demonstra a plasticidade do sistema evolutivo, e confere ao estudo da diversidade um significado fundamental na descrição, explicação e optimização do desenvolvimento humano.

8. Optimismo heurístico: a aplicação das ciências do desenvolvimento e a promoção de um desenvolvimento humano positivo

A plasticidade evolutiva e os modos como esta se manifesta legitimam uma pesquisa de sentido optimista e proactivo no que respeita às características dos indivíduos e das ecologias que, articuladas, podem promover o desenvolvimento humano positivo ao longo do ciclo vital. Através da aplicação das ciências do desenvolvimento a acções planificadas para melhorar o carácter das trajectórias evolutivas, e mediante políticas sociais ou programas de intervenção de âmbito comunitário, a promoção do desenvolvimento humano positivo pode ser alcançada, favorecendo os recursos dos indivíduos tanto quanto os dos contextos

9. Multidisciplinaridade e necessidade de metodologias sensíveis à mudança

Os níveis integrados de organização, que abarcam o sistema de desenvolvimento, requerem indagações heurísticas que impliquem a colaboração de investigadores de várias áreas disciplinares. O objectivo é constituir um saber multidisciplinar e, idealmente, interdisciplinar, em que os métodos de pesquisa e os procedimentos de análise dos dados operacionalizem os múltiplos níveis das trajectórias evolutivas.

Em síntese, a assunção da possibilidade de relações ontogenéticas adaptativas entre os indivíduos e os seus contextos e, também, a afirmação da potencial plasticidade como aspecto essencial da mudança ontogenética constitui um traço distintivo da abordagem sistémica do desenvolvimento humano (Baltes, Lindenberger & Staudinger, 2006; Gottlieb *et al.*, 2006; Thelen & Smith, 2006). Esta assunção teórica requer procedimentos metodológicos que necessariamente vão ter de diferir, no que respeita à concepção, medida, amostragem e determinação das técnicas de análise de dados, do que têm sido as opções típicas dos investigadores que adoptam abordagens dicotomizantes ou reducionistas para o estudo do desenvolvimento. Além disso, a ênfase dada ao modo como os indivíduos agem sobre o contexto e contribuem, assim, para o estabelecimento de relações flexíveis adaptativas com o meio (Brandtstadler, 2006), promove um interesse pelas abordagens desenvolvimentistas centradas na pessoa, em detrimento das abordagens centradas nas variáveis (Magnusson & Stattin, 2006; Overton, 2006).

De facto, a diversidade ontogenética torna-se um aspecto substantivamente primordial das ciências do desenvolvimento (Lerner, 2004; Spencer, 2006), dado o largo espectro de variáveis individuais e contextuais envolvidas nestas relações, constituindo um conjunto virtualmente aberto. Supõe-se que há cerca de 70 triliões de genótipos humanos potenciais e cada um pode ser cruzado com um número ainda maior de trajectórias de experiências sociais no decurso de um ciclo vital (Hirsch, 2004). Esta variabilidade, conceptualizada segundo um ponto de vista positivo (no sentido em que a plasticidade potencial da mudança ontogenética se afigura um recurso essencial para todos os seres humanos) e encarada com a expectativa de que podem ser promovidas mudanças positivas em todas as instâncias desta diversidade, mediante ajustamentos saudáveis entre os indivíduos e os contextos, torna-se o objecto central de pesquisa no âmbito das ciências psico-evolutivas (Benson *et al.*, 2006). É, pois, no cruzamento entre as ideias de plasticidade e diversidade que se configura uma base sólida para a aplicação da perspectiva sistémica ao estudo da adolescência e para que este mesmo estudo constitua um "banco de ensaio" para a avaliação das concepções sistémicas. E indubitavelmente que o desencadear desta sinergia teve já, pelo menos, um resultado crucial — a criação de uma nova visão e de um novo vocabulário, relativamente à natureza do desenvolvimento dos adolescentes, congruente com uma perspectiva centrada nos recursos positivos dos indivíduos. Ou seja, pode dizer-se que a associação entre os conceitos de plasticidade e diversidade, na abordagem sistémica do desenvolvimento, estabeleceu a base conceptual para a formulação da perspectiva do Desenvolvimento Positivo da Juventude.

IV – Atributos da perspectiva DPJ

Na continuidade do atrás referido, podemos afirmar que, germinando no início dos anos 90 e florescendo nos primeiros anos do século XXI, emergiu uma nova visão e um novo vocabulário na abordagem da adolescência. Estas inovações conceptuais e metodológicas foram enquadradas pelas teorias sistémicas, sendo de admitir que a focalização na plasticidade ontogenética, no contexto de tais teorias, conduziu, por sua vez, a um interesse pela avaliação do potencial de mudança em diversas etapas da evolução psicogenética, desde a infância até à quarta idade (Baltes et al., 2006). Esclareça-se que, em boa medida, estas inovações foram propulsionadas pelos próprios contributos resultantes da crescente colaboração entre investigadores (Damon, 2004; Lerner, 2004), interventores no domínio infanto-juvenil (Floyd & McKenna, 2003) e ainda decisores políticos, preocupados em melhorar as condições de vida dos jovens desfavorecidos e de suas famílias (Cummings, 2003; Gore, 2003). Congruentemente, estes vários contributos convergiram na formulação de um quadro teórico de ideias que possibilitou uma nova perspectiva da juventude, entendida, acima de tudo, como um feixe de potencialidades a serem desenvolvidas, e não como uma série de problemas a serem geridos (Roth & Brooks-Gunn, 2003). Para um mais cabal esclarecimento, estas novas concepções devem ser agora discutidas em função de várias hipóteses fundamentais.

1. DPJ e recursos ontogenéticos

Assumindo que o potencial para mudanças sistemáticas intraindividuais, ao longo da vida, representa um recurso fundamental do desenvolvimento humano, formula-se como hipótese central a de que o DPJ é promovido sempre que se verificar uma convergência temporal entre os recursos individuais e as condições contextuais favoráveis a um desenvolvimento saudável. Uma hipótese subsidiária a esta é de que todos os contextos relevantes para o desenvolvimento (ou seja, família, escola e comunidade) disponibilizam, minimamente, alguns recursos à promoção de um Desenvolvimento Positivo da Juventude. Os designados "recursos ontogenéticos" (*developmental assets*) constituem, pois, os "nutrientes" sociais e ecológicos para o crescimento de uma juventude saudável (Benson et al., 2006).

Há alguma controvérsia na literatura especializada, quer nos Estados Unidos da América quer noutros países, acerca do número de recursos ontogenéticos que podem existir nas diferentes ecologias sociais (Benson, Scales, Hamilton & Sesma, 1998; Theokas, Almerigi, Lerner, Dowling, Benson, Scales et al., 2005). Neste âmbito equacionam-se, igualmente, questões referentes à avaliação dos recursos ontogenéticos, discutindo-se se estes devem ser avaliados através de auto-relatos e de auto-percepções (Leffert et al., 1998; Scales, Benson, Leffert & Blyth, 2000) e/ou através de avaliações objectivas das ecologias reais do desenvolvimento juvenil. A título de exemplo, refira-se a investigação longitudinal, subsidiada pelo *National 4-H Council* (Theokas & Lerner, 2006), integrada no Estudo 4-H do DPJ (Jelicic et al., 2007; Lerner et al., 2005; Li et al., 2009; Zarrett et al., 2009; Zimmerman et al., 2008), em que os autores avaliaram objectivamente quatro recursos ecológicos presentes nos lares, escolas e comunidades dos jovens. A saber:

a. *Outros indivíduos* (por exemplo, pais que passam longos períodos de tempo em interacções enriquecedoras com os seus filhos; professores muito envolvidos e de grande qualidade humana e pedagógica; mentores comunitários).

b. *Instituições* (por exemplo, programas estruturados de ocupação dos tempos livres; instalações desportivas; bibliotecas; parques e percursos pedestres);

c. *Actividades colectivas* (por exemplo, oportunidades para actividades conjuntas de jovens e adultos em comités de escola, projectos cívicos, organizações comunitárias, tais como associações de cariz confessional);

d. *Acessos* (por exemplo, disponibilidade de transporte para a frequência de actividades extra-escolares, segurança das ruas).

Comprovou-se, em favor de uma avaliação objectiva, que os recursos efectivos estavam positivamente correlacionados com DPJ e negativamente correlacionados com índices de comportamentos problemáticos ou de risco (por exemplo, problemas de internalização como depressão, ou problemas de externalização como agressão) em níveis consistentemente mais elevados do que aqueles que foram associados aos recursos meramente percepcionados. Além disso, em todos os contextos — família, escola e comunidade — as pessoas presentes na vida dos jovens revelaram-se sempre como o recurso mais importante (Theokas & Lerner, 2006).

Uma questão pertinente é a de saber se, tanto do ponto de vista teórico como da avaliação empírica, os recursos ontogenéticos individuais podem ser diferenciados dos construtos correlacionados com indicadores do Desenvolvimento Positivo da Juventude (Silbereisen & Lerner, 2007). Todavia, se tal diferenciação não se torna viável nem de um ponto de vista conceptual nem empírico, então urge perguntar através de que processos pode o jovem contribuir para regulações desenvolvimentais conducentes a mudanças ontogenéticas. Neste sentido, e em consonância com a investigação já efectuada acerca do papel dos processos de auto-regulação (especificamente, os processos de Selecção [S], Optimização [O] e Compensação [C]) para o desenvolvimento positivo nos adultos e grupos de idosos (Baltes *et al.*, 2006), os resultados de outras pesquisas realizadas pelo nosso Instituto (*Institute of Applied Research Youth Development*), que se serviram dos dados do Estudo 4-H, indicam que os adolescentes, capazes de prosseguirem objectivos positivos e saudáveis, e resilientes face ao fracasso, dispuseram de recursos nos seus lares, escolas e comunidades, que permitiram a ocorrência de um desenvolvimento positivo (Gestsdottir & Lerner, 2007 a, 2007 b; Zimmerman *et al.*, 2007).

Finalmente, resta a questão de saber se a mera acumulação de recursos, qualquer que seja a sua fonte (família, escola ou comunidade), é o melhor preditor de DPJ ou se, pelo contrário, são exigidos certos recursos específicos ou certas combinações específicas para jovens de determinadas comunidades. Apesar de ser evidente que "quanto mais melhor" (Benson *et al.*, 2006), a teoria e a investigação recentes exploraram esta dimensão quantitativa, focalizando-se no domínio-chave dos recursos ontogenéticos, como sejam as actividades de ocupação dos tempos livres: participação em desportos, actividades artísticas, serviços de voluntariado, inscrição em clubes ou participação em programas de intervenção especificamente destinados a jovens, tal como têm sido desenvolvidos, em Portugal, pelo Instituto da Juventude.

A pesquisa de Scales *et al.* (2000) demonstrou que a ocupação de três ou mais horas por semana em desportos, clubes, organizações escolares ou comunitárias, foi o recurso ontogenético que, de forma independente, obteve o índice mais elevado de correlação com vários indicadores de sucesso (por exemplo, notas escolares, capacidade de liderança, saúde física e atitudes de solidariedade). Por sua vez, Lerner (2004) colocou a hipótese de que a ligação entre os programas de desenvolvimento juvenil e o DPJ resulta do que designa pela "Grande Tríade" de características de tais programas destinados à juventude:

1. Relações positivas e prolongadas entre adultos e jovens;
2. Actividades de promoção de competências;
3. Oportunidades para exercer essas competências, participando ou coordenando actividades comunitárias.

Não obstante os estudos diferirem no número de atributos que consideram ser importantes para a eficácia destes programas (Blum, 2003; Eccles & Gootman, 2002; Roth & Brooks-Gunn, 2003), os vários investigadores realçam a importância desses três parâmetros das actividades extra-escolares, invocados por Lerner (2004) como cruciais para a promoção de um desenvolvimento positivo.

Na verdade, Roth & Brooks-Gunn (2003) referem que os dados empíricos da avaliação sugerem que os programas de desenvolvimento juvenil têm uma forte probabilidade de estarem positivamente correlacionados com a presença de indicadores cruciais de Desenvolvimento Positivo da Juventude. Por sua vez, e pronunciando-se contra a ubiquidade do fenómeno quantitativo ("quanto mais melhor"), Zarrett *et al.* (2007, 2009) constataram que é a participação em certos tipos particulares de actividades, mais do que a sua quantidade, que está positivamente correlacionada com índices mais elevados de DPJ e negativamente correlacionada com problemas de comportamento ou comportamentos de risco. Neste sentido, e em abono de tais dados, a nossa própria pesquisa evidencia que um forte envolvimento em actividades desportivas está correlacionado com baixo DPJ e com elevados níveis de comportamentos problemáticos e de risco. Contudo, e de forma significativa, quando esse intenso envolvimento está associado com a participação em programas destinados a jovens, os níveis de DPJ atingem os valores mais elevados e decrescem, para os índices mínimos, os comportamentos problemáticos e de risco. Isto em contraste com os dados obtidos para a participação noutros tipos de actividades juvenis, incluindo uma forte participação em todas as categorias de actividades de ocupação de tempos livres.

Em resumo, prova-se que os recursos ontogenéticos dos jovens e os dos seus contextos ecológicos estão geralmente associados com o acréscimo de índices de DPJ e com a diminuição de comportamentos negativos. Todavia, alguns investigadores verificaram que esta relação está longe de ser simples e que não é certamente uma relação linear inversa (Phelps et al., 2007). Ou seja, existem múltiplas trajectórias de DPJ na fase inicial da adolescência e as mudanças evolutivas susceptíveis de conduzir a comportamentos de risco são bastante heterogéneas. Em dissonância com a prévia assumpção de que a melhor forma de prevenir comportamentos problemáticos é promover DPJ, autores como Pittman, Irby & Ferber (2001), Phelps et al. (2007) evidenciaram que alguns jovens manifestam simultaneamente acréscimos nos índices de DPJ e nos comportamentos problemáticos; outros há que mostram um decréscimo em ambos os parâmetros de funcionamento, e, para a maioria, a combinação de trajectórias de mudança revela-se ainda mais complexa. Verdade é que poucos jovens mostram uma trajectória de acréscimo linear nos índices de DPJ associada com um decréscimo linear nos comportamentos problemáticos.

Desta feita, há que delinear políticas e programas que visem tanto a prevenção dos comportamentos de risco como a promoção de Desenvolvimento Positivo da Juventude. Para tal, há que proceder a algumas especificações relativamente ao conteúdo e estrutura do DPJ, particularmente em relação à variabilidade dos diversos contextos, mormente culturais.

2. Substância, estrutura e significado do DPJ

Com base quer na experiência de terreno dos técnicos, quer na revisão da literatura especializada em desenvolvimento do adolescente (Eccles & Gootman, 2002; Lerner, 2004; Roth & Brooks-Gunn, 2003), formulou-se a hipótese dos "Cinco Cs" — Competência, Confiança, Conexão, Carácter e Cuidado (*Care*) — poderem servir como fundamento para a conceptualização do DPJ e para a integração dos seus vários indicadores, tais como sucesso académico e auto-estima. Estes cinco parâmetros revelaram ter associação com resultados positivos de programas juvenis (Roth & Brooks-Gunn, 2003). Além disso, estes parâmetros correspondem a termos correntes utilizados pelos técnicos, pelos próprios adolescentes envolvidos em programas juvenis e pelos seus pais na descrição que fazem das características de um "jovem realizado" (King et al., 2005).

Uma hipótese subsidiária à relevância destes "Cinco Cs", como meio de operacionalização do DPJ, é a previsão feita de que, quando um adolescente manifesta os referidos parâmetros ao longo do tempo (ou quando vive uma juventude bem sucedida), o indivíduo estará numa trajectória evolutiva orientada para um "estado ideal de adultez" (Rathunde & Csikszentmihalyi, 2006). Teoricamente, uma vida adulta ideal será caracterizada por contributos integrados e mutuamente reforçadores, seja para a identidade pessoal (*v. g.*, a manutenção do bem-estar total e, portanto, da capacidade para permanecer um agente activo do seu próprio desenvolvimento), seja para a vida familiar, comunitária e cívica (Lerner, 2004). Para se alcançar este estado de adultez, requer-se que a pessoa seja capaz de processar regulações desenvolvimentais adaptativas (Brandstädter, 2006).

Utilizando dados do primeiro momento de avaliação (5.º ano de escolaridade), obtidos no âmbito do Estudo 4-H, Lerner e colaboradores (2005) forneceram alguma evidência empírica para a pertinência dos "Cinco Cs", como variáveis latentes de primeira ordem, e com efeitos para a prossecução de um Desenvolvimento Positivo da Juventude. Os resultados da análise com o modelo de equação estrutural demonstram que os cinco construtos latentes de primeira ordem explicavam a variância de alguns "traços observáveis" teoricamente significativos (*v. g.*, relativamente à "Competência", trata-se de índices mensuráveis de competências escolares, sociais e vocacionais). Esta análise mostrou ainda que existe convergência entre os cinco construtos de primeira ordem e um construto de segunda ordem de DPJ. Além disso, Lerner *et al.* (2005) verificaram que o Desenvolvimento Positivo da Juventude aparecia positivamente correlacionado, no interior do grupo do 5.º ano de escolaridade, com o "Sexto C", referente aos contributos positivos dos jovens, e negativamente correlacionado com índices de comportamentos problemáticos e de risco.

Jelicic et al. (2007) ampliaram estes dados, obtidos com uma única coorte, através de uma a análise longitudinal posterior. Os resultados dos efeitos aleatórios de regressão e do modelo de equações estruturais indicaram, como esperado, que o DPJ, avaliado no 5.º ano de escolaridade, era um bom preditor de maiores contributos positivos dos adolescentes e de uma menor incidência de comportamentos problemáticos e de depressão, no 6.º ano. Verificou-se a existência de diferenças estatisticamente significativas entre sexos para os contributos positivos (o grupo feminino teve valores mais elevados) e para os comportamentos de risco (o grupo masculino teve valores mais elevados), mas não para a depressão. Por último, o ajustamento do modelo estrutural revelou-se semelhante para ambos os sexos.

Em resumo, o DPJ pode ser identificado com os "Cinco Cs". No entanto, o DPJ está relacionado, de forma complexa e diferenciada, com o desenvolvimento dos contributos positivos do jovem e com as trajectórias de comportamentos problemáticos e de risco. Os dados actuais das investigações realizadas, no âmbito do Estudo 4-H do DPJ, indicam que se podem potenciar os "Cinco Cs" e os contributos positivos dos jovens, através da conjugação entre os recursos subjectivos (avaliados em termos de processos auto-reguladores de Selecção, Optimização e Compensação) e os recursos disponíveis na ecologia do desenvolvimento do jovem (*v. g.*, outros indivíduos, instituições, actividades colectivas e possibilidades de acesso).

Nesta medida, a investigação intercultural deverá concentrar-se na elucidação dos contextos típicos de desenvolvimento juvenil, porque estes podem determinar recursos desenvolvimentais particulares relacionados com vias específicas conducentes a DPJ. Por exemplo, nos Estados Unidos, os contextos normativos de desenvolvimento juvenil incluem a educação formal e outros modos particulares de actividades estruturadas e não-estruturadas de ocupação dos tempos livres. Ou seja, actividades extracurriculares e convívio com amigos (Mahoney, Vandell, Simkins & Zarrett, 2009). Diferencialmente, a promoção do DPJ pode variar segundo um grande leque de indicadores sociais, como estatuto sócio-económico, e segundo as diferenças culturais, religiosas ou de género (Galambos & Martínez, 2007). Como a perspectiva do Desenvolvimento Positivo da Juventude se fundamenta nas relações interactivas entre o indivíduo e o contexto, será necessário que os estudos empíricos futuros explorem a diversidade de indicadores de Desenvolvimento Positivo da Juventude, que podem variar segundo os contextos, mormente os culturais.

Com efeito, o grau e o modo como o conceito de DPJ se aplica interculturalmente permanece uma questão que carece de investigação aprofundada (Silbereisen & Lerner, 2007). Duas avaliações de programas realizados nos EUA, um numa comunidade vietnamita (Kegler, Young, Marshall, Bui & Rodine, 2005) e outro numa comunidade hispânico- -mexicana (Bloomberg, Ganey, Alba, Quintero & Alcantara, 2003), sugerem que os conceitos de DPJ, como os "Cinco Cs", são culturalmente relevantes e podem ser considerados no interior das respectivas culturas como estando relacionados com comportamentos juvenis positivos. Porém, há necessidade de investigação suplementar sobre o DPJ, não apenas com minorias culturais nos EUA, mas também, internacionalmente, em culturas ocidentais e não-ocidentais (Berry *et al.*, 2007).

Entre as questões a ser abordadas, destacam-se as seguintes: Como é estruturado o DPJ em sujeitos do sexo masculino e feminino em diferentes contextos nacionais? Qual é a natureza do DPJ no interior de outros grupos de jovens nesses mesmos contextos nacionais, por exemplo em grupos de minorias culturais, em grupos de outras orientações sexuais (LGBT) e em grupos de imigrantes? Ademais, para aumentar a profundidade da nossa compreensão do desenvolvimento global de todos os jovens, seria necessário estudar as componentes ideológicas, comportamentais e motivacionais do Desenvolvimento Positivo da Juventude.

V – Conclusões

As ciências contemporâneas do desenvolvimento — inspiradas numa metateoria relacional e centradas numa abordagem sistémica — constituem um quadro interdisciplinar que integra saberes e métodos pertinentes para os diversos níveis de organização, contribuindo, assim, para a compreensão e promoção do desenvolvimento humano positivo. A abordagem sistémica fornece os meios para uma prática científica de qualidade, estruturada por dados epistémicos / conceptuais e metodológicos provenientes de múltiplas disciplinas, com clara relevância para o estudo das relações indivíduo / contexto que formam a ecologia da ontogénese humana. Esta abordagem científica afigura-se indubitavelmente mais difícil de implementar do que a investigação psicogenética procedente de gerações passadas que, de forma conceptual e metodologicamente deficiente, seguia vias dicotomizantes e reducionistas (Cairns & Cairns, 2006; Overton, 2006). Acresce ainda que esta nova orientação sublinha os modos diversos como os adolescentes, nas suas relações dinâmicas com as ecologias naturais e humanizadas, podem criar, para si próprios, oportunidades favoráveis de bem-estar e de progressão evolutiva positiva.

De acordo com Bronfenbrenner (2005), são estas relações que tornam humanos os seres humanos. Deste modo, a investigação potencialmente sensível aos aspectos relacionais, dinâmicos e interculturais pode, ao mesmo tempo, demonstrar e potenciar a capacidade inerente a cada pessoa de ser um agente activo do seu próprio desenvolvimento positivo (Brandstädter, 2006; Lerner, 2004; Magnusson & Stattin, 2006). Uma perspectiva ecológica convida-nos a reconhecer que, se visarmos constituir uma ciência adequada do desenvolvimento humano, teremos de estudar, de modo integrado, os níveis individuais e contextuais de organização, numa perspectiva relacional e temporal. Uma versão truncada deste programa heurístico não constituirá, pois, um modelo adequado. Se cumulativamente desejarmos ainda, através dos nossos esforços científicos, servir os indivíduos, as famílias e as comunidades do mundo actual, e assim contribuir para a criação de novas políticas e de novos programas sociais, seremos compelidos a aceitar um modelo relacional e temporal de desenvolvimento integrado e múltiplo dos sujeitos, tal como é proposto pela abordagem sistémica.

Bibliografia

Anthony, E. J. (1969). The reactions of adults to adolescents and their behavior. In G. Caplan & S. Lebovici (Eds.), *Adolescence: Psychosocial perspectives* (p. 77). New York: Basic Books.

Baltes, P. B., Lindenberger, U. & Staudinger, U. M. (2006). Lifespan theory in developmental psychology. In R. M. Lerner (Ed.), *Theoretical models of human development*. Vol. 1 of *Handbook of Child Psychology* (6th ed.) (pp. 569-664). Hoboken, NJ: Wiley.

Bandura, A. (1964). The stormy decade: Fact or fiction? *Psychology in the School, 1*, 224-31.

Benson, P. L., Leffert, N., Scales, P. C. & Blyth, D. A. (1998). Beyond the "village" rhetoric: Creating healthy communities for children and adolescents. *Applied Developmental Science, 2*, 138-159.

Benson, P. L., Scales, P. C., Hamilton, S. F. & Semsa, A., Jr. (2006). Positive youth development: Theory, research, and applications. In R. M. Lerner (Ed.), *Theoretical models of human development*. Volume 1 of *Handbook of Child Psychology* (6th ed.) (pp. 894-941). Hoboken, NJ: Wiley.

Berry, J. W., Phinney, J. S., Sam, D. L. & Vedder, P. (2006). *Immigrant youth in cultural transition: acculturation, identity, and adaptation across national contexts*. Mahwah, NJ: Lawrence Erlbaum Associates, Publishers.

Block, J. (1971). *Lives through time*. Berkeley: Bancroft Books.

Bloomberg, L., Ganey, A., Alba, V., Quintero, G. & Alcantara, L. A. (2003). Chicano-Latino youth leadership institute: An asset-based program for youth. *American Journal of Health Behavior, 27*, S45-S54.

Blum, R. W. (2003). Positive youth development: A strategy for improving adolescent health. In R. M. Lerner, F. Jacobs & D. Wertlieb (Eds.), *Handbook of applied developmental science: Promoting positive child, adolescent, and family development through research, policies, and programs: Vol. 2. Enhancing the life chances of youth and families: Public service systems and public policy perspectives* (pp. 237-252). Thousand Oaks, CA: Sage Publications.

Brandtstädter, J. (2006). Action perspectives on human development. In R. M. Lerner (Ed.), *Theoretical models of human development*. Volume 1 of *Handbook of Child Psychology* (6th ed.) (pp. 516-568). Hoboken, NJ: Wiley.

Bronfenbrenner, U. (2005). *Making human beings human: Bioecological perspectives on human development*. Thousand Oaks, CA: Sage.

Cairns, R. B. & Cairns, B. D. (2006). The making of developmental psychology. In R. M. Lerner (Ed.). *Theoretical models of human development*. Vol. 1 of *Handbook of Child Psychology* (6th ed.) (pp. 89-165). Hoboken, NJ: Wiley.

Cummings, E. (2003). Foreword. In D. Wertlieb, F. Jacobs & R. M. Lerner (Eds.), *Promoting positive youth and family development: Community systems, citizenship, and civil society: Vol. 3. Handbook of applied developmental science: Promoting positive child, adolescent, and family development through research, policies, and programs* (pp. ix-xi). Thousand Oaks, CA: Sage.

Damon, W. (2004). What is positive youth development? *The Annals of the American Academy of Political and Social Science, 591*, 13-24.

Douvan, J. D. & Adelson, J. (1966). *The adolescent experience*. New York: Wiley.

Eccles, J. S. & Gootman, J. A. (Eds.) (2002). *Community Programs to Promote Youth Development/Committee on Community-Level Programs for Youth*. Washington DC: National Academy Press.

Erikson, E. H. (1959). Identity and the life cycle. *Psychological Issues*, 1, 50-100.

Floyd, D. T. & McKenna, L. (2003). National youth serving organizations in the United States: Contributions to civil society. In R. M. Lerner, F. Jacobs & D. Wertlieb (Eds.), *Handbook of applied developmental science: Promoting positive child, adolescent, and family development through research, policies, and programs:* Vol. 3. *Promoting positive youth and family development: Community systems, citizenship, and civil society* (pp. 11-26). Thousand Oaks, CA: Sage Publications.

Freud, A. (1969). Adolescence as a developmental disturbance. In G. Caplan & S. Lebovici (Eds.), *Adolescence* (pp. 5-10). New York: Basic Books.

Galambos, N. L. & Martínez, M. L. (2007). Poised for emerging adulthood in Latin America: A pleasure for the privileged. *Child Development Perspectives*, 1, 109-114.

Gestsdottir, S. & Lerner, R. M. (2007a). Intentional self-regulation and positive youth development in early adolescence: Findings from the 4-H Study of Positive Youth Development. *Developmental Psychology, 43*, 508-521.

Gestsdottir, S. & Lerner, R. M. (2007b). Hlutverk sjálfstjórnar í æskilegum þroska barna og unglinga. *Sálfræðiritið*, 12, 37-55.

Gore, A. (2003). Foreword. In R. M. Lerner & P. L. Benson (Eds.), *Developmental assets and asset-building communities: Implications for research, policy, and practice* (pp. xi-xii). Norwell, MA: Kluwer.

Gottlieb, G. (1997). *Synthesizing nature-nurture: Prenatal roots of instinctive behavior*. Mahwah, NJ: Lawrence Erlbaum.

Gottlieb, G., Wahlsten, D. & Lickliter, R. (2006). The significance of biology for human development: A developmental psychobiological systems perspective. In R. M. Lerner (Ed.), *Theoretical models of human development*. Vol. 1 of *Handbook of Child Psychology* (6th ed.) (pp. 210-257). Hoboken, NJ: Wiley.

Hall, G. S. (1904). *Adolescence: Its psychology and its relations to psychology. anthropology, sociology, sex, crime, religion, and education*. New York: Appleton.

Hirsch, J. (2004). Uniqueness, Diversity, Similarity, Repeatability, and Heritability. In C. Garcia Coll, E. Bearer & R. M. Lerner (Eds.), *Nature and nurture: The complex interplay of genetic and environmental influences on human behavior and development* (pp. 127-138). Mahwah, NJ: Lawrence Erlbaum Associates.

Jelicic, H., Bobek, D., Phelps, E., D., Lerner, J. V., Lerner, R. M. (2007). Using positive youth development to predict contribution and risk behaviors in early adolescence: Findings from the first two waves of the 4-H Study of

Positive Youth Development. *International Journal of Behavioral Development*, 31(3), 263-273.

Kegler, M. C., Young, K. H., Marshall, L., Bui, D. & Rodine, S. (2005). Positive youth development linked with prevention in a Vietnamese American community: Successes, challenges, and lessons learned. *Journal of Adolescent Health*, 37, S69-S79.

King, P. E., Dowling, E. M., Mueller, R. A., White, K., Schultz, W., Osborn, P., Dickerson, E., Bobek, D. L., Lerner, R. M., Benson, P. L. & Scales, P. C. (2005). Thriving in Adolescence: The voices of youth-serving practitioners, parents, and early and late adolescents. *Journal of Early Adolescence, 25*(1), 94-112.

Leffert, N., Benson, P., Scales, P., Sharma, A., Drake, D. & Blyth, D. (1998). Developmental assets: Measurement and prediction of risk behaviors among adolescents. *Applied Developmental Science, 2*(4), 209-230.

Lerner, R. M. (1978). Nature, nurture, and dynamic interactionism. *Human Development*, 21, 1-20.

Lerner, R. M. (2002). *Concepts and theories of human development* (3rd ed.). Mahwah, NJ: Lawrence Erlbaum Associates.

Lerner, R. M. (2004). *Liberty: Thriving and civic engagement among American youth*. Thousand Oaks, CA: Sage.

Lerner, R. M. (2006). Developmental science, developmental systems, and contemporary theories of human development. In R. M. Lerner (Ed.), *Theoretical models of human development*. Volume 1 of *Handbook of Child Psychology* (6th ed.) (pp. 1-17). Hoboken, NJ: Wiley.

Lerner, R. M., Freund, A. M., De Stefanis, I. & Habermas, T. (2001). Understanding developmental regulation in adolescence: The use of the selection, optimization, and compensation model. *Human Development, 44*, 29-50.

Lerner, R. M., Lerner, J. V., Almerigi, J., Theokas, C., Phelps, E., Gestsdottir, S. Naudeau, S., Jelicic, H., Alberts, A. E., Ma, L., Smith, L. M., Bobek, D. L., Richman-Raphael, D., Simpson, I., Christiansen, E. D. & von Eye, A. (2005). Positive youth development, participation in community youth development programs, and community contributions of fifth grade adolescents: Findings from the first wave of the 4-H Study of Positive Youth Development. *Journal of Early Adolescence, 25*(1), 17-71.

Lerner, R. M. & Steinberg, L. (Eds.). (2004). *Handbook of adolescent psychology* (2nd ed.). Hoboken, NJ: John Wiley & Sons Inc.

Li, Y., Bebiroglu, N., Phelps, E. & Lerner, R. M. (2009). Out-of-school time activity participation, school engagement and positive youth development: Findings from the 4-H study of positive youth development. *Journal of Youth Development*.

Magnusson, D. & Stattin, H. (2006). The person in the environment: Towards a general model for scientific inquiry. In R. M. Lerner (Ed.), *Theoretical models of human development*. Volume 1 of *Handbook of Child Psychology* (6th ed.) (pp. 400-464). Hoboken, NJ: Wiley.

Mahoney, J. L., Vandell, D. L., Simkins, S. & Zarrett, N. (2009). Adolescent out-of-school activities. In R. M. Lerner & L. Steinberg (Eds.), *Handbook of Adolescent Psychology:* Vol 2. *Contextual influences on adolescent development* (3rd ed., pp. 228-269). Hoboken, NJ: Wiley.

Maier, N. R. F. & Schneirla, T. C. (1935). *Principles of animal behavior.* New York: McGraw-Hill.

Novikoff, A. B. (1945a). The concept of integrative levels and biology. *Science, 101*, 209-15.

Novikoff, A. B. (1945b). Continuity and discontinuity in evolution. *Science, 101*, 405-6.

Offer, D. (1969). *The psychological world of the teen-ager.* New York: Basic Books.

Overton, W. F. (1973). On the assumptive base of the nature-nurture controversy: Additive versus interactive conceptions. *Human Development, 16*, 74-89.

Overton, W. F. (2006). Developmental Psychology: Philosophy, Concepts, Methodology. In R. M. Lerner (Ed.), *Theoretical models of human development*. Volume 1 of *Handbook of Child Psychology* (6th ed.) (pp. 18-88). Hoboken, NJ: Wiley.

Phelps, E., Balsano, A., Fay, K., Peltz, J., Zimmerman, S., Lerner, R., M. & Lerner, J. V. (2007). Nuances in early adolescent development trajectories of positive and of problematic/risk behaviors: Findings from the 4-H Study of Positive Youth Development. *Child and Adolescent Clinics of North America,* 16(2), 473-496.

Pittman, K., Irby, M. & Ferber, T. (2001). Unfinished business: Further reflections on a decade of promoting youth development. In P. L. Benson & K. J. Pittman (Eds.), *Trends in youth development: Visions, realities and challenges* (pp. 4-50). Norwell, MA: Kluwer.

Rathunde, K. & Csikszentmihalyi, M. (2006). The developing person: An experiential perspective. In R. M. Lerner (Ed.), *Theoretical models of human development*. Volume 1 of *Handbook of Child Psychology* (6th ed.) (pp. 465-515). Hoboken, NJ: Wiley.

Roth, J. L. & Brooks-Gunn, J. (2003). What is a youth development program? Identification and defining principles. In F. Jacobs, D. Wertlieb & R. M. Lerner (Eds.), *Enhancing the life chances of youth and families: Public service systems and public policy perspectives:* Vol. 2 *Handbook of applied developmental science: Promoting positive child, adolescent, and family development through research, policies, and programs* (pp. 197-223). Thousand Oaks, CA: Sage.

Scales, P., Benson, P., Leffert, N. & Blyth, D. A. (2000). The contribution of developmental assets to the prediction of thriving among adolescents. *Applied Developmental Science, 4*, 27-46.

Schneirla, T. C. (1957). The concept of development in comparative psychology. In D. B. Harris (Ed.), *The concept of development* (pp. 78-108). Minneapolis: University of Minnesota.

Silbereisen, R. K. & Lerner, R. M. (2007). Approaches to positive youth development: A view of the issues. In R. K. Silbereisen & R. M. Lerner (Eds.), *Approaches to positive youth development* (pp. 3-30). London: Sage Publications.

Spencer, M. B. (2006). Phenomenology and ecological systems theory: Development of diverse groups. In R. M. Lerner (Ed.), *Theoretical models of human development*. Volume 1 of *Handbook of Child Psychology* (6th ed.) (pp. 829-893). Hoboken, NJ: Wiley.

Suomi, S. J. (2004). How gene-environment interactions influence emotional development in rhesus monkeys. In C. Garcia Coll, E. Bearer & R. M. Lerner (Eds.), *Nature and nurture: The complex interplay of genetic and environmental influences on human behavior and development* (pp. 35-51). Mahwah, NJ: Lawrence Erlbaum Associates.

Thelen, E. & Smith, L. B. (2006). Dynamic Systems Theories. In R. M. Lerner (Ed.). *Theoretical models of human development*. Volume 1 of *Handbook of Child Psychology* (6th ed.) (pp. 258-312). Hoboken, NJ: Wiley.

Theokas, C., Almerigi, J., Lerner, R. M., Dowling, E., Benson, P., Scales, P. C., von Eye, A. (2005). Conceptualizing and modeling individual and ecological asset components of thriving in early adolescence. *Journal of Early Adolescence, 25*(1), 113-143.

Theokas, C. & Lerner, R. M. (2006). Observed Ecological Assets in Families, Schools, and Neighborhoods: Conceptualization, Measurement and Relations with Positive and Negative Developmental Outcomes. *Applied Developmental Science, 10*(2), *61-74*.

Tobach, E. & Greenberg, G., (1984). The significance of T. C. Schneirla's contribution to the concept of levels of integration. In G. Greenberg & E. Tobach (Eds.), *Behavioral evolution and integrative levels* (pp. 1-7). Hillsdale, N. J.: Erlbaum.

von Bertalanffy, L. (1933). *Modern theories of development*. London: Oxford University Press.

Zarrett, N., Fay, K., Caranno, J., Li, Y., Phelps, E., Lerner, R. M. (2009). More than child's play: Variable-and pattern-centered approaches for examining effects of sports participation on youth development. *Developmental Psychology, 45*, 368-382.

Zarrett, N., Lerner, R. M., Carrano, J., Fay, K., Peltz, J. S. & Li, Y. (2007). Variations in adolescent engagement in sports and its influence on positive youth development. In N. L. Holt (Ed.), *Positive Youth Development and Sport*. Oxford: Routledge.

Zimmerman, S., Phelps, E. & Lerner, R. M. (2007). Intentional self-regulation in early adolescence: Assessing the structure of selection, optimization, and compensations processes. *European Journal of Developmental Science, 1*, 272-299.

Zimmerman, S., Phelps, E. & Lerner, R. M. (2008). Positive and negative developmental trajectories in U.S. adolescents: Where the PYD perspective meets the deficit model. *Research in Human Development, 5*, 153-165.

4

A adultez emergente na Europa: um novo (e mais longo) caminho para a idade adulta [*]

Jensen Arnett

Na maioria dos países industrializados, as mudanças sociais, económicas e demográficas ocorridas ao longo do último meio século desencadearam profundas alterações nas experiências de vida das pessoas durante o período que vai do fim da adolescência até aos 25 anos de idade. Dado o facto de, só muito mais tarde do que no passado, a maior parte das pessoas concluir a sua formação, conseguir um emprego estável, casar e ter o primeiro filho, já não faz sentido referirmo-nos a esse período de vida que vai do início da puberdade até à idade adulta — ou seja, aproximadamente entre os 10 e os 25 anos —, como 'juventude'. Esse período é demasiado longo e caracterizado por demasiadas mudanças para que possa ser adequadamente designado e descrito por um único termo. Em vez disso, faz mais sentido descrevê-lo como dois períodos distintos: a adolescência (aproximadamente entre os 10 e os 17 anos) e a adultez emergente (aproximadamente entre os 18 e os 25 anos). Neste capítulo, começarei por apresentar um esboço daquilo que é a adultez emergente na Europa. Em seguida, discutirei o papel que, em minha opinião, os factores estruturais, tais como a classe social, têm nesse processo. Finalmente,

---

[*] Tradução de Maria de São João Breda.

explicarei a razão que me leva a pensar que a teoria da adultez emergente pode ser de grande valor para a investigação sobre a vida dos jovens de hoje em dia, em Portugal, no resto da Europa e no mundo em geral.

A adultez emergente na Europa: uma visão geral

Nos últimos cinquenta anos, assistimos a uma transformação demográfica que afectou de maneira bastante consistente os países industrializados. Em todos os países, a mediana da idade do primeiro casamento subiu abruptamente dos vinte e poucos para os vinte e muitos anos, chegando frequentemente a ultrapassar os 30 anos no norte da Europa (Quadro 1). Os jovens têm esperado mais tempo até se casarem, mas não necessariamente mais tempo pelo sexo: o sexo pré-marital disseminou-se e a iniciação sexual já não se encontra intimamente ligada ao casamento. A frequência do ensino superior difundiu-se e as mulheres ultrapassam agora os homens na frequência dos cursos universitários e na obtenção dos respectivos diplomas. A taxa de natalidade desceu, à medida que as mulheres têm o

Quadro 1: Mediana das idades de casamento em alguns países europeus, em 1980 e em 2000.

País	Homens		Mulheres	
	1980	2000	1980	2000
Austria	25.7	30.5	23.1	28.1
Belgium	24.6	29.1	22.2	26.8
Bulgaria	24.5	28.1	21.4	24.7
France	25.2	30.7	23.0	28.6
Germany	26.1	31.2	23.4	28.4
Hungary	24.0	27.2	21.3	24.7
Netherlands	25.4	31.0	23.1	29.1
Portugal	25.4	27.5	23.3	25.7
Spain	26.1	29.2	23.7	27.1
Sweden	29.0	33.1	26.4	30.6
United Kingdom	25.3	30.4	23.0	28.3
United States	24.7	27.0	22.0	25.2

Note: Os valores, excepção feita aos referentes aos EUA, são provenientes da Comissão Económica para a Europa das Nações Unidas (2005). Os números de 2000 relativos a Espanha são de 1995, último ano com dados disponíveis. Os valores dos EUA são de Arnett (2004).

primeiro filho mais tarde, frequentemente têm um só filho e muitas delas não têm mesmo filho nenhum. Este conjunto de transformações demográficas ligadas entre si, juntamente com os fenómenos psicológicos que as acompanham, têm levado um número crescente de académicos a concluir que existe agora um novo estádio do curso de vida, a adultez emergente, situado entre a adolescência e a fase inicial da adultez (Arnett & Tanner, 2006; Cohen, Kasen, Chen, Hartmark & Gordon, 2003; Eccles, Templeton, Barber & Stone, 2003; Nelson, Badger & Wu, 2004).

Claro que as mudanças demográficas não são as únicas importantes; elas são, todavia, emblemáticas da mudança profunda no modo como as pessoas jovens experienciam os seus anos de emergência da adultez. Actualmente, o período entre o fim da primeira década de vida e, pelo menos, os meados da segunda década é, para a maioria das pessoas nos países industrializados, um período, já não de estabelecimento em papéis adultos duráveis, mas sim um período que se caracteriza por menor estruturação e alguma indefinição. Consequentemente, a maioria dos jovens nesta faixa etária não se sente nem como adolescente nem (completamente) como adulto, mas algures no meio. Nos Estados Unidos, em inúmeros estudos, verifiquei que, quando se perguntava aos participantes se sentiam que tinham chegado à adultez, a maior parte das pessoas entre os 18 e os 25 anos não respondia que 'nem sim nem não', mas "em alguns aspectos sim, em outros aspectos, não" (Arnett, 1997, 1998, 2001, 2003 a, 2004). Um estudo nos Países Baixos revelou resultados idênticos (Plug, Zeijl & Du Bois-Reymond, 2003), que se mostraram independentes da classe social, o mesmo acontecendo no meu estudo realizado na Dinamarca (Arnett, 2003b).

Ideias novas de grande interesse sobre a adultez emergente na Europa chegam do trabalho etnográfico realizado por Carrie Douglass (2005) e colegas, um grupo de antropólogos e etnógrafos apostados em investigar a experiência humana que subjaz à tendência demográfica europeia das taxas de fertilidade mais baixas. No decurso deste estudo, procurou-se saber como é que as vidas dos jovens de hoje em dia haviam mudado de tal maneira que a década dos seus vinte anos não mais era dedicada ao casamento e ao cuidado de filhos pequenos. Este livro contém uma grande quantidade de informação importante e fascinante sobre a adultez emergente. Mais concretamente, Douglass e colegas descrevem a diversidade que existe em toda a Europa, mas o tema consistente é que os jovens europeus querem gozar um período de liberdade e de independência, para lá da adolescência e antes de se comprometerem com as responsabilidades duradouras da idade adulta. Três dos capítulos fornecem uma boa ilustração desta tendência comum (apesar da sua diversidade) na Noruega, na Espanha, e na República Checa.

No capítulo sobre a Noruega, Ravn (2005) descreve como os jovens noruegueses preferem gozar de uma longa adultez emergente antes de assumirem a parentalidade. Como o autor observa, "estar 'preparado' para ter filhos [é] ter vivido uma vida independente durante alguns anos; ter acabado os estudos; e ter tido um emprego durante pelo menos um ano; ter vivido com (ou ter estado casado com) o companheiro(a) da sua escolha desde há algum tempo e ter feito algumas viagens ou ter-se envolvido noutras actividades de desenvolvimento pessoal" (p. 41). Há uma norma social clara de que a adultez emergente "devia" ser gozada durante alguns anos antes de se entrar na adultez plena. Os noruegueses acreditam que os adultos emergentes "não se deviam estabelecer demasiado cedo, não deviam adoptar demasiado à letra o modo de vida dominante, deviam desenvolver-se através das viagens e da educação e deviam ter a oportunidade de "gozar a vida" (p. 43).

No capítulo sobre a Espanha, Douglass descreve a sua própria pesquisa etnográfica. Em décadas recentes, a mediana das idades de casamento neste país subiu para os 28 anos, e a taxa de fertilidade mergulhou para a mais baixa do mundo, apesar de uma forte tradição cultural de grandes famílias alargadas. Há várias razões para esta mudança, incluindo novas oportunidades para as mulheres; mas a razão mais importante parece ser a de que os jovens espanhóis preferem concentrar-se nos seus 20 anos a gozar a liberdade e o prazer da adultez emergente. Douglass observa a este propósito: "Os Espanhóis não só se divertem tornando-se consumidores de bens materiais e de serviços, mas também viajam e procuram novas experiências, tal como todos os jovens europeus... Os Jovens disseram-me repetidamente que o casamento (e especialmente o cuidar dos filhos) seria um entrave à sua possibilidade de sair, de viajar, de ir esquiar, de "apreciar a vida" (p. 196). Este estilo de vida confortável é facilitado pela permanência na casa dos pais, com o seu cuidado e apoio, até ao casamento. Douglass ilustra assim esta posição: "Por que é que haveríamos de sair? Estamos aqui bem. Vivemos num hotel de 5 estrelas!". Os jovens com quem falei expressaram-me este sentimento— com as mesmas palavras — de maneira recorrente em toda a Espanha" (p. 197).

Finalmente, na República Checa, de acordo com Nash (2005), a liberdade de "trabalhar, viajar, e estudar" na idade dos 20 anos é agora altamente valorizada. Diferentemente do que acontece no resto da Europa, as baixas taxas de nascimento não são vistas como uma crise, mas como uma manifestação feliz das novas liberdades que os Checos têm desde a queda do comunismo. "Mesmo aqueles entrevistados que em determinada altura se debateram com a tensão económica, para a qual se pensa que as baixas taxas de nascimento contribuem, no momento seguinte olham do lado de cima, e dizem: 'É claro, os jovens estão a tirar partido da oportunidade de trabalhar, viajar e estudar" (p. 104). As vidas dos adultos emergentes "solteiros" são romantizadas na cultura popular. "O fenómeno dos solteiros refere-se a homens e a mulheres em idade de casar que escolhem, de uma maneira que não é habitual entre os Checos, não casar mas trabalhar e divertirem-se... Os solteiros passam a maior parte do tempo a trabalhar, raramente estão em casa, e não se deixam comprometer romanticamente, apesar de terem namoros"... Neste tipo de descrição, os solteiros são retratados como parte de uma cultura jovem global; os seus estilos de vida têm mais em comum com os dos jovens profissionais de Nova York e Paris do que com os da "juventude comunista" dos seus pais (p. 107). É interessante notar a este propósito que, em lugar de se ressentirem do gozo dos jovens, os pais, em geral, apoiam e encorajam os filhos a apreciarem a liberdade da adultez emergente que eles nunca tiveram.

Resumindo, Douglass e colaboradores traçam um retrato da adultez emergente na Europa que é muito similar àquele que eu descrevi na minha teoria, baseado nas investigações levadas a cabo nos E.U.A. Nos meus trabalhos, a adultez emergente é caracterizada por cinco facetas principais (Arnett, 2004), todas elas evidenciadas nas descrições de Douglass e colegas. Mais concretamente, é *a idade de explorações da identidade*, quando os jovens ensaiam vários futuros no amor e no trabalho e vão gradualmente avançando em direcção a escolhas mais estáveis. É *a idade da instabilidade*, com mudanças frequentes de percurso educativo, de empregos, de parceiros amorosos, e de situações de vida. É *a idade dos sentimentos de estar no meio de qualquer coisa...* já não ser adolescente mas ainda não ser completamente adulto. É *a idade da centração sobre si próprios*, na qual as pessoas experienciam mais liberdade e menos controlo social do que tinham quando eram adolescentes ou do que terão quando alcançarem completamente a adultez. E é *a idade das possibilidades*, em que a maioria das pessoas é altamente optimista acerca do modo como a sua vida se vai realizar, mesmo quando as perspectivas do que é real não pareçam tão promissoras aos olhos de outros. Todas estas facetas aparecem de maneira clara nas descrições de Douglass e colaboradores, especialmente o facto de a adultez emergente ser um tempo de gozo auto--centrado, à medida que os jovens perseguem o prazer de viver numa sociedade cada vez mais próspera e consumista, com poucas responsabilidades em relação a (e poucas restrições por parte de) outras pessoas.

Claro que nem todos os jovens têm os meios necessários para poderem gozar esses anos desta maneira. As experiências dos "adultos emergentes" que são pobres ou da classe trabalhadora podem ser muito diferentes daqueles que pertencem à classe média ou média alta. Na próxima secção abordarei a questão do grau em que a experiência da adultez emergente depende de factores estruturais e procurarei analisar até que ponto a teoria da adultez emergente conseguirá abarcar, de modo adequado, as experiências daqueles que são pobres e oriundos da classe operária.

Qual a importância dos factores estruturais?

Apesar de os investigadores em todo o mundo terem abraçado a tese central da teoria da adultez emergente — segundo a qual existe actualmente um novo período do curso de vida, situado entre a adolescência e a idade do jovem adulto, e 'adultez emergente' um bom termo para o designar — têm surgido algumas questões a respeito da relação com a classe social (Bynner, 2005; Hendry & Kloep, 2007). Na visão desses críticos, a adultez emergente pode aplicar-se aos jovens de classe média com uma educação universitária, mas não se aplica aos jovens da classe operária, os quais têm de lutar para conseguirem um lugar no mundo adulto.

Primeiro, gostaria de salientar que, na minha investigação sobre a adultez emergente, não me poupei a esforços para constituir amostras de jovens de 18-19 anos oriundos de variadas classes sociais, grupos étnicos, e estatutos escolares e de trabalho, em vez de me apoiar unicamente em amostras de estudantes universitários. No meu livro sobre a adultez emergente (Arnett, 2004), apresentei um manancial de dados qualitativos obtidos através de entrevistas com indivíduos na fase da adultez emergente, e uma razão para essa abordagem era retratar a diversidade de adultos emergentes Americanos, reflectindo a sua heterogeneidade nas variáveis estruturais. É óbvio que obter — ou não — formação superior é um determinante cada vez mais importante das perspectivas profissionais, à medida que as economias dos países industrializados são cada vez mais baseadas na informação e as indústrias de manufactura continuam em declínio.

Penso que os factores estruturais são importantes, e por isso a questão com interesse é a de saber qual o seu grau de importância. A questão da influência dos factores estruturais nas vidas dos adultos emergentes devia ser uma hipótese a investigar em lugar se considerar como um dado adquirido. Pode acontecer que esses factores sejam mais importantes em algumas áreas da vida do que em outras e mais importantes para alguns indivíduos do que para outros. Um exemplo disso está na área do desemprego. As taxas de desemprego na Europa são, tipicamente, cerca de duas vezes mais elevadas para os indivíduos na fase da adultez emergente (idades 18-25) do que para outros adultos, e são especialmente altas no sul da Europa (Sneeding & Phillips, 2002). Obviamente a experiência de lutar para encontrar emprego sem o conseguir é frustrante e desmoralizadora para os adultos emergentes. Por exemplo, um estudo efectuado em seis países europeus reportava elevadas taxas de mal-estar psicológico entre os adultos emergentes que se encontravam desempregados, verificando-se depois num *follow-up* que esse sofrimento tinha diminuído, seis meses mais tarde, para aqueles que haviam conseguido emprego quer a tempo integral quer a tempo parcial, bem como para aqueles que tinham regressado à escola. Nas investigações que efectuei, encontrei provas de mal-estar idêntico entre os adultos emergentes desempregados nos E.U.A., especialmente entre os Afro-Americanos, para quem a desvantagem de ser jovem é frequentemente acompanhada e agravada por baixos níveis educacionais e pela discriminação por parte dos empregadores (Arnett, 2004).

Há outras áreas aonde os factores estruturais podem ter menos importância. Por exemplo, nos inúmeros estudos sobre a concepção que os adultos emergentes tinham do que significa atingir a adultez (Arnett, 1994, 1997, 1998, 2001, 2003a, 2004), inicialmente esperava encontrar diferenças entre as classes sociais, no sentido de os indivíduos no estádio da adultez emergente com um estatuto sócio-económico baixo colocarem a ênfase nas transições económicas (*v. g.*, conseguir emprego a tempo inteiro). No entanto, o que descobri foi que, de modo consistente nos diferentes estatutos sócio-económicos, os mesmos quatro critérios eram postos em lugar de destaque: aceitar a responsabilidade pelas próprias acções, tomar decisões independentes, consignar mais da sua vida aos outros e tornar-se independente financeiramente. Ter um emprego a tempo inteiro é colocado num ordem de importância relativamente baixa em todos os estatutos sócio-económicos, o mesmo acontecendo com os restantes critérios tradicionais da adultez, em especial, a conclusão dos estudos e o casamento. Na realidade, os factores estruturais são mais importantes para o nosso sentimento subjectivo de ter alcançado a adultez. Os adultos emergentes Afro-Americanos e Latino-Americanos têm mais probabilidade do que os caucasianos os de sentirem que já atingiram a adultez, antes de mais, por terem maior probabilidade de terem estatuto sócio-económico mais baixo (Arnett, 2003 a).

Os factores estruturais também parecem ter apenas uma fraca associação com aquilo que, segundo proposta minha, são as cinco principais facetas da adultez (i. e. a adultez emergente concebida como *a idade das explorações de identidade, a idade da instabilidade, a idade do sentimento de estar a-meio-caminho-entre, a idade da centração sobre si mesmo*, e *a idade das possibilidades*). Em estudos nos quais se procurou testar estas propostas teóricas (Reifman, Arnett & Colwell, 2005), os adultos emergentes distinguiam-se, quer dos grupos de indivíduos mais velhos quer dos mais novos, em cada uma destas dimensões. Mas as respostas dos adultos emergentes da classe operária não eram significativamente diferentes dos da classe média.

Poderá vir a descobrir-se que a classe social é uma variável mais importante para os adultos emergentes Europeus do que para os Norte-Americanos. Ou talvez não. Como já foi notado, os adultos emergentes europeus descritos por Douglass e colegas parecem ser muito semelhantes aos Americanos por mim descritos. Pode acontecer, na verdade, que a classe social importe *menos* para os adultos emergentes europeus do que para os dos EUA, pelo menos em certos aspectos. Nos EUA, é esperado que os adultos emergentes deixem a casa paterna por volta dos 18 ou 19 anos, o que a maioria faz. Alguns ficam mais tempo, outros voltam lá novamente, e a maioria recebe apoio financeiro dos pais durante pelo menos vários anos após a sua saída (Aquilino, 2005). Não obstante, existe a expectativa clara de que lutem pela auto-suficiência. Em contrapartida, os europeus podem contar com mais apoio durante mais tempo; no caso do Sul da Europa, o apoio é das famílias, com quem continuam a viver até aos 30 anos ou mais, enquanto que no caso do Norte da Europa, o apoio é dos governos, que tipicamente fornecem aos adultos emergentes uma ajuda financeira durante alguns anos após a saída de casa. Assim, de um modo ou de outro, os europeus podem esperar mais apoio durante um período de tempo mais longo da adultez emergente, o que lhes permite ensaiar várias possibilidades no amor e no trabalho, vivendo em simultâneo uma vida de lazer activa, à medida que vão rumando gradualmente em direcção à adultez plena. Para além disso, a amplitude das diferenças de classe é mais estreita na maior parte dos países Europeus do que nos EUA, o que pode conduzir a menores diferenças entre os adultos emergentes das diferentes classes sociais.

Apesar de ser necessária mais investigação sobre a importância da classe social na adultez emergente, há também muito a aprender acerca dos outros aspectos das vidas dos adultos emergentes. Uma hipótese que eu avançaria é que na Europa, como nos EUA, e de facto, em todos os países industrializados, as escolhas profissionais dos adultos emergentes são, agora, antes de mais, baseadas na identidade. A maioria dos adultos emergentes já não se satisfaz com simplesmente ganhar um salário que lhes dê um tecto e sustento, como pode ter acontecido nas gerações anteriores. Hoje em dia, os adultos emergentes desejam um trabalho que seja a expressão da sua identidade, não apenas um modo de ganhar dinheiro, mas uma actividade que seja pessoalmente significativa e atractiva. Deste modo, as mudanças frequentes de trabalho que se verificaram, dos 20 aos 30 anos de idade, nos países europeus (e também nos EUA) podem ser explicadas não apenas por factores estruturais, especialmente a relutância dos empregadores em contratarem novos colaboradores em função de legislação que torna difícil despedir alguém uma vez celebrado contrato, mas também pela procura, da parte dos adultos emergentes, de um trabalho que vá ao encontro da sua identidade.

Além disso, coloco a hipótese de que todo o sistema educativo (incluindo a fase de transição da escola para o trabalho) europeu, desenvolvido algumas décadas atrás (quando o significado e o propósito do trabalho eram bastante diferentes), se tornou incompatível com os desejos dos adultos emergentes de experimentarem diferentes possibilidades de percursos educativos e profissionais antes de encontrarem aquele que lhes propiciará uma adequada correspondência com a sua identidade. Não admira por isso que esse sistema seja vivido por eles como intoleravelmente rígido e inflexível. A clarificação da identidade é algo que tem lugar primariamente na adultez emergente, e não na adolescência. Por isso, o requisito, praticado na Europa, de que os indivíduos decidam, por volta dos 15 anos de idade, o percurso profissional geral que querem seguir, suscitará cada vez maior resistência por parte dos adultos emergentes. À medida que as suas identidades se clarificam no final da adolescência, eles desejam mudar de percurso educativo e profissional para irem ao encontro das suas necessidades de identidade, e vão exercer pressão sobre os responsáveis pelo sistema escolar e pelo governo para que essas mudanças sejam introduzidas.

Este é um exemplo do modo como a teoria da adultez emergente conduz a ideias e hipóteses que ultrapassam a simples e tradicional ênfase nos acontecimentos demográficos, tais como, a conclusão dos estudos, a saída de casa e o casamento, que anteriormente dominaram a investigação sobre este período de vida entre os 18 e os 29 anos.

Na próxima secção, apresento um argumento mais detalhado, em prol da utilidade potencial da teoria da adultez emergente.

Porquê "adultez emergente"?

Muitos outros estudiosos observaram, ao longo dos últimos 30 anos, que a frequência de cursos superiores é mais difundida e é mais longa, que a idade mediana de casamento subiu abruptamente e que os jovens têm menos filhos e esperam mais tempo para ter o primeiro filho. Assim sendo, o que é diferente na "adultez emergente", e o que torna este conceito preferível ao modo como estas mudanças eram descritas no passado?

Há muito tempo que investigadores europeus de ciências sociais empregam o termo "juventude" para descrever a adolescência, e em geral, têm procurado explicar o facto da entrada mais tardia nos papéis adultos, considerando-a como um prolongamento da "fase de juventude" (Bynner, 2005). Também nos Estados Unidos da América se tem usado o termo "juventude", mas de um modo diferente. Kenneth Keniston (1971) usou esse termo para descrever um período posterior à adolescência, mas anterior à adultez plena, aplicando-o para se referir aos estudantes activistas dos primeiros anos do ensino superior por ele estudados no final dos anos 60. Desde então, alguns cientistas sociais Americanos têm empregado o termo "juventude" deste modo.

Contudo, "juventude" é um termo com numerosas deficiências. Em primeiro lugar, é uma palavra que tem uma longa história (pelo menos em Língua Inglesa) ao longo da qual tem sido usada de modo elástico, para descrever não só as pessoas que estão a passar pela puberdade, ou pessoas para além da puberdade mas que ainda não são completamente adultas, mas também as crianças. Nos EUA, esta história reflecte-se actualmente em termos como "organizações de juventude", que são organizações para crianças e talvez para adolescentes, e quase nunca para pessoas que estão para além da adolescência. Assim, "juventude" é um termo demasiado vago e elástico para poder ser útil para descrever o novo período que se situa após a adolescência mas antes da adultez plena.

Um segundo problema com o termo "juventude" é que ele é frequentemente entendido não só como incluindo o período posterior à adolescência, mas também a própria adolescência. Como já foi notado, os cientistas sociais europeus consideraram geralmente o período após a adolescência como uma extensão da "fase da juventude", mas esta prática não reconhece as diferenças importantes que distinguem os períodos de idades compreendidas entre os 10 e 17 anos, por um lado, e entre os 18 e os 25 anos, por outro. Qualquer palavra destinada a ser aplicada às pessoas de qualquer idade entre os 10 ou 12 e pelo menos os 25 anos, não pode de modo algum funcionar, pelo motivo de que o típico adolescente de 10 ou 12 anos, ou de 15 ou 17, é demasiado diferente do típico indivíduo de 25 anos. Os adolescentes — idades entre os 10 e os 17 — têm em comum o facto de estarem a atravessar a puberdade, de frequentarem a escolaridade secundária, e de viverem na casa dos pais, sendo financeiramente dependentes deles. Nenhuma destas coisas se verifica no caso dos adultos emergentes (idades entre os 18 e os 25 anos). Alcançaram a maturidade sexual e já não estão a viver a puberdade. Já não estão na escola secundária, mas sim a prosseguir uma ampla variedade de combinações formativas e de trabalho. Além disso, ou já saíram de casa dos pais, ou gozam de uma considerável autonomia dentro desta.

Por vezes, o leque de idades incluídas na "juventude" é especificado como sendo de 15-24 anos, o que é ainda pior. Não há nada que aconteça aos 15 anos que torne esta idade merecedora de definir o início de um novo período de desenvolvimento. A puberdade inicia-se mais cedo e termina mais tarde, viver com os pais e ser financeiramente dependente deles é tão provável num indivíduo de 15 anos como num de 14, e a experiência de emprego a tempo inteiro, casamento e parentalidade, é algo de que geralmente uma pessoa de 15 anos está ainda muito distante. É verdade que é frequentemente a idade em que se conclui a escolaridade básica, mas a maioria das pessoas prossegue escolaridade secundária durante alguns anos.

A palavra "pós-adolescência" também tem sido usada, mas este termo sofre de muitas das deficiências já apontadas a "juventude", designadamente, a falta de um significado claro para o seu referente, que o distinga da adolescência ou da fase inicial da idade adulta. Além disso, chamar a este período "pós-adolescência" é defini-lo pelo que ele *não é*, e não por aquilo que ele é. "Pós-adolescência" não é exactamente adolescência, mas o que é que *é*, então? Não chamamos à segunda infância "pós--primeira infância", nem à adolescência "pós-infância"; por isso não chamaremos "pós-adolescência" ao período que vem a seguir à adolescência.

Do mesmo modo também não são adequados os termos "adolescência tardia" ou "transição para a adultez", como expliquei noutra publicação (Arnett, 2004).

"Adultez emergente" é preferível porque é um novo termo, para um fenómeno novo e sem precedentes, que é este período de vários anos que agora medeia entre o atingir da maturidade biológica e a adopção de papéis adultos estáveis. Ao invés de "juventude", o termo de adultez emergente distingue claramente este período do da adolescência, que o precede, e do da fase inicial da adultez, que lhe sucede. Compreender a adultez emergente como período desenvolvimental de seu próprio direito conduz-nos a colocar uma vasta gama de questões que têm sido levantadas a propósito de outros períodos do desenvolvimento, mas que até ao momento não têm sido atendidas no que concerne a esta fase da vida. Qual é o seu desenvolvimento cognitivo? Até que ponto pensam sobre os problemas práticos e sobre as relações sociais em moldes diferentes dos dos adolescentes? A que aspiram nas relações amorosas? E de que modo isso corresponde ou não ao que vivem na realidade? A que tipos de media recorrem, e com que finalidades? E ainda, muitas, mas muitas, outras questões, sobre todos os aspectos das suas vidas. Num livro, a ser brevemente publicado, serão ilustradas as ideias e questões geradas a partir da teoria da adultez emergente (Arnett & Tanner, 2006), e, desejavelmente, esses capítulos serão os primeiros frutos de muitos mais que virão no futuro.

Mas será que "adultez emergente" significa que as pessoas nesta faixa etária serão descritas de modo homogéneo, sem consideração pelas diferenças individuais e estruturais que as distinguem? Não penso que esse seja o caso. Não há motivo que justifique maior receio de que isto aconteça com a adultez emergente do que com qualquer outro período do desenvolvimento. Na realidade, tal como enfatizei em tudo o que escrevi sobre ela, a heterogeneidade da adultez emergente é uma das suas características mais importantes. As crianças e os adolescentes têm estruturas institucionais de escolaridade obrigatória e de residência no seio da família, e os adultos na fase inicial também têm estruturas institucionais, como sejam as do emprego de longa duração, casamento, e parentalidade, ao passo que a adultez emergente é um período excepcionalmente pouco estruturado por parte das instituições (Arnett, 2005 a, 2005 b). Qualquer participação institucional em que se envolvam, designadamente, a formação contínua, é mais voluntária, do que obrigatória.

Consequentemente, as circunstâncias de vida dos adultos emergentes são extremamente diversas e as suas trajectórias no amor e no trabalho mudam com frequência. É pois crucial no estudo da adultez emergente retratar a diversidade destas circunstâncias e percursos.

Mesmo depois de se ter reconhecido e investigado esta diversidade, é importante usar o termo abrangente de "adultez emergente" para descrever esse período de vida. Como já foi referido, é profícuo conceptualizá-lo como um período do desenvolvimento distinto, porque ao fazê-lo somos conduzidos a colocar as mesmas perguntas que fazemos em relação a outros períodos do desenvolvimento, bem como a considerar questões que possam ser únicas e específicas desse período. Em diferentes países da Europa, a adultez emergente caracterizar-se-á indubitavelmente por experiências diferentes (Douglass, 2005), e obviamente será importante explorar e descrever tais diferenças. Não obstante, os padrões demográficos que reflectem o desenvolvimento do período da adultez emergente — uma educação mais generalizada e mais longa, o casamento mais tardio, o nascimento de filhos mais tardio e menor número de filhos — são extraordinariamente semelhantes através da Europa Ocidental. Além disso nota-se uma clara tendência, na mesma direcção, na Europa de Leste.

Finalmente, uma outra questão interessante é a seguinte: poder-se-á dizer que aquelas pessoas que não prosseguem formação superior e/ou que casam e têm o primeiro filho relativamente cedo têm a experiência da adultez emergente? Esta é uma questão fascinante, merecedora de uma investigação aprofundada. A minha resposta, neste momento, seria que sim; a maioria delas tem um período de adultez emergente, embora possa ser mais curto. Com base em entrevistas com adultos emergentes nos EUA, constatei que aqueles que não fazem estudos superiores são semelhantes, em muitos aspectos fulcrais, àqueles que concluem esses estudos (Arnett, 2004). Uns e outros experienciam a adultez emergente como a idade das explorações de identidade, a idade da instabilidade, a idade da auto-centração, a idade de se sentir a-meio-caminho-entre, e a idade das possibilidades, embora haja diferenças no conteúdo das suas experiências. Por exemplo, no decurso das suas explorações de identidade, os estudantes do ensino superior mudam de opções educativas, ao passo que os adultos emergentes que não são estudantes mudam de emprego.

O único acontecimento que me parece excluir o período da adultez emergente é o facto de se ter um filho na adolescência. As exigências de cuidar de um filho pequeno são tão intensas, que restringem severamente as oportunidades dos pais de explorarem a sua identidade, promovem fortemente a focalização no outro em lugar da centração sobre si mesmo, e diminuem o leque de possibilidades futuras. Constatei que aquelas pessoas que foram pais muito cedo sentiam que se tinham tornado adultos "da noite para o dia" aquando do nascimento do filho, em lugar de experienciarem um longo período em que sentiriam estar no meio, entre a adolescência e a idade adulta (Arnett, 1998; 2004).

Contudo, a proporção de jovens que se tornaram pais durante a adolescência ou logo no início da década dos 20 anos é pequena e está a diminuir, a cada ano que passa, nos países europeus, sendo ainda mais pequena do que nos EUA. Por isso, afigura-se possível e desejável descrever os indivíduos com idades compreendidas entre os 18 e os 25 na Europa, enquanto grupo, como adultos emergentes. Haverá alguns neste grupo de idade que não se encaixam na experiência normativa da adultez emergente, mas isso vale também para os outros períodos de desenvolvimento. Por exemplo, descrevemos os adolescentes como vivendo com os pais, mas alguns, são sem abrigo. Descrevemos os adultos mais velhos como reformando-se do trabalho, mas muitos continuam a trabalhar depois dos seus 60 anos ou até depois dos 70 anos.

Conclusão

A teoria da adultez emergente pode constituir um quadro teórico de referência útil, mesmo enquanto exploramos e descrevemos a diversidade que existe entre os indivíduos nestas idades, seja dentro de um mesmo país, seja entre diferentes países. Tal investigação poderá, sem dúvida, conduzir a modificações e adaptações das cinco facetas que propus como características da adultez emergente nos EUA. O que parece ser indiscutível é que a idade mediana do casamento e da entrada na parentalidade subiu para níveis sem precedentes e está agora nos 20 e muitos anos, se não mais, em todos os países industrializados. Do mesmo modo, verifica-se que mais pessoas do que em qualquer altura no passado prosseguem pelo menos alguma educação pós-secundária, e que as pessoas mudam de emprego, de parceiro amoroso, e de residência, com mais frequência, nos seus 20 anos, do que em fases posteriores da vida. Na minha perspectiva, isto é suficiente para que se reconheça que existe actualmente um período separado da vida entre a adolescência e o início da adultez.

Usar o termo "adultez emergente" não significa perfilhar todas as minhas propostas sobre aquilo que ela engloba. Estou convicto de que "adultez emergente" é um termo útil para designar os indivíduos entre os 18 e os 25 anos de idade nas sociedades industrializadas, mas aquilo que este período comporta em termos desenvolvimentais é uma questão estimulante que apenas começámos a explorar.

Referências

Arnett, J. J. (1994). Are college students adults? Their conceptions of the transition to adulthood. *Journal of Adult Development, 1*, 154-168.

Arnett, J. J. (1997). Young people's conceptions of the transition to adulthood. *Youth & Society, 29*, 1-23.

Arnett, J. J. (1998). Learning to stand alone: The contemporary American transition to adulthood in cultural and historical context. *Human Development, 41*, 295-315.

Arnett, J. J. (2000a). Emerging adulthood: A theory of development from the late teens through the twenties. *American Psychologist, 55*, 469-480.

Arnett, J. J. (2000b). High hopes in a grim world: Emerging adults' views of their futures and of "Generation X." *Youth & Society, 31*, 267-286.

Arnett, J. J. (2001). Conceptions of the transition to adulthood: Perspectives from adolescence to midlife. *Journal of Adult Development, 8*, 133-143.

Arnett, J. J. (2003a). Conceptions of the transition to adulthood among emerging adults in American ethnic groups. *New Directions in Child and Adolescent Development, 100*, 63-75.

Arnett, J. J. (2003b, July). *Conceptions of the transition to adulthood among emerging adults in Denmark*. Paper presented at the NYRIS 8 conference, Roskilde, Denmark.

Arnett, J. J. (2004). *Emerging adulthood: The winding road from the late teens through the twenties*. New York: Oxford University Press.

Arnett, J. J. (2005a). The developmental context of substance use in emerging adulthood. *Journal of Drug Issues, 35*, 235-254.

Arnett, J. J. (2005b). Socialization in emerging adulthood: From the family to the wider world, from socialization to self-socialization. In J. Grusec & P. Hastings (Eds.), *Handbook of Socialization*. New York: Guilford.

Arnett, J. & Taber, S. (1994). Adolescence terminable and interminable: When does adolescence end? *Journal of Youth & Adolescence, 23*, 517-537.

Bjarnason, T. & Sigurdardottir, T. J. (2003). Psychological distress during unemployment and beyond: Social support and material deprivation among youth in six northern European countries. *Social Science & Medicine, 56*, 973-985.

Bynner, J. (2005). Rethinking the youth phase of the life course: The case for emerging adulthood? *Journal of Youth Studies, 8*, 367-384.

Cohen, P., Kasen, S., Chen, H., Hartmark, C. & Gordon, K. (2003). Variations in patterns of developmental transitions in the emerging adulthood period. *Developmental Psychology, 39(4)*, 657-669.

Douglass, C. B. (Ed.) (2005). *Barren states: The population "implosion" in Europe*. New York: Berg.

Eccles, J., Templeton, J., Barber, B. & Stone, M. (2003). Adolescence and emerging adulthood: The critical passage ways to adulthood. In M. H. Bornstein, L. Davidson, C. L. M. Keyes & K. A. Moore (Eds.), *Well-being: Positive development across the life course*. Mahwah, NJ: Lawrence Erlbaum Associates.

Keniston, K. (1971). *Youth and dissent: The rise of a new opposition*. New York: Harcourt Brace Jovanovich.

Hendry, L. B. & Kloep, M. (2007). Conceptualizing emerging adulthood: Inspecting the emperor's new clothes? *Child Development Perspectives, 1*, 75-79.

McDowell, L. (2003). *Redundant masculinities? Employment change and white working class youth*. Malden, MA: Blackwell.

Nash, R. (2005). The economy of birthrates in the Czech Republic. In C.B. Douglas (Ed.), *Barren states: The population "implosion" in Europe* (pp. 93-113) New York: Berg.

National Center for Education Statistics (2005). *The condition of education, 2005*. Washington, DC: U.S. Department of Education.

Nelson, L. J., Badger, S. & Wu, B. (2004). The influence of culture in emerging adulthood: Perspectives of Chinese college students. *International Journal of Behavioral Development, 28*, 26-36.

Plug, W., Zeijl, E. & Du Bois-Reymond, M. (2003). Young people's perceptions on youth and adulthood: A longitudinal study from the Netherlands. *Journal of Youth Studies, 6*, 127-144.

Ravn, M. N. (2005). A matter of free choice? Some structural and cultural influences on the decision to have or not to have children in Norway. In C. B. Douglas (Ed.), *Barren states: The population "implosion" in Europe* (pp. 29-47) New York: Berg.

Reifman, A., Arnett, J. J. & Colwell, M. J. (2004). The IDEA: Inventory of Dimensions of Emerging Adulthood. Manuscript submitted for publication.

Sneeding, T. M. & Phillips, K. R. (2002). Cross-national differences in employment and economic sufficiency. *Annals of the American Academy of Political Social Science, 580,* 103-133.

United Nations Economic Commission for Europe (2005). Gender statistics database. *Available: http://w3.unece.org/stat/scriptsdb/showResults.asp?action=viewtable. Retrieved: September 15, 2005.*

5

Metodologias em psicologia do desenvolvimento — Breve introdução aos estudos longitudinais

António Simões & António Castro Fonseca

Introdução

O valor de qualquer trabalho científico em psicologia (como, aliás, nas outras áreas do saber) depende, em grande parte, da adequação da metodologia utilizada. Assim se compreende o grande esforço que, nas últimas décadas, tem vindo a ser feito para o desenvolvimento de novos instrumentos e estratégias de investigação, bem como de novas técnicas estatísticas de análise de dados nessa disciplina. Porém, a escolha de um ou de outro método varia, geralmente, em função da orientação teórica dos investigadores, das questões específicas em análise, dos recursos técnicos, económicos e humanos disponíveis ou, ainda, de várias outras contingências históricas ou sociais. Assim é que, para facilitar esse processo, existe, actualmente, um número considerável de manuais de metodologia, alguns já clássicos, bem como diversos programas estatísticos ou outras publicações especializadas. Devido à sua relevância e crescente utilização, dois desses métodos merecem aqui uma atenção especial: a abordagem transversal e, sobretudo, a abordagem longitudinal.

Embora, à primeira vista, os métodos longitudinais pareçam os mais adequados para se estudar o processo de desenvolvimento humano, historicamente, não foram eles os meios de eleição do investigador (Cairns e

Cairns, 2006). A maioria dos estudos em Psicologia do Desenvolvimento foi, durante muito tempo, de natureza transversal e só uma parte modesta deles devotada aos problemas dos adolescentes. Concretamente, os primeiros estudos longitudinais importantes começaram a ser realizados, na década de 20 e inícios da de 30 do século passado, mas atribui-se a Adolfo Quetelet a utilização, pela primeira vez, do plano transversal, numa investigação conduzida, em 1835.

É curioso registar, por exemplo, que, enquanto os estudos longitudinais de Berkeley (Elder, 1979) foram realizados com crianças (embora, posteriormente, se tivessem estendido à idade adulta), o trabalho de Quetelet foi conduzido com adultos. Isto, se, por um lado, atesta a precedência, no tempo, da psicologia do desenvolvimento do adulto, relativamente à psicologia do desenvolvimento da criança [1], explica, por outro lado, que os investigadores, cedo, se tenham dado conta das limitações do plano transversal e tenham apontado, como alternativa preferível, o plano longitudinal. Apesar de tudo, dadas as suas dificuldades, relativamente raros foram os estudos longitudinais, em comparação com os estudos transversais.

A extensão à idade adulta dos trabalhos iniciados com crianças e o ressurgimento da psicologia do adulto, com o aparecimento de investigações longitudinais, directamente interessadas na problemática do desenvolvimento dos adultos, proporcionaram a ocasião para um repensar deste tipo de metodologia. É que, nomeadamente, enquanto o leque de coortes é relativamente reduzido na infância, na idade adulta, que representa dois terços da vida do indivíduo, é muito maior o espectro das categorias etárias. Estamos a sugerir que a psicologia do desenvolvimento do adulto foi o terreno propício e deu um contributo único para o aparecimento de novas metodologias de investigação, que vieram enriquecer toda a área.

As vantagens e desvantagens dessas metodologias têm sido, em tempos mais recentes, objecto de muita pesquisa. Isso tem resultado numa

---

[1] Efectivamente, enquanto se faz remontar a Preyer (1882) e a S. Hall (1883) as origens da psicologia da criança, a investigação de Quetelet remonta quase a 50 anos antes daquelas. Por outro lado, também Galton fez estudos sobre o desenvolvimento adulto, que datam de 1879, ou seja, a 3 ou 4 anos antes das mesmas. Isto, para não falar nos Ensaios de J. N. Tetens (publicados, em 1777), que incluíam todo um programa de estudo do desenvolvimento, desde o nascimento, até à morte.

maior sofisticação, tanto nos planos de investigação como nas técnicas estatísticas de análise de dados que no decurso das últimas décadas têm aparecido. Tendo em conta o objectivo deste capítulo, temos de ser selectivos na apresentação das estratégias de investigação. Assim, começaremos por expor as mais conhecidas e concluiremos fazendo referência a outras mais sofisticadas e recentes, embora, porventura, menos utilizadas. Apresentaremos também uma pequena amostra de problemas que, actualmente, são alvo de grande interesse por parte dos investigadores. [2]

Planos transversal e longitudinal

Parece óbvio que qualquer teoria do desenvolvimento humano terá de assentar, explícita ou implicitamente, numa abordagem longitudinal e, de preferência, em estudos longitudinais prospectivos. Efectivamente, à primeira vista, seria difícil de imaginar uma explicação das mudanças e continuidades, ao longo da vida, que se baseasse apenas em informações recolhidas num único ponto no tempo. A ênfase deste capítulo será, por isso, colocada sobretudo nas metodologias longitudinais prospectivas; mas, ao mesmo tampo, não deixará de se fazer referência aos métodos transversais, pois um grande número (se não a maioria) de estudos de natureza desenvolvimentista continua a utilizar esses planos de investigação.

Apresentaremos, nesta primeira secção, os mais clássicos e também mais simples, reservando para a secção seguinte as análises dos mais recentes e também mais complexos. Especificamente, referir-nos-remos neste capítulo aos planos transversal, longitudinal, do desfasamento temporal (*time lag design*) e sequenciais, bem como a outros desenvolvimentos recentes neste domínio.

O plano transversal

Num plano transversal, observam-se, simultaneamente, várias coortes (ou amostras de coortes), ou seja, vários grupos de indivíduos nascidos no mesmo ano (ou no mesmo período de tempo). Por exemplo, em Janeiro de

---

[2] Para uma visão sinóptica e sintética das referidas estratégias e problemas, conferir Taris (2000) e Vaus (2001).

1999, poder-se-ia escolher uma amostra de indivíduos nascidos em 1950 (coorte 1, ou C1) e outra de sujeitos nascidos em 1970 (coorte 2, ou C2), às quais se aplicava um teste de interesses, para ver se elas diferiam, nesta variável.

Fácil é de compreender o atractivo de tais estudos, atendendo à sua relativa simplicidade e carácter prático: consegue-se, num dado momento, comparar grupos etários diferentes num ou vários aspectos de comportamento. Mas que é que, de facto, traduzem as diferenças, eventualmente encontradas? Elas são *diferenças de idade*, e não *mudanças de idade*. Estas últimas ocorrem, num determinado indivíduo ou grupo, à medida que avança em idade. Por exemplo, uma pessoa pode apresentar diferenças de interesses, dos 20 para os 50 anos. São diferenças, na *mesma pessoa*, ou diferenças intra-individuais. As diferenças de idade verificam-se, porém, quando se comparam duas pessoas (ou grupos) de idade diferente. É o caso da coorte 1 e da coorte 2, no exemplo acima apresentado: as diferenças que, eventualmente, se encontrem, são diferenças inter-individuais (*entre pessoas diferentes*). Elas podem reflectir mudanças de idade, mas não tem de ser assim, necessariamente.

É que o facto de se tratar de coortes diferentes (com diferentes experiências culturais, com níveis diferentes de educação formal e informal, etc.) poderia, só por si, explicar a disparidade dos interesses. Por outras palavras, os resultados são susceptíveis de reflectir o *efeito de coorte*, ou seja, as influências ligadas à história, ou à coorte.

Para ilustrar o que acaba de afirmar-se, suponhamos que se estudava uma comunidade de emigrantes portugueses, residentes em França. Verificava-se que os pais falavam o Francês com um sotaque, enquanto que os filhos o pronunciavam como os naturais. Ir-se-ia concluir que, com a idade, a comunidade portuguesa passa a falar o Francês com sotaque? Isto é, poder-se-iam interpretar os resultados como se indicassem uma mudança de idade? Não seria, pelo contrário, razoável afirmar que se está perante diferenças de grupos, baseadas no facto de os sujeitos da coorte mais jovem terem tido outras oportunidades de inserção no contexto cultural, nomeadamente, no que se refere à aprendizagem da língua francesa?

Em estudos como este, o investigador pode contentar-se com averiguar as diferenças de idade (simplesmente, se os grupos diferem, no que concerne à variável, ou variáveis em apreço). Neste caso, um estudo transversal poderá fornecer-lhe a resposta. Se, porém, o seu intento é o de identificar mudanças de idade (o que acontece aos sujeitos, à medida que avançam em idade), um estudo transversal não é satisfatório. De facto, como atrás foi afirmado (e não será demais repetir), da existência de diferenças de idade não pode concluir-se pela existência de mudanças de idade.

Resumindo, os estudos transversais são adequados para investigar diferenças de idade, não para identificar mudanças de idade. Com eles, não há maneira de distinguir o efeito da idade do efeito da coorte. Dito de outro modo, este tipo de estudos apresenta o inconveniente de confundir o efeito de idade e de coorte[3]. Para separar estes efeitos, dispõe-se do plano longitudinal.

Plano longitudinal

Num plano longitudinal, observam-se os mesmos indivíduos, em dois[4] ou mais momentos do tempo, previamente fixados, da sua existência (*v. g.*, anualmente, de cinco em cinco anos, de dez em dez anos...). Os momentos para a recolha de dados são, geralmente, escolhidos com base em determinados acontecimentos (*v. g.*, data do nascimento, data da entrada para a escola, data do início da vida militar, transição de ciclo escolar).

Note-se, desde já, que, em comparação com o plano transversal, a estratégia em apreço apresenta duas diferenças fundamentais. Em primeiro lugar, são os mesmos sujeitos que são medidos na variável em causa (*v. g.*, impulsividade, inteligência, linguagem). Em segundo lugar, as medições dessas variáveis são repetidas no tempo, e não efectuadas num único momento do mesmo. Assim, no caso do exemplo de que nos servimos, para ilustrar um estudo transversal, poder-se-ia investigar, longitudinalmente, a evolução dos interesses, utilizando uma das coortes (a de 1950, ou a de 1970: C1 ou C2), que poderia ser medida, em 1970 (O1), em 1980 (O2) e em 1990 (O3).

---

[3] Note-se que o problema de distinguir estes efeitos se coloca, com mais acuidade, a nível adulto, onde se lida com uma gama mais extensa de idades, do que ao nível da criança e do adolescente.

[4] Um plano com medições repetidas, apenas em dois momentos do tempo (t1 e t2, pré-teste e pós-teste) é, certamente, longitudinal. Mas não é adequado para averiguar a existência de tendências de desenvolvimento. Para tal, é necessário que se repitam, várias vezes, as medições.

Como se trata da *mesma coorte*, controla-se o efeito de coorte. É esta uma das suas vantagens, relativamente ao plano transversal: o plano longitudinal não confunde os efeitos da idade e da coorte.

Porém, tem outras características que tornam muito mais difícil a sua aplicação e explicam por que é que tem sido menos utilizado. Uma delas é a repetição das medições (observações), em períodos históricos diferentes. Ora, é provável que as circunstâncias históricas, em que se fazem as medições, tenham influência sobre os resultados obtidos. Por exemplo, as atitudes para com o serviço militar podem ser diferentes, no momento presente, em que o país já não está empenhado em actividades bélicas, das que eram no tempo das guerras coloniais portuguesas. Do mesmo modo, não é a mesma coisa medir os interesses profissionais, num período de estabilidade do mercado de trabalho e numa época de instabilidade do mesmo. Uma investigação (referida por Botwinick, 1981, p. 154) ilustrará o que pretendemos dizer. Em 1954, Nelson mediu o liberalismo das crenças de estudantes do "college". Catorze anos mais tarde, voltou a medir, na mesma variável, os mesmos indivíduos, verificando um aumento no liberalismo das crenças. Porém, enquanto fazia isto, seleccionou uma nova amostra de alunos do "college", que avaliou também na variável mencionada, constatando que os resultados eram semelhantes aos da segunda avaliação do grupo original. Note-se que as duas amostras, medidas em 1968, diferiam em idade e na coorte. Como elas não apresentavam entre si diferenças estatisticamente significativas, resta atribuir a diferença entre a avaliação de 1954 e a de 1968 ao efeito da época histórica: os tempos mudaram de um período para o outro, tornando as pessoas mais liberais.

Em resumo, se, como vimos, o plano transversal não controla o efeito de coorte, mas sim, o do tempo de medição (já que os sujeitos são examinados, ao mesmo tempo), o plano longitudinal controla o efeito de coorte, mas não o do tempo de medição (já que os sujeitos são avaliados, em vários momentos do tempo) [5]. Mas não se ficam por aqui as dificuldades

---

[5] Note-se a diferença entre efeito de coorte e de tempo de medição. São ambos efeitos históricos. Porém, o primeiro refere-se à influência de circunstâncias históricas semelhantes sobre uma coorte específica, enquanto o efeito do tempo de medição diz respeito a acontecimentos, que afectam todos os membros de uma população (todos os indivíduos, independentemente da idade e da coorte), que vivem, num dado período histórico (Schaie, 1983, pág. 5).

do plano longitudinal simples (Schaie e Willis, 1991, pp. 245-46). Uma delas diz respeito à quantidade de recursos exigidos, em termos materiais e de tempo: um estudo da idade adulta, por exemplo, representa um empreendimento, que abrange dois terços da vida dos indivíduos — tanto ou mais do que o período de vida activa do investigador. E, na medida em que se prolonga no tempo, coloca o problema da "mortalidade experimental", ou seja, da perda de sujeitos para a investigação que, muitas vezes, é selectiva (tendem a abandonar o estudo os indivíduos menos inteligentes, menos interessados, menos instruídos, com profissões menos prestigiadas...). Por outro lado, com o tempo, os testes utilizados para medir as dimensões do desenvolvimento podem perder validade, nomeadamente porque tais dimensões se modificam com a idade, como seria o caso da inteligência [6]. Acresce que a aplicação repetida dos mesmos testes pode produzir efeitos da prática, de modo que aquilo que pareceria um aumento dessas capacidades ou competências não é, de facto, senão o

---

[6] Alguns psicólogos acreditam que os testes tradicionais seriam aptos para medir a inteligência das crianças e, quando muito, dos jovens adultos. Porém, o seu conteúdo seria demasiado "escolar" para ser apropriado para os restantes adultos. Isto, apesar de serem relativamente poucos os testes elaborados especificamente para adultos. A este propósito, é conhecido o estudo de Denning e Pressey (citado por Botwinick, 1981, pág. 117). Os autores construíram um teste com itens mais relacionados com as necessidades dos adultos (por exemplo, itens de conteúdo prático: uso da lista telefónica, como conseguir ajuda de uma pessoa no trabalho doméstico, uso de termos legais de contratos). Verificaram um aumento nos resultados, entre administrações do referido teste, em adultos que haviam registado declínios, em testes tradicionais.

Outras críticas dirigidas contra estes são as seguintes:

— dão grande ênfase à velocidade das respostas (aspectos em que os mais velhos estão em desvantagem);

— estão muito dependentes do conhecimento formalmente adquirido, quando é sabido que o nível de instrução dos mais velhos é, em geral, menor e tais conhecimentos foram, há mais tempo, adquiridos (ficaram mais sujeitos à usura de tempo).

Schaie e Willis (1991, pp. 386-87) revelam um outro factor importante — a motivação. "Os jovens — escrevem eles — estão mais interessados no conhecimento, por si mesmo: são curiosos, a ponto de uma fracção do conhecimento atrair a sua fantasia, por irrelevante que ela seja para a sua vida [..]. As pessoas mais velhas, porém, em particular os idosos, restringem, mais provavelmente, os seus interesses ao conhecimento útil e significativo para a sua vida".

efeito da familiarização com os conteúdos dos instrumentos psicométricos e, eventualmente, com os avaliadores.

Os problemas, que acabámos de apontar, referem-se, na generalidade, àquilo a que se chama a validade interna da investigação. Mas os resultados dos estudos com o plano longitudinal não estão imunes a dificuldades, ao nível da validade externa (generalização). Tenha-se presente que se utiliza uma coorte e que nada autoriza a que as tendências de desenvolvimento com ela encontradas se apliquem a outras coortes: poderá garantir-se que a coorte de 1900 se desenvolveu do mesmo modo que a coorte de 2000? Schaie e Willis (1991) colocam ainda a questão de forma diferente: "Os resultados da mudança, nos estudos longitudinais, podem ser atribuídos, quer a uma verdadeira mudança desenvolvimentista [de idade], do tipo da que pretendemos descobrir (mudança com a idade na inteligência, na memória, ou na personalidade), *ou* a qualquer outra coisa, que sobreveio entre a primeira e a segunda vez em que os sujeitos foram observados, coisa essa que nada tem a ver com o avanço na idade?" (pp. 245-46). E dão, como exemplo, um estudo longitudinal, com uma medição das atitudes para com a guerra do Vietname, em 1965, outra em 1970 e a terceira em 1975. Suponhamos que os sujeitos se manifestavam progressivamente mais intolerantes, em relação àquele conflito, da primeira para a última medição. Significa isto que se trata de uma verdadeira tendência desenvolvimentista (associada à idade)? Ou, antes, como parece mais verosímil, que são os acontecimentos sócio-históricos, que ocorreram entre aquelas medições e que afectaram, igualmente, todas as pessoas, que constituem a verdadeira explicação? Quer dizer, a intolerância para com a guerra do Vietname pode reflectir não o efeito de idade, mas do tempo de medição.

Em conclusão, o plano longitudinal tem sobre o transversal a vantagem de só ele permitir averiguar verdadeiras tendências de desenvolvimento. Mas está em pé de igualdade com ele, quanto à incapacidade de destrinçar dois efeitos: o longitudinal confunde os efeitos de idade e do tempo de medição; o transversal confunde os efeitos de idade e de coorte.

O plano do desfasamento temporal

Resta-nos, para terminar a abordagem dos planos mais simples, fazer referência ao plano do *desfasamento temporal* (*time-lag design*). Implica ele que sujeitos da mesma idade sejam examinados, em tempos diferentes. Deste modo, poder-se-ia comparar a coorte de 1900 e a coorte de 1970, no que concerne aos interesses profissionais, quando ambas tivessem 20 anos. Assim, o investigador teria de dispor de dados de arquivo relativos a medições efectuadas, respectivamente, em 1920 e em 1990. O seu objectivo seria o de averiguar os efeitos de coorte [7].

Mas, na hipótese de se verificar uma diferença significativa entre as duas coortes, que haveria que concluir? Observe-se, em primeiro lugar, que a variável idade está controlada, já que todos os sujeitos são examinados, à mesma idade. Porém, não o estão a coorte e o tempo de medição. Deste modo, a referida diferença pode indicar que as duas gerações (coortes) eram, efectivamente, dissemelhantes no que aos interesses profissionais diz respeito, ou que, entre o tempo da primeira e da segunda medição, a sociedade se modificou no que toca aos interesses profissionais (com o surgir de novas tecnologias, de novas profissões...).

Resumindo, o plano do desfasamento temporal consegue controlar o efeito da idade, mas não tem vantagem sobre os dois precedentes, no sentido de que, tal como eles, não consegue destrinçar os efeitos de duas variáveis — o de coorte e de tempo de medição, no caso vertente. Dadas as deficiências destes planos, os investigadores do desenvolvimento, com destaque muito especial para os que se dedicaram ao estudo da idade adulta, elaboraram outros planos — os planos sequenciais. É deles que iremos ocupar-nos, seguidamente.

Planos sequenciais

As dificuldades metodológicas, apontadas aos estudos transversais e longitudinais, podem ser atenuadas, recorrendo aos planos sequenciais. Estes combinam as estratégias longitudinais e as transversais, isto é, utilizam sequências (daí o nome) longitudinais e transversais, de modo a permitir a análise, no decurso do mesmo estudo, do efeito proporcional da idade, da coorte e do tempo de medição. Pode tratar-se de *sequências transversais* e de *sequências longitudinais* (Baltes, Reese & Nesselroade, 1977; Schaie & Willis, 1991).

---

[7] Trata-se, no fundo, de um estudo transversal, com a particularidade de as observações se fazerem à mesma idade e, portanto, não simultaneamente.

Estas últimas utilizam, pelo menos, duas coortes, medidas longitudinalmente. Consistem, portanto, em dois ou mais estudos longitudinais paralelos. Tal seria o caso em que se pretendesse estudar duas coortes, desde os 20 aos 80 anos, com intervalos de medição equivalentes a 20 anos. Poder-se-ia começar o primeiro estudo longitudinal simples, em 1940 (por conseguinte, com a coorte de 1920). Depois, em 1960, iniciar-se-ia o segundo, com indivíduos também de 20 anos (ou seja, da coorte de 1940). Repetir-se-iam, seguidamente, tais medições, quando os indivíduos tivessem 40, 60 e 80 anos.

As sequências transversais, por sua vez, utilizam, pelo menos, dois estudos transversais paralelos, abrangendo os mesmos limites de idade. Seria o caso, em que se quisesse comparar grupos etários de 20 a 80 anos. Poderia medir-se, em 1940, uma série de coortes, com 20, 40, 60 e 80 anos e, em 1960, outra série, com as mesmas idades.

Os dois tipos de séries estão ilustrados, no Quadro 1.

Quadro 1. Sequências longitudinal (*tracejado*) e transversal (*cheio*).

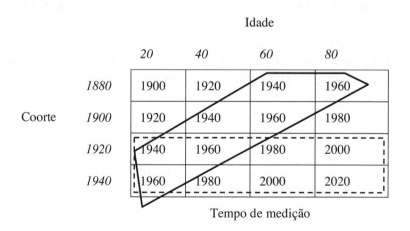

Está representado, no interior do quadro, o tempo de medição (ano, em que são feitas as observações) e, fora dele, a idade dos sujeitos e as coortes a que pertencem (respectivamente, na abcissa e na ordenada). A sequência longitudinal, enquadrada a tracejado, envolve as coortes de 1920 e de 1940, que são observadas, repetidamente, ou seja, em 1940, 1960, 1980 e 2000, no caso da primeira, e em 1960, 1980, 2000 e 2020, no caso da última [8]. Por sua vez, a sequência transversal, enquadrada a cheio, abrange duas séries transversais de coortes: a primeira é medida, em 1940, e abrange as coortes de 1920 (aos 20 anos), 1900, 1880 e 1860; a segunda é medida, em 1960, e abrange as coortes de 1940 (aos 20 anos), 1920, 1900 e 1880. (Note-se que as cifras enquadradas, a cheio, se referem aos valores da ordenada, ou seja, à coorte a observar. Por exemplo, os valores enquadrados da coluna, mais à esquerda, dizem-nos: "em 1940, observe a coorte de 1920; em 1960, observe a coorte de 1940"). Para se compreender melhor o que tentamos explicar, consulte-se o quadro seguinte [9].

Quadro 2. Sequência transversal de duas séries de coortes (indicadas no interior do quadro) medidas em 1940 e em 1960.

		Coorte	
Idade	80	1860	1880
	60	1880	1900
	40	1900	1920
	20	1920	1940
		1940	1960

Tempo de medição

As sequências longitudinal e transversal integram o que foi designado pelo seu autor (Schaie, 1965) como o *"plano mais eficiente"*. É assim, brevemente, descrito pelos psicólogos americanos (Schaie e Willis, 1991, pág. 248): "Os investigadores começam com um estudo transversal. Depois, passado um período de alguns anos, retestam estes sujeitos, o que proporciona dados longitudinais, a partir de algumas coortes (uma sequência longitudinal). Ao mesmo tempo, testam um novo grupo de sujeitos que, em conjunto com o primeiro estudo transversal, forma uma sequência transversal. Todo este processo pode ser repetido, várias vezes (digamos,

---

[8] Escusado é dizer que cada uma das linhas do Quadro 1 representa um estudo longitudinal simples (medições sucessivas de uma mesma coorte). Por sua vez, cada coluna corresponde a um estudo de desfasamento temporal (medições, à mesma idade, de várias coortes).

[9] Perceber-se-á que cada coluna deste gráfico representa um estudo transversal simples (medição de várias coortes, no mesmo momento do tempo).

de 5 em 5, ou de 10 em 10 anos), retestando os antigos sujeitos (adicionando dados longitudinais) e testando, pela primeira vez, novos indivíduos (adicionando dados transversais)".

Um exemplo concreto desta estratégia é o clássico estudo sobre o desenvolvimento da inteligência, na idade adulta, o *Seattle Longitudinal Study*, que foi objecto de numerosas publicações. Para o nosso propósito, interessam-nos, particularmente, duas: a primeira, mais antiga, que apresenta dados pormenorizados sobre o mesmo, até à quarta série de medições (Schaie, 1983); a segunda, mais recente, que traz um esquema da investigação, até à sexta série de medições (Schaie, 1994, pág. 305). Servir-nos-emos da primeira (Anexo 1), para concretizar o que vamos dizer da última.

O *Seattle Longitudinal Study* (S.L.S.) foi iniciado, em 1956, com 7 coortes de sujeitos, de 25 a 67 anos, com intervalos de idade, equivalentes a 7 anos. Foi o primeiro estudo transversal, que envolveu um total de 500 indivíduos. Sete anos depois, em 1963, os sujeitos foram retestados, o mesmo se fazendo, nos quatro septénios seguintes (isto é, em 1970, 1977, 1984 e 1991). Constituiu-se, assim, uma sequência longitudinal. Entretanto, e a partir da segunda série de medições (em 1963), uma nova amostra de sete coortes foi introduzida, procedimento que se verificou, igualmente, nos septénios seguintes. Assim é que, em 1977 (na quarta série de medições), por exemplo, havia quatro amostras de sujeitos: a primeira, a original, que era testada pela quarta vez; a segunda, introduzida, em 1963, observada pela terceira vez; a terceira, seleccionada em 1970 e retestada, pela primeira vez; a quarta, observada pela primeira vez. (Em 1991, como se entenderá, eram 6 as amostras, em estudo). Com a introdução sucessiva de novas amostras, constituíram-se sequências transversais, de modo que uma estratégia deste tipo, conduziu a uma grande riqueza de dados longitudinais e transversais (Baltes, Lindenberger & Stauding, 2006).

Iremos, ainda, referir-nos à análise desses dados. Mas, antes, à maneira de sumário, compararemos entre si os planos transversal, longitudinal e sequencial. Para tanto, socorrer-nos-emos do esquema, apresentado no Anexo 2. Como por aí se pode ver, o plano que, teoricamente, oferece mais vantagens é o plano sequencial, embora a escolha de um ou de outro dependa dos objectivos específicos da investigação em causa e dos meios postos à disposição dos investigadores.

Por último, resta abordar as *estratégias de análise* dos dados obtidos com o plano mais eficiente de Schaie (Schaie e Willis, 1991; Schaie e Hertzog, 1982; Simões, 1982). Três tipos de análises são possíveis: análise sequencial de coortes, análise trans-sequencial e análise sequencial de tempo. Outras estratégias para lidar com o problema da análise do efeito das variáveis idade, coorte e tempo de medição são apontadas por Taris (2000, pp. 12 e 55).

Na *análise sequencial de coortes*, examina-se um mínimo de duas coortes, pelo menos duas vezes. Para efeitos de ilustração, consideremos os dados do S.L.S. (Anexo 1) e, mais especificamente, as coortes Aa1 e Bb1 (a primeira da amostra Aa e a primeira da amostra Bb). O Quadro 3 utiliza esses dados.

Quadro 3. Análise sequencial de coortes. Dados do S.L.S (Schaie, 1983, pp. 79-80).

Coortes	Idade no início do estudo	Nascida em	Idade, aquando dos testes		
			25	32	39
Aa1	25	1931	1956	1963	1970
Bb1	25	1938	1963	1970	1977

Eles permitem-nos comparar a evolução da inteligência das duas coortes, entre os 32 e os 39 anos, e concluir se elas se desenvolveram, de forma parecida ou diferente (se, em ambos os casos, os escores aumentaram, diminuíram ou estabilizaram). Em particular, uma tal análise possibilita testar o modelo da irreversibilidade do declínio: se tal modelo for válido, deverá encontrar-se, em ambas as coortes, a mesma configuração do declínio. Além disso, se se parte da hipótese de que o tempo de medição não é importante, como as duas coortes foram observadas à mesma idade, as diferenças eventualmente verificadas representam o efeito de coorte.

A *análise trans-sequencial* consiste em examinar, pelo menos duas coortes, em pelo menos dois tempos de medição [10] e está ilustrada no Quadro 4. O recurso aos dados do Anexo 1 permite esclarecer melhor esta estratégia.

---

[10] Na literatura, este tipo de abordagem também aparece, por vezes, sob a designação de estudo longitudinal acelerado (Achenbach & Rescorla, 2006; Miyazaki, 2000; Stanger, Achenbach & Verhulst, 1994; Raudenbush & Chan, 1992).

Quadro 4. Análise trans-sequencial. Dados do S.L.S. (Schaie, 1983, pp. 79-80).

Coortes	Idade no início do estudo	Nascida em	Idade, aquando dos testes		
			25	32	39
Aa1	25	1931	1956	1963	1970
Aa2	32	1924		1956	1963

Assim, a evolução intelectual das coortes (a primeira e a segunda da primeira amostra) pode comparar-se, em dois tempo de medição (1956 e 1963), quando contam 25 e 32 e 32 e 39 anos de idade, respectivamente. Se se conseguisse justificar a hipótese de que a influência da idade não é relevante [11], poder-se-iam avaliar os efeitos da coorte e do tempo de medição. Deste modo, a estratégia em apreço é particularmente apropriada, quando se examina o modelo de estabilidade da inteligência: não se esperam mudanças de idade, admitindo-se, no entanto, a possibilidade de efeitos da coorte e do tempo de medição. De uma maneira geral, a análise trans-sequencial "é útil, quando o investigador está interessado, digamos, nos efeitos de algum acontecimento ou mudança sociocultural, que ocorre entre os dois tempos de medição, e, além disso, suspeita que coortes diversas possam reagir, de forma diferente" (Schaie e Willis, 1991, pág. 251).

Na *análise sequencial de tempo*, examinam-se pessoas de pelo menos duas idades diferentes, em dois ou mais tempos de medição. No nosso exemplo, poder-se-iam considerar os indivíduos de 25 e 32 anos, medidos em 1956 e 1963 (Quadro 5).

Quadro 5. Análise sequencial de tempo. Dados do S.L.S (Schaie, 1983, pp. 79-80).

Coortes	Idade no início do estudo	Tempo de medição	
		1956	1963
Aa1	25	1931	1938
Aa2	32	1924	1931

Comparando as duas coortes, poder-se-ia concluir que as diferenças intelectuais entre elas se mantêm (ou aumentam, ou diminuem), de um

---

[11] Um exemplo poderia ser o da inteligência verbal, uma das PMA avaliadas no S.L.S., que pouco varia entre os 30 e os 60 anos.

período para o outro. Se se pudesse admitir que o efeito de coorte não é significativo, conseguir-se-ia isolar a influência da idade e do tempo de medição. Segundo Schaie e Willis (1991, pp. 252-253), tratar-se-ia de uma estratégia apropriada para testar o modelo do declínio com compensação. A razão é que, quando se introduz um expediente compensatório (por exemplo, exercícios com tarefas, que mobilizam a inteligência fluida), a análise sequencial de tempo deveria mostrar que as diferenças de idade seriam menores no tempo 1 do que no tempo 2.

Aplicando as três análises precedentes, deveria, em princípio, ser possível distinguir os efeitos de idade, de coorte e de tempo de medição, "embora a validade da abordagem dependa, directamente, da veracidade dos postulados de que se tem de partir, para conseguir estimar os vários efeitos" (Schaie e Hertzog, 1982, pág. 92). Clarificando melhor o que, atrás, pode ter ficado menos explícito, quer a citação acabada de referir dizer que, nas três análises apresentadas, se parte sempre do princípio de que um dos três efeitos (de idade, coorte ou tempo de medição, consoante o tipo de análises) não é relevante. Ora, a validade da análise depende da validade desse princípio/hipótese, numa investigação particular.

Estudos longitudinais experimentais e quase-experimentais

O estabelecimento de sequências de natureza causal é um aspecto importante, mesmo crucial, em psicologia do desenvolvimento. Na verdade, os investigadores desta disciplina vêem-se, frequentemente, confrontados com perguntas como estas: Quais as consequências, a médio e longo prazo, de um ou de outro tipo de vinculação aos pais? Quais as consequências de uma estimulação sensorial adequada, nos primeiros meses, ou nos primeiros anos de vida? Haverá um efeito do temperamento da criança na personalidade ou no nível de adaptação dos adultos? Terão os abusos ou as privações sofridos na infância um papel importante na psicopatologia do adulto?

A resposta a estas questões escapa, geralmente, aos estudos transversais, aos estudos longitudinais retrospectivos [12], ou mesmo aos estudos

---

[12] Nos estudos retrospectivos, o indivíduo, que atingiu uma certa fase do desenvolvimento ou uma certa idade, é solicitado a lembrar-se, *a posteriori*, de acontecimentos que poderão ter contribuído para essa evolução, enquanto que nos

sequenciais. Em contrapartida, tal resposta pode ser facilitada pelos estudos longitudinais prospectivos que incluam planos experimentais ou quase-experimentais (Rutter, 2004; Rutter et al., 2001). Uma boa ilustração dessa metodologia encontra-se nas investigações longitudinais em que há distribuição aleatória de sujeitos por grupos submetidos a diferentes tipos de intervenção. Por exemplo, utilizando-se uma larga coorte de sujeitos, destinam-se uns a uma determinada forma de tratamento, enquanto que outros não recebem essa forma de intervenção, outros recebem um tratamento fictício (*placebo*) e outros, ainda, podem formar um grupo que não foi objecto de qualquer intervenção deliberada do experimentador, seguindo, simplesmente, o seu percurso natural. Uma tal abordagem permitiria separar melhor os efeitos da simples história natural do indivíduo dos efeitos da intervenção ou manipulação experimental. Como notam Loeber e Farrington (2008), a distribuição aleatória dos sujeitos assegura que o *sujeito médio,* num tipo de tratamento, é equivalente ao *sujeito médio* noutro tipo de tratamento, em todas as variáveis possíveis, medidas ou não, com excepção dos diferentes tratamentos recebidos. Assim, poder-se-ia determinar, por exemplo, qual a variável ou conjunto de variáveis, que mais contribuíram para as melhorias obtidas em cada tipo de intervenção.

É isso que se tem feito em diversos estudos recentes de psicopatologia e de psicopatologia do desenvolvimento. Um dos mais emblemáticos e mais frequentemente referidos na literatura é o estudo de educação pré-escolar de Perry, no Michigan, incluído no programa *Head Start* (Schweinhart et al., 2005), iniciado nos anos sessenta do século passado. Os participantes nesse programa que, no início, se destinava a promover as competências escolares das crianças do nível dos primeiros anos do jardim-de-infância, foram aleatoriamente distribuídos por dois grupos. O grupo dito experimental era constituído por crianças que frequentavam, diariamente, o programa regular do jardim-de-infância, as quais, além disso, tinham visitas semanais ao domicílio, de duas horas cada uma, durante as idades de 3 e 4 anos, por técnicos especializados da escola. O objectivo do programa era estimular o desenvolvimento intelectual dessas crianças e promover o seu posterior desempenho escolar. As outras crianças eram

---

estudos longitudinais prospectivos, os mesmos indivíduos são avaliados, pelo menos em dois períodos diferentes, separados por um considerável intervalo temporal. Por outras palavras, os primeiros estudos (retrospectivos) são orientados para o passado; os segundos são orientados para o futuro.

colocadas no grupo de controlo, que seguia apenas o programa regular do jardim-de-infância. Terminada a intervenção, os alunos foram seguidos e avaliados, várias vezes, sobre aspectos muito diversos do seu funcionamento, tendo a avaliação mais recente decorrido quando já tinham 40 anos de idade. A análise dos resultados revelou, entre outras coisas, diferenças nas aprendizagens escolares a favor do grupo experimental, pelos 4-5 anos de idade, diferenças essas que desapareciam aos 8-9 anos. Todavia, aos 27 anos, os indivíduos desse mesmo grupo experimental apresentavam menos de metade das detenções do grupo de controlo e recebiam salários significativamente mais elevados. Parece, pois, que uma intervenção, a nível pré-escolar, que consistia num programa pedagógico enriquecido com uma componente social, levou a médio e longo prazo, a um melhor desempenho académico dos indivíduos que nele participaram, bem como a uma redução da criminalidade e um melhor estatuto socioeconómico.

Mais recentemente, num estudo longitudinal, que envolvia mais de mil rapazes de nível pré-escolar, realizado em Montreal, os alunos que tinham sido, no início, classificados pelos professores como claramente acima da média (*v. g.*, acima do percentil 70), numa escala de problemas de comportamento, foram depois, aleatoriamente, distribuídos por um grupo de tratamento e por um grupo de controlo (Tremblay *et al.*, 1996; 2003). O programa, reservado ao grupo experimental, consistiu no treino de competências sociais aplicado a rapazes entre os 7 e os 9 anos de idade, bem como no treino de competências destinado aos seus pais. Tanto o grupo experimental como o grupo de controlo foram reavaliados, várias vezes, até aos 16 anos de idade. Os resultados mostraram que o grupo de tratamento, quando comparado com o de controlo, apresentava menos delinquência (auto-avaliada), bem como menos consumo de droga e menor participação em bandos delinquentes. Efeitos positivos foram, igualmente, encontrados no abandono escolar e no nível global de adaptação à escola.

Mas nem sempre os estudos de prevenção, neste domínio, produzem resultados positivos, como ficou demonstrado na investigação, já clássica, de Cambridge-Summerville, no Massachussets (McCord, 1978), na qual, os rapazes do grupo experimental recebiam aconselhamento, entre os 10 e os 15 anos, enquanto que os do grupo de controlo não recebiam qualquer tratamento especial. Os dois grupos foram, depois, reavaliados num *follow-up* que se prolongou durante mais de 30 anos, e utilizou informações provenientes de diversas medidas (*v. g.*, questionários, entrevistas, registos oficiais). Os resultados mostraram que a intervenção foi ineficaz, pois, tanto num grupo como no outro, cerca de um quarto dos participantes se envolveram em criminalidade juvenil, e cerca de dois terços viriam a ser condenados na idade adulta. Mais surpreendente, ainda, foi a constatação de que os indivíduos com mais condenações pertenciam ao grupo experimental.

Uma variante desta metodologia é a dos estudos quase-experimentais naturais. Designam-se, assim, diversas situações que surgem, sem qualquer intervenção do investigador, graças às quais há a possibilidade de separar processos que, por razões éticas ou práticas, não poderiam ser normalmente examinados. Vários estudos recentes, sobre os efeitos do divórcio dos pais, da depressão materna, do consumo de droga (*v. g.*, tabaco) durante a gravidez, do abandono em orfanatos sem condições educativas e, de modo geral, a exposição precoce a situações de grande adversidade sobre o nível de funcionamento ou adaptação das crianças, constituem uma boa ilustração deste género de pesquisa (O'Connor, 2003) [13].

No conjunto, estes e outros estudos recentes mostram bem as enormes potencialidades da metodologia longitudinal para o estudo do desenvolvimento normal ou patológico do indivíduo, desde tenra idade. Por exemplo, numa revisão das investigações longitudinais, no domínio do comportamento anti-social e do crime, Loeber e Farrington (2008) reuniram 64 estudos, de considerável rigor metodológico, a maioria deles iniciados nas últimas quatro décadas que forneceram um conjunto muito interessante de dados sobre as origens e evolução daquele tipo de conduta. E a situação não é muito diferente noutras áreas da psicopatologia do desenvolvimento, designadamente nos domínios da depressão, da ansiedade ou do consumo de droga (Nagin & Odgers, 2010).

Apesar disso, esta abordagem metodológica continua a sofrer de numerosas limitações e a suscitar algumas críticas, quer a nível conceptual e teórico, quer a nível metodológico ou da análise e interpretação dos resultados (Ployhart & Vandenberg, 2010).

---

[13] Em rigor, trata-se de estudos quase-experimentais, visto que os sujeitos não são distribuídos aleatoriamente pelos vários grupos.

Alguns problemas típicos dos estudos longitudinais

Uma das questões mais frequentemente referidas na literatura é a que se prende com os casos omissos (*missings*). Trata-se de um fenómeno muito generalizado, que afecta mesmo os estudos longitudinais mais rigorosos. Há, na verdade, investigações em que metade ou mais dos participantes fica indisponível ou se perde, entre a primeira e a última avaliação. As consequências para a validade dos resultados podem ser consideráveis, dado que, como já foi dito, os sujeitos que desaparecem, são geralmente, os mais problemáticos e, portanto, os mais interessantes para a investigação. Por isso, a questão dos dados incompletos ou da mortalidade experimental tem despertado o interesse de numerosos investigadores (Cotter *et al.*, 2005; 2002; Taris, 2000; Stouthamer-Loeber, Van Kammen & Loeber, 1992), apostados em descobrir maneiras de a evitar ou minorar.

A lista das soluções propostas na literatura é muito variada: atribuir a média da amostra ao grupo dos *missings*, particularmente, nos casos em que se sabe, pelos dados das primeiras avaliações, que não diferem do resto da amostra; substituir os *missings* por novos casos equivalentes ou emparelhados, provenientes da mesma população; recorrer a novas técnicas de análise estatística mais sofisticadas; utilizar amostras de grandes dimensões, a fim de a compensar ou neutralizar as perdas e, assim, permitir a análise e comparação dos grupos de interesse; ou, ainda, introduzir a perda dos sujeitos no próprio plano de investigação (Ployhart & Vandenberg, 2010), de modo a obter uma melhor estimativa dos seus efeitos.

Porém, como nota Everitt (1998), as estratégias metodológicas e estatísticas *a posteriori* estão longe de constituir uma solução adequada, até porque, em geral, assentam em pressupostos que dificilmente se verificam. O ideal será, pois, uma recolha de dados feita de tal maneira que o número de perdas seja mínimo. Isso tem-se conseguido, em alguns estudos longitudinais importantes, designadamente no estudo de McCord (1978), em que a grande maioria dos sujeitos foi seguida, durante mais de 30 anos, no de Cambridge (Farrington, 2007) ou, mais recentemente, no de Dunedin (Moffit & Caspi, 2001), no de Pitsburgo (Stouthamer-Loeber *et al.*, 2004), ou no estudo longitudinal de Munique sobre a ontogénese das competências individuais (Schneider & Bullock, 2008). O segredo desse sucesso parece residir, antes de mais, na organização, supervisão e controlo do plano de trabalho, bem como na motivação, persistência e experiência da equipa de investigação (Cotter, 2005; Stouthamer-Loeber *et al.*, 2004).

Um outro problema típico dos estudos longitudinais é o das *medidas repetidas*. Geralmente, assume-se que, para se identificarem verdadeiras continuidades ou descontinuidades no processo de desenvolvimento do indivíduo, são necessárias mais de duas medições dos mesmos participantes. Há, para isso, várias razões. Primeiro, porque se utilizarmos apenas duas avaliações, a evolução da medição inicial para a final será sempre linear e, portanto, tornar-se-á impossível detectar a forma da mudança. Por exemplo, seria muito difícil verificar se a mudança foi acelerada ou demorada, se houve um pico no qual o indivíduo se mantém ou se, ao contrário, se seguiu uma aceleração, uma quebra ou qualquer outro tipo de alterações. Segundo, o número de medições aumenta a fidelidade das mesmas, à semelhança do que acontece com a inclusão de vários itens num teste ou num questionário. Terceiro, a existência de várias recolhas de dados dos mesmos sujeitos tornaria mais difícil confundir a verdadeira mudança com os erros de medida, diminuindo-se, assim, os riscos de interpretações incorrectas dos resultados. Além disso, a existência de várias medições tornaria mais fácil modelar a hipótese do investigador relativa à mudança esperada num determinado estudo.

A questão que então se coloca é a de saber se a repetição dessas medições não vai, por sua vez, dificultar a interpretação dos resultados. Já nos referimos a alguns desses problemas, ao abordar o plano longitudinal simples. Mas vale a pena insistir. Por exemplo, a pontuação num determinado item valerá o mesmo nas várias avaliações sucessivas? E quais os possíveis enviesamentos resultantes da familiarização que, a médio ou longo prazo, se vai criando com os instrumentos e com os avaliadores? Quais os melhores intervalos entre as diferentes avaliações? Até agora, ainda não se encontrou uma resposta inteiramente satisfatória para todas estas questões. O melhor será, como observam Ployhart e Vandenberg (2010), "conceptualizar primeiro a forma de mudança, antes de se passar à realização das medições" (p. 104) e, depois, verificar se as medidas utilizadas têm, de facto, boas qualidades psicométricas.

Finalmente, um outro aspecto que, recentemente, tem originado bastante investigação, é o que se prende com a *análise estatística* dos dados longitudinais, a qual é, geralmente, de considerável complexidade (Taris, 2000, caps. 4-7). É sabido que, durante as últimas duas ou três décadas, se observou um interesse crescente por essas questões, em diversas disciplinas ou áreas do saber (*v. g.*, Psicologia, Medicina, Criminologia). Uma boa ilustração dos novos avanços aí registados são os modelos de crescimento latente (*latent growth modeling*), a modelação multinível (*multilevel modeling*), as análises de taxas de azar (*hazard rates analysis*) e várias outras técnicas recentes de análise estatística. Em consequência, tem sido possível eliminar ou reduzir alguns dos problemas que, desde o seu início, afectavam os estudos longitudinais, designadamente a heterogeneidade dos sujeitos, os erros típicos das medições repetidas, os enviesamentos associados a intervalos temporais curtos ou intervalos irregulares entre as várias medições, bem como as dificuldades originadas por diferentes períodos de avaliação para diferentes participantes de um mesmo estudo, ou ainda o efeito da mortalidade experimental ou casos omissos (cf., para informação mais detalhada, Gibbons, Hedeker & Dutoit, 2010). Mas estes avanços metodológicos têm um preço geralmente elevado, na medida em que muitas das novas técnicas estatísticas são de grande complexidade e, portanto, acessíveis apenas a um número muito restrito de investigadores.

Conclusão

Os estudiosos na área da psicologia do desenvolvimento vêem, hoje, ampliada a panóplia de recursos metodológicos e técnicos, postos à sua disposição. Entre eles, contam-se diversas aplicações dos estudos longitudinais, designadamente os estudos sequenciais e longitudinais experimentais ou quase-experimentais, bem como novas técnicas e programas de análise estatística dos dados, cada vez mais robustos e sofisticados.

Neste capítulo, procurou fazer-se uma síntese, muito breve, dos principais contributos desta metodologia, tendo como ponto de comparação os estudos transversais que, durante muito tempo, foram a estratégia dominante neste domínio. As suas potencialidades estão bem documentadas no número crescente de estudos que, nas últimas décadas, têm sido realizados, tanto sobre o desenvolvimento normal (*v. g.*, inteligência, personalidade) como desviante (*v. g.*, consumo de droga, problemas de atenção / hiperactividade, depressão). Os investigadores, em qualquer uma destas áreas, dispõem agora de um vasto leque de conceitos e técnicas estatísticas que lhes permite testar, de maneira mais rigorosa, as suas hipóteses ou modelos sobre o desenvolvimento do indivíduo ao longo da vida (Singer & Willett, 2003).

Mas a utilização dessas novas técnicas implica, geralmente, diversas exigências, tanto a nível dos conhecimentos necessários à sua correcta aplicação, como a nível dos recursos humanos e financeiros decorrentes da realização de tais estudos. Enquanto esperamos que os novos avanços se consolidem e aperfeiçoem, prevemos que as estratégias clássicas continuarão a dominar a cena, ainda por muito tempo. Não é isto um mal, em si. Necessário é, entretanto, que o investigador as utilize, bem ciente dos seus limites.

Bibliografia

Achenbach, T. M. & Rescorla, L. A. (2006). Development isues in assessment and diagnosis of psychopathology. In D. Cicchetti & D. J. Cohen (Eds.), *Handbook of Developmental Psychopathology*, vol. 1 (pp. 139-180). Hoboken NJ: John Wiley & Sons.

Baltes, P. B., Reese, H. W. & Nesselroade, J. R. (1977). *Life-span developmental psychology: Introduction to research methods*. Monterey: Brooks-Cole.

Baltes, P. B, Lindenberger, U. & Staunding, U. M. (2006). Life span theory in developmental psychology. In W. Damon & R. M. Lerner (Series Eds.) & R. M. Lerner (Vol. Ed.), *Handbook of Child Psychology:* vol. 1 *Theoretical Models of Human Development* (6th ed., pp. 569-664). Hoboken NJ: Wiley.

Botwinick, L. J. (1981). *We are aging*. New York: Springer Publishing Company.

Cairns, R. C. & Cairns, B. D. (2006). The making of Developmental Psychology. In W. Damon & R. M. Lerner (Series Eds.) & R. M. Lerner (Vol. Ed.),. *Handbook of Child Psychology:* vol. 1 *Theoretical Models of Human Development* (6th ed., pp. 89-165). Hoboken NJ: Wiley.

Cotter, R. B., Burke, J. D, Loeber, R. & Navratil, J. L. (2002). Innovative retention methods in longitudinal research: A case study of the development trends study. *Journal of Child and Family Studies*, 11, 485-498.

Cotter, R. B., Burke, J. D, Loeber, R. & Mutchka, J. S. (2005a). Predictors of contact difficulty and drop out in longitudinal study. *Criminal Behaviour and Mental Health*, 15, 126-137.

Cotter, R. B., Burke, J. D, Stouthamer-Loeber, M. & Loeber, R. (2005b). Contacting participant for follow-up: how much effort is required to retain participants in longitudinal studies? *Evaluation and Program Planning*, 28, 15-21.

Elder, G. H. (1979). Historical change in life patterns and personality. In P. B. Baltes e O. G. Brim (Eds.), *Life-Span development and behaviour* (pp. 117-159). New-York: Academic Press.

Everitt, B. S. (1998). Analysis of longitudinal data: Beyond Manova. *British Journal of Psychiatry*, 172, 7-10.

Gibbons, R. D., Hedeker, D. & DuToit, S. (2010). Advances in Analysis of Longitudinal Data. *Annual Review of Clinical Psychology*, 6, 79-107.

Loeber, R. & Farrington, D. P. (2008). Advancing Knowledge About Causes in Longitudial Studies: Experimental and Quasi-Experimental Methods. In A. Liberman (Ed.), *The Long View of Crime: A Synthesis of Longitudinal Research* (pp. 257-279). Washington: Springer.

McCord, J. (1978). A thirty-year follow-up of treatment effects. *American Psychologist, 33*, 284-289.

Moffitt, T. & Caspi, A. (2001). Childhood predictors differentiate life-course persistent and adolescence limited antisocial pathways among males and females. *Development and Psychopathology, 13*, 355-375.

Miyazaki, Y. & Raudenbush, S. W. (2000). Tests for linkage of Multiple Cohorts in an accelerated Longitudinal Design. *Psychological Methods*, 5 (1), 44-63.

Nagin, D. S. & Odgers, C. L. (2010). Group-Based Trajectory Modeling in Clinical Research. *Annual Review of Clinical Psychology, 6,* 109-138.

O'Connor, T. G. (2003). Early experiences and psychological development: Conceptual questions, empirical illustrations and implications for intervention. *Development and Psychopathology, 15,* 671-690.

Ployhart, R. E. & Vandenberg, R. J. (2010). Longitudinal research: The theory, design, and analysis of change. *Journal of Management, 36,* 94-120.

Raudenbush, S. W. & Chan, W. (1992). Growth curve analysis in accelerated longitudinal designs with application to the National Youth Survey. *Journal of Research in Crime and Delinquency*, 29, 387-411.

Rutter, M. (2004). Dos indicadores de risco aos mecanismos de causalidade: análise de alguns percursos cruciais. In A. C. Fonseca (Ed.), *Comportamento anti-social e crime: Da infância à idade adulta* (pp. 11-38). Coimbra: Nova Almedina.

Rutter, M., Pickles, A., Murray, R. & Eaves, L. (2001). Testing hypotheses of specific environmental risk mechanisms for psychopathology. *Psychological Bulletin, 127,* 291-324.

Schaie, K. W. (1994). The course of adult intellectual development. *American Psychologist,* 49(4), 304-313.

Schaie, K. W. (Ed.) (1983). *Longitudinal studies of adult psychological development.* New York: The Guilford Press.

Schaie, K. W. (1965). A general model for the study of developmental problems. *Psychological Bulletin,* 64(2), 92-107.

Schaie, K. W. & Hertzog, C. (1982). Longitudinal methods. In B. B: Wolman (Ed.), *Handbook of developmental psychology* (pp. 91-115). Englewood Cliffs: Prentice-Hall

Schaie, K. W. & Willis, S. L. (1991). *Adult development and aging,* New York: Harper Collins Publishers.

Schneider, W. & Bullock, M. (2008). *Human development from early childhood to early adulthood.* New York: Psychology Press.

Schweinhart, L. J., Montie, J., Zongping, X., Barnett, W. S., Belfield, C. R. & Nores, M. (2005). *Lifetime effects: the high/scope Perry preschool study through age 40.* Ypsilanti, MI: High/Scope.

Sieglman, C. K. & Shaffer, D. R. (1995). *Life-span human development.* Pacific Grove: Brooks/Cole Publishing.

Simões, A. (1982). Aspectos da Gerontologia: No ano Internacional da Terceira Idade. *Revista Portuguesa de Pedagogia,* Ano XVI, 39-96.

Singer, J. & Willett, J. B. (2003). *Applied longitudinal Data Analysis: Modeling Change and Event Occurrence.* New-York: Oxford University Press.

Stouthamer-Loeber, M., Wei, E., Loeber, R. & Masten, A. S. (2004). Desistance from persistent serious delinquency in the transition to adulthood. *Development and Psychopathology, 16,* 897-918.

Stouthamer-Loeber, M., van Kammen, W. & Loeber, R. (1992). The nuts and bolts of implementing large-scale longitudinal studies. *Violence and Victims, 7,* 63-78.

Stanger, C., Achenbach, T. M. & Verhulst, F. C.(1994). Accelerating longitudinal research in child psychopathology. *Psychological Assessment, 6,* 102-107.

Taris, T. W. (2000). *A primer in longitudinal analysis.* London: Sage Publications.

Tremblay, R. E., Mâsse, L. C., Pagani, L. & Vitero, F. (1996). From childhood physical aggression to adolescent maladjustment: The Montréal Prevention Experiment. In R. D. Peters and R. J. McMahon (Eds.), *Preventing Childhood Disorders, Substance Abuse and Delinquency* (pp. 268-98). Thousand Oaks, CA: Sage.

Tremblay, R. E., Vitaro, F., Nagin, D., Pagani, L. & Séguin, J. (2003). The Montreal longitudinal and experimental study: Rediscovering the power of descriptions. In T. P. Thornberry & D. Krohn (Eds.), *Taking stock of delinquency: An overview of findings from contemporary longitudinal studies* (pp. 205-254). N. York: Kluwer Academic/Plenum.

Vaus, D. (2001). *Research design in social research.* London: Sage Publications.

ANEXO 1.
Estudo Longitudinal de Seattle

Idade	Amost. Aa (1956)	Amost. Ab (1963)	Amost. Ac (1970)	Amost. Ad (1977)
25	76	40	21	19
32	70	44	26	19
39	71	47	26	21
46	65	40	32	31
53	70	44	28	24
60	72	40	15	9
67	76	48	14	5
74	-			
81	-			
N	500	303	162	128
		Amost. Bb	Amost. Bc	Amost. Bd
25		100	35	25
32		122	61	55
39		150	79	67
46		155	73	69
53		143	74	67
60		122	41	23
67		127	43	27
74		77	14	4
81		-		
N		996	420	337
			Amost. Cc	Amost. Cd
25			71	34
32			65	36
39			84	45
46			87	54
53			89	53
60			80	46
67			91	34
74			88	30
81			50	8
N			705	340
				Amost. Dd
25				55
32				62
39				73
46				69
53				77
60				72
67				73
74				70
81				58
N				609

Distribuição dos sujeitos do Seattle Longitudinal Study, por coorte e tempo de medição. Só se apresentam as quatro primeiras medições (Adaptado de Schaie, 1983, pp. 79-80).

ANEXO 2
Comparação dos planos transversal, longitudinal e sequencial.

	Transversal	Longitudinal	Sequencial
Procedimento	Observam-se diversas coortes, simultaneamente.	Observa-se uma coorte, ao longo do tempo.	Combinam-se estratégias transversais e longitudinais, observam-se coortes diferentes, em várias ocasiões.
Informação obtida	Diferenças de idade.	Mudanças de idade.	Diferenças de idade e mudanças de idade.
Vantagens	Evidencia diferenças de idade; sugere tendências de desenvolvimento. É rápido e barato.	Evidencia mudanças com a idade, tendências de desenvolvimento. Pode revelar relações entre um comportamento anterior e o subsequente.	Ajuda a separar os efeitos de idade, coorte e tempo de medição. Indica se as mudanças de desenvolvimento, verificadas numa coorte, são parecidas às que são experienciadas por outras.
Desvantagens	Confunde os efeitos de idade e de coorte. Não oferece indicações sobre as mudanças dos indivíduos com o tempo.	Confunde os efeitos de idade e de tempo de medição. Relativamente moroso e caro. Os instrumentos de medida podem tornar-se inadequados. "Mortalidade experimental". Efeito das repetidas medições.	Muitas vezes, complexo e moroso. É o melhor plano, mas ainda deixa em aberto questões, como a de saber se uma tendência de desenvolvimento é generalizável.

Baseado em Siegelman e Shaffer (1995, pág. 18).

N. B. Este capítulo é uma versão mais desenvolvida e actualizada de um artigo publicado em 2000 na revista *Psychologica, 24*, 7-20. A sua preparação beneficiou do apoio do projecto PTD/PSI-PED/104849/2008 e do Centro de Psicopedagogia da Universidade de Coimbra

Secção II

**REPREENTAÇÕES
DA INFÂNCIA E DA ADOLESCÊNCIA**

6

A criança na Grécia antiga: concepções, normas e representações

Luísa de Nazaré Ferreira

1. Introdução

Os estudos sobre a criança na Antiguidade clássica conheceram na última década do século XX um enriquecimento muito significativo quer em termos de quantidade quer de diversidade. Um elenco bibliográfico disponível na Internet sob o título «Children in the Ancient World and the Early Middle Ages. A Bibliography (Eight Century BC – Eight Century AD)», elaborado por Ville Vuolanto, da Universidade de Tampere (Finlândia) [1], e actualizado em Junho de 2008, regista 1 140 entradas. Centra-se principalmente na bibliografia escrita em francês, inglês e alemão, mas é, ainda assim, um recurso de pesquisa muito útil e confirma que no ano de 1991 se verifica um acréscimo expressivo de estudos.

Convém lembrar que até essa data surgiram obras fundamentais para o conhecimento da infância no mundo grego e romano, das quais destacamos *Child Life in Greek Art*, de A. Klein (1932), *Histoire de l'éducation*

---

[1] Disponível em http://www.uta.fi/laitokset/historia/sivut/BIBChild.htm (acedido em 19/08/2009). Este catálogo bibliográfico deve ser complementado com o levantamento de Véronique Dasen *et alii* (2001), «Bibliographie récente sur l'histoire de l'enfance», *Annales de Démographie Historique* 2: 47-100.

dans l'Antiquité, de H.-I. Marrou (1948), *Greek Education 450-350 BC*, de F.A.G. Beck (1964), *The Family in Classical Greece*, de W. K. Lacey (1968), *Être enfant à Rome*, de J.-P. Néraudau, *The Family in Ancient Rome: New Perspectives* (1986) e *Marriage, Divorce and Children in Ancient Rome* (1991), editados por B. Rawson, e *Adults and Children in the Roman Empire* (1989), de T. Wiedemann.

É sobretudo a partir do ano de 1973 que o número de trabalhos aumenta. Alguns surgiram decerto por reacção à obra pioneira do historiador francês Philippe Ariès (1914-1984), *L'enfant et la vie familiale sous l'Ancien Régime*, editada pela primeira vez em França em 1960 (Éditions Plon), que se tornou especialmente conhecida nos meios científicos após a publicação nos Estados Unidos da América em 1962. Na segunda edição francesa, de 1973 (Éditions du Seuil), Philippe Ariès reflectiu sobre as críticas que lhe haviam sido feitas, mas manteve o essencial da sua tese: a partir da análise de fontes literárias e iconográficas, concluiu que o «sentimento da infância» (*sentiment de l'enfance*) não existia na sociedade medieval, ou seja, esta tinha dificuldade em representar a criança, e ainda mais o adolescente, como um ser diferente do adulto; no seu entender, a «descoberta da infância começa, sem dúvida, no século XIII», e a mudança efectiva verifica-se a partir do fim do século XVII, devido a dois factores: a substituição do aprendizado pela escolarização e o incremento dos afectos dentro da família, que faz com que esta comece então «a organizar-se em torno da criança, a dar-lhe importância que a faz sair do seu antigo anonimato, não sendo já possível perdê-la e substituí-la sem grande desgosto» [2].

Alguns dos temas que Philippe Ariès examinou viriam a ser retomados posteriormente pelos estudiosos da Antiguidade, em especial as concepções predominantes na Grécia e em Roma, a terminologia aplicada à infância, as idades da vida, o grau dos afectos parentais perante a elevada taxa de mortalidade infantil, o infanticídio e a exposição. Registe-se que o historiador francês já então notava que os estudos no domínio da história da família sobre épocas mais recuadas se deparavam com o problema grave da escassez de documentos (Ariès 1988: 20, 30). Este facto legitimou a publicação de obras que se apresentam como História(s) da Infância, mas que tomam como ponto de partida a Idade Média. Não é o caso da impor-

---

[2] Ariès 1988: 10, 76, 12, respectivamente.

tante *Storia della Infanzia* (1. *Dall'Antichità al Seicento*, 2. *Dal Settecento a oggi*), dirigida por Egle Becchi e Dominique Julia, editada em Itália em 1996 e dois anos depois em França. A introdução, da autoria dos coordenadores da obra, inclui uma revisão crítica, sucinta e muito rigorosa das teses de Philippe Ariès, salientando o seu papel fundamental para o incremento da investigação histórica (e não só) sobre a criança.

Outro conjunto de trabalhos foi claramente inspirado pela publicação em 1990 de *Children and Childhood in Classical Athens*, de Mark Golden, tendo depois surgido várias obras do mesmo género sobre a criança no mundo romano, designadamente *Children and Childhood in Roman Italy*, de Beryl Rawson, publicada em 2003. No mesmo ano foi editado o catálogo *Coming of Age in Ancient Greece. Images of Childhood from the Classical Past,* organizado por Jenifer Neils e John H. Oakley, relativo a uma exposição exibida pela primeira vez no Hood Museum of Art (Dartmouth College, Hanover, New Hampshire) [3], que é uma obra fundamental para o conhecimento das representações artísticas da infância no mundo grego, embora o seu interesse seja muito mais amplo. Mais recente e heterogénea é a colectânea *Constructions of Childhood in Ancient Greece and Italy* (ed. Ada Cohen e Jeremy B. Rutter, 2007), que recolhe contributos sobre concepções e representações da criança, socialização, práticas religiosas e funerárias, inicialmente apresentados num congresso promovido pela referida exposição.

A pouca atenção que no passado foi prestada à infância no Mediterrâneo antigo deve-se, em parte, como Philippe Ariès também notara, à especificidade e dificuldade de conhecimento das fontes, que são principalmente literárias, epigráficas (*e.g.*, inscrições em placas votivas ou estelas funerárias), iconográficas (*e.g.*, pinturas de vasos gregos, relevos votivos ou funerários gregos e romanos, frescos e mosaicos romanos) e arqueológicas (*e.g.*, artefactos depositados nas sepulturas, como estatuetas, louças em miniatura e brinquedos). De facto, por um lado, se o estudo rigoroso das fontes literárias exige o domínio do grego antigo e do latim, uma boa parte das fontes iconográficas, como a pintura de vasos gregos, que é fundamental para o conhecimento dos entretenimentos e de outras actividades do quotidiano de crianças e jovens, apenas se tornou acessível

---

[3] *Vide* http://hoodmuseum.dartmouth.edu/exhibitions/coa/ex_overview.html (acedido em 19/08/2009).

nos últimos anos com a sua divulgação na Internet. Os grandes museus que preservam arte antiga, como o Louvre, o British Museum, o Metropolitan Museum of Art de Nova Iorque e o J. Paul Getty Museum de Los Angeles, disponibilizam hoje recursos de pesquisa diversos que facilitam grandemente o trabalho dos investigadores. Por outro lado, a investigação filológica e histórica, em especial na área dos Estudos Clássicos, sempre dependeu dos progressos conseguidos noutros domínios científicos, principalmente na Arqueologia, e é cada vez mais interdisciplinar.

Assistimos actualmente à publicação de estudos muito mais específicos, que revelam grande diversidade de interesses e um envolvimento considerável de diferentes áreas científicas. Entre outros que estão neste momento em curso, destacamos o projecto de investigação *L'enfant et la mort dans l'Antiquite: des pratiques funéraires à l'identité sociale* (EMA), coordenado por Antoine Hermary, que tem como objectivo estudar a evolução e a diversidade das práticas funerárias relativas às crianças, em espaços diversos do mundo greco-romano, no período compreendido entre o I.º milénio e o fim da Antiguidade, com base principalmente na análise de dados arqueológicos e antropológicos inéditos. A vasta equipa pluridisciplinar e internacional inclui especialistas de várias áreas científicas, principalmente de Arqueologia, Antropologia, História Social, História da Arte, Religião, Demografia, Filologia, Iconografia e Epigrafia, pertencentes a três centros de investigação: Centre Camille Jullian de Aix-en-Provence (dir. A. Hermary), UMR «Archéologie et Sciences de l'Antiquité» de Nanterre (dir. A.-M. Guimier-Sorbets) e Centre d'Études Alexandrines (dir. J.-Y. Empereur) [4].

Finalmente, este interesse crescente pela situação da criança na Antiguidade clássica não pode ser dissociado do progresso que se registou em várias áreas científicas nas últimas décadas, mas tem de ser considerado também à luz das conquistas alcançadas no domínio dos Direitos Humanos, como foi a adopção pela Assembleia Geral Nações Unidas, em 20 de Novembro de 1989, da Convenção sobre os Direitos da Criança, que Portugal ratificou em 21 de Setembro de 1990 [5].

---

[4] Cf. http://sites.univ-provence.fr/ccj/spip.php?rubrique117 (acedido em 10/10/2009).

[5] Cf. http://www.unicef.pt/artigo.php?mid=18101111&m=2 (acedido em 2/10/2009).

Uma das representações antropomórficas mais antigas do Mediterrâneo é uma estatueta de mulher a segurar, geralmente com o braço esquerdo, uma criança de colo. Fabricada em materiais diversos, principalmente em terracota, apareceu em grande quantidade em vários sítios da Idade do Bronze desde o IVº milénio, pelo menos. Os especialistas deram-lhe a designação grega de *kourotrophos*, «a que nutre jovens», que aparece na *Odisseia* (9. 27) como epíteto da terra de Ulisses, enquanto o poeta Hesíodo (século VIII-VII a.C.) o aplicou à deusa Hécate (*Teogonia*, vv. 450, 452) e à Paz (*Trabalhos e Dias*, v. 228).

A interpretação da *kourotrophos* continua a suscitar interrogações («será deusa, será mulher?», como diria Ulisses), mas o esquema iconográfico que a caracteriza manteve-se em todos os períodos da cultura greco-romana e hoje reconhecemo-lo na imagem da Virgem com o Menino. A *kourotrophos* integra o grupo das fontes arqueológicas mais antigas e sugere, pelo menos, que a maternidade era um aspecto importante nas culturas mediterrâneas da Idade do Bronze [6].

Do mesmo modo, a obra fundadora da literatura europeia, a *Ilíada* de Homero (século VIII a.C.), transmitiu-nos uma das imagens mais cativantes do mundo da criança. Contudo, a infância nem sequer é um tema secundário do poema. Ela está presente simplesmente porque onde há uma guerra há crianças que sofrem [7], porque na narração das grandes cenas de combate o poeta se lembra dos tempos de paz e tranquilidade, para avivar as cores contrastantes da sua obra.

O estudo destas e de outras fontes do mesmo género é imprescindível, ainda que nem sempre nos leve a conclusões definitivas. A sua existência tem significado e obriga a recuar o estudo da infância no mundo ocidental pelo menos até à Idade do Bronze. A descoberta em 1998, no

---

[6] Para uma análise deste tema, sugerimos Lucilla Burn (2000), «Three Terracotta Kourotrophoi», in G. R. Tsetskhladze, A. J. N. W. Prag and A. M. Snodgrass (eds.), *Periplous. Papers on Classical Art and Archaeology Presented to Sir John Boardman*. London: Thames & Hudson, 41-49.

[7] No que respeita ao mundo grego, *vide* Nuno Simões Rodrigues (2008), «"Ó Gregos... porque matais esta criança?" A criança e a guerra na Grécia Antiga», in A. Ramos dos Santos e J. Varandas (coords.), *A guerra na Antiguidade II*. Lisboa: Centro de História da Universidade de Lisboa e Caleidoscópio, 135-153. Para uma análise da infância no poema homérico, veja-se o nosso estudo (2000) «A evocação do mundo infantil na *Ilíada*», *Humanitas* 52: 53-76.

Abrigo do Lagar Velho (concelho de Leiria), do «Menino do Lapedo», o esqueleto de uma criança que terá vivido há cerca de 24.500 anos [8], deixa supor que a investigação nesta área está a dar apenas os primeiros passos.

2. Concepções da infância e estatuto da criança no mundo grego

No poema *Trabalhos e Dias* (vv. 109-201), acima referido, Hesíodo evoca o «Mito das Cinco Idades» para explicar a degeneração progressiva da Humanidade, desde uma idade «de ouro», na qual os homens viviam como deuses, até à idade «de ferro», em que apenas conhecem sofrimentos, trabalhos e violências. Neste processo degenerativo, merece destaque o entendimento que é dado às diferentes etapas da existência humana, pois se a velhice (*geras*) é considerada «infeliz, triste» (*deilon*, v. 113), um dos sinais de decadência da idade «de prata» corresponde a uma infância prolongada e dependente dos cuidados maternos (vv. 130-134): «Os filhos, durante cem anos, junto da mãe prudente,/ eram criados e brincavam, muito pueris, dentro de casa./ Mas quando cresciam e atingiam o limiar da juventude,/ viviam durante muito pouco tempo, sujeitos a sofrimentos/ por irreflexão;» [9].

Embora se trate de um mito, o passo atesta que desde muito cedo se estabeleceu a distinção entre a fase inicial da vida, entendida como negativa, pelo menos quando demasiado dilatada, da que se lhe segue, a juventude. Esta é identificada pelo termo *hebe*, mas para caracterizar a idade anterior o poeta teve de recorrer ao adjectivo *nepios*, «que não fala, pueril». De facto, o léxico grego não contemplava, pelo menos inicialmente (*vide infra*), um substantivo abstracto correspondente à noção de «infância». Este termo vem do latim *infantia*, que significava na origem «incapaci-

---

[8] Cf. Cidália Duarte *et alii* (1999), «The early Upper Palaeolithic human skeleton from the Abrigo do Lagar Velho (Portugal) and modern human emergence in Iberia», *PNAS* 96. 13: 7604-7609, disponível em http://www.pnas.org/content/96/13/7604.full (acedido em 2/11/2009).

[9] Tradução de José Ribeiro Ferreira (2005), in *Hesíodo: Teogonia. Trabalhos e Dias*. Lisboa: INCM, 97.

dade de falar» e foi depois empregue para designar o período de vida até aos sete anos de idade [10].

A inexistência de uma palavra grega de sentido equivalente não significa, porém, que os Gregos não distinguiam, tal como os Romanos, as diferentes etapas da existência humana. O passo de Hesíodo é, sobre este aspecto, bastante vago, mas um fragmento do legislador e poeta ateniense Sólon (século VII-VI a.C.) preserva uma concepção de vida entendida como uma sucessão de dez períodos de sete anos (hebdómada), cada um deles identificado pelas alterações físicas e intelectuais que ocorrem no ser humano (fr. 27 West) [11]. Segundo esta fonte, o primeiro ciclo termina com a mudança da dentição, no segundo surgem os primeiros sinais de puberdade, enquanto no terceiro (até aos 21 anos) os membros ainda crescem, aparecem os pêlos e a pele muda. Portanto, no que respeita às primeiras fases da vida, o fragmento diferencia claramente a infância da puberdade e da juventude (vv. 1-6). Para designar a criança, compreendendo cada período sete anos, o poeta usou um substantivo genérico, *pais*, cujo significado delimitou com o emprego de dois adjectivos mais específicos: *anebos*, «que ainda não atingiu a puberdade», e *nepios*, já referido acima.

Esta terminologia era, de resto, bastante frequente entre os autores gregos, mas outras fontes, literárias e iconográficas, sugerem que tanto Gregos como Romanos tinham consciência de que a infância encerra diferentes estádios de desenvolvimento com características específicas. *Pais* era o termo grego mais comum e é o que está mais próximo de «criança»/ «menino, menina», «enfant»/«garçon, fille», «child»/«boy, girl», dado que podia ser aplicado a um rapaz que ainda não tivesse integrado a vida cívica ou a uma rapariga solteira. Tinha, porém, um campo de emprego muito mais vasto, designando também «escravo» e «filho» ou «filha», não necessariamente crianças. Já os seus compostos, como *paidagogos*, «que conduz a criança, pedagogo», ou derivados, como o diminutivo *paidion*, «criança pequena», e *paidia*, «jogo infantil», tinham um significado muito

---

[10] Para uma análise da terminologia latina relativa às idades da vida, *vide* Néraudau 1984: 19-61 e 1998: 70-75.

[11] Para uma análise do fragmento, *vide* Delfim F. Leão (1997), «As fases da vida: Sólon e Shakespeare», *Boletim de Estudos Clássicos* 128: 115- 127, e 2001: 443-447.

mais limitado ao léxico infantil. Com *pais* se relacionam etimologicamente os dois substantivos mais próximos da noção de «infância»: *paideia*, que significa mais exactamente «educação, instrução», podendo abarcar quer a infância quer as fases seguintes (adolescência, juventude), e *paidiotes*, «infância», embora se trate de uma palavra muito tardia e pouco atestada.

O vocabulário grego compreendia muitos outros termos que exprimiam a diferenciação etária, mas o seu emprego não era coerente. Um esquema das idades da vida baseado em Hipócrates (século V a.C.), organizado em ciclos de sete anos à semelhança do que figura no fragmento de Sólon, identifica as quatro primeiras com as seguintes designações: *paidion* (até aos 7 anos), *pais* (dos 7 aos 14), *meirakion* (dos 14 aos 21) e *neaniskos* (dos 21 aos 28) [12].

É também reconhecido que se alguns termos tinham um emprego circunscrito a determinados géneros literários, como *brephos*, «recém-nascido, bebé», que ocorre com frequência em textos poéticos, outros possuíam conotações afectivas. É o caso de *teknon*, que etimologicamente se relaciona com o verbo *tikto*, «dar à luz», sendo por isso privilegiado em situações fortemente emotivas, como as evocadas na tragédia ou nos epigramas funerários, em especial quando uma mãe tomava a palavra.

Do mesmo modo, as representações de crianças na pintura de vasos e nas estelas funerárias sugerem que os artistas gregos tinham noção de que a infância não constitui um ciclo uniforme, mas que há uma evolução que se traduz em alterações, físicas e intelectuais, que procuravam reproduzir, ainda que por vezes de uma forma bastante grosseira. À semelhança do que aconteceu noutras civilizações mais antigas (como na egípcia), a

---

[12] Citado por Fílon de Alexandria (século I a.C.-I d.C), in *A criação do mundo* 36.105. Esta concepção da existência humana entendida como uma sucessão de ciclos de sete anos tem subjacente a simbologia antiga do número sete. As idades da vida tornaram-se num tema muito popular tanto na cultura greco--romana como na ocidental, tendo suscitado em especial o interesse de filósofos, escritores e artistas. A questão foi analisada por Ariès 1988: 33-57. Cf. Heywood 2001: 2-3. Recorde-se que o célebre enigma da Esfinge que Édipo teria decifrado (qual o ser que começa por caminhar apoiado em quatro pés, depois em dois e no fim da vida em três) pressupõe uma concepção dos ciclos da vida (infância, juventude/maturidade, velhice) que estaria mais próxima do senso comum e continua muito presente na cultura do nosso tempo.

primeira convenção artística que permite diferenciar uma criança de uma figura mais velha ou de um adulto é a altura ou a escala: a criança começa por ser retratada com as formas de um adulto em miniatura. Esta convenção reflecte, de algum modo, uma concepção que prevaleceu durante muito tempo na mentalidade greco-latina, segundo a qual a criança é um ser imperfeito, incompleto, em comparação com o adulto. Todavia, a partir sobretudo da Época Clássica [13] a pintura de vasos representa já a fisionomia que a caracteriza e detectamos diversas fases de desenvolvimento: crianças enfaixadas, ao colo das mães ou das amas, sentadas dentro de uma singular «cadeira-bacio» (*sella cacatoria*), a gatinharem, a caminharem apoiadas no mobiliário, a brincarem sozinhas ou na companhia de irmãos e amigos. Como dissemos, as formas são por vezes muito toscas, pelo que é nas estelas funerárias do cemitério do Cerâmico de Atenas, datadas principalmente da segunda metade do século V a.C., que podemos admirar as imagens mais memoráveis de cenas familiares com crianças. Uma vez que voltaremos a falar destes monumentos, registemos, por enquanto, que os escultores tinham o cuidado de sugerir a diferenciação etária e sexual através da altura e do vestuário das figuras.

Portanto, ainda que a terminologia grega relativa às idades seja variada, nem sempre o seu uso está livre de ambiguidades ou se apresenta coerente. Todavia, tanto as fontes literárias como as iconográficas, do mundo homérico à Época Helenística, atestam que os Gregos tinham consciência de que a infância constituiu uma fase particular da existência humana. Muito mais complexo e discutível é saber o que pensavam exactamente acerca dessa idade e que importância davam às crianças. De facto, se o quadro que podemos traçar sobre as concepções predominantes no mundo clássico [14] não reflecte necessariamente o juízo do homem comum, dado que se baseia nas representações de poetas, dramaturgos, historiadores, oradores, filósofos, médicos ou artistas, nas quais a criança raramente constitui tema central, as fontes que nos chegaram, quer sejam literárias, epigráficas ou iconográficas, resultam de um longo processo de transmissão durante o qual ocorreram muitas perdas. É de supor, aliás,

---

[13] Seguimos a periodização tradicional adoptada pelos helenistas, que divide a cronologia do mundo grego em Época Arcaica (c. 700-480 a.C.), Clássica (480-323 a.C.) e Helenística (323-31 a.C.).

[14] No que respeita ao mundo grego, veja-se em particular Golden 1990: 1-12.

que a ênfase dada à infância em determinadas obras, designadamente na *Ilíada*, na tragédia de Eurípides, nas *Histórias* de Heródoto e na literatura da Época Helenística, tem muito mais a ver com o género literário, as convenções e os temas dessas fontes do que propriamente com razões de natureza histórica e social. Não é, portanto, sem reservas que podemos avançar para esta tarefa (a designação de *hopeless task*, de Heywood 2001: 6, é apropriada), que esboçaremos a partir do exame breve dos seguintes pontos:

Em primeiro lugar, como tem sido notado a propósito de outras sociedades mais antigas, a grega não parece ter sentido a nostalgia da infância (cf. Golden 1990: 4), preferindo exaltar a idade da flor e dos belos corpos, que desde os Poemas Homéricos surge personificada na deusa Hebe (*e.g.*, *Ilíada* 4. 2, *Odisseia* 11. 603). Registe-se de passagem que o elogio da juventude sustenta desde muito cedo duas linhas de pensamento contrastantes a respeito da velhice: uma salienta a decadência física e intelectual que a acompanha, numa perspectiva pessimista da existência humana, concebida como efémera e condenada ao sofrimento; outra, mais optimista e filosófica, da qual Sólon foi um dos mais célebres defensores («envelheço, sempre muitas coisas aprendendo» [15]), reconhece a perda de vigor físico, mas valoriza a aquisição de experiência e de sabedoria.

Abundam na literatura grega as máximas acerca da juventude e da velhice, e o silêncio que surpreendemos em relação à infância pode querer dizer que a primeira idade da vida não era considerada merecedora de reflexão. Todavia, também não era completamente ignorada, pois a tradição literária e mitológica preservou várias histórias sobre as infâncias de deuses, heróis e homens, que, de um modo geral, procuram pôr em relevo as qualidades ou defeitos que definem essas figuras na idade adulta.

Em segundo lugar, um dado caracterizador da civilização grega é a importância dada à descendência legítima, especialmente à masculina, a que prevalecia na transmissão do património familiar. «Bem-aventurado aquele que tem filhos queridos» registou Sólon num dos seus poemas (fr. 23 West), na passagem do século VII para o VI a.C. «Quem não suportou o pior dos males quando teve de chorar um filho?», lê-se num epitáfio do século I d.C. (*Antologia Palatina* 7. 389). Um casamento

---

[15] Fr. 18 West, segundo a tradução de Delfim Ferreira Leão. Veja-se o comentário ao fragmento em Leão 2001: 437-438.

estéril raramente sobrevivia, a menos que o marido optasse pelo processo jurídico de adopção [16]. Segundo uma lei tradicionalmente atribuída a Sólon, os filhos dos atenienses estavam sujeitos ao dever da *gerotrophia*, ou seja, à obrigação de prestar assistência aos mais velhos, aos pais em particular. No filho projectavam-se assim as expectativas de perpetuação da linhagem paterna e de sustento na velhice (cf. Xenofonte, *Económico* 7. 12, 19). Um memorável epitáfio composto no século III a.C. pelo poeta Calímaco encerra em poucas palavras o significado desta ideia: «Doze anos tinha a criança que seu pai, Filipo,/ aqui depôs, a sua grande esperança, Nicoteles.» (*Antologia Palatina* 7. 453).

Perante este quadro, é de supor que o nascimento de uma criança fosse naturalmente muito desejado e diversos artefactos recuperados pela Arqueologia, como o vaso com a função de biberão ou o que já foi mencionado, que servia, ao mesmo tempo, de cadeira e de bacio, bem como brinquedos destinados à pequena infância, atestam a preocupação dos pais gregos com o bem-estar dos filhos e a consciência de que a criança, sobretudo de tenra idade, tem necessidades especiais. Não nos parece, como defendem algumas vozes críticas, que o pensamento grego seja neste domínio essencialmente utilitarista e vise sobretudo a criança do sexo masculino.

Em terceiro lugar, o estatuto social da criança sempre foi marginal e subordinado, sendo equiparado à mulher e ao escravo, com quem partilhava a mesma terminologia (*pais*). Por isso, até aos sete anos, meninos e meninas viviam junto das mães e das amas no gineceu (*gynaikeion*), no espaço que no andar superior da casa grega estava reservado ao sexo feminino. Todavia, ao contrário da mulher e dos escravos, esta condição é temporária, pelo que, na comparação com o jovem e com o adulto, a criança é considerada um ser imperfeito e inferior, do ponto vista físico, intelectual e moral. Acresce ainda a sua vulnerabilidade: a criança é um ser demasiado frágil, sujeito à doença e à morte, em especial nos primeiros anos de vida. A elevada taxa de mortalidade infantil levou naturalmente os estudiosos da Antiguidade a interrogarem-se, à semelhança de Philippe Ariès, sobre a sensibilidade afectiva dos pais gregos.

Note-se, porém, que este catálogo de aspectos negativos deve ser equilibrado com outras apreciações mais positivas, como o encanto de

---

[16] Sobre a adopção e outras questões relativas a direito familiar, que não serão analisadas neste estudo, veja-se Leão 2005.

alguns traços físicos (o cheiro doce, a suavidade da pele e beleza do corpo), a graça capaz de suscitar a admiração e o riso dos adultos, e a pureza decorrente da imaturidade, que aproximava a criança do divino e justificava a sua presença em numerosos rituais religiosos.

3. Normas e práticas sociais, religiosas e jurídicas

> Da minha Teónoe eu chorava a morte, mas as esperanças
>   no meu filho aliviavam as dores do luto.
> Agora, porém, o Destino invejoso afastou-me do meu filho.
>   Ai, meu bebé, fui enganado quando ficaste comigo.
> Perséfone, escuta o que te pede o lamento de um pai:
>   põe o bebé junto da sua mãe que já partiu.
> *(Antologia Palatina* 7. 387)

Este epigrama funerário, da autoria de Bianor, terá sido composto no início do século I da nossa era e retrata uma situação muito frequente no mundo antigo: a morte de uma mãe e de um filho, possivelmente durante o trabalho de parto ou algum tempo depois, visto que o termo empregue nos vv. 4 e 6 (*brephos*) indica tratar-se de um recém-nascido.

A colecção de epitáfios de mulheres que perderam a vida ao darem à luz, incluída na antologia que temos vindo a citar (compilada por volta de 980 d.C.), é muito significativa e outras fontes atestam que o parto constituía uma das principais causas de morte de mulheres jovens (cf. Aristóteles, *Política* 7. 1335a). A elevada taxa de mortalidade devia-se também ao facto de a mulher grega casar habitualmente cedo, por volta dos 14 ou 15 anos [17], enquanto o homem só estava disponível para a união matrimonial depois de prestar serviço militar, pelo que podia ter perto de 30 anos. Isto significa que havia geralmente no casal grego uma diferença de dez a quinze anos [18].

---

[17] De acordo com Xenofonte, *Económico* 7. 5 (14 anos) e Demóstenes 27. 4 e 29. 43 (15 anos).

[18] Em Roma a diferença de idades era menor, porque a idade legal de casar exigia que a mulher tivesse no mínimo 12 anos e o homem 14. Sobre esta questão, cf. Néraudau 1998: 82 e n. 50.

As dores do parto são também, com frequência, evocadas na literatura grega. Num momento crucial da *Ilíada*, quando o chefe máximo dos Gregos, Agamémnon, é ferido e obrigado a retirar-se do combate, depois de ter demonstrado a sua valentia, o poeta põe em relevo o sofrimento do guerreiro criando uma imagem que em tudo contrasta com o cenário de guerra: «dores terríveis se apoderavam da força do Atrida:/ como quando um golpe agudo atinge a mulher em trabalho de parto, penetrante, que lhe lançam as temíveis Ilitias, as filhas de Hera portadoras de amargas dores» (11. 268-271). Não menos célebres são as palavras da Medeia de Eurípides (c. 485-407/6 a.C.) quando, como que inspirada pelo passo homérico, declara: «Dizem: como nós vivemos em casa uma vida sem risco, e eles a combater com a lança. Insensatos! Como eu preferiria mil vezes estar na linha de batalha a ser uma só vez mãe!» (vv. 248-251) [19]. Estas referências literárias reflectem possivelmente a associação popular que os Gregos faziam entre a morte de um guerreiro em combate e a de uma mulher em trabalho de parto, uma comparação que em Esparta havia sido reconhecida nas leis promulgadas pelo lendário Licurgo (Plutarco, *Licurgo* 27. 2) [20].

O nascimento, tal como a morte e a sexualidade, era concebido como um acontecimento que mancha, polui (*miasma*), por haver derramamento de sangue, obrigando a que a casa fosse «purificada», e talvez esse tabu explique a escassez de representações iconográficas. As deusas que prestavam auxílio às parturientes eram as Ilitias, filhas de Zeus e Hera, mencionadas no poema homérico, bem como a própria Hera e também Ártemis. Era, por isso, habitual dedicar às divindades tabuinhas votivas e outras oferendas para propiciarem um bom nascimento.

Na Grécia da Época Clássica as condições de vida de uma criança livre eram essencialmente determinadas pelo regime político da sua cidade. Assim, em Atenas, a decisão de criar um filho ou uma filha cabia ao pai, na qualidade de *kurios* ou responsável máximo do *oikos* («casa, família», que englobava a esposa, os filhos e os escravos, cf. Aristóteles, *Política* 1. 1253b). Em Esparta, porém, onde os direitos individuais dos cidadãos

---

[19] Tradução de M. H. Rocha Pereira (³2005), *Eurípides. Medeia*. Lisboa: Fundação Calouste Gulbenkian, 55.

[20] Sobre a morte e problemas provocados pelo parto, *vide* Eva C. Keuls (1985), *The Reign of the Phallus. Sexual Politics in Ancient Athens*. Berkeley: University of California Press, 138-144; Garland 1990: 65-66.

eram muito mais limitados e se submetiam ao interesse colectivo, a selecção das crianças a criar era uma competência dos «anciãos mais velhos das tribos», que examinavam e mandavam expor as que apresentavam uma compleição física mais fraca ou malformações (Plutarco, *Licurgo* 16. 1-2).

Se o pai não quisesse criar o filho (por não ser saudável, por ter nascido fora do casamento ou dificuldades económicas, por exemplo), este seria normalmente exposto e podia mesmo morrer. A prática da exposição, atestada por fontes de natureza diversa [21], é tema assíduo na tradição literária e mitológica (deuses e heróis célebres, como Zeus, Édipo, Páris, Perseu, Rómulo e Remo, foram abandonados à nascença ou correram perigo de vida, mas também são referidas figuras históricas, como Sargão, rei de Acad, Moisés e Ciro, o Grande), e tem sido muito debatida, em especial no que respeita à criança do sexo feminino que, numa sociedade patriarcal como a grega, corria em princípio mais riscos [22]. Em todos esses mitos e lendas de exposição, um elemento comum e fundamental é o salvamento da criança (recolhida muitas vezes por pastores ou escondida por um familiar, cresce para cumprir o destino que se pretendia evitar com o seu abandono, cf. Soares 2008), deixando supor que na mentalidade greco-romana a exposição não significava necessariamente uma condenação à morte (pelo menos quando envolvia uma criança do sexo masculino). O facto de as crianças serem muitas vezes abandonadas com amuletos, jóias, em locais de afluência, como os templos, sugere que alguns pais esperavam que os filhos fossem criados. Em Atenas, a exposição apenas era considerada acto criminoso se fosse provado que tinha existido intenção de defraudar o pai no sentido de o privar de descendência. Na impossibilidade de se determinar com alguma segurança a verdadeira dimensão desta prática, convém ter presente que em toda

---

[21] *E. g.* Leis de Gortina (Creta, século V a.C.); Platão, *República* 5. 460c, *Teeteto* 161a; Aristóteles, *Política* 7. 1335b; P. Oxy. 744 («Carta de Hilárion à sua esposa»); Plutarco, *Licurgo* 16. 1-2.

[22] Cf. French 1988: 1357, Oliveira 2008: 79 e n. 52. Alguns passos da comédia de Aristófanes (c. 450-385 a.C.), que recolheu no quotidiano social e político de Atenas a sua matéria de trabalho, sustentam, de facto, a ideia de que o nascimento de uma criança do sexo masculino era muito mais desejado. Cf. *As mulheres que celebram as Tesmofórias* 564-565, *As mulheres no Parlamento* 549. Parece-nos, todavia, pouco prudente concluir a partir destes testemunhos que o nascimento de uma menina podia resultar em exposição.

a Antiguidade a taxa de mortalidade infantil, por outros motivos, sempre foi bastante elevada [23].

A aceitação de uma criança no seio familiar era assinalada no mundo grego por uma cerimónia religiosa, realizada até ao décimo dia após o nascimento, em que o pai caminhava à volta do fogo do lar com a criança nos braços (*amphidromia*). As mulheres purificavam-se e à entrada da casa era colocada uma coroa de oliveira, se tivesse nascido um menino, ou uma peça de lã, no caso de uma menina. O pai oferecia então uma festa aos parentes e amigos, durante a qual a criança era apresentada e nomeada [24]. A tradição vigente no mundo grego era dar ao primeiro filho o nome do avô paterno, ao segundo o do avô materno, ao terceiro o do tio paterno e assim sucessivamente. As meninas recebiam igualmente nomes de familiares.

Três epitáfios de crianças pequenas, incluídos na citada *Antologia Palatina* (7. 170, 303, 632) e compostos entre o século III a.C. e o século I da nossa era, sobressaem da colecção por indicarem a causa de morte. Em dois casos, os meninos perderam a vida por afogamento (num poço e no mar), no outro tratou-se de uma queda ocorrida em casa, que vitimou um pequeno escravo de dois anos.

Estes acidentes continuam a ser, no nosso tempo, muito comuns. Outras causas de mortalidade infantil no mundo grego incluíam a malnutrição e doenças associadas à pobreza, como a anemia e o raquitismo. Embora os tratados de medicina antigos sejam pouco informativos no que respeita aos problemas de saúde infantil, são descritos sintomas que sugerem a existência de diarreia viral, difteria, varicela, papeira e tosse convulsa. Portanto, à semelhança de outras sociedades antigas ou do que

---

[23] A bibliografia sobre a prática da exposição é vasta. Veja-se, *e.g.*, D. Engels (1980), «The Problem of Female Infanticide in the Greco-Roman World», *CPh* 75: 112-120; M. Golden (1981), «Demography and the Exposure of Girls at Athens», *Phoenix* 35: 316-331; C. Patterson (1985), «"Not Worth the Rearing": The Causes of Infant Exposure in Ancient Greece», *TAPhA* 115: 103-123; Garland 1990: 84-93; Golden 1990: 86-88, 1997: 176-179.

[24] É possível que os rituais da *amphidromia* se realizassem por altura do quinto ou sétimo dia de vida do recém-nascido, antes da festa do décimo dia em que a criança era apresentada e nomeada. Cf. Aristófanes, *Lisístrata* 757 e escólios, *Aves* 494, 922; Platão, *Teeteto* 160e e escólios; Iseu 3. 30; Demóstenes 39. 22; Hesíquio, s.v. *stephanon ekpherein*.

hoje acontece em países subdesenvolvidos, na Grécia e em Roma a taxa de mortalidade era especialmente elevada nos primeiros anos de vida.

Philippe Ariès analisou em *L'enfant et la vie familiale sous l'Ancien Régime* o sentimento de indiferença da sociedade antiga perante a fragilidade da infância (Ariès 1988: 65-67) e, na sequência das suas reflexões, também os helenistas procuraram saber se os pais gregos eram ou não insensíveis à morte dos filhos, em especial dos de tenra idade. As opiniões dos estudiosos não são consensuais, mas as fontes literárias, sobretudo a tragédia e os epigramas funerários, sustentam a ideia de que a perda de um filho, mesmo quando pequenino, era considerada um sofrimento intolerável para os pais e uma das piores desgraças para o ser humano [25]. É esse pensamento que, entre outros aspectos, explica a recorrência do tema do infanticídio na tragédia de Eurípides (Ferreira 1996: 103-104). Merece também ser referido que os dados recolhidos do exame de sepulturas indicam que a partir do século VIII a.C., isto é, desde o início da Época Arcaica, passa a haver maior investimento nas práticas funerárias respeitantes à criança, que no mundo grego sempre privilegiaram a inumação [26].

Quando a criança sobrevivia, como já foi dito acima, passava os primeiros sete anos de idade aos cuidados da mãe e/ou da ama. Da importância desta figura no mundo grego, dado que muitas crianças perdiam a mãe à nascença, dão testemunho quer as fontes literárias e mitológicas quer as iconográficas. É ao colo da ama que surge o príncipe de Tróia, filho de Heitor, Astíanax, na primeira vez em que é mencionado na *Ilíada* (6. 466-467). Na parte final da *Odisseia*, numa célebre cena que inspirou ao pintor francês Gustave Boulanger (1824-1888) uma obra singular [27],

---

[25] *Vide e.g.*, G. Raepsaet et M. Th. Charlier (1971), «Étude d'un comportement social: les relations entre parents et enfants dans la société athénienne à l'époque classique», *AC* 41: 589-607; M. Golden (1988), «Did the Ancients care when their children died?», *Greece and Rome* 35: 152-163.

[26] C. Sourvinou-Inwood (1995), *'Reading' Greek Death to the End of the Classical Period*. Oxford: Clarendon Press, 431. Sobre as práticas funerárias respeitantes à criança no mundo grego, *vide* D. C. Kurtz and J. Boardman (1971), *Greek Burial Customs*. London: Thames and Hudson, 71-72, 74, 97-99, 164, 188-190; Garland 1985: 77-88.

[27] Gustave Boulanger, *Ulysse reconnu par Euryclée* (1849). Paris, École Nationale Supérieure des Beaux-arts.

Ulisses, regressado de Tróia passados vinte anos, é reconhecido pela fiel ama, já anciã, quando esta, ao lavar-lhe os pés, repara numa cicatriz antiga causada por um javali (11. 392-393, 467-468). Na tragédia *Coéforas*, de Ésquilo (525/4-456 a.C.), representada em 458 a.C., a ama do protagonista evoca com emoção os cuidados que tivera com o seu amo (vv. 748-757): «Os males anteriores pude suportá-los com paciência, mas agora que o meu querido Orestes, preocupação constante da minha alma, que recebi e alimentei ao sair do seio materno... E as noites em pé por causa dos seus gritos agudos! Tão inúteis que foram os muitos trabalhos que passei! A quem falta ainda o exercício da razão há que educá-lo como um pequeno animal, não é verdade? É preciso raciocinar por ele! De facto, um bebé nas suas faixas não sabe ainda dizer se tem fome, sede ou necessidade urgente... e o seu jovem ventre governa-se por si próprio.»[28] A Ama da *Medeia* de Eurípides, levada à cena em 431 a.C., não é uma figura menos dedicada e é a primeira personagem a compreender que os filhos da protagonista poderão ser as vítimas da vingança da própria mãe. Evocamos aqui apenas alguns exemplos literários. Das representações iconográficas merecem destaque, além das pinturas de vasos, as estatuetas de terracota, em especial as que retratam a velha ama idosa e cansada, ainda a amamentar um recém-nascido ou com uma criancinha ao colo, de que se preservaram muitos exemplares da Época Helenística.

O mundo da pequena infância, como observa a ama de Orestes, está repleto de provações e medos, mas também de alegrias e pequenas conquistas, e as fontes que nos chegaram permitem-nos ter uma ideia da maneira como as crianças gregas viviam o seu quotidiano. Esse foi, aliás, um dos temas que inspirou as decorações de cerâmica ática, quer a pintada segundo o estilo mais antigo das figuras negras, quer a que adoptou a técnica das figuras vermelhas, inventada em Atenas por volta de 530 a.C.

As situações retratadas são muito diversas, revelando quer o dia-a-dia vivido dentro de casa (uma menina sentada no chão, junto da mãe ocupada com os trabalhos domésticos; um menino a tentar escapar à sandália do pai correndo para os braços da mãe; o bebé sentado na *sella cacatoria*, com as mãos erguidas para a mãe ou sozinho, entretido com o que parece ser um guizo), quer o que acontecia habitualmente no exterior,

---

[28] Tradução de Manuel de Oliveira Pulquério (1992), *Ésquilo. Oresteia: Agamémnon, Coéforas, Euménides*. Lisboa: Edições 70, 154.

como brincar na rua sob a vigilância das irmãs mais velhas, ir à loja do sapateiro tirar medidas ou assistir às lições dos mestres [29].

Um dos aspectos fundamentais do quotidiano familiar da criança diz respeito aos seus entretenimentos e vale a pena lembrar que tanto Platão (c. 429-347 a.C.) como Aristóteles (384-322 a.C.) chamaram a atenção para a função educativa dos jogos que, de facto, estavam muito presentes na vida dos Gregos [30]. Já as histórias habitualmente contadas às crianças, tão importantes na construção do imaginário infantil, suscitaram da parte dos pensadores críticas severas. No capítulo sobre a educação ateniense da *República* de Platão (2. 377a-379a) [31], rejeitam-se as «fábulas fabricadas ao acaso por quem calhar» e aconselha-se: «Logo, devemos começar por vigiar os autores de fábulas, e seleccionar as que forem boas, e proscrever as más. As que forem escolhidas, persuadiremos as amas e as mães a contá-las às crianças, e a moldar as suas almas por meio de fábulas, com muito mais cuidado do que os corpos com as mãos. Das que agora se contam, a maioria deve rejeitar-se.» (2. 377b-c, cf. Plutarco, *Da educação das crianças* 3e-f).

Entre as histórias consideradas nocivas para a formação do futuro cidadão incluíam-se os mitos homéricos e hesiódicos, sobretudo por tratarem temas desagradáveis e violentos acerca dos deuses (2. 377d-378a). A reflexão platónica sobre a influência nefasta de alguns mitos na educação infantil encerra com uma explicação elucidativa: «É que quem é novo não é capaz de distinguir o que é alegórico do que não é. Mas a doutrina que aprendeu em tal idade costuma ser indelével e inalterável. Por causa disso,

---

[29] Cf. placa ática de figuras negras, c. 560 a.C. (Atenas, Museu da Acrópole 2525); lécito ático de figuras negras, atribuído ao Pintor da Sandália, c. 550 a.C. (Bolonha, Museo Civico Archeologico); taça ática de figuras vermelhas fabricada no ateliê do Pintor de Sotades, c. 460 a.C. (Bruxelas, Musées Royaux du Cinquantenaire A890); vaso *chous* ático de figuras vermelhas, c. 440-430 a.C. (Londres, British Museum 1910.6-15.4); ânfora ática de figuras negras (Estugarda, Württembergisches Landesmuseum 65/1); vaso ático de figuras negras, atribuído ao Pintor de Eucárides, c. 500 a.C. (Oxford, Ashmolean Museum G 247); taça de figuras vermelhas pintada por Dúris c. 490-480 a.C. (Berlim, Staatlich Museen, Antikensammlung F 2285).

[30] Platão, *Leis* 1. 643b-d; Aristóteles, *Política* 7.1336a, 8. 1340b25.

[31] Citamos a tradução de M. H. Rocha Pereira (^{9}2001), *Platão. A República*. Lisboa: Fundação Calouste Gulbenkian.

talvez, é que devemos procurar acima de tudo que as primeiras histórias que ouvirem sejam compostas com a maior nobreza possível, orientadas no sentido da virtude.» (2. 378e)

Além das lendas sobre deuses e heróis célebres, como Aquiles, Ulisses, Teseu e Héracles, a todo o momento revisitadas pelos poetas, entre as histórias para crianças contavam-se fábulas do tipo «Era uma vez um rato e um furão...» (Aristófanes, *Vespas* 1182) e relatos sobre fantasmas e monstros assustadores (*e. g.*, Gorgo, Mormo, Gelo, Lâmia, Empusa), que tinham origem em crenças populares (cf. Teócrito, *Idílio* 15. 40).

O prólogo dialogado da tragédia *Héracles* de Eurípides, levada à cena no último quartel do século V a.C., constitui um dos poucos testemunhos literários sobre esta matéria. O herói afastara-se de Tebas para cumprir os Trabalhos impostos por Euristeu, mas tarda em regressar. A família corre agora perigo, ameaçada por um novo monarca que usurpara o trono, e a esposa de Héracles, Mégara, esforça-se por aliviar o sofrimento dos filhos (vv. 73-77): «E eles, cada um de seu lado, precipitam-se a perguntar: "Ó mãe, diz, para que terra foi o pai? O que está a fazer? Quando volta?" Na sua ilusão infantil, procuram o pai e eu entretenho-os contando-lhes histórias.»

Mégara não especifica que tipo de histórias narra aos meninos, mas percebe-se claramente que pretende tranquilizá-los, para os ajudar a passar o tempo, enquanto aguardam a chegada do pai. Eurípides integrava assim na sua tragédia uma cena provavelmente inspirada no quotidiano familiar de Atenas. No entanto, um passo da *Vida de Teseu* de Plutarco (século II d.C.) sugere que o acto de contar histórias às crianças podia também assumir uma dimensão religiosa. Ao descrever os rituais do festival das Oscofórias [32], cuja instituição era atribuída ao herói ateniense Teseu, o escritor observa que era habitual as mães contarem histórias, para darem conforto e coragem aos filhos que participavam nas actividades religiosas (23. 2-3). Plutarco não diz sobre que assuntos versavam essas histórias (*mythoi*), mas é de supor que aludissem ao triunfo de Teseu sobre o Minotauro, visto que a origem e celebração do festival se relacionavam com essa lenda (Parke 1977: 78).

---

[32] Festival que os atenienses realizavam no final de Outubro em honra de Diónisos e recordava o regresso de Teseu de Creta. A designação deriva possivelmente do ritual de transportar, em procissão, ramos de videira com cachos de uvas (*oschoi*). Sobre os *Oschophoria*, *vide* Parke 1977: 77-81.

São muito mais abundantes as fontes que nos chegaram sobre os divertimentos e jogos praticados na Grécia. Uma das referências mais antigas às brincadeiras de infância ocorre na *Ilíada* (15. 360-366). Num momento decisivo em que as tropas troianas, conduzidas por Apolo, avançam no terreno e se aproximam perigosamente de um muro erguido pelo exército grego para resguardar as embarcações, o poeta sublinha a facilidade com que o deus derruba uma parte dessa muralha, recordando os gestos de um menino que, «à beira-mar,/ depois de fazer brincadeiras típicas das crianças,/ de novo se diverte a derrubar a areia com os pés e as mãos.» A fim de pôr em relevo o prazer que sente o deus Apolo ao destruir a muralha dos Gregos, o autor da *Ilíada* evoca uma imagem vulgar nos nossos dias: a da criança a brincar à beira-mar, que se diverte a fazer e a desfazer construções na areia. Noutros momentos do poema recordam-se as travessuras perigosas dos mais jovens, como quando maltratam animais (11. 558-565, 16. 257-267), mas as crianças são também referidas na descrição de actividades agrícolas (18. 554), pelo que se depreende que ajudariam os familiares na execução de pequenas tarefas.

Devemos a uma obra muito mais tardia, o *Vocabulário* do gramático Pólux de Náucratis, composto no século II da nossa era, o testemunho mais completo sobre jogos infantis de interacção, que incluíam canto ou troca de palavras a acompanharem determinados gestos. As alusões a estes divertimentos populares ocorrem por vezes nos autores gregos de épocas mais antigas, mas apenas o *Vocabulário* (9. 113, 122-123, 125) preservou as letras destes jogos, conhecidos pelas designações de *Jogo da Marmita, Mosca de Bronze, «Aparece, querido sol!», Tarti-tartaruga*. Estes divertimentos apresentam algumas semelhanças com os jogos populares infantis praticados ainda hoje na Europa. Na *Mosca de Bronze*, por exemplo, segundo Pólux, «uma criança venda os olhos com uma faixa e anda à roda a anunciar: "Vou caçar uma mosca de bronze!"; e os outros respondem: "Vais caçar, mas não a apanharás!"; e batem-lhe com tiras de papiro até que ela agarre uma delas.» Uma criança de olhos vendados que procura agarrar outro companheiro lembra imediatamente a *Cabra-cega*. Curiosamente, segundo a recolha exaustiva de António Cabral, uma das variantes do jogo português inclui, à semelhança da *Mosca de Bronze*, um diálogo e açoites [33].

---

[33] António Cabral (1991), *Jogos populares infantis*. Porto: Domingos Barreira, 113-114.

Chegaram-nos também fontes que atestam a participação de crianças em tradições populares, das quais destacamos a «canção da andorinha», entoada na ilha de Rodes, ao que parece, no final de Fevereiro ou início de Março, e que pode remontar ao século VII ou VI a.C. Segundo informa Ateneu (século II-III d.C.), que preservou o poema, os executantes andavam de casa em casa a pedir, mas apenas os versos finais permitem saber que a canção era entoada por crianças, que desta forma anunciavam a chegada da Primavera em troca de presentes (8. 360b-d): «Já chegou, já chegou a andorinha!/ Traz a estação boa/ e o bom tempo do ano,/ no peito branca/ no dorso preta./ Não fazes rolar um bolo de fruta seca/ da tua casa opulenta/ e uma taça de vinho/ e uma cesta de queijo/ e trigo? A andorinha/ também não rejeita um pão de legumes./ Vamos embora ou levamos alguma coisa?/ Se alguma coisa nos deres; se não deres, não te largamos:/ ou levamos a porta ou o lintel/ ou a mulher que está lá dentro sentada./ É pequena, é fácil levá-la./ Se nos vais dar alguma coisa, que seja grande!/ Abre, abre a porta à andorinha:/ não somos velhos, somos crianças!». Também neste caso é fácil estabelecer um paralelo entre a canção ródia da andorinha e os cantos de pedir que ainda hoje se ouvem em determinadas alturas do ano, como o típico «Bolinhos e bolinhós...», da região de Coimbra, que as crianças cantam nas vésperas do Dia de Todos os Santos [34].

As decorações de vasos, as cenas representadas em relevos votivos e estelas funerárias, as esculturas e estatuetas, sobretudo da Época Helenística, complementam os nossos conhecimentos sobre os entretenimentos infantis na Grécia, muitos dos quais também praticados no mundo romano. Brincar com bolas, com ou sem acompanhamento musical, era certamente um dos mais apreciados, a avaliar pelas inúmeras referências literárias e representações iconográficas. Muito populares eram também as

---

[34] Limitamo-nos a referir os jogos e tradições populares mais célebres. Outra tradição grega antiga, de carácter popular e religioso, que envolvia a participação de crianças, era o canto da *Eiresione* em honra de Apolo, atestado em Atenas e na ilha de Samos. Para uma análise mais pormenorizada, *vide* L. N. Ferreira (Junho 2007), «Três jogos infantis da Grécia antiga (*Carmina Popularia*, fr. 876 *PMG*)», *Boletim de Estudos Clássicos* 47: 15-21; (Dezembro 2006), «A canção ródia da andorinha (*Carmina Popularia*, fr. 848 *PMG*)», *Boletim de Estudos Clássicos* 46: 17-21; (Dezembro 2007), «O canto da *Eiresione*», *Boletim de Estudos Clássicos* 48: 15-18.

diversas modalidades de jogos com astrágalos (ou ossinhos). Numa variante, por exemplo, o objectivo era, a partir de uma distância definida, lançar e colocar os ossinhos no interior de um círculo traçado no solo, desalojando as peças dos adversários.

Os entretenimentos com bolas e ossinhos eram apreciados por meninos e meninas e não deixavam de ser praticados na idade adulta. As bonecas (ou estatuetas votivas), geralmente articuladas e fabricadas em argila, terracota, metal, marfim ou osso, nas vésperas do casamento eram consagradas pelas proprietárias às deusas (*e.g.*, Ártemis, cf. *Antologia Palatina* 6. 280), e os rapazes também ofereciam os brinquedos, por exemplo a Hermes (*Antologia Palatina* 6. 282, 309). Outros divertimentos incluíam brincar com um ioió, lançar o pião (com a ajuda de uma espécie de pequeno chicote), correr fazendo girar um arco (por vezes ornamentado com sinetes), puxar uma trotineta ou um carrinho. O velho Estrepsíades da comédia *As Nuvens*, de Aristófanes, levada à cena em 423 a.C., recorda a certa altura que ofereceu ao filho um brinquedo deste tipo, quando tinha seis anos, por ocasião da festa das Diásias (v. 964), que os Atenienses celebravam em honra de Zeus no final de Fevereiro (cf. Parke 1977: 120-122). É também muito frequente a representação de crianças a brincar com animais, em especial com tartarugas, gansos, patos, pombas, coelhos e cães.

Uma boa parte destas informações baseia-se nas pinturas de um tipo de vaso (chamado *chous*, no plural *choes*) com uma forma, iconografia e dimensão características, que foi fabricado em grande quantidade em Atenas, no último quartel do século V a.C. Semelhante a um jarro para servir vinho, tinha usualmente entre 3 e 15 cm de altura e as decorações, ainda que muito diversas, inspiravam-se num repertório fixo: crianças a gatinhar nuas, com amuletos, crianças mais velhas a puxar um carrinho ou junto de animais de estimação (pássaros, cães), mesas, bolos, cachos de uvas, além da figuração do próprio *chous*. Segundo Richard Hamilton, a função exacta destes vasos em miniatura continua por determinar (1992: 142), mas supõe que eram oferecidos às crianças, como bugigangas ou brinquedos, por ocasião da «festa dos *Choes*», com a qual se relacionam as cenas pintadas (1992: 121). A celebração, integrada no festival das Antestérias, realizado anualmente em honra de Diónisos no mês de *Anthesterion* (Fevereiro-Março), tinha como ponto alto uma competição de bebida, ganha por quem conseguisse beber mais depressa um *chous* de vinho puro (por norma o vinho grego era misturado com água), e o prémio seria um odre de vinho (Aristófanes, *Acarnenses* 1000-1002, 1085-1094). Acolheu grande aceitação a teoria de que participavam pela primeira vez na celebração religiosa as crianças de três anos e o ritual de receber o *chous* em miniatura e provar o vinho assinalava a sobrevivência e passagem para uma nova etapa da vida. Com essa teoria foi relacionado o facto de muitos destes objectos terem sido encontrados em sepulturas de crianças, supostamente as que teriam falecido antes de poderem participar nas Antestérias [35]. A imprecisão das fontes literárias lança muitas dúvidas sobre os diversos aspectos do festival, mas a produção tão significativa destes vasos em miniatura sugere que era um acontecimento importante para as crianças atenienses.

Portanto, na Grécia antiga eram numerosas e variadas as actividades lúdicas que podiam preencher o quotidiano de uma criança [36]. Ao longo da exposição referimo-nos também à participação em tradições populares e festivais, pois, como vimos, a religião estava presente na sua vida desde o nascimento. Por causa da pureza que lhes estava associada, como já foi dito acima, eram, de facto, diversas as ocasiões, domésticas e públicas, que exigiam a presença de meninos ou meninas [37], nas quais desempenhavam pequenas tarefas, como portadores de oferendas ou ajudantes na execução dos sacrifícios, além de integrarem as procissões e colaborarem nos cantos, danças e competições atléticas. Por outro lado, algumas festividades, como as que se realizavam em honra de Ártemis em Esparta

---

[35] Cf. *e.g.*, Garland 1985: 82-84; L. A. Beaumont (p. 75), H. A. Shapiro (p. 103) e J. Neils (p. 145) in Neils and Oakley 2003; para uma interpretação mais céptica e prudente, *vide* Golden 1990: 41-43, Hamilton 1992.

[36] É abundante a bibliografia sobre os jogos infantis na Antiguidade clássica, pelo que destacamos *Jeux et Jouets dans l'Antiquité et le Moyen-Âge. Les Dossiers d'Archéologie* 168 (Fevereiro de 1992); *Crianças de hoje e de ontem no quotidiano de Conímbriga — A criança e o brinquedo em Conímbriga e na produção contemporânea de raiz tradicional*, Museu Monográfico de Conimbriga, 2000; C. López Rodríguez y M. J. Lago Eizaguirre (2003), «Los juegos en la Antigüedad classica», in J. M. García González y A. Pociña Pérez (eds.), *En Grecia y Roma: Las gentes y sus cosas*. Granada: Universidad de Granada, 189-211.

[37] Tanto na Grécia como em Roma eram especialmente valorizadas as crianças que ainda tivessem os pais vivos (*pais amphithales* e *puer patrimus et matrimus*).

(*Artemis Orthia*) e em Bráuron, na região de Atenas (*Arkteia*), incluíam cerimónias que têm sido equiparadas a rituais de passagem [38].

A importância da criança no domínio religioso é sustentada por fontes literárias e epigráficas, mas também pela iconografia. Uma célebre tabuinha votiva em madeira pintada e com inscrições, encontrada numa caverna de Pitsa, na região de Sícion (Corinto), datada de c. de 540-530 a.C., transmitiu-nos um detalhe interessante de uma procissão sacrificial. Na imagem retratada, onde sobressaem os tons azuis e vermelhos da indumentária solene de sete personagens, distinguimos perfeitamente três figuras femininas e três elementos muito mais jovens. O tom mais escuro da pele confirma convencionalmente que são do sexo masculino, o que o vestuário e feições também deixam perceber. A mulher que lidera a procissão transporta à cabeça um tabuleiro com os objectos necessários para a realização do sacrifício e com a mão direita prepara-se para derramar algum líquido sobre o fogo aceso. Logo atrás dela, um rapazinho segura o cordeiro que vai ser sacrificado. Este menino é certamente o mais novo, pois os que o seguem, um a executar uma flauta dupla e outro a dedilhar as cordas de uma lira, são um pouco mais altos. As outras duas mulheres trazem nas mãos os ramos e fitas consagradas às divindades e todas as personagens ostentam coroas de folhagem na cabeça. As crianças envergam um traje muito mais simples do que o das mulheres, embora as cores sejam iguais. Ainda que se trate de uma tabuinha dedicada por gentes do povo (que usavam materiais mais acessíveis, como a madeira e a argila, e por isso também perecíveis), a cena retratada confirma que os membros mais jovens participavam habitualmente nas cerimónias religiosas [39].

Do mesmo modo, a integração da criança na comunidade, à semelhança da sua aceitação pela família, exigia o cumprimento de rituais

---

[38] Cf. C. Sourvinou-Inwood (1988), *Studies in Girls' Transitions: Aspects of the Arkteia and Age Representation in Attic Iconography*. Athens: Kardamitsa.

[39] A tabuinha faz parte de um conjunto de quatro painéis em madeira, geralmente conhecidos como «Painéis de Pitsa», e as inscrições em caracteres coríntios indicam que a caverna onde foram encontrados, em 1934, acolhia um culto às Ninfas. Integram actualmente a colecção permanente do Museu Nacional Arqueológico de Atenas. A reprodução da tabuinha comentada está disponível na Internet. *Vide* e.g., http://www.sikyon.com/sicyon/Painting/spainting_eg.html (acedido em 1/10/2009).

sagrados. Em Atenas, os filhos dos cidadãos eram admitidos oficialmente nas *Phratriai* (à letra, «confrarias», isto é, associações religiosas cujos membros tinham um antepassado comum) no dia de Cureótis, no terceiro dia do festival das Apatúrias [40], que se celebrava anualmente em honra de Zeus e Atena no mês de *Pyanepsion* (Outubro-Novembro). Durante a cerimónia era oferecido um sacrifício [41], providenciado pelos familiares da criança e depois partilhado, e o pai ou responsável solicitava perante o altar da fratria a sua admissão.

Em princípio, eram apresentadas pela primeira vez à fratria as crianças nascidas desde a última celebração do festival, mas se não parece ter havido limite de idade para este registo, as fontes que nos chegaram também não são consensuais (Garland 1990: 121, Golden 1990: 26 e n. 12). A admissão nas fratrias era um passo fundamental para a concessão de cidadania (Aristófanes, *Acarnenses* 145-146) e proporcionava um dos primeiros contactos da criança com a esfera do sagrado. De acordo com o testemunho de Platão (*Timeu* 21b), no dia de Cureótis os rituais em que participavam as crianças podiam incluir concursos de recitações.

A partir dos sete anos habitualmente as crianças do sexo masculino iniciavam a sua instrução básica no exterior, enquanto as meninas continuavam em casa, junto da mãe e das escravas, com quem aprendiam a gerir o lar. Até essa altura algumas práticas e costumes faziam sobressair a pouco e pouco a diferenciação sexual, mas no dia-a-dia parece que a vida das meninas não era muito distinta da dos meninos (French 1988: 1360).

Na Época Arcaica, esta formação inicial era basicamente de natureza aristocrática e tinha como fim principal a preparação de cidadãos valorosos para os confrontos militares. Assim, a prática do exercício físico e a execução musical, que acompanhava a declamação de trechos dos poetas mais apreciados, designadamente de Homero, constituíam a «educação antiga» que Aristófanes enaltece na comédia *As Nuvens*, a educação que criara, como aí lembra com nostalgia, «os guerreiros de Maratona» (v. 986).

---

[40] Sobre as Apatúrias, *vide* Parke 1977: 88-92, 148; Garland 1990: 121.

[41] Este sacrifício era designado por *meion*, «menor». Um outro sacrifício, conhecido por *koureion*, «corte de cabelo», parece ter assinalado a entrada da criança na puberdade. Deriva provavelmente deste ritual o nome *Koureotis* dado ao terceiro dia das Apatúrias (cf. Parke 1977: 91). Continua por esclarecer se as crianças e jovens do sexo feminino eram ou não reconhecidas pelas fratrias. Cf. Parke 1977: 89, Garland 1990: 121, Golden 1990: 26 e n. 10.

«A pólis educa o homem» – as palavras do poeta Simónides de Ceos (fr. eleg. 90 West), proferidas no dealbar da Época Clássica, ilustram a ideologia dominante nas cidades gregas deste período. De facto, a pouco e pouco, a evolução das estruturas políticas, sociais e económicas da cidade grega começou a exigir dos cidadãos uma formação mais completa e, pelo menos desde o início do século V a.C., a instrução básica incluía, além da preparação física, a cargo do pedotriba (*paidotribes*), e musical (vocal e instrumental), da responsabilidade do citarista (*kitharistes*), o ensino das letras e do cálculo, ministrado pelo *grammatistes* [42]. A fonte clássica sobre este currículo, que podia incluir outras matérias, como pintura e desenho, é um passo do *Protágoras* de Platão (325c-326e) que, tal como Aristóteles, não deixou de reflectir sobre a importância da educação no desenvolvimento da criança e do cidadão, sublinhando em particular o valor da poesia e da música.

Não é seguro falar ainda em «escola» no sentido em que hoje empregamos o termo para designar o ensino organizado, obrigatório e acessível a toda a população (cf. Becchi 1998: 46). Pausânias (6. 9. 6) menciona a existência de um estabelecimento escolar que acolhia sessenta meninos na ilha de Astipaleia, no ano de 496 a.C., mas é mais provável que em Atenas as crianças se reunissem em pequenos grupos que, alternadamente, recebiam as lições dos diferentes mestres (cf. Ésquines, *Contra Timarco* 9-12). É assim que interpretamos as cenas de escola retratadas em vasos áticos desde o início do século V a.C., como a célebre taça de figuras vermelhas, assinada por Dúris e datada de c. 490-480 a.C., que representa as lições do mestre de letras e do citarista, sob o olhar vigilante do pedagogo [43]. As meninas, como foi dito acima, adquiriam em casa a sua formação, pois no futuro seriam responsáveis pela manutenção do lar,

---

[42] Plutarco, na *Vida de Temístocles* (10. 3), afirma que na véspera da batalha de Salamina (480 a. C.), os habitantes de Trezeno receberam calorosamente as mulheres e as crianças atenienses, forçadas a deixar a sua cidade, e comprometeram-se a, entre outras medidas básicas de auxílio, pagar os salários dos professores.

[43] Como o nome indica e já referimos no início deste estudo, o *paidagogos* era um escravo que tinha a função de «conduzir, educar» a criança. Assim, não só a acompanhava à escola, como assistia às lições, velava pela sua protecção e boas maneiras. À semelhança da ama, era uma figura fundamental nas famílias gregas e romanas com posses, pelo que é também uma personagem recorrente na literatura clássica.

preparação das refeições, produção têxtil, confecção do vestuário e educação dos filhos (cf. *e.g.*, Aristófanes, *Lisístrata* 16-19, 728-739). É provável que também aprendessem música, a ler e a escrever, uma vez que um dos temas da pintura de vasos áticos da Época Clássica é a representação de mulheres com rolos de papiro na mão [44]. No entanto, um passo da *República* de Platão (5. 452a) sugere que a proposta de uma educação única e igual para os dois sexos seria inovadora e contrária aos costumes atenienses.

No passo acima referido do *Protágoras* diz-se que os filhos de famílias ricas começam a ir à escola mais cedo e terminam mais tarde (426c), e outras fontes indicam que, embora a legislação ateniense prescrevesse a instrução básica como prática regular, nem todos os pais teriam vontade ou possibilidade de cumprir a lei [45]. Reside neste ponto uma das grandes diferenças entre o sistema de ensino vigente na Época Clássica em Atenas e em Esparta, onde a educação não só era inteiramente controlada pela pólis como valorizava em particular a vertente militar. Era também muito menos restritivo em relação às raparigas, que recebiam treino físico e participavam em provas desportivas, para que os seus corpos se desenvolvessem e dessem à luz crianças fortes (Aristófanes, *Lisístrata* 79-83; Xenofonte, *Constituição dos Lacedemónios* 1. 4).

A chamada *agoge* («instrução») espartana, cuja criação era atribuída a Licurgo, decorria entre os 7 e 29 anos, sob a supervisão de um magistrado, o *paidonomos*. Numa primeira fase, os rapazes dos 7 aos 12 anos (*paides*) recebiam lições de gramática e música, eram habituados a viver em grupos (*agelai*), sob a orientação de jovens mais velhos, a andar descalços, a usar pouca roupa e a comer pouco (Plutarco, *Licurgo* 16. 4-7). Ao mesmo tempo, eram incentivados a roubar, sendo punidos no caso de

---

[44] Cf. S. G. Cole (1981), «Could Greek Women Read and Write?», in H. P. Foley (ed.), *Reflections of Women in Antiquity*. New York: Gordon and Breach Science Publishers, 219-245; M. Bellier-Chaussonier (2002), «Des représentations de bibliothèques en Grèce Classique», *REA* 104. 3-4: 329-347. No que respeita à educação literária da mulher, devemos também ter presente o *corpus* de fragmentos e de testemunhos que atestam a existência de poetisas na Grécia desde o século VII a.C. Cf. *e.g.*, I. M. Plant, *Women Writers of Ancient Greece and Rome. An Anthology*. Norman: University of Oklahoma Press.

[45] Cf. Aristófanes, *Os Cavaleiros* 188-190, 1235-1239; Platão, *Críton* 50d, *Leis* 804d; Aristóteles, *Política* 1337a 21-32; Ésquines, *Contra Timarco* 6-7.

se deixarem apanhar, e estavam sujeitos a castigos violentos, quando desobedeciam ou não eram capazes de cumprir os treinos (Xenofonte, *Constituição dos Lacedemónios* 2; Plutarco, *Licurgo* 17. 3). Numa segunda fase, que durava até aos 17 anos, tornavam-se protegidos de um jovem mais velho, que actuava como pai substituto e modelo inspirador dos valores espartanos, estabelecendo-se entre eles uma relação de natureza pederástica (Plutarco, *Licurgo* 17. 1).

O objectivo desta *paideia* era a formação de um corpo de guerreiros obedientes, solidários, destemidos, competitivos, capazes de resistir a qualquer privação e dificuldade, no limite das suas capacidades físicas e psicológicas. Não é de surpreender portanto que, apesar da crueldade e violência que o sustentavam, tal método educativo sempre tenha suscitado fascínio e admiração, tanto da parte dos antigos como dos modernos.

Atenas e Esparta ilustram assim dois modelos educativos distintos, reflexo dos ideais políticos que norteavam as duas póleis mais importantes da Época Clássica (cf. Ferreira 2006). Nos séculos seguintes, assiste-se a um incremento e divulgação da escola elementar, que acolhe agora rapazes e raparigas (cf. Becchi 1998: 49-51). Não é por acaso que pertence já à Época Helenística um dos textos mais curiosos sobre a instrução escolar na Grécia antiga. Referimo-nos ao IIIº mimo de Herondas, um poema em forma dramática que parece inspirar-se nos discursos sobre a escola dos nossos dias. Do diálogo entre uma mãe desesperada e um mestre-escola que não hesita em aceder ao seu pedido — açoitar severamente o discípulo —, percebemos que estamos perante um caso crónico de traquinice (o rapaz não sabe sequer ler e ausenta-se constantemente da escola para jogar). Escrito em meados do século III a.C., o poema de Herondas retrata um problema atemporal — a indisciplina dos alunos — e confirma que a prática de recorrer aos açoites como medida correctora raramente alcançaria resultados positivos.

É habitual pensar-se que as crianças do nosso tempo têm melhores condições de vida, são mais felizes e respeitadas ou estão mais protegidas, como se a Humanidade, ao longo da História, tivesse sofrido um processo contínuo de aperfeiçoamento. Sabemos que, na verdade, não é assim e, tal como na Antiguidade, a situação actual da criança é muito variável, consoante as condições sociais, políticas e económicas do Estado a que pertence. Embora o estatuto da criança fosse marginal no mundo greco--romano, isso não significa que estivesse completamente desprotegida do ponto de vista jurídico. É certo que as fontes literárias são escassas e dizem sobretudo respeito a Atenas, mas permitem sustentar que a criança beneficiava de alguma protecção legal, pelo menos relativamente a três aspectos.

Em primeiro lugar, o que foi exposto acima sobre as características gerais da instrução básica na Época Clássica demonstra que a educação cedo foi entendida como um direito e uma obrigação. De acordo com Plutarco, *Vida de Sólon* 22. 1, o legislador ateniense terá decretado uma lei que dispensava um filho da obrigação de sustentar o pai na velhice (*gerotrophia*), se este não lhe tivesse ensinado um ofício (cf. Aristófanes, *Aves* 1353-1357). A norma tem sido entendida como uma das medidas tomadas por Sólon para incentivar o comércio e a indústria (Leão 2005: 25-28), mas a sua promulgação pressupõe também que desde o início do século VI a.C., em Atenas pelo menos, a escolaridade básica começou a ser concebida como investimento a longo prazo, ao qual todos deviam ter direito, levando mesmo o legislador a intervir nas relações familiares, responsabilizando o pai pela educação do filho.

Existiam, por outro lado, medidas que visavam proteger a propriedade dos menores, como era o caso dos órfãos descendentes de cidadãos livres, para quem o Estado nomeava um tutor (*epitropos*) que se comprometia a assegurar o sustento e a educação da criança, a representá-la perante a lei, a gerir os seus bens e a prestar contas perante os magistrados, se tivesse actuado em proveito próprio e prejudicado os interesses do seu protegido (Demóstenes 43. 75).

Finalmente, a chamada «lei sobre a *hybris*», transmitida por Demóstenes, que permitia que qualquer cidadão pudesse mover uma acção pública (*graphe*) contra alguém que tivesse agido com violência ou insolência, incluía também entre as vítimas as crianças, livres ou escravas: «se alguém ultraja um outro – criança, mulher ou homem, de condição livre ou escrava – ou se comete injustiça contra algum deles, será citado em acção pública perante os tesmotetas, por qualquer ateniense que o deseje e não tenha impedimento legal; (...)» [46].

---

[46] Demóstenes 21. 47. Tradução de José Ribeiro Ferreira ([4]2001), *Pólis. Antologia de textos gregos*. Coimbra: Minerva, 146. Uma outra versão da lei, possivelmente apócrifa, é citada por Ésquines, *Contra Timarco* 16 (cf. Ferreira, *ibidem*, p. 147 e n. 1). *Vide* ainda M. Gagarin (1979), «The Athenian Law against *Hybris*», in G. W. Bowersock, W. Burkert, M. C. J. Putnam (eds.), *Arktouros:*

Portanto, no espírito do legislador ateniense, os actos violentos praticados contra menores mereciam ser punidos e, se fosse provado que o acusador tinha razão, a pena a aplicar poderia ser muito grave. Na prática, a lei sobre a *hybris* poucas vezes foi citada em tribunal. Com efeito, certamente para evitar abusos, a lei também previa que a acção pública tinha de obter a quinta parte dos votos e, se tal não acontecesse, o acusador era obrigado a «pagar ao tesouro público uma multa de mil dracmas», o que equivalia, quase, a três anos de salário de um trabalhador manual. No entanto, julgamos que é importante salientar que, pelo menos em teoria, não havia um vazio legal no que respeita à criança. Se nos parece pouco, convém não esquecer que no presente ano de 2009 a Convenção sobre os Direitos da Criança ainda não foi ratificada por todos os estados membros das Nações Unidas. Além disso, nas sociedades modernas há também uma diferença significativa entre o que está consignado na lei e a sua aplicação prática.

4. Representações artísticas

Ao longo desta exposição recorremos ao testemunho dos autores gregos de diferentes épocas muito mais do que às fontes iconográficas e arqueológicas. Na parte final deste estudo, pareceu-nos que seria importante incluirmos uma breve reflexão sobre o modo como evoluiu a representação da criança na arte grega, retomando, em jeito de conclusão, alguns dos tópicos que foram abordados anteriormente [47].

Na pintura de vasos, a presença de crianças está atestada desde os primórdios da Época Arcaica, como documenta um *krater* ático de estilo Geométrico Tardio, proveniente de uma sepultura e datado de c. 750-735 a.C. Nesta técnica de pintura, as figuras humanas são esguias e têm formas geométricas como os restantes elementos decorativos. As crianças retratadas numa cena de lamentação junto do corpo de um defunto (*prothesis*), duas em cima e uma em baixo, não são mais do que versões reduzidas dos

---

Hellenic Studies Presented to Bernard M. W. Knox on the Occasion of his 65th Birthday. Berlin-New York: W. de Gruyter, 229-236.

[47] Esta reflexão baseia-se num estudo apresentado ao colóquio internacional *Norma & Transgressão II* (FLUC, 29 e 30 de Setembro de 2008), organizado pelo Centro de Estudos Clássicos e Humanísticos da Universidade de Coimbra.

adultos [48]. No decurso da Época Arcaica aparecerão outras técnicas, novos temas e motivos decorativos, sendo de destacar a já mencionada cerâmica produzida na Ática desde o início do século VI a.C., segundo os estilos de figuras negras e de figuras vermelhas.

A extensão do *corpus* de vasos gregos leva os estudiosos a estabelecerem uma divisão de carácter temático entre «cenas mitológicas» e «cenas da vida quotidiana». No primeiro grupo inscrevem-se episódios da infância de divindades, heróis e heroínas, destacando-se o nascimento de Diónisos, Atena, Erictónio, Helena, bem como Aquiles entregue aos cuidados do centauro Quíron e a proeza do bebé Héracles que, ainda no berço, estrangulou duas serpentes. Incluem-se também neste grupo as decorações inspiradas por mitos de infanticídio ou exposição, como a vingança de Medeia e de Procne, a morte de Astíanax depois da queda de Tróia, Perseu lançado ao mar dentro de uma arca e Orestes ameaçado por Télefo. No que respeita ao segundo grupo, dissemos já que os artistas áticos prestaram atenção a todas as experiências que preenchem o dia-a-dia de uma criança, como a relação com os pais e outros adultos, os castigos, a escola e as brincadeiras. Quer nos vasos mais antigos quer nos mais recentes, compõem imagens pitorescas e interessantes do mundo infantil, embora não tenham o cuidado, ou a preocupação, de reproduzir as formas normais de uma criança.

Uma das novidades das figuras vermelhas é a introdução de cenas de escola, como atesta a já referida taça pintada por Dúris c. 490-480 a.C., decorada no exterior com imagens alusivas às lições de música e de letras. É notório que o único traço que distingue as crianças dos adultos é a estatura menor. Outro grande contributo da técnica de figuras vermelhas para o estudo da infância é o interesse que dedica aos afectos familiares, bem como às diferentes fases da vida de uma criança, tema que se torna cada vez mais importante ao longo do século V a.C. As figuras masculinas não estão ausentes das cenas de infância, em especial quando o tema é a aprendizagem, como num *krater*-de-colunas datado de c. 440 a.C., no

---

[48] Nova Iorque, Metropolitan Museum of Art (14.130.14). Cf. J. Boardman (1998), *Early Greek Vase Painting. 11th-6th Centuries BC*. London: Thames & Hudson, 36, n.º 47; a imagem e a descrição do vaso estão disponíveis em http://www.metmuseum.org/toah/ho/04/eusb/ho_14.130.14.htm (acedido em 10/10/2009).

qual o artista representou a lição de equitação, uma actividade praticada habitualmente pelos filhos de famílias ricas. Num vaso um pouco posterior, a pintura mostra-nos o interior de uma casa onde uma criança aprende a andar sob o olhar atento de um casa l[49]. Nenhum dos artistas foi feliz na figuração do corpo da criança, mas estes quadros evocativos do dia-a-dia de uma família são completamente verosímeis. Todavia, a decoração de um lécito ático de fundo branco, datado de c. 440-430 a.C. [50], sugere que a representação das formas, gestos e atitudes característicos dos mais pequenos se torna cada vez mais precisa, sobretudo a partir da segunda metade do século V a.C. Registe-se ainda que a representação de crianças do sexo feminino parece ser muito menos significativa e esta impressão é corroborada pelo extenso *corpus* de vasos *choes*, nos quais as imagens de meninas pequenas, embora apareçam, são muito raras.

O valor documental das pinturas de vasos áticos para a história da infância na Grécia é incontestável, mas os artistas nunca retrataram com precisão a anatomia dos mais novos, o que se pode dever mais às convenções do que a uma verdadeira incapacidade técnica. No entanto, nas estelas funerárias a representação de crianças atinge um nível de execução muito apurado, quer pelas linhas suaves e harmoniosas das figuras, quer pelos sentimentos e afectos que nos revelam. Um dos melhores e mais antigos testemunhos é a chamada «Estela das pombas», na qual uma menina de traços singelos e de olhar sereno acolhe no peito duas pombas, fabricada em mármore de Paros em meados do século V a.C. [51] A maior parte, porém, foi recuperada do cemitério ateniense do Cerâmico, assim chamado por se situar próximo do bairro dos oleiros (*Kerameikos*).

As estelas funerárias tinham a função de assinalar as sepulturas dos entes queridos, mas faziam-no de uma forma extraordinariamente como-

---

[49] Respectivamente *krater*-de-colunas ático atribuído ao Pintor de Nápoles e *pelike* ática pintada c. 430-420 a.C., ambas as peças preservadas no Museu Britânico.

[50] Vaso atribuído ao Pintor de Munique 2335 e preservado no Metropolitan Museum of Art de Nova Iorque. Cf. J. Boardman (1989), *Athenian Red Figure Vases. The Classical Period*. London: Thames & Hudson, n.º 268; Neils and Oakley 2003: 162, 300, cat. 115.

[51] Nova Iorque, Metropolitan Museum of Art, Fletcher Fund, 1927 (27.45). A imagem e a descrição da estela estão disponíveis em http://www.metmuseum.org/toah/hd/dbag/ho_27.45.htm (acedido em 10/10/2009).

vente, porque recordavam momentos felizes e importantes que haviam sido vividos ou que a morte impedira de viver. Os quadros centram-se muitas vezes nos laços de afecto que uniam os membros de uma família, mostrando, por exemplo, um pai junto de filhas pequenas, dois irmãos que os pais recordaram a brincar, uma mãe ou uma avó com um bebé ao colo, ou várias gerações reunidas na mesma estela. Estes memoriais reflectem as relações sociais e as crenças dos atenienses e não excluem nem as crianças nem os escravos. Quando contemplamos estas cenas familiares, não podemos afirmar que os cidadãos de Atenas davam mais valor aos filhos do que às filhas.

No princípio do século IV a.C., grupos escultóricos célebres, como a Paz (*Eirene*) com a Riqueza (*Ploutos*) ao colo, da autoria de Cefisódoto (c. 375-370 a.C.), ou Diónisos bebé nos braços de Hermes, esculpido por Praxíteles (c. 330 a.C.) [52], confirmam que a representação de crianças na escultura acompanha a evolução para o realismo que caracterizará a arte helenística. Os artistas desta época introduzem temas novos, que privilegiam o individual e o quotidiano, procuram dar expressão plástica às emoções e reacções físicas do ser humano, multiplicam os planos de representação do corpo, em especial os mais violentos ou complexos. Por conseguinte, a infância, tal como a velhice, passa a integrar o repertório dos temas favoritos, surgindo agora com frequência estátuas e estatuetas de meninos e meninas felizes, entregues a brincadeiras e travessuras, agarrados a um animal de estimação, que pode ser um ganso ou um pato. Vale a pena mencionar que data deste período a conhecida imagem de Eros a dormir, testemunho de que a figuração do deus do amor sob a forma de uma criança, geralmente alada, se havia cristalizado[53]. A popularidade da escultura de um menino traquina, a estrangular um ganso que se debate violentamente, da qual nos chegaram várias cópias romanas, foi

---

52 Da escultura de Cefisódoto a melhor cópia romana encontra-se em Munique (Staatliche Antikensammlungen und Glyptothek) e não é consensual que a estátua de Praxíteles, hoje no Museu de Olímpia, seja original.

53 Cf. a estátua em bronze de Eros a dormir, cópia romana de um original helenístico do século III ou II a.C., preservada no Metropolitan Museum of Art de Nova Yorque (Fletcher Fund, 1943, 43.11.4). A imagem e a descrição estão disponíveis em http://www.metmuseum.org/toah/ho/04/eusb/ho_43.11.4.htm (acedido em 10/10/2009).

notada por Herondas (*Mimos* 4. 30-31) e Plínio, o Antigo (*História Natural* 34. 84). Há, de facto, na luta destes dois seres algo de cómico e ao mesmo tempo comovente [54].

Em resumo, a evolução, técnica e temática, na representação da infância é notória quer na pintura de vasos quer na escultura, em particular a partir da segunda metade do século V a. C., e este interesse pode estar relacionado com as dificuldades que a pólis ateniense teve de suportar devido à guerra com Esparta. Constata-se também que durante muito tempo é a figura do filho varão que predomina, em especial durante a Época Clássica. No entanto, perante as imagens da infância que nos chegaram da Época Helenística, durante a qual se assiste a profundas mudanças políticas e sociais que decorrem da dissolução do modelo da pólis, dissipa-se completamente a impressão de que a arte grega deu menos visibilidade às crianças do sexo feminino [*].

Referências bibliográficas

Ariès, Philippe (^{2}1973), *L'enfant et la vie familiale sous l'Ancien Régime*. Paris: Éditions du Seuil.
Ariès, Philippe (1988), *A criança e a vida familiar no Antigo Regime*. Tradução de Miguel Serras Pereira e Ana Luísa Faria. Lisboa: Relógio d'Água.
Becchi, Egle (1998), «L'Antiquité», in Becchi et Julia 1998: 40-68.
Becchi, Egle et Julia, Dominique. dir. (1998), *Histoire de L'enfance en Occident. 1. De l'Antiquité au XVIIe siècle; 2. Du XVIIIe à nos jours*. Paris: Éditions du Seuil.

---

[54] Deste famoso grupo escultórico grego existem cópias romanas em Paris (Museu do Louvre), Munique (Staatliche Antikensammlungen und Glyptothek) e Roma (Museus do Vaticano). Veja-se a imagem e a descrição da peça do Museu do Louvre disponíveis em http://cartelen.louvre.fr/cartelen/ visite?srv=car_not _frame&idNotice=900 (acedido em 10/10/2009).

[*] Gostaríamos de agradecer aos colegas que leram e comentaram este estudo, aos Doutores José Ribeiro Ferreira, Francisco de Oliveira, Nuno Simões Rodrigues e à Dra. Teresa Carvalho.

Cohen, Ada and Rutter, Jeremy B. eds. (2007), *Constructions of Childhood in Ancient Greece and Italy. Hesperia Supplement 41*. Princeton: ASCSA Publications.

Ferreira, José Ribeiro (2006), «Educação em Esparta e em Atenas. Dois métodos e dois paradigmas», in D. F. Leão, J. R. Ferreira e M. C. Fialho, *Paideia e cidadania na Grécia antiga*. Coimbra: Ariadne editora, 11-34.

Ferreira, Luísa de Nazaré (1996), *Sacrifícios de crianças em Eurípides*. Dissertação de Mestrado em Literaturas Clássicas. Coimbra: Faculdade de Letras (policopiada).

French, Valerie (1988), «Birth Control, Childbirth, and Early Childhood», in M. Grant and R. Kitzinger (eds.), *Civilization of the Ancient Mediterranean. Greece and Rome*. III. New York: Scribner's, 1355-1362.

Garland, Robert (1985), *The Greek Way of Death*. London: Duckworth.

Garland, Robert (1990), *The Greek Way of Life: from Conception to Old Age*. London: Duckworth.

Golden, Mark (1990), *Children and Childhood in Classical Athens*. Baltimore and London: The John Hopkins University Press.

Golden, Mark (1997), «Change or Continuity: Children and Childhood in Hellenistic Historiography», in M. Golden and P. Toohey (eds.), *Inventing Ancient Culture. Historicism, Periodization, and the Ancient World*. London and New York: Routledge, 176-191.

Hamilton, Richard (1992), *Choes & Anthesteria. Athenian Iconography and Ritual*. Ann Arbor: The University of Michigan Press.

Heywood, Colin (2001), *A History of Childhood. Children and Childhood in the West from Medieval to Modern Times*. Cambridge and Malden: Polity.

Leão, Delfim Ferreira (2001), *Sólon. Ética e Política*. Lisboa: Fundação Calouste Gulbenkian.

Leão, Delfim Ferreira (2005), «Sólon e a legislação em matéria de direito familiar», in *DIKE. Rivista di storia del diritto greco ed ellenistico* 8: 5-31.

Neils, Jenifer and Oakley, John H. org. (2003), *Coming of Age in Ancient Greece. Images of Childhood from the Classical Past*. New Haven and London: Yale University Press.

Néraudau, Jean-Pierre (1984), *Être enfant à Rome*. Paris: Les Belles Lettres.

Néraudau, Jean-Pierre (1998), «L'enfant dans la culture romaine», in Becchi et Julia 1998: 69-101.

Oliveira, Francisco de (2008), «Misoginia clássica: perspectivas de análise», in C. Soares, I. Calero Secall, M. C. Fialho (coord.), *Norma & Transgressão*. Coimbra: Imprensa da Universidade, 65-91.

Parke, H. W. (1977), *Festivals of the Athenians*. London: Thames and Hudson.

Pinheiro, Joaquim (2008), *Plutarco. Obras Morais: Da educação das crianças*. Coimbra: Centro de Estudos Clássicos e Humanísticos da Universidade de Coimbra.

Rawson, Beryl (2003), *Children and Childhood in Roman Italy*. Oxford: Oxford University Press.

Soares, Carmen (2008), «A construção de modelos educativos na Antiguidade: pais e mães das *Histórias* de Heródoto», *Ágora. Estudos Clássicos em Debate* 10: 9-24.

7

As representações da criança
— desde a Idade Média aos tempos modernos *

Colin Heywood

Os investigadores das ciências sociais têm o hábito de iniciar as suas análises com uma breve resenha histórica de enquadramento das questões, para se centrarem no que realmente importa: o presente. Tal como bem notou o historiador Michael Zuckerman, existe o risco de a dimensão histórica não suscitar o interesse heurístico devido (Zuckerman, 1993). De facto, até há pouco, os psicólogos, em particular, foram acusados de "naturalismo" a propósito da sua perspectiva sobre a criança. Isto significa que, alegadamente, entendiam a infância, antes de mais, em termos de desenvolvimento biológico e maturacional, ignorando o seu contexto cultural específico. Em especial, a Psicologia do Desenvolvimento, sendo a influência dominante no estudo da infância, desde meados do século XIX até a meados do século XX, é geralmente reconhecida por ter seguido uma abordagem a-histórica e acultural (Jenks, 1996; Turmel, 2008). Contudo, no passado século XX, assistiu-se entre os académicos a uma reacção ao senso comum que perspectiva uma infância "natural" ou "universal". Esse movimento, inscrito nos "novos estudos sobre a infância", veio chamar à atenção tanto para as influências culturais como para as biológicas neste

---

* Tradução de Carlos Sousa Reis.

estádio da vida (James & Prout, 1997). Alguns psicólogos desempenharam neste processo um papel proeminente, ao reconhecerem que certas teorias desenvolvimentais (*v. g.*, a de Piaget) estão firmemente enraizadas na civilização ocidental moderna e não se aplicam noutros contextos. Já em 1979, William Kessen fez a famosa observação de que "não só as *crianças* americanas são moldadas e marcadas pelas forças culturais envolventes, incluindo as opções políticas, as práticas económicas e os compromissos ideológicos implícitos (um aspecto só recentemente reconhecido), mas também a *psicologia da infância* é em si mesma uma invenção cultural peculiar que oscila com as marés da cultura envolvente, um fenómeno que nós, na melhor das hipóteses, só vagamente conhecemos e muitas vezes ignoramos" (Kessen, 1979, 815). Daí que certas ideias que recebemos sobre o desenvolvimento humano comecem a ser questionadas, no que em particular diz respeito à importância da mãe (comparada com outros cuidadores) e à relevância de certos acontecimentos da infância para os comportamentos apresentados mais tarde na adultez (Kagan, 1984, xii). Deste modo, abria-se, o caminho para que, em 1986, um psicólogo como Martin Richards afirmasse que "o desenvolvimento das crianças não podia ser compreendido fora do contexto social em que ocorre" (cf. Stainton Rogers, 1992, 49).

A vantagem da História, enquanto abordagem e corpo de conhecimentos, está em que pode permitir-nos aceder a contextos sociais muito diferentes dos nossos. É, aliás, sob a sua influência que tendemos a realçar as contingências, ambiguidades, incertezas, em detrimento das confiantes predições mais características das ciências naturais. Os historiadores desdobraram-se em debates e controvérsias, ao tentarem esclarecer os ecos longínquos que nos chegam do passado. Muitas vezes, de um modo exaustivo, deleitam-se na exposição das excepções às generalizações abrangentes, evidenciando a "caoticidade" do real e a limitação de qualquer interpretação particular do passado feita por um determinado historiador (Zuckerman, 1993). E verdade é que importa não esquecer que o peso do passado continua a determinar, sistematicamente, a forma como no presente pensamos o que são as crianças. Nas palavras do sociólogo Chris Jenks (1996, 2):

"Quer vejamos as crianças como puras, bestiais, inocentes, corruptas, cheias de potencial, *tabula rasa*, ou as entendamos à imagem dos adultos que somos; quer consideremos que pensam e raciocinam como nós, ou que, pelo contrário, estão imersas numa espécie de inadequação que vai retrocedendo; quer pensemos, ainda, que são capazes de uma clarividência que fomos perdendo, todas estas considerações, e muitas outras, continuam a influenciar a nossa teorização sobre o que será a criança na vida social."

Utilizando este quadro de referência sócio-histórica, o propósito deste capítulo é apresentar as diferentes vias que os adultos seguiram no passado para "inventar" a infância, destacando as influências sociais e culturais que estão por trás dessas representações. De facto, os historiadores envolveram-se num extenso debate sobre estes e outros temas atinentes à infância desde que, em 1960, Philippe Ariès publicou o seu famoso trabalho intitulado "A criança e a vida familiar no Antigo Regime".

Uma divergência maior, que emerge destas teses, diz respeito à ênfase que se deve colocar num de dois aspectos em alternativa: a mudança ou a continuidade. Por um lado, há os que procuram identificar, no passado, um ponto significativo de viragem, tal como fez Ariès, ao asseverar que os séculos XVI e XVII trouxeram a "descoberta" da infância, a par da respectiva transformação das relações familiares. Nesta linha, deve assinalar-se como ponto maior de inflexão, identificado pelos historiadores, o chamado Iluminismo e os anos à volta de 1900. Por outro lado, há também um forte argumento para se defender a posição de que as continuidades são mais evidentes, nomeadamente no caso das relações entre pais e filhos, uma vez que se assume que os pais sempre amaram os seus filhos o melhor que puderam. O medievalista Nicholas Orme (2001), por exemplo, sugeriu que o que limita o nosso conhecimento sobre o que era a infância é mais a falta de evidência acerca do passado distante do que a falta de interesse dos medievais pelas crianças. Pela nossa parte, neste capítulo sobre as representações da infância no mundo ocidental, perspectivamos, como Ariès, rupturas e mudanças epocais. Isto não implica negar que certas representações perduram ao longo dos séculos como fios persistentes que atravessam as sucessivas concepções acerca da infância. Jenks, por exemplo, é bastante convincente na ideia de que tanto os estudos históricos como os transculturais revelam duas formas dominantes de entender as crianças. Na sua conceptualização, este autor apoia-se na mitologia grega para distinguir uma corrente "dionisíaca" (por referência ao deus do vinho e da rebeldia) e outra "apolínea" (por referência ao deus da luz e das artes). Uma certa crença sugere que as crianças começam a sua vida a partir de um estado maligno ou corrupto, que as predispõe para o mal e as leva a interessar-se apenas pela gratificação individual. Outros parecem, pelo contrário, acreditar que as crianças nascem inocentes, trazendo consigo uma bondade e uma pureza naturais (Jenks, 1996). Note-se que, mesmo nos nossos dias, não é muito difícil depararmo-nos com a influência destas duas perspectivas. O pressuposto de que as crianças são meros adultos imperfeitos tem, aliás, uma longa história, que remonta à Antiguidade clássica, chega até ao século XVIII e ultrapassa-o. Nas palavras do historiador James Schultz (1995, 249): "Desde a afirmação de Aristóteles de que 'a criança é imperfeita' em relação ao adulto até à crença dos psicólogos na ideia de que 'a criança é um adulto em miniatura', o paradigma da deficiência manteve-se relativamente estável".

De qualquer modo, o nosso principal objectivo, ao analisarmos certas perspectivas do passado, é convidar o leitor a uma reflexão sobre a concepção actual da infância, que tão prontamente tomamos como garantidamente "natural". É preciso que tomemos consciência de quão particular é a nossa concepção, ocidental e moderna, de uma infância "protegida" para podermos questionar o modo como emergiu.

O período medieval

O ponto de partida de Philippe Ariès, na obra *A criança e a vida familiar no Antigo Regime*, foi a sua percepção de que, antes do século XII, a arte medieval não apresentava qualquer tentativa de representação da infância. Tudo o que os artistas da Idade Média alta e clássica [1] conseguiram produzir, quando obrigados a representar crianças, eram pequenos adultos em miniatura. Ariès (1960) concluiu que, se as crianças eram desconhecidas no mundo da representação pictórica (e literária)

---

[1] A Idade Média corresponde a um período que pode ser subdividido em: Idade Média Antiga (ou Alta Idade Média ou Antiguidade Tardia), que decorre do século V ao X; Idade Média Plena (ou Idade Média Clássica), que se estende do século XI ao XIII; e Idade Média Tardia (ou Baixa Idade Média), correspondente aos séculos XIV e XV. (Nota do tradutor).

durante os séculos X e XI, isso devia-se ao facto de nem a imagem da infância interessar muito às pessoas desse tempo, nem ter para elas uma base real. Tal constatação induziu-o à bem conhecida tese de que, por volta dos sete anos, os pequenos passavam bruscamente do mundo em que tinham estado entregues aos cuidados maternos e das amas para o mundo dos adultos. A fase de transição, entre nós conhecida como infância [2], simplesmente não existia. Assim sendo, o nosso autor concluiu que a sociedade medieval "não tinha reconhecido a natureza particular da infância, uma natureza que está na base da distinção entre a criança e o adulto, mesmo quando se trata do jovem adulto" (Ariès, 1960, 125). A vívida imagem das crianças tratadas, na sociedade medieval, como "adultos em miniatura", veio colocar um enorme desafio à assunção moderna de que a infância faz parte da ordem natural das coisas. Por seu lado, os investigadores das ciências sociais, querendo destacar as influências culturais sobre a infância, captaram avidamente esta evidência, fornecida por um historiador, para fundamentarem a sua perspectiva. E até os geralmente mais comedidos nas suas teses tiveram que admitir que os factos aludidos tinham revelado a possibilidade de uma história da infância (Hutton, 2004).

Cinquenta anos após Ariès ter dado a conhecer as suas descobertas, e no seguimento da extensa pesquisa motivada pelo seu trabalho, firmou-se um consenso entre os historiadores quanto à insustentabilidade dos seus argumentos principais (Shahar, 1990; Crawford, 1999). De facto, os historiadores tendem hoje a ser severos com a recepção acrítica que ao livro, "A criança e a vida familiar no Antigo Regime", os investigadores das ciências sociais fizeram. E resistem a comentários tais como "os estudos históricos demonstram" ou "Ariès reporta que", dada a natureza pouco precisa do seu estudo (Vann, 1982). Por exemplo, Adrian Wilson (1980) sugeriu que o argumento básico do livro de Ariès estava "cheio de falhas lógicas", e que o autor ignorou um grande número de contradições e ambiguidades encontradas nas provas que alegadamente fundamentavam a sua tese. Mais especificamente, os críticos acusaram Ariès de ingenuidade, ou

---

[2] O autor usa os termos "infancy" e "childhood" cuja tradução evitámos. Estes termos podem fazer-se corresponder, respectivamente, à primeira e segunda infâncias ("infancy") e à terceira infância ("childhood") (Nota do tradutor).

simplismo, quanto à forma de tratar as fontes pictóricas, uma vez que as toma por verdadeiras janelas abertas sobre a "realidade". Ora, se os artistas medievais raramente retratavam os filhos, também raramente retratavam, entre outras coisas, as cenas monótonas da vida quotidiana (Burton, 1989). O que lhes interessava eram os assuntos religiosos e não umas quaisquer cenas correntes da vida quotidiana secular. E se fizeram o Menino Jesus assemelhar-se a um adulto, tal acontecia porque queriam mostrar o seu elevado *status* enquanto Deus feito Homem. É neste contexto, aliás, que deve entender-se a afirmação de François Garnier de que as ilustrações nas margens dos manuscritos medievais representavam a criança "raramente, acidentalmente e mal" (Garnier, 1973, 135). Além disso, os críticos notam que Ariès limita a sua atenção a alguns exemplos da arte dita "superior", ignorando a grande massa de material das obras mais populares. Verdade é que, do século XIII em diante, ou seja, no final da Idade Média, aparece significativa evidência de manuscritos que retratam Jesus de maneira realista como um bebé, bem como ilustrações da vida quotidiana das crianças envolvidas em jogos ou a serem disciplinadas. É, pois, compreensível que os especialistas da história medieval se tenham irritado com a insinuação de que as pessoas desta época ignoravam a infância e, em consequência, se mostravam indiferentes para com as crianças. Aos medievalistas devemos a produção de ampla documentação, proveniente de vários países, em que se mostra que os medievais estavam cientes de que as crianças tinham as suas próprias doenças e que não é adequado atribuir às crianças pequenas responsabilidade pelo comportamento criminoso. Foram, aliás, os mesmos investigadores que demonstraram que as crianças tinham as suas próprias camas, comida e roupa especiais, para não mencionar os brinquedos que lhes eram oferecidos pelos adultos (Demaitre, 1977; Kroll, 1977; Orme, 2001). E não podemos esquecer que também lhes devemos o destaque dado à literatura sobre "as idades do homem", de que Ariès estava bem ciente, mas com alguma superficialidade ignorou. A ideia das quatro idades, por exemplo, era comum no início da Idade Média, e associava-se aos quatro humores e às estações. No século VIII, o Venerável Beda [3] associou a infância ao sangue e à Primavera, o que fazia com que as crianças fossem representadas como

---

[3] Referência a São Beda (672-735), monge inglês que foi teólogo e historiador (Nota do tradutor).

"alegres, agradáveis, emocionais e muito dadas a risos e conversas" (Burrow, 1986, 12-13).

Pelo que ficou exposto, torna-se muito difícil negar que a sociedade medieval tenha tido uma certa compreensão da "natureza peculiar da infância". Pelo contrário, os documentos históricos tornam patente que, como qualquer outra sociedade, a sociedade medieval europeia tinha um *conceito* de infância; ou seja, uma noção de que as crianças diferiam de várias maneiras dos adultos (Archard, 1993). Paralelamente, a verdade é que, dada a escassez de representações visuais e textuais da infância, no início da Idade Média, continua a ser difícil analisar a concepção desta fase da vida e as várias formas que as pessoas estabeleceram, então, para distinguir as crianças dos adultos. Do mesmo modo, resta-nos ainda o desafio de identificar quais foram, neste período inicial, as principais influências sociais e culturais que incidiram sobre a construção da infância — um desafio que Ariès não abordou de forma sistemática. É certo que fez referência a eventuais influências, como as elevadas taxas de mortalidade infantil e a emergência da burguesia, mas apenas em termos muito gerais. Cunningham é convincente na sua argumentação, relativa ao caso britânico, de que a influência prevalecente sobre a representação da infância no período medieval deve-se à Igreja. A doutrina cristã afirma que as crianças nasceram com a mácula do pecado original, herdado de Adão e Eva, após a queda. O sacramento do Baptismo podia redimir a criança do dito pecado original, mas não evitava que as crianças permanecessem vulneráveis às tentações do Mal, ainda que se admitisse não serem capazes de cometer um pecado mortal antes da idade de sete anos (Cunningham, 2006, 20). O efeito desta influência religiosa resultou numa certa ambiguidade nas representações medievais da infância. Era comum ouvir diatribes contra a natureza corrupta das crianças, mas também o apelo ao amor e ao respeito por tais inocentes criaturas (Wilson, 1980). De acordo com um hagiógrafo do século VIII, o "tempo da infância" constituía:

> Um problema para os pais, amas, e outras crianças da mesma faixa etária, que tinham responsabilidade pela descontrolada sexualidade (lascívia) das crianças, expostas à conversa absurda das amas, às histórias tolas do povo comum, aos gemidos estúpidos dos camponeses e (por último, mas com não menos importância) à imitação de diferentes gritos de vários tipos de aves que as crianças mais novas tanto gostam de fazer (Colgrave, *apud* Nelson, 1994 , 84).

No seguimento de Aristóteles, uma corrente significativa dos escritos medievais via a infância como uma fase menor da vida. No entanto, São Columbano, no século VII, e o Venerável Beda (673-735), no século VIII, elogiaram as crianças nos conventos por causa de quatro qualidades que lhes seriam peculiares: não persistirem na raiva; não guardarem rancor; não se deleitarem com a beleza das mulheres; e expressarem francamente o seu pensamento (Herlihy, 1978).

Igualmente importante, como contexto da infância, foi a precariedade em que se encontrava a maioria da população na Europa. O historiador Shulamith Shahar sugeriu que numa sociedade tão pobre como a medieval não podia haver lugar para uma idealização da infância (Shahar, 1990). Além de terem apenas uma limitada oportunidade de sobreviver até à idade de dez anos, as crianças tinham de começar, desde tenra idade, a ajudar as suas famílias nos campos e oficinas. A grande maioria dos meninos e, especialmente, as meninas nunca frequentavam a escola, aprendendo, pela experiência do trabalho, as competências necessárias para cultivar o solo ou cuidar do lar. Isto significava necessariamente que a infância era muito curta, em contraste com o tempo presente. A partir da idade de cerca de sete anos, os pequenos iam, gradualmente, integrando-se nas rotinas da vida adulta para fazerem uma transição discreta da infância para a adolescência e, depois, para a idade adulta. Mas isto não significa uma ausência da infância e da adolescência, pois os jovens tinham as suas próprias ocupações, jogos e roupas. Ainda assim, como Doris Desclais Berkvam (1983) sugere, com base em provas provenientes de textos literários franceses dos séculos XII e XIII, as fronteiras entre as diferentes fases da infância e a juventude eram, então, mais fluidas e vagamente definidas do que no mundo moderno. Um estudo sobre a infância, a partir dos ritos fúnebres usados na Inglaterra anglo-saxónica, concluiu que, em torno da idade de dez a doze anos, existia, efectivamente, um limiar entre a infância e a idade adulta. Porém, encontraram-se poucas provas claras sobre eventuais ritos de passagem referentes às crianças anglo-saxónicas: "a infância fundia-se na adolescência e adolescência na idade adulta num fluxo contínuo e sem sobressaltos" (Crawford, 1999).

Apesar disto, a verdade é que as pessoas atribuíam, nessa altura, menos importância à infância do que em períodos posteriores. A infância era, nesta época, muito comummente ignorada nas biografias e autobiografias. De modo muito típico entre as figuras santas, na Alemanha do século XIV, Margareta Ebner escreveu o seguinte sobre o período anterior à sua experiência mística ter começado: "não posso descrever como vivi nos últimos 20 anos, porque não tinha consciência de mim então" (Schultz, 1995). Numa sociedade de castas, as crianças tendiam a seguir os passos de seus pais. Às influências hereditárias dava-se-lhes mais peso do que à educação, por causa do pressuposto de que a linhagem superior de um nobre rebento viria à tona mais cedo ou mais tarde, independentemente das circunstâncias por que passasse durante a sua juventude. O papel da educação era simplesmente o de reforçar as qualidades inerentes a um filho de nobre, como a generosidade e o espírito de luta. Daí que, nas palavras de Berkvam, durante o período medieval "a infância não tinha valor em si mesma, e pouca especificidade se lhe reconhecia; a criança era apenas um objecto, embora precioso, da educação" (Berkvam, 1983, 176).

Em suma, ainda que a falta de dados crie problemas aos historiadores, não se justifica a extrapolação de que as crianças eram, no período medieval, simplesmente consideradas como pequenos adultos. Neste caso, é, pois, a superficialidade própria da tese de Ariès que torna difícil a sua aceitação (Schultz, 1995). E daí, a forma como os medievalistas a contraditaram. Alguns rejeitaram mesmo liminarmente o seu "estereótipo negativo" da infância, passando-se para o extremo oposto ao afirmarem que, embora haja sempre alguém em qualquer período que critique o conceito de infância, "nunca a criança foi tão célebre como na Idade Média" (Riché & Alexandre-Bidon, 1994, 22). Estes autores enfatizaram a atenção dada aos filhos, que se pode descortinar nos relatos das vidas dos santos; bem como a consciência da infância e da adolescência, enquanto fases distintas da vida, que se distinguem no "esquema das idades do homem"; sem se esquecerem, aliás, de destacar os cuidados e a simpatia com que os pais cumulavam as suas crianças (Orme, 2001, 5). Nesta perspectiva, é tentador chamar a atenção para as ressonâncias da infância medieval que chegaram até ao nosso tempo — incluindo a subjacente influência da biologia. A este respeito, Barbara Hanawalt escreveu o seguinte:

> Os historiadores de períodos anteriores têm salientado como o entendimento outrora existente do desenvolvimento físico e emocional é bastante aproximado ao que hoje temos sobre o desenvolvimento das competências

motoras e cognitivas. Não podemos ignorar (como nem os pais nem os teóricos o ignoraram) a biologia básica da criança, que não mudou ao longo dos séculos que estamos a analisar. O certo é que se, as atitudes culturais e as imagens a respeito das crianças mudaram ao longo do tempo, naquilo que é fundamental a qualquer conceito de infância e de educação das crianças, o conceito de infância foi sempre reconhecido como tal (Hanawalt, 2003, 41).

De forma convergente, e mais na linha da tese defendida neste ensaio, há historiadores que se concentraram, sobretudo, no estudo das "atitudes culturais para com as crianças", mencionadas por Hanawalt. Estes autores tentam transmitir uma concepção da infância muito diferente daquela que resulta da apreciação de um mundo desconhecido por aqueles que se lhe mantêm distantes. James A. Schulz, seguindo esta linha, veio pedir respeito pela "alteridade do passado", se de facto queremos captar uma ideia de infância bastante diferente da nossa. Este autor afirma, partindo da sua leitura de textos literários alemães, escritos entre 1100 e 1350, que a "natureza da criança" aparecia então em forte contraste com a dos adultos. A impressão geral recolhida nos textos remete para "a falta de força nas crianças, assim como para a carência de introspecção, de auto-controle, de linguagem articulada, de discrição, de seriedade e do sentido de pecado". Uma imagem que não é de todo negativa, por certo, mas que no geral destaca a deficiência na criança, quando comparada com o adulto (Schultz, 1995).

As Reformas Protestante e Católica

O desafio à posição dominante da Igreja Católica na Europa Ocidental, durante os séculos XVI e XVII, a partir de várias seitas protestantes levou a uma luta dirigida a ganhar a fidelidade das gerações futuras. Segundo o historiador John Somerville, "o interesse constante pelas crianças na Inglaterra começou com os puritanos, que foram os primeiros a interrogar-se sobre a sua natureza e lugar na sociedade." Sommerville argumentou que isto se devia ao facto de os puritanos, enquanto movimento de reforma, terem de se preocupar com a lealdade dos jovens e de inscreverem na sua ideologia sobre a natureza humana uma certa imagem da criança (Sommerville, 1992, 3). A luta entre protestantes e católicos foi parcialmente levada a cabo no campo educacional, motivando os professores, de ambos os lados, a reflectirem sobre as suas responsabilidades a este respeito. Os calvinistas e os luteranos, mas também os jesuítas e os jansenistas criaram escolas para promover as suas próprias doutrinas, esperando que alguns dos seus membros dedicassem as suas vidas à educação dos jovens. Neste período destaca-se também o desenvolvimento estável do capitalismo comercial e o crescimento das cidades, que estão na base do aparecimento de uma burguesia dependente da escolaridade para proporcionar aos seus filhos as competências necessárias ao sucesso no mundo dos negócios e nas profissões liberais. As perturbações na esfera religiosa não alteraram a indiferença geral reinante, entre a elite educada, a respeito das crianças, sendo um particular testemunho disto mesmo a ausência da figura da criança na literatura dos séculos XVI e XVII. Na verdade, neste período, persistiu uma visão bastante sombria herdada da Antiguidade clássica, que foi sustentada por um certo número de clérigos medievais. La Bruyère (1645-96), escritor francês do século XVII, bem versado nos clássicos, escreveu que "ainda que as crianças sejam desdenhosas, raivosas, invejosas, curiosas, interesseiras, preguiçosas, levianas, tímidas, destemperadas, mentirosas, dissimuladas... nem desejem fazer o mal, consumam-no" (La Bruyère, *apud* Snyders, 1965, 174-5).

É facto que a influência calvinista levou muitos protestantes a debruçarem-se sobre a noção de pecado original. A poetisa americana Anne Bradstreet, embora geralmente associada à vertente mais suave do puritanismo, escreveu: "Manchada desde o nascimento com o acto pecaminoso de Adão, /Comecei, pois, logo a pecar, desde que comecei a agi : /Uma vontade perversa, um amor ao que é proibido, /Uma picada de serpente num rosto agradável se escondia" (Greven, 1977, 29). Além disso, ao contrário dos católicos, os protestantes não acreditavam que o sacramento do Baptismo redimisse a criança do pecado original. No seu caso, sustentavam que havia uma relação mais directa e imediata entre a alma e Deus: o indivíduo tinha de lutar desde cedo para alcançar a consciência da sua natureza pecaminosa, conquistando-a através da fé (Cunningham, 2006). As imagens marcantes de teimosia, perversidade e selvajaria deixadas pela ala evangélica do protestantismo, no que diz respeito à infância, precisam de ser temperadas com a consciência de que, como acontece na maioria dos períodos da história, houve uma certa ambivalência na sua atitude para com as crianças. "Elas são uma grande bênção, mas perigosa", foi como John Robinson, ministro para os Peregrinos na América, colocou a questão (*apud* Cunningham, 2006, 28). Aliás, certos líderes católicos do século XVII, sobretudo entre os jansenistas, foram tão capazes quanto os seus antecessores medievais de representações sombrias das crianças. Mesmo São Francisco de Sales (1567-1622), tido por ser, neste ponto, mais brando do que a maioria dos católicos, observou que: "Vimos ao mundo na maior miséria que se pode imaginar, pois não só ao nascer, mas durante a nossa infância, somos como os animais privados de razão, de linguagem e bom senso" (*apud* Snyders, 1965, 194-5).

Mais importante, a longo prazo, para a história da infância foi o estímulo dado à educação pela Reforma e Contra-Reforma — que reforçaram o impacto de figuras humanistas como Erasmus, durante o Renascimento. Ariès foi convincente ao afirmar que os séculos XVI e XVII testemunharam um movimento de fundação de internatos para meninos que estabeleciam uma espécie de "quarentena" do mundo dos adultos. A nota positiva a retirar desta segregação nas escolas é o facto de ter sido ela a lançar as bases da "longa" infância com que estamos hoje familiarizados; nas suas implicações menos positivas, este prolongamento teve como consequência, a "infantilização" geral dos jovens (Ariès, 1960). De qualquer maneira, trata-se aqui de uma realidade muito limitada, quando comparada com a escolarização em massa da população no Ocidente, que só se afirmaria nos séculos XIX e XX.

O Iluminismo

Para alguns historiadores, o século XVIII trouxe uma mudança decisiva na conceptualização da infância no Ocidente. James Schultz, por exemplo, afirmou que marcou o fim de 2.000 anos de pensamento da infância em termos de defectológicos. Com efeito, apareceu, nesta época, um movimento influente que, ao invés de ignorar ou desprezar a infância, se mostrava convicto da sua "natureza especial" (Schultz, 1995, 249-50). É claro que isto não deve ter feito muita diferença para a existência quotidiana da maioria das crianças dessa altura, mas teve um enorme impacto sobre a maneira como elas foram representadas pelos membros da elite educada. O século XVIII foi o período em que os pensadores iluministas desafiaram a visão geral sombria da vida terrestre, promovida por certas autoridades religiosas em conexão com a doutrina do pecado original. Da sua parte surgiu, em contraposição, uma visão mais optimista do futuro, fundada na investigação científica e na vontade de reforma por parte dos governos. Este movimento revia-se nas palavras da Enciclopédia Francesa: "Temos de descartar o preconceito, a tradição, o consentimento universal, a autoridade, numa palavra, tudo o que escraviza a maioria das mentes" (Porter, 1990, 3-4). A par disto, os vários Estados no Ocidente procuraram mobilizar os seus recursos para competir com os rivais, o que levantou uma forte preocupação demográfica. Questões como a mortalidade infantil, o trabalho infantil e o analfabetismo entraram, gradualmente, na arena política. E, não menos importante para a questão que nos ocupa, vemos aparecer os primeiros sinais da industrialização, no final do século XVIII e início do século XIX — configurando o fenómeno que deu azo às condições essenciais para a emergência da infância "moderna". Para o historiador Peter Stearns (2006, 6-7), a "transformação mais evidente na história da infância do mundo, envolve a substituição das sociedades agrícolas por sociedades industriais". A industrialização teve amplos efeitos sobre instituições como o mercado de trabalho, a família e a escola. O modelo de uma infância moderna materializou-se, então, sob a forma de três características fundamentais: o triunfo da escola sobre o trabalho, a mudança para famílias pequenas e a diminuição da mortalidade infantil (Stearns, 2006).

Entre os principais pensadores iluministas, cujas ideias sobre a infância e a educação dos filhos se repercutiram em toda a Europa, encontra-se o filósofo Inglês John Locke (1632-1704). O seu livro *Reflexões Sobre a Educação* (1693) baseou-se numa série de cartas enviadas a um amigo, em que se indica uma forma de educação concebida para o filho de um cavalheiro. Diz o autor que sendo o filho muito pequeno, quando escreveu as cartas, "eu considerava-o apenas como uma folha em branco, ou cera para ser moldada e formada como melhor convier" (Locke, 1989, 265). Os historiadores supõem usualmente que esta representação da criança como uma *tabula rasa* constituía uma rejeição deliberada da visão tradicional cristã sobre o pecado original. Pois pode, de facto, remeter para o entendimento de que a criança nem nasce boa nem má (Passmore, 1965). Locke vem assim a representar, neste âmbito, a afirmação de um corolário lógico: a educação é muito mais importante do que a natureza no que concerne à determinação do carácter humano, pois seria a educação e as primeiras experiências, o que mais contaria para a formação de um adulto. A ele se deve, aliás, a agradável metáfora que apresentava as crianças como "viajantes recém-chegados a um país estranho, de que nada sabem", encontrando-se, portanto, na necessidade de uma educação quanto aos costumes vigentes para se tornarem cidadãos (Locke, 1989). No entanto, esta postura poderá obnubilar o persistente compromisso da abordagem lockeana na teoria do pecado original. Pois pergunta o historiador W. M. Spellman (1992), por que outra razão recomendaria Locke um programa de monitorização estrita, da educação das crianças, senão por lhes reconhecer uma certa inclinação para o mal? A criança maleável pode tanto ser melhorada como corrompida. Locke quis motivar o esforço de procurar tornar as crianças virtuosas logo a partir do berço, mediante a insistência no enraizamento do bom hábito de, nas suas próprias palavras, "negar-se a satisfação dos próprios desejos, onde a razão não os autorizar" (Locke, 1989, 107). Ainda assim, a verdade é que Locke foi, sem dúvida, responsável pela promoção de uma visão mais positiva das crianças do que era corrente no século XVII, enfatizando o aspecto de as crianças serem "seres racionais", em detrimento daquela perspectiva que lhes atribuía uma depravação congénita.

Para encontrarmos uma mudança decisiva no sentido da "visão apolínea" da infância, temos de esperar pela publicação, em meados do século XVIII, de *Emílio: ou da Educação* (1762), de Jean-Jacques Rousseau (1712-78). A frase de abertura da obra chama logo à atenção para o principal argumento: "tudo é bom ao sair das mãos do Autor das coisas; mas tudo degenera nas mãos do homem" (Rousseau, 1979, 37). Rousseau deixa perfeitamente claro que a criança nasce inocente, ao observar que "não há perversidade original no coração humano" (1979, 92). Se houve corrupção, foi porque o preconceito e as instituições sociais induziram certas inclinações humanas. O autor, concebe, no seguimento disto, uma educação para o seu personagem — Emílio — que permitisse ao menino dar resposta à natureza pelo maior período de tempo possível. No desenrolar da sua perspectiva, vemos aparecer a discordância relativamente à ênfase, defendida por Locke, quanto ao ensino do uso da razão pelas crianças, sob o argumento de que a razão seria uma faculdade que se desenvolvia tardiamente nos seres humanos. E afirma-se que "a natureza quer que as crianças sejam crianças antes de ser homens... a infância tem maneiras de ver, pensar e sentir que lhe são próprias. Nada é menos sensato do que querer substituir os seus modos pelos nossos" (1979, 90). Rousseau enquadra o seu tratado com um esquema de "idades" que o próprio desenvolveu. São inicialmente previstas quatro idades: uma "idade da natureza", funcionando até aos doze anos de idade; uma idade muito tardia "da razão" (em comparação com a tradicional dos sete anos) dos doze aos quinze; uma "idade da força" dos quinze aos vinte; e uma "idade da sabedoria" que se alcançaria por volta dos vinte e cinco anos. Mas, no final, o nosso autor acaba por considerar o esquema inviável e, em especial a primeira etapa, que foi subdividida da seguinte forma: "uma idade do instinto", compreendida entre o nascimento e os três anos; uma primeira infância, ou "idade de sensações", decorrendo entre os quatro e os doze anos (Broome, 1963, 80-1). Desta forma, Rousseau reconhecia que a criança era uma criança, com as suas características específicas, e não um adulto imperfeito. Daí que tenha acusado os "mais sábios dos homens" de procurarem "sempre buscar o homem na criança, sem pensar no que ela é, antes de ser um homem" (Rousseau, 1979, 34). O seu apelo ia no sentido de os adultos aprenderem a apreciar as qualidades peculiares da criança (Rousseau, 1979, 79):

> Amai a infância, promovei os seus jogos, os seus prazeres, o seu amigável instinto. Quem dentre vós não tem, por vezes, sentido a falta dessa idade, em que o sorriso anda sempre nos lábios e a alma está sempre em paz?

Embora Rousseau estivesse convencido de que os seres humanos eram naturalmente bons, não pensava neles como naturalmente virtuosos: a virtude, em si mesma, requeria um esforço da vontade (Jimack, 1983, 30). Assim sendo, poderia entender-se que as crianças eram diferentes dos adultos, mas não necessariamente melhores. Os Românticos, que o seguiram, durante o século XIX, foram mais longe: o seu entendimento sobre a inocência original da infância envolveria um sentimento de admiração, uma intensidade de experiências e uma certa sabedoria espiritual em falta nos adultos. Charles Baudelaire (1821-67) foi ao ponto de afirmar que o "génio é meramente a *infância* recuperada". Os românticos encararam os primeiros anos como sendo um reino perdido, mas, apesar de tudo, fundamental para a formação do adulto. Tanto pode o adulto aprender com a criança como a criança com o adulto. É claro que estas opiniões foram sempre contestadas: o movimento evangélico na Grã-Bretanha, por exemplo, nunca deixou de acenar vigorosamente com as visões tradicionais acerca da depravação infantil. E mesmo os Românticos divergiram entre si, não tendo mantido sempre convergência a respeito da representação da inocência da infância (Richardson, 1994). Seja como for, muitos poetas, romancistas e pintores inspiraram-se nas noções naturalistas da criança advindas de Rousseau (Coveney, 1976; Higonnet, 1998). À primeira vista, o livro intitulado *A Criança* (1809), do artista alemão Philipp Otto Runge, parece ser um simples retrato de um bebé deitado no seu berço (*vide* Fig. 1). Porém, tendo tido conhecimento do que Runge escreveu e pintou, Robert Rosenblum (1988, 9) argumentou que a obra "pode ser vista como uma evocação de um primário estado natural de inocência e de pureza religiosa que a nossa imaginação poderá extrair do olhar do bebé representado: a visão de um princípio sagrado abrindo-se para um mágico e radiante mundo novo". Foi com a mesma veia que o poeta Inglês William Wordsworth (1770-1850) escreveu na sua ode, *Insinuações da Imortalidade a partir de Lembranças da Infância* (1807), que nascemos "arrastando nuvens de glória" e que "O céu está sobre nós na nossa infância!" — linhas que foram citadas, plagiadas e adaptadas por numerosos escritores durante o século XIX (Garlitz, 1966). Charles Dickens (1812-70) foi, sem dúvida, o autor que, de modo mais eficaz, lançou a figura da criança a fim de mostrar a sua insatisfação com a emergente Era das Máquinas: nas palavras de Peter Coveney (1976, 115), "a criança tornou-se para ele o símbolo da sensibilidade numa sociedade enlouquecida pela obsessão com o progresso material". Pensemos, por exemplo, nas suas "crianças redentoras", como Little Nell, de *A Velha Loja das Curiosidades* (1841), ou Sissy Jupe de *Tempos Difícieis* (1854).

A viragem do século XX

Por volta de 1900, algumas das anteriores preocupações dos Reformadores sobre as crianças estavam perto de obter a devida atenção. O trabalho infantil na indústria entrou em rápida redução, devido à conjugação de factores: o progresso técnico, a legislação sobre o meio fabril e a escolaridade obrigatória. As amas-de-leite, o infanticídio e abandono de crianças entraram, então, em declínio e houve uma série de iniciativas para melhorar os serviços médicos destinados às crianças. Além disto, o repto

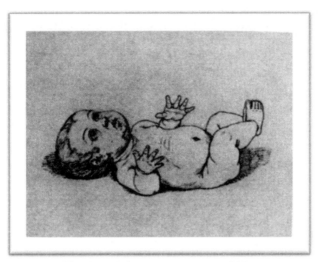

Fig. 1: A Criança, por Runge (1809).

lançado por Rousseau, em 1760, para as mulheres se tornarem outra vez mães, protestando contra práticas como o embrulhar restritivo das crianças e o recurso a amas-de-leite, obteve a esperada resposta, durante o século XIX, com o desenvolvimento do "culto da maternidade". A industrialização motivou o progressivo afastamento da actividade económica do lar, abrindo o caminho para a transformação das relações familiares. Com a casa transformada numa área puramente doméstica, em particular entre a classe média, as mães vieram a adquirir um papel mais importante na educação dos filhos.

Contudo, apesar deste progresso considerável quanto ao bem-estar da criança, segundo os padrões da época, o período do final do século XIX e do início do século XX trouxe um novo sentido de urgência relativamente à necessidade de campanhas de reforma. Em termos globais, durante o século XX, a atenção deslocou-se do bem-estar físico das crianças para o mental. Por trás desta onda de interesse particular pela saúde e educação das crianças encontram-se uma série de circunstâncias. A intensa rivalidade vivida nas esferas económica e militar agudizou as ansiedades a respeito da qualidade da população — o que levou, inexoravelmente, a focar a atenção nas crianças enquanto meios para assegurar o futuro. Apareceram, em particular, certas especulações sobre a "degenerescência" da raça no seio das nações ocidentais. Os franceses, por exemplo, tendo sido abalados pela sua humilhante derrota na Guerra Franco-Prussiana de 1870/71, aperceberam-se da sua excepcionalmente baixa taxa de natalidade como uma fonte de fraqueza. Por seu lado, os ingleses estavam preocupados com a concorrência na frente industrial por parte de novas potências, como a Alemanha, os Estados Unidos e o Japão, e sentiam-se fragilizados pelo fraco desempenho do seu exército na guerra dos Boers de 1899-1902. O termo "degenerescência" motivou, segundo o historiador Daniel Pick, um "fantástico caleidoscópio de preocupações". Destacou-se, por exemplo, a preocupação em relação ao facto de a civilização urbana moderna esgotar as forças emocionais e intelectuais dos seus cidadãos, produzindo "neurastenia", os sintomas físicos e nervosos indicativos dos primeiros estádios da referida degradação. Relatos escabrosos de alcoolismo, de certas doenças, de suicídios e crimes violentos, bem como as referências ao atraso civilizacional que supostamente derivaria dos prolíficos hábitos reprodutivos das classes baixas, criaram uma enorme celeuma entre os círculos "respeitáveis". Enquanto isso, os especialistas na área da educação procuravam substituir as técnicas tradicionais de ensino, percebidas como tediosas e repressivas, por outras mais adequadas às necessidades das crianças. A concentração de grande número de crianças nas escolas, que se seguiu à introdução da educação obrigatória, favoreceu uma outra obsessão actual: o hábito de acumular estatísticas para investigar os problemas sociais. Médicos, psicólogos e outros especialistas adquiriam, de repente, uma oportunidade sem precedentes de medir a população infantil para diversos fins (Nye, 1984; Pick, 1989; Woolridge, 1994; Hendrick, 2003). O caminho estava aberto para os psicólogos virem a dominar o estudo das crianças — e para se afirmar a persuasiva imagem do suposto "desenvolvimento natural da criança" (James, Jenks & Prout, 1998, 17-19).

As representações das "idades da vida" têm uma história muito longa que, como já referimos, se estende desde Hipócrates até Rousseau. No entanto, algo de novo aparece, no século XX, no campo do estudo do crescimento próprio da infância: um intenso esforço empírico. O interesse científico pelo desenvolvimento da criança começou, durante o século XIX, de uma maneira bastante informal e casual, quando certos pioneiros, tais como Charles Darwin e Wilhelm Preyer, apresentaram registos detalhados do desenvolvimento da sua própria prole. Uma abordagem mais sistemática apareceu, entretanto, com o movimento de Estudos da Criança, nas suas várias formas institucionais, lançado durante a década de 1880 por Stanley Hall. Muitos destes primeiros investigadores, incluindo Darwin e Hall, prosseguiram as suas pesquisas sob a influência da Teoria da Recapitulação filogenética. Esta teoria alega que o desenvolvimento do indivíduo recapitula os estádios da civilização que a espécie humana experimentou. Daí que se visse a infância como uma fase que espelhava o estádio primitivo da Humanidade. Mas tratar as crianças como selvagens e os selvagens como crianças não viria a favorecer nem uns nem outros, como fez notar Cunningham, em particular porque se punha a ênfase, por parte de uns e outros, numa suposta "total ausência de premeditação, abnegação e auto-governo" (Cunningham, 1991, 128). A Teoria da Recapitulação acabou, lentamente, por desaparecer, durante o século XX, enquanto as teorias de Mendel sobre a genética passaram a ser amplamente aceites. Os pioneiros do movimento dos Estudos da Criança cedo tiveram de enfrentar críticas a propósito de falhas nas suas técnicas de investigação, especialmente no âmbito da amostragem e dos procedimentos de registo. Os académicos psicólogos, prontamente, aproveitaram a oportunidade para impor a sua autoridade no campo (Woolridge, 1994). Os contributos para a psicologia do desenvolvimento de personagens ilustres, como Arnold Gesell e Jean Piaget, são familiares aos estudantes de psicologia, e dispensam-nos de dar-lhes aqui um tratamento mais aprofundado. O que importa, neste caso, é destacar o facto de ter emergido uma aceitação gradual de que havia um padrão de normalidade no crescimento mental e físico das crianças. A perspectiva sobre o desenvolvimento evoluiu, então, gradualmente, de modo a deixar de ser apenas uma concepção de certos investigadores para se tornar uma forma enraizada de pensar entre pais e professores. Hoje estamos todos familiarizados com noções tais como testes de inteligência, o padrão de "criança normal" e estádios de desenvolvimento (Turmel, 2008). O valor dos contributos práticos da psicologia do desenvolvimento não se põe aqui em dúvida. No entanto, devemos alertar para as suas tendências a-históricas e aculturais: que deixam a impressão de uma criança que cresceria de acordo com um certo modelo prévio de estádios ou sequências ontogenéticas. Para citar Rex Stainton Rogers, a maturação da criança aparece como "um processo que está 'ligado' ao organismo humano, e que inexoravelmente se desenrola como, por exemplo, no Outono, as folhas verdes se tornam vermelhas e douradas, ou os girinos se transformam em rãs na Primavera" (*apud* Turmel, 2008, 280).

Conclusão

As representações da infância oscilaram muito ao longo dos séculos em torno de alguns temas-chave — e continuam a fazê-lo. A doutrina cristã do pecado original, por exemplo, desapareceu gradualmente durante o século XIX, quando uma concepção de Deus mais benévolo se afirmou. No entanto, há uma influência que perdura, até mesmo nos nossos dias, quando se faz sobressair a violência das crianças, tal como no caso do homicídio de um menino inglês de dois anos, Jamie Bulger, levado a efeito por dois rapazes de dez anos de idade, na década de 1990. Aliás, a tese da inocência infantil revelou-se com menos credibilidade a partir da divulgação das teses psicanalíticas de Freud e depois de as crianças começarem a ser expostas ao "material adulto" dos *mass media*. Porém, como Anne Higonnet (1998) reconheceu, mesmo quando hoje emerge, entre nós, uma certa redefinição da infância, levando-nos da visão da criança inocente ao que a autora designa a "criança sabida", continua a ser lateral desafiar o velho ideal. Assumidamente, a visão "desenvolvimentista" da criança mantém o seu domínio, tendo embora de se adaptar às críticas a respeito da hiperbolização das diferenças entre adultos e crianças e da sua tendência a-historizante para ignorar as condições sociais e culturais em que as crianças são educadas. Valerá a pena, todavia, perguntar se certos acontecimentos do passado, como a industrialização, não terão tido o poder de afectar normativamente o padrão de desenvolvimento dos indivíduos. Ademais, podemos também indagar se será ainda adequada contemporaneamente a imagem da criança, construída pelo Ocidente, de uma criatura inocente, vulnerável e dependente, ou seja, carecendo de ser "protegida" – significando isso, digamos, uma "infantilização" excessiva de um prolongado período da vida. Com efeito, pode ser que os esforços históricos feitos no sentido de abrigar as crianças na família e na escola, numa tentativa de preservar a "infância natural" pelo maior tempo possível, longe do mundo adulto do trabalho, da política e da actividade sexual, estejam a ser minados pela exposição dos jovens aos meios de comunicação modernos. As informações que os jovens têm disponíveis a partir da rádio, dos filmes, da televisão e da Internet tornam difícil ocultar os "segredos" dos adultos. Felizmente que, nas palavras do psicólogo holandês Willem Koops, enquanto os adultos procuram responder aos desafios expostos, "a pesquisa científica lhes pode fornecer um estímulo maravilhoso à descoberta das maneiras possíveis de orientar o desenvolvimento e a educação das crianças, assim como também poderá constituir uma fantástica ajuda para a avaliação crítica daquilo que fazemos, tendo em conta os objectivos escolhidos" (Koops, 2003, 18).

Bibliografia

Archard, D. (1993). *Children: Rights and Childhood*. London: Routledge.

Ariès, P. (1960). *L'Enfant et la vie familial sous l'Ancien Régime*. Paris: Plon.

Berkvam, D. D. (1983). *Nature* and *Norreture*: A Notion of Medieval Childhood and Education. *Medievalia*, 9, 165-80.

Broome, J. H. (1963). *Rousseau*. London: Edward Arnold.

Burrow, J. A. (1986). *The Ages of Man: A Study in Medieval Writing and Thought*. Oxford: Clarenson Press.

Burton, A. (1989). Looking forward from Ariès? Pictorial and Material Evidence for the History of Childhood and Family Life. *Continuity and Change*, 4, 203-29.

Coveney, P. (1967). *The Image of Childhood*. Harmondsworth: Penguin.

Crawford, S. (1999). *Childhood in Anglo-Saxon England*. Stroud: Sutton Publishing.

Cunningham, H. (1991). *The Children of the Poor: Representations of Childhood since the Seventeenth Century*. Oxford: Blackwell.

Cunningham, H. (2005). *Children and Childhood in Western Society since 1500*. London: Pearson Longman.

Cunningham, H. (2006). *The Invention of Childhood*. London: BBC Books.

Demaitre, L. (1977). The Idea of Childhood and Child Care in Medical Writings of the Middle Ages. *Journal of Psychohistory*, 4, 461-90.

Forsyth, I. H. (1976). Children in Early Medieval Art: Ninth through Twelfth Centuries. *Journal of Psychohistory*, 4, 31-70.

Garlitz, B. (1966). The Immortality Ode: Its Cultural Legacy. In *Studies in English Literature, 1500-1900*, 6, 639-49.

Garnier, F. (1973). L'iconographie de l'enfant au moyen âge. *Annales de démographie historique*, 135-40.

Greven, P. (1977). *The Protestant Temperament: Patterns of Child-Rearing, Religious Experience, and the Self in Early America*. New York: Alfred A. Knopf.

Hanawalt, B. (2003). The Child in the Middle Ages and the Renaissance. In Koops, W. & Zuckerman, M. (Eds.), *Beyond the Century of the Child: Cultural History and Developmental Psychology*. Philadelphia: University of Pennsylvania Press.

Hendrick, H. (2003). *Child Welfare*. Bristol: The Policy Press.

Herlihy, D. (1978). Medieval Children. In Richard E. Sullivan *et al.*, *The Walter Prescott Webb Memorial Lectures: Essays on Medieval Civilization* (pp. 109-41). Austin and London: University of Texas Press.

Heywood, C. (2001). *A History of Childhood*. Cambridge: Polity.

Higonnet, A. (1998). *Pictures of Innocence*. London: Thames and Hudson.

Hutton, P. H. (2004). *Philippe Ariès and the Politics of French Cultural History*. Amherst and Boston: University of Massachusetts Press.

James, A. & Prout, A. (Eds.) (1997). *Constructing and Reconstructing Childhood: Contemporary Issues in the Sociological Study of Childhood*. London and Washington DC: Falmer Press.

James, A., Jenks, C. & Prout, A. (1998). *Theorizing Childhood*. Cambridge: Polity Press.

Jenks, C. (1996). *Childhood*. London and New York: Routledge.

Jimack, P. (1983). *Rousseau, Émile*. London: Grant and Cutler.

Kagan, J. (1984). *The Nature of the Child*. New York: Basic Books.

Kessen, W. (1979). The American Child and Other Cultural Inventions. *American Psychologist*, 34, 815-20.

Koops, W. (2003). Imagining Childhood. In Koops, W. & Zuckerman, M. (Eds.), *Beyond the Century of the Child: Cultural History and Developmental Psychology*. Philadelphia: University of Pennsylvania Press.

Kroll, J. L. (1997). The Concept of Childhood in the Middle Ages. *Journal of the History of the Behavioural Sciences*, 13, 384-93.

Locke, J. (1989). *Some Thoughts Concerning Education*. Oxford: Clarendon Press.

Martindale, A. (1994). The Child in the Picture: A Medieval Perspective. In D. Wood (Ed.), *The Church and Childhood* (pp. 197-232). Oxford: Blackwell.

Nelson, J. L. (s.d.). Parents, Children, and the Church in the Earlier Middle Ages. In Koops, W. & Zuckerman, M. (Eds.), *Beyond the Century of the Child: Cultural History and Developmental Psychology* (pp. 81-114). Philadelphia: University of Pennsylvania Press.

Nye, R. A. (1984). *Crime, Madness, and Politics in Modern France: The Medical Concept of National Decline*. Princeton: Princeton University Press.

Orme, N. (2001). *Medieval Children*. New Haven and London: Yale University Press.

Passmore, J. A. (1965). The Malleability of Man in Eighteenth-Century Thought. In E. R. Wasserman (Ed.), *Aspects of the Eighteenth Century* (pp. 21-46). Baltimore: The Johns Hopkins Press.

Pick, D. (1989). *Faces of Degeneration: A European Disorder, c. 1848 – c. 1918*. Cambridge: Cambridge University Press.

Porter, R. (1990). *The Enlightenment*. London: Macmillan.

Richardson, A. (1994). *Literature, Education, and Romanticism: Reading as Social Practice, 1780-1832*. Cambridge: Cambridge University Press.

Riché, P. & Alexandre-Bidon, D. (1994). *L'Enfance au Moyen Age*. Paris: Editions du Seuil.

Rosenblum, R. (1988). *The Romantic Child*. London: Thames and Hudson.

Rousseau, J.-J. (1979). *Émile or On Education*. London: Penguin.

Schultz, J. A. (1995). *The Knowledge of Childhood in the German Middle Ages, 1100-1350*. Philadelphia: University of Pennsylvania Press.

Shahar, S. (1990). *Childhood in the Middle Ages*. London: Routledge.

Snyders, G. (1965). *La Pédagogie en France aux XVIIe et XVIIIe siècles*. Paris: PUF.

Somerville, J. C. (1992). *The Discovery of Childhood in Puritan England*. Athens and London: University of Georgia Press.

Spellman, W. M. (1992). *John Locke*. Basingstoke: Macmillan.

Stainton Rogers, R. & Stainton Rogers, W. (1992). *Stories of Childhood*. New York: Harvester Wheatsheaf.

Stearns, P. N. (2006). *Childhood in World History*. New York: Routledge.

Turmel, A. (2008). *A Historical Sociology of Childhood*. Cambridge: Cambridge University Press.

Vann, R. T. (1982). The Youth of Centuries of Childhood. *History and Theory*, 21, 279-97.

Wilson, A. (1980). The Infancy of the History of Childhood: An Appraisal of Philippe Ariès. *History and Theory*, 19, 132-53.

Woolridge, A. (1994). *Measuring the Mind: Education and Psychology in England, c.1860 – c. 1990*. Cambridge: Cambridge University Press.

Zuckerman, M. (1993), History and Developmental Psychology, A Dangerous Liaison: A Historian's Perspective. In Glen H. Elder, Jr., John Modell and Ross D. Parke, *Children in Time and Place: Developmental and Historical Insights* (pp. 230-40). Cambridge: Cambridge University Press.

8

Representações sociais da adolescência

Ângela Almeida & Isabel Miguel

> *"Não vês como isto é duro*
> *Ser jovem não é um posto*
> *Ter de encarar o futuro*
> *Com borbulhas no rosto."*
>
> Carlos Tê e Rui Veloso

Este capítulo aborda as contribuições da Teoria das Representações Sociais para a análise e compreensão do fenómeno da adolescência. Neste sentido, revisitam-se os contributos de Serge Moscovici, particularmente no que se refere às suas reflexões acerca das relações entre ciência e cultura, a partir das quais a adolescência é situada enquanto objecto de análise que se constrói na interface da ciência com o pensamento social. Em seguida, são apresentados resultados de vários estudos sobre as representações sociais da adolescência e do adolescente, partilhadas tanto pelos adultos como pelos próprios adolescentes. Pretende-se aqui uma sistematização de estudos que corroborem uma abordagem psicossocial da adolescência enquanto um fenómeno social e culturalmente construído, que assume força de realidade social.

As representações sociais

Considera-se as representações sociais (RS) como uma forma de conhecimento do senso comum que organiza a dinâmica das relações e das práticas sociais quotidianas e que pressupõe a existência de três aspectos importantes: a comunicação, a (re)construção do real e o domínio do mundo. *Comunicação*, porque as representações oferecem às pessoas "um código para as suas trocas e um código para nomear e classificar, de maneira unívoca, as partes do seu mundo, da sua história individual e colectiva" (Moscovici, 1961, p. 11). *(Re)construção do real,* porque é na constante dinâmica comunicação-representação que os sujeitos constroem e reconstroem a realidade quotidiana, na qual as representações sociais actuam como guias de interpretação e organização da realidade, fornecem os elementos para que os sujeitos se posicionem diante dela e definem a natureza das suas acções sobre esta realidade. *Domínio do mundo,* porque as representações são entendidas como um conjunto de conhecimentos sociais, que possuem uma orientação prática e que permitem ao indivíduo situar-se no mundo e dominá-lo. Trata-se aqui de uma dimensão mais concreta, que nos remete para a utilidade social do conceito de representação.

Conceber o conhecimento como um saber do senso comum, que assume funções primordiais na existência humana e no funcionamento da sociedade, implica, no âmbito deste capítulo, a afiliação à Teoria das Representações Sociais (TRS), elaborada por Serge Moscovici (1961). Com a TRS, rompe-se com os critérios de verdade difundidos pelos cânones científicos, que desconsideram as relações entre o sujeito e os objectos que fazem parte do seu universo pessoal e social, situando-os na funcionalidade que os conhecimentos inerentes a esta realidade assumem na vida quotidiana.

Nesta perspectiva, o estudo das representações sociais pressupõe investigar *o que pensam* os indivíduos acerca de um determinado objecto (a natureza ou o próprio conteúdo da representação), *porque pensam* (para que serve o conteúdo de uma representação no universo cognitivo dos indivíduos) e, ainda, a forma *como pensam* os indivíduos (quais são os processos ou mecanismos psicológicos e sociais que possibilitam a construção ou a génese deste conteúdo). Percebe-se, então, que é característico das representações sociais o facto de elas serem, ao mesmo tempo, produto e processo da actividade humana. Os seus *conteúdos* são apreendidos a partir dos discursos colectivos e individuais, das opiniões e atitudes, das práticas... e circulam na sociedade por meio de diversos canais, como nas conversações e nos meios de comunicação social. Trata-se da face directamente observável das RS. Quando se diz que uma RS é também um *processo,* supõe-se a existência de um mecanismo psicossociológico de pensamento que, por um lado, rege a génese, a organização e a transformação de um conteúdo e, por outro, torna possível a sua funcionalidade social.

Ciência e cultura

Nas últimas décadas, a TRS conheceu uma franca expansão, sendo uma explicação possível o facto de eleger a *cultura* como a grande variável do estudo científico e, neste movimento, tornar a *ciência* um dos componentes importantes da cultura. A TRS não só nos coloca diante de uma "cultura da ciência", como também nos permite vê-la sob uma nova luz.

Para entender melhor esta ideia de uma cultura da ciência, importa retomar aqui os contributos de Moscovici (2003), no que diz respeito aos conceitos de Universo Reificado (UR) e Universo Consensual (UC). O primeiro é por ele utilizado para se referir às construções lógicas, sistemáticas e eruditas que habitualmente constituem a base do discurso da ciência. Já o segundo refere-se às ideias, opiniões e crenças acerca dos factos que povoam a vida quotidiana e que se exprimem no discurso do senso comum. Ao estudar a sociedade moderna, a TRS abandona as esferas do profano (lugar das actividades triviais e utilitárias) e do sagrado (lugar do respeito e da veneração) e centra-se nos Universos Consensual e Reificado.

No UR, a sociedade é povoada por entidades sólidas, invariáveis, indiferentes à individualidade e, por isso mesmo, sem identidades. Aqui, todas as coisas são a medida do ser humano. O Nós, grupo ao qual pertenço, substitui o Eu. No âmbito deste universo, a sociedade é vista como um sistema, onde as pessoas ocupam diferentes papéis e classes. A competência e o mérito determinam o lugar de cada um. As ambiguidades das situações devem ser superadas pelo processamento da informação, como um computador guiado pela racionalidade.

No UC, encontra-se o humano que existe, pensa, sente e reage como um ser humano. Daqui se considerar que, neste espaço, o Homem é a medida de todas as coisas. Neste universo, a sociedade é vista como um grupo de pessoas livres e iguais e cada uma fala em nome do seu grupo, em nome do Nós; cada uma comporta-se como um "doutor" amador. Opiniões e pontos de vista são sustentados por uma cumplicidade linguística. Trata-se de uma conversação que adquire, ao longo do tempo, reconhecimento e validade entre os que a praticam. É assim que a vida social existe e é desta conversação que ela se alimenta. Pensa-se em voz alta ou, se preferirmos, como afirma Moscovici (2003), "pensa-se pela boca", partilhando ideias e imagens consideradas verdadeiras e, por isso mesmo, mutuamente aceites.

Estes universos organizam a realidade em duas. De um lado, situam-se as ciências (no UR) e, do outro, as representações sociais (UC). No UR da ciência, os objectos estão fora de nós e a eles reagimos de forma imparcial. São retirados destes objectos os valores dos indivíduos, estimulando a precisão intelectual e a evidência empírica. No UC, as RS restauram para os objectos os interesses e os valores dos indivíduos. Neste Universo, a tensão derivada do que nos é familiar *versus* o que não nos é familiar pende sempre a favor do familiar, porque no pensamento do senso-comum primeiro conclui-se e depois explica-se, visto que o veredicto tem prioridade sobre o julgamento. Em contrapartida, a ciência segue uma direcção oposta. Ela vai da premissa para a conclusão. A procura da formulação de uma lei faz com que a ciência se apoie num sistema lógico, baseado em provas, repetições e distanciamento do objecto. Ao testar a verdade, a ciência transforma, com as suas equações e modelos, o familiar em não familiar.

As RS situam-se entre estes dois universos e o seu estudo permite-nos, como afirma Moscovici (2003, p. 53), ver "(...) a transição de um mundo para o outro, isto é, transformar categorias consensuais em categorias reificadas e subordinar as primeiras às segundas. Por conseguinte, elas [as categorias] não possuem uma estrutura específica e podem ser percebidas tanto como representações como ciência". Ainda, de acordo com Moscovici, ciência e RS são, ao mesmo tempo, tão diferentes e complementares entre si que somos levados a pensar e a falar, apoiando-nos em ambas. Teorias e informações transitam do UR para o UC e o senso-comum, diante das RS, nada mais é que a ciência tornada familiar.

Pela extraordinária disseminação que os conceitos científicos conhecem na sociedade actual e pela importância que nela é dada ao pensamento racional, não há como negar que a ciência faz parte integrante da nossa vida quotidiana. O lugar de primazia ocupado pela ciência está bem patente na sua indissociabilidade com os modos de vida e tomada de decisão individuais e colectivos (Valentim, 2003). Como parte integrante das relações sociais, o conhecimento científico assume, pois, uma importância indiscutível na construção do conhecimento: pelos canais normais de comunicação, as novas ideias e descobertas científicas tornam-se parte do intelecto e linguagem comuns. Ao deixarem os laboratórios e as publicações de uma pequena comunidade científica, as novas ideias, imagens e conceitos penetram nas conversas, relações e comportamentos de uma comunidade mais larga e difundem-se na sociedade, tornando-se parte da "herança cultural, do nosso pensamento, da nossa linguagem e práticas diárias" (Moscovici, 2001, p. 10).

A adolescência

A adolescência, tal como hoje a conhecemos, constitui, indubitavelmente, um conceito recente, cuja génese remonta ao início do século XX. Diferentes foram os factores sociais, políticos e culturais que, nos últimos séculos, conduziram a que se atribuísse um significado particular a esta faixa etária, com características e comportamentos específicos. Palacios e Oliva (2004), por exemplo, chamam a atenção para o século XIX, quando os "adolescentes" se tornaram alvo privilegiado dos sistemas nacionais de ensino. Durante muito tempo, as crianças conheceram uma entrada precoce no mundo do trabalho. A partir dos sete anos de idade, poucas eram as que estudavam ou permaneciam muito tempo no sistema educativo, e aquelas que ingressavam não eram separadas por diferentes níveis de idade. Como a adolescência não era considerada um período particular de desenvolvimento, não existia, ainda, uma cultura adolescente. Todavia, o final do século XIX marca um ponto de viragem. A industrialização crescente nas sociedades ocidentais passou a exigir uma mão-de-obra especializada e, portanto, a extensão progressiva da escolaridade passa a ganhar expressão. Os sistemas nacionais de ensino, voltados para o *savoir-faire,* assumiram a incumbência de qualificar adequadamente aqueles que apresentassem as melhores condições de aprendizagem, inserção no mercado de trabalho e retorno duradouro. Esta política de formação de mão-de--obra especializada para a indústria encontrou nas famílias que haviam migrado para a cidade o seu grande reforço. Destituídas dos seus meios de produção e empobrecidas neste novo contexto de industrialização do trabalho, as famílias passaram a estimular a participação dos seus filhos no trabalho industrial, visando a sua contribuição para o orçamento familiar.

É, pois, no seio deste cenário histórico, que alarga o tempo que medeia entre a infância e a idade adulta, que a adolescência emergiu enquanto realidade social, consolidando-se como uma nova fase do ciclo de vida.

Estaria assim criado o fenómeno adolescente contemporâneo, abrindo portas à curiosidade científica e ao início da definição de um campo de estudo com legitimidade própria. A construção das diferentes fases do desenvolvimento na história e na cultura ocidental situou a infância e a adolescência como objectos privilegiados da psicologia do desenvolvimento, durante quase todo o século XX, tendo sido estudados sob diferentes perspectivas e abordagens teóricas. A centralidade ocupada pela infância e adolescência nas diversas teorias do desenvolvimento humano atestam, portanto, o lugar nobre que lhes foi conferido na psicologia, passando-se de "uma época sem adolescência, para uma época, o século XX, em que a adolescência é a idade favorita" (Claes, 1985, p. 12).

A *adolescência nas teorias científicas*

O interesse científico pela adolescência remonta, inegavelmente, a Stanley Hall, considerado por muitos como o fundador da psicologia do desenvolvimento nos EUA. Na sua obra *Adolescence: its psychology and its relations to physiology, anthropology, sociology, sex, crime, religion and education*, publicada em 1904, a adolescência surge como uma fase única e particular da vida, distinta de todas as outras fases e, ao mesmo tempo, "universal". Reflectindo o clima científico da sua época e claramente influenciado pela teoria evolucionista de Darwin, Hall sugere que a sucessão entre infância e a puberdade é ininterrupta, obedecendo a leis biológicas. Considerando o adolescente como um ser maleável e passível de adquirir qualidades, Hall defende a importância da educação e reconhece a necessidade imperiosa da orientação adulta para a formação de um adolescente física, sexual, moral e psiquicamente disciplinado. Na sua obra, a adolescência é ainda retratada como uma idade marcada por extremos, como um período de intensa vida interior, de turbulência e instabilidade emocional, com mudanças de humor repentinas. Nos termos de Stanley Hall, esta seria uma fase de "tempestade e tormenta", ou seja, de aumento de conflito, de resistência e desafio aos padrões e aos valores sociais tradicionais. A adolescência entra, assim, para a história da psicologia como uma fase de transição, de intensas transformações (físicas, hormonais, sociais, familiares, educacionais), que ocorrem durante um período relativamente curto. Será esta visão conflituosa da adolescência que prevalecerá durante um longo período de tempo na comunidade científica, inspirando novas teorias ou servindo de ponto de partida para investigações empíricas sobre este novo estádio de desenvolvimento.

Alguns autores de orientação psicanalítica aprofundam o estudo da adolescência e contribuem para difundir a imagem conflituosa desta fase do desenvolvimento humano. A perspectiva da crise da adolescência remete-nos, desde logo, para Sigmund Freud, autor que enfatizou a hipótese da tensão e agitação durante este período. As explicações avançadas por Freud descrevem o *terminus* do estádio de latência e o reavivar de pressões psicológicas fortes — pulsões instintivas de cariz sexual — inatas a cada pessoa, que determinam as experiências posteriores ao longo da vida. Anna Freud, filha e continuadora das teses de Freud, partilha da ideia da adolescência como um estádio de desenvolvimento marcado pela turbulência e acentua o seu carácter de perturbação. As condutas imprevisíveis e a ambivalência constante representariam as características mais marcantes dos adolescentes. Nestas concepções psicanalíticas, a ênfase recai sobre os factores biológicos e instintivos, relegando para segundo plano a influência dos factores ambientais.

Erik Erikson (1968), embora também autor de orientação psicanalítica, desenvolve uma teoria do desenvolvimento na qual a sexualidade cede lugar aos factores sociais e culturais, sugerindo que o ambiente também participa na construção da personalidade do indivíduo. Erikson considera a adolescência um período fundamental no desenvolvimento, já que as mudanças físicas, psíquicas e sociais levarão o adolescente a uma crise de identidade cuja resolução contribuirá para a consolidação da idade adulta (Palacios & Oliva, 2004). Esta mudança na perspectiva do desenvolvimento assume uma importância primordial, na medida em que inaugura novas abordagens para a compreensão do desenvolvimento em geral e da adolescência em particular.

A noção de adolescência consolida-se, pois, como um período universal, com características específicas, constituindo-se como uma fase necessária e naturalmente conturbada, marcada por conflitos e dificuldades. Todavia, vários têm sido os argumentos e os contributos teóricos que derrubam a hipótese de a adolescência ser um período de crise. Exemplo disso são os estudos da antropologia cultural, que, ao apresentarem uma forma totalmente nova de abordar e compreender o desenvolvimento humano, revolucionaram a forma de pensar a adolescência. Na sociedade estudada em Samoa por Mead (1928), por exemplo, os adolescentes não apresentavam nenhum tipo de tensão especial, crise ou dificuldades. Pelo contrário, tudo contribuía para uma transição fácil e sem problemas, para um desenvolvimento gradual e sem impactes profundos. Estes estudos desafiaram, pois, a noção de adolescência como período turbulento e evidenciaram que as características do desenvolvimento psicossocial não são nem universais nem ligadas à natureza humana, mas antes são particulares a cada contexto e dependentes de factores culturais alargados.

Distante de uma visão marcada por tensões e conflitos está também a descrição piagetiana do desenvolvimento intelectual durante a adolescência. A psicologia genética de Piaget enfatiza o acesso dos adolescentes a uma nova forma de enfrentar cognitivamente as diversas tarefas e conteúdos que lhe são propostos. A novidade está, agora, na crescente capacidade para pensar de forma abstracta. Ao considerar que as operações formais reestruturam, durante a adolescência, as operações concretas adquiridas durante a infância, Piaget situa na adolescência a conclusão do desenvolvimento cognitivo e sugere a adolescência como o momento áureo do desenvolvimento humano. Como afirmam Piaget e Inhelder (1966),

> Podemos ver que a lógica do adolescente é um sistema complexo, mas coerente, relativamente diferente da lógica da criança. Ela constitui a essência da lógica dos adultos cultivados e fornece a base de certas formas elementares do pensamento científico (p. 6).

Importa assinalar, todavia, que a ideia de uma estrutura universal do desenvolvimento é mantida nas proposições teóricas de Piaget, ao sustentar que o desenvolvimento segue uma sequência invariante de estágios (sensório-motor, pré-operatório, operações concretas e operações formais), independentemente do contexto em que o desenvolvimento ocorre.

Steinberg e Lerner (2004), numa interessante revisão histórica da literatura sobre a adolescência como objecto de estudo da ciência psicológica, identificam três fases. Na primeira fase científica da adolescência, que se estende entre 1900 e 1970, situam-se os contributos de Hall, Freud, Erikson e Piaget. De natureza sobretudo descritiva e com ênfase no biológico, esta fase caracteriza-se pela construção de grandes teorias relativas às diferentes facetas do desenvolvimento adolescente. Herdamos desta fase a ideia de adolescência como uma fase de *transição*, durante a qual, e num período relativamente curto, ocorrem as transformações físicas, hormonais, sociais, familiares, educacionais e sociais. Risco, perigo, tensão são associações feitas à conjugação 'intensidade-velocidade' das mudanças na adolescência. A segunda fase científica da adolescência, que se desenvolve entre 1970 e 1990, não rompe com a forma como ela tinha vindo a ser concebida. Caracterizada, sobretudo, pela adopção dos métodos experimentais na investigação básica, pela adopção da perspectiva ecológica e por uma articulação do social com o biológico, esta fase focou-se na afirmação das diferenças individuais do desenvolvimento humano, na plasticidade, na diversidade, na acção individual e na aplicação da ciência na resolução de problemas. As investigações dirigiram-se, com maior frequência, para os conflitos sociais e familiares, comportamentos desviantes e fracasso social, mesmo que estatisticamente apenas uma pequena percentagem de adolescentes estivesse efectivamente implicada com tais eventos. Na terceira fase, que se inicia em 1990 e ainda se mantém, observa-se um contínuo olhar sobre a plasticidade e a diversidade do desenvolvimento durante a adolescência, com uma orientação para a investigação aplicada. Interacções entre investigadores e agentes sociais, mediadas por políticas públicas, tendem a consolidar-se em torno dos problemas que a adolescência pode gerar.

Numa análise dos resumos das publicações científicas sobre a adolescência, na base de dados *PsicINFO*, foram encontradas 274 publicações, sendo que todas elas foram publicadas a partir de 1980 [1]. Todos os resumos, depois de agrupados num único *corpus*, foram submetidos a uma análise de classificação hierárquica descendente pelo *software* Alceste. Os

---

[1] Considerou-se o período de publicações entre 1886 e 2006, usando-se os seguintes parâmetros: a) journal abstract; b) palavras chaves: jovem or jovens or adolescente or adolescentes or adolescência or juvenil; c) procedência/idioma da publicação (la:psyi) = portuguese; d) períodos (py:psyi) = 1) de 1886 a 1930; 2) de 1931 a 1960; 3) de 1961 a 1980; 4) de 1981 a 2006. Projecto de investigação em desenvolvimento por Almeida (2009-2011), intitulado "A construção social da adolescência. Diálogos da ciência com o senso comum", sob os auspícios do CNPq.

dois eixos identificados (Tabela 1) organizam as publicações em investigação básica e aplicada, por um lado, e nos problemas investigados, por outro. Os resultados encontrados indicam que as investigações realizadas nos países de língua portuguesa, particularmente no Brasil e em Portugal, acompanharam a mesma tendência observada por Steinberg e Lerner (2004) nas duas últimas fases científicas da psicologia da adolescência, com maior ênfase sobre a investigação básica e aplicada (67.23% do *corpus* analisado).

Tabela 1. Classificação hierárquica descendente dos resumos das publicações sobre adolescentes na base de dados *PsycINFO,* entre 1980 e 2006 (N=274).

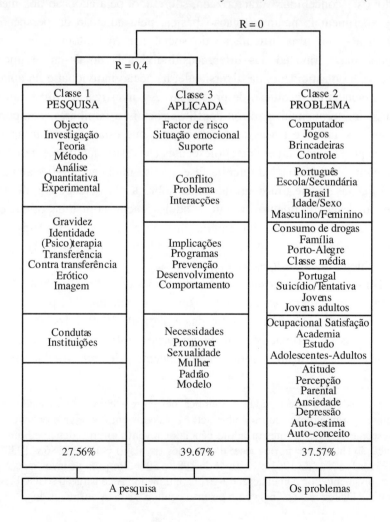

Neste sentido, estes resultados corroboram a tendência de se estudar a adolescência a partir de uma sexualidade que se aflora e dos problemas que são associados a esta etapa da vida, tais como riscos, conflitos e psicopatologias. Constata-se, ainda, o estudo do controlo dos adultos sobre a adolescência, expresso, sobretudo, nas acções educativas e profissionalizantes.

Num movimento circular, a Psicologia — acompanhando a onda de um pensamento social que se delineou entre o final do século XIX e início do século XX e sustentada pelo aparecimento de inúmeros estudos científicos — parece sintetizar, dar cientificidade e legitimar "representações da adolescência que ficaram registadas nas reformas educativas e do trabalho, nas actividades de lazer, na investigação científica e até nos romances populares" (Pomfret, 2001, p. 456).

Assim, a ciência, ao explicar e definir as regras de funcionamento de uma dada realidade, acaba por especificar e prescrever as acções humanas com ela relacionadas. Neste sentido, quando se tornam formas de conhecimento aceites e apropriadas pela cultura, as teorias psicológicas do desenvolvimento — que se propõem descrever a natureza humana nos seus processos de transformação — passam a conferir, aos processos que se propunham explicar, um *status* de realidade social. Enfim, é possível considerar, como Bruner (1997, p. 141), que "uma vez aceites no conhecimento implícito que constitui a cultura, teorias que eram científicas tornam-se tão definidoras da realidade, prescritivas e canónicas como as teorias psicológicas que substituíram".

Se, por um lado, os estudos da adolescência foram marcados pelas concepções baseadas na existência de uma natureza psicológica universal e específica para cada estágio da vida, por outro, eles têm sido, mais recentemente, influenciados por abordagens psicossociológicas que reivindicam o papel do contexto sociocultural na construção das categorias infância, adolescência, vida adulta e velhice. Entre estas perspectivas, situa-se a TRS, na qual o sujeito é concebido como uma construção histórica e cultural, enfatizando a sua interacção com os outros e com o contexto. A adolescência, nesta perspectiva, é entendida como um processo de transição entre a infância e a idade adulta, dependente das circunstâncias sociais e históricas, e durante o qual ocorrem transformações qualitativas importantes que se fazem sentir, por exemplo, em nível físico, cognitivo e emocional.

A adolescência nas "teorias" do senso comum

Numa acepção particular, as representações sociais pretendem dar conta do modo como a ciência, espalhando-se na sociedade, se torna conhecimento comum. Deste modo, facilmente se compreende que as teorias do senso comum se encontrem intimamente ligadas às teorias científicas, submetendo conhecimentos elaborados pelas ciências a um constante processo de ressignificação, continuamente negociados e recriados nas práticas sociais quotidianas. É nesta perspectiva sociocultural e no quadro teórico-conceptual da teoria das representações sociais que importa conhecer as crenças, os valores, os conhecimentos, as teorias implícitas, enfim, o pensamento social acerca do desenvolvimento humano e suas implicações nas práticas educativas e no efectivo processo de desenvolvimento.

No caso particular da adolescência, várias questões se colocam. De que modo é que ciência e senso comum interagem no universo adulto de forma a construir um significado para a adolescência? Quais são os elementos psicossociais que estruturam as actuais representações acerca da adolescência? Enfim, o que pensam adultos e adolescentes acerca da adolescência?

É procurando dar resposta a estas questões que, de seguida, se dará continuidade a esta reflexão, amparada por resultados de alguns estudos empíricos. Espera-se, deste modo, perceber os significados, as características e as interpretações que configuram as representações sociais acerca da adolescência.

Representações sociais da adolescência pelos adultos

Ao estudarem as representações sociais da gravidez na adolescência, Nápoli, Muniz, Souza, Santos, Chaves e Almeida (1997) solicitaram a dois grupos de adultos da cidade de Brasília — DF/Brasil que avaliassem 14 itens de um questionário [2], a partir de uma escala de 6 pontos (1=muito provavelmente não; 6=muito provavelmente sim). No primeiro grupo (n=20), os itens foram avaliados tendo como referência o "ser adulto". No

---

[2] Para a construção do questionário, as autoras apoiaram-se no *Méthode d'induction par scénario ambigu* – ISA, proposto por Moliner (1996).

segundo grupo (n=20), os mesmos itens foram avaliados tendo como referência o "ser adolescente". Os resultados (Tabela 2) do estudo mostram que "ser adolescente", no pensamento social adulto, é ser, sobretudo, um estudante. Esta forma de conceber a adolescência, vinculando-a a uma fase de educação escolar, encontra raízes no início do século XX. Reflexo do crescente processo de industrialização da sociedade, a formação torna-se um requisito fundamental para o ingresso no mercado de trabalho. Com a extensão progressiva da escolaridade, os adolescentes passam a viver um longo período com a família, sob a tutela dos adultos. O aumento do controlo, assegurando que o processo de formação do adolescente — formação intelectual, profissional e moral — se mantenha sob a guarda do adulto, acrescido do adiamento da inserção do jovem no mercado de trabalho e consequente diminuição da sua independência, fazem, pois, com que as pessoas, nesta fase da vida, acabem por se constituir como um grupo que adopta uma forma particular de ser e de agir.

Tabela 2. Pontuações médias dos 14 itens, para os 2 grupos de adultos (teste de χ^2).

Itens	ADULTOS Representando	
	Adolescentes (n=20)	Adultos (n=20)
1. livres para tomarem decisões	3.30	4.80*
2. competentes para cuidar de seus filhos	2.80	4.45*
3. biologicamente maduros	3.85	4.80*
4. estudantes	4.85*	3.20
5. independentes financeiramente	1.85	4.25*
6. namoram	5.05	4.05
7. responsáveis	2.65	4.25*
8. abertos a novas experiências	4.80	4.50
9. auto-suficientes para criar seus filhos	1.95	4.00*
10. profissionais com trabalho regular	1.95	4.15*
11. rebeldes frente as normas sociais	3.25	3.10
12. casados	1.60	2.85
13. livres para se divertirem	4.65	5.00
14. maduros emocionalmente	2.55	4.00*

* $p < .05$

Num trabalho sobre as representações sociais dos jovens, Menandro, Trindade e Almeida (2003) mostram, com base na análise de textos jornalísticos, que uma das facetas que continua a caracterizar o jovem da última metade do século XX é a sua vida estudantil. Nos anos de 1960 e 1970,

> (...) os jovens são universitários ou secundaristas inseridos no sistema educacional. A noção de jovens como estudantes está associada à descrição das suas práticas relacionadas com o quotidiano escolar e as políticas educativas do governo (p. 46).

Quase trinta anos depois, permanece a mesma ideia. Entre 1996 e 2002, a imprensa escrita retrata o adolescente apoiando-se, mais uma vez, na sua vida estudantil, associando-a como condição para o ingresso no mundo do trabalho.

> (...) os adolescentes são representados como aqueles que vivenciam a situação de escolha profissional para inserção no mercado de trabalho. Com a realização de um curso de nível superior, o jovem pode concorrer a empregos mais qualificados e com melhores salários. Para muitos jovens, a educação exerce o papel de possibilitar elevação na escala social, apresentando-se como alternativa de melhoria de sua condição económica (p. 49).

No estudo de Napoli *et al.* (1997), ser estudante e, por consequência, ainda estar sob a tutela do adulto, está associado à falta de maturidade emocional, à ausência de um trabalho regular, à dependência financeira e à ausência de um comportamento responsável na sociedade. Como o adulto, o adolescente "namora", está "aberto a novas experiências" e é "livre para se divertir". Porém, ser adolescente é, fundamentalmente, trazer em si a marca de uma insuficiência, sobre qual o adulto pode e deve agir: menos livre para tomar as suas decisões, menos competente e menos auto-suficiente para cuidar dos seus filhos, menos maduro do ponto de vista emocional e biológico, financeiramente menos independente e menos responsável. Desta forma, o adulto tende a representar o adolescente como sendo, de facto, o seu negativo.

Num outro estudo, Almeida e Cunha (2003) complementam os resultados anteriores. Numa amostra de 180 professores de crianças (n=60), de adolescentes (n=60) e de adultos (n=60) e 30 educadores do Serviço de Assistência ao Idoso, todos pertencentes ao sistema educativo público do

Distrito Federal, foi encontrada uma representação da adolescência estruturada em torno da ideia de crise, rebeldia, transformação do corpo e descobertas sexuais. Tais resultados indicam uma representação da adolescência ordenada por um paradigma biopsíquico: as mudanças biológicas constituem o substracto para o "tempo das crises". As mudanças que são desencadeadas nesta fase da vida, particularmente aquelas associadas à puberdade, são percebidas como criando um contexto no qual as exigências e os desafios colocados ao jovem aumentam significativamente. Os resultados reforçam o pressuposto teórico de que a competência dos adultos é tomada como parâmetro para avaliar a competência dos adolescentes. A vida adulta constitui-se como o "ponto óptimo" em relação ao qual são feitas comparações sociais, caracterizando o adolescente pela falta de "maturidade", de "competência", de "independência", pela "improdutividade" e assim sucessivamente. Trata-se de uma ideia de falta que se constrói a partir do seu oposto: a competência, a maturidade, a independência, a auto-suficiência que se supõe existir em abundância no adulto.

Numa investigação mais recente (Almeida, Pacheco & Garcia, 2006), foram estudadas as representações sociais de 148 adultos (82 professores de escolas privadas e 66 mães de adolescentes de classe média, estudantes nas respectivas escolas) acerca da adolescência. A todos os participantes foi solicitado que assinalassem, numa lista de 26 itens, quatro que mais caracterizavam e quatro que menos caracterizavam a adolescência. Os resultados (Tabela 3) mostraram que professores e mães "pensam" a adolescência a partir de um duplo referencial: as mudanças biológicas e transformações do corpo constituem-se no pano de fundo da instabilidade emocional: crises, rebeldia, falta de responsabilidade. Estes dados corroboram a ideia, socialmente partilhada, da adolescência como uma fase de transição entre a infância e a vida adulta, quando os processos de maturação são rapidamente desencadeados, projectando, pelo menos fisicamente, o adolescente no mundo adulto, sem que, contudo, esse processo de maturação biológica encontre o seu correspondente emocional. Daqui decorre que esta fase seja também marcada pela instabilidade emocional. Torna-se, pois, evidente o carácter transitório da adolescência, que requer cuidado e vigilância para não permanecer à margem da dinâmica social.

Tabela 3. Atributos que mais caracterizam e que menos caracterizam a adolescência, segundo *professores e mães*.

	Professores (n=82)	f	%	Mães (n=66)	f	%
MAIS	Descobertas sexuais	68	82.9	Transformações no corpo	57	86.4
	Transformações no corpo	63	76.8	Crises existenciais	40	60.6
	Crises existenciais	57	69.5	Descobertas sexuais	39	59.1
	Desejo de independência	32	39.0	Desejo de independência	38	57.6
	Descobertas	30	36.5	Rebeldia	25	37.9
MENOS	Maturidade	45	54.8	Ápice da maturidade	40	60.6
	Decadência	38	46.3	Estabilidade	34	51.5
	Estabilidade	34	41.4	Decadência	31	47.0
	Responsabilidades	32	39.0	Ápice do desenvolvimento	24	36.4
	Ápice do desenvolvimento	28	34.1	Responsabilidades	21	31.8

Nota: As frequências correspondem ao número de indicações de cada item. As percentagens representam o resultado da divisão do número de indicações de cada item pelo total de sujeitos.

Importa assinalar que, ao caracterizar a adolescência em oposição à vida adulta, afirma-se, também, o estado de incompletude do adolescente, na medida em que ele é descrito em função das características dos adultos que ainda não possui. Se a adolescência tem sido marcada pela sua incompletude, pelo seu carácter transitório, pela sua instabilidade, por um "não-ser" ou, se preferirmos, por um "ser-aquilo-que-não-deveria-ser", a pergunta a ser feita para dar ao desenvolvimento um cariz positivo é: o que é que a adolescência deveria ser?

Num segundo momento da investigação, Almeida, Pacheco e Garcia (2006) solicitaram aos professores e às mães que respondessem a um questionário de evocação (associação livre), citando entre quatro a seis características que um adolescente deve ter para ser uma "pessoa de bem". *Responsabilidade, respeito e honestidade* foram as características comuns encontradas, indicadas com maior frequência e maior importância de evocação, as quais constituem os prováveis elementos centrais da representação social de um adolescente como uma "pessoa de bem".

Importa assinalar que estes mesmos elementos são encontrados na representação, aparentemente idealizada, de homem (Ribeiro & Almeida, 2003). Tais resultados parecem sugerir uma possível masculinização da cultura, de tal modo que as características associadas a uma "pessoa de bem" seriam atributos tipicamente de um adulto, do sexo masculino, o que permite ainda pensar na existência de um sistema de representações sociais no qual as representações de pessoas de bem, adulto e homem se articulam e se sustentam mutuamente.

Ao examinar os aspectos mais periféricos da representação, encontraram-se, contudo, elementos que se relacionam tanto à esfera afectiva do ser humano, entre os quais a afectividade, amabilidade, amizade, carinho, dedicação, companheirismo (características geralmente atribuídas à figura feminina), como também elementos que remetem para uma disciplina do "corpo e da mente": obediência, disciplina, carácter, estudo, educação, humildade.

A posição ocupada pelos elementos no sistema de representação (nuclear ou periférica) leva-nos a crer que a forma negativa de se pensar a adolescência, associando-a a um contexto de conflito, resistência e desafio aos valores e padrões socialmente estabelecidos, vincula-se, sobretudo, à adolescência do homem. Disciplinar essa adolescência significa, portanto, deixar aflorar as características masculinas, que se poderiam perder não fosse a acção do adulto sobre o *rapaz adolescente*. Assim, não seria uma masculinização da cultura e sim uma masculinização da rebeldia adolescente, que precisa ser contida. Trata-se, portanto, de disciplinar o adolescente e, assim sendo, ele poderá vir a ser responsável, respeitoso e honesto. O "problema" da adolescência parece não se aplicar, pelo menos não tão claramente no pensamento social dos adultos, à adolescência das raparigas.

Percebe-se, ainda, que ao serem indagados acerca dos atributos de uma pessoa de bem, mães e professores evocam elementos que se referem não a um adolescente, mas a um adulto, tal como foi caracterizado em estudos anteriores (cf. Almeida & Cunha, 2003). A concepção de uma pessoa de bem assenta numa perspectiva futura ao momento da adolescência. Não há, entre os resultados, indicações de que mães e professores estejam a remeter para aquilo que elas próprias caracterizavam como próprio da adolescência. A fase da adolescência é vista como um momento de transição, em que os elementos que compõem a representação de uma "pessoa de bem" não coincidem e algumas vezes até se contrapõem ao que se considera como adolescente. Os elementos característicos de uma pessoa de bem, que poderão ou não aflorar no futuro, não fazem parte da representação da adolescência.

Representações sociais da adolescência pelos adolescentes

Pretendendo conhecer as representações sociais que os adolescentes têm acerca de si próprios, Assis *et al.* (2003) desenvolveram um estudo com 1.686 adolescentes (938 raparigas e 747 rapazes), entre os 10 e os 19 anos de idade, alunos de escolas públicas e privadas. Aos participantes era solicitado que, por meio da técnica da associação livre, indicassem um conjunto de cinco palavras sobre a maneira como se vêem e se sentem, reflectindo o autoconceito que têm de si. Partindo do referencial da teoria do núcleo central, as palavras evocadas foram avaliadas segundo a frequência média e a ordem de evocação média, de modo a identificar o núcleo central e os elementos periféricos que compõem a representação. Em termos gerais, os resultados evidenciaram que os alunos mostraram uma visão muito positiva de si, aliás bem patente nas principais categorias que representam a forma como os adolescentes se percebem. O núcleo central desta representação conjuga atributos que remetem para estados emocionais de alegria e bom humor, atributos que expressam extroversão e, também, satisfação com o corpo. No sistema periférico encontram-se elementos da representação social dos adolescentes sobre si — as atitudes de amizade e cuidado com as pessoas, atributos relacionados com a competência pessoal e valores ético-morais positivos. Na periferia aparecem também, com menor destaque, elementos que remetem para atitudes que demonstram calma e tranquilidade, valorização pessoal, introversão, satisfação mediana de si, insatisfação com o corpo, estados emocionais de tristeza e mau humor, distanciamento das pessoas e impulsividade. Estes atributos negativos representam apenas 18.1% do total de evocações. No entanto, esta visão que enfatiza os atributos positivos em detrimento das qualidades negativas não encontra paralelo nos significados que a sociedade constrói a respeito dos adolescentes. O reconhecimento de que estes possuem uma visão muito positiva de si próprios contrasta, portanto, com a visão negativa e de incompletude que os adultos têm deles (Almeida &

Cunha, 2003), muitas vezes reforçada pelo "sensacionalismo presente em certos meios de comunicação, que generaliza toda a população adolescente, de traços inferidos a partir de certos factos chamativos de algumas minorias [...], criando-se o estereótipo sobre a tempestade adolescente" (Cárdenas, 2000, p. 22). Embora revelando um contraste entre as representações que professores têm sobre adolescentes e o que estes pensam sobre si mesmos, Salles (1995) evidenciou que a ideologia e os meios de comunicação fixam elementos seleccionados e veiculam uma imagem sobre o que é ser adolescente que se generaliza na sociedade e se torna parte integrante das representações sociais. Na análise de entrevistas realizadas com 36 participantes — de diferentes contextos, condições sociais e idades — foram identificados traços e imagens comuns. Os resultados traduzem, pois, a tendência para a homogeneização da representação social do adolescente e da adolescência, articulada em torno de um núcleo central, pautado pela despreocupação do adolescente com o próprio futuro, a sua irresponsabilidade e a sua auto-afirmação comportamental.

De modo a perceber a forma como os adolescentes de diferentes inserções sociais representam a adolescência e dão sentido ao período em que vivem, Martins, Trindade e Almeida (2003) desenvolveram um estudo no qual participaram 360 sujeitos entre os 14 e os 23 anos, dos quais 180 (90 do sexo feminino e 90 do sexo masculino) frequentavam uma escola privada de um bairro de classe média-alta numa zona urbana e outros 180 (também 90 do sexo feminino e 90 do sexo masculino) frequentavam uma escola pública de uma região eminentemente agrícola. Por meio da técnica de associação livre e de questões abertas, foi pedido aos participantes que indicassem o que é ser adolescente, o que é importante para uma vida feliz e as principais preocupações de um adolescente nos dias de hoje. Os resultados da análise das questões livres indicaram que a representação social da adolescência se organiza em torno de alguns eixos principais: a *curtição* [3], que expressa a ideia de que os adolescentes estão apenas preocupados com o momento presente; a *busca da felicidade*, que traduz a preocupação em ser feliz, em amar e ser amado; e o *futuro*, que se refere à preocupação que os adolescentes mantêm com o futuro, a necessidade de ter apoio e de, no momento presente, tomarem as

---

[3] A palavra "curtição", frequente no vocabulário jovem, pode ser entendida como diversão muito agradável e intensa.

decisões certas. A análise dos dados da evocação livre mostra que elementos como *alegria, descobertas, liberdade, problemas e responsabilidade* configuram as representações sociais da adolescência. Verificou-se, ainda, que *curtição* e *transição* se apresentam como dois eixos interligados. Assim, enquanto a adolescência está associada à curtição, aos relacionamentos afectivos, a uma fase boa da vida e à responsabilidade para não se perder na delinquência, ela não deixa, no entanto, de se configurar como uma fase de transição difícil para uma nova liberdade, num claro paralelo com a definição de Hall da adolescência como tempestade e tormenta. As abordagens utilizadas permitiram identificar, com sucesso, o que é ser adolescente para os participantes envolvidos. Todavia, apesar dos pontos comuns, foi identificada uma clara diferenciação da estrutura das representações sociais de acordo com os elementos culturais presentes nos grupos dos adolescentes urbanos e dos adolescentes rurais. Os primeiros centram o seu discurso no *ter* (para terem uma vida saudável, precisam ter liberdade, ter bons pais, ter amigos, ter uma boa escola, ter segurança, ter dinheiro, ter apoio e um ambiente seguro). Já entre os segundos predomina o discurso do *ser* (ser um bom aluno, ser um bom filho, ser uma boa pessoa). Deste modo, a forma de pensar dos adolescentes urbanos ancora-se no sistema económico actual, que valoriza quem tem mais. De modo diferente, os adolescentes rurais valorizam o esforço pessoal, pois acreditam que é por meio dele que as oportunidades são alcançadas. Ressalta-se, entretanto, que o discurso do ser é também em função do ter: o adolescente rural precisa de ser muito bom para ter um futuro próspero. Podemos, pois, concluir "que a forma como o adolescente vive sua adolescência está ancorada na apreensão das concepções mais tradicionais da adolescência, o que não impede que assuma diferentes configurações, corroborando assim a tendência mais recente que propõe a adolescência como uma condição historicamente construída e, por isso, múltipla" (Martins, Trindade & Almeida, 2003, p. 568).

  Estes resultados ilustram, ainda, as ancoragens psicossociais envolvidas na construção das representações sociais que, através da uma dialéctica que envolve o indivíduo e a sociedade, configuram os conteúdos representacionais. A estrutura de uma dada representação resulta, pois, de vários processos que pretendem acomodar o objecto de conhecimento às características do grupo social, ligando, assim, a construção do conhecimento e da realidade social aos grupos sociais construtores de significado

(Miguel, Valentim & Carugati, 2008, 2009). Na medida em que funcionam como princípios organizadores das representações, diferentes pertenças grupais conduzem, portanto, a diferentes tomadas de posição face às dimensões das representações (Clémence, 2001; Doise, Clémence & Lorenzi-Cioldi, 1992).

Um estudo recente, sobre as RS e direitos dos adolescentes (Paixão & Almeida, 2009), reforça os resultados anteriores. Participaram nesta investigação 308 jovens do Distrito Federal (Brasil), sendo 145 jovens oriundos da classe média e que estudam numa escola privada e 163 das classes menos favorecidas e que estudam numa escola pública. Todos os jovens responderam ao questionário *"Ricerca Sui Diritti Dei Minori"* — de Petrillo e Donizzetti (2005), traduzido e adaptado para o português — no contexto da escola. Foi solicitado aos participantes que respondessem a um conjunto de questões de associação livre, com o objectivo de conhecer as RS da adolescência e do adolescente por meio de uma tipificação dos adolescentes: Quem é o adolescente? Onde é que ele(a) está? Com quem é que ele(a) interage? O que é que ele(a) está a fazer? Por que é que ele(a) está a fazer isso? Como é que ele(a) vive a situação?

As respostas dadas às questões de tipificação, depois de submetidas a uma análise de conteúdo clássica, mostraram resultados fortemente expressivos no que concerne à tendência de se aliar a imagem do adolescente ao sexo masculino, à pobreza e à transgressão, corroborando os resultados dos estudos citados anteriormente. Relativamente às respostas dadas pelos próprios jovens, 88.8% afirmam que o adolescente tem de 12 a 18 anos, ideia correspondente à definição jurídica de adolescência no Brasil, estabelecida pelo Estatuto da Criança e do Adolescente (ECA – Lei nº 8.069, de 13 de Julho de 1990). O adolescente é ainda do sexo masculino (75.9%) e pobre (50.8%). O espaço ocupado pelos adolescentes é, sobretudo, aquele da rua e os locais de lazer e diversão (46.3%). As referências aos espaços familiares e escolares, ainda que presentes, aparecem de forma bem menos expressiva (25.5%). Ao ocuparem estes espaços, os adolescentes fazem-no em companhia de pares iguais, ou seja, rapazes pobres, entre 12 e 18 anos. Ao relatarem os actos praticados, os adolescentes são associados mais frequentemente a actos ilícitos (38.7%) e à diversão e lazer (20.1%). Os primeiros são justificados por questões sócio-institucionais, pessoais e familiares (nesta ordem de importância). Já os segundos são justificados essencialmente por características pessoais dos adolescentes. Actos ligados a actividades mais responsáveis, como estudo e trabalho, são também citados, ainda que em menor frequência, e a justificação é que os adolescentes se estão a esforçar, desde cedo, para garantir um futuro melhor, uma vez que o Estado e/ou a família não cumprem o seu papel. A prática de actos ilícitos suscitaria, nos adolescentes, sentimentos de tristeza, angústia, medo e abandono. Por outro lado, estudar e trabalhar gera neles sentimentos de segurança, paz e tranquilidade. Quando indagados acerca da forma como os adolescentes enfrentam estas situações, 54% das respostas fazem referência à adopção de estratégias negativas.

Conclusão

Ao nascer, o sujeito é mergulhado num mar de representações que permeiam as relações entre os homens e as coisas, dando sentido a si, ao grupo e ao mundo em que vive. Importa aqui retomar Doise (2002), quando afirma que "relações múltiplas ligam directa ou indirectamente os seres humanos entre si. Entre os diferentes grupos que constituem estas relações não circulam apenas genes, vírus, poluentes, epidemias, bens de consumo, dinheiro, mas também ideias" (p. 15). E essas ideias que circulam dão origem a 'contratos sociais', definidos culturalmente, que permanecem mais ou menos implícitos, e que normalizam diferentes tipos de relações entre as pessoas e as acções de uns sobre os outros.

No âmbito destas ideias, as idades da vida, enquanto conceitos socialmente construídos, tornam-se verdadeiras instituições sociais quando sistematizadas pelas teorias científicas, as quais apresentam os marcos de desenvolvimento de forma sequenciada, ordenada e gradual, rumo a uma competência maior e à maturidade (Almeida, Cunha & Santos, 2004).

Assim ocorre também com os significados que se vinculam às noções de adolescência. Na forma actual de se conceber a adolescência, pensamento social e ciência influenciam-se mutuamente, ao longo da sua recente história, na tarefa de perpetuar a ideia de uma "idade do perigo" que vai marcar a transição entre a infância e a vida adulta. Sobre um pretexto biológico — a puberdade — edifica-se um texto — a crise — construído e partilhado socialmente na cultura ocidental. Neste processo de construção de uma identidade transitória, pautada pela ideia de negação, que caracteriza o adolescente como um não-ser em relação ao adulto, ambos, adolescentes e adultos, ancoram as suas práticas sociais sustentando e afirmando esta negação.

De forma semelhante aos preceitos científicos, nestas ideias, baseadas na lógica do "ainda não é", "ainda não tem", "ainda não faz", a adolescência é retratada como um processo de transição e mudança, durante o qual ocorre um fluxo de aquisições, conquistas e habilidades previstas e esperadas na vida adulta, uma vez que o adolescente "ainda não está" física e psicologicamente preparado para a vida adulta.

Os estudos aqui referidos sobre as representações sociais da adolescência pelos adultos e pelos próprios adolescentes mostraram também a sua associação à transgressão, principalmente o jovem do sexo masculino e pobre. São eles que estão nas ruas, nos viadutos e regiões periféricas da cidade, praticam furtos e roubos e participam do tráfico de drogas, engrossando a fila dos infractores. Para retomar a lógica supracitada, pode-se afirmar que o adolescente é representado, ao lado do "não-ser", como sendo "aquilo-que-não-deveria-ser".

Espera-se ter evidenciado, com a presente reflexão apoiada em estudos empíricos, como a adolescência se constrói e se constitui como realidade social no pensamento quotidiano. Abric (2001) lembra-nos que o carácter social das representações reside no facto delas estarem imersas nas relações sociais e nas práticas específicas de grupos de uma determinada cultura, desde a sua produção. Todavia, não podemos esquecer-nos que as representações sociais também orientam práticas específicas que são dirigidas a um determinado objecto de representação, participando na construção e instituindo-o como um ente objectivado e materializado no quotidiano das pessoas. Como afirma Moscovici (1988, p. 214),

> (...) as representações sociais dizem respeito ao conteúdo do pensamento social e ao conjunto de ideias que dão coerência às nossas crenças religiosas, ideias políticas e associações que fazemos tão espontaneamente quanto respiramos. Elas permitem-nos classificar pessoas e objectos, comparar e explicar comportamentos, e objectivá-los como parte do nosso contexto social.

Referências bibliográficas

Abric, J-C. (2001). Las representaciones sociales: Aspectos teóricos. In J-C. Abric (Ed.), *Prácticas sociales y representaciones*. (pp. 11-32). México: Coyoácan.

Almeida, A. M. O. & Cunha, G. G. (2003). Representações sociais do desenvolvimento humano. *Psicologia: Reflexão e Crítica, 16* (2), 147-155.

Almeida, A. M. O., Cunha, G. G. & Santos, M. F. S. (2004). Formas contemporâneas de pensar a criança e o adolescente. *Estudos: Vida e Saúde, 31* (4), pp. 637-660.

Almeida, A. M. O., Pacheco, J. G. & Garcia, L. F. T. A. (2006). Representações sociais da adolescência e práticas educativas dos adultos. In A. M. O. Almeida, M. F. S. Santos, G. R. S. Diniz & Z. A. Trindade (Orgs.). *Violência, exclusão social e desenvolvimento humano: Estudos em representações sociais* (pp. 135-156). Brasília: EdUnB.

Assis, S., Avanci, J., Silva, C., Malaquias, J., Santos, N. & Oliveira, R. (2003). A representação social do ser adolescente: Um passo decisivo na promoção da saúde. *Ciência e Saúde Coletiva, 8* (3), 669-679.

Bruner, J. (1997). *Realidade mental, mundos possíveis* (M. A. G. Domingues, trad.). Porto Alegre: Artes Médicas.

Cárdenas, C. J. (2000). *Adolescendo: Um estudo sobre a constituição da identidade do adolescente no âmbito da escola.* Tese de Doutoramento não-publicada, Curso de Pós-Graduação em Psicologia, Universidade de Brasília. Brasília, DF.

Claes, M. (1985). *Os problemas da adolescência*. Lisboa: Verbo.

Clémence, A. (2001). Social positioning and social representations. In K. Deaux & G. Philogène (Eds.), *Representations of the social. Bridging theoretical traditions* (pp. 83-95). Oxford: Blackwell.

Doise, W. (2002). *Direitos do homem e força das ideias*. Lisboa: Horizonte.

Doise, W., Clémence, A. & Lorenzi-Cioldi, F. (1992). *Représentations sociales et analyses de données*. Grenoble: PUF.

Erikson, E. (1968). *Identity, youth and crisis*. New York: Norton.

Hall, G. S. (1904). *Adolescence: its psychology and its relations to physiology, anthropology, sociology, sex, crime, religion and education* (Vol. I). New York: Appleton.

Martins, P., Trindade, Z. & Almeida, A. (2003). O ter e o ser: Representações sociais da adolescência entre adolescentes de inserção urbana e rural. *Psicologia: Reflexão e Crítica, 16* (3), 555-568.

Mead, M. (1928*). Coming of age in Samoa*. New York: William Morrow.

Menandro, M. C., Trindade, Z. A. & Almeida, A. M. O. (2003). Representações sociais da adolescência/juventude a partir de textos jornalísticos (1968-1974 e 1996-2002). *Arquivos Brasileiros de Psicologia Aplicada*, http://www.psicologia.ufrj.br/abp/, 55(1), p. 1-13.

Miguel, I., Valentim, J. P. & Carugati, F. (2008). Representações sociais da inteligência e práticas educativas: Apresentação de uma investigação em curso. In A. Caetano, M. Garrido, S. Batel & A. C. Martins (Eds.), *Percursos da investigação em psicologia social e organizacional* (Vol. III, pp. 301-317). Lisboa: Edições Colibri.

Miguel, I., Valentim, J. P. & Carugati, F. (2009). *How is intelligence defined and how can family and school contribute to its development? Educators' and students' social representations*. Comunicação apresentada no 12th JURE Conference, Amesterdão, Países Baixos.

Moliner P. (1996). La structure des représentations sociales. In P. Moliner (Ed.), *Images et représentations sociales* (pp. 51-78). Grenoble: PUF.

Moscovici, S. (1961). *La psychanalyse, son image et son publique*. Paris: PUF.

Moscovici, S. (1988). Notes towards a description of social representations. *European Journal of Social Psychology, 18*, 211-250.

Moscovici, S. (2001). Why a theory of social representations? In K. Deaux & G. Philogène (Eds.), *Representations of the social. Bridging theoretical traditions* (pp. 8-35). Oxford: Blackwell.

Moscovici, S. (2003). *Representações sociais*. Petrópolis: Vozes.

Nápoli, A. K. C., Muniz, F. F., Sousa, G. C., Santos, J. M., Chaves, T. L. M. & Almeida, A. M. O. (1997). *A representação social da gravidez na adolescência*. Relatório de Pesquisa. Brasília: UnB.

Paixão, D. L. L. & Almeida, A. M. O. (2009). *Representações sociais da adolescência: Um estudo com jovens estudantes e Policiais Militares do Distrito Federal*. IV Conferência Brasileira sobre Representações Sociais. Rio de Janeiro: UERJ, 110-111.

Palacios, J. & Oliva, A. (2004). A adolescência e o seu significado evolutivo. In C. Coll, A. Marchesi & J. Palacios (Eds.), *Desenvolvimento psicológico e educação. Psicologia evolutiva* (pp. 309-322) [2nd ed.]. Porto Alegre: Artes Médicas.

Petrillo, G. & Donizzetti, A. R. (2005). Représentations du mineur, de ses droits et du risque psychosocial. *Les Cahiers Internationaux de Psychologie Sociale, 65*, 59-80.

Piaget, J. & Inhelder, B. (1966). *La psychologie de l'enfant*. Paris: PUF.

Pomfret, D. M. (2001). Representations of adolescence in the modern city: Voluntary provision and work in Nottinghan and Saint-Etienne, 1890-1914. *Journal of Family History, 26* (4), 455-479.

Ribeiro, A. & Almeida, A. (2003). Masculinidade: Nova história, velhas representações. In P. Campos & M. Loureiro (Eds.), *Representações sociais e práticas educativas* (pp. 145-167). Goiânia: Editora da UCG.

Salles, L. (1995). A representação social do adolescente e da adolescência: Um estudo em escolas públicas. *Cadernos de Pesquisa, 94*, 25-33.

Steinberg, L. & Lerner, R. M. (2004). A scientific study of adolescence. A brief history. *Journal of Early Adolescence, 24*, (1), 45-59.

Valentim, J. P. (2003). *Identidade e lusofonia nas representações sociais de portugueses e africanos*. Tese de Doutoramento. Coimbra: FPCE-UC.

9

Os *media* e a identidade adolescente *

Michael Morgan

> "Os *media* que usamos e as histórias que contam ajudam a definir quem somos."
> (Mastronardi, 2003, p. 89)

Os *media* e as tecnologias da comunicação desempenham um papel cada vez mais complexo e crítico no desenvolvimento da identidade dos adolescentes. Nos nossos dias, as transformações em curso e a expansão da tecnologia mediática fizeram com que a adolescência seja um fenómeno muito diferente daquilo que representava para as gerações anteriores. Os *media* da primeira metade do século XX — o cinema, a rádio, a banda desenhada e as revistas — forneciam modelos populares do comportamento e estilo adolescentes, assim como ajudavam a imbuí-los de uma identidade partilhada e própria dos que integram um certo gosto cultural. Numa fase seguinte, a ascensão da televisão revolucionou o processo de socialização; durante décadas, as crianças cresceram em lares em que a televisão estava ligada muitas horas por dia, e todos os dias, o que significa que os pais dos adolescentes de hoje não conheceram nunca um mundo sem televisão. Num contexto como este, o fluxo massivo de

---

* Tradução de Carlos Sousa Reis.

imagens populares, representações e modelos simbólicos disseminados pela televisão são os principais responsáveis pela conformação profunda do que os jovens pensam acerca do mundo e de como se percebem a si mesmos na sua relação com ele.

No século XXI, as implicações dos *media* para o desenvolvimento da identidade dos adolescentes está a ser dramaticamente transformada, tomando sentidos que ainda só começamos a entender. A televisão e os outros meios tradicionais continuam a desempenhar papéis muito importantes, mas o processo global de desenvolvimento da identidade tornou-se muito mais intrincado, multidimensional, permeável e complexo no novo contexto dos *media* digitais.

A penetração dos *media* e a extensão em que as suas narrativas infiltram a vida familiar, a interacção entre pares, bem como todo o processo de crescimento, fazem com que os jovens tenham hoje, muito mais do que noutros tempos, experiências vicariantes (e contudo, *vívida*s e "realistas") acerca das outras pessoas e dos seus papéis. Os *media* fornecem uma quantidade extraordinária de exemplos de diferentes tipos de pessoas comportando-se de formas variadas em situações diversificadas. Contudo, subjacente ao aparente vasto fluxo de imagens, existem padrões sistemáticos de inclusão e exclusão, assim como convenções e estereótipos, que reflectem a ideologia e o poder social estabelecidos.

Tudo isto tem, por certo, implicações significativas para os jovens que se encontram numa fase de luta pela construção de uma identidade. Desde a sua invenção, há mais de cem anos, a "adolescência" nunca foi vista como um período fácil, quer emocional, quer social ou fisicamente; supostamente, será hoje mais complexa e desafiadora do nunca. Segundo Erikson (1959, 1968), a transição bem sucedida da adolescência para a adultez depende da formação de um sentido de identidade coerente, que é algo que não constitui uma tarefa fácil. Os meios de comunicação de massas oferecem grandes vias atractivas para suavizar as pesadas e perturbantes tensões deste estádio do desenvolvimento — definições amplamente compartilhadas do gosto, estilos, valores, modelos de personalidade, papéis e certos sinais de definição identitária. O facto de que aquilo que providenciam sejam *representações mediatizadas* não é especialmente importante neste contexto, pois importa pouco que os jovens percebam essas imagens como verdadeiras ou falsas, realistas ou ficcionais. Cada exposição, a cada modelo veiculado pelos meios de comunicação, fornece um guia potencial para o comportamento e as atitudes, uma fonte potencial para a identificação, um exemplo humano que os adolescentes (e adultos) podem usar — seja em concordância com o modelo, seja em manifesta contradição com ele, seja conscientemente ou não — para definirem e construírem a sua identidade. Contudo, como Rivadeneyra, Ward e Gordon (2007) notam, "os adolescentes podem também ser vulneráveis às mensagens mediáticas porque se encontram num estádio crítico de auto-avaliação e de auto-definição... Durante este período, o auto-conceito individual é instável e vacila muitas vezes perante os desafios da exploração da identidade" (p. 266). E é isto que faz do impacto dos *media* sobre o desenvolvimento da identidade dos adolescentes algo especialmente delicado e multifacetado.

O que é a identidade?

A "identidade" não é, de modo algum, um conceito novo. Porém, recentemente, assumiu novas proporções psicológicas, sociais e políticas, e novas dimensões de sentido. Quando se usa o termo "identidade" no contexto comum do nosso quotidiano este parece razoavelmente claro e isento de ambiguidade. Contudo, à semelhança do que acontece com muitos outros conceitos, sob escrutínio mostra-se uma noção fugidia, problemática e até contraditória.

Tendemos, de modo usual, a pensar a "identidade" como algo que se situa no plano individual, constituindo um profundo e global sentido de si mesmo, que se mantém, relativamente, fixo e estável uma vez atingido, reconhecido, ou descoberto. Pode "descobrir-se" a identidade pela maturação, pela introspecção profunda, ou pela "exploração espiritual". No entanto, de modo algo paradoxal, a identidade pode também ser externa e socialmente definida; é possível alguém "adoptar" uma identidade por meio da identificação com uma pessoa ou grupo. Existe, portanto, uma curiosa tensão entre os aspectos pessoal e social da identidade, na medida em que ela parece ser formada tanto por elementos da personalidade como do papel social. Embora se assuma que a identidade é o que faz de alguém "único" (cada identidade é, presumivelmente, diferente de todas as outras; sendo vista como algo profundo, inefável e pessoal), pode ao mesmo tempo ser, muito fortemente, associada à pertença (ou falta dela) a um determinado grupo, religião, ou nacionalidade. Foi dentro destes parâmetros que Tajfel (1978) desenvolveu um elaborado quadro teórico para se estudar a "identidade social" como distinta da "identidade pessoal", baseada nos traços, na aparência e em várias outras características (*vd.* tb. Robinson, 1996). Temos, por isso, que reconhecer que a identidade requer tanto a individuação como a relacionalidade (Josselson, 1980).

Existem temas familiares provenientes das fábulas e mitos, assim como exemplos da vida quotidiana relativos à "procura" da identidade pessoal, procurando resolver o enigma de "quem realmente sou". O êxito nesta busca é considerado algo de essencial; não ter uma identidade ou ter uma "crise de identidade" (enfermidade alegadamente comum na adolescência) perspectiva-se como um estado pouco invejável. Ora, nada disto pode tomar-se como algo fácil de resolver. Segundo Ezra Pound,

> A verdadeira meditação é... a meditação sobre a nossa identidade. Ah, voilà une chose!! Experimente-o. Experimente descobrir por que você é você e não outro qualquer. Mas quem é que você é afinal? Ah, voilà une chose! (Andrews, 1993, p. 438).

Em última instância, a "identidade" — como um certo sentido da nossa "pessoalidade" — não pode considerar-se um fenómeno interno fixo. Pelo contrário, refere-se a um *processo* sociocultural dinâmico, cambiante e contínuo. A identidade é fluida, em parte situacional e, portanto, constantemente em construção, negociação e modificação. Enquanto processo é tão activamente construído como expresso — e vice-versa.

É neste sentido que devemos entender a identidade como algo multidimensional; algo definido, moldado e transformado por um vasto número de factores: físicos, sexuais, emocionais, religiosos, raciais, étnicos, institucionais, familiares e muitos mais. Num dado momento ou local, pode privilegiar certos descritores pessoais ou qualidades: "gordo", "engraçado", "esperto", "inestético", "nervoso", "sociável", "reflectido", "atlético", entre muito outros possíveis. Ou seja, pode ser fortemente conformada por diversas características sócio-demográficas (das quais algumas serão mais alinhadas, estáveis ou mutáveis do que outras), incluindo o género, a sexualidade, a idade, a classe, a religião, a etnicidade, a nacionalidade, ou a raça. Pode também sobrepor-se com qualquer tipo de papel que se esteja a desempenhar num dado momento — mãe, sobrinho, estudante, comprador, membro de uma equipa, coleccionador de selos, passageiro, eleitor e por aí fora.

As componentes da identidade são activamente formadas e reestruturadas nas interacções sociais com a família, os amigos, os pares, as autoridades, entre outros, assim como com base nas imagens e valores mediáticos. De facto, uma vez que os *media* influenciam o modo como os outros nos tratam, enquanto grupo de características demográficas e culturais, as interacções sociais são em parte resultado das ideias partilhadas ou estereótipos que os *media* fornecem. Esta influência não é, obviamente, nem literal, nem simples. A identidade pode ser definida por oposição ou em coerência com os populares e vívidos estereótipos mediáticos. Em conclusão, a ausência de uma linha precisa de causalidade, tal como acontece em muitas áreas da pesquisa sobre os efeitos mediáticos, torna a análise da influência dos *media* sobre a identidade dos adolescentes algo muito complexo.

Os *mass media* e a identidade

Nunca é demais sublinhar a importância que a televisão tem no quotidiano dos adolescentes. Na infância passa-se mais tempo a ver televisão do que na escola. Embora nenhuma imagem, programa ou actividade altere necessariamente a consciência ou influencie directamente o comportamento, a quantidade e a redundância das imagens mediáticas são, sem dúvida, constitutivas da experiência global que é crescer. Tal como diz Comstock (1993),

> ... a influência [da televisão] não está em afectar a forma como as pessoas se comportam, mas naquilo em que elas pensam. Os *media* são uma força sociocultural não porque as pessoas sejam o que vêem, mas porque aquilo que vêem e discutem constitui uma parte importante da sua experiência. (p. 118).

Esta experiência acumulada contribui para o cultivo de certos valores, crenças, sonhos e expectativas que, com o tempo, vão conformando a identidade. Resumindo, o contributo potencial dos *media* para o desenvolvimento da identidade é imenso (Swidler, 1986).

Durante a adolescência, a presença e a influência directa dos pais, irmãos e outros membros da família vai diminuindo à medida que os adolescentes procuram independência e autonomia. É neste período que os jovens tentam definir-se a si mesmos fora do contexto parental e familiar (Steinberg & Silverberg, 1986). Este é também o tempo em que, embora o ver televisão decaia, os adolescentes se dedicam a ouvir muita música da moda, frequentam mais o cinema do que qualquer outro segmento da população e, no caso das raparigas norte-americanas, compram mais de quatro milhões de revistas para adolescentes por mês. Em paralelo com tudo isto, verifica-se que as interpretações dos conteúdos mediáticos e as implicações destes conteúdos para o desenvolvimento identitário variam sistematicamente em função da idade e do estádio desenvolvimental (Granello, 1997).

A fase inicial da adolescência marca o começo do sentido autónomo de si. Os valores e crenças dos adolescentes começam então a definir-se como apenas seus, de modo separado e talvez mesmo contra os dos seus pais. Os *media* contribuem, de formas muito variadas, para este processo.

Padrões multidireccionais

Os *media* desempenham um papel recíproco e multifacetado no decurso do processo de desenvolvimento identitário dos jovens. Esta é uma área em que, na verdade, todas as problemáticas relativas aos usos dos *media*, às suas funções, impactos e modos de recepção, se intersectam dinamicamente.

Os adolescentes são um alvo crítico para muitos *media* — a rádio, a televisão, o cinema, as revistas e muito outros. Os personagens jovens da moda dominam os programas da TV e do Cinema, em grande medida devido às tentativas dos produtores atraírem o lucrativo mercado jovem a que os publicitários querem chegar. Os membros das audiências jovens recebem muitas lições dos retratos que resultam destes imperativos comerciais, na medida em que as figuras mediáticas, as celebridades, as estrelas e personagens surgem como ícones dignos de emulação. Os modelos mediáticos fornecem não só inumeráveis elementos de estilo, formas de comportamento, de se apresentar e fazer valer que podem ser incorporadas na identidade pessoal, como também definem e perpetuam categorias sociais comuns. Um espectador pode, por exemplo, aprender uma definição do que é ser uma jovem negra ou um trabalhador branco. Além disso, estes elementos podem guiar os nossos esquemas e expectativas sobre como lidar com diferentes tipos de pessoas, podendo, por isso, contribuir indirectamente para a definição da identidade alheia. Os jovens podem aceitar ou rejeitar estas representações, mas não podem esquivar-se a lidar com elas.

As narrativas televisivas e dos *media* associados demonstram certos modos de resolver problemas, comportando ensinamentos sobre o que funciona ou não e para quem. Estas narrativas ilustram como são os "miúdos populares", quem é bem sucedido e quem não é. Elas oferecem modos de agir, de se envolver na interacção social e de pensar sobre si próprio, que ajudam a definir o tipo de "self" que cada um escolhe construir. As narrativas que são de todas as mais pressionantes e imediatistas — i. e., as da publicidade — promovem um sentido de si e da identidade que só pode ser obtido através do consumo. Talvez que a mensagem mais dominante dos *media* comerciais seja a de que a actualização do "self" depende inteiramente dos produtos que compramos. O consumo aparece--nos não só como capaz de satisfazer os nossos desejos mais profundos, mas também como capaz de resolver quase todos os problemas; e é ainda por seu intermédio que podemos saber quem somos.

Não se trata simplesmente de reconhecer que os *media* afectam o desenvolvimento da identidade dos jovens através do estabelecimento e da glorificação de certos papéis e mercadorias. É ainda importante sublinhar que os jovens também usam os *media* para se definirem a si mesmos e definirem um sentido para as suas vidas. Por isso importa notar que, tal como aponta Arnett (1995), a "formação da identidade" constitui um dos cinco usos dominantes que os adolescentes fazem dos *media* (sendo os restantes quatro o divertimento, as sensações fortes, o relacionamento e a identificação cultural juvenil).

Além disto, as escolhas mediáticas "podem ser uma expressão pessoal do desenvolvimento da identidade adolescente" (Huston, Wartella & Donnerstein, 1998, p. 11). As preferências mediáticas constituem uma espécie de emblema identitário que os jovens usam para se definirem, tanto para si mesmos como para os outros. Estas preferências e hábitos significam a pertença a várias culturas do gosto que unem (ou dividem) os adolescentes em diferentes subculturas e grupos de pares, bem distintos dos das crianças e adultos. Poderá tratar-se aqui de subculturas opostas, como no caso dos "delinquentes mediáticos" (Roe, 1995), ou do resultado de estratégias de marketing, meticulosa e eficientemente elaboradas. Em qualquer dos casos, o uso dos *media* funciona em si mesmo como uma mercadoria, como um sinal de pertença grupal, de estilo e expressão de valores. A música, por exemplo, é "importante para os adolescentes porque os ajuda a definir o seu *self* público fora da família" (Larson, 1995, p. 543). De modo semelhante, ver certos programas em companhia dos colegas pode fomentar a identidade grupal (Granello, 1997). Além de fornecer uma moeda de troca para a conversação quotidiana, as escolhas mediáticas específicas que as crianças e os jovens fazem representam um aspecto integral da auto-definição de si — tanto para si como para os outros.

O género: a aprendizagem dos papéis da masculinidade e da feminilidade

Os *media* são uma fonte contínua de informação sobre as distinções de género, de onde jorra um fluxo ininterrupto de modelos normativos do comportamento masculino e feminino. Apesar do progresso registado ao longo dos tempos, verifica-se que, em geral, pelo menos no respeitante ao horário nobre da televisão norte-americana, os personagens masculinos aparecem duas ou três vezes mais, enquanto os femininos são geralmente mais novos, embora desempenhando papéis tradicionais e estereotipados. A pesquisa relativa aos papéis de género descobriu que os jovens replicam as expectativas típicas apresentadas nos *media*, quando se lhes pergunta sobre os modos apropriados para rapazes e raparigas (Signorielli & Lears, 1992). A televisão pode também fortalecer a consistência entre as atitudes de género dos adolescentes a respeito dos seus modos e o seu comportamento real no seio da família (Morgan, 1987). O contributo da televisão para a disseminação e manutenção dos papéis de género tradicionais tem sido estudado ao longo do tempo em estudos longitudinais e em diversos contextos culturais (Morgan, 1982, 1990). O trabalho etnográfico (Milkie, 1994) mostrou como os adolescentes produzem sentido a propósito dos papéis de género instituídos a partir dos conteúdos mediáticos; por exemplo, os rapazes reproduzem certos sentidos a respeito do género por referência a "cenas... que incorporam a cultura masculina tradicional, identificando-se com os modelos de masculinidade veiculados pelos *media* e atribuindo-lhes certas noções estereotipadas de género" (p. 354).

Além da televisão, também as revistas e a música registaram um aumento quanto à importância que os jovens adultos lhes atribuem para explorarem diferentes possibilidades de identidade de género. Duke e Kreshel (1998) descobriram que as jovens adolescentes usam as revistas juvenis para definirem o seu entendimento sobre o que significa ser mulher. A feminilidade foi largamente definida nas revistas com base na aparência física e no sucesso das jovens no domínio das relações com outras raparigas e rapazes. As revistas fornecem também algumas ideias sobre as necessidades e desejos dos rapazes, assim como sobre o modo como as raparigas podem satisfazê-los. Estas representações servem para reproduzir as trajectórias de género dominantes e contribuem para um contexto cultural dentro do qual as jovens tendem a identificar o seu papel de mulher como determinado, em parte, pelo modo como agradam aos homens e como sabem tornar-se fisicamente atraentes. Globalmente, portanto, parece que os adolescentes não só aprendem as normas culturais relativas ao género a partir dos *media*, como também os usam para validarem a sua identidade de género (Steele & Brown, 1995).

A sexualidade

Os *media* têm, potencialmente, um vasto impacto sobre o desenvolvimento da percepção que os adolescente têm acerca da sua identidade sexual. Os jovens são imensamente curiosos sobre o tema do sexo — não só sobre os seus aspectos biológicos e físicos, mas também sobre as suas implicações emocionais e sociais — e, contudo, os progenitores e os educadores mostram-se, na melhor das hipóteses, inconsistentes no fornecimento de informação adequada. Isto faz com que os pares e os *media* sejam as suas fontes cruciais, quase que por defeito (Brown, Walsh-Childers & Waszak, 1990; Huston, Wartella & Donnerstein, 1998). A televisão e os outros *media* podem, pois, desempenhar um papel central quanto à emergência e definição das percepções sexuais, bem como quanto ao que se assume e os conhecimentos disponíveis (Singletary, Ziegler, Reid & Milbourne, 1990), especialmente na medida em que lhes cabe normalizar certos modos culturalmente definidos do género e da sexualidade (Williams, 1996).

Embora as inferências acerca da direcção causal sejam muito fracas, é mais provável que os adolescentes que vêem conteúdo sexual televisivo tenham tido já relações íntimas e/ou de coito (Brown, White &

Nikopoulou, 1993; Ward & Rivadeneyra, 1999). Além disso, os espectadores adolescentes de vídeos musicais são mais passíveis do que os não espectadores de aceitarem sexo pré-marital (Greeson & Williams, 1987; Strouse, Buerkel-Rothfuss & Long, 1995). Mas, estranhamente, certas consequências como a gravidez e as doenças sexualmente transmitidas raramente são referidas nas descrições mediáticas do sexo.

Uma das lições mais generalizadas pelos *media* diz respeito à ideia de que a atracção sexual constitui um trunfo decisivo (Ward, 1995). Isto convida (e até exige) as comparações da auto-imagem com o corpo "ideal" definido pelos *media*. Tais comparações só serão favoráveis a poucos adolescentes. Os corpos perfeitos que enchem os *media* — impressos e electrónicos, os programas e os anúncios, de todos os tipos — são um elemento chave das estratégias de *marketing* que recorrem ao corpo (especialmente o feminino) para atraírem audiências e vender bens. Estas imagens podem contribuir para o desenvolvimento de sentimentos de inadequação, isolamento e auto-rejeição, especialmente entre os jovens que se sentem vulneráveis e inseguros quanto às muitas mudanças físicas e sociais que estão em curso nas sua vidas. Elas podem até contribuir para certas perigosas perturbações alimentares. As raparigas, muito em particular aquelas com peso a mais, podem ser susceptíveis a tais consequências. Claro que, como em qualquer outra área onde se consideram os efeitos mediáticos, não se pode admitir que semelhantes resultados sejam automáticos ou uniformes, senão que dependem de uma grande variedade de factores pessoais e sociais (Henderson-King & Henderson-King, 1997).

Os estudos de conteúdo revelam não apenas um grande volume de conteúdo sexual, mas também padrões muito específicos. "O sexo nos *media*" é sobretudo o sexo heterossexual entre parceiros não casados. Este é, de longe, o mais frequente tipo de representação sexual. Em consequência, embora a heterossexualidade seja um hábito profundamente enraizado, a verdade é que os *media* têm um papel determinante na perpetuação da sua assunção (Herek, 1992). Isto coloca os adolescentes não heterosexuais numa situação similar à dos membros de certos grupos étnicos minoritários: tornam-se invisíveis, são destituídos de poder e ficam sem qualquer modelo que lhes possa servir para estruturarem a sua identidade (Gross, 1994).

Poucos grupos sociais experienciam uma tensão tão forte sobre a sexualidade como os dos adolescentes homossexuais e das lésbicas. Como notam Kielwasser and Wolf (1994), "os jovens homossexuais e as lésbicas não são só excluídos da representação televisiva, eles também nunca são referidos como membros da audiência" (p. 66). Estes autores mostram ainda que, embora os adultos homossexuais e as lésbicas possam "desconstruir subversivamente" os textos heterossexistas, os jovens homossexuais podem não ter a capacidade desenvolvimental nem a experiência de vida suficiente para o fazerem.

As representações relevantes para a identidade sexual estão estreitamente entretecidas com muitos outras dimensões das representações mediáticas e são os complexos e coerentes arranjos resultantes que devem ser tomados em consideração ao tentarmos compreender qual será o papel dos *media* no desenvolvimentos da identidade adolescente.

Raça/Etnicidade

Os *media* raramente criam estereótipos raciais ou étnicos (na verdade, muitos deles possuem raízes históricas profundas), mas desempenham um papel significativo na repetição, normalização e perpetuação de muitas imagens negativas de grupos específicos, algo que pode ter implicações cruciais para o modo como os adolescentes se vêem a si mesmos. No mundo mediático, aqueles que não são representados não existem; e a invisibilidade indica a ausência de poder social (Gross, 1994). Os adolescentes que não encontram personagens iguais a si na televisão aprendem uma lição fundamental sobre a importância do seu grupo na sociedade. As minorias étnicas são tipicamente associadas na televisão norte-americana com o crime, a violência, o abuso de álcool e drogas e o desemprego.

Os adolescentes das minorias preferem muitas vezes ver os programas que apresentam os membros dos seus grupos étnicos (Greenberg & Brand, 1994). Esta atracção por personagens com identidades sociais semelhantes é especialmente pronunciada entre aqueles que se identificam fortemente como membros de grupos sociais específicos, de modo que o desejo de apoiar a identidade social pode dirigir as escolhas de visionamento (Harwood, 1999). Por isso, o desenvolvimento da identidade pode ser especialmente precário, e o papel dos *media* especialmente significativo no caso dos grupos minoritários que quase parecem invisíveis no mundo da televisão, como, nos E.U.A., os Latinos, os Asiáticos e os Americanos Nativos. Os jovens que pertencem a estes e outros grupos negligenciados, procurando em vão encontrar programas que apresentem personagens parecidos consigo, têm uma ampla oportunidade de absorver a mensagem de que a cultura maioritária não os valoriza muito. Rivadeneyra, Ward, and Gordon (2007), por exemplo, descobriram que os adolescentes Latinos que vêem mais conteúdo da televisão da corrente dominante (dominada por caucasianos atractivos) têm menos confiança em si próprios; o que quer dizer que a invisibilidade dos personagens Latinos parece minar a sua auto-estima.

Os novos *media* e a identidade dos adolescentes

A explosão da tecnologia dos computadores, tal como aconteceu anteriormente com a televisão, está a transformar a experiência adolescente. Os novos *media* oferecem novos modos de apresentação pessoal e de interacção social, a par de novas oportunidades de experimentação, exploração e teste dos limites. Estes modos podem ajudar a resolver — ou intensificar — as tensões em curso entre as dimensões pessoais e sociais da "identidade". O modo como as tecnologias mediáticas podem influenciar o entendimento que os adolescentes têm de si e do mundo em que vivem é um importante território ainda por mapear, que só agora começou a ser explorado.

O trabalho inicial que se desenvolveu nesta área apoiou-se na teoria pós-moderna que procura perceber as formas pelas quais experimentamos a identidade no contexto da comunicação *online* (e. g., Haraway, 1991). Alguns autores sugeriram que o ciberespaço desafia a nossa confiança na comunicação presencial, estabilizada quanto ao género, o sexo, a classe, a raça e outras identidades, permitindo-nos experienciar a fluidez e a multipicidade da construção da identidade.

Turkle (1995, p. 26) observou que "Nós estamos a usar a vida nos ecrãs de computador para nos adaptarmos a novas formas de pensar a evolução, o relacionamento, a sexualidade, a política e a identidade."

Quando os *chat rooms*[1] começaram a aparecer, muitos foram usados pelo simples facto de que ofereciam uma oportunidade para jogar com o disfarce da identidade por meios nunca antes acessíveis. As possibilidades

---

[1] Espaços virtuais de conversação (N. T.).

dos *media* populares elevaram sensacionalmente a dimensão em que os adolescentes pretendem *online* ser alguém que não são. A investigação sugere que isto, de facto, não é uma actividade comum; mas quando, na verdade, ocorre, os jovens tendem sobretudo a apresentar-se a si mesmos como mais velhos do que realmente são (Gross, 2004). Pretender ser alguém de outro género ou identidade sexual é muito raro, e é mais frequentemente feito a título de brincadeira entre amigos do que como uma tentativa séria de ser tomado por uma pessoa diferente.

Quando não se trata de brincadeira, os adolescentes fazem experiências *online* de adopção de identidades com o propósito de auto-exploração — "para explorar como os outros reagem" (Valkenburg, Schouten & Peter, 2005). As raparigas e os jovens adolescentes comprometem-se nestes comportamentos mais amiúde, enquanto que, em contraste, os adolescentes mais velhos gastam o tempo *online* sobretudo a interagir com os amigos mais íntimos.

"A exploração de possibilidades" de identidade é uma marca da adolescência. Os novos *media* facilitam esta exploração numa escala sem precedentes, não só através das salas de *chat*, como também ainda através da construção de páginas *Web* pessoais (Stern, 2004). As páginas pessoais

> Constituem um espaço comparativamente seguro para a experimentação ter lugar na privacidade do quarto de cada um ou de uma sala pública de computadores. E, no entanto, em simultâneo, oferecem a perspectiva pouco habitual de uma grande audiência. Ora, isto permite que os autores possam receber dos visitantes *feedback* sobre as suas páginas, o que os ajuda a configurar as suas identidades, em grande medida do mesmo modo que Erikson dizia ser o caso das interacções sociais *offline* (Stern, 2004, p. 220).

Os novos *media*, como as redes sociais virtuais, reconstruíram os modos como os adolescentes interagem com os pares e ainda lhes conferem grandes novos recursos para se definirem a si mesmos perante os outros (permitindo-lhes uma fácil e completa forma de reverem as suas apresentações do *self*). Isto significa que os novos *media* representam um mecanismo crítico da formação da identidade (cf. Livingstone, 1998).

A própria tecnologia que oferece uma forma fácil de edição e modificação das características visuais e sonoras também proporciona um meio para — podendo até encorajar — os adolescentes a "repetidamente se reinventarem" (Stern, 2004, p. 222). Por seu intermédio, os adolescentes podem "experimentar", as vezes que quiserem, personalidades totalmente diferentes e ver como lhes "assentam". Até a própria escolha do *sítio* ou serviço a usar para estes propósitos (*e. g.*, *MySpace* vs. *Facebook*) envia uma poderosa mensagem sobre a auto-apresentação dirigida aos outros.

Os adolescentes mais novos diferem dos mais velhos pela forma como constroem as suas identidades virtuais. Livingstone observa que "enquanto os jovens adolescentes apreciam as oportunidades para recriarem uma identidade muito ornamentada e estilisticamente elaborada, os mais velhos preferem uma estética plana que privilegie os laços estabelecidos com os outros, expressando pois uma noção de identidade vivida num quadro de relações autênticas" (2008, p. 393). À medida que os adolescentes amadurecem, a identidade fundada na aparência "é gradualmente substituída pela construção mútua entre os pares de uma noção de identidade por meio da ligação" (Livingstone, 2008, p. 402).

Os *sítios* de estabelecimento de redes sociais têm, como se pode ver, implicações tanto para a identidade pessoal como para a social, os utilizadores "podem colocar material relativo às suas predilecções pessoais mas também incluir conteúdo que funciona como um emblema grupal" (Barker, 2009, p. 209). Em sentido lato, estes *media* podem ser usados para perpetuar como para resistir às estruturas de poder dominantes. Por exemplo, Gajjala (2007) verificou que os adolescentes americanos de ascendência Mexicana usam a rede social virtual *MySpace.com* para construírem identidades que "em simultâneo reproduzem e contestam os estereótipos que lhes dizem respeito" (p. 1).

A *Internet* proporciona aos adolescentes uma ampla gama de oportunidades para explorarem temas sexuais, bem como um acesso sem precedentes às imagens e materiais sexualmente explícitos. Os adolescentes usam os *chats* "para difundir as preocupações adolescentes sobre a sexualidade e desenvolver estratégias criativas para trocar com os seus pares informação sobre a identidade (Subrahmanyam, Greenfield & Tyne, 2004, p. 651). Peter and Valkenburg (2008) examinaram a ligação entre a exposição dos adolescentes ao conteúdo sexual na *Internet* e a socialização sexual a partir de um quadro de desenvolvimento da identidade. O seu estudo de adolescentes holandeses descobriu que aqueles que mais se expõem aos materiais sexualmente explícitos da *Internet* são em simultâneo os mais sexualmente incertos (menos propensos a sentir as suas crenças sexuais e valores como fixos), e os mais favoráveis à exploração sexual sem compromissos. A *Internet* pode desempenhar um papel especialmente importante na exploração da identidade sexual entre as lésbicas, homossexuais e bissexuais adolescentes (Bond, Hefner & Drogos, 2009).

Conclusões

Os *mass media* desempenham um papel importante a respeito do modo como os adolescentes acabam por se ver a si mesmos, em relação com o mundo em geral, a propósito do género, da sexualidade, da imagem corporal, da raça, da etnicidade e muito mais. A televisão fornece um interminável fluxo de modelos e um massivo fluxo de vívidas lições sobre diferentes tipos sociais. Estas lições contribuem para a forma como os adolescentes se definem, bem como para o modo como são tratados pelos outros. É claro que a relação *media*/identidade não é via de sentido único; o conteúdo mediático contribui para a definição da identidade, mas a identidade também configura a forma como seleccionamos e respondemos ao conteúdo dos *media* (Cohen, 1991; Davis & Gandy, 1999).

Os novos *media* alargaram e aprofundaram o papel da tecnologia da comunicação na vida dos adolescentes reconstruindo os seus modos de participação nos grupos sociais imediatos, em especial no que toca ao relacionamento interpares. Os *sítios* das redes sociais vieram, aliás, facilitar aos adolescentes o processo de construírem e reverem as suas identidades.

Muitas, se não todas, as funções comunicacionais dos computadores estão hoje disponíveis nos telemóveis. Os telemóveis tornaram-se o novo *email* dos adolescentes, que os usam frequentemente, sobretudo, mais para se corresponderem textualmente com os amigos do que para falarem com eles. No início de 2009, os adolescentes nos E.U.A. estavam a mandar e receber uma média de quase 3000 mensagens de texto por mês — perto de 100 por dia — em comparação com as menos de 200 chamadas vocais por mês (Nielsen, 2009). Actualmente, os telemóveis permitem aos adolescentes o envolvimento numa vasta gama de interacções mediatizadas com os pares — agora, a partir de virtualmente quase qualquer local e a qualquer momento — produzindo, por isso, em simultâneo, uma cultura juvenil e uma identidade grupal baseadas na fluência tecnológica e oferecendo oportunidades de telecomunicação mais frequentes para a construção da identidade pessoal e social. Através de formas de uso (que vão do envio de texto à insinuação erótica mediatizada — uma actividade em que, alegadamente, se envolvem 20% dos adolescentes), e um crescente espectro de aplicações (incluindo a pesquisa na Web, a música, a fotografia, o visionamento e o descarregamento de vídeos, o GPS, e muito mais), os telemóveis tornaram-se um apetrecho incondicional da adolescência, um equipamento indispensável de que um adolescente efectivamente necessita para interagir socialmente ou fazer parte de um grupo.

Livingstone argumenta que "para o adolescente de hoje, a actualização pessoal inclui cada vez mais uma cuidadosa negociação entre as oportunidades (de identidade, intimidade, sociabilidade) e os riscos (a respeito da privacidade, da incompreensão, do abuso) suportada pela comunicação mediada pela internet" (2008, p. 407). Isto aplica-se agora também aos telemóveis. Acontece que, dada a grande mobilidade e privacidade (de relativa imunidade face à supervisão) que estes oferecem, tanto as oportunidades como os riscos podem ser muito ampliados.

A tecnologia está a desenvolver-se tão rapidamente que até a investigação mais recente fica desactualizada num ápice. A ênfase posta no uso adolescente dos *chats* e MUDS de há uns poucos anos atrás foi substituída pela investigação acerca de *sítios* das redes sociais, tais como o *MySpace*, o *Facebook* e as novas aplicações como o *Twitter*. É difícil imaginar as mudanças que as próximas duas décadas nos trarão; sejam quais forem, é certo que criarão novos desafios à nossa capacidade de investigar o papel dos *media* no desenvolvimento da identidade dos adolescentes.

Bibliografia

Andrews, R. (1993). *The Columbia dictionary of quotations*. New York: Columbia University Press.

Arnett, J. (1995). Adolescents' uses of media for self-socialization. *Journal of Youth and Adolescence, 25*, 519-534.

Bond, B. J., V. Hefner, & K. L. Drogos (2009). Information-seeking practices during the sexual development of lesbian, gay, and bisexual individuals: The influence and effects of coming out in a mediated environment. *Sexuality & Culture, 13*(1), 32-50.

Brown, J. D., Walsh-Childers, K. & Waszak, C. S. (1990). Television and adolescent sexuality. *Journal of Adolescent Health Care, 11*, 62-70.

Brown, J. D., White, A. B. & Nikopoulou, L. (1993). Disinterest, intrigue, resistance: Early adolescent girls' use of sexual media content. In B. S. Greenberg, J. D. Brown & N. L. Buerkel-Rothfuss (Eds.), *Media, sex and the adolescent* (pp. 183-195). Hillsdale, N.J.: Lawrence Erlbaum.

Cohen, J. R. (1991). The "relevance" of cultural identity in audiences' interpretations of mass media. *Critical Studies in Mass Communication, 8*, 442-454.

Comstock, G. (1993). The role of television in American life. In G. L. Berry & J. K. Asamen (Eds.), *Children & television: Images in a changing sociocultural world* (pp. 117-131). Newbury Park.: Sage.

Davis, J. L. & Gandy, O. (1999). Racial identity and media orientation. *Journal of Black Studies, 29*, 367.

Duke, L. L. & Kreshel, P. J. (1998). Negotiating femininity: Girls in early adolescence read teen magazines. *Journal of Communication Inquiry, 22*(1), 48-71.

Erikson, E. H. (1959). *Identity and the life cycle*. New York: International Universities Press.

Erikson, E. H. (1968). *Identity: Youth and crisis*. New York: Norton.

Gajjala, R. (2007, May). *Race and ethnicity in myspace: Producing identity as interface*. Paper presented at the annual conference of the International Communication Association, San Francisco.

Granello, D. H. (1997). Using "Beverly Hills, 90210" to explore developmental issues in female adolescents. *Youth & Society, 29*, 24-54.

Greenberg, B. S. & Brand, J. E. (1994). Minorities and the mass media: 1970s to 1990s. In J. Bryant & D. Zillman (Eds.), *Media effects: Advances in theory and research* (pp. 273-314). Hillsdale, NJ: Erlbaum.

Greeson, L. E. & Williams, R. A. (1987). Social implications of music videos for youth: An analysis of the content and effects of MTV. *Youth & Society, 18*, 177-189.

Gross, E. F. (2004). Adolescent internet use: What we expect, what teens report. *Journal of Applied Developmental Psychology, 25*(6), 633-649.

Gross, L. (1994). What is wrong with this picture? Lesbian women and gay men on television. In R. J. Ringer (Ed.), *Queer words, queer images: Communication and the construction of homosexuality* (pp. 143-156). New York: New York University Press.

Haraway, D. (1991). A cyborg manifesto: Science, technology, and socialist-feminism in the late twentieth century. In *Simians, cyborgs and women: The reinvention of nature* (pp. 149-181). New York: Routledge.

Harwood, J. (1999). Age identification, social identity gratifications, and television viewing. *Journal of Broadcasting & Electronic Media, 43*, 123-133.

Henderson-King, E. & Henderson-King, D. (1997). Media effects on women's body esteem: Social and individual difference factors. *Journal of Applied Social Psychology, 27,* 399-417.

Herek, G. M. (1992). The social context of hate crimes: Notes on cultural heterosexism. In G. Herek & K. Berril (Eds.), *Hate crimes: Confronting violence against lesbians and gay men* (pp. 89-104). Newbury Park: Sage Publications.

Huston, A. C., Wartella, E. & Donnerstein, E. (1998, May). *Measuring the effects of sexual content in the media: A report to the Kaiser family foundation.* Menlo Park, CA: Kaiser Family Foundation.

Josselson, R. (1980). Ego development in adolescence. In Adelson, J. (Ed.), *Handbook of adolescent psychology* (pp. 140-167). New York: Wiley.

Kielwasser, A.P. & Wolf, M. A. (1994). Silence, difference, and annihilation: Understanding the impact of mediated heterosexism on high school students. *The High School Journal, 77,* 58-79.

Larson, R. (1995). Secrets in the bedroom: Adolescents' private use of media. *Journal of Youth and Adolescence, 24*(5), 535-550.

Livingstone, S. (1998). Mediated childhoods: A comparative approach to young people's changing media environment in Europe. *European Journal of Communication, 13,* 435-456.

Livingstone, S. (2008). Taking risky opportunities in youthful content creation: teenagers' use of social networking sites for intimacy, privacy and self--expression. *New Media & Society, 10,* 393-411.

Mastronardi, M. (2003). Adolescence and media. *Journal of Language & Social Psychology, 22*(1), 83.

Milkie, M. A. (1994). Social world approach to cultural studies: Mass media and gender in the adolescent peer group. *Journal of Contemporary Ethnography, 23*(3), 354-380.

Morgan, M. (1982). Television and adolescents' sex-role stereotypes: A longitudinal study. *Journal of Personality and Social Psychology, 43,* 947-955.

Morgan, M. (1987). Television, sex-role attitudes, and sex-role behavior. *Journal of Early Adolescence, 7,* 269-282.

Morgan, M. (1990). International cultivation analysis. In N. Signorielli & M. Morgan (Eds.), *Cultivation analysis: New directions in media effects research* (pp. 225-247). Newbury Park, CA: Sage Publications.

Nielsen (2009, June). *How Teens Use Media: A Nielsen report on themyths and realities of teen media trends.* Retrieved from http://en-us.nielsen.com/etc/medialib/nielsen_dotcom/en_us/documents/pdf/white_papers_and_reports.Par.48571.File.dat/Nielsen_HowTeensUseMedia_June2009.pdf.

Peter, J. & Valkenburg, P. M. (2008). Adolescents' exposure to sexually explicit internet material, sexual uncertainty, and attitudes toward uncommitted sexual exploration: Is there a link? *Communication Research, 35*(5), 579-601.

Rivadeneyra, R., Ward, L. M. & Gordon, M. (2007). Distorted reflections: Media exposure and latino adolescents' conceptions of self. *Media Psychology, 9*(2), 261-290.

Robinson, W. R. (Ed.) (1996). *Social groups and identities: Developing the legacy of Henri Tajfel*. Boston, MA: Butterworth Heinemann.

Roe, K. (1995). Adolescents' use of socially disvalued media: Toward a theory of media delinquency. *Journal of Youth and Adolescence, 25*, 617-629.

Signorielli, N. & Lears, M. (1992). Children, television, and conceptions about chores: Attitudes and behaviors. *Sex Roles, 27*, 157-170.

Singletary, M. W., Ziegler, D., Reid, K. & Milbourne, C. (1990, June). "Media use and high school students perceptions of sexual behavior: A cultivation analysis." Paper presented at the annual meeting of the International Communication Association, Dublin, Ireland.

Steele, J. R. & Brown, J. D. (1995). Adolescent room culture: Studying media in the context of everyday life. *Journal of Youth and Adolescence, 24*(5), 551-576.

Steinberg, L. & Silverberg, S. B. (1986). The vicissitudes of autonomy in early adolescence. *Child Development, 57*, 841-851.

Stern, S. R. (2004). Expressions of identity online: Prominent features and gender differences in adolescents' world wide web home pages. *Journal of Broadcasting & Electronic Media, 48*(2), 218-243.

Strouse, J., Buerkel-Rothfuss, N. & Long, E. C. (1995). Gender and family as moderators of the relationship between music video exposure and adolescent sexual permissiveness. *Adolescence, 30*, 505-521.

Subrahmanyam, K., Greenfield, P. M. & Tynes, B. (2004). Constructing sexuality and identity in an online teen chat room. *Journal of Applied Developmental Psychology, 25*(6), 651-666.

Swidler, A. (1986). Culture in action: Symbols and strategies. *American Sociological Review, 51*, 273-286.

Tajfel, H. (1978). Social categorization, social identity, and social comparison. In H. Tajfel (Ed.), *Differentiation between social groups: Studies in the social psychology of intergroup relations* (pp. 61-76). London: Academic Press.

Turkle, Sherry. (1995). *Life on the screen: Identity in the age of the internet*. New York: Simon & Schuster.

Valkenburg, P. M., Schouten, A. P. & Peter, J. (2005). Adolescents' identity experiments on the internet. *New Media & Society, 7*(3), 383-402.

Ward, M. L. (1995). Talking about sex: Common themes about sexuality in the prime-time television programs children and adolescents view most. *Journal of Youth and Adolescence, 24*(5), 595-615.

Ward, M. L & Rivadeneyra, R. (1999). Contributions of entertainment television to adolescents' sexual attitudes and expectations: The role of viewing amount versus viewer involvement. *The Journal of Sex Research, 36*(3), 237-249.

Williams, J. P. (1996). Biology and destiny: The dynamics of gender crossing in "Quantum Leap". *Women's Studies in Communication, 19*, 273-290.

Secção III

**GRANDES QUESTÕES
DO DESENVOLVIMENTO NA ADOLESCÊNCIA**

10

Desenvolvimento do cérebro *

Tomáš Paus

O cérebro humano continua a desenvolver-se durante a adolescência? Este capítulo descreve as principais características da estrutura e função cerebrais que continuam a mudar durante este período de desenvolvimento humano. Para tal concentrar-me-ei nos dados empíricos obtidos através de imagiologia de ressonância magnética (MRI) ao longo dos últimos 15 anos, em estudos relativos ao desenvolvimento normal. Começarei por uma revisão dos conceitos básicos essenciais para compreender este domínio, incluindo anatomia, neuroquímica cerebral e neuroanatomia computacional, para depois apresentar uma breve descrição geral dos dados mais relevantes. Em virtude do número de conceitos populares usados na interpretação dos dados de MRI estrutural e funcional, chamarei a atenção para a falta de evidência directa que apoie algumas destas interpretações. O capítulo terminará com uma discussão sobre o papel dos genes e do ambiente na formação do cérebro humano e sobre a emergência da neurociência das populações como uma disciplina relevante para estudos futuros da adolescência.

ANATOMIA E NEUROQUÍMICA CEREBRAIS BÁSICAS

Com base no desenvolvimento embrionário e evolutivo, o cérebro dos mamíferos é dividido tipicamente em anterior, médio e posterior. O

---

* Tradução de Mário Jorge Loureiro.

cérebro anterior é formado pelo córtex cerebral, gânglios da base e diencéfalo (tálamo, hipotálamo e outros núcleos de substância cinzenta). O cérebro médio inclui a substância negra e os tubérculos quadrigémios, superiores e inferiores. O cérebro posterior consiste em cerebelo, protuberância e bolbo raquidiano. A Fig. 4.1 mostra algumas das estruturas cerebrais numa imagem MR ponderada em T1.

O *córtex cerebral* é a camada mais externa do cérebro; é uma camada de 2-4 mm de espessura de substância cinzenta, estando dois terços do córtex enterrados nos sulcos cerebrais. A área da superfície do córtex aumenta com o tamanho do cérebro mais do que se poderia esperar de uma simples relação geométrica entre superfície e volume; isto acontece principalmente com o córtex pré-frontal (Toro *et al.*, 2008). A área mais externa, o neo-córtex, tem seis camadas corticais que diferem no modo como os diversos tipos de neurónios estão misturados (*e.g.*, células piramidais e granulares); com base na chamada citoarquitectura, podemos distinguir várias áreas corticais (*e.g.*, Brodmann, 1909). O *arquicórtex*, que inclui o hipocampo, é mais velho em termos evolutivos e tem só três camadas corticais.

O tecido cerebral pode ser dividido em substância cinzenta e substância branca; esta distinção é simplesmente baseada na aparência visual de um cérebro fresco. A *substância cinzenta* consiste num número de elementos celulares, incluindo os corpos celulares das células nervosas (neurónios) e as suas extensões em forma de árvore (dendritos), as células gliais (*e.g.*, astrócitos, microglia) e vasos sanguíneos. O cérebro humano adulto contém mais de 100 biliões de neurónios (Sholl, 1956).

A Fig. 4.2 oferece uma distribuição do número relativo dos vários elementos celulares encontrados no córtex cerebral do rato (Braitenberg & Schüz, 1998). A *substância branca* deve a sua aparência ao elevado conteúdo de substância gorda, chamada mielina, que envolve os axónios, as projecções longas dos neurónios. A substância branca de um homem de 20 anos de idade contém, espantosamente, 176.000 km de axónios mielinizados (Marner, Nyengaard, Tang & Pakkenberg, 2003).

A transmissão da informação de um neurónio para o seguinte envolve vários passos. Os potenciais pós-sinápticos locais excitatórios e inibitórios (EPSPs e IPSPs) são continuamente calculados na terminação sináptica e, quando um valor limiar é atingido, gera-se um potencial de acção. O potencial de acção viaja ao longo do axónio e liberta neurotransmissores

Desenvolvimento do cérebro 247

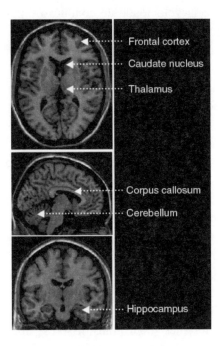

Fig. 4.1 – Imagem de RM ponderada em T1 do cérebro humano. *Em cima:* plano axial; *no meio*: plano sagital; *em baixo:* plano coronal.

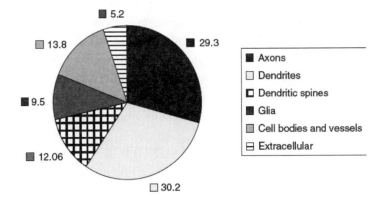

Fig. 4.2 – Composição celular do córtex cerebral (baseado em dados de Braitenberg & Shüz, 1998).

na sinapse. A chamada velocidade de condução é mais alta nos axónios mielinizados do que nos não mielinizados e nos axónios com diâmetro maior por comparação com os de diâmetro menor (Hursh, 1939; Rushton, 1951; Schmidt-Nielson, 1997).

Os neurotransmissores são substâncias químicas que ou retransmitem potenciais de acção ou modulam (*e.g.*, amplificam ou moderam) esse processo. Os neurotransmissores incluem aminoácidos (*e.g.*, glutamato e ácido gama-aminobutírico [GABA]), monoaminas (*e.g.*, dopamina, serotonina, norepinefrina), acetilcolina e muitos neuropetptídeos (*e.g.*, ocitocina). Glutamato e GABA são respectivamente os principais neurotransmissores excitatórios e inibitórios, e a dopamina é um dos neuromodeladores mais estudados. A acção de um determinado neurotransmissor é mediada por um receptor; um dado neurotransmissor pode ligar-se a vários subtipos de receptores que se encontram em várias regiões do cérebro, ou diferentes camadas do córtex cerebral, com densidades variáveis (Eickhoff, Schleicher, Scheperjans, Palomero-Gallagher & Zilles, 2007; Zilles, Palomero-Gallagher & Schleicher, 2004). A interacção muito complexa entre diferentes neurotransmissores libertados na sinapse, em qualquer momento, determina o número de EPSPs e IPSPs gerados na membrana pós-sináptica e, em consequência, a despolarização do neurónio.

Os princípios básicos da organização do funcionamento cerebral são os da *especialização / integração*. A informação é processada em regiões altamente especializadas, mas muitas vezes espacialmente separadas, do córtex ou dos núcleos de substância cinzenta sub-cortical. Por sua vez, esta informação é integrada ao ser partilhada pelas várias regiões corticais e sub-corticais através de projecções córtico-corticais e córtico-sub-corticais. Daí a importância da conectividade estrutural e funcional.

RESSONÂNCIA MAGNÉTICA

Mapeamento cerebral

Existe actualmente um considerável número de técnicas para o mapeamento do cérebro humano. Contudo, a de ressonância magnética

(MRI) é o único método que permite ao investigador mapear quer a estrutura quer a função do cérebro humano, de forma não invasiva. Por esta razão, este capítulo concentra-se nos dados obtidos com MRI. Note-se que outras técnicas — nomeadamente electroencefalografia (EEG) e magnetoencefalografia (MEG) — têm alta resolução temporal e, assim, são particularmente úteis para a avaliação de mudanças do desenvolvimento na velocidade do processamento neuronal. Comparámos as diferentes técnicas de mapeamento cerebral e descrevemos, noutro lugar, os princípios básicos orientadores do seu uso em estudos da relação cérebro-comportamento (Paus, 2003).

Princípios de MRI

A MRI revolucionou o modo como podemos estudar a estrutura e a função do cérebro humano em seres humanos vivos ao longo de toda a vida (Bushong, 2003). Os princípios da MRI são relativamente simples. Na maioria das aplicações, o sinal de RM é baseado nas propriedades magnéticas dos átomos de hidrogénio, os quais são um componente da substância mais abundante no corpo humano – água. Ao colocar o corpo humano num forte campo magnético estático (B_o; 0.5 a 7.0 T) e ao aplicar um curto impulso de energia electromagnética, podemos fazer rodar os pequenos dipolos formados pelos núcleos de hidrogénio para fora dos seus eixos e, por sua vez, medir o tempo necessário para que os núcleos "relaxem" para a sua posição original. Ao mudar ligeiramente o campo magnético estático em diferentes posições ao longo de B_o, podemos estabelecer a origem espacial do sinal e criar uma imagem tridimensional (3D) da medida. O que é medido depende da combinação de vários parâmetros imagiológicos ou, na terminologia dos físicos de MRI, na sequência de aquisição.

Imagiologia da estrutura cerebral

Para a imagiologia da *estrutura cerebral* as sequências de aquisição mais frequentes incluem imagens ponderadas em T1 (T1W) e imagens ponderadas em T2 (T2W), imagens em tensor de difusão (DTIs) e imagens de transferência de magnetização (MT). As imagens T1W e T2W são tipicamente usadas para quantificar o volume de substância cinzenta e da substância branca (global e regional) e para estimar a espessura cortical ou outras propriedades morfológicas do córtex cerebral, nomeadamente os seus sulcos. Usando as sequências DTI e MT, podemos avaliar diferentes propriedades da substância branca, quer globalmente, quer regionalmente. As várias características da estrutura cerebral que podem ser obtidas a partir destes quatro tipos de imagens são descritas a seguir. Além das sequências acima mencionadas, dados menos comuns, mas muitas vezes ainda mais informativos, incluem T1 e T2 relaxometria (*e. g.*, medida dos tempo reais de relaxamento; Roberts & Mikulis, 2007) e espectroscopia por ressonância magnética (MRS; Hope & Moorcraft, 1991).

Imagiologia cerebral funcional

Na imagiologia *cerebral funcional*, o parâmetro de MR mais comum a medir é o sinal dependente do nível de oxigenação do sangue (BOLD). O sinal BOLD reflecte a proporção de sangue oxigenado e não oxigenado numa dada região do cérebro, num dado momento. Uma forte correlação entre a quantidade de actividade sináptica e o fluxo sanguíneo regional cerebral é a razão pela qual o sinal BOLD é uma boa medida, embora indirecta, da "função" cerebral (Logothetis, Pals, Augath, Trinath & Oeltermann, 2001). Na maioria dos estudos de MRI funcional (fMRI), medem-se *variações* no sinal BOLD em resposta a vários estímulos sensoriais, motores ou cognitivos. Assim, só as regiões do cérebro com probabilidade de responder a tais estímulos podem ser examinadas com um determinado paradigma.

Imagiologia da neurotransmissão

Para a imagiologia da *neurotransmissão* deve-se recorrer à tomografia por emissão de positrões (PET). Para avaliar a distribuição de um receptor particular, é injectada na corrente sanguínea uma pequena quantidade de um marcador radioactivo específico. Principalmente por razões de segurança de radiação, esta abordagem não é usada em estudos de crianças e adolescentes saudáveis. Por isso, o nosso conhecimento das variações relacionadas com a idade, dos sistemas de neurotransmissão durante o desenvolvimento, depende dos dados pós-mortem e de estudos realizados em animais de experiência.

Neuro-anatomia computacional

Como já anteriormente se referiu, as diferentes sequências de aquisição captam várias propriedades da substância cinzenta e da substância branca, que por sua vez proporcionam informação abundante, que pode ser retirada das imagens usando uma quantidade, cada vez maior, de algoritmos computacionais. Apresentarei aqui uma descrição geral e abreviada das técnicas mais comummente usadas nos estudos de desenvolvimento.

A análise computacional de imagens de alta resolução de MR estrutural cerebral (tipicamente imagens T1W e T2W) é usada para extrair de forma completamente automática dois tipos de medidas: (1) características tipo-voxel ou tipo-vertex obtidas para cada localização X, Y, Z (*i. e.*, 3D) (*e. g.*, mapas da "densidade" da substância cinzenta e da substância branca, espessura cortical, sulcos corticais); e (2) volumetria (volumes da substância cinzenta e da substância branca em regiões particulares do cérebro, ou a área de estruturas cerebrais específicas, etc.).

Os *mapas de densidade* são obtidos através de: (1) registo de imagens MR ponderadas em T1W com uma matriz cerebral (*template brain*) (*e.g.*, a média MNI-305 atlas; Evans *et al.*, 1993); (2) classificação do tecido cerebral em substância cinzenta (GM), substância branca (WM) e liquor cerebroespinhal (CSF); e (3) refinamento de imagens 3D binárias (*e. g.*, GM, WM, CSF) para gerar mapas 3D de "densidade" GM/WM. Estes mapas são depois usados para análise tipo-voxel de diferenças relacionadas com a idade ou com o grupo, na densidade de GM ou WM (ver Ashburner & Friston, 2000, para uma revisão geral da metodologia).

A *espessura cortical* pode ser medida, por exemplo, usando o Free-Surfer, que consta de um conjunto de ferramentas automatizadas para reconstrução da superfície cortical cerebral (Fischl & Dale, 2000). Para cada sujeito, o FreeSurfer segmenta o córtex cerebral, WM e outras estruturas subcorticais e, depois, processa malhas triangulares que restabelecem a geometria e a topologia da superfície pial e a interface da substância cinzenta com a substância branca dos hemisférios esquerdo e direito. A espessura cortical local é medida com base na diferença entre a posição de vértices equivalentes nas superfícies pial e na transição substância cinzenta/substância branca. É então estabelecida uma correspondência entre as superfícies corticais nos vários indivíduos, usando um alinhamento não linear dos sulcos principais no cérebro de cada sujeito com um cérebro médio (Fischl, Sereno, Tootell & Dale, 1999). Podem ser obtidas estimativas locais dos *sulcos corticais*, medindo, para cada ponto x na superfície cortical, a área contida numa esfera pequena centrada em x. Se o cérebro fosse lissencefálico (i. e. sem circunvoluções) a área dentro da esfera seria aproximadamente a do disco. Usando esta abordagem, pode-se estimar o grau de sulcos locais em todas as partes do córtex (Toro *et al.*, 2008).

O *volume dos tecidos cerebrais* (GM ou WM) pode ser estimado registando não linearmente as imagens nativas T1W numa matriz cerebral rotulada, em que os lobos (ou outras regiões pré-definidas) tenham sido definidos *a priori* (geralmente marcados por um perito). A informação acerca dos limites anatómicos do modelo padrão (cérebro normal) pode então ser rectroprojectada para cima do cérebro de cada sujeito, no espaço nativo, e intersectada com o mapa de classificação do tecido. Pode-se, então, contar o número de voxeis de GM e de WM que pertencem a uma dada região anatómica, como o lobo frontal (Collins, Neelin, Peters & Evans, 1994; Collins, Holmes, Peters & Evans, 1995). Frequentemente são desenvolvidos algoritmos mais sofisticados, para segmentar pequenas estruturas com limites pouco definidos, tais como o hipocampo e a amígdala (Chupin *et al.*, 2007).

Além dos mapas de densidade e das medidas volumétricas das estruturas WM, tais como o corpo caloso, outras duas técnicas são usadas para avaliar as propriedades estruturais da substância branca: sequências DTI e MT. Utilizando o DTI podemos estimar diferenças locais na magnitude (coeficiente de difusão aparente – ADC) e direccionalidade (anisotropia direccional – FA) da (rápida) difusão no espaço extra-celular à volta dos axónios (nos protocolos de aquisição mais comuns). Quanto mais unidireccional for a difusão da água, num dado feixe de fibra, maior o valor de FA nessa localização. Presume-se que FA varia em função das propriedades estruturais da substância branca, tais como a mielinização e arranjo das fibras num dado feixe WM (*e. g.,* Laule *et al.*, 2007; Mädler, Drabycz, Kolind, Whittall & Mackay, 2008). Os valores de FA podem ser calculados, por exemplo, usando FMRIB's Diffusion Toolbox (*www.fmrib.ox.ac.uk/fsl*). As estatísticas espaciais baseadas no feixe (TBSS) podem ser usadas para comparar estatisticamente os valores de FA entre indivíduos, alinhando cada um dos sujeitos com a média do "esqueleto" do feixe WM (Smith *et al.*, 2006).

A *taxa de transferência de magnetização* (MTR) é outra medida usada para a avaliação das propriedades da WM; dá-nos informação sobre o conteúdo macromolecular e a estrutura do tecido (McGowan, 1999). Dado que as macromoléculas de mielina são a principal fonte do sinal MT na substância branca (Kucharczyk, Macdonald, Stanisz & Henkelman, 1994); Schmierer, Scaravilli, Altmann, Barker & Miller, 2004), pode-se usar a MTR como um índice de mielinização. Contudo, devemos notar que a mielina provavelmente não é o único factor que influencia a MTR (ver Laule *et al.*, 2007). A taxa de MT é calculada como a percentagem da variação de sinal entre duas aquisições, com e sem pulso MT (Pike, 1996). Para obter valores médios de MTR da substância branca (WM), podemos calcular MTR através de todos os voxeis WM que constituem um dado volume lobar de WM no sujeito.

As técnicas precedentes facultam uma enorme riqueza de informações acerca das propriedades estruturais do cérebro humano. Na próxima secção reveremos dados obtidos com algumas destas abordagens, em estudos de adolescentes com desenvolvimento normal.

ESTRUTURA CEREBRAL DURANTE A ADOLESCÊNCIA

Diferenças na estrutura cerebral com a idade

O volume global da WM aumenta de forma linear durante a infância e a adolescência, embora existam múltiplas variações regionais interessantes. Isto inclui aumentos, em função da idade, da densidade da WM na cápsula interna e no putativo fascículo arqueado (Paus *et al.*, 1999); variações regionais no crescimento do corpo caloso onde o esplénio continua a aumentar mas o joelho não (Giedd *et al.*, 1996a, 1999b; Pujol, Vendrell, Junque, Marti-Vilalta & Capdevila, 1993); e também um aumento do volume da WM, em função da idade, da circunvolução frontal inferior esquerda, nos rapazes, mas não nas raparigas (Blanton *et al.*, 2004). Mais recentemente, tem sido usado DTI para avaliar as mudanças relacionadas com a idade, na magnitude e direccionalidade da difusão da água no cérebro humano, durante a infância e a adolescência. Globalmente, os estudos baseados em DTI revelam diminuição do ADC, relacionada com a idade, e aumento de FA, em várias regiões de substância branca, muitas das quais são idênticas às reveladas anteriormente pelos estudos de MR estrutural (Klingberg, Vaidya, Gabrieli, Moseley & Hedehus, 1999;

Schmithorst, Wilke, Dardzynski & Holland, 2002; Snook, Paulson, Roy, Phillips & Beaulieu, 2005).

A natureza uniforme das variações de desenvolvimento na maturação cerebral observadas para a WM não parece manter-se no caso da GM (substância cinzenta). O volume da GM nos lobos frontais e parietais parece atingir o pico entre os 10 e os 12 anos, diminuindo depois ligeiramente; nos lobos temporais o pico é atingido por volta dos 16 anos (Giedd et al., 1999a). Outros investigadores encontraram uma "perda" de GM similar, relacionada com a idade, nos lobos frontais, parietais e temporais; isso parece começar por volta da puberdade nas áreas sensório-motoras e alastra-se para a frente pelo córtex frontal e para trás pelo córtex parietal e, depois, pelo córtex temporal (Gogtay et al., 2004; Sowell, Thompson, Tessner & Toga, 2001). O córtex pré-frontal dorso-lateral e a parte posterior da circunvolução temporal superior parecem "perder" substância cinzenta em último lugar (Gogtay et al., 2004). Mais recentemente, foi observada "perda", igualmente relacionada com a idade, de GM cortical, usando-se a espessura cortical como o parâmetro de interesse (Shaw et al., 2006). Tem sido muitas vezes sugerido que essas mudanças na GM, relacionadas com a idade, durante a adolescência reflectem a "poda sináptica". Discutiremos mais tarde se isso pode ou não ser assim.

O conhecimento da organização funcional do cérebro humano, através de estudos de lesões e do trabalho de imagiologia funcional, estabelece as bases para a interpretação inicial funcional das observações estruturais anteriores. Por exemplo, as alterações no volume da WM ao longo do feixe arqueado e na circunvolução frontal inferior esquerda, estão provavelmente correlacionadas com mudanças na linguagem, ao passo que as mudanças maturacionais tardias na GM dentro do córtex pré-frontal e da circunvolução temporal superior podem estar relacionadas, respectivamente, com as funções executivas e o processamento do movimento biológico (discutido mais adiante neste capítulo). Contudo, apenas poucos estudos conseguiram obter uma colecção completa de dados estruturais e funcionais (e.g., avaliação neuropsicológica) no mesmo grupo de indivíduos. Nestes estudos, foram obtidas correlações significativas entre o QI e o volume da GM do córtex pré-frontal (Reiss, Abrams, Singer, Ross & Denckla, 1996), entre QI e anisotropia fraccional na WM dos lobos frontais (Schmithorst, Wilke, Daredzinski & Holland, 2005), entre QI e espessura cortical (Shaw et al., 2006) e, entre competências de leitura e anisotropia fraccional na WM temporo-parietal esquerda (Beaulieu *et al.*, 2005; Deutsch *et al.*, 2005).

Diferenças sexuais na estrutura cerebral durante a adolescência

Dada a existência de diferenças sexuais nas capacidades cognitivas (Hall, 1978; Kimura, 1996) e nos processos relacionados com o afecto (Herba & Philips, 2004), bem como na incidência de certas psicopatologias (*e.g.*, depressão; Angold, Costello & Worthman, 1998; Angold, Costello, Erkanli & Worthman, 1999) é importante saber se as raparigas e os rapazes mostram trajectórias diferentes na maturação dos seus cérebros. Esta secção fornecerá uma revisão da literatura actual sobre este tópico. Começarei por descrever diferenças sexuais no cérebro adulto e, a partir daí, avaliarei o conhecimento actual da presença ou ausência de tais diferenças, em diferentes estádios do desenvolvimento e maturação cerebrais.

Em biologia, o *dimorfismo sexual* refere-se tipicamente às diferenças sexuais aparentes nas características externas, tais como tamanho do corpo, cor das penas ou presenças de (chifres). Nos humanos, há poucas diferenças físicas qualitativas entre homens e mulheres, além dos genitais e das características sexuais secundárias (*e.g.*, desenvolvimento mamário). A maior parte das diferenças sexuais é quantitativa e essas diferenças mostram uma considerável sobreposição entre homem e mulher (*e.g.*, na distribuição da altura e do peso). Em grande parte, isto também é verdade quanto às diferenças sexuais na estrutura do cérebro humano.

De modo geral, o cérebro masculino é maior (cerca de 10%) do que o cérebro feminino e contém maior volume absoluto, quer de GM quer de WM (Carne, Vogrin, Litewka & Cook, 2006; Good *et al.*, 2001; Gur, Gunning-Dixon, Bilker & Gur, 2002; Luders, Steinmetz & Jancke, 2002). Esta diferença mantém-se mesmo depois de tomarmos em conta as diferenças sexuais globais de peso e altura corporais (Ankney, 1992; Peters *et al.*, 1998; Skullerud, 1985). Quando expressas em percentagem do volume total do cérebro as diferenças sexuais no volume da WM desaparecem (Gur *et al.*, 2002; Luders *et al.*, 2002); não é claro se o mesmo acontece em relação à GM. Alguns estudos indicam que as diferenças se mantêm (Good *et al.*, 2001) ao passo que outros indicam que elas desaparecem (Gur *et al.*) e outros ainda verificam que o padrão se inverte (*e.g.*, feminino>masculino; Luders *et al.*, 2002).

Para além dos volumes globais de GM e WM, só um pequeno número de regiões são *relativamente* (*i. e.* depois de remover o efeito do tamanho do cérebro) maiores nos cérebros masculinos do que nos femininos, incluindo a amígdala e o hipocampo (Good *et al*., 2001; Gur *et al*., 2002) e o sulco paracingulado (Paus *et al*., 1996a, 1996b; Yucel *et al*., 2001). De facto, há muito mais estruturas cerebrais que são relativamente maiores no cérebro feminino do que no masculino, incluindo o córtex órbito-frontal lateral (Good *et al*., 2002; Gur *et al*., 2002), o córtex cingulado anterior (Good *et al*.; Paus *et al*., 1996b) e posterior (Good *et al*.) e a circunvolução frontal inferior (Good *et al*.). Comparado com o cérebro masculino, o cérebro feminino também parece conter mais WM na constituição do corpo caloso (Bermudez & Zatorre, 2001; Cowell, Allen, Zalatimo & Denenberg, 1992; Steinmetz, *et al*., 1992; Steinmetz, Staiger, Schlaug, Huang, Jancke, 1995), cápsula interna e externa e a radiação óptica (Good *et al*.), e mostra uma extensão maior de conexões inter-hemisféricas entre as regiões temporais posteriores (Hagmann *et al*., 2006).

Quando emergem estas diferenças sexuais? A resposta a esta questão favoreceria a nossa compreensão dos mecanismos subjacentes ao dimorfismo sexual no cérebro humano e poderia ajudar-nos a distinguir as influências genéticas e ambientais, nestas diferenças. As diferenças sexuais no tamanho global do cérebro parecem estar presentes mesmo antes do nascimento. Usando a medida do perímetro cefálico como representante do tamanho do cérebro, verificou-se que os bebés masculinos apresentam valores ligeiramente mais elevados (2%) do que bebés femininos, com comprimento de fémur comparável, quer na fase pré-natal, quer durante o primeiro ano de vida (Joffe *et al*., 2005). Usando material de autópsia, as diferenças de género no peso do cérebro são observadas logo desde a infância (Dekaban, 1978). Contudo, Matsuzawa e colegas (2001) não encontraram diferenças de género em medidas do volume total do cérebro, obtidas a partir de MR; mas, como notado pelos autores, o seu estudo não tinha o poder suficiente e foi dificultado pelo facto de as meninas serem ligeiramente mais velhas do que os meninos. Em relação às diferenças sexuais regionais depois do nascimento, um estudo, baseado em ultra--sons, examinou a área total e as subdivisões do corpo caloso (Hwang *et al*., 2004) e observou diferenças de género (F>M) na espessura do esplénio. Globalmente, o peso do cérebro, por volta dos 5 anos de idade, é cerca de 90% do peso do cérebro adulto (Dekaban) e atinge o tamanho do adulto pelos 10 anos (Dekaban; Pfefferbaum *et al.*, 1994). A quantidade bastante escassa de dados disponíveis *in vivo*, sobre o crescimento do cérebro durante os primeiros 5 anos de vida, não nos permite, de qualquer modo, tirar conclusões em relação às diferenças sexuais, na taxa de crescimento, durante este período.

Existe literatura muito mais rica em relação às diferenças sexuais na estrutura cerebral durante a infância e adolescência. A nível global, parece que os meninos mostram aumentos maiores, em função da idade, do que as meninas, no volume total da WM (Giedd *et al.*, 1999a; De Bellis *et al.*, 2001). Este dimorfismo sexual é particularmente impressionante durante a adolescência (Perrin *et al.*, 2008a). A presença de diferenças sexuais na testosterona é um candidato óbvio para o mecanismo subjacente. Como podemos ir além de meras correlações e saber se de facto é assim? Num estudo recente, os meus colegas e eu examinámos a relação entre os níveis de testosterona e o volume de WM, em indivíduos que se diferenciavam num polimorfismo funcional, numa via hormonal relevante. O gene receptor de androgénio (AR) foi o primeiro gene candidato que nós seleccionámos, usando esta lógica simples; o polimorfismo funcional relevante é o número de repetições CAG no exão 1), o qual influencia a "eficácia" do receptor (Perrin *et al.*, 2008a). A Fig. 4.3 mostra que os adolescentes masculinos com o gene AR mais "eficaz" (AR curto; painel à direita), apresentam uma relação muito mais forte entre testosterona e WM volume (Perrin *et al.*, 2008a).

Serão as diferenças sexuais, relacionadas com a idade, nos aumentos globais na WM, também observadas regionalmente? Esta questão tem sido colocada em vários estudos morfométricos do corpo caloso, mas os dados deste trabalho são inconsistentes. Dois estudos não encontraram diferenças de género relacionados com a idade, na taxa de aumentos da área do corpo caloso (Giedd *et al.*, 1999b; Rauch & Jinkins, 1994), enquanto que dois outros encontraram essas diferenças na taxa de crescimento, ao longo de um período de 2 anos. O primeiro, durante o fim da adolescência e o início da idade adulta, com os homens a crescer mais rapidamente do que as mulheres (Pujol *et al.*, 1993), e o segundo, no período no qual é alcançada a máxima largura de certas partes do corpo caloso, durante a idade adulta (nos homens, 20 anos, mas nas mulheres, 40-50 anos; Cowell *et al.*, 1992). Assim, parece que, pelo menos no caso do corpo caloso, a maturação da WM continua pela fase inicial e intermédia da idade adulta, com as diferenças sexuais a aparecerem durante estes períodos mais tardios de maturação.

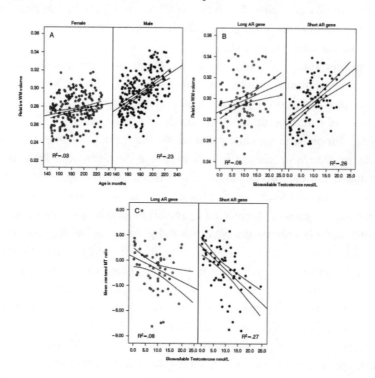

Fig. 4.3 – **A:** Diagrama do volume relativo (corrigido para o volume cerebral) da substânciaa branca (WM) em função da idade em adolescentes femininos (esquerda) e masculinos (direita); **B:** diagrama do volume relativo de WM em função dos níveis plasmáticos de testosterona biodisponível em adolescentes masculinos com número elevado (gene AR longo) e com um número reduzido (gene AR curto) de repetições de CAG no gene receptor de androgénio; **C:** valores médios centrados da taxa de transferência de magnetização (MTR) na substância branca em função da testosterona biodisponível em adolescentes masculinos com AR longo e com AR curto. Os volumes de WM e de MTR foram calculados incluindo os quatro lobos. Retirado de Perrin *et al.*, 2008a.

As mudanças na GM também parecem seguir padrões temporais diferentes, nos indivíduos do sexo masculino e feminino. Entre os 5 e os 21 anos, o volume de GM aumenta com a idade, à excepção do lobo occipital, e depois diminui. Contudo, o pico destas mudanças em homens e mulheres ocorre em diferentes idades, em diferentes lobos e, num dado lobo, em diferentes idades nos homens e nas mulheres (para o lobo frontal, o pico de volume de GM é aos 11 anos entre as mulheres e 12,1 anos entre os homens; para o lobo parietal, 10,2 anos no sexo feminino e 11,8 no sexo masculino; para o lobo temporal, 16,7 anos entre os femininos e 16,5 anos entre os masculinos; Giedd *et al.*, 1999a). Este padrão temporal sugere que as raparigas estão à frente dos rapazes durante as etapas iniciais (10-12 anos) da maturação cortical na adolescência, mas que esta diferença sexual desaparece nas etapas posteriores (cerca dos 16 anos). Obviamente, precisamos de ter presente que esta afirmação se aplica apenas aos processos biológicos passíveis de serem captados pelas estimativas relativamente grosseiras do volume de GM, baseadas em MR, disponíveis na altura deste estudo.

Como descrito acima, os adultos masculinos e femininos diferem no tamanho de várias estruturas da GM, incluindo a amígdala e o hipocampo (com estas estruturas maiores no sexo masculino do que no feminino) e as diferentes regiões do córtex frontal (com estas áreas maiores nas mulheres do que nos homens). Os dados disponíveis também sugerem que o volume da amígdala cresce mais, com a idade, nos homens do que nas mulheres (Giedd *et al.*, 1996c). Também é assim com o hipocampo (Suzuki *et al.*, 2005); mas é importante notar que a tendência oposta foi referida noutro estudo, nomeadamente, um aumento do volume do hipocampo, em função da idade, observado nas mulheres mas não nos homens (Giedd *et al.*, 1999c). Também parece que os rapazes mostram, mas não as raparigas, um aumento, em função da idade, no volume do núcleo caudado e no putamen, entre as idades 5 e 18 anos (Giedd *et al.*, 1996b).

Pode-se, pois, dizer que no geral, o cérebro masculino e o feminino diferem em vários aspectos, antes, durante e depois da adolescência. A maioria das diferenças é de natureza quantitativa e bastante subtil. Concretamente, têm-se registado diferenças no tamanho do cérebro, volume total de WM e o tamanho de regiões do cérebro, tais como a amígdala e o hipocampo (M>F), ou o córtex órbito-frontal, cingulado anterior e o corpo caloso (F>M). Os dados disponíveis sugerem que algumas destas diferenças de género continuam a desenvolver-se durante a infância e a adolescência. Isto é mais notável no caso dos aumentos, relacionados com a idade, da WM global e local (*i. e.* corpo caloso, circunvolução frontal inferior), bem como no caso do tamanho de algumas regiões cerebrais, tais como a amígdala e o hipocampo. Também é claro que o momento (timing) dos processos celulares que influenciam o volume cortical global dos diferentes lobos, varia não só em função da localização (*e. g.*, frontal *versus* temporal) mas também em função do sexo.

É difícil determinar com rigor se as mudanças no ambiente hormonal têm um papel causal ou não no aparecimento das diferenças sexuais na estrutura e função do cérebro durante a puberdade. A complexidade das mudanças dos níveis hormonais, relacionadas com a idade e a correlação, muitas vezes apertada, entre níveis hormonais e a idade, limita a utilidade da análise correlacional. Por exemplo, numa grande amostra de adolescentes masculinos (n=204; 12-18 anos), observámos um efeito muito pequeno da testosterona no volume da WM, acima e para além do efeito da idade (Perrin *et al.*, 2088a). Dadas as mudanças nos níveis hormonais de adolescentes femininos, relacionadas com o ciclo menstrual, apenas estudos longitudinais que adquiram dados em diferentes fases desse ciclo podem proporcionar algumas respostas acerca da influência das hormonas sexuais femininas no cérebro (Perrin, Herve, Pitiot, Totman & Paus, 2008b). Contudo, estão disponíveis várias abordagens alternativas. Como descrito acima (Fig. 4.3), podemos tirar vantagem de um polimorfismo funcional num gene envolvido na transmissão de sinais hormonais e na avaliação da relação entre os níveis plasmáticos de uma determinada hormona e o fenotipo cerebral em indivíduos com as diferentes variantes do gene.

Desta maneira podemos introduzir um certo nível de causalidade na análise e superar a influência de elementos de confusão *(confounders)*, tais como a idade, que não está ligada ao polimorfismo genético. Outra estratégia envolve estudos de indivíduos que sofrem de condições que influenciam o seu ambiente hormonal, tais como hiperplasia supra-renal congénita ou a síndrome de Klinefelter (XXY) (*e.g.*, Giedd *et al.*, 2006, 2007). Finalmente, tal como nos estudos de outros efeitos ambientais, as manipulações experimentais em modelos animais (*in vivo* e *in vitro*) são essenciais para dissecar a natureza complexa das influências hormonais no cérebro adolescente.

FUNCIONAMENTO CEREBRAL DURANTE A ADOLESCÊNCIA

Os estudos de imagiologia funcional colocam problemas técnicos (revistos em Davidson, Thomas & Casey, 2003) e desafios conceptuais.

Estes últimos envolvem uma interacção complexa, que pode ser factor de confusão, entre idade e desempenho. Por outras palavras, quando se estudam mudanças na actividade cerebral, relacionadas com a idade, durante a realização de uma dada tarefa, como é que interpretamos os dados de fMRI, num contexto em que há diferenças concomitantes, na realização de tarefa, relacionadas com a idade? Será a actividade cerebral diferente porque o comportamento é diferente, ou *vice-versa*? Uma das abordagens usadas para superar este problema é a do emparelhamento dos sujeitos, por idade ou por desempenho, examinando-se depois as diferenças em resposta de fMRI entre os grupos emparelhados; esta abordagem tem sido extensivamente usada, por exemplo, em estudos de produção de palavras (Brown et al., 2004; Schlaggar et al., 2002). No domínio das funções executivas, Kwon, Reiss, e Menon (2002), usaram esta abordagem num estudo de memória de trabalho visuo-espacial e encontraram aumentos no sinal BOLD, relacionados com a idade (dos 7 aos 22 anos de idade) no córtex pré-frontal e parietal, mesmo depois de excluir ou controlar o factor diferenças individuais de desempenho. Aumentos similares no sinal BOLD também foram observadas nestas regiões durante a realização de uma variedade de tarefas que envolviam alguma forma de inibição de resposta, incluindo a tarefa Stroop (Adleman et al., 2002), tarefa anti--sacada [-*antisaccade task*-] (Luna et al., 2001), a tarefa de paragem (-*stop task*-)(Rubia et al., 2000) e, até certo ponto, durante o desempenho numa tarefa avançar/não avançar [*go/no-go task*](Tamm, Menon & Reiss, 2002) bem como na tarefa flanqueadora de Eriksen [-*Eriksen flanker task*-] (Bunge, 2002).

Durante a adolescência, são feitas exigências elevadas não só aos sistemas executivos mas também à interacção entre os processos cognitivos e processos ligados ao afecto. Tais interacções cognição-emoção, são particularmente cruciais no contexto das interacções colega-colega e no processamento das pistas (*cues*) verbais e não-verbais. Assim, é interessante notar que, o córtex do sulco temporal superior (STS) contém um conjunto de regiões envolvidas no processamento de deixas não-verbais *(non-verbal cues)*, tais como as veiculadas pelos movimentos dos olhos e da boca (*e.g.*, Puce, Allison, Bettin, Gore & McCarthy, 1998), acções/movimentos da mão (*e.g.*, Beauchamp, Lee, Haxby & Martin, 2002; Decety et al., 1997; Grezes, Costes & Decety, 1999), ou movimentos do corpo (*e.g.*, Bonda, Petrides, Ostry & Evans, 1996). Como sugerido por Allison, Puce e McCarthy (2000), as interacções anterógradas e retrógradas, entre o STS e a amígdala podem ser cruciais para a discriminação de várias expressões faciais e para o fortalecimento da atenção da resposta neural aos estímulos socialmente relevantes. De forma consistente com este mecanismo de "amplificação", Kilts e colegas (2003) observaram uma resposta neural significativamente mais forte a expressões faciais dinâmicas de raiva (comparadas com as expressões faciais estáticas), quer no STS, quer na amígdala. Os meus colegas e eu também observámos uma forte resposta BOLD na amígdala, não só enquanto sujeitos adultos observavam vídeo clips de movimentos de mão de raiva ou faces de raiva, mas também quando observavam expressões (dinâmicas) faciais neutras (Grosbras & Paus, 2006). Embora os aspectos básicos da percepção da face já existam pouco depois do nascimento (Goren, 1975), a qualidade e a quantidade do processamento facial continuam a aumentar durante a adolescência (*e. g.*, Carey, 1992; McGivern, 2002; Taylor, McCarthy, Saliba & Degiovanni, 1999). Estudos, com fRMI, de desenvolvimento do processamento de expressões faciais são concordantes com este padrão. Por exemplo, as faces felizes, mas não as faces tristes, provocam respostas BOLD significativas na amigdala em sujeitos adolescentes (Yang *et al.*, 2003). Estudos de expressões faciais de medo sugerem que o aumento no sinal BOLD na amígdala pode ser detectado na adolescência (Baird *et al.*, 1999) mas é relativamente fraco (Thomas *et al.*, 2001).

A adolescência tem sido tradicionalmente associada a comportamentos de tomada de risco e de procura de sensações (ver Steinberg, 2008). Neste contexto, vários investigadores usaram fMRI para examinar diferenças possíveis, na actividade cerebral, entre crianças, adolescentes e adultos jovens, enquanto experimentavam ganhos e perdas em vários sistemas de recompensa. Dado o seu papel na gratificação e motivação (Robbins & Everitt, 1996), o núcleo acumbens tem sido o foco da maioria destes estudos. Se os adolescentes fossem impelidos, por prémios, poder--se-ia esperar um maior envolvimento desta estrutura durante tarefas que envolvem procura de recompensa. Isto parece ser o caso em alguns estudos (Ernst *et al.*, 2005; Galvan *et al.*, 2006), mas não noutros (Bjork *et al.*, 2004). Neste último estudo, Bjork e colegas descreveram um aumento no sinal BOLD, em função da idade (dos 12 aos 28 anos), no núcleo acumbens durante a antecipação de ganhos; isto acontecia, mesmo quando o nível auto-avaliado de excitação era tomado em conta. Vale a pena realçar que, no mesmo estudo, a activação auto avaliada estava correlacionada positivamente com o sinal BOLD no acumbens, mesmo tendo em conta a idade. Esta observação salienta a importância de uma abordagem multidimensional à interpretação dos dados de fMRI (discutida mais adiante neste capítulo).

Os estudos acima mencionados avaliaram diferenças etárias na presença e/ou magnitude de mudanças, relacionadas com tarefas, no sinal BOLD. Contudo, como já anteriormente se salientou, a informação processada nas várias regiões especializadas e espacialmente separadas deve ser integrada para dar origem a comportamentos tão complexos como a escolha de uma acção apropriada, num contexto emocionalmente carregado. Portanto, em estudos de imagiologia, também é importante avaliar possíveis diferenças de idade no estabelecimento de ligações funcionais. Apenas um pequeno número de investigadores incluiu tais avaliações nas suas análises. Num estudo de codificação de memória, Menon, Boyett-Anderson e Reiss (2005), observaram uma diminuição do sinal de fMRI, no lobo temporal médio esquerdo, relacionada com a idade, entre os 11 e os 19 anos, quando sujeitos que viam séries de fotografias novas, de cenas naturais ao ar livre, eram comparados com outros que viam a mesma cena repetidamente (condição de controle). Os autores do estudo usaram análise de regressão tipo-voxel para identificar áreas cerebrais que mostravam correlação no sinal fMRI com aquele medido em duas sub-regiões do lobo temporal médio esquerdo, nomeadamente o hipocampo e o córtex entorrinal. Esta análise revelou um aumento, em função da idade, na correlação entre activação no córtex entorrinal e no córtex pré-frontal dorso-lateral esquerdo. Tais resultados ilustram bem a importância de se incluir a análise de conexões funcionais em estudos de desenvolvimento; embora o sinal de fMRI tenha diminuído numa das estruturas relevantes da memória (córtex entorrinal), a putativa interacção entre esta estrutura e outras regiões do cérebro (córtex pré-frontal) aumentou efectivamente.

Num estudo diferente, relacionado com o desenvolvimento, Schmithorst e Holland (2006) investigaram a relação entre a inteligência e o estabelecimento conexões funcionais numa amostra numerosa de crianças e adolescentes com desenvolvimento normal, com idades dos 5 aos 18 anos. Estes autores mediram o sinal de fMRI durante uma tarefa que requeria que a criança, em silêncio, produzisse palavras ou frases apropriadas em resposta à audição de substantivos, de 5 em 5 segundos. Depois de identificar as regiões cerebrais envolvidas durante esta tarefa (por comparação com outra tarefa que consistia simplesmente em bater de leve com os dedos, em resposta a um tom de trinado), aqueles investigadores correlacionaram o sinal de fMRI em todos estes voxéis com o quociente intelectual global dos sujeitos (FSIQ). Esta análise revelou uma correlação fMRI-FSIQ positiva em cinco regiões do hemisfério esquerdo: área de Broca, a circunvolução temporal média, o cingulado anterior, o precuneus e a circunvolução frontal média (área motora suplementar putativa). Depois, os autores calcularam o coeficiente de conectividade, definido como a soma das co-variâncias emparelhadas (*sum of the pairwise covariances*) entre estas regiões. Usando este coeficiente como uma medida de conectividade funcional, Schmithorst e Holland encontraram várias diferenças de idade e de sexo, na relação entre inteligência e conectividade. Nos rapazes, a conectividade funcional parece aumentar em função da inteligência, entre os 5 e os 9 anos, mas esta relação não aparece nos rapazes mais velhos (10-12 anos), enquanto que nos rapazes ainda mais velhos (13-18 anos) foi observada uma correlação negativa. Por sua vez, no que diz respeito às raparigas, não foi encontrada nenhuma relação, nas mais novas (5-13 anos de idade); mas, em contrapartida, nas raparigas mais velhas (13-18 anos), obteve-se uma forte correlação positiva entre conectividade funcional e inteligência. É de notar que os efeitos que acabamos de referir foram encontrados na série temporal medida, quer durante a tarefa de produção de verbos quer durante a tarefa de controle, ao passo que alguns outros efeitos apenas foram encontrados na tarefa de produção de verbos. Como os autores salientaram, as diferenças sexuais observadas entre inteligência e conectividade funcional são consistentes com alguns dados estruturais em adultos, tais como correlações significativas entre inteligência e volumes regionais de WM nas mulheres, e volumes de GM nos homens (Haier, Jung, Yeo, Head & Alkire, 2005).

Os meus colegas e eu investigámos a conectividade funcional no contexto de possível substrato neural de resistência às influências dos colegas (RPI) no início da adolescência (Grosbras *et al.*, 2007). Nestes estudos, procurávamos saber se a probabilidade de um adolescente procurar atingir objectivos estabelecidos pelos pares ou por si próprio, poderia depender da interacção entre três sistemas neuronais: a rede fronto-parietal (responsável pela imitação de actos de baixo para cima (*bottom-up immitation of actions*); a rede do STS (responsável pelo processamento de indícios sociais) e a rede pré-frontal (responsável pela regulação das acções de cima para baixo (*top-down regulation of actions*). No exame de aquisição de imagens (*scanner*), pedimos a crianças de 10 anos para observarem vídeo-clips curtos, contendo acções da face ou da mão/braço, executadas de forma neutra ou zangada, enquanto medíamos as mudanças no sinal de fMRI. Fora da aquisição de imagem (*scanner*), administrámos um questionário avaliando a resistência à influência dos pares ou RPI (Steinberg & Monahan, 2007). Verificámos que as crianças com alta pontuação nesse questionário, por comparação com as de baixa pontuação, mostraram correlações inter-regionais mais fortes na actividade cerebral, através das três redes, enquanto viam acções das mãos executadas de forma zangada. O padrão de correlações inter-regionais identificado por este método inclui (1) regiões envolvidas na observação da acção – os sistemas fronto-parietal, bem como o occipito-temporal) e (2) regiões no córtex pré-frontal.

De um modo geral, pode-se dizer que os estudos de conectividade funcional durante a adolescência estão na sua infância. Os três exemplos precedentes ilustram o poder desta abordagem, mas também indicam que deve ser necessário um grande número de sujeitos, de ambos os géneros, em diferentes grupos etários, para se chegar a conclusões válidas. A realização de MRI estrutural de alta resolução e/ou DTI nos mesmos indivíduos, facilitaria muito a identificação de possíveis semelhanças e diferenças entre a conectividade funcional, efectiva e estrutural, na mesma amostra (ver Paus, 2007). Como se verá na secção seguinte, a interpretação dos dados de fMRI coloca desafios e deve ser abordada com prudência.

INTERPRETAÇÃO DE DADOS IMAGIOLÓGICOS SOBRE A MATURAÇÃO CEREBRAL DURANTE A ADOLESCÊNCIA

Têm sido propostos vários quadros de referência conceptuais para interpretar alguns dos dados revistos neste capítulo, designadamente no que se refere às suas bases neurobiológicas. Infelizmente, a natureza indirecta das medidas disponíveis torna muito difícil validar algumas destas propostas. Colocarei aqui questões acerca de alguns dos pressupostos implícitos nestes quadros de referência, a fim de clarificar a distinção entre factos estabelecidos e hipóteses.

Substância cinzenta cortical e poda sináptica

As estimativas do volume cortical da GM e da espessura cortical baseadas em MR parecem diminuir durante a adolescência. Isto tem sido sempre interpretado como uma indicação da poda sináptica (*synaptic pruning*), um processo pelo qual as sinapses "redundantes" produzidas em excesso durante os primeiros anos de vida, são eliminadas. (Para uma abordagem crítica do darwinismo neural, ver Purves, White & Riddle, 1996).

A primeira evidência da poda sináptica acelerada durante o desenvolvimento pós-natal veio de estudos pós-mortem por Huttenlocher, que descreveu uma diminuição do número de sinapses no córtex do cérebro humano, durante a infância e a adolescência (Huttenlocher, 1984; Huttenlocher & Courten, 1987). Convém notar que estes estudos iniciais eram limitados pelo baixo número de espécimes disponíveis para as diferentes etapas do desenvolvimento humano. Provas mais definitivas da eliminação de sinapses durante a adolescência foram facultadas por estudos levados a cabo por Rakic e colegas, em primatas não humanos. (*e. g.*, Bourgeois & Rakic, 1993; Rakic, Bourgeois, Eckenhoff, Zecevic & Goldman-Rakic, 1986). Usando microscopia electrónica, eles observaram uma diminuição dramática no número de sinapses no córtex visual do macaco, durante a puberdade (entre a idade de 2,5 e 5 anos), fosse ela expressa no número de sinapses por neurónio, ou por milímetro cúbico de fibras neurais — neuropil — (uma perda de cerca de 45%). Mas é improvável que esta diminuição na densidade sináptica se traduza em diminuição do volume cortical. Bourgeois e Rakic (1993) comentaram que "mudanças na densidade das sinapses afectam muito pouco tanto o volume, como a superfície do córtex, porque o volume total dos botões sinápticos... é apenas uma fracção muito pequena do volume cortical" e concluíram que "... uma diminuição do número de sinapses durante a puberdade deveria ter um efeito muito pequeno no volume total do córtex" (Burgeois & Rakic, 1993).

Se é improvável que o número de sinapses, em si mesmo, mude a espessura/volume cortical, então, que outros elementos celulares podem afectá-lo? Como se pode ver pela Fig. 4.2, cerca de 10% do córtex (do rato) é ocupado pelas células gliais e cerca de 60% por conjunto de fibras neurais — neuropil —, este último constituído pelos processos dendríticos e axonais. Poder-se-á pensar que um número reduzido de sinapses, e uma correspondente diminuição das necessidades metabólicas é acompanhado por uma redução no número de células gliais, conduzindo a uma diminuição no volume ou espessura da GM cortical. Mas é talvez ainda mais provável que a aparente perda de GM reflicta um aumento no grau de mielinização dos axónios intra-corticais. Como mostrado em Kaes (1907) e Conel (1967), a mielinização das fibras intra-corticais progride gradualmente da infância até à idade adulta (Figura 4.4). Quanto maior o número de fibras mielinizadas no córtex, menos "cinzento" pareceria o córtex em imagens normais T1W. Tal efeito de "volume-parcial" poderia resultar na perda aparente de GM (cfr também Paus, 2005).

Substância branca e mielinização

Uma vez que está bem documentado, com base na histologia, o aumento do grau de mielinização durante as duas primeiras décadas da vida humana (*e.g.*, Yakovlev & Lecours, 1967), talvez não seja surpreendente que quaisquer mudanças no volume ou "densidade" da substância branca, reveladas por análise computacional de imagens T1W, sejam atribuídas a mudanças na mielinização. Mais uma vez, as suposições baseadas em conhecimentos anteriores estão a influenciar interpretações dos novos dados. Muito frequentemente, artigos relatando mudanças na mielinização relacionadas com a idade, apenas mediram volumes de WM. Será que isto é apenas uma questão de semântica, ou haverá outros processos independentes da mielinização que podem afectar o volume e/ou outras características da WM?

A Fig. 4.3 faculta um claro exemplo da dissociação entre mudanças, em função da idade, no volume da substância branca durante a adolescência e na MTR, um índice indirecto da quantidade de mielina na WM. Embora o volume de WM tenha aumentado com a idade, durante a adolescência, no sexo masculino (Fig. 4.3a), os volumes de MTR diminuíram (Figura 4.3c), o que indica uma diminuição da quantidade de mielina por unidade de volume (Perrin *et al.*, 2008a). Se não aumenta a mielina, o que poderá accionar o aumento de volume de WM, observado

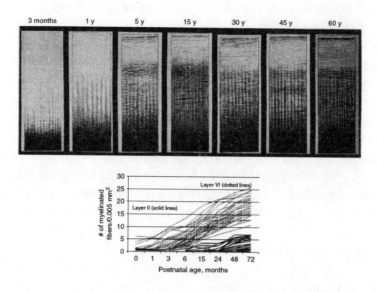

Fig. 4.4 – *Em cima:* Dados *post-mortem* de coloração da mielina intra-cortical, de Kaes (1907) [adaptados e reproduzidos por Kemper (1994)]. *Em baixo:* diagrama dos dados *post-mortem* não corrigidos, da densidade das fibras de mielina (n.º por 0,005 mm^2) da camada II (linhas contínuas) e da camada VI (linhas tracejadas) *versus* idade pós-natal (em meses) para as áreas de Von Economo que ele estudou. De Shankle *et al.*, 1998.

durante a adolescência nos rapazes? A nossa hipótese é que isso pode ser devido a mudanças no calibre axonal. Quanto maior o calibre, menos axónios cabem na mesma unidade de volume reflectido na imagem, produzindo uma diminuição relativa no índice de mielinização. Embora seja necessário mais trabalho para confirmar esta observação inicial, ela serve para lembrar que a maioria das sequências de MR, a partir das quais muitas vezes são feitas deduções, não é suficientemente específica para interpretar dados baseados em MR como reflectindo um processo neurobiológico singular, tal como a mielinização.

"Activações" funcionais

As interpretações de diferenças de grupos na actividade cerebral relacionada com tarefas, indicadas pelo sinal BOLD estão repletas de dificuldades. Quando se avaliam diferenças entre, por exemplo, crianças e adolescentes realizando uma tarefa de "recompensa", pode-se obter vários resultados possíveis. Os adolescentes, por comparação com as crianças, podem "activar" regiões do cérebro adicionais, mostrar "activações" mais fortes nas mesmas regiões cerebrais ou apresentar um "padrão" de activações mais focado. Como devemos nós interpretar estes dados? Prudentemente, com um número de factores em mente.

Devemos, primeiro, considerar a possibilidade de os dois grupos poderem diferir no desempenho da tarefa e/ou na estratégia empregada para resolver a tarefa que têm em mãos. Como notado anteriormente, quando são encontradas diferenças, relacionadas com a idade, na resposta em fMRI, estas podem ser removidas, emparelhando sujeitos de idades diferentes no seu desempenho (*e. g.*, Kwon *et al.*, 2002; Schlagar *et al.*, 2002). É claro que, quanto mais sensível for a medida de desempenho usada e maior o número de participantes, mais fácil será lidar com este potencial factor de confusão.

O factor seguinte a considerar é o estado emocional e motivacional do participante. É provável que os participantes experimentem níveis variados de ansiedade e activação no exame de aquisição de imagem, em função da familiaridade com a tarefa, do ambiente de obtenção de imagem, ou da duração da sessão de obtenção de imagem. Estes e outros factores externos podem ter efeitos diferentes nos participantes de idades diferentes. Além de minimizar o efeito destes elementos de confusão, podemos colher medidas da activação autonómica (*e. g.*, ritmo cardíaco, diâmetro da pupila) ou central (EEG), durante a obtenção de imagens, e incluir estas medidas como covariantes em análises subsequentes de dados de fMRI.

É muito importante não esquecer que as mudanças relacionadas com o estado dos sujeitos são acompanhadas pela libertação de neurotransmissores, tais como dopamina e norepinefrina (Arnsten & Li, 2005), que modulam mudanças na "activação" cerebral, relacionadas com a tarefa. De facto, diferenças na neurotransmissão dopaminérgica, relacionadas com a idade, têm sido muitas vezes invocadas quando se interpretam dados de fMRI obtidos no contexto de processamento de recompensa, muitas vezes comparando adolescentes com adultos jovens. Contudo, dois estudos pós-mortem recentes, indicaram que não há diferenças entre adolescentes (14-18 anos) e adultos jovens (20-24 anos) nos níveis de diferentes receptores de dopamina, ou na actividade de enzimas envolvidas na síntese da dopamina (tirosina hidroxilase) e no seu metabolismo (catecol-O--metil transferase [COMT]), no córtex humano pré-frontal (Turnbridge *et al.*, 2007; Wickert *et al.*, 2007).

É óbvio que, a nível analítico, é essencial apoiar as afirmações sobre a presença ou ausência de "activações", com análises estatísticas adequadas. Contudo, não basta demonstrar que uma região particular do cérebro mostra um aumento estatisticamente significativo no sinal BOLD num grupo, mas não atinge o limiar discriminante no outro grupo. É importante também estarmos atentos a possíveis artefactos da imagiologia. Por exemplo, quando se conta o número de vóxeis e/ou regiões "activadas", existe a possibilidade de erros subtis, no registo das imagens captadas ao longo do tempo, poderem dar origem a "activações" aparentes, as quais podem mimetizar alterações verdadeiras na actividade cerebral; por exemplo, pequenos movimentos de acenar a cabeça, podem afectar especialmente as estruturas da linha média, tais como o córtex cingulado anterior. Ora, registos erróneos difíceis de detectar podem levar a uma aparente diminuição na magnitude da resposta BOLD numa localização de "máxima" intensidade. De novo, a idade pode modular a probabilidade de tais elementos de confusão.

No geral, a interpretação dos dados obtidos com MRI funcional constitui um grande desafio e necessita de ter em conta quer o plano do estudo experimental, quer a fisiologia subjacente ao sinal de fMRI. Mesmo quando são perfeitamente controladas todas as possíveis variáveis experimentais, a natureza indirecta do sinal BOLD e a complexidade da neurofisiologia subjacente impedem-nos de tirar conclusões relativas aos processos de desenvolvimento, tais como a poda sináptica ou a neurotransmissão dopaminérgica.

Imagens do cérebro e causalidade

O uso de neuroimagiologia estrutural e funcional proporciona uma poderosa ferramenta para o estudo da maturação cerebral e do desenvolvimento cognitivo durante a adolescência. Para além da necessidade de recordarmos os muitos desafios específicos associados à interpretação de dados estruturais e funcionais discutidos na secção anterior, também precisamos de ser prudentes acerca do significado geral das "imagens cerebrais". Em particular, não devemos confundir um efeito com uma causa.

A observação de uma diferença entre crianças e adolescentes no tamanho (ou "activação") de uma determinada estrutura, indica simplesmente um possível mecanismo neural mediador do efeito da idade num dado comportamento; mas não é a "causa" deste comportamento. Por exemplo, uma activação mais forte do núcleo estriado ventral, nos adolescentes, durante a realização de uma tarefa de recompensa (quando comparada com adultos) não deve ser interpretada como "sendo a causa" do comportamento de procura de recompensa do adolescente; isso apenas indica diferenças possíveis, relacionadas com a idade, na probabilidade do envolvimento desta estrutura, durante esta tarefa determinada. Neste sentido, a avaliação baseada na neuroimagiologia, deve ser tratada da mesma forma e ao mesmo nível de qualquer outro fenótipo quantitativo, para descrever características cognitivas, emocionais, endócrinas ou fisiológicas de um indivíduo. Para procurar as causas de um dado comportamento e a sua maior ou menor probabilidade durante a adolescência, necessitamos de dirigir a nossa atenção para o meio do indivíduo e para os seus genes.

PAPEL DOS GENES E DO AMBIENTE NA MOLDAGEM DO CÉREBRO

É claro que tanto os genes como a experiência influenciam muitas características estruturais do cérebro humano. Num número especial do *Human Brain Mapping*, sobre da imagiologia genómica (Glahn, Paus & Thompson, 2007), vários artigos apresentaram dados sobre a elevada hereditabilidade dos volumes cerebrais de GM, estimados a partir de estudos de gémeos, realizados com adultos, bem como com crianças e adolescentes. Ao nível das características monogénicas, vários trabalhos anteriores revelaram diferenças entre indivíduos (adultos) com diferentes constituições alélicas na morfologia cerebral (*e.g.*, Pezawas *et al.*, 2004, 2005).

Dados sobre a influência genética na morfologia cerebral, são considerados, muitas vezes, como consequência de um efeito *directo* dos genes na estrutura cerebral, ocorrendo talvez tão cedo como na fase intra-uterina (*in utero*). Mas também é possível — e mesmo muito provável — que estes efeitos sejam mediados pelo diferente nível de envolvimento *funcional* de determinados circuitos neurais, em indivíduos com diferentes genes e diferentes experiências. Vários estudos confirmaram que um envolvimento (funcional) repetido de um determinado circuito neural conduz a mudanças nas suas propriedades estruturais, as quais podem ser detectadas *in vivo* com MR (*e.g.*, em músicos: Gaser & Schlauh, 2003; Sluming *et al.*, 2002; Taxistas de Londres: Maguire *et al.*, 2000; sujeitos bilingues: Mechelli *et al.*, 2004; malabaristas inicialmente inexperientes: Draganski *et al.*, 2004). Embora seja impossível determinar a direcção desta relação estrutura-função, na maioria dos estudos actuais (com a excepção do estudo dos malabaristas), os estudos experimentais com animais existentes confirmam a possibilidade da experiência ter impacto na estrutura cerebral (*e.g.*, Sirevaag & Greenough, 1988).

Pode dizer-se, pois, que há um número cada vez maior de provas que desafia uma perspectiva simples, determinista, segundo a qual os genes influenciam directamente o cérebro e, dessa forma, o comportamento de um indivíduo. Como indicado por muitos estudos sobre o efeito da experiência na estrutura cerebral, medidas anatómicas obtidas através de MR podem muito bem reflectir um efeito cumulativo da experiência diferencial (comportamento) em vez do inverso. E isto é muito relevante para o debate sobre o determinismo biológico. Muito frequentemente, vemos as mudanças de desenvolvimento na estrutura cerebral como pré-requisitos (biológicos) de uma capacidade cognitiva determinada. Por exemplo, a lógica comum assume que o controlo cognitivo/executivo do comportamento emerge em toda a sua força apenas depois do córtex pré-frontal atingir o nível de maturidade estrutural típico do adulto. Mas, dado o papel da experiência na formação do cérebro, também pode ser que a exposição a altos níveis de exigência de controlo cognitivo em certos adolescentes (*e.g.*, jovens assumindo papéis de adulto em virtude de circunstâncias familiares) facilite a maturação estrutural do seu córtex pré-frontal. Se for provado que este cenário é correcto, isso afasta-nos da visão "passiva" do desenvolvimento cerebral e leva-nos antes para uma que coloque a ênfase no papel activo do indivíduo e do seu ambiente na modulação dos processos biológicos (*e.g.*, hormonais) do desenvolvimento.

Dada a variedade dos factores ambientais e dos desafios da genética de traços complexos, o papel dos genes e do meio é melhor analisado a nível da população, ou seja, estudando um grande número de indivíduos. Assim se explica o aparecimento da neurociência das populações que começou a emergir do cruzamento da epidemiologia social (Wilkinson, 2005) e da genética (Davey-Smith *et al.*, 2005) com a neurociência cognitiva (Gazzaniga, 2004).

A grande disponibilidade de máquinas de aquisição de imagens (scanners) de MR, quer em contextos clínicos, quer de investigação, tem tornado relativamente fácil e económico a realização de estudos baseados na população com esta técnica de mapeamento cerebral.

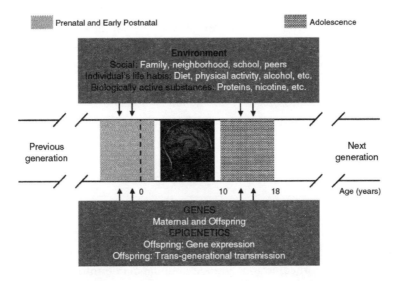

Fig. 4. 5 — Neurociência das populações e estudos de desenvolvimento cerebral.

De acordo com o Forum Europeu de Ressonância Magnética (*www.emrf.org/*), o número de *scanners* de MR (de 1 ou mais Tesla) vendidos por ano aumentou de cerca de 100 *scanners* em 1985 para 1.500 vendidos em 2001. Em 2006, havia mais de 11 000 *scanners* nos Estados Unidos, 5 600 no Japão, 3 500 na China, 1 195 na Alemanha e 480 no Reino Unido. Vários estudos de desenvolvimento cerebral estão a caminho, usando MRI. No início dos anos 90, a Secção da Psiquiatria de Crianças do Instituto Nacional de Saúde Mental (NIMH) iniciou o primeiro esforço, em larga escala, neste domínio; ao longo dos últimos 15 anos, foram reunidas mais de 1 500 imagens de corte transversal e longitudinal da estrutura cerebral, em crianças e adolescentes com desenvolvimento normal (Lenroot & Giedd, 2006). Em 2000, os Institutos Nacionais de Saúde (*National Institutes of Health*) financiaram o Projecto Pediátrico de MRI, do NIH (Evans & Brain Development Cooperative Group, 2006); durante um período de 6 anos, foi reunida uma base de dados longitudinais (três pontos no tempo, separados por 2 anos) numa amostra de cerca de 400 crianças e adolescentes. Vários anos depois, os meus colegas e eu iniciámos o Saguenay Youth Study; foi assim reunido um rico conjunto de dados sobre o cérebro, comportamento, saúde cardiovascular e metabólica e bem como DNA, em mais de 560 adolescentes (Pausova *et al.*, 2007). A convicção geral é que estudos de larga escala, que recolhem imagens de MR do cérebro em desenvolvimento, juntamente com informação detalhada sobre os ambientes dos participantes e sobre os seus *backgrounds* genéticos, farão avançar a nossa compreensão dos determinantes biológicos e ambientais da maturação cerebral e do desenvolvimento cognitivo durante a adolescência (Fig. 4.5).

CONCLUSÕES

A segunda década do desenvolvimento do cérebro humano é tão dinâmica como a precedente; o cérebro humano continua a crescer e a mudar, durante esse período, tanto no sentido estrutural como no funcional. A MRI tem fornecido uma grande abundância de informações acerca do cérebro adolescente, documentando em particular a continuidade da sua maturação estrutural e começando a elucidar-nos sobre interessantes mudanças na sua organização funcional. Vários estudos, em larga escala, de crianças e adolescentes, baseados em MR, estão a caminho, prometendo facultar novos conhecimentos sobre os mecanismos neurais subjacentes ao desenvolvimento emocional e cognitivo durante a adolescência e, acima de tudo, identificar possíveis influências genéticas e ambientais na maturação cerebral e no desenvolvimento cognitivo e sócio-emocional durante a adolescência. Graças a estas e a outras técnicas não abordadas neste capítulo (*e. g.*, electroencefalografia e magnetoencefalografia), continuamos a aprender muito acerca do cérebro adolescente no espaço e no tempo.

Referências

Adleman, N. E., Menon, V., Blasey, C. M., White, C. D., Warsofsky, I. S. Glover, G. H. et al. (2002). A developmental fMRI study of the Stroop color-word task. *Neuroimage, 16,* 61-75.

Allison, T., Puce, A. & McCarthy, G. (2000). Social perception from visual cues: Role of the STS region. *Trends in Cognitive Sciences, 4,* 267-278.

Angold, A., Costello, E. J., Erkanli, A. & Worthman, C. M. (1999). Pubertal changes in hormone levels and depression in girls. *Psychological Medicine, 29,* 1043-1053.

Angold, A., Costello, E. J. & Worthman, C. M. (1998). Puberty and depression: The roles of age, pubertal status and pubertal timing. *Psychological Medicine, 28,* 51-61.

Ankney, C. D. (1992). Differences in brain size. *Nature, 358,* 532.

Arnsten, A. F. & Li, B. M. (2005). Neurobiology of executive functions: catecholamine influences on prefrontal cortical functions. *Biological Psychiatry, 57,* 1377-1384.

Ashburner, J. & Friston, K. J. (2000). Voxel-based morphometry — the methods. *Neuroimage, 11,* 805-821.

Baird, A. A., Gruber, S. A., Fein, D. A., Maas, L. C., Steingard, R. J., Renshaw, P. F. et al. (1999). Functional magnetic resonance imaging of facial affect recognition in children and adolescents. *Journal of the American Academy of Child and Adolescent Psychiatry, 38,* 195-199.

Beauchamp, M. S., Lee, K. E., Haxby, J. V. & Martin, A. (2002). Parallel visual motion processing streams for manipulable objects and human movements. *Neuron, 34,* 149-159.

Beaulieu, C., Plewes, C., Paulson, L. A., Roy, D., Snook, L., Concha, L. et al. (2005). Imaging brain connectivity in children with diverse reading ability. *Neuroimage, 25,* 1266-1271.

Bermudez, P. & Zatorre, R. J. (2001). Sexual dimorphism in the corpus callosum: methodological considerations in MRI morphometry. *Neuroimage, 13,* 1121-1130.

Bjork, J. M., Knutson, B., Fong, G. W., Caggiano, D. M., Bennett, S. M. & Hommer, D. W. (2004). Incentive-elicited brain activation in adolescents: Similarities and differences from young adults. *Journal of Neuroscience, 24,* 1793-1802.

Blanton, R. E., Levitt, J. G., Peterson, J. R., Fadale, D., Sporty, M. L., Lee, M. et al. (2004). Gender differences in the left inferior frontal gyrus in normal children. *Neuroimage, 22,* 626-636.

Bonda, E., Petrides, M., Ostry, D. & Evans, A. (1996). Specific involvement of human parietal systems and the amygdala in the perception of biological motion. *Journal of Neuroscience, 16,* 3737-3744.

Braitenberg, V. & Schüz, A. (1998). *Cortex: Statistics and geometry of neuronal connectivity* (2nd ed.). Heidelberg, Germany: Springer.

Brodmann, K. (1909/1994). *Localisation in the cerebral cortex.* London: Smith-Gordon.

Brown, T. T., Lugar, H. M., Coalson, R. S., Miezin, F. M., Petersen, S. E. & Schlaggar, B. L. (2004) Developmental changes in human cerebral functional organization for word generation. *Cerebral Cortex, 15,* 275-290.

Bunge, S. A. (2002) Immature frontal lobe contributions to cognitive control in children: Evidence from fMRI. *Neuron, 33,* 301-311.

Bourgeois, J. P. & Rakic, P. (1993) Changes in synaptic density in the primary visual cortex of the macaque monkey from fetal to adult stage. *Journal of Neuroscience, 13,* 2801-20.

Bushong, S. C. (2003). *Magnetic resonance imaging* (3rd ed.). St. Louis, MO: Mosby.

Carey, S. (1992) Becoming a face expert. *Philosophical Transactions of the Royal Society of Biological Sciences, 335,* 95-102.

Carne, R. P., Vogrin, S., Litewka, L. & Cook, M. J. (2006). Cerebral cortex: An MRI-based study of volume and variance with age and sex. *Journal of Clinical Neuroscience, 13,* 60-72.

Chupin, M., Hammers, A., Bardinet, E., Colliot, O., Liu, R. S. N., Duncan, J. S. et al. (2007). Fully automatic segmentation of the hippocampus and the amygdala from MRI using hybrid prior knowledge. In *Medical image computing and computer-assisted intervention,* vol. 4791 (pp. 875-882). Berlin, Germany: Springer.

Collins, D. L., Holmes, C. J., Peters, T. M. & Evans, A. C. (1995). Automatic 3D model-based neuroanatomical segmentation. *Human Brain Mapping, 3,* 190-208.

Collins, D. L., Neelin, P., Peters, T. M. & Evans, A. C. (1994). Automatic 3D intersubject registration of MR volumetric data in standardized Talairach space. *Journal of Computer Assisted Tomography, 18,* 192-205.

Conel, J. L. (1967). *Postnatal development of the human cerebral cortex: The cortex of the seventy-two-month infant,* vol. 8. Cambridge, MA: Harvard University Press.

Cowell, P. E., Allen, L. S., Zalatimo, N. S. & Denenberg, V. H. (1992). A developmental study of sex and age interactions in the human corpus callosum. *Developmental Brain Research, 66,* 187-192.

Davidson, M. C., Thomas, K. M. & Casey, B. J. (2003). Imaging the developing brain with fMRI. *Mental Retardation and Developmental Disabilities Research Reviews, 9,* 161-167.

Davey Smith, G., Ebrahim, S., Lewis, S., Hansell, A. L., Palmer, L. J & Burton, P. R. (2005). Genetic epidemiology and public health: Hope, hype, and future prospects. *Lancet, 366,* 1484-1498.

De Bellis, M. D., Keshavan, M. S., Beers, S. R., Hall, J., Frustaci, K. & Masalehdan, A. et al. (2001). Sex differences in brain maturation during childhood and adolescence. *Cerebral Cortex, 11,* 552-557.

Decety, J., Grezes, J., Costes, N., Perani, D., Jeannerod, M. & Procyk, E. (1997). Brain activity during observation of actions. Influence of action content and subject's strategy. *Brain, 120,* 1763-1777.

Dekaban, A. S. (1978). Changes in brain weights during the span of human life: Relation of brain weights to body heights and body weights. *Annals of Neurology, 4,* 345-356.

Deutsch, G. K., Dougherty, R. F., Bammer, R., Siok, W. T., Gabrieli, J. D. & Wandell, B. (2005). Children's reading performance is correlated with white matter structure measured by diffusion tensor imaging. *Cortex, 41,* 354-363.

Draganski, B., Gaser, C., Busch, V., Schuierer, G., Bogdahn, U. & May, A. (2004). Neuroplasticity: Changes in grey matter induced by training. *Nature, 427,* 311-312.

Eickhoff, S. B., Schleicher, A., Scheperjans, F., Palomero-Gallagher, N. & Zilles, K. (2007). Analysis of neurotransmitter receptor distribution patterns in the cerebral cortex. *Neuroimage, 34,* 1317-1330.

Ernst, M., Nelson, E. E., Jazbec, S., McClure, E. B., Monk, C. S., Leibenluft, E. et al. (2005). Amygdala and nucleus accumbens in responses to receipt and omission of gains in adults and adolescents. *Neuroimage, 25,* 1279-1291.

Evans, A. C., Collins, D. L., Mills, S. R., Brown, E. D., Kelly, R. L. & Peters, T. M. (1993). 3D statistical neuroanatomical models from 305 MRI volumes. *Proceedings of the IEEE-Nuclear Science Symposium and Medical Imaging Conference,* 1813-1817.

Evans, A. C. & Brain Development Cooperative Group. (2006). The NIH MRI study of normal brain development. *NeuroImage, 30,* 184-202.

Fischl, B. & Dale, A. M (2000). Measuring the thickness of the human cerebral cortex from magnetic resonance images. *Proceedings of the National Academy of Sciences, 297,* 11050-11055.

Fischl, B., Sereno, M. I., Tootell, R. B. & Dale, A. M. (1999). High-resolution intersubject averaging and a coordinate system for the cortical surface. *Human Brain Mapping, 8,* 272-284.

Galvan, A., Hare, T. A., Parra, C. E., Penn, J., Voss, H., Glover, G. & Casey, B. J. (2006). Earlier development of the accumbens relative to orbitofrontal cortex might underlie risk-taking behavior in adolescents. *Journal of Neuroscience, 26,* 6885-6892.

Gaser, C. & Schlaug, G. (2003). Brain structures differ between musicians and non-musicians. *Journal of Neuroscience, 23,* 9240-9245.

Gazzaniga, M. S. (2004). *The cognitive neurosciences III.* Cambridge, MA: MIT Press.

Giedd, J. N., Blumenthal, J., Jeffries, N. O., Castellanos, F. X., Liu, H., Zijdenbos, A. et al. (1999a). Brain development during childhood and adolescence: A longitudinal MRI study. *Nature Neuroscience, 2,* 861-863.

Giedd, J. N., Blumenthal, J., Jeffries, N. O., Rajapakse, J. C., Vaituzis, A. C, Liu, H. et al. (1999b). Development of the human corpus callosum during childhood and adolescence: A longitudinal MRI study. *Progress in Neuro-Psychopharmacology & Biological Psychiatry, 23,* 571-588.

Giedd, J. N., Rumsey, J. M., Castellanos, F. X., Rajapakse, J. C., Kaysen, D., Vaituzis, A. C. et al. (1996a). A quantitative MRI study of the corpus callosum in children and adolescents. *Developmental Brain Research, 91,* 274-280.

Giedd, J. N., Snell, J. W., Lange, N., Rajapakse, J. C., Casey, B. J. & Kozuch, P. L. (1996b). Quantitative magnetic resonance imaging of human brain development: Ages 4-18. *Cerebral Cortex, 6,* 551-560.

Giedd, J. N., Vaituzis, A. C., Hamburger, S. D., Lange, N., Rajapakse, J. C., Kaysen, D. et al. (1996c). Quantitative MRI of the temporal lobe, amygdala and hippocampus in normal human development: Ages 4-18 years. *Journal of Comparative Neurology, 366,* 223-230.

Giedd, J. N., Clasen, L. S., Lenroot, R., Greenstein, D., Wallace, G. L., Ordaz, S. et al. (2006). Puberty-related influences on brain development. *Molecular and Cellular Endocrinology, 254-255,* 154-162.

Giedd, J. N., Clasen, L. S., Wallace, G. L., Lenroot, R. K., Lerch, J. P., Wells, E. M. et al. (2007). XXY (Klinefelter syndrome): A pediatric quantitative brain magnetic resonance imaging case-control study. *Pediatrics, 119,* e232-e240.

Glahn, D. C., Paus, T. & Thompson, P. M. (2007). Imaging genomics: Mapping the influence of genetics on brain structure and function. *Human Brain Mapping, 28,* 461-463.

Gogtay, N., Giedd, J. N., Lusk, L., Hayashi, K. M., Greenstein, D., Vaituzis, A. C. et al. (2004). Dynamic mapping of human cortical development during childhood through early adulthood. *Proceedings of the National Academy of Sciences U S A, 101,* 8174-8179.

Good, C. D., Johnsrude, I., Ashburner, J., Henson, R. N., Friston, K. J. & Frackowiak, R. S. (2001). Cerebral asymmetry and the effects of sex and handedness on brain structure: A voxel-based morphometric analysis of 465 normal adult human brains. *Neuroimage, 14,* 685-700.

Goren, C. C. (1975). Visual following and pattern discrimination of face-like stimuli by newborn infants. *Pediatrics, 56,* 544-549.

Grezes, J., Costes, N. & Decety, J. (1999) The effects of learning and intention on the neural network involved in the perception of meaningless actions. *Brain, 122,* 1875-1887.

Grosbras, M. H. & Paus, T. (2006). Brain networks involved in viewing angry hands or faces. *Cerebral Cortex, 16,* 1087-1096.

Grosbras, M. H., Osswald, K., Jansen, M., Toro, R., McIntosh, A. R., Steinberg, L. *et al.* (2007). Neural mechanisms of resistance to peer influence in early adolescence. *Journal of Neuroscience, 27,* 8040-8045.

Gur, R. C., Gunning-Dixon, F., Bilker, W. B. & Gur, R. E. (2002). Sex differences in temporo-limbic and frontal brain volumes of healthy adults. *Cerebral Cortex, 12,* 998-1003.

Hagmann, P., Cammoun, L., Martuzzi, R., Maeder, P., Clarke, S., Thiran, J. P. *et al.* (2006). Hand preference and sex shape the architecture of language networks. *Human Brain Mapping, 27,* 828-835.

Haier, R. J., Jung, R. E., Yeo, R. A., Head, K. & Alkire, M. T. (2005). The neuroanatomy of general intelligence: Sex matters. *Neuroimage, 25,* 320-327.

Hall, J. A. (1978). Gender effects in decoding nonverbal cues. *Psychological Bulletin, 85,* 845-857.

Herba, C., Phillips, M. (2004). Annotation: Development of facial expression recognition from childhood to adolescence: Behavioural and neurological perspectives. *Journal of Child Psychology and Psychiatry, 45,* 1185-1198.

Hope, P. L. & Moorcraft, J. (1991) Magnetic resonance spectroscopy. *Clinics in Perinatology, 18,* 535-548.

Hursh, J. B. (1939). Conduction velocity and diameter of nerve fibers. *American Journal of Physiology, 127,* 131-139.

Huttenlocher, P. R. (1984). Synapse elimination and plasticity in developing human cerebral cortex. *American Journal of Mental Deficiency, 88,* 488-496.

Huttenlocher, P. R. & de Courten, C. (1987). The development of synapses in striate cortex of man. *Human Neurobiology, 6,* 1-9.

Hwang, S. J., Ji, E. K., Lee, E. K., Kim, Y. M., Shin, D. Y., Cheon, Y. H. *et al.* (2004). Gender differences in the corpus callosum of neonates. *Neuroreport, 15,* 1029-1032.

Joffe, T. H., Tarantal, A. F., Rice, K., Leland, M., Oerke, A. K., Rodeck, C. *et al.* (2005). Fetal and infant head circumference sexual dimorphism in primates. *American Journal of Physical Anthropology, 126,* 97-110.

Kaes, T. (1907). *Die grosshirnrinde des menschen in ihren massen und ihrem fasergehalt.* Jena: Gustav Fisher.

Kimura, D. (1996). Sex, sexual orientation and sex hormones influence human cognitive function. *Current Opinions in Neurobiology, 6*, 259-263.

Kilts, C. D. (2003). Dissociable neural pathways are involved in the recognition of emotion in static and dynamic facial expressions. *Neuroimage, 18*, 156-168.

Klingberg, T., Vaidya, C. J., Gabrieli, J. D. E., Moseley, M. E. & Hedehus, M. (1999). Myelination and organization of the frontal white matter in children: A diffusion tensor MRI study. *NeuroReport, 10*, 2817-2821.

Kucharczyk, W., Macdonald, P. M., Stanisz, G. J. & Henkelman, R. M. (1994). Relaxivity and magnetization transfer of white matter lipids at MR imaging: Importance of cerebrosides and pH. *Radiology, 192*, 521-529.

Kwon, H., Reiss, A. L. & Menon, V. (2002). Neural basis of protracted developmental changes in visuo-spatial working memory. *Proceedings of the National Academy of Sciences Online, 99*, 13336-13341.

Laule, C., Vavasour, I. M., Kolind, S. H., Li, D. K., Traboulsee, T. L., Moore, G. R. et al. (2007). Magnetic resonance imaging of myelin. *Neurotherapeutics, 4*, 460-484.

Lenroot, R. K. & Giedd, J. N. (2006). Brain development in children and adolescents: Insights from anatomical magnetic resonance imaging. *Neuroscience and Biobehavorial Review, 30*, 718-729.

Logothetis, N. K., Pauls, J., Augath, M., Trinath, T. & Oeltermann, A. (2001). Neurophysiological investigation of the basis of the fMRI signal. *Nature, 412*, 150-157.

Luders, E., Steinmetz, H. & Jancke, L. (2002). Brain size and grey matter volume in the healthy human brain. *Neuroreport, 13*, 2371-2374.

Luna, B., Thulborn, K. R., Munoz, D. P., Merriam, E. P., Garver, K. E., Minshew, N. J. et al. (2001) Maturation of widely distributed brain function subserves cognitive development. *Neuroimage, 13*, 786-793.

Mädler, B., Drabycz, S. A., Kolind, S. H., Whittall, K. P. & Mackay, A. L. (2008). Is diffusion anisotropy an accurate monitor of myelination? Correlation of multicomponent T(2) relaxation and diffusion tensor anisotropy in human brain. *Magnetic Resonance Imaging*, June 3 [Epub ahead of print].

Maguire, E. A., Gadian, D. G., Johnsrude, I. S., Good, C. D., Ashburner, J., Frackowiak, R. S. et al. (2000). Navigation-related structural change in the hippocampi of taxi drivers. *Proceedings of the National Academy of Sciences Online U S A, 97*, 4398-4403.

Marner L., Nyengaard J. R., Tang, Y. & Pakkenberg, B. (2003). Marked loss of myelinated nerve fibers in the human brain with age. *Journal of Comparative Neurology, 462*, 144-152.

Matsuzawa, J., Matsui, M., Konishi, T., Noguchi, K., Gur, R. C., Bilker, W. et al. (2001). Age-related volumetric changes of brain gray and white matter in healthy infants and children. *Cerebral Cortex, 11*, 335-342.

McGivern, R. F. (2002). Cognitive efficiency on a match to sample task decreases at the onset of puberty in children. *Brain Cognition, 50,* 73-89.

McGowan, J. C. (1999). The physical basis of magnetization transfer imaging. *Neurology, 53,* S3-S7.

Mechelli, A., Crinion, J. T., Noppeney, U., O í Doherty, J., Ashburner, J., Frackowiak, R. S. et al. (2004). Neurolinguistics: Structural plasticity in the bilingual brain. *Nature, 431,* 757.

Menon, V., Boyett-Anderson, J. M., Reiss, A. L. (2005). Maturation of medial temporal lobe response and connectivity during memory encoding. *Cognitive Brain Research, 25,* 379-385.

Paus, T. (2003). Principles of functional neuroimaging. In R. B. Schiffer, S. M. Rao & B. S. Fogel (Eds.), *Neuropsychiatry* (2nd ed.; pp. 63-90). Philadelphia: Lippincott, Williams & Wilkins.

Paus, T. (2005). Mapping brain maturation and cognitive development during adolescence. *Trends in Cognitive Science, 9,* 60-68.

Paus, T. (2007). Maturation of structural and functional connectivity in the human brain. In V. Jirsa & A. R. McIntosh (Eds.), *Handbook of brain connectivity.* Heidelberg, Germany: Springer-Verlag.

Paus, T., Otaky, N., Caramanos, Z., MacDonald, D., Zijdenbos, A., D'Avirro, D. et al. (1996a). In vivo morphometry of the intrasulcal gray matter in the human cingulate, paracingulate, and superior-rostral sulci: Hemispheric asymmetries, gender differences and probability maps. *Journal of Comparative Neurology, 376,* 664-673.

Paus, T., Zijdenbos, A., Worsley, K., Collins, D. L., Blumenthal, J., Giedd, J. N. et al. (1999). Structural maturation of neural pathways in children and adolescents: In vivo study. *Science, 283,* 1908-1911.

Paus, T., Tomaiuolo, F., Otaky, N., MacDonald, D., Petrides, M., Atlas, J. et al. (1996b). Human cingulate and paracingulate sulci: Pattern, variability, asymmetry, and probabilistic map. *Cerebral Cortex, 6,* 207-214.

Pausova, Z., Paus, T., Abrahamowicz, M., Almerigi, J., Arbour, N., Bernard, M. et al. (2007). Genes, maternal smoking and the offspring brain and body during adolescence: Design of the Saguenay Youth Study. *Human Brain Mapping, 28,* 502-518.

Perrin, J. S., Leonard, G., Perron, M., Pike, G. B., Pitiot, A., Richer, L. et al. (2008a). Growth of White Matter in the Adolescent Brain: Role of Testosterone and Androgen Receptor. *Journal of Neuroscience, 28,* 9519.

Perrin, J. S., Herve, P. Y., Pitiot, A., Totman, J. & Paus, T. (2008b). Brain structure and the female menstrual cycle. *Neuroimage Supplement 1,* 41, 638 M-PM.

Peters, M., Jancke, L., Staiger, J. F., Schlaug, G., Huang, Y. & Steinmetz, H. (1998). Unsolved problems in comparing brain sizes in *Homo sapiens. Brain and Cognition, 37,* 254-85.

Pezawas, L., Verchinski, B. A., Mattay, V. S., Callicott, J. H., Kolachana, B. S., Straub, R. E. et al. (2004). The brain-derived neurotrophic factor val66met polymorphism and variation in human cortical morphology. *Journal of Neuroscience, 24,* 10099-10102.

Pezawas, L., Meyer-Lindenberg, A., Drabant, E. M., Verchinski, B. A., Munoz, K. E., Kolachana, B. S. et al. (2005). 5-HTTLPR polymorphism impacts human cingulate-amygdala interactions: A genetic susceptibility mechanism for depression. *Nature Neuroscience, 8,* 828-834.

Pfefferbaum, A., Mathalon, D. H., Sullivan, E. V., Rawles, J. M., Zipursky, R. B. & Lim, K. O. (1994). A quantitative magnetic resonance imaging study of changes in brain morphology from infancy to late adulthood. *Archives of Neurology, 51,* 874-887.

Pike, G. B. (1996). Pulsed magnetization transfer contrast in gradient echo imaging: A two-pool analytic description of signal response. *Magnetic Resonance in Medicine, 36,* 95-103.

Puce, A., Allison, T., Bettin, S., Gore, J. C. & McCarthy, G. (1998). Temporal cortex activation in humans viewing eye and mouth movements. *Journal of Neuroscience, 18,* 2188-2199.

Pujol, J., Vendrell, P., Junque, C., Marti-Vilalta, J. L. & Capdevila, A. (1993). When does human brain development end? Evidence of corpus callosum growth up to adulthood. *Annals of Neurology, 34,* 71-75.

Purves, D., White, L. E., Riddle, D. R, (1996). Is neural development Darwinian? *Trends in Neuroscience, 19,* 460-464.

Rakic, P., Bourgeois, J. P., Eckenhoff, M. F., Zecevic, N. & Goldman-Rakic, P. S. (1986). Concurrent overproduction of synapses in diverse regions of the primate cerebral cortex. *Science, 232,* 232-235.

Rauch, R. A. & Jinkins, J. R. (1994). Analysis of cross-sectional area measurements of the corpus callosum adjusted to brain size in male and female subjects from childhood to adulthood. *Behavior and Brain Research, 64,* 65-78.

Reiss, A. L., Abrams, M. T., Singer, H. S., Ross, J. L., and Denckla, M. B. (1996). Brain development, gender and IQ in children. A volumetric imaging study. *Brain, 119,* 1763-1774.

Robbins, T. W. & Everitt, B. J. (1996). Neurobehavioural mechanisms of reward and motivation. *Current Opinion in Neurobiology, 6,* 228-236.

Roberts T. P. & Mikulis, D. (2007). Neuro MR: Principles. *Magnetic Resonance Imaging, 26,* 823-837.

Rubia, K., Overmeyer, S., Taylor, E., Brammer, M., Williams, S. C., Simmons, A. et al. (2000). Functional frontalisation with age: Mapping neurodevelopmental trajectories with fMRI. *Neuroscience and Biobehavioral Review, 24,* 13-19.

Rushton, W. A. H. (1951). A theory of the effects of fibre size in the medullated nerve. *Journal of Physiology, 115,* 101-122.

Schlaggar, B. L., Brown, T. T., Lugar, H. M., Visscher, K. M., Miezin, F. M. & Petersen, S. E. (2002). Functional neuroanatomical differences between adults and school-age children in the processing of single words. *Science, 296,* 1476-1479.

Schmidt-Nielsen, K. (1997). *Animal physiology: Adaptation and environment* (5th ed.). Cambridge: Cambridge University Press.

Schmierer, K., Scaravilli, F., Altmann, D. R., Barker, G. J. & Miller, D. H. (2004). Magnetization transfer ratio and myelin in postmortem multiple sclerosis brain. *Annals of Neurology, 56,* 407-415.

Schmithorst, V. J. & Holland, S. K. (2006). Functional MRI evidence for disparate developmental processes underlying intelligence in boys and girls. *Neuroimage, 31,* 1366-1379.

Schmithorst, V. J., Wilke, M., Dardzinski, B. J. & Holland, S. K. (2005). Cognitive functions correlate with white matter architecture in a normal pediatric population: A diffusion tensor MRI study. *Human Brain Mapping, 26,* 139-147.

Schmithorst, V. J., Wilke, M., Dardzinski, B. J. & Holland, S. K. (2002). Correlation of white matter diffusivity and anisotropy with age during childhood and adolescence: A cross-sectional diffusion-tensor MR imaging study. *Radiology, 222,* 212-218.

Shaw, P., Greenstein, D., Lerch, J., Clasen, L., Lenroot, R., Gogtay, N. et al. (2006). Intellectual ability and cortical development in children and adolescents. *Nature, 440,* 676-679.

Sholl, D. A. (1956). *The organization of the cerebral cortex.* London: Methuen & Co.

Sirevaag, A. M. & Greenough, W. T. (1988). A multivariate statistical summary of synaptic plasticity measures in rats exposed to complex, social and individual environments. *Brain Research, 441,* 386-392.

Skullerud, K. (1985). Variations in the size of the human brain. Influence of age, sex, body length, body mass index, alcoholism, Alzheimer changes, and cerebral atherosclerosis. *ACTA Neurologica Scandinavica, Suppl. 1002,* 1-94.

Sluming, V., Barrick, T., Howard, M., Cezayirli, E., Mayes, A. & Roberts, N. (2002). Voxel-based morphometry reveals increased gray matter density in Broca's area in male symphony orchestra musicians. *Neuroimage, 7,* 1613-1622.

Smith, S. M., Jenkinson, M., Johansen-Berg, H., Rueckert, D., Nichols, T. E. Mackay, C. E. et al. (2006). Tract-based spatial statistics: Voxelwise analysis of multi-subject diffusion data. *NeuroImage, 31,* 1487-1505.

Snook, L., Paulson, L. A, Roy, D., Phillips, L. & Beaulieu, C. (2005). Diffusion tensor imaging of neurodevelopment in children and young adults. *Neuroimage, 6,* 1164-1173.

Sowell, E. R., Thompson, P. M., Tessner, K. D., Toga, A. W. (2001). Mapping continued brain growth and gray matter density reduction in dorsal frontal cortex: Inverse relationships during post-adolescent brain maturation. *Neuroscience, 21,* 8819-8829.

Steinberg, L. (2008). A neurobehavioral perspective on adolescent risk-taking. *Developmental Review, 28,* 78-106.

Steinberg, L. & Monahan, K. (2007). Age differences in resistance to peer influence. *Developmental Psychology, 43,* 1531-1543.

Steinmetz, H., Jancke, L., Kleinschmidt, A., Schlaug, G., Volkmann, J. & Huang, Y. (1992). Sex but no hand difference in the isthmus of the corpus callosum. *Neurology, 42,* 749-752.

Steinmetz, H., Staiger, J. F., Schlaug, G., Huang, Y. & Jancke, L. (1995). Corpus callosum and brain volume in women and men. *Neuroreport, 6,* 1002-1004.

Suzuki, M., Hagino, H., Nohara, S., Zhou, S. Y., Kawasaki, Y., Takahashi, T. et al. (2005). Male-specific volume expansion of the human hippocampus during adolescence. *Cerebral Cortex, 15,* 187-193.

Tamm, L., Menon, V. & Reiss, A. L. (2002). Maturation of brain function associated with response inhibition. *Journal of the American Academy of Child and Adolescent Psychiatry, 41,* 1231-1238.

Taylor, M. J., McCarthy, G., Saliba, E. & Degiovanni, E. (1999). ERP evidence of developmental changes in processing of faces. *Clinical Neurophysiology, 110,* 910-915.

Thomas, K. M., Drevets, W. C., Whalen, P. J., Eccard, C. H., Dahl, R. E., Ryan, N. D. et al. (2001). Amygdala response to facial expressions in children and adults. *Biological Psychiatry, 49,* 309-316.

Toro, R., Perron, M., Pike, B., Richer, R., Veillette, S., Pausova, Z. et al. (2008). Brain size and folding of the human cerebral cortex. *Cerebral Cortex.* Feb 10, 2008; [Epub ahead of print]

Turnbridge, E. M., Wickert, C. S., Kleinman, J. E., Herman, M. M., Chen, J., Kolachana, B. S. et al. (2007). Catechol-O-methyltransferase enzyme activity and protein expression in human prefrontal cortex across the postnatal lifespan. *Cerebral Cortex, 17,* 1206-1212.

Wickert, C. S., Webster, M. J., Gondipalli, P., Rothmond, D., Fatula, R. J., Herman, M. M. et al. (2007). Postnatal alterations in dopaminergic markers in the human prefrontal cortex. *Neuroscience, 144,* 1109-1119.

Wilkinson, R. G. (2005). *The impact of inequality: How to make sick societies healthier.* London: Routledge.

Yakovlev, P. I., Lecours, A-R. (1967). The myelogenetic cycles of regional maturation of the brain. In A. Minkowski (Ed.), *Regional development of the brain in early life* (pp. 3-70). Oxford, UK: Blackwell Scientific.

Yang, T. T., Menon, V., Eliez, S., Blasey, C., White, C., Gotlib, I. H. *et al.* (2002). Amygdalar activation associated with positive and negative facial expressions: A 3T functional magnetic resonance imaging experiment. *Neuroreport, 13,* 1737-1741.

Yucel, M., Stuart, G. W., Maruff, P., Velakoulis, D., Crowe, S. F., Savage, G. *et al.* (2001). Hemispheric and gender-related differences in the gross morphology of the anterior cingulate/ paracingulate cortex in normal volunteers: An MRI morphometric study. *Cerebral Cortex, 11,* 17-25.

Zilles, K., Palomero-Gallagher, N. & Schleicher, A. (2004). Transmitter receptors and functional anatomy of the cerebral cortex. *Journal of Anatomy, 205,* 417-432 .

O trabalho deste autor foi apoiado pelos Institutos Canadianos de Investigação da Saúde, pela Sociedade Real (Reino Unido) e pelos Institutos Nacionais de Saúde (Estados Unidos). Agradeço aos meus colaboradores, estudantes e colegas de investigação, pela sua contribuição intelectual e trabalho intenso.

O tradutor agradece a Chotika Loureiro, Jorge Saraiva, Rui Pedro Pais, Isabel Fineza, Alice Mirante, Alexandra Pedruco, Susana Renca e Filomena Clemêncio pela colaboração prestada na tradução deste capítulo.

Este texto foi originalmente publicado em 2009, In R. Lerner & L. Steinberg (Eds.), *Handbook of Adolescent Psychology,* 3rd ed. (pp. 95-115). Chichester: Wiley.

SIGLAS E ACRÓNIMOS

ADC   – Apparent Diffusion Coefficient
AR   – Androgen Receptor
BOLD – Blood-Oxygen-Level-Dependent
COMT – Catechol-O-Methyl Transferase
CSF   – Cephalo-Spinal Fluid
DNA   – Deoxyribonucleic Acid
DTI   – Diffusion Tensor Imaging
EEG   – Electroencephalography
EPSP – Excitatory Post-Synaptic Potential
FA   – Fractional Anisotropy
fMRI   – functional Magnetic Resonance Imaging
FSIQ – Full Scale Intelligence Quotient
GABA – Gamma-Aminobutyric Acid
GM   – Grey Matter
IPSP   – Inhibitory Post-Synaptic Potential
MRG – Magnetoencephalography
MR   – Magnetic Resonance
MRI   – Magnetic Resonance Imaging
MRT   – Magnetic Resonance Tomography
MT   – Magnetic Transfer
MRT   – Magnetization Transfer Rate
NIH   – National Institutes of Health
NIMH – National Institute of Mental Health
PET   – Positron Emission Tomography
RPI   – Resistance to Peer Influence
STS   – Superior Temporal Sulcus
TBSS – Tract-Based Spatial Statistics

11

O desenvolvimento cognitivo durante a adolescência[*]

Henri Lehalle

Para todos os que se interessam pelo desenvolvimento cognitivo durante a adolescência, o ano de 1955, ou seja há pouco mais de meio século, ficou marcado por dois acontecimentos importantes. Houve, em primeiro lugar, o famoso simpósio da APSLF [1], em Genebra, cujas actas foram publicadas em 1956 (Osterrieth, Piaget, Saussure, Tanner, Wallon, Zazzo, Inhelder & Rey, 1956), no qual Piaget e alguns outros investigadores da época se esforçaram por fixar e precisar a sua concepção de estádios do desenvolvimento psicológico. Piaget foi nessa ocasião um dos raros, senão o único, a fazer preceder a sua descrição de estádios por uma reflexão sobre os critérios que, segundo ele, deveriam caracterizar e limitar a própria noção de estádios do desenvolvimento cognitivo. E houve, a seguir, a publicação de *De la logique de l'enfant à la logique de l'adolescent,* por parte de Inhelder e Piaget, ilustrando tais tomadas de posição; obra que se tornou a referência sobre o "estádio formal", estádio que, na versão clássica das proposições piagetianas, se elabora no decorrer da adolescência.

---

[*] Tradução de Pedro Urbano.
[1] *Association de Psychologie Scientifique de Langue Française,* ou seja, Associação de Psicologia Científica de Língua Francesa. (N. do T.)

É um facto que se acumularam dados empíricos desde essa época e que foram entretanto avançadas novas formulações teóricas. Todavia, a obra de 1955 permanece o ponto de partida obrigatório de todas as sínteses posteriores (Neimark, 1975; Demetriou & Efklides, 1981; Bond, 1998; Gray, 1990; Lehalle, 1985, 2001; Graber & Petersen, 1991; Keating, 2004); as novas teorizações do desenvolvimento cognitivo da adolescência situaram-se sempre em relação às posições de Inhelder e Piaget, seja para as prolongar, seja para delas se demarcar, seja ainda para as integrar, ultrapassando-as (Pascual-Leone, 1970; Fischer, 1980; Case, 1985; Demetriou, 1988; Halford, 1982, 1993; Case & Okamoto, 1996; McClelland & Siegler, 2001). É por conseguinte impossível não recordar nesta introdução, duas características historicamente importantes dessa obra de referência.

A primeira delas é o facto de ter proposto novas situações de observação, que se tornaram situações prototípicas para a avaliação da evolução cognitiva da adolescência. Algumas dessas situações, inventadas na realidade por Inhelder e seus alunos (Inhelder, 1953-54) obtiveram um sucesso considerável. É o caso da prova do equilíbrio da balança (peso *versus* distância), retomada por Siegler (1978) e por quase todos os "neo-piagetianos" e autores de novos modelos até aos dias de hoje (Ribaupierre & Pascual-Leone, 1979; Case, 1985; Shultz, Mareschal & Schmidt, 1994; Shultz, 1996, 2003; etc.). Seguramente, esta situação constituiu o desafio obrigatório dos novos modelos explicativos e, se não existisse o risco de enfastiar o leitor, poderia constituir o fio condutor desta apresentação sintética. Efectivamente, raros foram os autores capazes, desde essa altura, de inventar novas situações de exploração das diferenças de desenvolvimento durante a adolescência (note-se todavia a sugestão de Kurfiss, 1977, propondo uma tarefa de reformulação de ideias). Pelo contrário, algumas das situações propostas em 1955 caíram um tanto no esquecimento...

A outra característica da obra de Inhelder e Piaget (1955) é o facto de defender uma interpretação estrutural das mudanças cognitivas observadas durante a adolescência. Interpretação que é resumida pelo modelo da lógica das proposições, sendo esta utilizada ao longo da obra para traduzir, nesse modelo lógico, os raciocínios espontâneos dos adolescentes, em todas as situações exploradas... incluindo a prova do equilíbrio da balança, representativa das situações de proporcionalidade, em relação à qual a análise piagetiana não se limita, por conseguinte, à coordenação das duas reversibilidades N e R do grupo INRC. É com efeito necessário recordar que a lógica das proposições é um exemplo de álgebra de Boole, ou seja uma combinatória, e que comporta, em si mesma, diversas realizações do grupo INRC ou, neste caso, INRD (o "D" dizendo respeito a "Dual").

Porém, esta interpretação estrutural nem sempre é bem compreendida. É com efeito essencial precisar que o modelo estrutural, o da lógica das proposições, não deve ser confundido com os fenómenos que ele próprio descreve. De acordo com Piaget (cf. Piaget & Inhelder, 1963/1969 — 2.ª edição — p. 119), que escrevem "é naturalmente necessário ter cautela para não confundir de modo nenhum o conteúdo psicológico (que constitui, num certo sentido, uma lógica, uma vez que se trata das operações intelectuais do sujeito, logo da lógica desse sujeito) e a forma utilizada para o descrever (forma que é, de novo, uma lógica, mas a lógica que formula o algebrista)", toda e qualquer modelização implica as três instâncias epistemológicas recordadas na figura 1, tomando o exemplo do estádio formal: a instância do modelo em si mesmo, com a sua coerência interna e as suas propriedades lógico-matemáticas, a referência psicológica que o modelo visa expor parcialmente, e os critérios de validação que asseguram a plausibilidade do modelo.

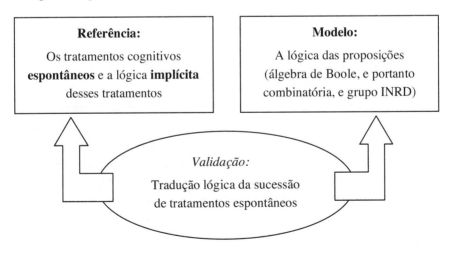

Figura 1: As três instâncias da modelização piagetiana do estádio formal

Não é, por conseguinte, surpreendente constatar que não existem, em nenhum dos capítulos da obra de 1955, situações experimentais propondo deduções explícitas, e ainda menos verbais, fundadas na lógica das proposições. Consequência disso mesmo, o estatuto do conjunto de pesquisas sobre raciocínios lógicos com suporte verbal (Evans & Over, 1997; Markovits, 1997; etc.) não é tão evidente como se poderia crer do ponto de vista do estádio formal. Com efeito, os expedientes ou enviesamentos de raciocínio observados nessas situações de dedução explícita e verbal não podem ser considerados como invalidando a modelização piagetiana do estádio formal, que se apoia na realidade sobre uma referência psicológica diferente (a lógica espontânea e implícita dos adolescentes). Mas, no entanto, a evolução cognitiva da adolescência tem *também* que se manifestar neste domínio dos raciocínios verbais, segundo certas modalidades que serão examinadas mais à frente.

Partindo destas considerações introdutórias, e tendo presente a evolução necessária da nossa concepção dos estádios do desenvolvimento cognitivo, esta síntese será traçada em quatro rubricas, que visam responder aos seguintes objectivos: resumir as mudanças cognitivas observadas durante a adolescência, discutir as relações entre as formas cognitivas gerais e os domínios funcionais, caracterizar diversos processos de evolução, e questionar a suposta conclusão do desenvolvimento cognitivo no período da adolescência.

1. Abordagem empírica: o crescimento traz algo de novo?

Reflectir sobre o desenvolvimento cognitivo durante a adolescência obriga-nos em primeiro lugar a caracterizar as principais mudanças observadas neste período de vida. Esta primeira parte da exposição será, por conseguinte, essencialmente descritiva. Tem como objecto único precisar aquilo de que se falará a seguir, isto é, as atitudes e aptidões cognitivas que habitualmente se constroem no decorrer da adolescência. Podem, nesse âmbito, reter-se quatro características gerais.

1.1. Gerir de forma mais sistemática os factores susceptíveis de determinar um fenómeno: *"Mas por que razão então..."*

Na obra de 1955, esta primeira característica é ilustrada pelos progressos do "raciocínio experimental": os adolescentes passam a conseguir distinguir explicitamente os factores susceptíveis de influenciar um fenómeno físico (tais como a frequência das oscilações de um pêndulo ou a flexibilidade de uma haste). Podem, dessa forma, verificar experimentalmente (controlando os factores) a pertinência das hipóteses consideradas, isto é, das relações presumidas entre este ou aquele factor e o fenómeno em questão.

Esta primeira característica das novidades cognitivas da adolescência refere-se efectivamente ao raciocínio experimental clássico. Mas, em termos genéricos, diz respeito aos processamentos cognitivos associados a juízos de todos os tipos: os "juízos reflexivos" no seu conjunto, utilizando a expressão de Dewey (1910, citado por Fischer, Yan & Stewart, 2003), e não apenas àqueles que se manifestam no âmbito de verificações experimentais dependentes de um contexto científico. Pensemos nas reflexões que todos nós mantemos quotidianamente acerca das determinantes dos fenómenos que nos rodeiam: saber o que faz bem à saúde, à boa disposição, o que é bom para a sociedade, etc. A generalidade e a importância desses juízos são evidentes. Não se trata apenas de uma questão de procurar saber o que é que influencia o balançar de um corpo suspenso num cordel... A economia, os fenómenos sociais, as evoluções históricas esperadas ou temidas, suscitam de igual modo tais juízos "reflexivos".

Ora, tratando-se daquilo que fundamenta tais raciocínios, os progressos que ocorrem durante a adolescência devem ser considerados em três planos:

– inventário dos factores susceptíveis de determinar os fenómenos: mais conhecimentos, logo mais factores assinalados;

– preocupação das validações empíricas: para além das crenças, aquilo que se procura são provas;

– encadeamentos dedutivos, ou seja, a lógica das argumentações.

1.2. Considerar o real / o actual como uma realização entre outras eventualidades possíveis: *"Se... e se..."*

Esta segunda característica corresponde àquilo que Piaget considerava como uma inversão das relações entre o real e o possível (Inhelder & Piaget, 1955; Piaget *et al.*, 1981, 1983). Em vez de considerar, segundo os encadeamentos associativos ("depois... e depois..."), as eventualidades possíveis como um prolongamento daquilo que é observado ou averiguado (neste caso, o possível deriva do real), são as realizações actuais que se tornam casos particulares, ou exemplos, de um conjunto de possíveis. Neste caso, a consideração dos possíveis prevalece sobre as realizações, que tal consideração relativiza.

Tais inversões do pensamento podem dizer respeito a domínios funcionais muito diferentes: o domínio científico (por exemplo, para avaliar deliberadamente a pertinência de um determinado procedimento em relação a um conjunto de procedimentos possíveis), o domínio social (a sociedade actual considerada como uma realização entre outros modos de funcionamento e de regulação social), o domínio pessoal (considerar a própria situação actual e situá-la num conjunto de possibilidades de escolhas identitárias).

Num certo sentido, esta evolução constitui um progresso do imaginário, uma vez que convida a ir para além da realidade imediata: "Ok, as coisas são assim, ... e se fossem de outra forma?". Mas trata-se de um imaginário *organizado,* visto que o processamento cognitivo apoia-se doravante sobre as eventualidades consideradas em si mesmas e nas suas relações. O que equivale a dizer que os possíveis são estruturados. No modelo piagetiano, esta estrutura é uma combinatória que se tornou sistemática, logo, completa, e, num certo sentido, fechada. Mas nada interdita de procurar outras formas de organização, que se poderiam definir de uma maneira mais qualitativa: oposições, complementaridades, implicações, contradições (etc.) entre os possíveis considerados.

1.3. Ligar operatoriamente as operações: *"Sim, mas…"*

Piaget descreveu com regularidade as operações formais como sendo operações de "segunda potência", quer dizer, "operações de operações". Existem várias formas de considerar este aspecto da evolução cognitiva da adolescência. A primeira apoia-se sobre o modelo combinatório. Se as operações formais são operações de segunda potência, é porque se apoiam sobre operações que combinam de forma sistemática. Poder-se-iam listar assim todas as permutações de *n* elementos (e, por conseguinte, ordenar as ordenações) ou considerar todos os subconjuntos de um conjunto (e, logo, classificar as classes). Esta interpretação define, na realidade, uma competência que não é assim tão diferente da que foi enunciada no ponto anterior, uma vez que o essencial aqui é situar uma operação particular no conjunto das operações possíveis.

Mas existem outros exemplos, e muito em particular todos os que dizem respeito à proporcionalidade (... onde se volta a encontrar a prova do equilíbrio da balança!), que convidam a considerar as operações formais "de segunda potência" sob um ângulo um pouco diferente, o da necessidade de coordenar várias dimensões de medida. Neste caso, cada medida (por exemplo, a do peso ou a da distância) é já "operatória", uma vez que fundada sobre a lógica de conjunto e de ordenação das quantificações numéricas. Contudo, a questão é ligar operatoriamente estas operações de partida, uma vez que: "*Sim, de facto* existe mais peso *mas também* existe uma menor distância, logo...".

Também neste caso, numerosos exemplos, em numerosos domínios, atestam a necessidade dessa construção estrutural, susceptível de coordenar multiplicativamente operações localmente aditivas. O adolescente sabe há já muito tempo contar e medir de forma unidimensional, mas converter euros em dólares (ou o inverso), ou conseguir, sem hesitar, descobrir as proporções correctas dos produtos a misturar para respeitar uma proporção-modelo (quer se trate de uma receita de culinária, de um tratamento fito-sanitário, de uma poção medicinal, etc.) depende de um nível cognitivo do qual somente se começa a conhecer realmente a elaboração até à adolescência.

1.4. Pensar abstractamente: "..."

Desta vez, ao contrário do que sucedeu nos três pontos anteriores, não existe no título uma formulação que possa servir de exemplo, para simbolizar concretamente o procedimento cognitivo em questão. É, com efeito, difícil representar uma abstracção... Porém, o carácter "abstracto" dos processamentos cognitivos na adolescência foi sublinhado há muito tempo por numerosos autores. Podemos referirmo-nos a Adelson (1975), por exemplo, que notara, através de entrevistas com adolescentes sobre os princípios de funcionamento das sociedades, a importância da evolução cognitiva em direcção a conceitos abstractos, que permitem melhor apreender o funcionamento social: pensar em termos "da religião", e não mais desta ou daquela religião; pensar sobre a regulação social e a "justiça", e não mais em termos de interacções concretas e eventualmente conflituais com a polícia ou os juízes; pensar a "educação", e não mais simplesmente as aquisições escolares ou as relações entre professores e alunos, etc. Podemo-nos igualmente referir a Fischer que, desde o seu artigo fundador de 1980, apresentou várias vezes uma evolução das capacidades cognitivas desembocando nas "abstracções", que se constroem em várias etapas a partir da adolescência até ao início da adultez.

Mas seria então necessário precisar o que é que se entende exactamente por "abstracção". Será esse o ponto de partida da segunda parte desta exposição, que se dedicará a precisar as relações entre "formas" gerais de análise e "domínios" de funcionamento. Tema no qual se encontrarão as análises de Fischer.

Para concluir a exposição desta primeira parte, cujo objectivo era definir essas formas gerais, convém sublinhar que as quatro características distinguidas não são independentes. A sua descrição traz, na realidade, diferentes esclarecimentos sobre funcionamentos novos que, segundo as situações de avaliação, vão acentuar a pertinência desta ou daquela das características retidas. Viu-se, por exemplo, que operar sobre operações correspondia, num certo sentido e em certas situações, a inverter as relações entre o real e o possível. Quanto às "abstracções" de Fischer, as suas propriedades resumem, segundo ele, *o conjunto* das evoluções cognitivas no período considerado. Não é de modo nenhum necessário, para Fischer, distinguir por outra via as três outras características, uma vez que elas se encontram de certo modo implicadas no sistema das abstracções.

2. Formas gerais e domínios de funcionamento

Apesar do sentimento de verdade que possa ter suscitado, a apresentação que acabámos de fazer permanecerá literária e alusiva enquanto não tiverem sido explicitados dois tipos de constrangimentos.

O primeiro resulta do carácter geral de toda e qualquer descrição de competências cognitivas. Que se trate de conceitos, ou de procedimentos, toda a descrição de aptidões ultrapassa obrigatoriamente a ancoragem funcional de tal aptidão num determinado processamento efectivo. A menos que não se considere senão a diversidade dos processamentos, e a irredutibilidade de todo e qualquer funcionamento (o que interditaria a menor abordagem científica, visto que descrever funcionamentos é já abstrair-se da sua realização), a definição formal das competências gerais é uma necessidade. Tal definição passa pela identificação dos elementos pertinentes e da sua organização ou sistema de transformações, o que redunda na definição de um modelo estrutural dessas competências.

Deste constrangimento deriva um outro. Efectivamente, a partir do momento em que se coloca uma forma geral de processamento cognitivo, devemos pensar, e se possível teorizar, as relações e as eventuais determinações entre formas gerais e domínios do funcionamento.

Estes tipos de constrangimentos serão examinados em primeiro lugar a partir da teoria das competências de Fischer e, mais particularmente, ao nível das "abstracções" que, nessa teoria, corresponde à evolução cognitiva adolescente.

2.1. Teoria das competências (*skills*) e "abstracções" (Fischer, 1980; Fischer, Yan & Stewart, 2003)

A questão das relações entre "formas gerais" e "domínios funcionais" esteve sempre, desde a sua primeira versão, no primeiro plano de análise da teoria das competências de Fischer (1980). Com efeito, se Fischer preferiu o vocábulo competências a esquemas, foi para sublinhar que a forma de uma competência não tem realidade psicológica em si mesma. Falar de esquemas, implica isolar invariantes de acção e considerar um certo grau de autonomia de tais invariantes, que seriam susceptíveis, em si mesmas, de se generalizar, de se diferenciar, de se coordenar, etc. De forma inversa, falar de competências é indicar que todo e qualquer nível de processamento cognitivo deve ser re-elaborado em novos contextos ou em novas situações. Se existem formas de processamento passíveis de serem assinaladas pelo psicólogo, são psicologicamente indissociáveis da sua realização e não existe generalização automática através da estrutura.

Neste quadro de análise, as "abstracções" que se elaboram durante a adolescência e nos jovens adultos são a continuação de uma evolução descrita como uma sucessão de quatro patamares (ou "*tiers*" em inglês): os reflexos, as acções, as representações, as abstracções. No interior de cada um destes patamares, uma mesma sucessão de sub-níveis é descrita como ligações funcionais que se estabelecem entre as competências. Tem-

-se assim, sucessivamente: o subnível das unidades (por exemplo, uma acção isolada), o das correspondências entre unidades (*"mapping"*), o dos sistemas (correspondências ou *"mappings"* são ligadas em sistema), e o dos sistemas de sistemas. O último subnível de um patamar (o dos sistemas de sistemas) constitui o primeiro subnível do patamar seguinte: um sistema de sistemas constitui, por conseguinte, uma unidade para o patamar seguinte (por exemplo, um *sistema de sistemas* de acções é *uma* representação). No total, existiriam portanto 13 subníveis cognitivos, que são considerados actualmente por Fischer como uma escala diferencial, susceptível de manifestar as variações do desenvolvimento e do funcionamento, visto que, segundo as circunstâncias, um mesmo indivíduo pode funcionar em diferentes níveis de desenvolvimento. O que é normal, uma vez que não existe generalização automática através da estrutura.

Examinenos de mais perto em que é que isso se traduz em relação às abstracções. O Quadro 1 apresenta o conjunto dos níveis de desenvolvimento, desde o nível 9 até ao nível 12, constituindo os níveis 10 a 13 os níveis das "abstracções". As duas primeiras colunas deste quadro servem apenas para recordar a terminologia utilizada. As duas colunas seguintes dão uma representação esquemática dos níveis: a primeira esquematiza em termos de "representações", a seguinte em termos de "abstracções"; é de notar que, por definição, o nível 10 depende de um esquema complexo, se for formulado em termos de "representações", mas de um esquema simples ("Y"), se for formulado em termos de "abstracções (com efeito, um *sistema de sistemas* de abstracções é uma *única* abstracção). Para compreender estes esquemas, é necessário considerar a sua "tradução" na coluna seguinte, onde são sugeridas as ligações que se formam e que constroem os níveis sucessivos a partir dos níveis precedentes. A última coluna dá uma indicação das idades onde se observa, regra geral, as primeiras manifestações do nível considerado.

A seguir, os Quadros 2 a 6 representam cada um dos níveis 9 a 13. Encontra-se, em cada um deles: a terminologia utilizada, a idade das primeiras manifestações do nível e a "tradução" já apresentada no Quadro 1. Em compensação, os exemplos e os esquemas directamente representativos dos exemplos, permitem fazer uma ideia mais precisa da estrutura das competências em cada nível. Assim, no exemplo do nível 9 (Rp3), várias "representações" ("partilhar ou não" e "necessitar ou não") estão ligadas em duas instâncias (Nick e Sara), o que permite apreciar neste único "sistema" o significado de "ser simpático". É de notar, contudo, que este nível 9 não é o nível do "Nick" ou da "Sara", mas sim o de um observador/participante que está a apreciar e a coordenar os comportamentos e as situações do Nick e da Sara, manifestando assim um funcionamento de nível 9 (Rp3). Todavia, nada impede tal observador/participante de se observar a si mesmo e de formular tais sistemas de representações a respeito de si mesmo, naturalmente num outro contexto.

Quadro 1: Esquema de conjunto de Rp3 a Abs4 (baseado em Fischer, 1980; Fischer, Yan & Stewart, 2003)

Níveis		Patamar ou "Tier"		Tradução	"Idade"
		Representações	Abstracções		
9: Rp3	Sistemas de representações	U U Q <— —> R V V		Coordenar várias representações (U, V) nas diferentes instâncias (**Q, R**)	6/7 anos ...
10: Rp4/ Abs1	Sistemas de Sistemas de representações ou Abstracções simples	U U Q <— —> R V V ↕ W W S <— —> T X X	≡ **Y**	Considerar a invariante (abstracção **Y**) de várias representações em instâncias presentes em diferentes contextos	10/12 anos ...
11: Abs 2	Correspondências entre abstracções		**Y** ---- **Z**	Coordenar (ligar e diferenciar) várias abstracções	14/16 anos ...
12: Abs 3	Sistemas de abstracções		C C **Y** <— —> **Z** D D	Coordenar várias abstracções (C, D) em diferentes instâncias (**Y, Z**)	19/20 anos ...
13: Abs 4	Sistemas de Sistemas de abstracções		C C **Y** <— —> **Z** D D ↕ E E **A** <— —> **B** F F	Considerar a invariante (princípio) de várias abstracções em instâncias presentes em diferentes contextos	24/30 anos ...

Quadro 2: Detalhe do nível 9 (Rp3) (baseado em Fischer, 1980; Fischer, Yan & Stewart, 2003; Lamborn, Fischer & Pipp, 1994)

Nível	Tradução		Exemplo
9: Rp3 **Sistemas de representações** Início por volta dos 6/7 anos	Coordenar várias representações (S, N) em diferentes instâncias **(R, S)**	+ Share - Share **RICK<-> SARA** - Need + Need	O Rick empresta as suas canetas de feltro coloridas à Sara, que não tem; A Sara não pode ajudar o Rick em contrapartida, porque o Rick não necessita de nada. O Rick é simpático porque ajuda sem esperar nada em troca.

O Quadro 3 é construído segundo o mesmo princípio. Detalha desta vez o primeiro nível das "abstracções" (que corresponde ao quarto nível das "representações"). O primeiro exemplo neste quadro mostra bem que uma abstracção consiste em extrair invariantes entre sistemas de representações. De facto, o esquema ilustrativo deste exemplo é efectivamente constituído por dois sistemas de representações ligados, sendo cada um desses dois sistemas análogo ao que foi apresentado no Quadro 2. Desta vez, o facto de "ser simpático" não é mais, simplesmente, assimilado a um comportamento em situação (tal como o era o caso no nível 9, Rp3), mas tornou-se a invariante "abstracta" de vários comportamentos em várias situações. O segundo exemplo do quadro, o da Julie, é de imediato apresentado como *uma* abstracção (independência), sem especificar os sistemas de representações subjacentes (i. e. para o cinema, o vestuário, a alimentação), que permitem abstrair a invariância de independência atribuída a Julie. Note-se, de novo, que o nível 10 (Rp4/Abs1) não é o das personagens das histórias, mas sim o de um observador/participante, considerando a situação das personagens.

No nível seguinte (Abs2), são postas em correspondência abstracções. Tal como é indicado nos exemplos do Quadro 4, as competências consistem doravante em considerar as abstracções umas em relação às outras. No primeiro exemplo, está em causa um único indivíduo e trata-se de comparar "independência" e "individualismo", o que, efectivamente, não é de todo a mesma coisa (e a comparação dessas duas abstracções não deixa de ser pertinente na vida familiar ou social dos adolescentes!). No segundo exemplo, uma mesma abstracção ("independência") é comparada nas suas diversas realizações.

Quadro 3: Detalhe do nível 10 (Rp4/Abs1) (baseado em Fischer, 1980; Fischer, Yan & Stewart, 2003; Lamborn, Fischer & Pipp, 1994)

Nível	Tradução		Exemplo
10: Rp4/Abs1 **Sistema de Sistemas de representações** ≡ **Abstracções simples** Início por volta dos 10/12 anos	Considerar a invariante (abstracção **S**) de várias representações presentes em instâncias de diferentes contextos	- Help + Help **BETH<-> TOM** + Need - Need ↕ - Share + Share **MARK<-> TOM** + Need - Need **SELF** independência	**Tom** ajuda a Beth no Inglês e também: **Tom** partilha o seu almoço com o Mark, que não tem nada. **Beth** não pode ajudar, em retribuição; **Mark** não tem nada para dar, em troca. Ser simpático (abstracção **S**), é agir como o Tom. **Julie** - vai ao cinema com os seus amigos - escolhe sozinha as suas novas roupas - compra comida Considerando como a Julie se comporta (três representações Rp3) Pode dizer-se que ela é " independente "

Quadro 4: Detalhe do nível 11 (Abs2) (baseado em Fischer, 1980; Fischer, Yan & Stewart, 2003)

Nível	Tradução		Exemplo
11: Abs2 **Correspondência entre abstracções** Início por volta dos 14/15 anos	Coordenar (ligar e diferenciar) várias abstracções c-a-d	**SELF – SELF** Indep. Indiv.	Ex 1: Comparar a **independência** (= liberdade de fazer coisas por si mesmo) e o **individualismo** (= vontade de privilegiar o ponto de vista pessoal)
	Considerar as abstracções não mais uma a uma, mas umas em relação às outras.	**SELF – AMIGO** Indep. Indep.	Ex 2: Comparar a **independência**, segundo diversas pessoas, por exemplo, para si mesmo e para um amigo próximo

Em seguida (Quadro 5), o nível dos sistemas de abstracção (Abs3) permite coordenar ao mesmo tempo uma pluralidade de abstracções (no exemplo dado, trata-se de conformismo — modelar o próprio comportamento naquilo que fazem os outros — e de independência) e uma pluralidade de realizações de tais abstracções (por exemplo para si mesmo e para os amigos). Dessa forma, poder-se-á considerar como é que se jogam as relações entre conformismo e independência, mas segundo dois pontos de vista diferentes: o próprio e o de um amigo. Ou então, numa outra situação, conseguir-se-á considerar que um equilíbrio variável entre conformidade e independência é realizado em diferentes contextos (por exemplo, o da escola e o do grupo de pares). Fischer, Yan & Stewart (2003) sugerem um outro exemplo: apreciar como a identidade de uma mãe e a identidade de um pai (duas "abstracções") variam nas interacções com o seu filho ou a sua filha (dois "contextos").

Quadro 5: Detalhe do nível 12 (Abs3) (baseado em Fischer, 1980; Fischer, Yan & Stewart, 2003)

Nível	Tradução	Exemplo	
12: Abs3 **Sistemas de abstracções** Início por volta dos 19/20 anos	Coordenar diversas abstracções em diferentes instâncias	Conform. Conform. **SELF** ↔ **AMIGO** Indep. Indep.	Considerar diversas realizações (ex: para si mesmo e para os amigos) de duas ou várias abstracções (conformismo e independência)

Enfim, tal como o nível 10 tinha permitido extrair invariantes entre sistemas de representações, o nível 13 (Abs4) permite extrair invariantes entre sistemas de abstracções. Assim, no exemplo do quadro 6, um "princípio", a *Golden Rule* (i. e.: *"Treat others as you want to be treated"*) [2] pode constituir o denominador comum de várias abstracções em diferentes contextos: os juízos morais, a identidade, as actividades profissionais.

---

[2] Em inglês no original. Numa tradução livre, esta "Regra de Ouro" significaria: "Trata os outros como gostarias de ser tratado". (*N. do T.*)

Quadro 6: Detalhe do nível 13 (Abs4) (baseado em Fischer, 1980; Fischer, Yan & Stewart, 2003)

Nível	Tradução	Exemplo	
13: Abs4 **Sistemas de Sistemas de abstracções** Início por volta dos 24/30 anos	Considerar a invariante (princípio) de várias abstracções em instâncias de diferentes contextos	Sistema de juízo moral ↕ Sistema identitário (representações de si mesmo) ↕ Sistema das escolhas e actividades profissionais	Um princípio (ex: a *Golden Rule*) Resume e liga vários sistemas de abstracções

Tal como o leitor se terá dado conta, com o exemplo das "abstracções" de Fischer, o constrangimento de uma definição formal dos níveis de competência, obriga a uma análise estrutural que especifique os níveis sucessivos e o seu encadeamento construtivo, para além de uma abordagem intuitiva ou literária. Falta a questão do início, a questão das relações entre formas dos processamentos e domínios funcionais. Esta questão será discutida a seguir, num plano geral, isto é, saindo do quadro da teoria das competências e das abstracções de Fischer, se bem que esta teoria tenha constituído um bom exemplo de uma definição formal das competências cognitivas que se elaboram durante a adolescência.

2.2. Análise das relações entre formas gerais e domínios funcionais

Seja qual for a teorização de referência, a de Piaget (Inhelder & Piaget, 1955), a de Fischer (1980), a de Case (1985), a de Halford (1982, 1993), e muitas outras (ver por exemplo Troadec & Martinot, 2003), toda e qualquer definição formal de níveis de competência, obriga a discutir as suas modalidades de realização e de construção através da diversidade dos domínios funcionais ou contextos. Esta questão será abordada sob três pontos de vista: a arquitectura dos domínios, a forma da evolução e as explicações do sincronismo relativo.

2.2.1. A arquitectura dos domínios funcionais

Se não é fácil chegar a uma definição formal dos níveis de competências — como se viu com Fischer — também não é fácil conseguir uma representação coerente ou válida dos domínios funcionais; quer dizer, dos contextos nos quais as competências cognitivas são susceptíveis de se manifestarem. Podem-se distinguir, a este respeito, dois tipos de abordagens.

A primeira é de natureza filosófica ou epistemológica. Consiste em obter critérios teóricos de diferenciação dos domínios. Era o que justamente fazia Piaget, quando privilegiava o local das regulações de acção, para distinguir três tipos de conhecimentos: os conhecimentos lógico--matemáticos, que constroem necessidades abstractas de acção sobre os objectos (por exemplo: seja qual for a forma pela qual se conte, tem que se chegar obrigatoriamente ao mesmo resultado); os conhecimentos físicos (que se apoiam sobre as acções dos objectos entre si e que não são inteligíveis senão através dos primeiros, ou seja, através dos conhecimentos lógico-matemáticos); e os conhecimentos ditos "infra-lógicos" (onde, tal como no caso da estruturação do espaço, um contínuo tem que ser tornado discreto, para que a regulação lógico-matemática possa operar).

Dito de forma mais banal, pode parecer evidente distinguir três grandes domínios de exercício das competências cognitivas: o domínio dos conhecimentos científicos (conhecimentos matemáticos, físicos, etc.); o domínio dos conhecimentos sociais (domínio particularmente heterogéneo, no qual seria necessário distinguir as estratégias de interacção social, as representações do funcionamento das sociedades, a categorização das normas sociais, etc.); e o domínio dos conhecimentos sobre si mesmo (representações de si mesmo, identidade). É igualmente intuitivo representar-se os domínios funcionais, não como dimensões compartimentadas, mas como redes de conhecimento em desenvolvimento, com interacções múltiplas (Fischer, Yan & Stewart, 2003). Contudo, o sentimento de evidência e a intuição não constituem garantias de validade...

Por essa razão, foram igualmente propostas soluções empíricas, e não mais apenas teóricas. No seu princípio, consistem em apresentar aos mesmos participantes toda uma bateria de provas extraídas *a priori* de diversos domínios. Em seguida, uma análise dimensional ou factorial permite ligar entre si as provas que, dessa forma, poderão ser consideradas como dependentes de um mesmo domínio funcional.

Assim, no caso de provas cognitivas essencialmente piagetianas, Demetriou e Ekflides (1988) chegam à distinção de seis grandes domínios:

- quantificações sob diversas formas e níveis (provas relativas à medida, ao número, às conservações, à proporcionalidade, etc.);
- análises qualitativas: identificar as propriedades de objectos e compará-las (por exemplo: classificação lógica, seriação, raciocínio analógico);
- conhecimentos relativos ao espaço e imagens mentais (coordenação das perspectivas espaciais e provas espaciais em geral);
- raciocínio experimental e pesquisa sistemática das causas (combinatória, controlo das variáveis numa experiência, etc.);
- raciocínios com suporte verbal (silogismos, por exemplo);
- reflexão metacognitiva (quando se trata de reflectir sobre o seu próprio funcionamento cognitivo).

Note-se que, numa publicação posterior (Demetriou, Efklides, Papadaki, Papantoniou & Economou, 1993), a reflexão metacognitiva deixou de ser considerada como um domínio especializado, tornando-se numa das três componentes do sistema cognitivo.

Dito isto, é bem necessário reconhecer que não dispomos actualmente de uma solução definitiva que permita definir uma arquitectura dos domínios de funcionamento cognitivo. Porém, colocar o problema desta arquitectura, constitui já um avanço em direcção à sua solução; e é já uma forma de marcar a necessidade de integrar a variabilidade funcional na teorização geral do desenvolvimento.

2.2.2. Um desenvolvimento não-linear e relativamente síncrono

As discussões anteriores permitiram delimitar o problema da evolução cognitiva durante a adolescência, ao identificar dois pólos de análise: o das competências (descritas intuitivamente ou estruturalmente) e o dos domínios de funcionamento. O que conduz agora a interrogarmo-nos sobre o cruzamento empírico destes dois pólos de análise.

Ora, os autores concordam actualmente em dois aspectos essenciais: o carácter não-linear das evoluções e a relativa sincronia de tais evoluções quando se comparam domínios funcionais. O primeiro aspecto significa que o desenvolvimento cognitivo pode dificilmente ser representado como um crescimento ou aumento quantitativo, segundo um ritmo regular ligado à idade. Se fosse esse o caso, a representação do desenvolvimento seria linear: uma linha recta exprimiria a função ligando a idade à magnitude em desenvolvimento. Inversamente, tal como é sugerido pelas curvas teóricas da Figura 2, retiradas de Fischer, Kenny & Pipp (1990), devem-se considerar rupturas qualitativas e tais rupturas traduzem-se por curvas de desenvolvimento não-lineares, com períodos de mudanças rápidas que alternam com períodos de estabilização. Além disso, as mesmas curvas da Figura 2 sugerem que as mudanças desenvolvimentais são relativamente síncronas, ou seja, desenvolvem-se mais ou menos no mesmo momento em diversos domínios funcionais. A Figura 3, retirada de Fischer, Yan & Stewart (2003), simboliza os mesmos aspectos desenvolvimentais, mas adaptados a uma representação dos domínios sob a forma de redes, o que integra ao mesmo tempo uma diferenciação progressiva dos conhecimentos, assim como a possibilidade de interacções múltiplas entre domínios; neste caso, a relativa sincronia das mudanças (nas "zonas de emergência") traduz-se sistematicamente por descontinuidades contemporâneas ("clusters").

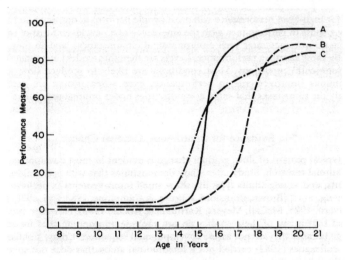

Figura 2: Aceleração do desenvolvimento ligada à emergência de um nível cognitivo (aqui representado o nível 11-Abs2) em três domínios funcionais hipotéticos (A, B e C) — Adaptado de Fischer, Kenny & Pipp (1990)

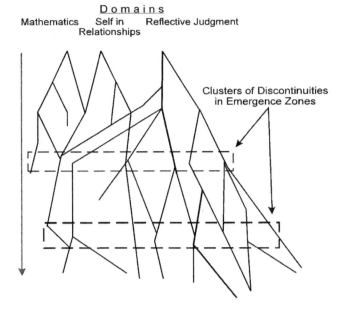

Figura 3: Representação da sincronia das mudanças desenvolvimentais quando os domínios são considerados como redes de conhecimentos em interacção — Adaptado de Fischer, Yan & Stewart (2003)

Assim, quer se aborde os domínios como sendo funções desenvolvimentais unidimensionais (Figura 2) ou como redes de conhecimento em desenvolvimento (Figura 3), encontram-se nos dois aspectos retidos (não--linearidade e sincronismo relativo), propriedades classicamente associadas à noção de estádio. Mas como as competências em si mesmas não têm realidade psicológica independente dos contextos que as manifestam, a novidade estrutural fora de contexto não pode ser invocada para explicar os saltos qualitativos em contexto, do mesmo modo que a generalização estrutural não pode explicar a sincronia. Por conseguinte, como se verá no ponto seguinte, devem ser procuradas explicações não estruturais para melhor delimitar a evolução em contexto das competências descritas estruturalmente.

A propósito da generalização estrutural, é necessário notar que Piaget não era tão piagetiano como bom número de "piagetianos". O que pode ser ajuízado pelas duas citações seguintes.

"O problema principal é, sem dúvida, este: existirão estádios gerais que englobem todas as funções mentais e fisiológicas do crescimento? Nunca acreditei nisso e a conclusão que me parece sobressair à luz dos nossos confrontos é a ausência, no actual momento, de tais estádios gerais."
(*Discussion entre les rapporteurs*, in Osterrieth *et al.*, 1956, p. 57).

"Não vi a unidade estrutural [*da pessoa*] em parte alguma, em nenhum estádio no desenvolvimento da criança. Também não a vejo na maior parte dos adultos. Eu próprio, sou uma personalidade múltipla, dividida e contraditória. Em certos casos, como nas situações profissionais, esforço--me por ser um homem sério. Mas noutras situações, sou infantil ou comporto-me como um adolescente" (*idem*, p. 58).

2.2.3. Explicar os saltos qualitativos e o sincronismo relativo da aquisição de competências

Podem-se avançar três tipos de explicações para expor a evolução relativamente síncrona das competências. O primeiro, invoca o aumento das capacidades da memória de trabalho. É a solução regularmente retida, sob diversas formas, pelos autores "neo-piagetianos" (Demetriou, 1988), e em particular por Case e Okamoto (1996). Efectivamente, se a complexidade das tarefas é avaliada pela quantidade de elementos a processar em simultâneo, é coerente supor-se que se se conseguir manter em memória um maior número de elementos, poder-se-á mais facilmente resolver tarefas complexas. Assim, o aumento das capacidades em termos de memória de trabalho pode ser suficiente para explicar os saltos qualitativos e o sincronismo das aquisições. E, como se observa ao mesmo tempo, que a amplitude de memória [3] aumenta com a idade e que as medidas dessa amplitude estão correlacionadas com o sucesso nas provas operatórias, a plausibilidade desta interpretação fica reforçada. Mas Ericsson e Kintsch (1995) fizeram notar que a memória de trabalho devia estar ligada à memória de longo prazo, ou seja, à perícia [4] num domínio. Assim, os jogadores de xadrez têm de facto uma memória muito capaz no que diz

---

[3] "Empan", no original. Neste contexto, ligado à memória de curto prazo, magnitude máxima de uma série de elementos memorizáveis de uma só vez. (*N. do T.*)

[4] "Expertise", no original. (*N. do T.*)

respeito ao xadrez, mas não é por isso que têm uma memória superior à média noutros domínios. Para que as capacidades da memória de trabalho expliquem as evolução das competências, seria necessário que se pudesse atestar um aumento *fora de contexto* de tais capacidades. Ora, qualquer medida de amplitude de memória é obrigatoriamente efectuada num contexto, pelo que tal amplitude se encontra ligada à perícia no domínio considerado. Decididamente, a causalidade pode ser o contrário do que se supõe; ou seja, é provavelmente a perícia que facilita a manutenção dos elementos em memória e não o inverso. Todavia, uma posição prudente seria de considerar que perícia, competência e memória evoluem conjuntamente como três manifestações da execução dos mesmos processos desenvolvimentais.

O segundo tipo de explicação faz depender a evolução cognitiva da maturação cerebral. Esta interpretação pode-se juntar à primeira, caso o aumento das capacidades da memória de trabalho seja atribuída a causas neuronais. Daí, tal interpretação prestar-se-ia às mesmas críticas que as que acabámos de evocar. Mas pode também situar-se a num nível mais geral, procurando no desenvolvimento do cérebro aquilo que poderia explicar as acelerações tardias (na adolescência e nos adultos jovens) e a sua relativa sincronia inter-domínios. Até há pouco tempo, o período da adolescência não parecia corresponder a acontecimentos particularmente marcantes no plano da maturação cerebral, exceptuando-se evidentemente as mudanças que induzem o desenvolvimento pubertário. Assim, no quinto capítulo de Elman, Bates, Johnson, Karmiloff-Smith, Parisi & Plunkett (1996), o desenvolvimento do cérebro é seguido à escala dos meses até aos 4 anos, enquanto que a conclusão desse desenvolvimento agrupa as idades dos 4 anos até à adolescência, traduzindo-se essencialmente por uma diminuição progressiva e regular da densidade sináptica e do metabolismo cerebral, cujo pico de actividade situa-se por volta dos 4-5 anos. Mas os dados disponíveis nessa época eram de natureza transversal. Ora, em 1999, Giedd, Blumenthal, Jeffries, Castellanos, Liu, Zijdenbos, Paus, Evans e Rapoport publicaram um estudo longitudinal (utilizando a técnica de Imagiologia por Ressonância Magnética) que mostra a existência de mudanças não-lineares tardias ao nível da matéria cinzenta cortical: aumento global no momento da pré-adolescência, diminuição global no fim da adolescência; além disso, a idade desse pico não é a mesma, consoante as regiões do cérebro: por volta dos 12 anos para o lobo frontal e o lobo parietal, por volta dos 16 anos para o lobo temporal, prosseguindo-se esse aumento até aos 20 anos para o lobo occipital. Torna-se por conseguinte claro que a maturação cerebral prossegue até à idade adulta e, muito provavelmente, o desenvolvimento do cérebro será, num futuro próximo, seguido na totalidade da vida e segundo uma abordagem diferencial.

Dever-se-á por tal razão considerar que a maturação cerebral seria *a explicação* das mudanças cognitivas (e também, aproveitando a ocasião, das dificuldades comportamentais dos adolescentes)? Impõem-se várias observações sobre esta questão. Decerto que é importante conhecer melhor como ligar o funcionamento do cérebro aos comportamentos. Não existe, contudo, nada de surpreendente, em si mesmo, em identificar correlatos neuronais em relação com os fenómenos psicológicos. É aliás impossível que não existam! No entanto, identificar tais correlatos não constitui uma *explicação* do nível psicológico, visto que o cérebro não fabrica pensamentos da mesma forma que uma macieira produz maçãs. "O cérebro em funcionamento *é* pensamento, do mesmo modo que o pensamento *é* o cérebro em funcionamento" (Bideaud, Lehalle & Vilette, 2004, p.332). Com efeito, são exactamente os mesmos fenómenos, quer sejam abordados através de técnicas de imagiologia cerebral, quer através do estudo dos comportamentos, e, portanto, a dependência causal invocada é uma tautologia. Além disso, toda e qualquer pesquisa de localização cerebral (ou de correlatos neuronais) em relação com os comportamentos, deve ser acompanhada por uma reflexão resultante da quantidade de trabalhos atestando a plasticidade cerebral (Elman *et al.*, 1996; Merzenich, 2001). Decididamente, invocar a maturação cerebral conduz--nos finalmente à plasticidade e aos modelos de auto-organização (Arbib, 1995), que não teriam desgostado Piaget e que nos obrigam, também aqui, a interessarmo-nos pelos próprios processos do desenvolvimento.

Assim, o terceiro tipo de explicação das mudanças cognitivas não procura mais determinantes de algum modo "externos" ao desenvolvimento cognitivo (tais como as capacidades da memória de trabalho ou a maturação cerebral). É, pelo contrário, pela análise dos processos de desenvolvimento em si mesmos que se poderá chegar a definir alguns princípios gerais, susceptíveis de produzir as evoluções e as formas de evolução constatadas. A terceira parte desta exposição, tentará delimitar alguns desses princípios gerais. O procedimento de análise que aí será seguido repousa sobre dois postulados que derivam do carácter contextualizado dos funcionamentos e do desenvolvimento cognitivo.

1) Postula-se em primeiro lugar que funcionar em diversos domínios induz evoluções análogas nesses mesmos diferentes domínios, mas sem ligações necessárias (ainda que sejam possíveis), nem entre os domínios, nem através da forma de processamento (estrutura).

2) Nenhum domínio deve ser privilegiado para a avaliação das competências... e sobretudo o dos conhecimentos científicos. É o que se poderia chamar um estruturalismo distribuído. Desde 1955, numerosas investigações foram conduzidas segundo o seguinte modelo experimental: avaliação de um nível de desenvolvimento cognitivo, utilizando provas adaptadas de Inhelder e Piaget (1955), cruzamento dessa avaliação com os resultados de uma outra categoria de provas, por exemplo provas relativas ao juízo moral. A ideia deste tipo de experiência era de pesquisar as eventuais ligações entre o "estádio formal" e este ou aquele domínio de funcionamento. Mas o método utilizado não está de acordo com um estruturalismo distribuído. Com efeito, toda e qualquer prova de avaliação é obrigatoriamente relativa a um contexto, e não pode pretender avaliar um nível geral de competência. É o caso das provas de Inhelder e Piaget, que são relativas ao domínio dos conhecimentos científicos, principalmente os da Física. Não existe razão para os privilegiar como representativas das transformações cognitivas durante a adolescência, ainda que possam servir de bom modelo, no sentido de bom exemplo, para estudar tais transformações. Se se procura identificar os aspectos cognitivos de um dado domínio funcional, dever-se-ão construir provas internas (e não externas) a esse domínio.

3. Acerca de alguns processos e mecanismos de desenvolvimento

A reflexão sobre o desenvolvimento cognitivo na adolescência levou-nos a colocar a questão das relações entre as formas de processamento, que definem níveis de competência, e os domínios funcionais, onde se exprimem tais competências. E como as formas de processamento não têm à partida um estatuto psicológico autónomo, é através de transformações internas aos domínios funcionais que se deve em primeiro lugar procurar explicar as construções cognitivas que as estruturam. É por conseguinte essencial delimitar melhor os processos de evolução, que se supõe serem análogos de um domínio para o outro. Tais processos são a manifestação dos mecanismos de desenvolvimento, que podem ser abordados quer através de métodos psicológicos (comparações intra- e inter-domínios e pesquisa de analogias de desenvolvimento), quer pela modelização dos funcionamentos neuronais (Arbib, 1995). Sugerir-se-ão aqui três direcções de análise de tais processos. Por definição, estes mecanismos são concebidos como sendo uma propriedade das redes de neurónios do cérebro humano. Logo, são comuns à espécie humana e idênticos em todos os níveis de desenvolvimento. Mas como o despoletar, o funcionamento, de tais mecanismos é canalizado pelas circunstâncias ambientais, o postulado da sua universalidade não é contraditório com as variabilidades desenvolvimentais que serão o objecto do ponto seguinte.

3.1. Implícito e local *versus* explícito e generalizável

Em qualquer processamento cognitivo, e em particular durante a adolescência e nas situações clássicas referentes ao estádio formal, a primeira questão que se deve colocar é de se saber o que é que é efectivamente processado pelo indivíduo. Qual é, de algum modo, o "sistema subjectivo" em jogo na situação presente, para retomar a expressão de Pascual-Leone (Ribeaupierre & Pascual-Leone, 1979)? Ora, pode-se analisar este sistema subjectivo como estando situado entre dois pólos extremos. Num dos pólos, a situação é processada em si mesma, com, consequência disso mesmo, numerosas características retidas. É por conseguinte necessário triar essas informações, organizá-las segundo o objectivo pretendido, etc. Falar-se-á neste caso de "processamento semântico". No outro pólo, a situação é de imediato considerada como sendo um exemplo de uma classe de situações. Características comuns e eventualmente calculáveis são, portanto, abstraídas da situação particular actual. Falar-se-á neste caso de "processamento simbólico".

De um ponto de vista desenvolvimental, pode-se então sustentar que uma nova aptidão de processamento ("competência" ou "esquema") é em primeiro lugar adquirida através de um processamento semântico de situações particulares. Neste caso, os constrangimentos lógicos que validam o processamento permanecem implícitos. Está-se "dentro" da situação e arranja-se, de uma forma ou de outra, uma solução adaptada aos elementos significativos da situação, sem explicitar as necessidades estruturais, isto é, a organização lógica e potencialmente geral de tais elementos significativos. No entanto, esses elementos da situação são efectivamente dispostos em termos lógicos, mesmo neste nível "semântico". Depois, a evolução desenvolvimental levará a processamentos "simbólicos", apoiando-se desta vez sobre as invariantes de situação. Esta evolução pode ser acompanhada de uma explicitação pelo menos parcial dos constrangimentos lógicos anteriormente implícitos e ligados às situações particulares, uma vez que o reconhecimento e a abstracção das invariantes poderiam resultar das obrigações lógicas que as subtendem.

Exemplos de tais processos devem ser procurados sobretudo nas evoluções intra-domínios e não tanto nas "generalizações" entre os grandes domínios, tais como os designados nas figuras 2 e 3. Assim, no domínio do juízo moral, o processamento cognitivo que produz o juízo pode apoiar-se unicamente sobre as características do dilema em discussão; mas também pode suceder que o dilema actualmente discutido seja explicitamente considerado como representativo de uma classe de dilemas, na qual se encontram, por exemplo, opostos valores morais a obrigações legais. Além disso, é possível que existam constrangimentos lógicos (como os que estão ligados à aplicação de um princípio ético) implícitos no processamento de um dilema em particular, mas serem desembaraçados e processados enquanto tais, caso permitam ligar dilemas análogos; cf. as situações estudadas por Aris (1999): roubar um medicamento para salvar a esposa querida ou roubar um medicamento para salvar a vizinha. Seguindo uma observação de Markovits (1997), este tipo de evolução é igualmente aplicável aos "raciocínios naturais", quer tais raciocínios sejam conduzidos sobre um material verbal (como é habitualmente o caso nas publicações de Markovits) ou noutras situações. Por conseguinte, neste domínio dos raciocínios, os modelos lógicos normativos (tal como o da lógica proposicional) podem ser utilizados de duas maneiras muito diferentes: podem modelizar raciocínios espontâneos efectuados pela análise de situações particulares (processamento semântico) sem aplicar regras lógicas reconhecidas como tais; podem também constituir o resultado de um desenvolvimento por simbolização progressiva.

Num certo sentido, os processos que acabámos de descrever constituem "generalizações" mas, se existe generalização para o observador (num domínio, como acabou de se ver, ou entre domínios como nas figuras 2 e 3), estes processos e os mecanismos subjacentes podem ser de naturezas muito diversas. Tal como sugerimos anteriormente (Lehalle, 1998; Gauderat-Bagault & Lehalle, 2002), podem-se distinguir três grandes tipos de generalizações:

– as generalizações "intra" (processamentos semânticos): efectivamente, para um observador externo, verificam-se processamentos análogos em situações ou domínios diferentes, mas do ponto de vista do autor de tais processamentos, não existem ligações efectivas entre as situações ou domínios, e as analogias de processamento resultam dos constrangimentos locais, um após o outro, e da identidade dos mecanismos de desenvolvimento que produzem a evolução;

– as generalizações "inter" (processamentos "analógicos"): uma situação-alvo é processada explicitamente em referência a uma situação-causa; a correspondência pode ser global ("Ah sim! É como...") ou estrita (os elementos do alvo são colocados em correspondência termo a termo com os elementos da causa).

– as generalizações "trans" (processamentos simbólicos): a situação não é mais do que um exemplo de uma classe de situação; são as invariantes entre situações que são representadas ("simbolizadas") e processadas.

A partir destas considerações, e dos exemplos sugeridos (muito particularmente o dos raciocínios naturais), é necessário sublinhar que é sempre o mesmo modelo "lógico" ou "estrutural" que define a competência, qualquer que seja o tipo de processamento efectuado: semântico, analógico, simbólico. A diferença entre estes tipos de processamento reside no grau de explicitação das invariantes e dos constrangimentos lógicos subjacentes. É portanto essencial para um desenvolvimentista, na sequência de Karmiloff-Smith (1992), interessar-se pelos modelos cognitivos em relação a esta questão da explicitação (Sun, Merrill & Peterson, 2001).

3.2. Extensão *versus* coordenação

Os processos de que acabámos de falar são acompanhados, durante o curso do desenvolvimento, por um outro tipo de evolução e constituem, na realidade, dois grandes tipos de evolução cognitiva (extensão *versus* coordenação), que convém apresentar um em relação ao outro (Gauderat-Bagault & Lehalle, 2002).

O primeiro tipo de evolução, que acabou de ser descrito no ponto 3.1., pode ser etiquetado como uma "extensão/abstracção filtro". É uma "extensão" no sentido em que, de um ponto de vista estritamente descritivo, processamentos cognitivos dependentes de uma mesma estruturação são efectivamente observados em mais situações ou em mais domínios, ainda que, tal como o sublinhámos, não seja a estrutura que se generaliza a partir dela mesma. É uma "abstracção filtro" no sentido em que a sinalização de analogias, e finalmente a simbolização, filtram de certo modo as invariantes e os constrangimentos lógicos ligados. A fórmula (1) esquematiza este tipo de processo: processamentos locais estruturalmente equivalentes (Si , Sj , Sk,...) resultam no processamento simbólico (S). No quadro dos modelos hebbianos, pode-se facilmente imaginar os mecanismos neuronais que correspondem a esta evolução psicológica. No limite, a abstracção "filtro" não necessita de ser explicada, uma vez que poderia resultar da simples reiteração de funcionamentos neuronais tendo uma rede comum.

(1) $S_i \equiv S_j \equiv S_k \equiv ... S$

O outro tipo de evolução pode ser designado como uma "coordenação/abstracção super ordenada". Neste caso, existe realmente construção estrutural e tal construção estrutural reconcilia a ligação entre processamentos cognitivos até aí alternantes, quer dizer manifestados em momentos diferentes do funcionamento. A maior parte dos modelos neo-piagetianos (Demetriou, 1988) propõe tais integrações sucessivas e, em certos aspectos (em particular a coordenação das reversibilidades N e R no grupo INRC), o sistema de estádios de Piaget traduz igualmente tal tipo de evolução. A fórmula (2) esquematiza este processo: numa dada situação ou num dado contexto "i", dois processamentos (S1i ou S2i) são apresentados em momentos diferentes. Depois, por razões semânticas ligadas à situação "i", tais processamentos são "coordenados", isto é, são encontrados meios, *nesta situação "i"*, para ligar tais processamentos.

(2) $[(S1i) \text{ ou } (S2i)] \rightarrow (S(1+2)i)$

Pode então engrenar-se o primeiro processo de "extensão/abstracção filtro" a partir desta primeira estruturação em situação. A fórmula (3) não faz mais do que retomar a fórmula (1), mas adaptando-a à construção estrutural da fórmula (2).

(3) $S(1+2)i \equiv S(1+2)j \equiv S(1+2)k \equiv \ldots S1+2$

Podem-se encontrar exemplos de tais construções estruturais em níveis variáveis de generalidade: ao nível das organizações estruturais que dependem de muito numerosas realizações funcionais (é o caso das situações de proporcionalidade onde, como se viu, se devem coordenar quantificações unidimensionais e as primeiras coordenações são efectivamente semânticas e locais, Lehalle & Savois, 1985), a níveis de organização aparentemente mais específicos ou técnicos (é o caso das aquisições numéricas e, por exemplo, quando as escritas de números decimais e fraccionários são coordenadas pela operação de multiplicação: Lehalle, Van Poucke & Guedes, 2001).

Em todos estes exemplos, a nova organização estrutural é uma "abstracção super ordenada", no sentido em que ultrapassa e integra os processamentos anteriores alternantes, que permanecem contudo efectivos ou possíveis. Mas, tal como vimos no ponto 3.1, toda e qualquer construção estrutural inicia-se em situação e por razões ligadas à análise de tal situação. Não existe construção estrutural desde logo abstracta. Dito de outra forma, os processos descritos no ponto 3.1 engrenam-se a partir dos que foram descritos no ponto 3.2, e estes últimos pressupõem uma pluralidade de funcionamentos que são, por vezes, funcionamentos análogos consignáveis aos processos descritos no ponto 3.1. (como nas situações de proporcionalidade), ou por vezes funcionamentos diferenciados (nesse sentido, a escrita decimal está funcionalmente ligada à medida, a escrita fraccionária é sobretudo imputada à partilha).

3.3 Continuidade *versus* descontinuidade do desenvolvimento

As ligações que acabámos de sublinhar entre as duas grandes categorias de processos desenvolvimentais (extensões e coordenações) convidam a discutir o carácter "contínuo" ou "descontínuo" de tais evoluções. Trata-se aqui de um tema que alimenta ainda as discussões actuais, por exemplo no que diz respeito ao desenvolvimento dos conceitos numéricos (Carey, 2002; Bideaud, Lehalle & Vilette, 2004).

Convém pois abordá-lo a propósito do desenvolvimento cognitivo dos adolescentes.

Mas é necessário entendermo-nos sobre o sentido dos termos. Se por "contínuo" se entende "crescimento ou aumento quantitativo sem mudanças qualitativas", — o que significa voltar ao "pré-determinismo", porque se as mudanças são unicamente quantitativas, é porque as competências existem em gérmen desde o início –, então os processos de que falámos não são evidentemente "contínuos" e, a esse respeito, sublinhámos em particular as dificuldades do modelo explicativo pelo aumento das capacidades de memória de trabalho. Por outro lado, se por "descontínuo" se quer dizer que existem competências inteiramente novas que se manifestam como que por milagre, sem ligação com as construções anteriores, e se generalizam por a partir delas mesmas, englobando o conjunto dos funcionamentos possíveis, então, também aí, os processos que que foram descritos não são "descontínuos". O desenvolvimento não seria portanto nem contínuo nem descontínuo, o que é dificilmente concebível.

Todavia, a combinatória (estamos no estádio formal!) oferece uma outra possibilidade que é a de considerar o desenvolvimento como sendo *simultaneamente* contínuo e descontínuo. Deste modo, considerando as evoluções cognitivas que se desenrolam durante a adolescência, o desenvolvimento é contínuo no sentido em que as construções novas se apoiam sempre sobre as aquisições anteriores, antes de delas se diferenciarem. Mas é também descontínuo, porque os processamentos simbólicos, tal como as construções estruturais, produzem diferenças qualitativas e rupturas que se repercutem [5] sobre as conceptualizações anteriores. Tal como escrevia Gréco, a propósito do conceito de número: "à medida que as inferências forem progredindo, organizar-se-ão em sistemas cada vez mais estáveis, móveis, gerais; os números aos quais elas se aplicam, apesar de continuarem a chamar-se 1, 2, 3... e a sucederem-se como para a criança de 8 ou 9 anos, ter-se-ão tornado outros números" (1963/1991, p. 134).

Deste modo, podem ser formuladas três certezas, aparentemente contraditórias. Primeira certeza: "nada é verdadeiramente novo". Existem várias maneiras de validar esta convicção da continuidade do desenvol-

---

[5] O verbo utilizado no original, "rejaillir", tem, além do sentido utilizado, vários sentidos, como esguichar, jorrar, salpicar, que se perdem na tradução. (*N. do T.*)

vimento. Em primeiro lugar, as construções estruturais são progressivas, e em certos casos foram postas em evidência sinalizações parciais e precoces, sugerindo desse modo a continuidade do desenvolvimento. Tratando-se de competências habitualmente atribuídas aos adolescentes, tais aquisições parciais e precoces foram demonstradas a propósito do raciocicínio experimental (Lehalle, 1994) ou das deduções lógicas (Matalon, 1962/1990; Hawkins, Pea, Glick & Scribner, 1984; Markovits, Schliefer & Fortier, 1989). Visto noutra perspectiva: quando as aquisições dependem de constrangimentos didácticos e ultrapassam durante uns tempos as possibilidades dos aprendizes, os problemas são primeiramente resolvidos por uma transferência de procedimentos a partir dos conhecimentos já adquiridos, o que é uma outra maneira de produzir uma certa continuidade. Deste modo, é frequente que os números decimais sejam primeiro tratados como números inteiros (Léonard & Sackur, 1991), o que provoca os erros típicos ("3,12" julgado como maior do que "3,2", uma vez que "12" é maior que "2": lógico!); ou ainda, pelas mesmas razões de extensão de procedimentos, a partir dos conhecimentos adquiridos sobre os números inteiros, as multiplicações de fracções serão mais fáceis que as adições (Rittle-Johnson & Siegler, 1998). Enfim, toda e qualquer coordenação estrutural supõe a constituição *prévia* dos elementos a coordenar. Tal como sublinhámos, um dos aspectos da cognição adolescente é de construir operações sobre operações, e esta construção aparece por conseguinte na continuidade de um desenvolvimento a longo termo. Daí: "Nada é verdadeiramente novo".

Mas, segunda certeza: "Tudo é verdadeiramente novo". Esta convicção de um desenvolvimento descontínuo, é efectivamente ilustrada pelas competências descritas na primeira parte desta exposição e pela natureza dos processos de desenvolvimento (simbolização e coordenação) que procurámos precisar. Existem realmente no curso do desenvolvimento mudanças qualitativas que se apresentam como rupturas e aberturas: o estádio formal é uma desobrigação em relação às estruturações imediatas, que ele permite organizar de formas mais completas e mais gerais.

Enfim, terceira certeza: "Tudo é semelhante". A ideia aqui é que as evoluções são *análogas* em todos os momentos do desenvolvimento. Em particular, tratando-se da abstracção, podemo-nos perguntar se os processamentos cognitivos dos adolescentes são "abstractos" (de acordo com a terminologia de Fischer, 1980), ou se são simplesmente "mais abstractos" e, neste caso, a abstracção seria um processo contínuo e semelhante em todas as idades e não uma característica específica da adolescência. Efectivamente, se a abstracção é definida de acordo as duas formas consideradas (extensões e abstracção "filtro"; coordenação e abstracção "super ordenada"), não diz respeito unicamente ao período da adolescência.

Uma maneira de ligar estas três certezas, formuladas aqui de forma contraditória por simples jogo retórico, é de postular a existência de mecanismos neuropsicológicos que teriam as seguintes características:

– mecanismos presentes desde o início da vida, uma vez que os mecanismos podem ser inatos sem que isso implique que as estruturas que os produzem tenham que o ser;

– operando em todos os níveis da evolução ("Tudo é semelhante");

– a partir de competências já construídas ("Nada é verdadeiramente novo");

– para produzir duas espécies de novidades ("Tudo é verdadeiramente novo"): processamentos semânticos com uma construção estrutural implícita e processamentos simbólicos a partir de processamentos semânticos.

Decididamente, o ponto de vista que alia continuidade e descontinuidade não é contraditório e pode ser compreendido facilmente pela pluralidade dos processos em jogo: toda a criação estrutural vai paradoxalmente no sentido da continuidade, visto que prolonga os processamentos efectuados *localmente* em situação; toda a abstracção estrutural que tematiza as invariantes e induz a sua generalização faz aparecer uma descontinuidade de igual modo paradoxal, uma vez que se trata sempre dos mesmos constrangimentos estruturais. Assim sendo, invocar a pluralidade dos processos conduz-nos às questões de variabilidades intra- e interindividuais.

4. Variabilidade e factores de variabilidade

As discussões anteriores, centradas quer sobre a descrição das competências cognitivas dos adolescentes, quer sobre os processos desenvolvimentais que as produzem, levam obrigatoriamente a considerar a variabilidade deste desenvolvimento. Tratando-se do estádio formal, é com efeito bem conhecido que a estandardização das provas clássicas não permitiu evidenciar uma idade na qual existisse 100% de sucesso nestas provas (ver, por exemplo, Longeot, 1969). É portanto a variabilidade interindividual que se deve considerar em primeiro lugar. Mas as teorias desenvolvimentais actuais integram igualmente a variabilidade intra-individual, ou seja, o facto de que um indivíduo não funciona sempre no mesmo nível de competência.

4.1. A variabilidade intra-individual

Existem várias maneiras de conceber e de situar teoricamente a variabilidade intra-individual. A primeira resulta directamente das relações entre "formas de processamento" e "domínios funcionais". Se as formas de processamento não têm à partida realidade psicológica independentemente dos domínios nos quais se manifestam, e se, por conseguinte, tais formas têm sempre que ser reconstruídas em situação (Fischer, 1980), então não é surpreendente observar variações de processamento num mesmo indivíduo, segundo as situações ou os conceitos a estruturar. Dito de outra forma, os "desfasamentos horizontais" de Piaget estão longe de constituir uma bizarria do desenvolvimento. Constituem pelo contrário a forma habitual, através do jogo dos processos de extensão e de construção descritos na rubrica anterior. Daí, a modelização estrutural não tem mais por corolário obrigatório o sincronismo necessário das aquisições e, finalmente, o assincronismo efectivamente observado não é suficiente para rejeitar a modelização estrutural. Este tipo de variabilidade intra-individual é equivalente a uma variabilidade inter-contextos, quer tal variabilidade seja comum a todos os indivíduos (a explicação deveria então ser procurada na dificuldade relativa de certos contextos), quer esteja ligada à variedade das experiências individuais para os diversos contextos ou domínios (neste caso, a variabilidade intra-individual é também uma variabilidade interindividual, devida às diferenças de perícia). É decididamente normal que os indivíduos em desenvolvimento não funcionem sempre no mesmo "estádio" e, no que diz respeito aos adolescentes, a observação de um raciocínio de nível formal numa situação não implica que esse mesmo nível de raciocínio deva ser observado em todas as situações. Mesmo se os raciocínios formais podem eventualmente apresentar-se como raciocínios abstractos de um dado conteúdo local, tal abstracção pode não ser uniformemente possível em todo e qualquer o contexto.

Uma outra maneira de considerar as variações intra-individuais é na verdade ilustrada pela abordagem "pluralista" de Lautrey (1990, 1993). A ideia, neste caso, é de considerar que, mesmo no quadro de uma única situação (e não mais comparando contextos), podem ser efectivos vários tipos de inferências, várias formas de abordar o problema. E como os critérios de desisão ligados as essas abordagens não levam forçosamente às mesmas respostas, a sua activação simultânea é susceptível de criar as condições de uma evolução cognitiva majorante. Esta concepção pluralista opõe-se aos modelos "unitários", nos quais cada nível de desenvolvimento é caracterizado por uma única modalidade de processamento cognitivo, cada nova modalidade substituindo-se à precedente e desaparecendo, chegado o momento, para dar lugar à seguinte. Tais variabilidades intra-individuais *em situação* são inteiramente de considerar nas tarefas referentes ao estádio formal. Pode-se pensar, muito em particular, nas situações de proporcionalidade: várias dimensões de transformação estão aí em jogo, vários procedimentos de cálculo estão eventualmente em competição, etc. Mas se esta forma de variabilidade intra-individual é susceptível de induzir um progresso cognitivo, isso deve-se na verdade ao facto de depender de uma variabilidade funcional em situação e, portanto, de um processamento semântico de tal situação.

Por último, podemo-nos interessar mais directamente pelos determinantes externos, "ecológicos", da variabilidade das respostas. A esse respeito, Fischer (Fischer, Kenny & Pipp, 1990; Fischer & Kennedy, 1997; Fischer, Yan & Stewart, 2003) sublinhou regularmente o interesse de distinguir dois níveis de desempenho, susceptíveis de ser apresentados por um mesmo indivíduo: um nível "funcional", quando as condições de produção do desempenho não são favoráveis à produção de respostas sofisticadas, e um nível "óptimo", quando o sejam (devido à escolha do material, ao escoramento social, etc.). Esta distinção é num certo sentido banal. Mas torna-se mais intrigante se se acrescentar que, sempre segundo Fischer, apenas os níveis óptimos são susceptíveis de apresentar evoluções não-lineares (com momentos de progressão rápida e mesmo regressões temporárias), enquanto que os níveis funcionais progridem mais lentamente e de forma quase linear com a idade.

Decididamente, o estatuto teórico das variabilidades intra-individuais mudou muito desde 1955, qualquer que seja o nível de desenvolvimento considerado e, portanto, também para aquilo que diz respeito ao estádio formal e ao desenvolvimento cognitivo durante a adolescência. Estas variabilidades integram-se doravante perfeitamente nas modelizações do desenvolvimento, e são mesmo consideradas como essenciais para melhor compreender os processos de evolução. Além disso, se elas tornam caducos os modelos unitários, por substituições sucessivas de competências em favor dos modelos em rede de conhecimentos, de inferências e de activação (Fischer, Yan & Stewart, 2003), o carácter ordinal ou sequencial das evoluções é mantido. Deste modo, ainda que tenha evoluído na direcção de modelizações dinâmicas não-lineares, Fischer manteve sempre a sua descrição de processos gerais sob a forma de hierarquias de competências, com, no fim de contas, poucas modificações em relação à sua primeira formulação (Fischer, 1980).

4.2. A variabilidade interindividual

Tal como já o sublinhámos, os trabalhos de Inhelder e de Piaget (1955) conduziram muito rapidamente à elaboração de provas relativamente estandardizadas, que evidenciaram raciocínios formais apenas numa minoria de adolescentes (Longeot, 1969). A questão das variabilidades interindividuais encontrou-se portanto muito rapidamente no centro do debate.

Notemos em primeiro lugar que as estandardizações das provas do estádio formal limitaram-se a retomar apenas uma parte das situações exploradas por Inhelder e Piaget, postos de parte os raciocínios de lógica verbal dos quais já falámos. Daí resulta que se trata de um domínio particular de conhecimentos (o domínio "científico"), sendo algo arriscado tirar conclusões em termos de competência geral a partir de avaliações contextualizadas num domínio particular. Este facto é bem conhecido, desde há muito tempo: como só se avaliam desempenhos, é impossível concluir a ausência de competência, uma vez que se pode sempre supor que tal competência se poderia manifestar num outro contexto, diferente daquele que foi escolhido para a avaliação (Lehalle & Mellier, 1984). É exactamente isso que actualmente é considerado nas tentativas de ligar teoricamente as formas de processamento aos domínios funcionais (ver *supra*).

Piaget tinha-o compreendido perfeitamente. Num artigo de 1972, examina diversas explicações possíveis para a fraca incidência efectiva do estado formal nos adolescentes. Entre elas, houve uma que considerou como sendo a mais plausível. É uma interpretação diferencial, mas não leva a que, por isso mesmo, se hierarquize os indivíduos segundo as suas aptidões cognitivas. A ideia é ligar a variabilidade interindividual à variabilidade intra-individual. Piaget estimou com efeito que é muito provável que todos os indivíduos acabem por adquirir competências formais, mas em domínios específicos, aqueles em que tiveram a ocasião de exercer, em particular no âmbito das suas actividades profissionais. Deste modo, é socialmente importante sublinhar que as operações formais não são o apanágio dos alunos que prosseguem sem problemas um curso científico de alto nível. As actividades "técnicas" fazem igualmente apelo a competências de natureza formal e à lógica natural. Pensemos com efeito nas competências operatórias requeridas para planificar, sem erro, uma instalação eléctrica (não apenas ao nível dos cálculos, mas também no da realização "concreta" da cablagem...), para lajear um compartimento (obrigação de uma representação geométrica abstracta, com os constrangimentos e os ajustamentos que isso implica), para dosear produtos a misturar, etc. De um modo mais geral, os raciocínios formais são possíveis, ainda que não efectivos porque não necessários, em numerosas actividades quotidianas.

Desta forma, contrariamente às ideias dominantes no pós-Piaget (ou no pós-Inhelder...), existem razões de optimismo, uma vez que não é interdito pressupor a competência, em vez de a negar a partir de desempenhos localmente pré-formais. Uma outra razão provém das pesquisas sobre as aprendizagens estruturais de nível formal. Por exemplo, os resultados de Danner e Day (1977) suportam a ideia de que as aprendizagens estruturais (i. e. conseguir que adolescentes raciocinem num nível formal num dado contexto) são possíveis e mesmo relativamente fáceis (— tratava-se, nesse estudo, de raciocínio experimental —) a partir de uma certa idade, como se as competências formais dos adolescentes (mas não em crianças demasiado jovens) permanecessem latentes, em produção espontânea, enquanto a familiaridade ou as trocas interactivas não tiverem clarificado suficientemente os elementos do problema e os constrangimentos a ter em conta. Num certo sentido, voltamos a reencontrar aqui a variabilidade intra-individual e, mais precisamente, a distinção operada por Fischer entre o nível "óptimo" e o nível "funcional".

Uma terceira razão de optimismo provém da evolução histórica. Reiterando as aplicações efectuadas por Longeot, nas mesmas condições experimentais, mas 20 ou 30 anos mais tarde, Flieller (1999) pôde observar um aumento muito nítido da frequência de raciocínios formais: entre 1967 e 1996, utilizando a EPL (*Echelle de Développement de la Pensée Logique*) [6] e no que diz respeito à faixa dos 13-15 anos, a frequência do "estádio formal A" passou de 26 para 40%; tendo a do "estádio formal B" passado de 9 para 15%.

Estas variabilidades convidam a melhor delimitar os determinantes da evolução operatória e da sua diferenciação intra- e interindividuais. Decerto que é fácil invocar tais determinantes gerais: incitações escolares, ocasiões de exercício, motivações para um dado domínio de actividade, socialização familiar e extra-familiar, etc. Mas existem, na realidade, poucas pesquisas sobre estas questões, provavelmente devido à dificuldade teórica e prática de delimitar as competências formais em domínios variados. É *a priori* (apenas *a priori!*) mais fácil interessarmo-nos pelas competências cognitivas dos bebés! Todavia, sem que isso constitua uma real surpresa, foi possível observar um efeito positivo das interacções diádicas entre pares (Dimant & Bearison, 1991) num estudo cujo objecto fôra a combinatória (situação adaptada da combinação de produtos químicos, Inhelder & Piaget, 1955). E mesmo, na sequência de diversas comparações, os autores puderam mostrar, pela análise das trocas verbais, que os progressos individuais entre o pré-teste e o pós-teste estavam ligados à importância das interacções diádicas pertinentes ("questões", "expressão de um acordo ou um desacordo", "explicações"), e não às interacções sociais sem relação com a tarefa; além disso, nas sessões de treino, as díades conseguem resolver mais problemas que os participantes do grupo de controlo (resoluções individuais). Tratava-se, nesse estudo, de adolescentes mais velhos (18 anos, em média). Claramente, seria necessário poder desenvolver este tipo de pesquisas, uma vez que, identificar os *processos* de construção cognitiva, conhecer de mais perto os *mecanismos* neuropsicológicos de tais processos e assinalar os *determinantes* gerais e diferenciais que solicitam os mecanismos adaptativos, são as três frontes da modelização do desenvolvimento (Lehalle & Mellier, 2002). E isso, qualquer que seja a forma deste, visto que as teorizações "dinâmicas" actuais ambicionam teorizar não apenas sobre as evoluções majorantes e hierarquicamente ordenadas, que são o fruto de

---

[6] "Escala de Desenvolvimento do Pensamento Lógico", numa tradução livre. (*N. do T.*)

um ambiente estimulante, mas também sobre as interacções ambientais que resultam, pela aplicação dos mesmos mecanismos, em regressões, estagnações ou impasses. Dito de outra forma, temos três razões de optimismo... mas se não aceitarmos senão os mecanismos de desenvolvimento, em condições particulares de ambiente, que não produzem sempre evoluções majorantes, temos igualmente razões de sermos localmente pessimistas. O que incita a pesquisar de forma mais eficaz quais são os factores do desenvolvimento cognitivo e da sua diferenciação.

5. Em conclusão: o desenvolvimento cognitivo tem um fim?

O período da adolescência é tradicionalmente considerado como um período de conclusão do desenvolvimento, precedendo a estabilidade da idade adulta. Mas, para além do facto de que a adolescência dura actualmente um pouco mais tempo para não ser mais do que uma fase de transição, a concepção actual de um desenvolvimento que prossegue ao longo de toda a vida remete em questão a própria ideia de uma conclusão, além de que faz de certo modo perder de vista a adolescência num processo de desenvolvimento contínuo. E quanto ao desenvolvimento cognitivo? Foi já visto com Fischer (Fischer, Yan & Stewart, 2003) que a evolução cognitiva ultrapassa largamente as idades que tradicionalmente se consideram ser da adolescência. Mas essa questão não tem uma resposta unívoca (Lehalle, 2001).

No quadro de uma abordagem piagetiana, o desenvolvimento atinge efectivamente um nível último e definitivo, que se manifesta eventualmente após os 18 anos: "estádio formal" para Piaget (Inhelder & Piaget, 1955); "abstracções" para Fischer (1980); "estádio abstracto ou vectorial" para Case (1985); "emparelhamento [7] de sistemas múltiplos" para Halford (1993), etc. No entanto, é necessário estabelecer distinções.

– Se nos situamos ao nível dos conhecimentos adquiridos ou produzidos, não existe razão para considerar qualquer limite à *amplitude* ou *extensão* dos conhecimentos. O que é assaz evidente: pode-se sempre "aprender" qualquer coisa de novo.

– Se se trata da *organização* de tais conhecimentos, tal como é produzida pelos mecanismos e segundo os processos evocados nos pontos e

---

[7] "Appariement" no original. (N. do T.)

rubricas anteriores, então os limites serão limites *de facto* e não *de direito*. Não existe razão, com efeito, para considerar *a priori* um limite às organizações cada vez mais gerais, ou cada vez mais abstractas, como as que são descritas pelos modelos de estádio nos neo-piagetianos (Fischer, em particular). Quanto a Piaget, recordemo-nos que no seu artigo de 1956, os equilíbrios que ele postula existirem em cada nível são equilíbrios *relativos*, isto é, susceptíveis de serem destabilizados em vista de construções posteriores. Por conseguinte, se existem limites ao desenvolvimento de organizações, são limites *de facto*, quer dizer impostos pela ausência de factores incitadores. Se na maior parte dos casos não existe necessidade adaptativa para organizações mais complexas ou mais abstractas que aquelas dos estádios finais descritos, nada impede de pensar que tais organizações possam construir-se em certos indivíduos ou em certos contextos (... por exemplo quando se trata de reflectir sobre as características do estádio formal de Piaget!).

– Mas existe igualmente um terceiro aspecto em relação à evolução cognitiva, o dos instrumentos de conhecimento: não os próprios conhecimentos, nem a sua organização, mas as ferramentas conceptuais que os descrevem ou os produzem. Considerem-se dois casos. Se se trata de ferramentas explícitas, tal como as modelizações matemáticas, então tais ferramentas constituem formas particulares de conhecimento e não existe de igual modo razão para conceber o seu limite. Pelo contrário, se se trata de constrangimentos lógicos implícitos, que permitem construir os conhecimentos e que podem ser abordados pelas descrições da análise estrutural, então é inteiramente concebível que tais constrangimentos, que não são inatos, evoluam até um nível óptimo, aquele que Piaget pensou descrever com a lógica proposicional. Mas esta lógica não é senão um modelo imperfeito, que contém ele próprio inconvenientes sinalizados pelos lógicos (Lewis e Langford, citados por Grize 1967,... e o próprio Grize, 1990a e 1990b, por exemplo).

Todavia, as insuficiências do modelo não condenam o procedimento e é coerente supor que qualquer actividade de pesquisa operada por um adulto (seja científica ou não) repousa sobre um nível de competência, uma lógica natural implícita, que permite por exemplo assegurar deduções válidas ou assinalar contradições. E, finalmente, nada impede de pensar que a construção de tal lógica subjacente possa acabar no momento da adolescência.

Bibliografia

Adelson, J. (1975). The development of ideology in adolescence. In S. E. Dragastin & G. H. Elder (Eds.), *Adolescence in the life cycle* (pp. 63-78). New York: John Wiley and Sons.

Arbib, M. A. (Ed.). *The handbook of brain theory and neural networks.* Cambridge, M: The MIT Press.

Aris, C. (1999, September). Intra-individual variations in adolescent's moral judgements related to " personal interest " enclosed in moral dilemmas. *IXth European Conference on Developmental Psychology*, Island of Spetses, Greece.

Bideaud, J., Lehalle, H. & Vilette, B. (2004). *La conquête du nombre et ses chemins chez l'enfant.* Villeneuve d'Ascq: Presses Universitaires du Septentrion.

Bond, T. G. (1998). Fifty years of formal operational research: the empirical evidence. *Archives de Psychologie, 66*, 221-238.

Carey, S. (2002). Les discontinuités au cours du développement conceptuel sont-elles possibles? In E. Dupoux (Ed.), *Les langages du cerveau* (pp. 305-326). Paris: Editions Odile Jacob.

Case, R (1985). *Intellectual Development. Birth to Adulthood.* Orlando: Academic Press.

Case, R. & Okamoto, Y. (Eds.). (1996). *The role of central conceptual structures in the development of children's thought.* Chicago: The University of Chicago Press (Monographs of the Society for Research in Child Development n.° 246).

Danner, F. W. & Day, M. G. (1977). Eliciting formal operations. *Child Development, 48*, 1600-1606.

Demetriou, A. (Ed.). (1988). *The neo-piagetian theories of cognitive development: toward an integration.* Amsterdam: Elsevier Science Publishers BV.

Demetriou, A. & Efklides, A. (1981). The structure of formal operations: the ideal of the whole and the reality of the parts. In J. A. Meacham & N. R. Santilli (Eds.), *Social development in youth: structure and content* (pp. 20-46). Basel: S. Karger (Contribution to Human development, Vol. 5).

Demetriou, A. & Efklides, A. (1988). Experiential structuralism and neo--piagetian theories: toward an integrated model. In A. Demetriou (Ed.), *The Neo-Piagetian Theories of Cognitive Development: Toward an Integration* (pp. 173-223). Amsterdam: Elsevier Science Publishers BV.

Demetriou, A., Efklides, A., Papadaki, M., Papantoniou, G. & Economou, A. (1993). Structure and Development of Causal-Experimental Thought: From Early Adolescence to Youth. *Developmental Psychology, 29* (3), 480-497.

Dimant, R. J. & Bearison, D. J. (1991). Development of formal reasoning during successive peer interactions. *Developmental Psychology, 27*(2), 277-284.

Elman, J. L., Bates, E. A., Johnson, M. H., Karmiloff-Smith, A., Parisi, D. & Plunkett, K. (1996). *Rethinking Innateness.* Cambridge, M.: The MIT Press.

Ericsson, K. A. & Kintsch, W. (1995). Long-Term Working Memory. *Psychological Review, 102,* 211-245.

Evans, J. St. B.T. & Over, D. E. (1997). Rationality in reasoning: the problem of deductive competence. *Cahiers de Psychologie Cognitive, 16(1-2),* 3-38.

Fischer, K. W. (1980). A theory of cognitive development: The control and construction of hierarchies of skills. *Psychological Review, 87,* 477-531.

Fischer, K. W. & Kennedy, B. P. (1997). Tools for analyzing the many shapes of development: The case of self-in-relationships in Korea. In E. Amsel & K. A. Renninger (Eds.), *Change and Development. Issues of theory, method and application* (pp. 117-152). Mahwah, NJ: Lawrence Erlbaum.

Fischer, K. W., Kenny, S. L. & Pipp, S. L. (1990). How cognitive processes and environmental conditions organize discontinuities in the development of abstractions. In C. L. Alexander & E. J. Langer (Eds.), *Higher stages of human development* (pp. 162 – 187). New-York: Oxford University Press.

Fischer, K. W., Yan, Z. & Stewart, J. (2003). Adult cognitive development: Dynamics in the developmental web. In J. Valsiner & K. Connolly (Eds.), *Handbook of developmental psychology* (pp. 491-516). Thousand Oaks, CA: Sage.

Flieller, A. (1999). Comparison of the development of formal thought in adolescent cohorts aged 10 to 15 years (1967-1996 and 1972-1993). *Developmental psychology, 35(4),* 1048-1058.

Gauderat-Bagault, L. & Lehalle, H. (2002). La généralisation des connaissances numériques avant et après 7/8 ans. In J. Bideaud & H. Lehalle (Eds.), *Le développement des activités numériques chez l'enfant* (pp. 103-125). Paris: Hermès.

Giedd, J. N., Blumenthal, J., Jeffries, N. O., Castellanos, F. X., Liu, H., Zijdenbos, A., Paus, T., Evans, A. C. & Rapoport, J.L. (1999). Brain development during chilhood and adolescence: a longitudinal MRI study. *Nature Neuroscience, 2(10),* 861-863.

Graber, J. A. & Petersen, A. C. (1991). Cognitive changes at adolescence: biological perspectives. In K. R. Gibson and A. C. Petersen (Eds.), *Brain maturation and cognitive development* (pp. 253-279). New York: Aldine de Gruyter.

Gray, W.M. (1990). Formal operational thought. In W. F. Overton (Ed.), Reasoning, necessity, and logic: developmental perspectives (pp. 227-253). Hillsdale, NJ: Lawrence Erlbaum Associates (The Jean Piaget Symposium Series).

Gréco, P. (1963). Le progrès des inférences itératives et des notions arithmétiques chez l'enfant et l'adolescent. In P. Gréco, B. Inhelder, B. Matalon & J. Piaget, *La formation des raisonnements récurrentiels* (pp. 143-316). Paris: Presses Universitaires de France.

Gréco, P. (1991). *Structures et significations. Approches du développement cognitif.* Paris: Editions de l'EHESS.

Grize, J-B. (1967). Historique. Logique des classes et des propositions. Logique des prédicats. Logiques modales. In J. Piaget (Ed.), *Logique et connaissance scientifique* (pp. 135-289). Paris: Gallimard (Encyclopédie de la Pléiade).

Grize, J-B. (1990a). Psychologie génétique et logique. *Archives de Psychologie, 58*, 55-64.

Grize, J-B. (1990b). *Logique et langage.* Gap: OPHRYS.

Halford, G. S. (1982). *The development of thought.* Hillsdale, NJ: Lawrence Erlbaum Associates.

Halford, G. S. (1993). *Children's understanding: The development of mental models.* Hove (UK) et Hillsdale (USA): Lawrence Erlbaum.

Hawkins, J., Pea, R.D., Glick, J. & Scribner, S. (1984). "Merds that laugh don't like mushrooms": evidence for deductive reasoning by preschoolers. *Developmental Psychology, 20(4)*, 584-594.

Inhelder, B. (1953-54). Les attitudes expérimentales de l'enfant et de l'adolescent. *Bulletin de Psychologie, 7*, 272-282.

Inhelder, B & Piaget, J. (1955). *De la logique de l'enfant à la logique de l'adolescent.* Paris: Presses Universitaires de France.

Karmiloff-Smith, A. (1992). *Beyond modularity: A developmental perspective on cognitive science.* Cambridge, Massachusetts: The MIT Press.

Keating, D. P. (2004). Cognitive and brain development. In R. M. Lerner & L. Steinberg (Eds.), *Handbook of adolescent psychology* (pp. 45-84). Hoboken, NJ: John Wiley & Sons, Inc (Second Edition).

Kurfiss, J. (1977). Sequentiality and structure in a cognitive model of college student development. *Developmental Psychology, 13(6)*, 565-571.

Lamborn, S. D., Fischer, K. & Pipp, S. (1994). Constructive criticism and social lies: a developmental sequence for understanding honesty and kindness in social interactions. *Developmental Psychology, 30*, 495-508.

Lautrey, J. (1990). Esquisse d'un modèle pluraliste du développement cognitif. In M. Reuchlin, J. Lautrey, T. Ohlmann & C. Marendaz (Eds.), *Cognition: l'universel et l'individuel* (pp. 185-216). Paris: Presses Universitaires de France.

Lautrey, J. (1993). Structure and variability: A plea for a pluralistic approach to cognitive development. In R. Case & W. Edelstein (Eds.), *The new structuralism in cognitive development. Theory and research on individual pathways* (pp. 101-114). Basel: Karger (Contribution to Human Development, Vol. 23).

Lehalle, H. (1985). *Psychologie des adolescents.* Paris: Presses Universitaires de France.

Lehalle, H. (1998). Sagesse et illusions de la modélisation, *Bulletin de Psychologie, 51* (3, n.° spécial en hommage à Jean Piaget), 249-263.

Lehalle, H. (2001). Le développement cognitif des adolescents. Caractéristiques générales et variabilités. In C. Golder & D. Gaonac'h, (Eds.), *Enseigner à des adolescents. Manuel de Psychologie* (pp. 58-75). Paris: Hachette.

Lehalle, H. & Mellier, D. (1984). L'évaluation des opérations intellectuelles: la question du langage... et quelques autres. *Rééducation orthophonique,* 22 (n.°137), 213-232.

Lehalle, H. & Mellier, D. (2002). *Psychologie du développement. Enfance et adolescence.* Paris: Dunod.

Lehalle, H. & Savois, C. (1985). Signification et ancrage significatif dans une situation dite de "proportionnalité". *Archives de Psychologie, 53,* 345-364.

Lehalle, H., Van Poucke, J. & Guedes, S. (2001). Transcoding between fractional and decimal forms of simple rational numbers. *Paper presented at the 31th JPS Meeting,* Berkeley, California.

Léonard, F. & Sackur, C. (1991). Connaissances locales et triple approche, une méthodologie de recherche, *Revue de Didactique des Mathématiques, 10,* 205-240

Longeot, F. (1969). *Psychologie différentielle et théorie opératoire de l'intelligence.* Paris: Dunod.

Markovits, H. (1997). Rationality and development. *Cahiers de Psychologie Cognitive, 16(1-2),* 156-161.

Markovits, H., Schleifer, M. & Fortier, L. (1989). Development of elementary deductive reasoning in young children. *Cognitive Development, 25(5),* 787-793.

Matalon, B. (1962/1990). A genetic study of implication [Etude génétique de l'implication]. In W. F. Overton (Ed.), *Reasoning, necessity, and logic: developmental perspectives* (pp. 87-110). Hillsdale, NJ: Lawrence Erlbaum Associates (The Jean Piaget Symposium Series).

McClelland, J. L. & Siegler, R. S. (Eds.) (2001). *Mechanisms of cognitive development: behavioral and neural perspectives.* Mahwah NJ: Lawrence Erlbaum.

Merzenich, M. M. (2001). Cortical plasticity contributing to child development. In J. L. McClelland & R. S. Siegler (Eds.), *Mechanisms of cognitive development: behavioral and neural perspectives* (pp. 67-95). Mahwah NJ: Lawrence Erlbaum.

Neimark, E.D. (1975). Intellectual development during adolescence. In F. D. Horowitz, E. M. Hetherington, S. Scarr-Salapatek & G. M. Siegel (Eds.), *Review of Child Development Research, Volume Four* (pp. 541-594). Chicago: The University of Chicago Press.

Osterrieth, P., Piaget, J., Saussure, R. de, Tanner, J. M., Wallon, H., Zazzo, R., Inhelder, B. & Rey, A. (1956). *Le problème des stades en psychologie de l'enfant*. Paris: Presses Universitaires de France.

Pascual-Leone, J. (1970). A mathematical model for the transition rule in Piaget's developmental stages. *Acta Psychologica, 32*, 301-345.

Piaget, J. (1972). Intellectual evolution from adolescence to adulthood. *Human Development, 15*, 1-12.

Piaget, J. et coll. (1981). *Le possible et le nécessaire. I: L'évolution des possibles chez l'enfant*. Paris: Presses Universitaires de France.

Piaget, J. et coll. (1983). *Le possible et le nécessaire ; II: L'évolution du nécessaire chez l'enfant*. Paris: Presses Universitaires de France.

Piaget, J. & Inhelder, B. (1963). Les opérations intellectuelles. In P. Fraisse & J. Piaget, (Eds.), *Traité de Psychologie Expérimentale. Tome VII L'intelligence* (pp. 117-165). Paris: Presses Universitaires de France (1969, 2ème édition mise à jour).

Ribaupierre, A de & Pascual-Leone, J. (1979). Formal operation and M power: a neo-piagetian investigation. *New Direction for Child development, 5*, 1-43.

Rittle-Johnson, B. & Siegler, R. S. (1998). The relation between conceptual and procedural knowledge in learning mathematics: A review. In C. Donlan (Ed.), *The Development of Mathematical Skills* (pp. 75-110). Hove, UK: Psychology Press.

Shultz, T. R. (1996). Models of cognitive development. In V. Rialle, D. Fisette & D. Payette (Eds.), *Penser l'esprit. Des sciences de la cognition à une philosophie cognitive* (pp. 393-450). Grenoble: Presses Universitaires de Grenoble.

Shultz, T. R. (2003). *Computational developmental psychology*. Cambridge, M: The MIT Press.

Shultz, T. R., Mareschal, D. & Schmidt, W. C. (1994). Modeling cognitive development on balance scale phenomena. *Machine Learning, 16*, 57-86.

Siegler, R.S. (1978). The origins of scientific reasoning. In R. S. Siegler (Ed.), *Children's thinking: what develops ?* (pp. 109-149). Hillsdale, NJ: Lawrence Erlbaum.

Sun, R., Merrill, E. & Peterson, T. (2001). From implicit skills to explicit knowledge: a bottom-up model of skill learning. *Cognitive Science, 25,* 203-244.

Troadec, B. & Martinot, C. (2003). *Le développement cognitif. Théories actuelles de la pensée en contextes.* Paris: Belin.

Este texto foi originalmente publicado em 2006 In D. Jacquet, M. Zabalia & H. Lehalle (Eds.), *Adolescences d'aujourd'hui* (pp. 105-143). Rennes: Presses Universitaires de Rennes.

12

A maturação do controlo cognitivo e o cérebro adolescente *

A. Beatriz Luna

Introdução

O controlo cognitivo, que permite orientar o comportamento de modo planeado e voluntário, continua a aperfeiçoar-se, ao longo da adolescência, paralelamente aos refinamentos dos processos cerebrais, nomeadamente, a eliminação de sinapses e a mielinização. O período da adolescência é de especial significado porque nele começa a mudança para o padrão adulto e maduro de funcionamento cognitivo e porque esta fase é vulnerável a erros de controlo cognitivo, que são evidentes, na emergência de perturbações psicopatológicas major e na prática de comportamentos de risco.

Neste capítulo, revemos a literatura sobre as interacções entre o cérebro e o comportamento, que, no decurso da adolescência, estão subjacentes ao desenvolvimento. Em primeiro lugar, definimos a natureza do controlo cognitivo, para entender os mecanismos precisos que estão no âmago da maturidade. Em segundo lugar, revemos estudos sobre o comportamento que focam as mudanças, no controlo cognitivo, que se dão, neste estádio. Em terceiro lugar, revemos aquilo que se sabe acerca das mudan-

---

* Tradução de J. António Zagalo-Cardoso e José Miguel Pereira de Oliveira.

ças, na estrutura cerebral, durante este período do desenvolvimento. A imagiologia de ressonância magnética funcional (fMRI)[1] facultou um novo método não-invasivo para investigar a interface entre o cérebro e o comportamento, que está indicado em populações pediátricas e que oferece uma resolução espacial sem precedentes para localizar funções ao nível do cérebro na sua totalidade. Iremos rever os dados disponíveis da fMRI relativos a mudanças, na função cerebral, que contribuem para a integração do cérebro e do comportamento.

A adolescência refere-se, habitualmente, ao período compreendido entre os 12 e os 17 anos de idade, tomando em consideração a variabilidade em aspectos como a puberdade e o género (Spear, 2000). As mudanças cognitivas e as mudanças estruturais do cérebro, bem como os acontecimentos pubertários/hormonais, dão-se, no decurso deste período, e têm um efeito considerável, no comportamento. Temos um conhecimento limitado acerca de quais são os processos subjacentes à transição, no domínio do desenvolvimento, que conduz ao auge do desempenho cognitivo e à sua estabilização, no jovem adulto. As mudanças, que se sabe ocorrerem na adolescência, sugerem que a plasticidade e os mecanismos determinados biologicamente têm uma influência significativa, no desenvolvimento. É certo que o conhecimento do desenvolvimento comum e dos seus aspectos normativos permite discernir e compreender melhor as alterações ou anomalias do desenvolvimento. As perturbações psiquiátricas major, tais como perturbações afectivas, ansiedade e esquizofrenia manifestam-se durante a adolescência (Barlow, 1988; Angold, Costello & Worthman, 1998; Waddington, Torrey, Crow & Hirsch, 1991; Luna & Sweeney, 2004a), sugerindo que as vulnerabilidades específicas deste estádio do desenvolvimento podem desempenhar um papel central, nessas perturbações. A identificação dos processos subjacentes à maturação normal pode permitir investigar os processos atípicos das perturbações psicopatológicas. A adolescência é, também, uma fase em que os comportamentos de busca de sensações e de novidade atingem o seu pico, nas diferentes espécies e culturas; estes comportamentos podem muito bem

---

[1] Abreviaturas: ACC – Córtex cingulado anterior; DA – Dopamina; DLPFC – Córtex pré-frontal dorsolateral; EEG – Electroencefalografia; fMRI – Imagiologia de ressonância magnética funcional; PET – Tomografia de emissão de positrões; VLPFC – Córtex pré-frontal ventrolateral.

ser necessários para desenvolver as competências sociais indispensáveis para alcançar a independência, na vida adulta (Steinberg, 2004; Arnett, 1992; Spear, 200; Chambers, Ttaylor & Petenza, 2003). Infelizmente, é, igualmente, durante a adolescência e o início da idade adulta, que a experiência de uso e abuso de drogas frequentemente se inicia (Chambers *et al.*, 2003; Grant, 1997; Warner, Kessler, Hughes, Anthony & Nelson, 1995). A investigação dos processos normais subjacentes à transição para o comportamento maduro, nomeadamente os processos de incentivo, pode contribuir para se compreender melhor o comportamento de risco, na adolescência.

Cognição

O comportamento pode ser desencadeado por agentes endógenos ou exógenos. O comportamento exógeno é desencadeado por estímulos externos, tais como os estados perceptivos ou emotivos. O comportamento exogenamente dirigido, embora não seja um mero reflexo (o qual implicaria estritamente o envolvimento da espinhal medula), é de natureza reflexa, isto é, não requer um objectivo ou um plano de acção. É uma resposta reactiva rápida a um agente externo; por exemplo, olhar para um feixe de luz de aparecimento súbito. O comportamento endogenamente dirigido é aquele que está sob controlo voluntário. A função executiva e o controlo cognitivo referem-se a este tipo de comportamento, que é orientado para objectivos e exige um plano para ser executado. É sobre este tipo de comportamento que o sistema judicial intervém para definir a culpabilidade. Por exemplo, controla-se, cognitivamente, o comportamento quando se escolhe procurar um objecto, na presença de escolhas alternativas, ou quando se escolhe não olhar para um estímulo visual, que de outro modo se tornaria irresistível. Os dois processos mais importantes de controlo cognitivo são a inibição de resposta e a memória de trabalho. A todo o momento somos confrontados com um leque de respostas possíveis. A inibição voluntária de resposta permite que a resposta orientada para um objectivo suplante outra mais apelativa, mas desadequada para o objectivo em questão. A memória de trabalho é a capacidade de, temporariamente, armazenar e manusear informação, tendo em vista uma resposta dirigida para um objectivo. Estes processos cognitivos fundamentais servem de base ao comportamento endogenamente dirigido e são cruciais para o desenvolvimento cognitivo (Kail, 1993; Fry & Hale, 1996; Case, 1996; Dempster, 1993). Sabe-se que o controlo cognitivo tem por base uma vasta rede de circuitos cerebrais, na qual o córtex pré-frontal desempenha um papel preponderante (Fuster, 1997; Goldman-Rakic, Chafee & Friedman, 1993). Enquanto que o comportamento exogenamente dirigido amadurece, precocemente, na vida, o comportamento endogenamente dirigido continua a aperfeiçoar-se, no decurso da adolescência.

Maturação cognitiva

As competências executivas fundamentais, que estão presentes precocemente, na vida (Diamond & Goldman-Rakic, 1989; Levin, Cculhane, Hartmann, Evankovich & Mattson, 1991), apresentam um aperfeiçoamento contínuo ao longo da adolescência (Demetriou, Christou, Spanoudis & Platsidou, 2002; Anderson, Anderson, Northam, Jacobs & Catroppa, 2001; Davies & Rose, 1999; Luna, Garver, Urban, Lazar & Sweney, 2004; Asato, Sweney & Luna, 2006). Enquanto muito se sabe acerca dos marcos cognitivos alcançados durante a infância, é relativamente escassa a informação sobre a maturação da cognição, na adolescência. Contudo, estudos recentes começaram a elucidar a natureza deste desenvolvimento prolongado dos processos cognitivos, tais como a inibição de resposta e a memória de trabalho, bem como das capacidades cognitivas complexas evidentes, nas avaliações neuropsicológicas típicas.

Velocidade de processamento da informação

A velocidade a que se dá o processamento de informação é uma componente essencial do controlo cognitivo. O sistema deve perceber as demandas de tarefas, planear o comportamento e executar a resposta. A velocidade de tratamento da informação é importante tanto nas respostas exógena como endogenamente dirigidas, e acredita-se que reflecte a integridade dos processos cerebrais subjacentes à conexão e à integração funcional (Kail, 1993; Kail, 1991; Luna et al., 2004). Esta velocidade declina, exponencialmente, na infância e na adolescência, no que respeita aos domínios cognitivos (Hale, 1990; Luna *et al*., 2004; Kail, 1993). A influência da velocidade de processamento da informação, quando medida pelo tempo de reacção, é patente nas tarefas mais simples por mínima que seja a solicitação cognitiva, tais como os movimentos oculares rápidos (sacadas) orientados visualmente (Luna *et al*., 2004; Fischer, Biscaldi & Gezeck, 1997; Fukushima, Hatta & Fukushima, 2000), tempo de reacção manual (Elliot, 1970), e tarefas de emparelhamento visual (Kleine & Foerster, 2001; Luna *et al*., 2004; Fry *et al*., 1996), bem como tarefas que requerem algum planeamento cognitivo (Luna *et al*., 2004). Por exemplo, os tempos de reacção, para executar um movimento ocular, em face de um estímulo visual de aparecimento súbito, atingem a maturidade pelos 14-15 anos de idade, a mesma idade em que os sujeitos apresentam maturidade do tempo de reacção para iniciar o movimento ocular dirigido cognitivamente (Luna *et al*., 2004) (Fig. 1). A idade na qual amadurece a velocidade de processamento da informação é bastante consistente para as diferentes tarefas e cargas cognitivas, sugerindo que é independente do nível de cognição apesar de incrementar a dificuldade dos resultados, nos tempos de reacção mais longos. Esta velocidade contribui para a capacidade de implicar os processos cognitivos e a sua maturação pode traduzir o aumento da eficiência dos processos de desenvolvimento do cérebro, tais como a eliminação de sinapses e a mielinização (ver adiante), nos quais se baseiam os aperfeiçoamentos dos processos cognitivos, tais como a inibição de resposta e a memória de trabalho.

Desenvolvimento do comportamento orientado voluntariamente até à adolescência

Os testes de avaliação neuropsicológica revelam que os processos cognitivos superiores, incluindo a inibição de resposta e a memória de trabalho, prosseguem o seu desenvolvimento durante a infância tardia. Acredita-se que este processo tenha por base os circuitos pré-frontais (Levin *et al*., 1991; Demetriou *et al*., 2002; Fry *et al*., 1996; Luna *et al*., 2004; Asato *et al*., 2006). Em concreto, a supressão voluntária de respostas e a memória de trabalho são processos executivos (Fuster, 1997) essenciais para a emergência do padrão adulto de controlo cognitivo do comportamento (Kail, 1993; Dempster, 1993). A capacidade de suprimir

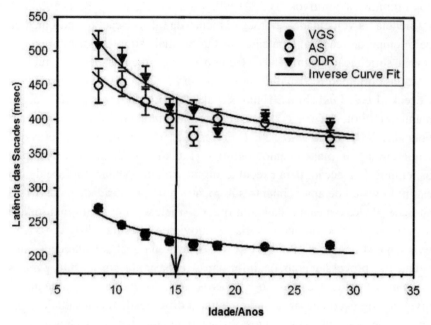

Fig. 1: Média ± 1 erro padrão da média da latência para iniciar uma sacada, na tarefa de movimento ocular rápido guiada visualmente (*círculos a cheio*), contra-movimentos oculares rápidos (*círculos vazios*) e as respostas oculomotoras lentas (*triângulos*). As linhas indicam a curva invertida traçada sobre a latência média para iniciar uma resposta de movimento ocular expressa em milésimos de segundo por anos de idade. As setas indicam a idade na qual a análise dos pontos de mudança indicam que foram alcançados níveis adultos de desempenho. (Reproduzido com autorização de Luna *et al.*, 2004).

voluntariamente uma resposta (isto é, a inibição de resposta) está subjacente à execução do comportamento orientado por objectivos, permitindo ao indivíduo exercer auto-regulação para controlar o comportamento de tarefas irrelevantes, parando respostas inadequadas e filtrando as distracções (Bjorklund & Harnishfeger, 1995, Dempster, 1992). A memória de trabalho, que mantém a informação disponível (Baddeley, 1986), é crucial para a execução de comportamento orientado para objectivos porque automatiza os processos básicos de modo a consentirem o planeamento e a preparação de respostas (Case, 1995). Estes processos de execução parecem colapsar nas perturbações mentais (Sweeney, Takarae, Mcmillan, Luna & Mishew, 2004). Uma vez que a maturação cognitiva é concomitante com a maturação cerebral, o conhecimento das bases neurobiológicas do desenvolvimento cognitivo é crucial para compreender as influências biológicas, no desenvolvimento saudável e no perturbado.

Desenvolvimento da supressão voluntária da resposta

A capacidade de inibir voluntariamente uma resposta reactiva irrelevante para uma dada tarefa vai aperfeiçoando-se até à adolescência. As tarefas inibitórias exigem a supressão de uma resposta reactiva em favor de uma resposta planeada. Na tarefa *go/no go*, solicita-se aos sujeitos para premir um botão como resposta a uma série de letras excepto como resposta a uma determinada letra alvo (*v. g.*, *x*). A tarefa de *Stroop* requer que os sujeitos suprimam respostas de leitura estabelecidas e, em vez delas, identifiquem qual a cor da tinta em que está escrita numa cor incompatível («verde» seria a resposta correcta para a palavra *vermelho* escrita a verde). A tarefa de Simon exige que os sujeitos respondam a uma pista de cor ao mesmo tempo que suprimem a interferência da localização da mesma. Nas tarefas de flanqueamento (*flanker*), os sujeitos devem suprimir uma resposta a setas que circundam uma seta central e, em vez da direcção delas, indicar a direcção da seta central. Na tarefa de sinal para parar, pede-se aos sujeitos para suspender uma resposta reactiva após o seu início. As tarefas de fixação do olhar exigem que os sujeitos cessem movimentos oculares reflexos alheios à fixação num alvo visual periférico de aparecimento súbito. Por fim, a tarefa de contra-movimento ocular rápido (anti-sacada) é uma tarefa de inibição que foi extensivamente utilizada em estudos animais (macacos), estudos clínicos e estudos de desenvolvimento. Nesta tarefa, os sujeitos devem suprimir o movimento ocular gerado por um sinal visual periférico e, em vez disso, executar um movimento ocular para o local onde está um espelho. Os erros são seguidos, habitualmente, de um movimento ocular para o local correcto, indicando que os sujeitos compreendem as instruções mas são capazes de inibir a resposta reflexa de olhar para a luz. Há um aperfeiçoamento consistente ao longo da infância e da adolescência, em todas estas tarefas (Wise, Sutton & Gibbon, 1975; Ridderinkhof, Band & Logan, 1999; Bedard *et al.*, 2002; William, Ponesse, Schachard, Logan & Tannock, 1999).

Apesar de os sujeitos mais jovens apresentarem uma taxa mais elevada de falhas inibitórias do que os mais velhos, são capazes de efectuar alguns ensaios correctamente. O aperfeiçoamento ao nível do desenvolvimento traduz-se, no número crescente de respostas correctas. Uma vez que a inibição de resposta não pode dar-se por mero acaso, o facto de as crianças desempenharem, certos ensaios, correctamente, indica que os sujeitos mais novos *podem* suprimir respostas, mas são incapazes de o fazer de modo *consistente*. Os resultados sugerem aperfeiçoamentos tanto na capacidade de operar respostas inibidoras como na capacidade de dispor de um repertório inibitório capaz de conter uma inibição de respostas de padrão adulto. Sugerem, ainda, que a capacidade de inibir uma resposta está presente, desde muito cedo, na vida, e que o desenvolvimento envolve acréscimo de flexibilidade e de controlo, no uso dessa capacidade. Crê-se que a integração tardia das regiões frontais desempenha um papel importante no desenvolvimento da inibição de resposta, tal como é evidenciado pelo facto de os adultos com lesões frontais sofrerem de perturbações na execução de tarefas de contra-movimento ocular rápido (Guitton, Buchetel & Douglas, 1985). Contudo, é a capacidade de integrar um vasto circuito, incluindo as regiões frontais, que é crucial para a inibição voluntária de resposta. O controlo inibitório depende de uma eficiente modulação frontal do comportamento dirigida da cúpula para a base ou de cima para baixo, na qual as regiões executivas modulam as regiões subcorticais responsáveis pelo comportamento reactivo. O circuito subjacente ao desempenho da tarefa de contra-movimento ocular rápido foi extensivamente delineado em estudos monosinápticos, no macaco, esclarecendo cabalmente esta tarefa enquanto modelo cerebral de inibição de resposta (Everling & Munoz, 2000; Funnahashi, Chafee & Goldman-Rakic, 1993). Os estudos de contra-movimento ocular rápido mostraram um aperfeiçoamento contínuo, na supressão da resposta, ao longo da adolescência, atingindo-se a maturidade pelos 15 anos de idade (Fisher *et al.*, 1997; Munoz, Broughton, Goldring & Amstrong, 1978; Fukushima *et al.*, 2000; Klein *et al.*, 2001; Luna *et al.*, 2004). Os estudos monosinápticos em primatas não-humanos indicam que a atenuação preparatória da actividade neuronal relacionada com o movimento ocular rápido, nos tubérculos quadrigémeos (Everling, Dorris, Klein & Munoz, 1999) e nas áreas orbitais do córtex pré-frontal (Everling *et al.*, 2000), é crucial para o bom sucesso da inibição de resposta. Estes resultados sugerem que o *planeamento* e a preparação da resposta são essenciais para a eficiente modulação, dirigida da cúpula para a base, dos actos reflexos e que estas capacidades permanecem imaturas na adolescência. No seu conjunto, estes resultados indicam que a inibição voluntária de resposta continua a desenvolver-se durante a adolescência.

Desenvolvimento da memória de trabalho

A memória de trabalho é a capacidade de manter e de manusear, em linha, a informação sobre estímulos, que já não estão presentes, no meio exterior. O seu papel principal é garantir as respostas orientadas para objectivos (Baddeley, 1986), tendo-se revelado estar subjacente à cognição superior de nível adulto (Bjorklund & Harnishfeger, 1990; Nelson *et al.*, 2000; Dampster, 1993; Case, 1992). Tal como a supressão voluntária de resposta, a memória de trabalho apresenta um desenvolvimento prolongado, no tempo (Swanson, 1999; Kwon, Reiss & Menon, 2002). No estudo de Zald *et al.* (1998), os sujeitos tocavam o local onde previamente esteve presente um sinal, após variadas delongas durante as quais algumas palavras-chave apresentadas devem ser proferidas. Os resultados sugerem que em face das delongas das tarefas e situações de interferência, os sujeitos de 14 anos de idade apresentam desempenho imaturo. A tarefa de movimentos oculares orientada pela memória, também conhecida como tarefa de resposta oculomotora lenta, requer que a resposta de movimento ocular seja orientada pela representação, ao nível da memória de trabalho, da localização do sinal visual previamente apresentado. Esta tarefa não exige qualquer manipulação da representação na memória de trabalho e, por conseguinte, constitui uma medida directa de permanência. A tarefa de movimento ocular rápido orientada pela memória foi utilizada em primatas não-humanos para identificar células ligadas à manutenção da informação, que servem de base à memória de trabalho ao nível do cérebro, incluindo o córtex pré-frontal (Funhashi, Inoue & Kubota, 1997). Esta tarefa tem também uma trajectória de desenvolvimento lenta (Luna *et al.*, 2004). Luna *et al.* (2004) mostraram que a acuidade da resposta *inicial* da memória de trabalho amadurece por volta dos 15 anos de idade; contudo, a resposta de movimento ocular corrector *subsequente*, que é mais precisa, continua o processo de amadurecimento até à segunda década da vida. Uma rede de circuitos cerebrais amplamente distribuídos está subjacente à memória espacial de trabalho, nos adultos, incluindo o córtex pré-frontal dorsolateral (DLPFC), áreas corticais visuais, córtex cingulado anterior (ACC), ínsula, gânglios da base, tálamo, e cerebelo lateral (Hikosaka & Wurtz, 1983; Sweeney et al., 1996).

Apesar de as crianças apresentarem capacidades inerentes à memória de trabalho (Diammond et al., 1989), a verdade é que um vasto conjunto de tarefas de memória de trabalho converge indicando a delonga do seu desenvolvimento através da adolescência. É variável o momento, entre a infância tardia e a adolescência, no qual se atinge o nível adulto de memória de trabalho. Esta variabilidade é devida a diferenças nos estímulos, domínio, oportunidade para usar estratégias e grandeza do controlo de interferência. Existe evidência de diferentes trajectórias de desenvolvimento entre as tarefas de memória de trabalho espacial e as de memória de trabalho de objectos, que, por vezes, revelam um desenvolvimento mais precoce, no domínio espacial (van Leijenhorst, Crone & van de Molen, 2007), enquanto que, outras vezes, indicam um desenvolvimento, no domínio dos objectos (Conklin, Luciana, Hooper & Yarger, 2007; Luciana, Coklin, Hooper & Yarger, 2005). A capacidade de usar diferentes tipos de estratégias pode contribuir, frequentemente, para discrepâncias quanto ao momento do desenvolvimento. As tarefas em que as estratégias de recursos verbais podem ser usadas mostram, frequentemente, desenvolvimento diferido, que pode ser independente dos processos da memória de trabalho (Cowan, Saults & Morey, 2006; van Leijenhorst et al., 2007; Conklin et al., 2007). O planeamento baseado na informação proveniente da memória de trabalho também parece alcançar o desempenho da memória de trabalho através de uma longa trajectória de desenvolvimento, que manifesta ganhos contínuos até à idade adulta. Por exemplo, os adolescentes mais jovens podem apresentar níveis adultos de desempenho quando lhes é solicitado que identifiquem a localização de um alvo previamente apresentado, mas quando confrontados com a pesquisa organizada de vários objectos os aperfeiçoamentos continuam até à idade adulta (Luciana et al., 2005). O controlo inibitório é uma condição indispensável para o desempenho da memória de trabalho, especialmente nas tarefas em que são usados distractores durante os períodos de manutenção (Roncadin, Pascual-Leone, Rich & Dennis, 2007). Por conseguinte, o aperfeiçoamento da inibição de resposta pode melhorar o desempenho da memória de trabalho (Bjorklund et al., 1990, Dempster, 1981).

Apesar de a memória de trabalho e dos processos de inibição serem considerados, frequentemente, parte dos mesmos processos executivos, as suas contribuições relativas podem ser manuseadas de modo a discernir a influência exclusiva de cada uma no desenvolvimento (Luna *et al.*, 2004; Asato *et al.*, 2006; Luciana *et al.*, 2005. Outro factor igualmente importante, que pode afectar o desempenho da memória de trabalho é a capacidade de detectar erros e de usá-los para modular respostas futuras. Há cada vez mais provas de que há um desenvolvimento diferido dos processos usados para vigiar o desempenho e os erros, que se encontram ainda imaturos na adolescência (van Leijenhorst *et al.*, 2007, Velanova, Wheeler & Luna, 2008; Crone, Jennings & van der Molen, 2004). Estes resultados indicam que, enquanto os aspectos mais básicos da memória de trabalho estão presentes desde cedo, no desenvolvimento, há uma especialização dos processos da memória de trabalho, que prossegue até à idade adulta. Ao longo do ciclo de vida, o comportamento dirigido pela memória de trabalho segue a forma de U invertido: há aperfeiçoamentos ao longo da adolescência, estabilização na idade adulta e declínio na idade avançada (Cowan, Naveh-Benjamin, Kilb & Saults, 2006).

Atendendo ao desenvolvimento tardio dos processos cognitivos centrais, não é surpreendente que haja desenvolvimento protelado no desempenho de tarefas cognitivas complexas (para uma revisão cf. Diamond, 2002; Welsh, 2002). As tarefas cognitivas complexas são aquelas que envolvem múltiplos processos cognitivos, incluindo atenção, inibição de resposta, memória de trabalho, bem como tratamento da linguagem e aptidões matemáticas. As tarefas típicas incluem as que exigem comportamento planeado e orientado por regras, por exemplo, o Teste de Ordenação de Cartas de Wisconsin (*Wiscosin Card Sorting Test*), que requer que os sujeitos deduzam a regra da mudança aleatorizada que preside às respostas correctas; a Torre de Londres (*Tower of London*), na qual os sujeitos devem organizar os estímulos de acordo com uma ordem predeterminada num reduzido número de passos; e o Teste de Nomeação Contingente (*Contingency Naming Test*), no qual são dadas aos sujeitos regras de modo a produzir uma resposta de tipo *Stroop*. Erros na manutenção de conjuntos e no planeamento são, frequentemente, indicadores subjacentes ao desenvolvimento diferido do desempenho das tarefas cognitivas complexas (Chelune & Thompson, 1987; Levin *et al.*, 1991; Welsh, Pennington

& Groisser, 1991). Contudo, os aperfeiçoamentos do desenvolvimento, nas capacidades cognitivas centrais, (*v. g.*, a velocidade de processamento da informação, memória de trabalho e inibição) parecem modular o desenvolvimento dessas tarefas (Asato *et al.*, 2006).

Em suma, há aspectos da memória de trabalho que surgem cedo no processo normal de desenvolvimento. Mas, ao mesmo tempo, tem-se verificado que há aperfeiçoamentos ao longo da adolescência, na capacidade de desempenhar tarefas complexas, mais precisamente, usar estratégias e controlo de distracção, resultando num sistema de memória de trabalho eficiente e adaptável, capaz de sustentar processos cognitivos superiores (*v. g.*, pensamento abstracto) e de fortalecer a tomada de decisão. Apesar de um sistema imaturo ser capaz de dar resposta às exigências mais simples da memória de trabalho, o tratamento ineficaz das exigências mais complexas pode resultar na falta de qualidade da tomada de decisão.

Maturação da estrutura cerebral

Ao mesmo tempo que emergem os aperfeiçoamentos do controlo cognitivo, vão ocorrendo mudanças da estrutura cerebral, que se acredita serem a base do comportamento amadurecido. A morfologia grosseira do cérebro, incluindo o grau de plicatura cortical (Amstrong, Schleicher, Omran, Curtis & Zilles, 1995), tamanho global, peso e especialização funcional regional, é idêntica à do adulto, desde a primeira infância (Cavines, Kennedy, Bates & Makris, 1996; Giedd, Snell *et al.*, 1996a; Reiss, Abrams, Singer, Ross & Denckla, 1996). O esqueleto adelgaça-se durante a infância, contribuindo para o acréscimo do tamanho da cabeça. Uma vez estabelecida a morfologia básica, acredita-se que ocorrem processos cerebrais que servem de base à modulação da estrutura cerebral para corresponder aos meios externo e interno do organismo. Alguns dos mecanismos bem caracterizados, que ocorrem no decurso da adolescência, são a eliminação de sinapses (*synaptic pruning*) e a progressiva mielinização (Huttenlocher, 1990; Yakovlev & Lecours, 1967; Jernigan, Trauner, Hesselink & Tallal, 1991). Estes processos levam a uma função neuronal mais eficiente, que é o substracto do controlo cognitivo maduro do comportamento. Nascemos com um excesso de conexões sinápticas, cujo número decresce ao longo do desenvolvimento, o que conduz à estabilização dependente da actividade, isto é, as conexões que são utilizadas permanecem e as que não são utilizadas são eliminadas (Rauschecker & Marler, 1987). A eliminação de sinapses promove a integração mais eficiente da rede de circuitos regionais, incrementando a capacidade e a velocidade de tratamento da informação (Huttenlocher, 1990; Huttenlocher & Dabholkar, 1997). A mielinização, que acelera a transmissão neuronal, incrementa, também, a eficiência de tratamento da informação e sustenta a integração da rede de circuitos amplamente distribuída necessária ao comportamento complexo (Goldman-Rakic *et al.*, 1993). Acredita-se que estas mudanças estruturais estão subjacentes à integração funcional das regiões frontais com o resto do cérebro (Thatcher, Walker & Giudice, 1987; Chugani, 1998; Luna & Sweney, 2004b). A mielinização imatura, na adolescência, pode limitar a modulação do comportamento do topo para a base, afectando o controlo cognitivo (Casey, Tottenham, Liston & Durston, 2005; Luna *et al.*, 2004; Tatcher, 1991; Chugani, Phelps & Mazziotta, 1987). Os estudos recentes de neuroimagiologia estrutural indicaram reduções da matéria cinzenta ao longo das áreas corticais de associação, designadamente as regiões frontal e temporal (Gogtay *et al.*, 2004; Toga, Thompson & Sowell, 2006; Gied *et al.*, 1999; Sowell, Thompson, Tessner & Toga, 2001, Paus *et al.*, 1999), bem como dos gânglios da base (Sowell, Thompson, Holmes, Jernigan & Toga, 1999). Este padrão continua após a adolescência e pode reflectir tanto a redução das conexões sinápticas como o incremento da mielinização. Os estudos imagiológicos de tensor de difusão (DTI) indicam um acréscimo contínuo da integridade da substância branca frontal ao longo da infância, evidenciando a continuação da mielinização com a idade (Klingberg, Vaidya, Ggabrieli, Moseley & Hedehus, 1999). Estes dados proporcionam um novo olhar sobre o desenvolvimento do cérebro, em relação ao qual se pensava, inicialmente, que progrediria das regiões posteriores para as anteriores, com o córtex pré-frontal a desenvolver-se por último (Hudspeth & Pibram, 1990; Sstuss, 1992; Diamond & Taylor, 1996; Luciana & Nelson, 1998). Em vez disso, os resultados sugerem que a integração funcional de uma rede de circuitos amplamente distribuída caracteriza o desenvolvimento posterior para a idade adulta (Luna *et al.*, 2004).

Este desenvolvimento posterior é evidente, também, ao nível dos gânglios da base (Giedd, Vaituzis *et al.*, 1996b; Sowell *et al.*, 1999; Toga *et al.*, 2006) e do córtex fronto-orbital (Gogtay *et al.*, 2004), o que pode limitar a capacidade dos adolescentes de avaliar, adequadamente, o reforço (quer se trate de recompensa ou de punição). A evidência indica que durante a adolescência há maior actividade nos sistemas excitatórios dopaminérgicos (Dopamina/DA) do que nos sistemas inibitórios serotoninérgicos (5-Hidroxi-Triptamina/5-HT ou Serotonina), resultando num desequilíbrio entre os mecanismos de recompensa e de supressão (Lambe, Krimer & Goldnan-Rakic, 2000; Chambers, et al., 2003). Os neurónios dopaminérgicos nigro-estriados e componentes dos gânglios da base mostram a sua maior actividade na infância, que decresce, exponencialmente, ao longo das três primeiras décadas da vida (Segawa, 2000). Os receptores D1 da área ventral do corpo estriado desenvolvem-se mais cedo do que os receptores D2, que continuam a decrescer ao longo da adolescência (Meng, Ozawa, Itoh & Takashima, 1999). Os receptores D2 ajudam a orientar os movimentos oculares rápidos voluntários (Kato et al., 1995). O número de transportadores de DA, que removem a DA da fenda sináptica e que são encontrados em primeiro lugar no corpo estriado, atingem o seu pico na adolescência, tal como a mielinização, que ocorre nesta região (Meng et al., 1999). As projecções dos gânglios basais que ascendem até ao tálamo através das vias estriadas, que estabelecem conexões com os sistemas frontais, prosseguem o amadurecimento na adolescência (Segawa, 2000). Os estudos em animais indicam que os «inputs» de DA para o córtex pré-frontal atingem o auge na adolescência, o que aumenta os estímulos inibitórios e resulta no decréscimo das respostas excitatórias (Lewis, 1997; Spear, 2000). Os efeitos da imaturidade do cérebro levaram a duas escolas de pensamento a respeito do tratamento da recompensa, na adolescência. Uma proposta é que a adolescência é um período de baixa motivação, que leva à procura de recompensas mais enfáticas, resultando, talvez, no abuso de drogas (Spear, 2000; Castellanos & Tannock, 2002). Outros crêem que a adolescência é um período de recompensa exagerada às respostas, que leva à procura de sensações e à prática de comportamentos de risco (Chambers et al., 2003). Ambos os argumentos se baseiam nos efeitos da imaturidade do sistema. Uma proposta alternativa é a de que os adolescentes apresentam baixa motivação quando há uma baixa carga cognitiva exigindo pouco esforço, tal como nas tarefas de tempo de reacção (Bjork et al., 2004), mas uma hiperactividade do sistema de recompensa quando é exigido um esforço cognitivo (Ernst et al., 2005; Galvan et al., 2006) (ver mais adiante).

Tomados em conjunto, estes estudos indicam que os sistemas cerebrais, que são cruciais para o exercício do controlo cognitivo sobre o comportamento e sobre o tratamento de recompensas permanecem imaturos durante a adolescência. Esta imaturidade resulta num sistema que é capaz de exercer controlo cognitivo, mas de um modo inconsciente, com flexibilidade e controlo motivacional limitados. Por outras palavras, os elementos básicos estão definidos, mas são necessários refinamentos para sustentar a eficiência necessária, no funcionamento dos circuitos para estabelecer controlo de execução fiável.

Maturação pubertária e desenvolvimento cognitivo

Em simultâneo com o desenvolvimento cognitivo e com a maturação cerebral na segunda infância ocorre o desenvolvimento da puberdade. Durante esta fase, os neurotransmissores e as células da glia regulam o controlo neuronal da hormona libertadora de gonadatrofina, que, por sua vez estimula a secreção desta hormona na glândula pituitária, resultando em desenvolvimento ovárico nas raparigas e espermatogénese nos rapazes (Ojeda, Ma & Rage, 1995). O desencadeamento deste processo é determinada tanto pela idade como por factores metabólicos e neuronais. As alterações nos níveis de hormonas gonadais têm efeitos directos nos mecanismos moleculares em todo o cérebro (McEwen, 2001). Existem provas de que as hormonas gonadais podem influenciar o desenvolvimento cortical o que pode ajudar à explicação das diferenças sexuais no desenvolvimento cognitivo (Clark & Goldman-Rakic, 1989). Um modo directo para determinar o início da puberdade é através da medida da idade óssea usando raios X, o que é contra-indicado para estudos pediátricos normativos. Muitos dos métodos para determinar o princípio da puberdade, tais como o crescimento testicular no exame pediátrico, a idade do início da menarca, idade da mudança de voz nos rapazes, testosterona aumentada na saliva, velocidade máxima do crescimento em altura, os estádios de Tanner, exame físico de Tanner e auto-relato (*self-report*) de Tanner (Duke, Litt & Gross, 1980; Tanner, 1962), medem a emergência dos caracteres secundários que resultam da puberdade e ocorrem mais tardiamente do que o início das mudanças hormonais. Os estadiamento de Tanner, embora limitado devido à sua natureza subjectiva que pode conduzir a variabilidade, é o método menos invasivo de medida do início da puberdade. É um facto bem estabelecido que as alterações hormonais afectam o humor e as interacções sociais (Alsaker, 1996). As alterações hormonais afectam os receptores sexuais esteróides no hipocampo que é suporte da busca de novidade e regula a dopamina no núcleo accumbens (Chambers et al., 2003). As mudanças pubertárias podem ter, assim, uma ligação directa com a sensibilidade à recompensa. Por outro lado, tem sido difícil estabelecer laços directos entre capacidades espaciais e processos cognitivos. Alguns estudos descobriram uma ligação entre aptidões espaciais e aparecimento da puberdade (Petersen, 1976; Waber, Mann, Merola & Moylan, 1985), enquanto que outros não (Strauss & Kinsbourne, 1981; Orr, Brack & Ingersoll, 1988). De maneira a caracterizar as mudanças durante a adolescência é importante delinear os sistemas paralelos que contribuem indubitavelmente para o modo como o próprio controlo cognitivo se irá manifestar no comportamento e, mais importante, como irá desempenhar um papel no comportamento de risco e na vulnerabilidade deste estádio para as perturbações de natureza psicopatológica.

Desenvolvimento da função cerebral

A investigação de como o cérebro funciona durante o exercício do controlo cognitivo é central para a compreensão da interface entre controlo cognitivo e imaturidades na estrutura cerebral. Deste modo podemos começar a entender as consequências das imaturidades cerebrais e a base do comportamento na adolescência. Mais ainda, a caracterização do padrão normativo da função cerebral pode abrir uma janela para o desenvolvimento comprometido patente nas graves perturbações psiquiátricas.

As principais abordagens usadas para compreender esta relação são a electroencefalografia (EEG) e as técnicas de neuroimagiologia tais como a Tomografia de Emissão de Positrões (TEP) e, de forma mais proeminente, a IRMf. Embora a EEG seja amplamente usada para estudar a base cerebral da cognição na infância, ela raramente é usada para avaliar mudanças ao longo da vida. Um estudo que é um ponto de referência neste domínio, investigou mudanças na coerência de EEG ao longo da infância até à idade adulta (Thatcher et al., 1987). Os resultados mostraram um incremento da coerência da actividade EEG entre regiões neocorticais durante a adolescência, primariamente entre as áreas frontais e outras áreas corticais com diferenciação no hemisfério esquerdo e integração no direito. Estas observações têm sido apoiadas por resultados de TEP demonstrando imaturidades nas taxas metabólicas de repouso cerebral locais das regiões frontal, parietal e temporal que apenas começam a amadurecer na adolescência (Chugani, 1998). Tomados em conjunto, estes resultados apontam para a integração tardia do lobo frontal nos circuitos cerebrais largamente distribuídos que sustentam o controlo cognitivo do comportamento. Contudo, estes procedimentos têm resolução espacial limitada e não permitem a identificação no cérebro das alterações baseadas em circuitos. A TEP é particularmente contra-indicada em estudos pediátricos por causa da natureza invasiva dos isótopos radioactivos que são injectados para localizar a função cerebral. Em contrpartida, a IRMf é um procedimento neuroimagiológico não invasivo que permite investigação *in vivo* da actividade cerebral na base da função cognitiva em populações pediátricas. Para além disso, a IRMf gere imagens de elevada resolução espacial, localizando a função cerebral na ordem dos milímetros. Mede as alterações regionais dos níveis de oxigenação do sangue produzidos por incrementos na exigência metabólica resultantes de actividade neuronal que suporta os processos cognitivos de interesse. É uma medida indirecta da actividade neuronal mas que se tem revelado estar estreitamente ligada com a actividade cognitiva (Logothetis & Pfueffer, 2004).

Uma florescente literatura começa agora a caracterizar o desenvolvimento adolescente usando IRMf. Uma vez que esta requer que os sujeitos permaneçam imóveis e sigam instruções, é usualmente realizada em crianças com mais de 6-8 anos de idade. Esta especificação abriu a porta para a emergência de estudos de desenvolvimento que investigam estádios de desenvolvimento subsequentes. O controlo cognitivo tem sido investigado por sondagem das diferenças de desenvolvimento que suportam controlo inibitório, memória de trabalho e comportamento governado por regras. A interpretação de resultados de IRMf é uma área de debate uma vez que as diferenças de idade podem decorrer quer em incrementos quer em decréscimos de actividade. Uma teoria dos decréscimos relacionados com a idade sugere que a maturação é caracterizada pela focalização da actividade devida à crescente sofisticação dos processos neuronais (Durston *et al.*, 2006). No entanto, muitos estudos mostram também incrementos de actividade relacionados com a idade e o recrutamento de regiões que não participam em idades mais jovens. Uma abordagem consiste em predefinir a função no sistema adulto como estado de objectivo maduro e a função que se desvia deste padrão como imatura. Decréscimos relacionados com a idade poderiam indicar focalização da actividade tanto quanto um decréscimo na necessidade de recrutar regiões particulares. Acréscimos relacionados com a idade poderiam reflectir imaturidade na estrutura dos circuitos que são base para o desempenho maduro.

Desenvolvimento da função cerebral subjacente à inibição voluntária de resposta

Os estudos que examinam as diferenças de desenvolvimento na inibição de resposta têm verificado consistentemente que da infância para a adultez se regista um crescimento da actividade no córtex pré-frontal. Quando comparados com adultos no desempenho de uma tarefa mista *go/no go* (inibição de uma resposta estabelecida) e de flanqueamento (Bunge, Dudukovic, Thomason, Vaidya & Gabrieli, 2002a, b), sujeitos dos 8 aos 12 anos apresentaram uma falha no recrutamento do córtex pré-frontal ventrolateral (CPFVL), uma região chave de suporte à inibição de resposta (Blasi *et al.*, 2006). Estes resultados são secundados por outro estudo que verificou actividade crescente nas regiões pré-frontais em adultos (22-40 anos) quando comparada com a actividade nessas regiões nos adolescentes (12-19 anos) numa tarefa que exigia a supressão de uma resposta pré-estabelecida (Rubia *et al.*, 2000). Aumentos relacionados com a idade na função pré-frontal tem sido também assinalados durante uma tarefa de interferência *Stroop* (Adleman *et al.*, 2002), em que os adolescentes manifestaram um envolvimento reduzido do córtex pré-frontal em comparação com adultos apesar de revelarem actividade parietal típica de um indivíduo bem desenvolvido. Por outro lado, decréscimo de actividade na circunvolução frontal inferior e incremento na circunvolução frontal média relacionados com a idade foram encontrados entre os 8 e os 20 anos durante o desempenho de uma tarefa *go/no go* (Tamm, Menon & Reiss, 2002). Estes resultados foram interpretados como constituindo uma indicação de que a actividade decrescente na circunvolução frontal inferior é devida a aperfeiçoamentos na facilidade de desempenho na tarefa ao longo do processo de desenvolvimento, ao passo que o incremento de actividade na circunvolução frontal média reflecte a especialização desta região no controlo inibitório. Estudos que testaram indivíduos ao longo da vida indicam um incremento global de actividade relacionada com a idade nas regiões pré-frontais associado ao desempenho inibitório aperfeiçoado. Num estudo que observou sujeitos entre os 7 e os 57 anos de idade, o aumento global de actividade relacionado com a idade nos sistemas do córtex inferior lateral pré-frontal e frontoestriado estavam correlacionados com um desempenho melhorado numa tarefa de *Stroop* (Marsh *et al.*, 2006). Do mesmo modo, num estudo em que sujeitos com idades entre os 10 e os 47 anos realizaram uma tarefa de *signal-stop* (sinal para parar), verificou-se que os aumentos globais de actividade relacionados com a idade no córtex pré-frontal inferior direito se davam quando a inibição tinha sucesso (Rubia, Smith, Taylor & Brammer, 2007). Além disso, análises de corelação indicaram integração relacionada com a idade das vias de controlo inibitório fronto-estriato-talâmicas e frontocerebelares. Um outro estudo de comparação de adolescentes com idades entre os 10 e os 17 anos e adultos com idades entre 20 e 43 anos mostraram incrementos semelhantes nas regiões frontoestriadas que correlacionam com progresso no desempenho em baterias de tarefas inibitórias (*go/no go*), tarefa de Simon e alternância de atenção (Rubia *et al.*, 2006). Estes resultados confirmam observações anteriores que indicavam que as regiões frontais que estão na base dos aperfeiçoamentos no desempenho apresentam incrementos relacionados com a idade (Rubia *et al.*, 2000).

Os estudos anteriores assentavam no pressuposto de um progresso linear de desenvolvimento da adolescência até à adultez; no entanto, há evidência de que o desenvolvimento se organiza em estádios (Tatcher *et al.*, 1987) e de que a adolescência pode bem ser qualitativamente diferente tanto da infância quanto da adultez. Partindo de uma abordagem sistémica (*system-level*) para definir diferenças de desenvolvimento em processos baseados em circuitos de suporte à inibição de resposta, Luna e colaboradores (2001) reportaram aumentos e reduções de actividade que difeream consoante o momento de desenvolvimento em que ocorriam. Foram estudados sujeitos entre os 8 e os 30 anos usando uma tarefa de anti-sacada e análises comparativas de crianças (8-12 anos), adolescentes (13-17 anos) e adultos (18-30 anos). A actividade no CPFDL, que foi definida como circunvolução frontal média, exibiu um incremento da infância para a adolescência mas um decréscimo da adolescência para a adultez. Os adultos mostraram aumento de actividade nas áreas pré--motoras e campos oculares parietais, bem como no cerebelo. Aumentos desses, relacionados com a idade nas regiões parietal e cerebelar também foram assinalados noutros estudos de desenvolvimento da inibição (Rubia *et al*., 2006; Bunge *et al*., 2002a, b). Estes resultados sugerem que podem existir mudanças do tipo sucessão por estádios no desenvolvimento: da infância à adolescência o CPFDL, que é crucial para o controlo inibitório (Fuster, 1997; Fassbender *et al*., 2004), exibe participação acrescida correspondendo a um aumento do desempenho; no entanto, da adolescência para a adultez, quando o desempenho não se altera dramaticamente, há um decréscimo na actividade pré-frontal, indicando uma especialização desta região no controlo inibitório. Por outras palavras, embora o desempenho permaneça estável da adolescência até à idade adulta, os adolescentes despendem mais esforço para realizar a tarefa. Por sua vez, os estudos com adultos revelaram que a actividade pré-frontal cresce com maior carga cognitiva. Deste modo, a função cerebral adolescente na execução de tarefas de inibição é semelhante à função cerebral do adulto durante as tarefas mais difíceis. As tarefas difíceis têm uma probabilidade mais elevada de erro; assim, embora os adolescentes se possam comportar como os adultos em tais tarefas, estas exigem-lhes mais esforço, o que os torna mais vulneráveis ao erro (Luna *et al*., 2004).

Um aspecto importante do desempenho inibitório é a capacidade para detectar erros e o uso desta informação para influenciar respostas subsequentes. A detecção do erro e a vigilância do desempenho são fundamentais para o controlo cognitivo e o CCA tem sido identificado como estrutura primária onde o erro é processado (Braver, Barch, Gray, Molfese & Snyder, 2001). Os estudos de desenvolvimento começaram a verificar que existem imaturidades no processamento do erro durante a inibição de resposta ao longo da adolescência (Rubia *et al*., 2007; Velanova *et al*., 2008). Usando uma tarefa de *stop* em que o desempenho era equivalente para as diferentes idades, Rubia *et al*. (2007) encontraram aumentos em adultos relativamente a crianças no CCA frontal e no córtex pré-frontal inferior direito. Os nossos estudos indicaram não apenas o incremento da actividade no CCA durante os erros de inibição, mas verificaram também que este era específico de diferentes etapas do processamento do erro.

Descobrimos que o CCA ventral exibia activação equivalente nas etapas iniciais do processamento do erro para crianças e adolescentes; contudo, uma segunda etapa mais tardia de processamento do erro mostrou que apenas os adultos recrutaram o CCA dorsal, reflectindo imaturidades mesmo na adolescência (Velanova *et al.*, 2008) (Fig. 2). Estes resultados implicam que embora a detecção de erros possa existir em linha desde cedo no desenvolvimento, outros estádios mais tardios, que podem influenciar o comportamento subsequente, podem ter um desenvolvimento prolongado.

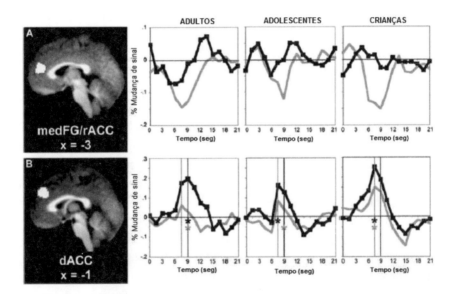

Fig. 2: (a) Sem diferenças de idade na região do córtex cingulado anterior frontal durante respostas inibitórias correctas (*linhas a negro*) e incorrectas (*linhas cinzentas*). (b) Maior actividade em adultos na região dorsal do córtex cingulado anterior para respostas inibitória incorrectas. *r*ACC – córtex cingulado anterior frontal, *d*ACC – córtex cingulado anterior dorsal (reimpresso com permissão Velanova *et al.*, 2008).

Tomados como um todo, os estudos desenvolvimentais de IRMf indicam que o córtex pré-frontal está envolvido na inibição de resposta desde cedo na infância e que a sua participação relativa se torna mais robusta e focalizada à medida que se vai atingindo a maturidade. Os resultados apontam para a contribuição precoce do córtex pré-frontal para a inibição de resposta. Porém, a capacidade de inibir respostas consistentemente caracteriza a transição para o desempenho maduro, necessitando este processo de um sistema cerebral integrado de circuitos amplamente distribuídos (Goldman-Rakic, 1988). O facto da integração funcional através do neocórtex estar presente ao longo da adolescência (Thatcher et al., 1987; Chugani, 1998) indica que em conjunção com aperfeiçoamentos desenvolvimentais da capacidade computacional intrínseca do córtex pré-frontal, existe uma integração crescente desta e de outras regiões cerebrais durante a adolescência. Diversos estudos determinaram que outras áreas adicionais se tornam activas na adultez, incluindo regiões parietais, estriadas e cerebelares (Luna et al., 2001; Tamm et al., 2002; Rubia et al., 2007; Bunge, Dudukovic, Thomason, Vaidya & Gabrieli, 2002a, b), que podem estabelecer circuitos de suporte à inibição de resposta através de conexões com o córtex pré-frontal.

Apesar de existir variabilidade entre estudos sobre as estruturas específicas que exibem diferenças de desenvolvimento da função cerebral, há concordância no que respeita à presença de imaturidades funcionais ao longo da adolescência. As imaturidades da função cerebral coexistentes com desempenho maduro poderá denunciar um sistema frágil que pode ser particularmente vulnerável à ineficiência, como é evidente na perturbação de tipo psicopatológico e no comportamento de risco. A caracterização de um comportamento normativo permite a investigação dos danos de desenvolvimento usualmente associados a falhas do controlo cognitivo, como se vê, por exemplo, em condições clínicas tais como o défice de atenção e distúrbio da hiperactividade, o Síndrome de Tourette e o autismo (Luna e Sweeney, 1999, Luna et al. 2002). Além disso, o estudo do desenvolvimento normal ajuda-nos também a começar a compreender os mecanismos subjacentes aos comportamentos de risco na adolescência.

Desenvolvimento da função cerebral na base da memória de trabalho

Muitos estudos têm caracterizado as mudanças da função cerebral subjacente ao desenvolvimento da memória de trabalho. As tarefas de memória de trabalho envolvem diferentes etapas de processamento de informação: exigências da tarefa de codificação, manutenção da informação em linha e, seguindo o influente modelo de Baddeley (1986), utilização da informação durante a manutenção. Muitos estudos puseram o seu enfoque na caracterização de sistemas de manutenção, mas alguns viraram-se para as diferenças de desenvolvimento durante a manipulação. Colectivamente, os estudos de desenvolvimento indicam que a integração dos sistemas pré-frontal e parietal é crucial para a maturação da memória de trabalho. Estudos anteriores, centralizados em crianças abaixo dos 12 anos identificaram áreas que eram recrutadas por diferentes grupos de idades. Esses estudos usaram tarefas de memória de trabalho espacial nas quais os sujeitos tinham de recordar-se da localização de uma pista visual (Thomas et al., 1999; Nelson et al., 2000), ou tarefas *n-back* [2] nas quais os sujeitos tinham de premir um botão em resposta a uma letra que era repetida com uma letra interposta (e. g., A-S-A; Casey et al., 1995). Os resultados mostraram que as crianças, tal como os adultos, são capazes de recrutar regiões pré-frontais e parietais envolvidas na memória de trabalho; todavia, o grau de activação não foi comparado. Num estudo em que se usou uma tarefa de memória de trabalho categorial que requer múltiplos componentes cognitivos (processamento de objectos e linguagem), verificou-se que as crianças recorrem mais redes pré-motoras/estriadas/cerebelares do que as regiões pré-frontal ventral e temporal inferior recrutadas pelos adultos (Ciesielski, Lesnik, Savoy, Grant & Ahlfors, 2006). Estes resultados sugerem que os sistemas fundamentais da memória de trabalho estão disponíveis desde cedo, na infância, mas a sua utilização falha em tarefas de memória de trabalho mais complexas. Verificou-se uma maior participação do DLPFC e do córtex parietal desde a infância até à adolescência em amostras de sujeitos mais velhos (Crone, Wendelken, Donohue, van Leijenhorst & Bunge, 2006; Scherf, Sweeney & Luna, 2006; Klingberg, Forssberg & Westerberg, 2002; Olesen, Macoveanu, Tegner & Klingberg, 2006a). Klinberg et al. (2002) obtiveram acréscimos de actividade relacionados com a idade do córtex frontal

---

[2] NdT – As tarefas *n-back* são habitualmente usadas em estudos de IMRf. São tarefas de desempenho contínuo em que o participante tem de assinalar um alvo que está presente uns passos atrás na sequência de estímulos que lhe foram apresentados. Quanto maior for o número de passos a dar para trás para assinalar o estímulo-alvo e quanto maior o número de estímulos na sequência, maior a dificuldade da tarefa.

superior e do córtex intraparietal quando sujeitos com idades entre 9 e 18 anos tinham de recordar a localização de um alvo visual. Crone *et al.* (2006) verificaram que embora sujeitos entre os 8 e os 12 anos recrutassem o CPFVL para a manutenção da informação, falhavam no recrutamento do CPFDL durante a manipulação da memória de trabalho quando tinham de reordenar a apresentação de três imagens de objectos. Na adolescência, a activação do CPFDL era já do nível do adulto. Num estudo que exigia aos sujeitos a recordação de localizações de círculos, encontrou-se nos adultos um crescimento da actividade pré-frontal relacionada com a idade quando comparada com as crianças de 13 anos; no entanto, quando um distractor estava presente, as crianças exibiram mais actividade pré-frontal, reflectindo a sua dificuldade em inibir estímulos em competição (Olesen, Macoveanu, Tegner & Klingberg, 2006b). Scherf colaboradores (2006) usaram uma tarefa de resposta oculomotora diferida para se evidenciar o aspecto da manutenção na memória de trabalho. Os resultados mostraram uma activação mínima do CPFDL em crianças sendo o seu mais alto nível de participação nos adolescentes. Na base do desempenho das crianças estiveram os gânglios de base e a ínsula enquanto que os adultos recrutaram regiões adicionais, designadamente regiões temporais. Este estudo considerou a função cerebral a nível sistémico e mostrou que na fase de maturidade tal função é suportada por um circuito maior e mais distribuído (Fig. 3).

Aumentos de activação têm também sido associados a aumentos na integridade da massa branca nas regiões frontoparietais (Olesen, Nagy, Westerberg & Klingberg, 2003); porém, a interacção de regiões pré-frontais parece estar ainda mais fortemente associada com o desempenho (Edin, Macoveanu, Olesen, Tegner & Klingberg, 2007).

**Desenvolvimento da função cerebral subjacente
ao processamento de recompensas**

Um aspecto crucial do controlo cognitivo é o modo pelo qual a motivação influencia o seu desempenho óptimo. Os sistemas estriado e Dopaminérgico, conhecidos por sustentarem a motivação, continuam a amadurecer durante a adolescência. Estudos de IRMf começaram a caracterizar a trajectória de desenvolvimento do processamento de recompensa/motivação

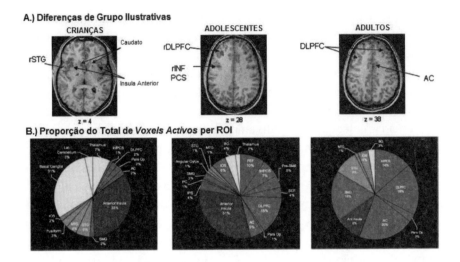

Fig. 3: (a) cortes axiais ilustram regiões de diferenças dos grupos de idade. (b) distribuição de regiões com actividade relacionada com memória de trabalho para cada grupo de idade. Enquanto as crianças mostraram predominância no recrutamento dos gânglios da base e da ínsula, os adolescentes exibiram um enviesamento com a ínsula e o córtex pré-frontal dorsolateral direito. Pela adultez, a actividade está mais distribuída com diversas regiões a partilhar o controlo na memória de trabalho. *CPFDL* - córtex pré-frontal dorsolateral, *rCPFDL* - córtex pré-frontal dorsolateral direito, *ROI* - região de interesse, *AC, PCS, rINF* (reimpresso com permissão de Scherf *et al.*, 2006).

ao longo da adolescência (van Leijenhorst, Crone & Bunge, 2006; Galvan *et al.*, 2006; Eshel, Nelson, Blair, Pine & Ernst, 2007; Galvan, Hare, Voss, Glover & Casey, 2007). Diversos estudos verificaram que as recompensas afectam diferentemente a actividade dos circuitos relacionados com a recompensa durante a adolescência. Usando uma tarefa de jogo de azar em que os sujeitos tinham de adivinhar a resposta que trazia ganhos, Ernst *et al.* (2005) verificaram que os adolescentes tinham actividade elevada no núcleo accumbens durante a antecipação da recompensa, enquanto que os adultos tinha actividade diminuída na amígdala para a omissão de recompensa. Durante a selecção de escolhas de risco os adolescentes exibiram actividade diminuída no córtex frontal orbital, CPFVL e CCA, indicando controlo executivo limitado (Eshel *et al.*, 2007). Similarmente, Galvan e colaboradores (2006) usaram uma tarefa de aprendizagem (associação estímulo-recompensa) e verificaram que os adolescentes exibiam actividade elevada no *núcleo accumbens* quando comparados com os adultos, que revelaram elevada actividade no córtex órbito-frontal. A actividade no *núcleo accumbens* foi maior em indivíduos que se classificaram a si próprios como envolvidos em comportamentos de risco (Galvan *et al.*, 2007). Em contraste com os resultados de trabalhos anteriores Bjork e colaboradores (2004), fazendo uso de uma tarefa de tempos de reacção com uma carga cognitiva relativamente baixa, verificaram que os adolescentes apresentavam uma actividade diminuída no corpo estriado ventral quando comparados com adultos assim que antecipavam a resposta a dar pela recompensa, mas não eram diferentes dos adultos no que toca à actividade que está subjacente à consideração dos ganhos consequentes. Resultados discrepantes podem dever-se a diferenças na carga cognitiva da resposta: um dos estudos tinha exigências muito baixas numa tarefa de tempos de reacção (Bjork *et al.*, 2004), o que poderá conduzir a sub-actividade do sistema de recompensas, enquanto que os outros impunham exigências cognitivas mais elevadas quando os sujeitos tinham de antecipar e escolher uma resposta mostrando hiper-actividade do sistema de recompensa (Ernst *et al.*, 2005; Galvan *et al.*, 2006). Um trabalho que fez uso do modelo do rato sugere que o *núcleo accumbens* está predominantemente envolvido em comportamentos guiados por objectivos associados a recompensas (Carelli, 2004). Em alternativa, os adolescentes podem ter adiado o processamento estriado que é sub-activo inicialmente durante a avaliação da recompensa, mas sobre-activo durante o feedback relativo à recompensa. Esta possibilidade precisa ainda de ser explorada.

Maturação cognitiva e cerebral

A teoria tradicional indica que o desenvolvimento cognitivo de ordem superior se deve a uma maturação tardia dos circuitos frontais (Hudspeth & Pribram, 1990; Stuss, 1992; Diamond & Taylor, 1996; Luciana *et al.*, 1998). Este ponto de vista baseia-se em estudos mais antigos neste domínio (Huttenlocher, 1990; Yakovlev *et al.*, 1967) que mostram uma estabilização tardia da eliminação de sinapses e da mielinização no córtex frontal relativamente ao córtex visual nos seres humanos e não é consistente com estudos de primatas não-humanos que exibem um desenvolvimento concomitante através de todo o neocórtex. Esta visão sugere que as capacidades executivas não emergem até que o cérebro esteja inteiramente maduro e que as anomalias de desenvolvimento se localizam no córtex pré-frontal. Em contraste, uma revisão cuidada destes estudos, acompanhada da integração de dados recentes de ressonância magnética (Giedd et al., 1999; Sowell et al., 2001; Paus et al., 1999) e de histologia (Benes, 1998), demonstram uma maturação dinâmica tardia *através de todo* o córtex associativo (Rakic, Bourgeois, Eckenhoff, Zecevic & Goldman-Rakic, 1986). As últimas regiões a exibirem diminuição de espessura de massa cinzenta são áreas de associação de cada lobo, com as regiões temporais a apresentarem o desenvolvimento mais prolongado, presumivelmente devido à continuada especialização da linguagem (Gotgay et al., 2004). Assim, a expansão da integração funcional a par com a capacidade computacional regional aperfeiçoada permite um uso mais eficiente de circuitos amplamente distribuídos subjacentes à cognição de ordem superior do padrão adulto (Goldman-Rakic et al., 1993). A adolescência pode marcar o início de uma estádio qualitativamente diferente na relação entre cérebro e comportamento. Circuitos distribuídos recentemente estabelecidos, mais do que circuitagem regional, podem governar o comportamento, reflectindo a transição do controlo exógeno para o controlo endógeno. Esta abordagem sugere que embora o desenvolvimento na infância seja caracterizado por aquisição de capacidades, a maturação na adolescência consiste numa diferença qualitativa no uso das capacidades instaladas. Nesta nova perspectiva a emergência da doença psiquiátrica pode ser encarada não como uma perda de capacidades cognitivas mas como uma incapacidade para mudar para um novo modo de operação.

Sumário

Estudos comportamentais indicam que existem melhoramentos importantes no controlo cognitivo ao logo de toda a adolescência. Embora as ferramentas básicas que permitem o controlo cognitivo estejam presentes desde cedo no desenvolvimento, a capacidade de usar essas ferramentas de modo consistente e flexível continua a aperfeiçoar-se ao longo da adolescência. Apesar do controlo cognitivo de nível adulto frequentemente exibido pelos adolescentes, estes processos ainda não são suportados por sistema cerebrais maduros. Há provas de imaturidade, nomeadamente na capacidade de integração dos sistemas pré-frontais com outras regiões para coordenar eficientemente uma acção planeada. O controlo voluntário do comportamento está na base da tomada de decisão e é suportado pela modulação do comportamento do topo para a base (*top-down*), o que permite aos sistemas pré-frontais levar a cabo o comportamento guiado por objectivos coordenando eficientemente regiões envolvidas no processamento de exigência comportamentais e na produção de respostas. A transição para o comportamento maduro caracteriza-se por uma mudança em direcção a uma função distribuída de suporte ao controlo cognitivo. A poda sináptica fortalece a capacidade de suportar computações complexas necessárias ao comportamento de ordem superior, tais como a capacidade de ensaiar planos que permitam a inibição de resposta e a retenção da representação de objectivos na memória de trabalho. A mielinização sustenta a capacidade de se conectar com um circuito altamente distribuído que permite que as áreas executivas controlom outras regiões que determinam as respostas. Esta transição, na adolescência, pode ser uma etapa necessária de desenvolvimento que sustenta o esculpir efectivo do cérebro para fazer corresponder, de modo óptimo, ao ambiente singular do indivíduo. Há ainda muitos aspectos que precisam de ser compreendidos tais como os mecanismos precisos que limitam o controlo cognitivo maduro, as imaturidades no cérebro que impedem a integração funcional eficiente e os modos pelos quais estes factores se desorganizam em populações clínicas.

Referências

Adleman, N. E., Menon, V., Blasey, C. M., White, C. D., Warsofsky, I. S., Glover, G. H. *et al.* (2002). A developmental fMRI study of the Stroop Color-Word task. *NeuroImage, 16*, 61-75.

Alsaker, F. D. (1996). Annotation: The impact of puberty. *Journal of Child Psychology and Psychiatry, 37*, 249-258.

Anderson, V. A., Anderson, P., Northam, E., Jacobs, R. & Catroppa, C. (2001). Development of executive functions through late childhood and adolescence in an Australian sample. *Developmental Neuropsychology, 20*, 385-406.

Angold, A., Costello, E. J. & Worthman, C. M. (1998). Puberty and depression: The roles of age, pubertal status and pubertal timing. *Psychological Medicine, 28*, 51-61.

Armstrong, E., Schleicher, A., Omran, H., Curtis, M. & Zilles, K. (1995). The ontogeny of human gyrification. *Cerebral Cortex, 5*, 56-63.

Arnett, J. (1992). Reckless behavior in adolescence: A developmental perspective. *Developmental Reveiw, 12*, 339-373.

Asato, M. R., Sweeney, J. A. & Luna, B. (2006). Cognitive processes in the development of TOL performance. *Neuropsychologia, 44*, 2259-2269.

Baddeley, A. (1986). *Working memory.* New York: Oxford University Press.

Barlow, D. H. (1988). *Anxiety and its disorders: The nature and treatment of anxiety and panic.* New York: Guilford Press.

Bedard, A. C., Nichols, S., Barbosa, J. A., Schachar, R., Logan, G. D. & Tannock, R. (2002). The development of selective inhibitory control across the life span. *Developental Neuropsychology,21*, 93-111.

Benes, F. M. (1998). Brain development, VII. Human brain growth spans decades. *American Journal of Psychiatry, 155*, 1489.

Bjork, J. M., Knutson, B., Fong, G. W., Caggiano, D. M., Bennett, S. M. & Hommer, D. W. (2004). Incentive-elicited brain activation in adolescents: Similarities and differences from young adults. *The Journal of Neuroscience: The Official Journal of the Society forNeuroscience, 24*, 1793-1802.

Bjorklund, D. F. & Harnishfeger, K. K. (1990). The resources construct in cognitive development: Diverse sources of evidence and a theory of inefficient inhibition. *Developmental Review, 10*, 48-71.

Bjorklund, D. F. & Harnishfeger, K. K. (1995). The evolution of inhibition mechanisms and their role in human cognition and behavior. In F. N. Dempster & C. J. Brainerd (Eds.), *Interference & inhibition in cognition* (pp. 141-173). San Diego, CA: Academic.

Blasi, G., Goldberg, T. E., Weickert, T., Das, S., Kohn, P., Zoltick, B. *et al.* (2006). Brain regions underlying response inhibition and interference monitoring and suppression. *European Journal of Neuroscience, 23*, 1658-1664.

Braver, T. S., Barch, D. M., Gray, J. R., Molfese, D. L. & Snyder, A. (2001). Anterior cingulated cortex and response conflict: Effects of frequency, inhibition and errors. *Cerebral Cortex, 11*, 825-836.

Bunge, S. A., Dudukovic, N. M., Thomason, M. E., Vaidya, C. J. & Gabrieli, J. D. E. (2002a). Development of frontal lobe contributions to cognitive control in children: Evidence from fMRI. *Neuron, 33*, 301-311.

Bunge, S. A., Dudukovic, N. M., Thomason, M. E., Vaidya, C. J. & Gabrieli, J. D. (2002b). Immature frontal lobe contributions to cognitive control in children: Evidence from fMRI. *Neuron, 33*, 301-311.

Carelli, R. M. (2004). Nucleus accumbens cell firing and rapid dopamine signaling during goaldirected behaviors in rats. *Neuropharmacology, 47*, 180-189.

Case, R. (1992). The role of the frontal lobes in the regulation of cognitive development. *Brain and Cognition, 20*, 51-73.

Case, R. (1995). Capacity-based explanations of working memory growth: A brief history and reevaluation. In F. E. Weinert & W. Schneider (Eds.), *Memory performance and competencies:Issues in growth and development.* (pp. 23-44).

Case, R. (1996). Modeling the process of conceptual change in a continuously evolving hierarchical system. *Monogr Soc Res Child Dev, 61*, 283-295.

Casey, B. J., Cohen, J. D., Jezzard, P., Turner, R., Noll, D. C., Trainor, R. J. et al. (1995). Activation of prefrontal cortex in children during a nonspatial working memory task with functional MRI. *NeuroImage, 2*, 221-229.

Casey, B. J., Tottenham, N., Liston, C. & Durston, S. (2005). Imaging the developing brain: What have we learned about cognitive development? *Trends Cogn Sci, 9*, 104-110.

Castellanos, F. X. & Tannock, R. (2002). Neuroscience of attention-deficit/hyperactivity disorder: The search for endophenotypes. *Nature Reviews Neuroscience, 3*, 617-628.

Caviness, V. S., Kennedy, D. N., Bates, J. F. & Makris, N. (1996). The Developing Human Brain: A Morphometric Profile. In R. W. Thatcher, G. Reid Lyon, J. Rumsey & N. A. Krasnegor (Eds.), *Developmental Neuroimaging: Mapping The Development of Brain and Behavior* (pp. 3-14). New York: Academic.

Chambers, R. A., Taylor, J. R. & Petenza, M. N. (2003). Developmental neurocircuitry of motivation in adolescence: A critical period of addiction vulnerability. *American Journal of Psychiatry, 160*, 1041-1052.

Chelune, G. J. & Thompson, L. L. (1987). Evaluation of the general sensitivity of the Wisconsin Card Sorting Test among younger and older children. *Developental Neuropsychology, 3*, 81-89.

Chugani, H. T. (1998). A critical period of brain development: Studies of cerebral glucose utilization with PET. *Preventive Medicine, 27*, 184-188.

Chugani, H. T., Phelps, M. E. & Mazziotta, J. C. (1987). Positron emission tomography study of human brain functional development. *Annals of Neurology, 22*, 487-497.

Ciesielski, K. T., Lesnik, P. G., Savoy, R. L., Grant, E. P. & Ahlfors, S. P. (2006). Developmental neural networks in children performing a Categorical N-Back Task. *NeuroImage, 33*, 980-990.

Clark, A. S. & Goldman-Rakic, P. S. (1989). Gonadal hormones influence the emergence of cortical function in nonhuman primates. *Behavioral Neuroscience, 103*, 1287-1295.

Conklin, H. M., Luciana, M., Hooper, C. J. & Yarger, R. S. (2007). Working memory performance in typically developing children and adolescents: Behavioral evidence of protracted frontal lobe development. *Developmental Neuropsychology, 31*, 103-128.

Cowan, N., Naveh-Benjamin, M., Kilb, A. & Saults, J. S. (2006). Life-span development of visual working memory: When is feature binding difficult? *Developmental Psychol, 42*, 1089-1102.

Cowan, N., Saults, J. S. & Morey, C. C. (2006). Development of Working Memory for Verbal-Spatial Associations. *J Mem Lang, 55*, 274-289.

Crone, E. A., Jennings, J. R. & van der Molen, M. W. (2004). Developmental change in feedback processing as reflected by phasic heart rate changes. *Developmental Psychol, 40*, 1228-1238.

Crone, E. A., Wendelken, C., Donohue, S., van Leijenhorst, L. & Bunge, S. A. (2006). Neurocognitive development of the ability to manipulate information in working memory. *Proceedings of the National Academy of Sciences of the United States of America, 103*, 9315-9320.

Davies, P. L. & Rose, J. D. (1999). Assessment of cognitive development in adolescents by means of neuropsychological tasks. *Developmental Neuropsychology, 15*, 227-248.

Demetriou, A., Christou, C., Spanoudis, G. & Platsidou, M. (2002). The development of mental processing: Efficiency, working memory, and thinking. *Monographs of the Society forRersearch in Child Development, 67*, 1-155; discussion 156.

Dempster, F. N. (1981). Memory span: Sources of individual and developmental differences. *Psychological Bulletin, 89*, 63-100.

Dempster, F. N. (1992). The rise and fall of the inhibitory mechanism: Toward a unified theory of cognitive development and aging. *Developmental Review, 12*, 45-75.

Dempster, F. N. (1993). Resistance to Interference: Developmental changes in a basic processing mechanism. In M. L. Howe & R. Pasnak (Eds.), *Emerging themes in cognitive development, volume I: foundations* (pp. 3-27). New York: Springer.

Diamond, A. (2002). Normal development of prefrontal cortex from birth to young adulthood: Cognitive functions, anatomy, and biochemistry. In D. T. Stuss & R. T. Knight (Eds.), *Principles of frontal lobe function* (pp. 466-503). New York: Oxford University Press.

Diamond, A. & Goldman-Rakic, P. S. (1989). Comparison of human infants and rhesus monkeys on Piaget's AB task: Evidence for dependence on dorsolateral prefrontal cortex. *Experimental Brain Research, 74*, 24-40.

Diamond, A. & Taylor, C. (1996). Development of an aspect of executive control: Development of the abilities to remember what I said and to "do as I say, not as I do". *Developmental Psychobiology, 29*, 315-334.

Duke, P. M., Litt, I. F. & Gross, R. T. (1980). Adolescents' self-assessment of sexual maturation. *Pediatrics, 66*, 918-920.

Durston, S., Davidson, M. C., Tottenham, N., Galvan, A., Spicer, J., Fossella, J. A. et al. (2006). A shift from diffuse to focal cortical activity with development. *Developmental Science, 9*, 1-8.

Edin, F., Macoveanu, J., Olesen, P. J., Tegner, J. & Klingberg, T. (2007). Stronger synaptic connectivity as a mechanism behind development of working memory-related brain activity during childhood. *Journal of Cognitive Neuroscience, 19*, 750-760.

Elliott, R. (1970). Simple reaction time: Effectsassociated with age, preparatory interval, incentive-shift and mode of presentation. *Journal of Experimental Child Psychology, 9*, 86-107.

Ernst, M., Nelson, E. E., Jazbec, S., McClure, E. B., Monk, C. S., Leibenluft, E. et al. (2005). Amygdala and nucleus accumbens in responses to receipt and omission of gains in adults and adolescents. *NeuroImage, 25*, 1279-1291.

Eshel, N., Nelson, E. E., Blair, R. J., Pine, D. S. & Ernst, M. (2007). Neural substrates of choice selection in adults and adolescents: Development of the ventrolateral prefrontal and anterior cingulate cortices. *Neuropsychologia, 45*, 1270-1279.

Everling, S., Dorris, M. C., Klein, R. M. & Munoz, D. P. (1999). Role of primate superior colliculus in preparation and execution of anti-saccades and pro-saccades. *Journal of Neuroscience,19*, 2740-2754.

Everling, S. & Munoz, D. P. (2000). Neuronal correlates for preparatory set associated with prosaccades and anti-saccades in the primate frontal eye field. *Journal of Neuroscience, 20*, 387-400.

Fassbender, C., Murphy, K., Foxe, J. J., Wylie, G. R., Javitt, D. C., Robertson, I. H. et al. (2004). A topography of executive functions and thier interactions revealed by functional magnetic resonance imaging. *Brain research.Cognitive Brain Research, 20*, 132-143.

Fischer, B., Biscaldi, M. & Gezeck, S. (1997). On the development of voluntary and reflexive components in human saccade generation. *Brain Research, 754*, 285-297.

Fry, A. F. & Hale, S. (1996). Processing speed, working memory, and fluid intelligence: Evidence for a developmental cascade. *Psychological Science, 7*, 237-241.

Fukushima, J., Hatta, T. & Fukushima, K. (2000). Development of voluntary control of saccadic eye movements. I. Age-related changes in normal children. *Brain & Development, 22*, 173-180.

Funahashi, S., Chafee, M. V. & Goldman-Rakic, P. S. (1993). Prefrontal neuronal activity in rhesus monkeys performing a delayed anti-saccade task. *Nature, 365*, 753-756.

Funahashi, S., Inoue, M. & Kubota, K. (1997). Delay-period activity in the primate prefrontal cortex encoding multiple spatial positions and their order of presentation. *Behavioural Brain Research, 84*, 203-223.

Fuster, J. M. (1997). *The prefrontal cortex* (3 ed.). New York: Raven Press.

Galvan, A., Hare, T. A., Parra, C. E., Penn, J., Voss, H., Glover, G. et al. (2006). Earlier development of the accumbens relative to orbitofrontal cortex might underlie risk-taking behavior in adolescents. *Journal of Neuroscience, 26*, 6885-2692.

Galvan, A., Hare, T., Voss, H., Glover, G. & Casey, B. J. (2007). Risk-taking and the adolescent brain: Who is at risk? *Developmental Science, 10*, F8-F14.

Gathercole, S. E., Pickering, S. J., Ambridge, B. & Wearing, H. (2004). The structure of working memory from 4 to 15 years of age. *Developmental Psychology, 40*, 177-190.

Giedd, J. N., Blumenthal, J., Jeffries, N. O., Castellanos, F. X., Liu, H., Zijdenbos, A. et al. (1999). Brain development during childhood and adolescence: A longitudinal MRI study. *Nature Neuroscience, 2*, 861-863.

Giedd, J. N., Snell, J. W., Lange, N., Rajapakse, J. C., Casey, B. J., Kozuch, P. L. et al. (1996). Quantitative magnetic resonance imaging of human brain development: Ages 4-18. *Cerebral Cortex, 6*, 551-560.

Giedd, J. N., Vaituzis, A. C., Hamburger, S. D., Lange, N., Rajapakse, J. C., Kaysen, D. et al. (1996). Quantitative MRI of the temporal lobe, amygdala, and hippocampus in normal human development: Ages 4-18 years. *The Journal of Comparative Neurology, 366*, 223-230.

Gogtay, N., Giedd, J. N., Lusk, L., Hayashi, K. M., Greenstein, D., Vaituzis, A. C. et al. (2004). Dynamic mapping of human cortical development during childhood through early adulthood. *Proceedings of the National Academy of Sciences of the United States of America, 101*, 8174-8179.

Goldman-Rakic, P. S. (1988). Topography of cognition: Parallel distributed networks in primate association cortex. *Annual Review of Neuroscience, 11*, 137-156.

Goldman-Rakic, P. S., Chafee, M. & Friedman, H. (1993). Allocation of function in distributed circuits. In T. Ono, L. R. Squire, M. E. Raichle, D. I. Perrett & M. Fukuda (Eds.), *Brain Mechanisms of Perception and Memory: From Neuron to Behavior* (pp. 445-456). New York: Oxford University Press.

Grant, B. F. (1997). Prevalence and correlates of alcohol use and DSM-IV alcohol dependence in the United States: Results of the National Longitudinal Alcohol Epidemiologic Survey. *Journal of Studies on Alcohol, 58*, 464-473.

Guitton, D., Buchtel, H. A. & Douglas, R. M. (1985). Frontal lobe lesions in man cause difficulties in suppressing reflexive glances and in generating goal--directed saccades. *Experimental Brain Research, 58*, 455-472.

Hale, S. (1990). A global developmental trend in cognitive processing speed. *Child Development,61*, 653-663.

Hikosaka, O. & Wurtz, R. H. (1983). Visual and oculomotor function in monkey substantia nigra pars reticulata. I. Relation of visual and auditory responses to saccades. *Journal of Neurophysiology, 49*, 1230-1253.

Hudspeth, W. J. & Pribram, K. H. (1990). Stages of brain and cognitive maturation. *Journal of Educational Psychology, 82*, 881-884.

Huttenlocher, P. R. (1990). Morphometric study of human cerebral cortex development. *Neuropsychologia, 28*, 517-527.

Huttenlocher, P. R. & Dabholkar, A. S. (1997). Regional differences in synaptogenesis in human cerebral cortex. *The Journal of Comparative Neurology, 387*, 167-178.

Jernigan, T. L., Trauner, D. A., Hesselink, J. R. & Tallal, P. A. (1991). Maturation of human cerebrum observed in vivo during adolescence. *Brain, 114*, 2037-2049.

Kail, R. (1991). Development of processing speed in childhood and adolescence. In H. W. Reese (Ed.), *Advances in child development and behavior* (pp. 151-185). San Diego, CA: Academic.

Kail, R. (1993). Processing time decreases globally at an exponential rate during childhood and adolescence. *Journal of Experimental Child Psychology, 56*, 254-265.

Kato, M., Miyashita, N., Hikosaka, O., Matsumura, M., Usui, S. & Kori, A. (1995). Eye movements in monkeys with local dopamine depletion in the caudate nucleus. I. Deficits in spontaneous saccades. *Journal of Neuroscience, 15*, 912-927.

Klein, C. & Foerster, F. (2001). Development of prosaccade and antisaccade task performance in participants aged 6 to 26 years. *Psychophysiology, 38*, 179-189.

Klingberg, T., Forssberg, H. & Westerberg, H. (2002). Increased brain activity in frontal and parietal cortex underlies the development of visuospatial working memory capacity during childhood. *Journal of Cognitive Neuroscience, 14*, 1-10.

Klingberg, T., Vaidya, C. J., Gabrieli, J. D. E., Moseley, M. E. & Hedehus, M. (1999). Myelination and organization of the frontal white matter in children: A diffusion tensor MRI study. *Neuroreport, 10*, 2817-2821.

Kwon, H., Reiss, R. L. & Menon, V. (2002). Neural basis of protracted developmental changes in visuo-spatial working memory. *Proceedings of the National Academy of Sciences of the United States of America, 99*, 13336-13341.

Lambe, E. K., Krimer, L. S. & Goldman-Rakic, P. S. (2000). Differential postnatal development of catecholamine and serotonin inputs to identified neurons in prefrontal cortex of rhesus monkey. *Journal of Neuroscience, 20*, 8780-8787.

Levin, H. S., Culhane, K. A., Hartmann, J., Evankovich, K. & Mattson, A. J. (1991). Developmental changes in performance on tests of purported frontal lobe functioning. *Developmental Neuropsychology, 7*, 377-395.

Lewis, D. A. (1997). Development of the prefrontal cortex during adolescence: Insights into vulnerable neural circuits in schizophrenia. *Neuropsychopharmacology, 16*, 385-398.

Logothetis, N. K. & Pfueffer, J. (2004). On the nature of the BOLD fMRI contrast mechanism. *Magnetic Resonance Imaging, 22*, 1517-1531.

Luciana, M., Conklin, H. M., Hooper, C. J. & Yarger, R. S. (2005). The development of nonverbal working memory and executive control processes in adolescents. *Child Development, 76*, 697-712.

Luciana, M. & Nelson, C. (1998). The functional emergence of prefrontally--guided working memory systems in four- to eight-year-old children. *Neuropsychologia, 36*, 273-293.

Luna, B., Garver, K. E., Urban, T. A., Lazar, N. A. & Sweeney, J. A. (2004). Maturation of cognitive processes from late childhood to adulthood. *Child Development, 75*, 1357-1372.

Luna, B., Minshew, N. J., Garver, K. E., Lazar, N. A., Thulborn, K. R., Eddy, W. F. et al. (2002). Neocortical system abnormalities in autism: An fMRI study of spatial working memory. *Neurology, 59*, 834-840.

Luna, B. & Sweeney, J. A. (1999). Cognitive functional magnetic resonance imaging at very-highfield: Eye movement control. *Topics in Magnetic Resonance Imaging, 10*, 3-15.

Luna, B. & Sweeney, J. A. (2004a). Cognitive development: fMRI studies. In M. S. Keshavan, J. L. Kennedy & R. M. Murray (Eds.), *Neurodevelopment and Schizophrenia* (pp. 45-68). London: Cambridge University Press.

Luna, B. & Sweeney, J. A. (2004b). The emergence of collaborative brain function: fMRI studies of the development of response inhibition. *Annals of the New York Academy of Sciences, 1021*, 296-309.

Luna, B., Thulborn, K. R., Munoz, D. P., Merriam, E. P., Garver, K. E., Minshew, N. J. et al. (2001). Maturation of widely distributed brain function subserves cognitive development. *NeuroImage, 13*, 786-793.

Marsh, R., Zhu, H., Schultz, R. T., Quackenbush, G., Royal, J., Skudlarski, P. et al. (2006). A developmental fMRI study of self-regulatory control. *Human Brain Mapping, 27*, 848-863.

McEwen, B. S. (2001). Invited review: Estrogens effects on the brain: Multiple sties and molecular mechanisms. *Journal of Applied Psychology, 91*, 2785-2801.

Meng, S. Z., Ozawa, Y., Itoh, M. & Takashima, S. (1999). Developmental and age-related changes of dopamine transporter, and dopamine D1 and D2 receptors in human basal ganglia. *Brain Research, 843*, 136-144.

Munoz, D. P., Broughton, J. R., Goldring, J. E. & Armstrong, I. T. (1998). Age-related performance of human subjects on saccadic eye movement tasks. *Experimental Brain Research, 121*, 391-400.

Nelson, C. A., Monk, C. S., Lin, J., Carver, L. J., Thomas, K. M. & Truwitt, C. L. (2000). Functional neuroanatomy of spatial working memory in children. *Developmental Psychology,36*, 109-116.

Ojeda, S. R., Ma, Y. M. & Rage, F. (1995). A role for TGF in the neuroendocrine control of female puberty. In T. M. Plant & P. A. Lee (Eds.), *The Neurobiology of Puberty* (pp. 103-117). Bristol: Journal of Endocrinology Limited.

Olesen, P. J., Macoveanu, J., Tegner, J. & Klingberg, T. (2006b). Brain Activity Related to Working Memory and Distraction in Children and Adults. *Cerebral Cortex, [Epub ahead of print]*.

Olesen, P. J., Macoveanu, J., Tegner, J. & Klingberg, T. (2006a). Brain Activity Related to Working Memory and Distraction in Children and Adults. *Cerebral Cortex, [Epub ahead of print]*.

Olesen, P. J., Nagy, Z., Westerberg, H. & Klingberg, T. (2003). Combined analysis of DTI and fMRI data reveals a joint maturation of white and grey matter in a fronto-parietal network. *Cognitive Brain Research, 18*, 48-57.

Orr, D. P., Brack, C. J. & Ingersoll, G. (1988). Pubertal maturation and cognitive maturity in adolescents. *Journal of Adolescent Health Care, 9*, 273-279.

Paus, T., Zijdenbos, A., Worsley, K., Collins, D. L., Blumenthal, J., Giedd, J. N. et al. (1999). Structural maturation of neural pathways in children and adolescents: In vivo study. *Science,283*, 1908-1911.

Petersen, A. C. (1976). Physical androgyny and cognitive functioning in adolescence. *Developmental Psychology, 12*, 524-533.

Rakic, P., Bourgeois, J. P., Eckenhoff, M. F., Zecevic, N. & Goldman-Rakic, P. S. (1986). Concurrent overproduction of synapses in diverse regions of the primate cerebral cortex. *Science, 232*, 232-235.

Rauschecker, J. P. & Marler, P. (1987). What signals are responsible for synaptic changes in visual cortical plasticity? In J. P. Rauschecker & P. Marler (Eds.), *Imprinting and Cortical Plasticity*(pp. 193-200). New York: Wiley.

Reiss, A. L., Abrams, M. T., Singer, H. S., Ross, J. L. & Denckla, M. B. (1996). Brain development, gender and IQ in children. A volumetric imaging study. *Brain, 119*, 1763-1774.

Ridderinkhof, K. R., Band, G. P. H. & Logan, G. D. (1999). A study of adaptive behavior: Effects of age and irrelevant information on the ability to inhibit one's actions. *Acta Psychologica,101*, 315-337.

Roncadin, C., Pascual-Leone, J., Rich, J. B. & Dennis, M. (2007). Developmental relations between working memory and inhibitory control. *Journal of the International Neuropsychological Society, 13*, 59-67.

Rubia, K., Overmeyer, S., Taylor, E., Brammer, M., Williams, S. C., Simmons, A. et al. (2000). Functional frontalisation with age: Mapping neurodevelopmental trajectories with fMRI. *Neuroscience and Biobehavioral Reviews, 24*, 13-19.

Rubia, K., Smith, A. B., Taylor, E. & Brammer, M. (2007). Linear age-correlated functional development of right inferior fronto-striato-cerebellar networks during response inhibition and anterior cingulate during error-related processes. *Human Brain Mapping*.

Rubia, K., Smith, A. B., Woolley, J., Nosarti, C., Heyman, I., Taylor, E. et al. (2006). Progressive increase of frontostriatal brain activation from childhood to adulthood during event-related tasks of cognitive control. *Human Brain Mapping, 27*, 973-993.

Scherf, K. S., Sweeney, J. A. & Luna, B. (2006). Brain basis of developmental change in visuospatial working memory. *Journal of Cognitive Neuroscience, 18*, 1045-1058.

Segawa, M. (2000). Development of the nigrostriatal dopamine neuron and the pathways in the basal ganglia. *Brain & Development, 22*, S1-4.

Sowell, E. R., Thompson, P. M., Holmes, C. J., Jernigan, T. L. & Toga, A. W. (1999). In *vivo* evidence for post-adolescent brain maturation in frontal and striatal regions. *Nat Neurosci, 2*, 859-861.

Sowell, E. R., Thompson, P. M., Tessner, K. D. & Toga, A. W. (2001). Mapping continued brain growth and gray matter density reduction in dorsal frontal cortex: Inverse relationships during postadolescent brain maturation. *Journal of Neuroscience, 21*, 8819-8829.

Spear, L. P. (2000). The adolescent brain and age-related behavioral manifestations. *Neuroscience and Biobehavioral Reviews, 24*, 417-463.

Steinberg, L. (2004). Risk taking in adolescence: What changes, and why? *Annals of the New York Academy of Sciences, 1021*, 51-58.

Strauss, E. & Kinsbourne, M. (1981). Does age of menarche affect the ultimate level of verbal and spatial skills? *Cortex, 17*, 323-326.

Stuss, D. T. (1992). Biological and psychological development of executive functions. *Brain and Cognition, 20*, 8-23.

Swanson, H. L. (1999). What develops in working memory? A life span perspective. *Developmental Psychology, 35*, 986-1000.

Sweeney, J. A., Mintun, M. A., Kwee, S., Wiseman, M. B., Brown, D. L., Rosenberg, D. R. et al. (1996). Positron emission tomography study of voluntary saccadic eye movements and spatial working memory. *Journal of Neurophysiology, 75*, 454-468.

Sweeney, J. A., Takarae, Y., Macmillan, C., Luna, B. & Minshew, N. J. (2004). Eye movements in neurodevelopmental disorders. *Current Opinion in Neurology, 17,* 37-42.

Tamm, L., Menon, V. & Reiss, A. L. (2002). Maturation of brain function associated with response inhibition. *Journal of the American Academy of Child and Adolescent Psychiatry, 41,* 1231-1238.

Tanner, J. M. (1962). *Growth of adolescence* (2nd ed.). Oxford, England: Blackwell Scientific Publications.

Thatcher, R. W. (1991). Maturation of the human frontal lobes: Physiological evidence for staging. *Developmental Neuropsychology, 7,* 397-419.

Thatcher, R. W., Walker, R. A. & Giudice, S. (1987). Human cerebral hemispheres develop at different rates and ages. *Science, 236,* 1110-1113.

Thomas, K. M., King, S. W., Franzen, P. L., Welsh, T. F., Berkowitz, A. L., Noll, D. C. et al. (1999). A developmental functional MRI study of spatial working memory. *NeuroImage, 10,* 327-338.

Toga, A. W., Thompson, P. M. & Sowell, E. R. (2006). Mapping brain maturation. *Trends in Neurosciences, 29,* 148-159.

van Leijenhorst, L., Crone, E. A. & Bunge, S. A. (2006). Neural correlates of developmental differences in risk estimation and feedback processing. *Neuropsychologia, 44,* 2158-2170.

van Leijenhorst, L., Crone, E. A. & van der Molen, M. W. (2007). Developmental trends for object and spatial working memory: A psychophysiological analysis. *Child Development, 78,* 987-1000.

Velanova, K., Wheeler, M. E. & Luna, B. Maturational Changes in Anterior Cingulate and Frontoparietal Recruitment Support the Development of Error Processing and Inhibitory Control. *Cerebral Cortex,* (*in press*).

Waber, D. P., Mann, M. B., Merola, J. & Moylan, P. M. (1985). Physical maturation rate and cognitive performance in early adolescence: A longitudinal examiniation. *Developmental Psychology, 21,* 666-681.

Waddington, J. L., Torrey, E. F., Crow, T. J. & Hirsch, S. R. (1991). Schizophrenia, neurodevelopment and disease. *Archives of General Psychiatry, 48,* 271-273.

Warner, L. A., Kessler, R. C., Hughes, M., Anthony, J. C. & Nelson, C. B. (1995). Prevalence and correlates of drug use and dependence in the United States. Results from the National Comorbidity Survey. *Archives in General Psychiatry, 52,* 219-229.

Welsh, M. C. (2002). Developmental and clinical variations in executive functions. In D. L. Molfese & V. J. Molfese (Eds.), *Developmental variations in learning: Applications to social, executive function, language, and reading skills* (pp. 139-185). Mahwah: Lawrence Erlbaum.

Welsh, M. C., Pennington, B. F. & Groisser, D. B. (1991). A normative-developmental study of executive function: A window on prefrontal function in children. *Developmental Neuropsychology, 7*, 131-149.

Williams, B. R., Ponesse, J. S., Schachar, R. J., Logan, G. D. & Tannock, R. (1999). Development of inhibitory control across the life span. *Developmental Psychology, 35*, 205-213.

Wise, L. A., Sutton, J. A. & Gibbons, P. D. (1975). Decrement in Stroop interfence time with age. *Perceptual and Motor Skills, 41*, 149-150.

Yakovlev, P. I. & Lecours, A. R. (1967). The myelogenetic cycles of regional maturation of the brain. In A. Minkowski (Ed.), *Regional Development of the Brain in Early Life* (pp. 3-70). Oxford: Blackwell Scientific.

Zald, D. H. & Iacono, W. G. (1998). The development of spatial working memory abilities. *Developmental Neuropsychology, 14*, 563-578.

Agradecimentos — A investigação apresentada nesta revisão foi financiada pelos National Institutes of Mental Health (NIMH RO1 MH067924). Agradecemos a todos no Laboratory of Neurocognitive Development e a Krista Garver e a Chuck Geier pelos comentários editoriais.

Este capítulo foi originalmente publicado em 2009 In F. Aboitiz & D. Cosmelli (Eds.), *Neurodynamics of Attentional Mechanisms: Methodological Trends and Clinical Approaches* (pp.249-274). Berlin: Springer-Verlag.

13

Processos cognitivos e afectivos do desenvolvimento moral na adolescência *

G. Nunner-Winkler

Este estudo começa com uma breve clarificação do conceito básico de moralidade, discutindo-se, seguidamente, as várias perspectivas relacionadas com a aprendizagem moral, conferindo especial ênfase ao modelo de Kohlberg. O autor postula a existência de uma relação ortogonal entre a variância dos processos cognitivos e a dos processos motivacionais, procedendo, consequentemente, a uma análise teórica e empírica dos componentes cognitivos do juízo moral, isto é, o conteúdo (ou os sistemas de conhecimento) e a estrutura (ou o estilo do raciocínio), e dos componentes afectivo-motivacionais (centrando-se na tipologia e na intensidade das motivações morais). Nesta análise, fornecem-se alguns dados psicogenéticos sobre o desenvolvimento moral na infância e aprofundam-se os aspectos evolutivos que tipificam a mesma área de desenvolvimento na adolescência. Conclui-se a exposição com um balanço crítico da teoria de Kohlberg, avaliando a sua influência na actual psicologia do desenvolvimento e ponderando a necessidade da sua superação nalgumas das vertentes.

---

* Traduzido por Paulo R. C. Jesus e Maria D. Formosinho Sanches.

1. O conceito de moral

A moral comporta regras obrigatórias de comportamento que implicitam sanções em caso de incumprimento. Os sistemas éticos diferem conforme o tipo de justificação dada para a validade das regras morais. Os sistemas tradicionais apresentam as normas morais como derivando de mandamentos divinos, de prescrições religiosas, de tradições culturais ou ainda como leis naturalmente fundadas. A ética secular, porém, estabelece as normas morais, fazendo-as derivar da "vontade comum". Para Rawls (1972), a validade de tais normas pressupõe que estas sejam objecto de consenso, protegido por um "véu de ignorância", que neutraliza todas as singularidades pessoais e culturais, atendendo somente às características que, na pessoa humana, podem ser universalizadas. De um ponto de vista moral, as características que se tornam, assim, relevantes e comuns a todos os seres humanos prendem-se, negativamente, com a vulnerabilidade dos sujeitos e a propensão para lesar outros por interesses pessoais e, positivamente, com as suas capacidades de autopreservação, autocontrolo e empatia face aos mais próximos. Este autor elucida aspectos centrais para uma compreensão moral moderna cujo eixo central é a imparcialidade, garantida pelo "véu de ignorância", o igualitarismo, expresso pelo poder de voto universal, e a adesão ao contrato social que salvaguarda a defesa dos interesses comuns. Num estado de natureza original, os sujeitos desejam a liberdade para realizarem os seus intentos pessoais, sendo que o único constrangimento que se torna imperativo é a necessidade de autolimitação da liberdade de forma a compatibilizar o exercício possível de todas as liberdades. Nesta medida, chega-se ao conceito de uma *moralidade universal mínima* que especifica deveres positivos e negativos (Gert, 1988). Os deveres negativos (não matar, não mentir, não roubar, etc.) podem ser aceites por todos em relação a todos, independentemente do tempo e do lugar. Os deveres positivos, por seu turno, exigem empenho no cumprimento das responsabilidades decorrentes das funções que foram assumidas. A injunção formal "faz o teu dever" é universal, mas a interpretação do dever pode variar, de acordo com as culturas e épocas históricas. Este conceito é considerado uma obrigação universal e pode conter exigências específicas. Enquanto a prestação de auxílio em situações de emergência constitui uma obrigação justa e razoável, os outros comportamentos altruístas ou prossociais são considerados como "superrogatórios", ou seja, são alvo de elogio, mas a sua negligência não acarreta qualquer sanção. Em contraste com a validade estrita atribuída às regras morais pela "ética de intenções" tradicional (Weber, 1956), que se centra mais no sentimento de dever subjectivo do que nas consequências das acções, cujos efeitos são, em última instância, remetidos para a responsabilidade divina, a ética moderna dilui as intenções e os seus conteúdos para submeter o juízo moral às condições formais da sua universalidade. As excepções a esta concepção formal do dever justificar-se-iam apenas nos casos em que, comprovadamente, a transgressão de uma regra implica um dano menor do que o seu cumprimento. Evidentemente que, no caso de dilemas concretos, pode-se não atingir o consenso, pois as predições empíricas são falíveis e as pessoas divergem nos critérios de legitimação da acção e na avaliação das suas consequências.

Esta ética formal do dever enraíza-se numa filosofia iluminista que, pelo seu carácter secular, demorou algum tempo até ser assimilada pelas massas. Assim, num estudo sobre "Mudanças na Compreensão Moral" (MCM) [1], em que se compararam várias gerações na Alemanha, com base numa amostra representativa de 100 participantes de 3 grupos de idade (com idades entre 20-30, 40-50 e 65-75), verificou-se uma mudança na demarcação entre o domínio pessoal e moral que é correlativa de uma mudança entre a justificação tradicional do comportamento ético e a justificação secular. Muitos comportamentos que os jovens consideram ser do âmbito pessoal foram claramente condenados pelos participantes mais velhos. Por exemplo, os jovens vêem a homossexualidade como "uma questão de amor — não é assunto de mais ninguém", enquanto os mais velhos a consideram como uma conduta "desviante, pecaminosa e anti-natural". Do mesmo modo, os jovens vêem o divórcio como o fim de um entendimento recíproco, enquanto os mais velhos o interpretam como a ruptura de uma promessa que foi celebrada diante do altar. Claramente, em contraste com a geração mais nova, muitos participantes mais velhos, numa interpretação absolutista da moral, não admitem excepções às regras, sejam quais forem as circunsâncias (Nunner--Winkler, 2005; Nunner-Winkler & Nikele, 2001).

---

[1] Em inglês, "Changes in Moral Understanding" (CMU).

Perspectivas psicológicas sobre a aprendizagem moral

Cada geração de crianças é como que uma invasão de "bárbaros". Com o tempo, a maioria destes ditos "bárbaros" transformam-se em membros adaptados da sociedade, conhecendo as regras básicas de convivência e incorporando-as no seu comportamento. Para explicar este processo de aprendizagem e desenvolvimento, várias abordagens teóricas têm sido apresentadas.

A *abordagem comportamentalista* explica esta evolução nos domínios social e moral em termos de aprendizagem dos comportamentos adaptados às normas, através do mecanismo do condicionamento. Nesta ordem de ideias, postula-se que os actos desviantes devem ser imediatamente acompanhados de sanções para que o intento de transgressão desencadeie o medo do castigo (*condicionamento clássico*). Por sua vez, os comportamentos socialmente adaptados que são emitidos espontaneamente devem ser reforçados sempre que forem produzidos de forma a aumentar a probabilidade da sua frequência (*condicionamento operante*). Em ambas as situações, a aprendizagem resultará de contingências externas, intencionalmente controladas, no pressuposto de uma presumível estrutura motivacional puramente instrumental. Neste sentido, quando se efectua uma aprendizagem por condicionamento clássico, é pressuposto que não se erradicam propriamente os impulsos desviantes intrínsecos aos sujeitos, mas força-se neles o autocontrole por causa do medo do castigo. No processo de aprendizagem sócio-moral por condicionamento operante, admite-se que os indivíduos se esforçam por actuar de acordo com as normas, não por efeito da sua interiorização cognitiva, mas apenas pela expectativa de fruição de uma recompensa ou de evitamento de uma condição aversiva. Na perspectiva behaviorista, pelo facto das regras morais serem estáveis e das transgressões serem aplicadas de forma judiciosa para as impor, a aprendizagem moral processa-se e completa-se, no essencial, durante a infância.

As *abordagens psicanalíticas* enfatizam o efeito desenvolvimental da introjecção das *imagos* parentais. De acordo com Freud, a criança desenvolve o superego identificando-se com a autoridade paterna. Para Parsons (1964), o comportamento socialmente adaptado explica-se, mesmo na primeira infância, pela conformação com os desejos e expectativas das figuras de vinculação cujo amor o sujeito receia perder. Tal como na perspectiva behaviorista, sugere-se que as normas são impostas de forma extrínseca. Todavia, de um ponto de vista psicanalítico, a aquisição das normas não se restringe propriamente à aprendizagem de comportamentos adaptados, impostos de forma coerciva, mas refere-se antes à interiorização de disposições generalizadas de acção como fruto do envolvimento afectivo em relações interpessoais. Não obstante as grandes diferenças conceptuais, o modelo freudiano admite algumas analogias com as teorias do condicionamento: a conformidade é obtida pelas restrições sociais, sendo que os impulsos desviantes permanecem latentes. Por contraposição, na teoria de Parsons, a tendência disposicional para a conformidade é uma propensão pré-reflexiva profunda. Como no condicionamento operante, a conformidade é experienciada como um desejo espontâneo. Uma vez que a estrutura psicológica das motivações morais, ou seja, a formação do superego, se estabelece na infância ou, mais especificamente, durante a crise edipiana, a psicanálise tende a defender (em consonância, neste ponto, com o behaviorismo) que a aprendizagem moral se completa na infância.

As *teorias cognitivas*, por seu turno, centram-se na noção de juízo moral. Piaget (1932), utilizando o seu método clínico de entrevista com crianças dos 5 aos 13 anos (que, neste caso, consiste em colocar-lhes questões sobre a natureza das regras e sobre a lógica inerente à aplicação justa de recompensas e punições), distinguiu dois estádios de desenvolvimento moral. Assim, as crianças mais novas (5-6 anos) começam por acreditar que as normas são estabelecidas por autoridades inquestionáveis, sendo, portanto, investidas de valor absoluto, acompanhadas de sanções e exigindo obediência literal (*estádio heterónomo*). Contudo, na sequência de interacções igualitárias com os seus pares, as crianças no grupo etário seguinte (a partir dos 7-8 anos) acreditam que o fundamento das normas reside em acordos sociais e intersubjectivos, concluindo que o seu valor depende do livre envolvimento e do comprometimento com outros actores sociais (*estádio autónomo*).

Kohlberg (1984) expandiu este modelo e descreveu o desenvolvimento moral como uma sequência de 6 estádios "duros" (*hard stages*) que, como os estádios de Piaget, se fundamentam num paralelismo cognitivo-afectivo, segundo o qual as razões justificativas das normas têm — *per se* — valor motivacional. No estádio pré-convencional (até aos 10-11 anos de idade), os sujeitos consideram que as normas são válidas, porque são estabelecidas por autoridades e validadas por sanções, de tal modo que a motivação para a conformidade consiste no desejo de evitamento de punições (estádio 1) ou de instrumentalização hedonista dos outros (estádio 2). No estádio convencional (típico da maioria dos adultos), as normas são vinculativas na medida em que são objecto de adesão grupal (estádio 3) ou social (estádio 4) e os sujeitos obedecem-lhes para obterem aceitação ou para evitarem o sentimento de culpabilidade. No estádio pós-convencional (somente alcançado por poucos sujeitos), as normas são constituídas por processos de negociação social contratual (estádio 5) ou por adesão cognitivo-afectiva a princípios éticos universais (estádio 6) e, em ambos os casos, o seu seguimento depende da vontade livre e racional do sujeito.

O núcleo estrutural do desenvolvimento moral consiste num acréscimo progressivo da competência cognitiva de "tomada de perspectiva" (*role-taking*). Até cerca dos 4 anos de idade, as crianças são incapazes de distinguir entre as suas percepções e a realidade objectiva (centração egocêntrica ou "tomada de perspectiva"). Durante os dois anos seguintes, a maioria das crianças compreendem que os pensamentos e sentimentos das pessoas podem diferir, porque as situações ou a informação disponível são diferentes. Contudo, permanencem ainda incapazes de coordenar as perspectivas diferenciadas ("tomada de perspectiva" ou centração subjectiva). Tais competências de tomada de perspectiva de carácter estritamente individualista e concreto correlacionam-se com o tipo de cognição moral pré-convencional. Entre os 8 e os 10 anos, as crianças começam a compreender que o pensamento das pessoas pode diferir, porque os seus objectivos ou valores são muito diversos. Compreendem também que o "*alter*" se pode converter num "*ego*", tornando-se, assim, capazes de aceder à perspectiva dos "outros" por introspecção analógica. Deste modo, os sujeitos começam a antecipar as reacções dos outros relativamente às suas próprias motivações ou intenções ("tomada de perspectiva" auto-reflexiva). Por volta dos 10 anos de idade, as crianças começam a ser capazes de assumir a perspectiva da terceira pessoa. Assim, adquirem o conceito de imparcialidade (Selman & Byrne, 1974; Wimmer & Perner, 1988). A partir dos 15-16 anos, os adolescentes desenvolvem uma nova compreensão dos fenómenos sociais, concebendo o funcionamento dos sistemas sociais como um nível de realidade com uma lógica imanente própria e com uma autonomia operacional relativa, que se afigura irredutível à esfera das intenções individuais ("tomada de perspectiva" sistémica). Estas competências de assumpção de perspectiva como "membro de um complexo social" constituem um pré-requisito cognitivo para o exercício do juízo moral convencional. Somente uma minoria de sujeitos se revela capaz de superar este tipo de "centração cognitiva sistémica" e de adoptar uma perspectiva verdadeiramente autónoma (*"prior-to-society"*), pressuposta pela cognição moral de tipo pós--convencional.

Para ilustrar esta sequência desenvolvimental, pode-se imaginar o seguinte exemplo: um menino pretende oferecer à mãe uma miniatura de um automóvel, exclamando: "É o melhor do mundo!" (tomada de perspectiva egocêntrica). O irmão mais velho ironiza a ingenuidade daquela atitude, replicando-lhe: "A mãe não brinca com carros de crianças!" (tomada de perspectiva subjectiva). A irmã, ainda mais velha do que o irmão, poderá coordenar ambas as perspectivas e antecipar o que a mãe sentirá: "A mãe vai ficar muito feliz com a prenda, porque sabe que o filho mais novo queria agradar-lhe" (tomada de perspectiva auto-reflexiva). Confrontado com a questão de saber se um juiz deveria punir um marido que, esgotados todos os outros meios alternativos, decidiu roubar os medicamentos que permitiriam salvar a vida da sua mulher (dilema de Heinz), um sujeito poderá advogar em favor da sua inocência: "O homem cumpriu o seu dever de marido" (tomada de perspectiva por reciprocidade — estádio moral 3). Um outro sujeito poderá, no entanto, argumentar em favor da necessidade de punição: "O homem tem de ser julgado e condenado por roubo, senão as leis perdem força e valor" (tomada de perspectiva sistémica — estádio moral 4). Um sujeito com um juízo moral pós-convencional será capaz de criticar o sistema de saúde e o sistema social em vigor por possibilitarem assimetrias e desigualdades que desrespeitam a dignidade universal do ser humano (tomada de perspectiva supra-social).

O aumento progressivo de complexidade nas estruturas da cognição moral constitui uma *lógica desenvolvimental*, ou seja, organiza-se numa sequência de estádios qualitativamente heterogéneos. Estes formam totalidades estruturadas, verificando-se a emergência de estilos cognitivos específicos a cada estádio e transversais a diversos conteúdos dentro de um mesmo estádio estrutural. A sequência dos estádios é universalmente invariante e hierarquicamente ordenada, ou seja, a sucessão mantém-se a mesma para todos os sujeitos independentemente dos seus contextos históricos sócio-culturais de desenvolvimento. Neste sentido, nenhum estádio pode ser omitido e nenhuma posição pode ser alterada na sequência, pois os estádios superiores integram e reestruturam os elementos contidos pelos estádios inferiores. Na perspectiva da filosofia moral, os estádios superiores são "mais complexos" do que os inferiores por duas razões. A primeira razão reside no facto de se verificar um aumento das capacidades de "tomada de perspectiva" (*role-taking*) que acompanha o alargamento do círculo de indivíduos potencialmente considerados na cognição moral: o desenvolvimento parte do actor isolado (estádio 1) e progride, gradualmente, passando pela relação diádica (estádio 2), pelo pequeno grupo (estádio 3) e pelo sistema social (estádio 4) até atingir a humanidade no seu todo (estádios 5 e 6). Nestes últimos estádios, facilita-se a resolução de conflitos que podem, assim, ser superados mediante o livre consenso de todos os interessados, realizando o critério central que define o carácter da ética secular moderna. A segunda razão prende-se com a ordem hierárquica, porquanto os estádios superiores permitem um equilíbrio gradualmente mais estável entre elementos moralmente relevantes que, nos estádios anteriores, haviam sido focalizados de forma exclusiva — consequências externas (estádios 1 e 2), lealdade pessoal e obediência às leis (estádios 3 e 4), fidelidade ao contrato social e respeito por princípios éticos universais (estádios 5 e 6).

Com efeito, a investigação empírica mostra que os indivíduos apreciam a maior adequação moral da argumentação que caracteriza os estádios superiores. Dispondo de escolha, os sujeitos preferem as resoluções de conflitos que se baseiam nas formas de raciocínio próprias dos estádios mais elevados. Os estudos interculturais confirmam igualmente a universalidade da sequência desenvolvimental até ao estádio 4. A cognição moral pós-convencional parece desenvolver-se apenas em contextos urbanos (ocidentais e não-ocidentais) onde se oferece educação formal (Snarey, 1985).

A teoria de Kohlberg representa um modelo verdadeiramente desenvolvimental que integra aspectos de outras abordagens. Deste modo, a focalização de cariz behaviorista nas consequências externas está contida na descrição do nível pré-convencional. A ênfase psicanalítica no desenvolvimento de uma necessidade intrínseca de conformidade ou de interiorização de formas de controlo exercidas pelo superego corresponde à motivação constitutiva da cognição moral de tipo convencional. A cognição moral pós-convencional concilia-se com o postulado estrutural da abordagem cognitiva, introduzindo uma nova compreensão das regras morais e das motivações que predispõem os sujeitos a segui-las: as regras deixam de ser identificadas com as expectativas sociais predominantes, sendo antes deduzidas de princípios universalmente justificáveis. Concomitantemente, a obediência às regras deixa de depender de uma preocupação "egocêntrica" com sanções, sejam externas (punição e recompensa), sociais (aceitação/rejeição e reputação) ou internas (vergonha e culpa), e passa a referir-se somente à apreciação da validade intrínseca das regras. Depreende-se, então, que o desenvolvimento moral não se completa no final da infância, verificando-se mudanças qualitativas ao longo da adolescência e mesmo na idade adulta.

Tais mudanças desenvolvimentais qualitativas serão examinadas seguidamente. Todavia, a perspectiva teórica aqui adoptada difere da de Kohlberg no sentido em que distingue três dimensões que se encontram intimamente articuladas na noção de "totalidade estruturada": desenvolvimento estrutural, envolvimento motivacional e aprendizagem de conteúdo. O pressuposto kohlberguiano de um paralelismo cognitivo-afectivo torna indissociáveis as dimensões cognitiva e motivacional. Simultaneamente, a sua focalização exclusiva na estrutura cognitiva da argumentação negligencia o impacto de conhecimentos específicos significativos. Ao distinguirem-se estas dimensões, procura-se demonstrar que a aprendizagem moral não se realiza apenas graças ao mecanismo de "tomada de perspectiva" privilegiado por Kohlberg, mas integra igualmente outros processos de aprendizagem.

2. Aprendizagem de conteúdo

Um ponto de partida importante para a revisão da teoria de Kohlberg encontra-se na sua descrição da cognição moral infantil. Kohlberg defende que as crianças conceptualizam as regras morais em termos puramente instrumentais (dimensão cognitiva) e agem movidas por intenções puramente egocêntricas (dimensão motivacional). Ora, ambos os aspectos foram refutados pela investigação psicológica. Abordemos, primeiramente, a dimensão cognitiva.

2.1. A teoria dos "domínios" no desenvolvimento moral

A investigação empírica recente permite concluir que as crianças têm capacidade de diferenciar *regras morais, convencionais e religiosas*, utilizando (de forma implícita) critérios filosoficamente adequados. Como ilustração de tal competência cognitiva precoce, refira-se o estudo de Turiel (1983) em que se apresentavam diversas regras morais e convencionais (como, por exemplo, "Não bater noutras crianças" ou "Tratar os adultos pelo primeiro nome") e se perguntava às crianças: "Imagina que há uma família (ou uma escola ou um país) em que o pai (ou o director ou o rei) permite fazer algo (por exemplo: bater nos outros ou tratar pelo primeiro nome). Será bom, então, fazer isso?" Verificou-se um consenso esmagador. A resposta típica das crianças era a seguinte: "Pode utilizar-se o primeiro nome, se for costume numa dada família (ou escola ou país). Mas, mesmo que o pai (ou o director ou o rei) permita fazê-lo, nunca é bom bater em alguém. Nem sequer Deus pode fazer isso!" Num outro estudo, apresentavam-se a crianças e adolescentes oriundos de meios judeus e católicos conservadores uma série adicional de regras religiosas (por exemplo: "Os feriados religiosos devem ser respeitados") e perguntava-se-lhes que regras seriam universal e permanentemente válidas, independentemente da própria vontade de Deus. Constatou-se que a maioria das crianças estabeleceu distinções correctas. Consideraram, portanto, que: as regras morais são sempre válidas, independentemente dos sujeitos, dos contextos e de Deus; as regras religiosas dependem da vontade de Deus, não podem ser mudadas pelos homens, mas valem apenas para o grupo de crentes; as regras convencionais dependem de contratos e de negociações sociais, aplicando-se, por conseguinte, apenas aos que participam nesses processos e podendo ser modificadas sempre que a vontade colectiva o desejar (Nucci &Turiel, 1993).

Outros estudos abordam a questão do *domínio pessoal* (Nucci, 2005) e mostram que crianças e adolescentes de diversos países (nomeadamente, EUA, Brasil e China) concordam que algumas acções (por exemplo, escolher os amigos) devem ser consideradas como sendo de foro privado. Nas suas justificações, referem-se ao direito de controlo sobre assuntos pessoais que consideram ser um requisito para se manter a identidade e a autonomia pessoal. As mudanças na estrutura da argumentação em função da faixa etária correspondem a mudanças na compreensão nas noções de "eu" e de "pessoa". No cômputo geral, há resultados concordantes de mais de uma centena de estudos evidenciando que, desde muito cedo, as crianças distinguem regras morais, convenções sociais e questões pessoais (Killen *et al.*, 2002). "As regras morais implicam intrinsecamente consequências para outros (bem-estar ou sofrimento, justiça ou injustiça, direitos e deveres, etc.) e satisfazem os critérios de generalizabilidade, obrigatoriedade, inalterabilidade, independência relativamente a autoridades e sanções. As regras sociais convencionais são normas partilhadas que coordenam as interacções dos indivíduos no seio de um sistema social para assegurar a ordem social. Estas são contextualmente relativas, consensualmente estabelecidas, dependentes da existência de regras ou de uma autoridade legislativa e são modificáveis. As questões do foro pessoal referem-se a preferências e escolhas que afectam apenas o agente e, em relação às quais, este reivindica o direito de decidir de forma autónoma" (Smetana, 2006).

Assim, uma aquisição importante da aprendizagem moral cognitiva encontra-se já realizada na infância — a compreensão "pós-convencional" do valor intrínseco e universal das regras morais, o que levanta duas questões que serão tratadas a seguir, a saber: Como é que as crianças adquirem conhecimento moral? Quais as competências cognitivas morais que os sujeitos dominam no final da infância?

2.2. Processos de aprendizagem de conteúdos

Para Kohlberg, o desenvolvimento da capacidade de "tomada de perspectiva" é o motor principal do desenvolvimento moral. Contudo, mesmo antes de serem capazes de se descentrar e coordenar perspectivas diferentes, as crianças de 4-5 anos compreendem o valor intínseco das regras morais. De facto, há vários processos de aprendizagem em jogo (Nunner-Winkler, 2009).

Entre tais processos, encontram-se as *instruções parentais* explícitas que se exprimem em proposições como: "Não se deve roubar!" Todavia, não obstante a importância de tais injunções, são mais importantes os processos subjacentes às *experiências quotidianas de interacção* que induzem uma assimilação activa das regras por parte das crianças, pois as mesmas observam que os pais e outros educadores aceitam negociar e estão abertos a compromissos ou concessões, quando os conflitos envolvem regras convencionais, mas permanecem intransigentes quando se trata de questões morais (Nucci & Weber, 1995).

As crianças não aprendem apenas através de interacções sociais. Acima de tudo, aprendem através de *jogos de linguagem morais*. A linguagem reflecte as normas sociais de um grupo (Wittgenstein) e qualquer paráfrase de um termo descritor de um crime deve conter o seu repúdio (Putnam): "um homicídio é um acto horrível". Se forem concebíveis quaisquer justificações ou atenuantes, estas expressam-se por outras palavras, como: "vítima mortal de uma guerra, morte por negligência, acto de legítima defesa, etc." Por conseguinte, a condenação estrita é um elemento constitutivo do próprio significado das palavras "homicídio" ou "furto" — e as crianças compreendem essa dimensão. Ao explicarem a razão pela qual uma pessoa não pode retirar algo a alguém, declaram: "Isso é roubar! Ele é um ladrão!" Tais explicações não se reduzem simplesmente a um conjunto de frases desprovidas de sentido psicológico. Ao invés, expressam a convicção positiva de que não é necessária nenhuma justificação adicional, isto é, a imoralidade do acto não depende das suas consequências sociais nem de mandamentos divinos, mas reside em algo de intrínseco (Dworkin, 1978). Acresce ainda que as crianças adquirem o seu conhecimento relativo às normas sociais mediante a observação de *configurações sociais*. Nos EUA, verificou-se, por exemplo, que até as crianças de famílias liberais começam por aceitar os preconceitos dominantes contra os afro-americanos (Aboud, 1988).

As crianças também reconstroem os *princípios lógico-morais* subjacentes aos comportamentos. Para o ilustrar, podem mencionar-se alguns resultados obtidos pelo LOGIC, uma investigação longitudinal de uma amostra representativa envolvendo cerca de 200 crianças (Weinert & Schneider, 1998; Schneider & Bullock, 2009), cujo desenvolvimento moral, dos 4 aos 23 anos, foi objecto da nossa análise (Nunner-Winkler, 1999, 2008 a, 2008 b). Aos 10-11 anos, os sujeitos tinham que avaliar uma narrativa em que o protagonista ponderava quebrar uma promessa (ajudar a limpar a casa no dia a seguir à festa) por motivos hedonistas (preferir fazer outra coisa) ou por motivos morais (querer trazer para casa uma criança que se tinha perdido). Praticamente todos os sujeitos concordaram que é mau quebrar a promessa por interesses pessoais. No entanto, admitem fazê-lo se daí depender o bem-estar da criança perdida (demonstra-se que as crianças de hoje admitem excepções às regras morais), figurando explícito, num dos sujeitos, o seguinte raciocínio: "É pior deixar que a criança e os seus pais sofram por estarem separados do que não ajudar as outras crianças a fazer o trabalho. Se estivessem no meu lugar, fariam o mesmo." Esta criança, com raciocínio "pré-convencional", domina — embora implicitamente — os princípios centrais da moralidade secular (imparcialidade e minimização), ou seja, apreende um outro aspecto da moralidade pós-convencional: a estrutura normativa fundada em princípios.

A assimilação de elementos morais basilares não implica, contudo, que as crianças detenham um autêntico juízo moral. Dado que, segundo a ética secular ou laica, as regras morais admitem excepções, o acto de aplicar normas a situações concretas pressupõe um conteúdo significativo que só é adquirido durante a adolescência ou mais tarde, isto é, requer uma compreensão diferenciada das perspectivas dos outros e uma consciência explícita das consequências prováveis de diferentes linhas de acção. Muitos juízos morais baseiam-se em postulados empíricos ou em complexos *sistemas de conhecimento*. Considere-se o seguinte exemplo: o uso de punição corporal na educação das crianças relaciona-se com as crenças na eficácia dessa técnica disciplinar (Dix & Grusec, 1985). As pessoas que — erroneamente — pressupõem que houve recentemente um aumento na frequência de actos delinquentes tendem a exigir a implementação de penas mais severas. Os apoiantes da pena de morte tendem igualmente a acreditar que essa punição tem um grande efeito dissuasor. Os cientistas sociais que atribuem a xenofobia ao desemprego e à pobreza tendem a defender o alargamento de políticas sociais de cariz assistencialista. Os oponentes e os proponentes do uso de energia nuclear diferem entre si nos prognósticos, enfatizando uns os problemas de armazenamento seguro de resíduos nucleares e outros a oportunidade de controlar os gases que aumentam o efeito de estufa.

A aquisição de conhecimento é descrita por dois paradigmas concorrentes. O paradigma do *processamento de informação* centra-se nos limites da memória de trabalho e dos recursos atencionais. A memória desenvolve-se gradualmente até atingir um nível estável na puberdade e começa a decair na terceira idade. Um melhor armazenamento de informação é garantido pela maturação biológica e pelo uso de estratégias mnésicas adequadas. No entanto, afigura-se da maior importância os conhecimentos previamente adquiridos. Este facto é evidenciado pelos estudos realizados no âmbito do *paradigma do perito e do leigo*. A título de exemplo, considere-se a seguinte experiência: mostrava-se a jogadores de xadrez, peritos e leigos, um tabuleiro de um jogo interrompido e pedia-se-lhes para colocarem, de memória, o maior número de peças, nas mesmas casas, num novo tabuleiro. Os resultados foram inequívocos: os peritos superaram os leigos, comprovando aparentemente a superioridade das suas capacidades mnésicas. Todavia, quando se lhes pedia para realizarem a mesma tarefa a partir de um tabuleiro, onde as peças estavam distribuídas aleatoriamente, não se verificou qualquer diferença significativa entre a *performance* dos dois grupos de sujeitos. Assim, pode concluir-se que a *performance* superior dos peritos, na primeira situação, se devia ao facto de terem memorizado constelações de peças (como "a rainha ameaçada pelo bispo e protegida por um roque"), ao passo que os leigos tinham memorizado isoladamente as peças e as posições (Chi *et al.*, 1982). De facto, mesmo os peritos de 12 anos de idade superaram os leigos adultos que tinham tido resultados superiores em testes de memorização de palavras (Schneider *et al.*, 1993). Para que um indivíduo se torne "perito" num determinado tipo de tarefas ou campo de saber, é necessário um longo período de intensa actividade cognitiva, ou seja, é necessário articular um corpo de informação relevante num "todo significativo" que forma uma ordem hierárquica. A escolaridade formal desempenha indubitavelmente uma função importante na orientação de crianças e adolescentes no processo de aquisição de tais sistemas de conhecimento.

A extensão do conhecimento constitui, por conseguinte, um aspecto da aprendizagem cognitivo-moral que se prolonga muito para além da infância. O outro aspecto concerne o desenvolvimento de estruturas de raciocínio que são aplicadas ao domínio sócio-cognitivo (por exemplo: ao domínio do pensamento político e moral).

3. Estrutura

A distinção entre conteúdo e estrutura é uma distinção meramente analítica, porquanto não há conteúdo sem estrutura nem estrutura sem conteúdo. Não obstante, trata-se de uma distinção essencial, dado que se verifica uma variabilidade independente: o mesmo conteúdo pode ser estruturado diferentemente e, simetricamente, a mesma estrutura pode assimilar conteúdos muito diversos. Neste sentido, Kohlberg faz corresponder os argumentos que se referem a relações mútuas ao estádio 3, justificando que a noção de relações interpessoais exprime a perspectiva de um pequeno grupo. Na verdade, porém, há uma focalização nas relações interpessoais em todos os diferentes níveis que pode assumir a competência cognitiva de *tomada de perspectiva*, verificando-se apenas uma mudança de sentido. Para concretizar este aspecto, observa-se que, no nível inferior dessa competência, a amizade é entendida como uma interacção física temporária (por exemplo: "um amigo é alguém que vive perto e que tem bons brinquedos"), enquanto, no nível superior, a amizade significa uma relação em que há, simultaneamente, reconhecimento recíproco de dependência e de autonomia (Selman, 1980). Por outro lado, constata-se ainda que uma estrutura específica de raciocínio pode estar presente na compreensão de conceitos em domínios diferentes. Assim, a referência a características externas físicas, típicas de um nível inferior de compreensão da amizade, corresponde a uma auto-descrição que se centra na aparência exterior, ao passo que o nível mais elevado de compreensão da amizade se articula com uma auto-experiência caracterizada pela descoberta de dicotomias e conflitos internos e pela afirmação da autonomia (Blasi, 1993).

3.1. Desenvolvimento cognitivo

Piaget conceptualizou o processo de *desenvolvimento cognitivo* sob a forma de uma lógica desenvolvimental. No estádio sensório-motor, as crianças (0-2 anos) constroem os primeiros esquemas de acção (por exemplo: o esquema de preensão) que aplicam a objectos adequados (assimilação) ou que se ajustam a objectos que não se adequam imediatamente ao esquema (acomodação). Através da acção, as crianças adquirem as categorias básicas para compreenderem o mundo (nomeadamente, a aprendizagem das primeiras ideias sobre a causalidade através da experiência de produzirem efeitos). No estádio pré-operatório (2-7 anos), desenvolve-se o pensamento simbólico, embora a criança ainda recorra a explicações animistas e teleológicas e seja incapaz de considerar simultaneamente duas dimensões, como é exigido pela noção de conservação. Deste modo, quando se apresenta à criança dois copos idênticos com a mesma quantidade de líquido para, de seguida, se verter o líquido de um deles para um outro copo mais fino e mais alto, e se lhe pergunta qual dos copos contém mais líquido, a criança — concentrando-se na aparência física — irá apontar ou para o novo copo, dizendo que "é mais alto", ou para o copo original, explicando que "aquele é mais largo". No estádio das operações concretas (7-12 anos), as crianças são capazes de considerar simultaneamente duas dimensões ("este copo é mais alto, mas mais fino"), de efectuar a operação mental da reversibilidade ("se verter de novo para o primeiro copo, tudo ficará como no início") e de compreender que a adição e a subtracção são operações logicamente complementares ("não se juntou nem se tirou nada"). No estádio das operações formais (a partir dos 12 anos), o pensamento torna-se reflexivo. O adolescente trabalha com as próprias operações, isto é, não se limita a pensar sobre objectos concretos, mas pode pensar sobre o próprio pensamento. Consequentemente, possui a competência de deduzir conclusões a partir da análise de dados e de desenvolver estratégias de procura de informação ausente. Confrontada com a tarefa de produzir uma cor específica através da mistura de vários líquidos transparentes, uma criança no estádio operatório concreto procederá por ensaios e erros, introduzindo dois líquidos ao mesmo tempo até atingir o resultado desejado. Em contraste, face à mesma tarefa, o adolescente procede testando sistematicamente todas as combinações possíveis e encontra o conjunto completo de soluções. Esta nova competência de pensamento hipotético abre uma nova compreensão do conceito de contingência. Os dados factuais são agora concebidos como uma componente de um espaço alargado de possibilidades que se materializou de um modo determinado — sabendo que poderia ser totalmente diferente.

A investigação recente infirmou algumas das hipóteses de Piaget, provando, designadamente, que muitas competências cognitivas são adquiridas mais cedo; que a automaticidade de procedimentos e de conhecimentos previamente adquiridos são de primordial importância; que o desenvolvimento deve ser reinterpretado como uma mudança de domínio; que se verifica a existência de sistemas inatos de processamento de informação, específicos a determinados domínios, e de alguns conhecimentos nucleares (módulos). No entanto, determinados elementos basilares da sua teoria, como a noção de sistema dotado de auto-organização para descrever o cérebro e a importância atribuída às experiências dos primeiros anos, foram confirmados pela psicologia do desenvolvimento e pelas neurociências.

O desenvolvimento de estruturas lógicas, que Piaget descreveu detalhadamente, influencia os estilos de pensamento noutros domínios sóciocognitivos. Tal desenvolvimento permanece subjacente à aquisição de competências de tomada de perspectiva e potencia a compreensão de questões morais. Segundo Kohlberg, estas três competências encontram-se numa relação de interdependência necessária, mas não suficiente: o pensamento operatório concreto constitui um pré-requisito para os estádios 1 e 2 de tomada de perspectiva, que são pressupostos pelo raciocínio moral pré-convencional; o domínio inicial do pensamento operatório formal é condição para os estádios 3 e 4 de tomada de perspectiva, sobre os quais assenta o raciocínio moral convencional; por último, um pensamento operatório formal desenvolvido é pressuposto pelo estádio 5 de tomada de perspectiva, exigido pelo raciocínio moral pós-convencional.

Assim, mesmo se as crianças já apreendem alguns elementos da compreensão pós-convencional (como, por exemplo, a validade intrínseca das regras morais), o desenvolvimento do pensamento lógico e de competências de tomada de perspectiva afecta, sem dúvida, a profundidade da compreensão. Esta dependência será ilustrada para a esfera do pensamento político (por exemplo: compreensão das noções de direitos e de democracia) e moral (como no caso da avaliação de consequências societais).

3.2. Desenvolvimento do pensamento político

Em sociedades democráticas, o raciocínio político é um aspecto importante da cognição moral. Com efeito, a democracia partilha alguns princípios fundamentais com a ética secular, facto que se deve à sua evolução histórica concomitante desde o Iluminismo. Ambas visam fornecer soluções justificáveis para conflitos sociais. Ambas fundam a sua legitimidade num consenso racional preservado por todos os interessados e utilizam procedimentos racionais para lidar com conflitos que não são resolúveis através do consenso — correspondendo, no discurso moral, à regra da maioria e à protecção dos direitos das minorias. Ambas aderem ao princípio da igualdade de dignidade dos seres humanos e defendem o valor universal de certas normas e princípios.

Verdade é que recentemente houve uma mudança no estilo de investigação sobre o desenvolvimento do pensamento político (Helwig, 2006).

Alguns estudos seguiam o modelo piagetiano e kohlberguiano dos estádios sequenciais e mostravam que os conceitos abstractos de direitos civis só se desenvolvem no final da adolescência, embora muitos adultos nunca os adquiram plenamente. Outros estudos mais recentes adoptam antes o esquema da teoria dos *domínios*, exigindo menos das competências cognitivas e metacognitivas para procurarem avaliar a função do conhecimento implícito que adolescentes ou adultos mais novos e menos instruídos podem possuir. Estes estudos permitem que outras questões sociais possam prevalecer sobre os direitos civis, ou seja, não assumem que salvaguardar excepções a esses princípios indica uma incapacidade de compreender a sua validade intrínseca. Deste modo, constataram que mesmo as crianças têm uma primeira compreensão adequada das noções de direitos, direitos civis e democracia. O desenvolvimento posterior consistiria, então, principalmente numa capacidade crescente para considerar uma variedade de factores contextuais e de os equilibrar, emitindo juízos sensíveis ao contexto concreto da acção. Todavia, os dados reunidos por ambas as tradições heurísticas reflectem mudanças no estilo de pensamento durante a adolescência. Consequentemente, competências superiores de tomada de perspectiva capacitam os sujeitos para superarem a mera consideração das intenções e interesses de indivíduos concretos e equacionarem os requisitos do funcionamento de sistemas sociais (isto é, para adoptarem uma tomada de perspectiva sistémica). Do mesmo modo, competências cognitivas superiores capacitam os sujeitos para não se focalizarem exclusivamente numa dimensão, mas para integrarem o jogo complexo de uma multiplicidade de variáveis relevantes (isto é, constituem um tipo de pensamento operatório formal). Na realidade, a compreensão aprofundada de ideias e de procedimentos políticos reflecte a interacção de tais componentes estruturais com a aprendizagem de conteúdo, ou seja, com conhecimentos significativos adquiridos através das experiências de vida quotidiana: quer no meio escolar e/ou profissional quer no contacto com os *media* e outros veículos de informação.

A este respeito, comecemos por apresentar dois estudos empíricos clássicos. Adelson (1971) analisou as ideias políticas de 450 adolescentes entre os 10 e os 18 anos dos EUA, Alemanha Federal e Grã-Bretanha, discutindo a situação hipotética seguinte: 1000 pessoas fundam uma nova sociedade numa ilha e têm que resolver problemas complexos relativos aos direitos individuais, aos direitos das minorias e ao bem-estar social. O resultado global mais saliente revelou que as ideias de um adolescente alemão de 12-13 anos se assemelhavam mais às de um adolescente americano da mesma idade do que às de um irmão mais velho de 15-16 anos. As diferenças relacionadas com a idade e que procedem do desenvolvimento sócio-cognitivo tornaram-se salientes em diversas dimensões. Em primeiro lugar, regista-se um aumento da capacidade de *abstracção*. Por exemplo: face à questão "Por que são necessárias leis?", a resposta típica de um adolescente de 13 anos era "Para que as pessoas não roubem nem se matem umas às outras", enquanto um adolescente de 15 anos tenderia a responder "Para dar segurança às pessoas e aumentar o reconhecimento pelo governo". Em segundo lugar, há uma *compreensão dos motivos* mais aprofundada. Assim, as respostas à questão "Por que será que os criminosos são reincidentes?" evoluem de uma perspectiva essencialista ("Bem, porque não sabem fazer melhor — têm de ser castigados") para uma perspectiva mais flexível e integradora ("Ser fechado numa prisão aumenta a raiva contra os outros"). Em terceiro lugar, o modo de pensar modifica-se igualmente no que à *perspectiva temporal* diz respeito, pois esta torna-se mais alargada, comportando a antecipação de consequências futuras cada vez mais complexas e o respectivo cálculo de custos e benefícios. Por conseguinte, quando se pergunta "Pode-se expulsar os donos das terras para se construir uma estrada?", os sujeitos mais novos respondem simplesmente que se "pode" ou que "não se pode", ao passo que os sujeitos de idades superiores expõem *reflexões hipotéticas*: "Se se tratar de um ponto estratégico, se for o único modo de atravessar uma montanha sem ser necessário construir um túnel — bem, não sei realmente o que faria. Se for uma terra muito plana e só se precisar de fazer uma curva, então penso que o governo devia fazer uma curva na estrada". Em quarto lugar, verifica-se uma diminuição do *autoritarismo*. Quando respondem à questão "Deveria ser obrigatório um exame médico anual para os homens com mais de 45 anos?", os adolescentes das faixas etárias inferiores concordam que "Seria uma boa ideia!", mas os outros discordam alegando que "os direitos dos cidadãos à esfera privada e à liberdade são mais importantes do que os benefícios concretos que o tal exame poderia trazer".

Melton (1980), por seu turno, investigou as mudanças que ocorrem no âmbito da compreensão dos *direitos pessoais* (como, por exemplo, a liberdade de expressão, a privacidade e o princípio do processo justo (*due process*), quando estes entram em conflito com as ordens das autoridades escolares, dos pais ou dos colegas mais velhos. A análise de dados permitiu distinguir três níveis hierárquicos que correspondem à sequência de estádios propostos por Kohlberg. As crianças de 6-8 anos conceptualizam os direitos como poderes e privilégios que as figuras da autoridade conferem às crianças e lhes podem retirar. As crianças de 8-13 anos entendem os direitos como estando baseados na justiça e servindo para garantir a ordem social. Apenas alguns adolescentes atingiram o terceiro nível em que os direitos derivam de princípios éticos universais e abstractos que valem por si de forma irrevocável.

Algumas investigações mais recentes — de que Helwig (2006) apresenta uma revisão — seguiram os postulados da teoria dos domínios e utilizaram situações mais directas. Helwig (1998) pediu a jovens canadianos de 12, 16 e 20 anos de idade para julgarem comportamentos concretos (por exemplo: o comportamento de um indivíduo que critica a política económica do governo com um discurso que contém preconceitos raciais e que apela à violência). Para os sujeitos de todas as idades, a liberdade de expressão e a religião eram entendidas como direitos naturais invioláveis, válidos em todos os contextos culturais e eram justificados em termos de necessidades psicológicas individuais para a auto-expressão e para a autonomia. Os adolescentes mais novos, porém, tendiam a limitar mais facilmente a esfera das liberdades em situações conflituosas e a recomendar uma obediência restritiva às leis, mesmo quando consideravam as leis inadequadas. Uma investigação semelhante, realizada num país muçulmano (Turiel & Wainry, 1998; Turiel, 2006), mostrou resultados concordantes: as liberdades civis eram defendidas em geral, sendo contudo muito frequentemente subordinadas a outras dimensões sociais (como as práticas religiosas). Isto reflecte a capacidade crescente dos adolescentes para considerarem simultaneamente várias características situacionais significativas. Helwig (1998) analisou pormenorizadamente este traço cognitivo, procedendo do seguinte modo: crianças, adolescentes e adultos tinham de avaliar se seria aceitável que determinadas autoridades (o governo, a direcção da escola ou os pais) impedissem adultos ou crianças de exercerem o seu direito de liberdade de expressão ou de praticarem uma religião diferente daquela aprovada pela autoridade. Os resultados evidenciam que as crianças mais novas tendem a não estabelecer distinções entre crianças e adultos ou entre diferentes contextos, desenvolvendo a mesma argumentação para os direitos de qualquer indivíduo. A partir dos 11 anos, verifica-se a presença de tais distinções e os sujeitos declaram, por exemplo, que "É aceitável que os pais, mas não o director da escola ou o governo, restrinjam a liberdade da criança para praticar outra religião".

A discussão em torno dos direitos e das liberdades focaliza-se no indivíduo. Todavia, o raciocínio político inclui também o problema de um grupo mais vasto de pessoas que vivem juntas pacificamente e para as quais a *democracia* constitui uma solução organizacional. Importa, então, perguntar qual o modo como as crianças compreendem este regime. Uma investigação com crianças canadianas entre os 6 e os 11 anos mostrou que, para todas as idades, os sistemas democráticos constituem uma solução política mais justa do que os não democráticos, devido a permitirem que todos participem nos processos de tomada de decisão (Helwig, 1998). As crianças mais novas revelam uma preferência pelo consenso, enquanto as crianças de idades superiores valorizam antes a regra da maioria — que caracteriza a democracia directa. A noção de uma democracia representativa emerge somente no decurso da adolescência com a consciência de que a maioria das pessoas pode não ter tempo nem capacidade para tomar decisões bem fundamentadas. Outras investigações, efectuadas em países ocidentais — nomeadamente, na Suíça, Austrália, França e Itália — (Clemence *et al.*, 1995) e em "culturas colectivistas" corroboram a hipótese do carácter moral universal das concepções democráticas fundamentais. Neste sentido, os adolescentes chineses (Helwig *et al.*, 2003) também defendem princípios democráticos básicos, como a auto-determinação do povo, a responsabilidade dos políticos, a regra da maioria e a protecção dos direitos das minorias.

Estes dados infirmam o modelo de Kohlberg e corroboram a teoria dos *domínios:* "O desenvolvimento das noções de direitos e de liberdades não segue um padrão de diferenciação, indo das injunções da autoridade, passando pela convenção social até atingir as regras legais. Ao invés, esse desenvolvimento compreende-se melhor em termos de aplicações de direitos, com crescente profundidade, em situações complexas" (Helwig, 2006). Esta capacidade crescente de aplicação das normas decorre de um desenvolvimento estrutural (designadamente, da competência gradual para considerar a interacção de diversas variáveis, para tomar uma perspectiva sistémica e para articular consequências a longo prazo) e de um processo de integração de uma base de conhecimento em expansão contínua.

3.3. A cognição moral

O desenvolvimento é um processo de integração situado em sistemas sociais de dimensões crescentes. Durante a fase edipiana, a díade primária mãe-criança é alargada, transformando-se numa constelação triádica que inclui o pai. Ao longo da infância, surgem pequenos círculos de pares e figuras externas da autoridade (educadores e outros adultos próximos). Com a entrada na adolescência, os papéis tradicionais, que envolvem a posição dentro da família ou a identidade sexual, são transformados e novos papéis são assumidos, implicando que o adolescente se integre em sistemas mais amplos que transcendem as relações interpessoais imediatas, aprendendo, por exemplo, o papel de cidadão. Assim, abre-se um vasto horizonte de novas questões morais que só podem ser adequadamente abordadas se se possuírem determinadas competências sócio-cognitivas.

Tornar-se membro da sociedade começa amiúde com actividades em que o sujeito se implica na vida da comunidade. Nos EUA, cerca de 30% dos jovens participam activamente em voluntariado. Um grupo menor torna-se sensível a certas causas político-sociais e envolve-se em *movimentos sociais* que promovem mudanças societais. Enquanto os movimentos sociais tradicionais (por exemplo, o movimento sindical) se ocupavam com questões de distribuição do poder, os designados "novos movimentos sociais", animados predominantemente por jovens, concentram-se sobretudo em questões sócio-morais, como problemas de alienação, autonomia, destruição ecológica, riscos tecnológicos, violência ou pobreza (Rucht, 2002). Esses movimentos constituem um *forum* para discursos livres ou "não-dominados" (Habermas, 1991), que requerem dos seus participantes busca e troca activa de informação, justificação das posições pessoais e consideração pelas justificações dos outros. Deste modo, os jovens podem experienciar processos de aprendizagem centrados na verdade, construir orientações axiológicas partilhadas e adquirir uma identidade colectiva (Youniss, 2009). Ao envolverem-se activamente numa causa de valor reconhecido, os jovens podem ainda encontrar uma resposta para os seus sentimentos de alienação e uma solução para a sua crise identitária (Erikson, 1968).

3.4. Desenvolvimento cognitivo-moral

O raciocínio operatório formal pode favorecer a moralidade, facilitando o compromisso com causas abrangentes e o envolvimento pessoal em projectos sócio-morais que visam unidades sociais alargadas. Deve notar-se, porém, que a aquisição do conceito de contingência implica igualmente desequilíbrios morais, como o fanatismo ideológico e o seu simétrico negativo, o cepticismo moral.

A abordagem psicológica do conceito de *fanatismo* pode ser profundamente enriquecida com uma redefinição mais larga da noção de egocentrismo de Elkind (1967). Segundo a sua hipótese, em cada estádio de desenvolvimento, o desenvolvimento cognitivo é acompanhado por um correlato negativo: uma falta de diferenciação que deriva da sobrevalorização do alcance e poder das capacidades cognitivas recém-adquiridas. Por exemplo, uma criança do estádio pré-operatório, à medida que aprende a função simbólica, começa a sobregeneralizar a sua nova competência imaginativa e deixa de distinguir a palavra e o objecto que ela identifica. Quanto ao egocentrismo dos adolescentes, Elkind reconhece-o na tendência para os sujeitos criarem uma audiência imaginária. Dada a sua capacidade para pensarem sobre o próprio pensamento e para reflectirem sobre os pensamentos dos outros, deixam de distinguir os seus interesses auto-centrados e os interesses dos outros, assumindo que aqueles partilham as mesmas ideias e os mesmos valores. O fanatismo pode ainda derivar de um outro aspecto do pensamento operatório formal, nomeadamente da interpretação dos factos como sendo meras realizações contingentes de uma esfera virtualmente infinita. Sob este ponto de vista, a maleabilidade da realidade pode ser facilmente hiperbolizada e a resistência à mudança das instituições, hábitos, padrões de pensamento, grosseiramente desvalorizada. Se se aspirar a mudanças societais, as frustrações que resultam de esforços gorados de corrigir disfunções sociais podem reforçar o dogmatismo ideológico e a coesão grupal. A transformação de um grupo de estudantes alemães de extrema esquerda em terroristas da Facção do Exército Vermelho fornece uma ilustração eloquente. De facto, a intuição tardia de elementos societais rígidos, por vezes muito posterior, encontra-se em consonância com os dados empíricos respeitantes ao desenvolvimento do pensamento político supramencionados que mostravam que as ideias "puras" (como os direitos absolutos) são precursores de uma nova apreciação que considera as limitações justificáveis, dependentes da especificidade contextual e cultural.

Enquanto a descoberta da contingência pode produzir fanatismo em activistas, também pode gerar o efeito oposto em jovens independentes, instigando neles dúvidas relativistas sobre a sua crença prévia na universalidade das normas morais. Portanto, as normas dominantes podem ser concebidas como formas contingentes de pensamento que evoluem aleatoriamente. Na realidade, é inegável que o *relativismo moral* seja uma posição muito partilhada. Numa sondagem representativa, só 30% dos alemães dizem concordar com a afirmação segundo a qual "há ideias consensuais sobre o bem e o mal" (Noelle-Neumann & Köcher, 1997). O relativismo é mais pronunciado entre os mais jovens: cerca de metade dos sujeitos entre 20-30 anos, em contraste com apenas 20% dos respondentes com 65-75 anos, que participaram na investigação supramencionada sobre "Mudanças na Compreensão Moral" (MCM), forneceram explicações relativistas ou cépticas do conceito de moralidade (por exemplo: "simplesmente inventada pela sociedade", "desactualizada", "burguesa", etc.). Há igualmente factores sociais que promovem o pensamento relativista, como a crescente diferenciação de subsistemas sociais geridos por normas divergentes, o processo sócio-histórico de expansão da esfera pessoal, o aumento de frequência de contactos, no interior da sua própria sociedade, com outras culturas ou com minorias que defendem padrões comportamentais diferentes. Todavia, uma massa considerável de dados corrobora a hipótese do universalismo: as crianças adquirem a compreensão do princípio de validade universal através das experiências de interacção e através do uso da linguagem, o que denota que a vida quotidiana assenta em convicções morais fortes. Estas revelam-se também em sondagens: 86% dos sujeitos que integravam uma amostra alemã representativa (Noelle-Neumann & Köcher, 1997) atribuíram validade absoluta à norma que diz "não matar" (contudo, não chega a 50% o subgrupo destes sujeitos que diz acreditar que os outros partilharão a sua convicção, caindo assim num erro de previsão que reflecte um fenómeno chamado "ignorância pluralista"); mais de 90% consideram a violência um tabu; cerca de 80% atribuem mais importância à honestidade do que a outros objectivos educativos e outros pré-requisitos para um bom entendimento interpessoal. Além do mais, verifica-se igualmente um acordo — pelo menos verbal — sobre os princípios morais universais: recorde-se, a este propósito, que todos os países membros das Nações Unidas assinaram a Declaração dos Direitos Humanos.

Com a sobrevalorização da hipótese do relativismo moral, produz-se a ilusão de uma explicação psicológica puramente cognitiva: o relativismo moral seria uma construção natural do desenvolvimento do *raciocínio epistémico*. Em primeiro lugar, o conhecimento é concebido como uma cópia da realidade externa, portanto a realidade seria a única origem do conhecimento. Segue-se, então, uma posição múltipla que entende o conhecimento como sendo fundamentalmente determinado pelo ponto de vista pessoal, pelo que o "eu" seria a fonte do conhecimento. Este estádio adolescente só seria superado — mas nem sempre — na idade adulta, quando as duas posições extremas opostas, a do absolutismo inicial e a da multiplicidade, são reequilibradas numa posição avaliativa mais estável e complexa (Kuhn *et al.*, 2000). No domínio moral, estas posições epistémicas correspondem a concepções meta-éticas, identificadas como intuicionismo, subjectivismo e trans-subjectivismo (Krettenauer, 2004). O trans-subjectivismo permite integrar a experiência de dissensão moral, relativamente a questões específicas, com a noção de validade universal dos princípios nucleares (Chandler *et al.*, 1990).

Para resumir a discussão sobre a dimensão cognitiva do desenvolvimento moral, pode sublinhar-se que já na infância se adquire a compreensão cognitiva de aspectos constitutivos da moralidade, designadamente a noção de validade categórica das normas e da estrutura da moralidade como fundada em princípios. Durante a adolescência, a cognição moral é potenciada pela expansão de sistemas de conhecimento substantivo e pelas mudanças ontogenéticas na estrutura das competências de raciocínio. No entanto, a moralidade autêntica pressupõe mais do que um determinado tipo de cognição, pressupõe um certo grau de envolvimento motivacional.

4. Motivação moral

A motivação moral compreende diversos aspectos, designadamente: diferentes tipos de razões que motivam a conformidade às normas, a força ou intensidade da motivação moral, a estabilidade da motivação moral ao longo do desenvolvimento e a estrutura da motivação moral.

Há diferentes *razões* ou *preocupações* que motivam a conformidade às normas. As pessoas podem ser guiadas por interesses pessoais, como o interesse básico de evitar punições e receber recompensas. A preocupação com o bem-estar dos outros, ou seja, a empatia transformada em simpatia, também pode ser motivante (Hoffman, 2000). O desejo de manter a integridade pessoal ou de respeitar regras morais pode igualmente justificar uma acção. Na verdade, os interesses estritamente auto-centrados ou egocêntricos são excluídos da classe das motivações morais pela compreensão ética do cidadão comum. Numa perspectiva kantiana, uma motivação será definida como moral, somente se o juízo de um indivíduo se basear numa compreensão do dever moral como imperativo e se a razão motivadora desse comportamento obrigatório estiver intrinsecamente orientada para a conformidade com o dever. Deste modo, a motivação moral é conceptualizada como a intenção dos agentes para fazerem o que julgam ser o melhor — nos limites do seu conhecimento. Esta definição é plenamente consistente com a ênfase cognitiva do modelo de Kohlberg e também com a compreensão comum da moralidade — sob o prisma da qual (segundo a investigação de Walker & Pitts, 1998), a melhor descrição que define uma pessoa moral consiste na sua "preocupação em fazer o bem".

As pessoas diferem na *força da motivação moral*, isto é, na importância que atribuem ao domínio moral. Alguns indivíduos, "moralmente exemplares", querem fazer, sem qualquer hesitação nem dúvida, o que entendem como sendo o bem, mesmo se tal implicar grandes custos pessoais (Colby & Damon, 1992) — de tal modo que a moralidade constitui o núcleo da sua identidade. O outro extremo, diametralmente oposto, é tipificado por pessoas que parecem carecer completamente de sentido moral, ou seja, pessoas que sofrem de patologias do superego (Fonagy *et al.*, 1997) ou verdadeiros oportunistas. A maioria das pessoas situa-se, obviamente, algures neste espaço intervalar que media entre os dois pólos.

A *estabilidade da motivação moral* ao longo da vida pode flutuar e são os sujeitos que se situam nos dois extremos — do maior e menor envolvimento moral — que mostram mais estabilidade. Assim, algumas crianças apresentam comportamento violento desde os primeiros anos de vida e permanecem cronicamente anti-sociais durante a adolescência (Tremblay, 2000)) , verificando-se que alguns destes agressores cometem crimes violentos repetidamente (Fonagy, 2004). No outro extremo, as pessoas "moralmente exemplares" também parecem evidenciar um elevado nível moral ao longo de toda a vida. Entre os dois extremos, há um largo espaço intermédio que permite muita variabilidade e muitos graus medianos de estabilidade.

Outro tipo de diferenças são as que se referem à *estrutura da motivação moral*. As pessoas tendem a seguir normas, devido a uma necessidade disposicional para a conformidade ou devido às injunções de um superego (como é descrito pelas abordagens psicanalíticas), ou ainda, segundo as teorias cognitivas, devido ao modo de conceber a sua base de justificação.

De facto, na investigação MCM, registou-se uma mudança de carácter sócio-histórico na estrutura da motivação moral, ou seja, a maioria dos membros das duas gerações mais velhas mostraram tendências conformistas cristalizadas (especialmente na coorte dos 65-75 anos) ou subordinação a um superego rigidamente controlador (sobretudo na coorte dos 40-50 anos). Os membros da geração mais jovem (entre os 20 e os 30 anos) tendem a regular o seu comportamento através de motivos mais ego-sintónicos, isto é, movidos pelo desejo, explicitamente consciente e voluntário, de determinar o seu estilo de compreensão moral. Este comportamento também se verificou nos participantes do estudo designado LOGIC que, aos 18 anos de idade, responderam aos mesmos questionários (Nunner-Winkler, 2008a). Esta mudança sócio-histórica orientada para uma propensão, mais consciente (já presente entre os sujeitos dos 40-50 anos de idade) e mesmo mais livremente afirmada (entre as gerações mais jovens) para seguir normas corresponde à proliferação de uma ética secular minimalista e às mudanças efectuadas nos estilos de socialização. Os objectivos educativos de ordem, pureza e obediência, predominantes na Alemanha até ao início dos anos 60, diminuíram continuamente. As crianças foram progressivamente integradas nos processos de tomada de decisão no interior das famílias (Reuband, 1997), assumindo o estatuto de "iguais", o que provocou necessariamente uma redefinição da aprendizagem das normas, que deixaram de ser autoritariamente fixadas e transmitidas, para se transformarem em matéria de negociação e de justificação nos processos intrafamiliares de regulação. Deste modo, as crianças crescem e desenvolvem-se actualmente numa atmosfera mais aberta e democrática, em que o condicionamento e as imposições de poder tradicionais são substituídas pela argumentação e pelo exercício negocial.

4.1 Motivação moral na infância

As investigações sobre a compreensão moral no período infantil apresentam resultados inconsistentes. Kohlberg descrevia as crianças como puramente instrumentais; Turiel demonstrava que elas conhecem a validade intrínseca das normas morais; a investigação sobre o altruísmo revelava que as crianças ajudam os outros de modo descentrado e são capazes de partilha. Estas discrepâncias podem proceder de metodologias diferentes no modo de observar e avaliar o comportamento. Com efeito, Kohlberg solicitava aos sujeitos que formulassem recomendações para a acção no contexto de dilemas morais imaginários, enquanto Turiel explorava a compreensão das normas e a investigação relativa ao altruísmo concentrava-se na observação de comportamento espontâneo. Distinguir a compreensão cognitiva da motivação moral pode igualmente esclarecer estas inconsistências. Antes da motivação moral das crianças se desenvolver, elas podem compreender a natureza intrínseca das normas, apesar de darem, no entanto, respostas pragmáticas às questões de Kohlberg e de recomendarem a decisão que lhes parece servir melhor os interesses do protagonista. Por outro lado, ainda que as crianças estejam bastante desejosas de ajudar e de partilhar, talvez aconteça que tais acções ocorram apenas quando estão emocionalmente sensibilizadas. Para clarificar estas questões, é necessário destrinçar o que pertence à operação de medida do conhecimento moral e o que se refere à motivação moral propriamente dita, para seguidamente se poder avaliar a motivação moral em situações em que as inclinações espontâneas colidem com normas morais.

Na investigação designada LOGIC, o desenvolvimento da motivação moral foi estudada, seguindo-se as distinções que acabámos de formular (Nunner-Winkler, 1999, 2005. Apresentaram-se, às crianças de 4, 6 e 8 anos de idade, conflitos morais em que um protagonista do mesmo sexo era tentado a transgredir uma regra para satisfazer um desejo pessoal (por exemplo, ficar com os doces de uma outra criança). Depois de se analisar o conhecimento moral na situação de tentação, mostrava-se o protagonista a transgredir, ou seja, a furtar. Para *avaliar a motivação moral*, perguntava-se às crianças como se sentiria o transgressor e por que se sentiria assim, figurando o número de atribuições de uma emoção moralmente justificada como indicador da força motivacional. Esta medida deriva da teoria cognitiva da emoção, segundo a qual as emoções exprimem juízos referentes à importância subjectiva atribuída a determinados factos (Solomon 1976). Nos conflitos, dois factos são simultaneamente verdadeiros no que respeita ao protagonista: transgrediu uma norma e satisfez um desejo pessoal. Ao atribuir uma emoção ao transgressor, as crianças indicam qual destes dois factos consideram mais significativo.

Em consonância com os resultados obtidos no quadro da teoria dos domínios, as crianças mais novas compreenderam a natureza intrínseca das regras morais. Contudo, uma esmagadora maioria das crianças de 4 anos e mesmo de 6 anos esperava que o transgressor se sentisse bem, porque realizou o seu desejo. Este é um resultado robusto (Nunner-Winkler & Sodian, 1988), pois, desde então, foi replicado inúmeras vezes e denominado "*fenómeno do agressor feliz*" (Arsenio & Kramer, 1992; Arsenio & Lover, 1995; Murgatroyd & Robinson 1993, 1997; Lourenço, 1997; para uma revisão, veja-se Arsenio *et al.*, 2006). A interpretação deste fenómeno permanece, porém, altamente controversa. Alguns autores explicam-no invocando défices cognitivos; ou seja, a criança seria incapaz de compreender emoções ambivalentes. Mas, deste modo, não se explica por que atribuem emoções positivas, não-ambivalentes, aos transgressores. Outros explicam-no através dos procedimentos de avaliação e medição. Nesta linha, Keller e colaboradores (2003) constataram que as crianças atribuem, com mais frequência, emoções negativas a si próprias do que a transgressores hipotéticos. Este dado mostraria a sua sensibilidade moral, enquanto as emoções positivas atribuídas aos protagonistas reflectiria apenas uma tomada de posição cognitiva preditiva. Esta interpretação ignora, no entanto, o facto de que as crianças mais novas tendem a atribuir aos outros as mesmas emoções que esperam sentir numa situação similar, contrariamente às crianças do estádio posterior, que atingem competências de tomada de perspectiva auto-reflexiva (ou seja, a partir dos 6 anos) e que podem guiar as suas auto-atribuições emocionais por critérios de desejabilidade social, pois, chegados a essa idade, todos os sujeitos já sabem que um pecador arrependido é melhor do que um pecador sem remorsos (Nunner-Winkler & Sodian, 1988). Uma outra objecção refere-se à incapacidade de descrever desejos pessoais que contradigam estritamente os deveres morais. Na verdade, ao analisarem uma história (Keller *et al.*, 2003) em que o protagonista (ora identificado com a própria criança ora com uma personagem exterior) quebrava a promessa de jogar ténis com um amigo para ir ver televisão, muitas crianças atribuíam uma emoção negativa a elas próprias, mas uma positiva ao protagonista exterior. Ao pensarem na primeira pessoa, as crianças podem lamentar aquele tipo de decisão por razões pessoais — talvez simplesmente porque preferem jogar ténis a ver televisão. Todavia, se carecerem ainda de motivação moral, as crianças presumem que todos fazem sempre o que mais desejam e, portanto, deduzem da decisão tomada pelo protagonista que este preferia ver televisão e que, assim, se sentiria feliz.

A *interpretação motivacional* de atribuições de emoções amorais é corroborada por diversos dados empíricos. As crianças esperam que as pessoas se sintam bem quando fazem o que querem fazer e que se sintam mal quando não fazem o que querem ou fazem o que não querem (Nunner-Winkler & Sodian, 1988). Numa palavra, as emoções exprimem preferências comportamentais. Na verdade, as atribuições de emoções são bons preditores de comportamentos. De tal modo que se verificou que as crianças que esperavam, consistentemente, que um protagonista se sentisse bem após ter cometido uma transgressão, resistiam, significativamente com mais frequência, a uma tentação real para serem desonestas ou egoístas numa tarefa que envolvia a partilha de recursos escassos (Asendorpf & Nunner-Winkler, 1992). Na mesma linha, observou-se que as atribuições de emoções amorais e a agressividade nas interacções entre pares se encontram correlacionadas e que, de facto, os sujeitos desencadeadores de conflitos demonstram vivenciar emoções positivas (Arsenio *et al.*, 2006; Gasser & Alaskar, 2005).

Se a interpretação motivacional das atribuições de emoções for adequada, então as justificações que as crianças apresentam para as emoções negativas indicam o tipo de compreensão que têm da motivação moral. Daí se depreende, em primeiro lugar, que a motivação moral é *intrínseca* (ou seja, o transgressor sente-se mal, "porque roubou", "porque é mau"), embora as consequências resultantes para o transgressor só fossem raramente mencionadas. Em segundo lugar, a motivação moral revela-se *formal*, pois, embora as justificações para a validade das normas variasse adequadamente segundo as situações (por exemplo: numa dada situação, partilhar era considerado obrigatório por motivos de justiça, ao passo que noutra dependia de razões altruístas), essas diferenças não se reflectiam nas justificações dadas para as emoções negativas dos transgressores (isto é, as crianças repetiam invariavelmente que o protagonista se sentia mal, porque "fez mal" e porque "devia ter partilhado"). Tal significa que os juízos morais eram contextualizados, ainda que as justificações das atribuições emocionais reflectissem uma disposição puramente formal para fazer o que se julga ser correcto em determinadas circunstâncias, ou seja, em termos gerais, a motivação moral está intimamente ligada com o raciocínio moral. Em terceiro lugar, a motivação moral constitui um *desejo de segunda ordem* (Frankfurt, 1988): um desejo, porque as emoções negativas são explicadas, não em termos de culpa ou vergonha, mas de dor e de tristeza (Hascher,1994), e mais especificamente um desejo de segunda ordem, porque pressupõe que o sujeito tome consciência dos seus desejos espontâneos (de primeira ordem) e se concentre apenas naqueles que concordam com normas morais. Esta interpretação decorre dos dados que evidenciam o facto de muitas crianças atribuírem emoções positivas tanto a personagens moralmente correctos como a personagens transgressores: a criança acredita que ambos se sintam bem ao seguirem as suas inclinações espontâneas. Embora seja bom agir de acordo com inclinações altruístas, esse comportamento nem sempre indica uma motivação moral. Portanto, a motivação moral só poderá ser avaliada com fidelidade quando os conteúdos normativos contradizem os desejos espontâneos ou de primeira ordem.

Em suma, os dados aqui sumariados suportam a tese que concebe o desenvolvimento moral como um processo duplo. Num primeiro processo universal, as crianças adquirem uma compreensão cognitiva adequada da validade intrínseca das regras morais. Num segundo processo diferencial, as crianças começam a construir a motivação moral. As crianças variam no ritmo e no grau em que realizam este segundo processo de aquisição. No entanto, importa sublinhar que aquelas que começam a atribuir um significado pessoal às questões morais fazem-no por razões intrínsecas.

4.2. Motivação moral na adolescência

Na investigação LOGIC, procedeu-se à reavaliação da intensidade da motivação moral de 152 sujeitos (dos 176 participantes iniciais), quando estes tinham 18 e 23 anos de idade, através de questionários que apresentavam decisões hipotéticas e reacções emocionais em conflitos morais que envolviam questões morais óbvias, embora permitissem uma justificação fácil para a decisão imoral. Perguntava-se, por exemplo: "Supõe que queres vender a tua scooter por 500 euros e que um primeiro cliente vem negociar contigo e fixam o valor de 400. Então, ele explica que tem de ir buscar o dinheiro e que volta dentro de meia hora. Entretanto, aparece um segundo cliente disposto a pagar o preço total. O que farias? Porquê? Como te sentirias? Porquê? Imagina que eras o primeiro cliente: quando regressas com o dinheiro, o vendedor diz-te que já vendeu a *scooter*. Como te sentirias? Porquê?" Dois avaliadores independentes efectuaram a cotação das respostas em função da força ou intensidade da motivação moral (alta, média e baixa), obedecendo aos seguintes critérios: a) utilização de "razões morais *versus* razões pragmáticas" na justificação das decisões (por exemplo: "Esperaria, como tinha prometido" *versus* "Venderia — é a lei do mercado", "Qualquer um faria o mesmo"); b) atribuição emocional ao eu como agente imaginário (por exemplo: "Iria sentir-me bem, seria um excelente negócio!"); c) assimetrias nas atribuições emocionais correlativas ao "eu como transgressor *versus* eu como vítima" que violam o princípio moral básico da imparcialidade (por exemplo, o mesmo sujeito dizer como vendedor: "Sentia-me bem, porque obtinha um grande lucro" e como vítima: "Sentia-me furioso, porque ele tinha prometido esperar"); d) antecipações de juízos morais ou de atribuições emocionais (dizer, por exemplo, como vendedor: "Provavelmente, ia sentir-me mal durante algum tempo"). Utilizaram-se também duas medidas de validação: uma tarefa de avaliação referente a questões morais em que os participantes tinham de avaliar 36 reacções emocionais (tanto morais como imorais) face a uma acção incorrecta e ainda uma tarefa de auto-relato de actos delinquentes ligeiros, realmente cometidos pelos sujeitos. O acordo inter-avaliadores foi elevado e verificaram-se correlações significativas entre as suas avaliações e as respostas dos sujeitos nas duas medidas de validação, isto é, os participantes avaliados como possuindo motivação moral baixa apresentaram correlações elevadas com reacções emocionais imorais e relataram um número significativamente mais elevado de transgressões cometidas.

A análise longitudinal evidenciou um aumento expressivo e contínuo das *médias da população* na força da motivação moral ao longo do tempo, verificando-se, por conseguinte, que a percentagem de sujeitos com motivação moral baixa diminuía de 71%, na coorte dos 5 anos, para 18%, na coorte dos 23 anos. Simetricamente, a percentagem dos sujeitos com motivação elevada aumentava de 14% para 47%. A frequência relativa dos participantes avaliados como tendo uma motivação baixa corresponde aos valores do estudo realizado por Murgatroyd e Robinson (1997), que identificaram, entre a população adulta, cerca de 20% de sujeitos que atribuíram emoções positivas ao transgressor.

Contudo, verifica-se uma elevada variabilidade no que respeita às *trajectórias individuais de desenvolvimento*. Portanto, a motivação moral de um sujeito aos 5 anos de idade não é um bom preditor do seu nível de motivação moral aos 23 anos — apenas cerca de 5% dos sujeitos permanece estável com valores elevados e baixos em motivação moral. Efectivamente, o valor preditivo aumenta à medida que os sujeitos se desenvolvem: 7% permanece estável a partir dos 7 anos de idade, 16% a partir dos 9 e 34% a partir dos 18. Alguns participantes, com um pico na adolescência, vivenciaram um decréscimo na força da motivação moral: foram cerca de 10% entre os 5 e os 7 anos, 22% entre os 7 e os 9, 29% entre os 9 e 18, e 20% entre os 18 e os 23.

4.3. Determinantes da força da motivação moral

As diferenças notáveis na força da motivação moral e a baixa estabilidade ao longo do desenvolvimento exigem uma explicação. Alguns factores determinantes podem ser analisados com os dados recolhidos na investigação LOGIC, outros podem ser identificados na literatura científica. Procuraremos repertoriá-los nesta secção.

Estatuto sócio-económico. O facto dos reclusos das prisões provirem, com mais frequência, de classes sociais desfavorecidas sugere que o nível sócio-económico pode influenciar o comportamento moral. Todavia, ao longo de vários momentos de avaliação, os participantes que frequentavam estabelecimentos educativos de qualidade superior (o que na Alemanha indica um ESE médio/alto) superaram ligeiramente os valores daqueles que frequentavam estabelecimentos regulares, de tal modo que a diferença só foi estatisticamente significativa entre os sujeitos de 5 anos. Portanto, conclui-se que a carência de motivação moral não é um fenómeno exclusivo de classes baixas. Com efeito, a criminalidade de colarinho branco tende a ser menos visível e os transgressores são raramente punidos. Por outro lado, também há estilos relacionais puramente estratégicos que não violam as normas legais.

Sexo. As diferenças ligadas ao género têm sido historicamente enfatizadas (Freud, 1925/ Gilligan, 1982). As mulheres são caracterizadas por se orientarem primordialmente por preocupações de "cuidado" (*care*), enquanto os homens se centrariam na noção de justiça. A biologia evolutiva explica esta diferença em termos de estratégias reprodutivas diferenciais: só aquelas mulheres que cuidam intensamente dos seus filhos podem transmitir eficazmente os seus genes. As teorias psicanalíticas defendem a existência de diferenças precoces que afectam a própria estrutura psíquica: o recém-nascido identifica-se primeiramente com o adulto que cuida da sua sobrevivência (geralmente a mãe) e com esta primeira relação de identificação forma-se uma "sabedoria moral precoce". As crianças do sexo feminino permanecem nesta identificação primária e desenvolvem um "eu relacional", enquanto as crianças do sexo masculino se distanciam dessa identificação durante a crise edipiana e tornam-se "homens", desenvolvendo um "eu autónomo" e neutralizando, assim, a sabedoria moral precoce que as meninas conservam (Gilligan & Wiggins, 1987). As explicações sociológicas centram-se no efeito da divisão social do trabalho: as mulheres (ainda) desempenham papéis familiares complexos, ou seja, papéis "difusos" que implicam a obrigação de cuidar de todas as necessidades de todos os membros da família, enquanto os homens desempenham sobretudo papéis ocupacionais, papéis "específicos" que definem rigorosamente os seus direitos e deveres (Parsons, 1964).

Na investigação LOGIC, as diferenças de género aparecem pela primeira vez entre os sujeitos de 9 anos: as meninas exprimem um nível de motivação moral ligeiramente superior à dos meninos e as diferenças aumentam até aos 18 anos. Este dado não confirma nem uma explicação biologizante nem psicanalítica.

Para testar a explicação sociológica, analisaram-se os estereótipos ligados ao género. Dado que há diferenças moralmente relevantes nas expectativas decorrentes dos papéis relacionados com a identidade de género, estas deveriam influenciar o envolvimento subjectivo com valores morais, especialmente durante a adolescência, o período de formação da identidade (Erikson). Para avaliar os seus estereótipos e identidade de género, solicitava-se aos participantes que se exprimissem quanto ao carácter típico de uma lista de características psicológicas como distintivas de uma "verdadeira mulher" ou de um "verdadeiro homem" e que considerassem a sua desejabilidade para a sua noção subjectiva de um "eu ideal". Em termos gerais, os homens eram descritos como mais assertivos, mais renitentes a admitir as suas fraquezas e auto-centrados, enquanto o perfil das mulheres compreendia mais solicitude, maior disposição para compromissos e para atitudes desinteressadas. Assim, o estereótipo masculino afigura-se mais egocêntrico, enquanto o feminino parece mais conducente à moralidade. Os estereótipos de género exprimem expectativas colectivamente partilhadas, mas as pessoas diferem entre si na importância que atribuem a essas expectativas. A identificação de género dos participantes foi avaliada pelo grau de similitude entre o perfil do "eu ideal" e o "homem verdadeiro", para os sujeitos masculinos, e entre o do "eu ideal" e o da "mulher verdadeira", para os participantes femininos. Não se verificaram quaisquer diferenças significativas na força da motivação moral entre homens e mulheres com uma identificação de género "diminuta". Todavia, entre os sujeitos com identidades de género fortemente definidas, registou-se um número significativamente superior de homens com motivação moral baixa e mais mulheres com motivação moral elevada.

Este efeito negativo da identificação de género na motivação moral dos homens replica os resultados obtidos num estudo sobre Integração Moral (IM) com 200 sujeitos entre os 14 e os 15 anos de idade, devidamente emparelhados em termos de sexo, educação e contexto sócio-político (oriundos tanto de Estados da ex-RDA como da ex-RFA) (Nunner-Winkler et al., 2007). Os estereótipos de género foram examinados através de uma questão aberta: "Os homens e as mulheres diferem entre si por natureza? Se sim, em que aspectos?" Só foram tomadas em consideração as respostas consideradas avessas ou conducentes à moralidade por dois avaliadores independentes. Os participantes tinham de responder numa escala de Likert indicando o grau da diferença percepcionada entre a identidade real deles e a identidade que teriam se fossem uma pessoa do outro sexo. Os estereótipos masculinos revelaram-se predominantemente avessos em relação à moralidade (por exemplo: "Venderiam a avó para progredirem na carreira"), enquanto os estereótipos femininos tinham um conteúdo concordante com a moralidade (por exemplo: "São respeitadoras"). Registou-se uma correlação significativa entre a identificação de género e a motivação moral. Quanto maior for a identificação dos rapazes, maior será a percentagem de sujeitos com motivação moral baixa. Em contraste com os resultados do LOGIC, a identificação de género nas jovens não teve impacto na motivação moral. A razão pode encontrar-se no facto dos participantes, originários de meios educativos mais pobres e dos novos Estados (ex-RDA), que não estavam representados na amostra do LOGIC, serem os portadores de estereótipos femininos significativamente mais críticos do que os participantes de meios educativos elevados e dos antigos Estados (ex-RFA).

Concluindo, durante a adolescência e juventude, os sujeitos constroem a sua identidade, afirmando as orientações axiológicas previamente adquiridas ou assumindo novos compromissos (em relação a papéis sociais, valores, interesses ou princípios). Para os adolescentes com identidades de género fortes, o conteúdo das expectativas dos papéis é relevante. O resultado mais saliente prende-se com a relação simétrica entre expectativas de papéis femininos e comportamento moral, por um lado, e entre papéis masculinos e conflito com normas morais, por outro. Os rapazes que definem a sua identidade em termos de papéis de género podem dar a primazia e conferir normas específicas ao papel masculino, desvalorizando as normas morais universais.

Vinculação. A vinculação precoce entre as crianças e os adultos que propiciam protecção e satisfação de necessidades tem sido considerada da maior importância para o desenvolvimento moral (Bowlby, 1987). De facto, as crianças com uma vinculação segura manifestam, já por volta dos 12 meses, comportamentos mais cooperativos e maior propensão para obedecer às instruções maternas (Ainsworth *et al.*, 1978). Aos cinco anos, estas crianças mostram mais capacidades relacionais de tipo empático ("*committed compliance*", Kochanska *et al.*, 2004). Em contraste, as crianças que experienciaram negligência ou violência exibiram um padrão comportamental mais desobediente na infância e mais desviante durante a adolescência (Sroufe *et al.*, 2005). São diversas as razões que contribuem para esta constelação de correlações. Em primeiro lugar, deve referir-se que as mães que promovem uma vinculação segura nos seus filhos, ao responderem de forma solícita e sensível tanto ao desejo de interacção, como ao desejo de repouso e de não-estimulação, actuam como modelos morais que respeitam as crianças como pessoas e que reconhecem as suas necessidades. Em segundo lugar, a consistência e estabilidade do comportamento materno favorece o desenvolvimento da confiança, que constitui um recurso básico para a moralidade. As crianças com relações emocionais positivas com os seus pais têm maior probabilidade de se identificarem com as suas orientações axiológicas (Sloane, 1985; Freeman, 1993) e, por conseguinte, de acordo com a "teoria do controlo" cometem menos transgressões para não os desiludirem (Hirschi, 1969).

Contudo, a suposta determinação do comportamento moral por um tipo de padrão vinculativo precoce carece de solidez. Por motivos teóricos profundos, Blasi (2006) duvida que a obediência das crianças, principalmente motivada pelo medo e pela ansiedade e, portanto, sem qualquer evidência empírica, possa indicar o surgimento da moralidade. Empiricamente, há diversos estudos que infirmam a hipótese da vinculação como factor determinante da moralidade. Assim, a força preditiva das medidas obtidas com o LOGIC, entre a infância e a juventude, é simplesmente demasiado baixa para justificar a atribuição de um impacto significativo da vinculação infantil. Outros dados, recolhidos na investigação IM (Nunner-Winkler *et al.*, 2006a, 2006b) proporcionam um teste mais directo. Nessa investigação, avaliámos a qualidade da vida familiar, solicitando avaliações globais de experiências da infância e da actualidade através da evocação de episódios narrativos das memórias infantis e questionando os sujeitos relativamente às punições físicas. As respostas foram avaliadas segundo dois conceitos: "empatia" e "controlo". As experiências familiares eram classificadas como positivas, se os pais mostrassem pelo menos atenção emocional suficiente (calor médio/alto) e se conseguissem um bom equilíbrio entre a concessão de liberdade e a definição de limites (controlo médio), e eram classificadas como negativas, se houvesse pouco calor, juntamente com controlos rígidos ou com total ausência de controlo, que, para a criança, poderia significar indiferença. Não se verificou qualquer correlação significativa entre a qualidade das experiências familiares e a força da motivação moral.

Num estudo interessante, apesar de simplesmente exploratório, Blasi (2007) sugere uma explicação teórica para esta ausência de correlação, após ter analisado as biografias de uma pequena amostra de dez "revolucionários morais" que, com grandes custos pessoais, lutaram pelas suas convicções morais universais e contrariaram as orientações axiológicas dominantes do seu tempo; por exemplo: os primeiros abolicionistas (anti--esclavagistas), as líderes feministas e os activistas do Movimentos dos

Direitos Civis nos EUA. Em sete das dez biografias, forneceram-se indicadores explícitos de vinculação insegura. A interpretação proposta é semelhante à da "teoria do controlo": os "revolucionários" podiam persistir no seu envolvimento conflitual sem se sentirem fragilizados por terem de considerar os sentimentos dos seus familiares mais conservadores. Além do mais, numa investigação mais recente, Kochanska e colaboradores (2009) corroboraram os seus dados originais: a vinculação segura, por si só, não actua como factor protector contra comportamento anti-social e disruptivo, pois as crianças de um ano de idade, com vinculação segura e insegura, não diferem significativamente entre si, no que ao comportamento anti-social e disruptivo diz respeito.

No cômputo geral, os dados disponíveis corroboram os postulados teóricos da vinculação. É verdade que as experiências precoces de negligência ou violência colocam as crianças numa situação de maior risco para a desviância (Hopf & Nunner-Winkler, 2007). Todavia, tal facto não permite que se estabeleça qualquer inferência entre as experiências familiares "normais" e o comportamento moral. É também verdade que as crianças com vinculação segura têm maior probabilidade de se identificarem com os valores parentais. No entanto, os pais podem dar mais importância à sua *performance* laboral e ao seu sucesso económico do que à moralidade. De facto, ao avaliarem os objectivos educativos, os pais dos participantes no LOGIC com motivação moral elevada (aos 8 anos) deram mais valor ao "respeito pelos outros", enquanto os pais dos participantes com motivação moral baixa valorizaram preferencialmente o "sucesso profissional". Como será abordado de seguida, não se pode ignorar o facto das experiências não-precoces, ao longo da infância e adolescência, exercerem um impacto notável.

Grupos de pares. Diversas investigações evidenciam que certos grupos juvenis tendem a desenvolver normas específicas que pressionam os membros para diminuirem as suas aspirações académicas, cometerem actos delinquentes, permanecerem leais a determinados movimentos políticos, mesmo se tal exigir uma conduta desviante (Porta, 2002). No nosso estudo (Nunner-Winkler *et al.*, 2008 a, 2008 b), verificámos que o "clima moral" na turma (medido pela percentagem de estudantes que rejeitavam a violência) era um melhor preditor da frequência de actos violentos do que a qualidade da vida familiar. Deste modo, os participantes com más experiências familiares cometiam menos actos violentos em turmas pacíficas do que estudantes com boas experiências familiares em turmas com um nível elevado de aceitação da violência.

Vida comunitária. A consistência das normas no contexto local é de grande importância. Com efeito, registam-se índices mais baixos de delinquência, nas comunidades em que os pais e os educadores consideram a honestidade mais valiosa do que os bons resultados académicos, em que os clubes desportivos premeiam mais a boa conduta do que os troféus e em que os políticos preferem a verdade ao sucesso eleitoral imediato.

Estrutura da motivação moral. O tipo ego-sintónico de motivação moral, muito característico da juventude actual, permite a flexibilidade que — em tempos de crescimento acelerado de nova informação científica — é exigida dos juízos morais que visam minimizar os danos. Por outro lado, também pode ser mais permeável a influências externas de que ao controlo do superego e às disposições de conformidade cristalizada que foram gravadas nas gerações anteriores durante a infância.

5. Conclusão

O modelo de Kohlberg descrevia o desenvolvimento moral como uma diferenciação gradual entre princípios morais de justiça e direitos, por um lado, e questões convencionais, pragmáticas e prudenciais amorais. Em consonância com essa progressão, a compreensão infantil puramente instrumental das normas e dos motivos, centrada no interesse próprio, transforma-se gradualmente na compreensão moral convencional, típica da maioria dos adultos, assente nas regras dominantes e na aceitação social, até atingir eventualmente a compreensão autenticamente moral, orientada por princípios universais, que se reconhece em raros adultos pós-convencionais. A investigação recente evidencia, porém, que todas as crianças, desde muito cedo, compreendem a validade intrínseca das normas morais e dos direitos individuais. A motivação moral é construída num segundo processo de aprendizagem diferencial, embora as crianças que atribuem importância à moralidade sejam guiadas por uma propensão a agir como julgam ser correcto. Noutros termos, as próprias crianças compreendem o aspecto constitutivo da moralidade: o imperativo categórico. Todavia, há progresso moral para além da infância: o desenvolvimento de estruturas de raciocínio, a aquisição de sistemas de conhecimento, a formação e consolidação da motivação moral. Esta descrição "revista e aumentada" do desenvolvimento moral permanece fiel à preocupação central de Kohlberg que se prende com a natureza cognitiva do juízo moral, embora explique também por que algumas dimensões significativas variem de forma independente.

Esta perspectiva aponta uma nova interpretação dos dados relativos aos delinquentes adolescentes que, repetidamente, utilizam níveis muito baixos de juízo moral (para uma revisão da literatura, ver Blasi, 1980 e Stams *et al.*, 2006). Stams e colaboradores (2006, 710) referem-se à "superficialidade e ao egocentrismo do juízo moral imaturo" que se observa nestes adolescentes e jovens. Em termos kohlberguianos, considera-se que a preocupação predominante dos sujeitos delinquentes com os seus interesses egocêntricos constitui uma forma de pensamento imaturo (estádio 1 e 2), mas, segundo o quadro teórico, aqui proposto, esse dado reflecte antes uma falta de motivação moral.

A diferença na interpretação tem uma dimensão prática. Stams e colaboradores (2006) atribuem um impacto causal às competências cognitivas subdesenvolvidas, defendendo que o juízo imaturo "se pode tornar criminogéneo" e recomendando, consequentemente, a realização de estudos orientados para a intervenção que testem a eficácia de "programas de restruturação cognitiva". No entanto, a delinquência pode não ser primariamente um fenómeno cognitivo, pois não exprime uma carência de conhecimento moral — todas as crianças sabem que não se deve roubar nem matar. Além disso, os estilos relacionais puramente estratégicos e instrumentais não pressupõem necessariamente nenhum défice nas competências de tomada de perspectiva. Os comportamentos sofisticados de infidelidade conjugal são uma prova disso. Em suma, o comportamento imoral resulta fundamentalmente da falta de motivação moral. Assim, uma estratégia mais promissora de intervenção poderia ser a monitorização e controlo de factores contextuais. A motivação moral depende da condição moral da comunidade próxima e da sociedade em geral. Os políticos, funcionários públicos, líderes económicos e todos os actores sociais de grande visibilidade e responsabilidade deveriam ser pessoas íntegras. O discurso público deveria condenar a corrupção, denunciar a discriminação e combater o uso privado da violência. No que respeita à vida quotidiana dos adolescentes, dever-se-ia promover a organização das escolas segundo o modelo kohlberguiano das "comunidades justas", em que todos têm o mesmo direito de participação nos processos de tomada de decisão que definem as normas e as sanções válidas na escola. Esta organização democrática inspira-se na reconstrução, proposta por Rawls (1972), da ética secular que fundamenta o tipo moderno de motivação moral: uma disposição intencional e afirmativa de seguir leis auto-determinadas — sendo indubitável que as normas, ao serem objecto de consentimento voluntário, adquirem força coercitiva.

Bibliografia

Aboud, F. (1988). *Children and prejudice*. Oxford, UK: Basil Blackwell.

Adelson, J. (1971). The political imagination of the young adolescent. *Daedalus, Journal of the American Academy of Arts and Sciences: Early Adolescence, 100*(4), 1013-1051.

Ainsworth, M. D. S., Blehar, M. C., Waters, E. & Wall, S. (1978). *Patterns of attachment: A psychological study of the strange situation*. Hillsdale, NJ: Erlbaum.

Arsenio, W. & Kramer, R. (1992). Victimizers and their victims. *Child Development, 63*, 915-927.

Arsenio, W. & Lover, A. (1995). Children's conceptions of sociomoral affect: Happy vitimizers, mixed emotions, and other expectancies. In M. Killen & D. Hart (Eds.), *Morality in everyday life* (pp. 87-128). New York: Cambridge University Press.

Arsenio, W. F., Gold, J., Adams, E. (2006). Children's conceptions and displays of moral emotions. In M. Killen & J. G. Smetana (Eds.), *Handbook of Moral Development* (pp. 87-128). Mahwah, N.J.: Lawrence Erlbaum.

Asendorpf, J. B. & Nunner-Winkler, G. (1992). Children's moral motive strength and temperamental inhibition reduce their immoral tendencies in real moral conflicts. *Child Development, 63*, 1223-1235.

Barden, R. C., Zelko, F. A., Duncan, S. W. & Masters, J. C. (1980). Children's consensual knowledge about the experiential determinants of emotion. *Journal of Personality and Social Psychology, 39*, 968-976.

Blasi, A. (1980). Bridging moral cognition and moral action: A critical review of the literature. *Psychological Bulletin, 88*(1), 1-45.

Blasi, A. (1993). The development of identity: Some implications for moral functioning. In G. Noam & T. E. Wren (Eds.), *The moral self* (pp. 99-122). Cambridge, MA: MIT Press.

Blasi, A. (2007). "Amicus Plato sed magis amica veritas": Bindung bei "moralischen Revolutionären". In C. Hopf & G. Nunner-Winkler (Eds.), *Frühe Bindungen und Moral* (pp. 215-259). Weinheim und München: Juventa.

Bowlby, J. (1987). *Attachment and Loss.* Harmondsworth: Penguin Books.

Chandler, M. (1987). The Othello effect. Essay on the emergence and eclipse of skeptical doubt. *Human Development,* 30, 137-159.

Chandler, M., Boyes, M. & Ball, L. (1990). Relativism and stations of epistemic doubt. *Journal of Experimental Child Psychology, 50,* 370-395.

Chi, M. T. H., Glaser, R. & Rees, E. (1982). Expertise in problem solving. In R. J. Sternberg (Ed.), *Advances in the psychology of human intelligence* (vol. I, pp. 7-75). Hillsdale, NJ: Erlbaum.

Clemence, A., Doise, W., de Rosa, A. S. & Gonzalez, L. (1995). La représentation sociale des droits de l'homme: Une recherche internationale sur l'étendue et les limites de l'universalité. *Journal International de Psychologie, 30,* 181-212.

Colby, A. & Damon, W. (1992). *Some do care: Contemporary lives of moral commitment.* New York: Free Press.

Damon, W. (1997). *The Youth Charter: How Communities Can Work Together to Raise Standards for All Our Children.* New York: Free Press.

Dawkins, R. (1976). *The selfish gene.* Oxford: Oxford University Press.

Dix, T. H. & Grusec, J. E. (1985). Parental attribution processes in the socialization of children. In I. Sigl (Ed.), *Parental belief systems: The psychological consequences for children.* Hillsdale, NJ: Erlbaum.

Dornes, M. (2004). Familiäre Wurzeln der Jugendgewalt. *WestEnd, 1*(1), 75-89.

Dworkin, R. (1978). *Taking Rights Seriously.* Boston: Harvard University Press.

Elkind, D. (1967). Egocentrism in adolescence. *Child Development, 38,* 1025-1034.

Erikson, E. H. (1950). Growth and Crises of the 'Healthy Personality'. In M. J. E. Senn (Ed.), *Symposium on the Healthy Personality.* Suppl. II*: Problems of Infancy and Childhood, Transactions of 4th Conference.* New York: J. Macy, Jr. Foundation.

Fonagy, P. (2004). Personality disorder and violence: A psychoanalytic-attachment theory perspective. In O. Kernberg & H. P. Hartmann (Eds.), *Narzißtische Persönlichkeitsstörungen.* Stuttgart: Schattauer.

Fonagy, P., Target, M., Steele, M., Steele, H., Leigh, T., Levinson, A. & Kennedy, R. (1997). Morality, disruptive behavior, borderline personality disorder, crime and their relationship to security of attachement. In L. Atkinson & K. J. Zucker (Eds.), *Attachment and psychopathology*. New York: Guilford Press.

Frankfurt, H. G. (1988). *The importance of what we care about. Philosophical essays*. Cambridge: Cambridge University Press.

Freeman, J. (1993). Parents and families in nurturing giftedness and talent. In K. A. Heller, F. J. Mönks & A. H. Passow (Eds.), *International handbook of research and development of giftedness and talent* (pp. 669-683). Oxford: Pergamon.

Freud, S. (1972). *Einige psychischen Folgen des anatomischen Geschlechtsunterschieds* [Some psychological consequences of the anatomical distinction between the sexes]. Gesammelte Werke, Band 14: Werke aus den jahren 1925-1931. Frankfurt: Fischer. (Originally published in 1925).

Gasser, L. & Alaskar, F. D. (2005). *Implications of moral emotion attributions for children's social behavior and relationships*. Paper presented at the Meeting of the Jean Piaget Society, Vancouver, Canada.

Gert, B. (1988). *Morality. A new justification of the moral rules*. Oxford: Oxford University Press.

Gibbs, J. C. (2003). *Moral Development and Reality. Beyond the Theories of Kohlberg and Hoffman*. London: SAGE Publications.

Gilligan, C. (1982). *In a different voice: Psychological theory and women's development*. Cambridge, MA: Harvard University Press.

Gilligan, C. & Wiggins, G. (1987). The origins of morality in early childhood relationships. In J. Kagan & S. Lamb (Eds.), *The emergence of morality in young children* (pp. 277-305). Chicago: The University of Chicago Press.

Habermas, J. (1991). *Erläuterungen zur Diskursethik*. Frankfurt: Suhrkamp.

Hascher, T. (1994). *Emotionsbeschreibung und Emotionsverstehen. Zur Entwicklung des Emotionsvokabulars und des Ambivalenzverstehens im Kindesalter*. Münster: Waxmann.

Held, V. (1987). Feminism and moral theory. In E. F. Kittay & D. T. Meyers (Eds.), *Women and moral theory* (pp. 111-128). Totowa, NJ: Rowman & Littlefield.

Helwig, C. C. (1998). Children's conceptions of fair government and freedom of speech. *Child Development, 69*, 518-531.

Helwig, C. C. (2006). Rights, civil liberties, and democracy across cultures. In M. Killen & J. G. Smetana (Eds.), *Handbook of Moral Development*. Mahwah, NJ: Lawrence Erlbaum Ass.

Helwig, C. C., Arnold, M. L., Tan, D. & Boyd, D. (2003). Chinese adolescents' reasoning about democratic and authority-based decision-making in peer, family, and school contexts. *Child Development, 74*, 783-800.

Helwig, C. C. & Kim, S. (1999). Children's evaluations of decision-making procedures in peer, family and school contexts. *Child Development, 70*, 502-512.

Hirschi, T. (1969). *Causes of Deliquency*. Berkeley: University of California Press.

Hoffman, M. L. (2000). *Empathy and Moral Development: Implications for Caring and Justice*. Cambridge, UK: Cambridge University Press.

Hopf, C. & Nunner-Winkler, G. (Eds.). (2007). *Frühe Bindungen und moralische Entwicklung*. München: Juventa.

Kant, I. (1962). *Grundlegung zur Metaphysik der Sitten* [Foundations of the Metaphysics of Morals]. Hamburg: Felix Meiner Verlag. (Originally published in 1785).

Keller, M., Lourenco, O., Malti, T. & Saalbach, H. (2003). The multifaceted phenomenon of 'happy victimizers': A cross-cultural comparison of moral emotions. *British Journal of Developmental Psychology, 21*, 1-18.

Keniston, K. (1968). *Young Radicals - Notes on committed youth*. New York: Harcourt, Brace and World.

Kochanska, G., Aksan, N., Knaack, A. & Rhines, H. M. (2004). Maternal Parenting and Children's Conscience: Early Security as Moderator. *Child Development, 75*(4), 1229-1242.

Kochanska G., Barry R. A., Stellern S. A., O'Bleness J. J. (2009). Early attachment organization moderates the parent-child mutually coercive pathway to children's antisocial conduct. *Child Development, 80*(4), 1288-3000.

Kohlberg, L. (1984). *Essays on moral development:* vol. 2. *The psychology of moral development. The nature and validity of moral stages*. San Francisco: Harper & Row.

Krettenauer, T. (2004). Metaethical cognition and epistemic reasoning development in adolescence. *International Journal of Behavioral Development, 28*(461-470).

Krettenauer, T. & Eichler, D. (2006). Adolescents' self-attributed moral emotions following a moral transgression: Relations with delinquency, confidence in moral judgement and age. *British Journal of Developmental Psychology, 24*, 489-506.

Kuhn, D., Cheney, R. & Weinstock, M. (2000). The development of epistemic understanding. *Cognitive Development,15*, 309-328.

Lourenco, O. (1997). Children's attributions of moral emotions to victimizers: Some data, doubts and suggestions. *British Journal of Developmental Psychology, 15*, 425-438.

Malti, T., Gasser, L. & Buchmann, M. (2009). Aggressive and prosocial children's emotion attributions and moral reasoning. *Aggressive Behavior, 35*(1), 90-102.

Melton, G. B. (1980). Children's concept of their rights. *Journal of Clinical Child Psychology, 9,* 186-190.

Murgatroyd, D. & Robinson, E. (1993). Children's judgement of emotion following moral transgression. *International Journal of Behavioral Development, 16,* 93-111.

Murgatroyd, S. J. & Robinson, E. J. (1997). Children's and Adults' Attributions of Emotion to a Wrongdoer: The Influence of the Onlooker's Reaction. *Cognition and Emotion, 3,* 83-101.

Noelle-Neumann, E. & Köcher, R. (Eds.). (1997). *Allensbacher Jahrbuch der Demoskopie 1993-1997* [Allensbach yearbook of public opinion research 1993-1997] (vol. 10). München: K.G. Saur.

Nucci, L. (2005). Culture, Context and the Psychological Sources of Human Rights Concepts. In W. Edelstein & G. Nunner-Winkler (Eds.), *Morality in Context.* Amsterdam: Elsevier.

Nucci, L. P. & Lee, J. (1993). Morality and personal autonomy. In G. Noam & T. E. Wren (Eds.), *The moral self* (pp. 123-148). Cambridge, MA: MIT Press.

Nucci, L. P. & Turiel, E. (1993). God's word, religious rules, and their relation to Christian and Jewish children's concepts of morality. *Child Development, 64,* 1475-1491.

Nucci, L. P. & Weber, E. K. (1995). Social interactions in the home and the development of young children's concepts of the personal. *Child Development, 66,* 1438-1452.

Nunner-Winkler, G. (1999). Development of moral understanding and moral motivation. In F. E. Weinert & W. Schneider (Eds.), *Individual development from 3 to 12. Findings from the Munich Longitudinal Study* (pp. 253-290). New York: Cambridge University Press.

Nunner-Winkler, G. (2005). Changes in Moral Understanding - An Intergenerational Comparison. In W. Edelstein & G. Nunner-Winkler (Eds.), *Morality in Context.* Amsterdam: Elsevier.

Nunner-Winkler, G. (2008a). From Super-Ego and Conformist Habitus to Ego-Syntonic Moral Motivation. Sociohistoric Changes in Moral Motivation. *European Journal of Developmental Science, 2*(3), 251-268.

Nunner-Winkler, G. (2008b). Moral Motivation from Childhood to early Adulthood. In W. Schneider & M. Bullock (Eds.), *Human Development from Early Childhood to Early Adulthood: Findings from a 20 Year Longitudinal Study* (pp 91-118). New York: Psychology Press.

Nunner-Winkler, G., Meyer-Nikele, M. & Wohlrab, D. (2007). Gender differences in moral motivation. *Merrill Palmer Quarterly, 53* (1), 26-52.

Nunner-Winkler, G., Meyer-Nikele, M. Wohlrab, D. (2006a). *Integration durch Moral. Moralische Motivation und Ziviltugenden Jugendlicher.* Wiesbaden: Verlag für Sozialwissenschaften.

Nunner-Winkler, G., Meyer-Nikele, M. Wohlrab, D. (2006b). Moral Development. In W. S. Schneider (Ed.), *The Munich Longitudinal Study on the Genesis of Individual Competences (LOGIC) - Report 14: Assessment Procedures and Results of Wave 11* (pp. 100-118). München: Max Planck Institut für Kognitions- und Neurowissenschaften.

Nunner-Winkler, G. & Nikele, M. (2001). Moralische Differenz oder geteilte Werte? Empirische Befunde zur Gleichheits-/Differenz-Debatte. In B. Heintz (Ed.), *Geschlechtersoziologie* (Vol. Sonderband 41/Kölner Zeitschrift für Soziologie und Sozialpsychologie, pp. 108-135). Wiesbaden: Westdeutscher Verlag.

Nunner-Winkler, G. & Sodian, B. (1988). Children's understanding of moral emotions. *Child Development, 59*, 1323-1338.

Parsons, T. (1964). *The social system*. London: The Free Press of Glencoe.

Piaget, J. (1932). *The moral judgment of the child*. Harmondsworth: Penguin Books.

Piaget, J. & Inhelder, B. (1977). *Von der Logik des Kindes zur Logik des Heranwachsenden*. Freiburg.

Porta, D. d. (2002). Gewalt und die Neue Linke. In W. Heitmeyer & J. Hagan (Eds.), *Internationales Handbuch der Gewaltforschung* (pp. 479-500). Wiesbaden: Westdeutscher Verlag.

Power, G., Higgins, A. & Kohlberg, L. (1986). *Democracy and schooling*. New York: Columbia University Press.

Putnam, H. (1995). *Words and life*. Cambridge, MA: Harvard University Press.

Rawls, J. (1972). *A theory of justice*. Oxford: Oxford University Press.

Reuband, K. H. (1997). Aushandeln statt Gehorsam. Erziehungsziele und Erziehungspraktiken in den alten und neuen Bundesländern im Wandel. In L. Böhnisch & K. Lenz (Eds.), *Familien. Eine interdisziplinäre Einführung* (pp. 129-153). München: Juventa.

Rucht, D. (2002). Gewalt und neue soziale Bewegungen. In W. Heitmeyer & J. Hagan (Eds.), *Internationales Handbuch der Gewaltforschung*. Wiesbaden: Westdeutscher Verlag.

Schneider, W. & Bullock, M. (Eds.). (2009). *Human Development from Early Childhood to Early Adulthood*. New York: Psychology Press.

Schneider, W., Gruber, H., Gold, A. & Opwis, K. (1993). Chess expertise and memory for chess positions in children and adults. *Journal of Experimental Child Psychology, 56*, 328-349.

Selman, R. L. (1980). *The growth of interpersonal understanding*. New York: Academic Press.

Selman, R. L. & Byrne, D. F. (1974). A structural-developmental analysis of levels of role taking in middle childhood. *Child Development, 45*, 803-806.

Sloane, K. (1985). Home influence on talent development. In B. S. Bloom (Ed.), *Developing talent in young people* (pp. 439-476). New York: Ballantine Books.

Smetana, J. G. (2006). Social-cognitive domain theory: Consistencies and variations in children's moral and social judgements. In M. Killen & J. G. Smetana (Eds.), *Handbook of Moral Development*. Mahwah, NJ: Erlbaum.

Snarey, J. (1985). Cross-cultural universality of socio-moral development: A critical review of Kohlbergian research. *Psychological Bulletin, 97,* 202-232.

Solomon, R. C. (1976). *The passions*. Garden City: Anchor Press.

Sroufe, A. L., Egeland, B., Carlson, E. A. & Collins, A. W. (2005). *The development of the person. The Minnesota study of risk and adaption from birth to adulthood*. London: The Guilford Press.

Stams, G. J., Brugman, D., Dekovic, M., Rosmalen, L. v., van der Laan, P. & Gibbs, J. C. (2006). The Moral Judgement of Juvenile Delinquents: A Meta-Analysis. *Journal of Abnormal Child Psychology, 34,* 697-713.

Tremblay, R. (2000). The development of aggressive behavior during childhood: What have we learned in the past century? *International Journal of Behavioral Development, 24,* 129-141.

Turiel, E. (1983). *The development of social knowledge. Morality and convention*. Cambridge: Cambridge University Press.

Turiel, E. (2006). Thoughts, emotions and social interactional processes in moral development. In M. Killen & J. G. Smetana (Eds.), *Handbook of Moral Development*. Mahwa, NJ, London.

Turiel, E. & Wainryb, C. (1998). Concepts or freedom and rights in a traditional, hierarchically organized society. *British Journal of Developmental Psychology, 16,* 375-395.

Weber, M. (1956). Der Beruf zur Politik [The profession of politics]. In M. Weber (Ed.), *Soziologie, Weltgeschichtliche Analysen. Politik* (pp.167-185). Stuttgart, Germany: Kröner.

Weinert, F. E. & Schneider, W. (1999). *Individual development from 3 to 12. Findings from the Munich Longitudinal Study*. New York: Cambridge University Press.

Wimmer, H. & Perner, J. (1988). Beliefs about beliefs: Representation and constraining function of wrong beliefs in young children's understanding of deception. *Cognition, 13,* 103-128.

Wittgenstein, L. (1984). *Philosophische Untersuchungen*. Frankfurt: Suhrkamp.

Youniss, J. (2009). When morality meets politics in development. *Journal of Moral Education, 38*(2), 129-144.

14

Tomada de decisão na adolescência: do conflito à prudência

Miguel Oliveira & Lúcia G. Pais

> "Se a infelicidade dos nossos pobres for causada não pelas leis da natureza, mas pelas nossas instituições, grande é o nosso pecado."
>
> Darwin (1839/2004, p. 526)

Introdução

Boa parte daquilo que se afirma sobre as capacidades dos adolescentes para tomar decisões acertadas baseia-se no pressuposto de que eles não possuem, ainda, as ferramentas necessárias suficientemente desenvolvidas e afinadas para o fazer. É vulgar dizer-se que formulam juízos apressados, que não pensam pois têm as emoções à flor da pele, que não têm suficiente e diversificada experiência para decidir sobre certos assuntos. Ainda não têm idade para... Na busca que os adolescentes fazem de uma identidade e de um lugar próprio entre os demais, eles são muitas vezes caracterizados como estando, permanentemente, numa atitude de desafio perante a autoridade, seja ela personificada pelos progenitores, pelos professores, pelas próprias figuras representantes da autoridade ou, mesmo, pelos seus pares. Até onde conseguirão chegar? Como poderão distinguir-se, realmente, do outro?

No decurso deste processo, concomitante a transformações diversas ao nível do corpo — com tudo o que implicam, quer em termos anatomo-fisiológicos (ver abaixo *Psicologia do Desenvolvimento, Neurociências e Adolescência*) quer em termos de representação de si (Steinberg & Morris,

2001) — os adolescentes experimentam, muitas vezes, a impressão de só eles conseguirem ver as coisas daquela maneira particular, de não serem compreendidos. As explicações que apresentam para os seus actos, pensamentos e sentimentos, transformam-se, entretanto, a cada nova experiência por que passam. Eles são vistos, frequentemente, a assumir riscos desnecessários ao adoptar certos comportamentos como forma de se inserirem ou serem reconhecidos num grupo. Os actos transgressivos, por exemplo, podem ser aqui enquadrados. Sunstein (2008) refere que beber excessivamente, usar drogas, praticar sexo sem protecção, fumar e conduzir sem cuidado, são comportamentos que muitos adolescentes protagonizam e que podem originar problemas sérios para o resto da vida e, mesmo, a morte prematura de alguns (Patton et al., 2009). Estes riscos constituem um quadro de vulnerabilidade específico e objectivo dos adolescentes (cf. Fischhoff, Downs & de Bruin, 1998) e correspondem, em grande parte, às modalidades de "contacto" com o sistema judicial na sua forma inicial ou recidivante (Steinberg, 2009).

Trata-se, pois, de uma questão importante para o desenvolvimento de políticas dirigidas à adolescência, a de compreender como os adolescentes apreendem a realidade em que se movem, como a percebem e como, na decorrência disto, tomam a decisão de realizar, ou não, uma acção de risco. Como sustentam Fischhoff e colaboradores (1998, p. 78), quanto às possibilidades de intervenção para a redução da vulnerabilidade objectiva dos adolescentes, "as 'melhores' intervenções são as que têm maior possibilidade de mudar algo que, por sua vez, trará uma diferença desejada. Neste caso, a diferença almejada é a redução da vulnerabilidade dos adolescentes". Esta questão assume particular relevo nos casos em que se encontram envolvidos em acções criminais. No domínio da intervenção, os técnicos, muitas vezes, mais não fazem do que replicar os modos de funcionamento que foram colocados em causa por comportamentos que, de algum modo, fugindo à regularidade do quotidiano, levaram os adolescentes ao contacto com o sistema de administração da justiça [1]. Isto

---

[1] É de referir que as intervenções junto de jovens adolescentes no sentido de contrariar este quadro de vulnerabilidade leva alguns investigadores a considerar que os verdadeiros motivos das intervenções, no que toca à parte dos adultos, não oferecem maior clareza do que os dos próprios jovens: "tal como os adolescentes, os adultos podem ser guiados por motivos complexos. Certamente querem proteger os adolescentes a seu cargo. Contudo, podem também ser ameaçados pela

levanta o problema da pressão que o *status quo* sociopolítico exerce na configuração das intervenções, enformando-as, impondo uma normatividade desligada das possibilidades de eficácia mínimas, seja por afastamento da matriz que resulta das condições socioeconómicas no terreno (*e.g.*, emprego, rendimento *per capita*, etc.), seja pelas condições institucionais (*e.g.*, familiares, educacionais, de saúde), seja ainda pelas características de comportamentos grupais e individuais. Mas também, cremos, pelo défice de informação científica sustentada em dados empíricos gerados por investigação fundamental (*e.g.*, Psicologia do Desenvolvimento, Juízo e Tomada de Decisão, Economia) e por investigação aplicada especificamente direccionada (*e.g.*, Percepção de Riscos em Adolescentes). Só para citar um exemplo, muito do conhecimento que se refere à percepção de risco dos adolescentes nos Estados Unidos da América (EUA) tem já dezenas de anos e conta com vastas equipas de recolha e tratamento de dados (*e.g.*, é o caso dos *National Longitudinal Surveys* administrados pelo *Bureau of Labor Statistics* desde, pelo menos, 1968; vd. *Bureau of Labor Statistics*, 2009) que resultam em programas de intervenção passíveis de avaliação de eficácia própria e de validação ou não dos dados e do enquadramento que levou à sua recolha (Fischhoff *et al.*, 1998).

Na intersecção do desenvolvimento e da tomada de decisão

O tema deste capítulo de síntese versa sobre um problema complexo que certamente atravessa um espectro largo de saberes e práticas (*e.g.*, Direito, Medicina, Psicologia, Economia, Serviço Social, Política). Abraçamos, cremos que com benefício acrescido, um ponto de vista que emerge da evolução recente e convergente de duas disciplinas num ponto: Juízo e Tomada de Decisão e Psicologia do Desenvolvimento na Adolescência. Sem dúvida vastíssimas nos seus campos teóricos e de investigação permitem, contudo, uma problematização a todos os títulos interessante. Referimo-nos à ruptura que estabelece com a visão estereotipada da

---

crescente independência desses jovens ou admitir com relutância que o mundo não garante realmente fama e fortuna aos jovens que seguem as regras (fazem os trabalhos de casa, mantêm-se celibatários, abstêm-se de fumar, etc.). Como resultado, intervenções ingénuas podem ameaçar os mitos de beneficência e omnipotência próprios dos adultos" (Fischhoff *et al.*, 1998, p. 78).

adolescência, designadamente a percepção de que existem limitações cognitivas e imaturidade emocional normativas para o período de desenvolvimento chamado adolescência. E, no entanto, o adolescente (num período de cerca de cinco anos que vai dos 12 aos 17 anos de idade) está dotado, do ponto de vista da maturação cerebral, das estruturas necessárias ao bom raciocínio (que sustentam o funcionamento da memória de curto prazo, da atenção) e daquelas que permitem a avaliação emocional / afectiva dos acontecimentos que experienciam (Casey, Tottenham, Liston & Durston, 2005; Casey, Getz & Galvan, 2008; Luna & Sweeney, 2001; Luna, 2009, capítulo neste livro; Spear, 2000). Ainda assim, apesar da plena capacidade de tais estruturas tomadas isoladamente, a sua integração funcional parece ser incipiente, nomeadamente entre as áreas associadas à sinalização das recompensas (corpo estriado) e certas áreas associadas à inibição das respostas (no córtex pré-frontal) (*vd.* Figs. 2 e 3 em *Maturação Cerebral e Desenvolvimento* mais abaixo). Para alguns autores (*e.g.*, Luna & Sweeney, 2001; *vd.* também Luna, 2009, capítulo neste livro), este facto poderia explicar: (1) a racionalidade ao nível do padrão adulto aferida pela capacidade de deliberação e a avaliação afectiva dos riscos que o funcionamento cognitivo pleno permite; (2) a instabilidade dos mecanismos inibitórios; e, (3) a falta de experiência em geral [2]. Esta, suportada na maturação daquelas estruturas e suas conexões a ritmos diversos, fará vingar um uso preponderante da intuição (Plessner, Betsch & Betsch, 2008) ou de "essências" ou representações sumárias (*gist* [3]) (Rivers, Reyna & Mills, 2008) relativas às situações concretas de risco. Esse uso transforma gradualmente o comportamento de busca de riscos num comportamento mais prudencial, caracterizado pelo evitamento do risco, padrão da idade adulta. Este é o padrão que, as mais das vezes,

---

[2] Por exemplo, para ter experiência dos malefícios do tabaco é preciso experimentar fumar: Slovic, 2001; Slovic, Finucane, Peters & McGregor, 2007; *ceteris paribus* para o sexo sem protecção: Savin-Williams & Diamond, 2004; a condução sob o efeito do álcool: Nygaard, Waiters, Grube & Keefe, 2003; Stacy, Bentler & Flay, 1994.

[3] *Gist* corresponde à representação mental que preserva a configuração e o significado essencial de uma dada situação e que se instancia em informação de natureza verbal, numérica, figurativa. Os pormenores das situações são representações mentais chamados *verbatim* e correspondem a detalhes informativos de baixo nível cognitivo (*e.g.*, a cor em que um texto está escrito ou as palavras textuais de uma frase) (cf. Rivers *et al.*, 2008).

avulta como modelo último de racionalidade consagrado nas diversas alterações que a Teoria da Decisão veio a sofrer, especialmente depois da sua axiomatização se ter concretizado na *Teoria dos Jogos* de von Neumann e Morgenstern (1944).

É numa brevíssima incursão histórica que iremos percorrer um dos eixos de evolução teórica sobre a tomada de decisão.

Tomada de decisão — do normativo ao descritivo

Não é aqui o lugar para fazer uma síntese da moderna Teoria da Decisão (*vd.* Oliveira & Alves, 2004; Oliveira, 2005). Uma vez axiomatizada na Teoria dos Jogos, a Teoria da Decisão adoptou plenamente o princípio da Maximização da Utilidade Esperada, dez anos mais tarde estendida à Utilidade Subjectiva Esperada (Savage, 1972). Esse princípio estipula que qualquer juízo ou decisão se pode aferir relativamente a um modelo universal de racionalidade conhecido por Expectância x Valor (*EV*). Sumariamente, todo o decisor racional numa situação de incerteza decide escolhendo, de entre as alternativas possíveis, aquela que resulta da multiplicação do seu valor de utilidade pelo da sua probabilidade, maximizando a utilidade (*e.g.*, prazer, ganho, vantagem) ou minimizando a desutilidade (*e.g.*, desprazer, perda, desvantagem) (*vd.* Mongin, 1997). Desde o seu início, porém, a formalização estrita da decisão estabelecida como cânone racional foi desafiada pela proposta de uma Tomada de Decisão Comportamental (*Behavioral Decision Making*) orientada por princípios descritivos do comportamento (Edwards, 1954; Simon, 1955). Basicamente, esta proposta questiona a plausibilidade de um agente decisor com capacidades demónicas (*e.g.*, memória, atenção, tempo, cálculo, etc.) (Gigerenzer & Selten, 2001). Imerso no seu ambiente o sujeito escolhe, com as suas limitações cognitivas e físicas, o prospecto que lhe permite atingir um grau de satisfação suficiente (*satisficing*) (Simon, 1990) e não o que maximiza a utilidade esperada. A racionalidade decorre assim de um princípio comportamental, assente na funcionalidade adaptativa que o decisor ensaia ao tomar a decisão a partir da melhor / possível representação que a função cognitiva / afectiva lhe oferece da estrutura física e psicossocial do seu meio: trata-se de uma racionalidade ecológica (Gigerenzer, 2001).

Marcada, por anomalias severas à Maximização da Utilidade Esperada (*e.g.*, paradoxos de Allais e de Ellsberg; para uma descrição, *vd.*

Oliveira, 2005), a história da Teoria da Decisão regista um conjunto importante de tentativas de resolução das mesmas ainda num quadro normativo. Entretanto, tais propósitos saldaram-se num progressivo enfraquecimento formal (*e.g.*, Machina, 1987, 1990; *vd.* Starmer, 2000, para uma revisão). A par destas tentativas, outras enveredaram pela descrição comportamental da decisão mantendo a ideia da Racionalidade Limitada proposta por Simon (1990; Gigerenzer & Selten, 2001; Kahneman, 2003; *vd.* Klaes & Sent, 2005, para uma revisão histórica). Neste quadro, destacaram-se três grandes programas de investigação oriundos da Psicologia com diversas tradições e metodologias que viriam a confirmar um complexo de problemas que mantém a racionalidade da decisão irredutível ao princípio da Maximização da Utilidade Subjectiva Esperada (Shafir & LeBouef, 2002; Tetlock & Mellers, 2002).

Todos estes esforços contribuíram para descrever empiricamente e modelar comportamentos de decisão em condições de incerteza, demarcando-os face ao princípio da Utilidade Subjectiva Esperada. É o caso da Teoria dos Prospectos (Kahneman & Tversky, 1979). Primeiro com o estabelecimento de um princípio psicofísico da percepção da probabilidade: diferenças perceptíveis entre probabilidades em relação a um determinado ponto de referência (possibilidade/impossibilidade). Este princípio determina uma variação perceptiva que oscila entre a subestimação de probabilidades moderadas e elevadas e a sobrestimação de probabilidades reduzidas. Depois com a determinação de um ponto de referência no que toca aos valores, estabelecidos em relação a um determinado *status quo* (financeiro, emocional, etc.) e não pelas consequências de uma escolha de alternativas. A possibilidade de modelar as atitudes genéricas face ao risco (aversão às perdas, propensão para o risco) num quadro de controlo experimental que testa os princípios da Maximização da Utilidade Esperada, não se esgotou no apontar de anomalias. Esta teoria propôs que os processos de tratamento da informação inerentes à percepção dos problemas de decisão explicariam as inconsistências comportamentais (*e.g.*, efeitos de *framing* [4]): enquadramento e edição de informação, que correspondem a

---

[4] Por exemplo, os efeitos de *framing* ou enquadramento em que diferentes descrições das mesmas opções de escolha determinam diferentes representações de valor dos prospectos, em termos de ganhos e perdas e probabilidades associadas, aferidos em relação aos respectivos pontos de referência, determinando diferentes escolhas.

operações cognitivamente menos onerosas desembocando em simplificações representacionais desses mesmos problemas.

A simplificação representacional associada a processos de tratamento de informação mais leves não mais deixou de ressoar no panorama da descrição comportamental e cognitiva da tomada de decisão. Tal foi o caminho que Kahneman e Tversky (Kahneman, Slovic & Tversky, 1982), entre muitos outros, assumiram. Na senda do trabalho de Ward Edwards (1954), que lançara um programa de ciência psicológica da decisão (*vd.* Weiss & Weiss, 2009), também ele inspirado na ideia de Racionalidade Limitada (Simon, 1955), Tversky e Kahneman (1974) estabeleceram o princípio da heurística como processo básico de inferência probabilística nos seres humanos. Com efeito, o programa das *Heurísticas e Enviesamentos* produziu abundantes dados empíricos sobre a particular tendência simplificadora com que o ser humano processa a informação quando decide e forma juízos sobre o futuro, levando-os a afirmar que

> as pessoas baseiam-se num número limitado de princípios heurísticos que reduzem as tarefas complexas de avaliar probabilidades e prever valores a operações de julgamento mais simples. Em geral, estas heurísticas são bastante úteis, mas por vezes conduzem a erros severos e sistemáticos [os enviesamentos]" (Tversky & Kahneman, 1974, p. 1124).

O esforço notável de investigação empírica e denodo teórico, permitiram a Kahneman e Tversky produzir evidência de suporte a 12 enviesamentos decorrentes de três heurísticas (Tversky & Kahneman, 1974; Kahneman & Tversky, 1996) que, no seu conjunto, reputam as qualidades comportamentais do ser humano adulto normal como inelutavelmente condenadas ao erro. Todavia, este programa foi duramente criticado por diversos investigadores (Anderson, 1991; Gigerenzer, Todd & ABC Group, 1999), dada a instabilidade da noção de heurística e a assimilação entre "enviesamento" e "desvio à norma" uma vez que este último decorre de uma heurística que funciona à margem da norma, seja ela a Teoria das Probabilidades ou a Lógica (cf. Oliveira, 2007).

A preocupação com os processos que subjazem à tomada de decisão não se esgotou neste programa. A tentativa de capturar tais processos tornando-os modelizáveis corporizou-se num outro programa conhecido como Teoria do Juízo Social. Devida a Kenneth Hammond (1996, 2000; Brehmer, 1988; Cooksey, 1996), esta teoria descreve a Tomada de Decisão como resultante de processos cognitivos que suportam os comportamentos de escolha, de que o modelo da lente de Egon Brunswik (1955) e o método estatístico da Regressão Linear Múltipla estabelecem a estrutura e funcionamento. As relações entre previsões ou juízos de probabilidade relativos a pistas proximais (*e.g.*, nuvens no céu) e um determinado critério de escolha distal (*e.g.*, chove / não chove), com quem mantêm uma certa correlação no ambiente, estatisticamente representada na mente de um sujeito, constituem "políticas de juízo" e, consequentemente, objectos a "capturar" na psicologia dos juízos lineares (Brehmer, 1994). Assim, os modelos de juízo ou políticas são construídos por intermédio da comparação quantitativa das relações entre o modelo objectivo, medido estatisticamente na ecologia, e o modelo ou modelos mentalmente representados, quer pela análise do desempenho efectivamente realizado pelo sujeito quer pelo desempenho de um conjunto ou conjuntos de sujeitos.

A par com o programa das Heurísticas e Enviesamentos, esta via reforçou o enfoque quase exclusivo no funcionamento cognitivo envolvido nas tarefas de juízo e decisão, concebido enquanto processamento de informação (Massaro & Cowan, 1993). Neste quadro, por exemplo, a linha de pesquisa "esforço cognitivo / precisão" (Bettman, Johnson & Payne, 1990; Payne, 1982; Payne, Bettman & Johnson, 1993) traduziu-se no estudo dos passos ou etapas intervenientes na tomada de decisão e numa metodologia — sondagem de processos — supostamente sensível à identificação dos padrões comportamentais de busca e uso activo da informação disponibilizada, bem como da sua relação com as escolhas efectuadas (Payne, 1980). Os elementos contextuais e de tarefa (*e.g.*, número de dimensões ou atributos e alternativas) passaram a ser, então, pontos de interesse das medidas, alcançando estatuto próprio nos modelos de decisão (*vd*. Payne et al., 1993; *vd*. Oliveira & Alves, 2004).

De entre as diversas consequências directas destes desenvolvimentos descritivos do comportamento de decisão destacamos duas que têm, hoje, forte impacto no modo como entrevemos os critérios que permitem definir a qualidade (racionalidade) das decisões. Por um lado, o enfoque quase exclusivo numa perspectiva cognitiva da tomada de decisão, excluindo elementos de natureza emocional ou afectiva — que, não obstante, estiveram na mira de alguns investigadores da área económica, como foi o caso da Teoria do Arrependimento (Bell, 1982; Loomes & Sudgen, 1982). Por outro, a orientação baseada no pressuposto da irracionalidade última dos resultados dos processos de decisão. Em conjunto configuram um quadro que viria a ser confrontado recentemente com uma perspectiva que opera uma alteração da noção de heurística e que propõe um novo papel do afecto na mecânica dos processos de juízo e tomada de decisão.

Tal como afirmam Slovic, Finucane, Peters e MacGregor (2002, pp. 25-26), a propósito do papel do afecto da tomada de decisão, "embora [este] tenha, de há muito, desempenhado um papel chave em muitas teorias do comportamento, raramente tem sido reconhecido como uma componente importante nos domínios do juízo humano e da tomada de decisão". Contudo, apesar deste vaticínio, pode hoje afirmar-se que se assistiu "a uma explosão de interesse no papel das emoções na tomada de decisão" (Loewenstein & Lerner, 2003, p. 619).

É neste quadro que assenta a recente proposta da existência de uma heurística afectiva (Slovic *et al.*, 2002) [5]. Fazendo uso de um considerável acervo de evidência empírica convergente, estes autores sustentam a hipótese de que o grau de confiança atribuído a avaliações afectivas de estímulos ou situações (bom / mau; positivo / negativo) se deve a algumas das suas propriedades ou dimensões que favorecem ou constrangem o modo como uma avaliação crítica é feita. Sucintamente,

> a hipótese da "heurística afectiva" é a de que: (1) as imagens evocadas por qualidades salientes dos estímulos (...) são confrontadas com o reservatório afectivo [6]; (2) desta consulta resultam avaliações afectivas utilizadas como pistas para muitos dos nossos juízos e decisões; (3) a maior ou menor facilidade com que as imagens evocadas se prestam a uma avaliação no "reservatório afectivo" determina o grau em que influenciam o juízo ou decisão — de acordo com um princípio de "avaliabilidade" (Hsee, 1996), que prolonga no domínio afectivo a relação directa conhecida entre a precisão de uma informação e a importância (peso) do seu contributo para um

---

[5] O prémio Nobel da Economia de 2002, Daniel Kahneman (2003, p. 710) reputa a proposta da Heurística Afectiva como sendo "provavelmente o maior desenvolvimento no estudo das heurísticas de juízo nas últimas décadas".

[6] Imagens associadas a estímulos (*e.g.*, palavras como "cancro" ou "euromilhões"), rotuladas afectivamente, são produtos das trajectórias de aprendizagem da vida individual do decisor e constituem repertórios afectivos (*affective pool*) associados a imagens evocadas quando uma avaliação é necessária para produzir um juízo ou tomar uma decisão (Slovic, Finucane, Peters & MacGregor, 2004; Slovic Finucane, Peters & MacGregor, 2005; Slovic *et al.*, 2007).

juízo integrado (Anderson, 1981); (4) variando as características salientes do estímulo em função da tarefa e do sujeito, este mecanismo enquadra muita da labilidade das nossas preferências (Oliveira, 2007, p. 81).

As avaliações a que se referem Slovic e colaboradores (2007) seriam geridas por um Sistema Experiencial caracterizado por processamento rápido, automático, sem esforço, associativo, implícito, tendente à formação de hábitos, que coexistiria com um Sistema Deliberativo ou Analítico de regime lento, serial, de esforço, as mais das vezes consciente e deliberadamente controlado, tendente a ser flexível e governado por regras (Epstein, 1994; Kahneman, 2003; *vd.* Quadro 1).

Quadro 1. Dois sistemas – experiencial e analítico – responsáveis por diferentes modalidades de processamento de informação (adaptado de Epstein, 1994) [7]

Experiencial	Analítico
Afectivo: orientado para prazer/dor	Lógico: orientado pela razão
Conexões por associação	Conexões por avaliação lógica
Comportamento mediado por sentimentos de experiências passadas	Comportamento mediado por apreciação consciente dos eventos
Realidade codificada em imagens concretas, metáforas e narrativas	Realidade codificada em símbolos abstractos, palavras e números
Processamento rápido: orientado para a acção imediata	Processamento lento: orientado para a acção diferida
Validade auto-evidente: "experimentar é acreditar"	Requer justificação por via lógica e através de evidência

O ponto de vista prescritivo

Todos estes programas de investigação contribuíram para estabelecer um conjunto de critérios normativos e descritivos, ou seja, de adequação a condições lógicas ou de coerência, psicológicas e físicas ou de correspondência, qualificativas da racionalidade das decisões. Todavia, um problema

---

[7] Ver também Epstein (2008, Tabela 2.2) e ainda, Kahneman (2003, Fig. 1) em que o sistema experiencial é o Sistema 1 e o Analítico o Sistema 2.

emerge do confronto dos dois princípios normativo e descritivo que serviria os propósitos do estabelecimento daquilo que, sendo ou não racional, é desejável em condições reais de decisão individual, grupal e colectiva; ou na negação das evidentes dificuldades de modelização do comportamento adaptativo que claramente se afasta do critério normativo (*vd.* Oliveira, 2005, para uma discussão). É neste contexto que se torna crucial a pergunta formulada por Bell, Raiffa e Tversky (1988, p. 9) de saber "como é que pessoas reais — em contraste com pessoas imaginárias, idealizadas, super-racionais sem psiquismo — podem fazer melhores escolhas de um modo que não constitua violação das suas preocupações cognitivas mais profundas?" (*vd.* Kunreuther *et al.*, 2002, para um exemplo concreto de uso de heurísticas prescritivas aplicadas). A resposta pode ser encontrada em Reyna e Farley (2006, p. 10) que resumem na forma genérica o que significa a abordagem prescritiva no domínio específico da tomada de decisão por adolescentes: "qualquer programa desenhado para prevenir ou mudar comportamentos de risco deve fundar-se numa ideia clara do que é normativo (que comportamentos idealmente deve o programa promover?), descritivo (como tomam os adolescentes decisões na ausência do programa?) e prescritivo (que práticas podem realisticamente aproximar as decisões dos adolescentes do normativo ideal?)" Estes três elementos fornecem a bateria de critérios de coerência e correspondência da decisão que permitirão avaliar a bondade e eficácia das intervenções a fazer no terreno.

Ora, no caso da adolescência a determinação do que é ou não racional adquire ainda maior relevo. A delimitação temporal de comportamentos típicos de uma fase de desenvolvimento a que se chama adolescência, do ponto de vista normativo como do ponto de vista descritivo, distingue-se claramente na comparação com outras fases, em especial com aquela que precede a adultez, modelo último de racionalidade. Isto apesar de, como vimos, seguindo o programa das heurísticas e dos enviesamentos, o resultado do uso das heurísticas por adultos ser muitas vezes irracional.

O carácter transitório da adolescência explica em grande parte a necessidade de estabelecimento de critérios prescritivos de racionalidade que permitam balizar os objectivos e consequências das nossas acções enquanto investigadores ou agentes de intervenção profissional (professores, médicos, psicólogos, técnicos de serviço social), comunitária ou parental.

Adolescência

Reyna & Farley (2006, p. 11) afirmam que é "devido à sua relativa falta de experiência, [que] os adolescentes vivem num mundo mais surpreendente do que os adultos; têm menos probabilidade de serem capazes de antecipar os seus sentimentos e objectivos futuros". Acontece assim com a ideia recorrente acerca do comportamento na adolescência é a de que a vulnerabilidade a que objectivamente os adolescentes estão expostos (*e.g.*, droga, álcool, condução perigosa, doenças sexualmente transmitidas, etc.) é por estes sistematicamente subestimada (*vd.* Fischhoff, 2008; Gerrard, Gibbons, Houlihan, Stock & Pomery, 2008; Reyna & Rivers, 2008; Rivers *et al.*, 2008; Steinberg, 2005, 2007, 2008). Na base desta avaliação comum da percepção de risco dos adolescentes estaria uma teoria de desenvolvimento sócio-emocional (Elkind, 1967) que apresenta a vida mental do adolescente como essencialmente preenchida por fantasia, egocentrismo e sentimentos de invulnerabilidade (Reyna & Farley, 2006). Razões bastantes para que estes estivessem pouco ou nada conscientes do perigo e da prevalência que tais riscos representam.

Muito daquilo que hoje promete oferecer resposta a tal descrição passa pela convergência de evidência científica multidisciplinar que anunciávamos na Introdução. Temas prevalentes no estudo da adolescência como a *Vulnerabilidade*, a *Percepção de Risco*, a *Busca de Sensações*, ganham novos contornos com a profusão de desenvolvimentos recentes da novíssima disciplina da *Neurociência Social* (Harmon-Jones & Winkielman, 2007). Esta via procura novos *insights* sobre o comportamento adolescente a partir dos dados sobre a estrutura e fisiologia da maturação cerebral, da neuroendocrinologia e, mesmo, da genética (Reyna & Farley, 2006), aprimorados por meio de técnicas de imagiologia cerebral estrutural e funcional. A finalidade é a integração desta evidência com outra, de natureza comportamental, enquadrada em novas abordagens da Teoria da Decisão (Loewenstein, Weber, Hsee & Welch, 2001; Rilling, King-Casas & Sanfey, 2008; Sanfey, 2004, 2007; Slovic *et al.*, 2007) e modelos explicativos como o do Protótipo/Disponibilidade (*Prototype/Willingness*) (Gerrard *et al.*, 2008), mais associado ao campo das decisões de saúde [8],

---

[8] Não iremos, aqui, tratar desta abordagem se bem que ela recubra uma parte substancial da explicação de alguns fenómenos de envolvimento dos adoles-

ou da teoria do Traço Fluido (*Fuzzy-Trace*) (Reyna & Brainerd, 1995; Reyna & Farley, 2006; Rivers *et al.*, 2008).

Com base em dados neurobiológicos e comportamentais específicos deste período (comparativamente com outros períodos anteriores e posteriores), Steinberg (2005, p. 69) incita à abordagem dos comportamentos de risco na adolescência nos seguintes termos:

> porque os sistemas comportamental e cognitivo amadurecem a diferentes taxas e sob o controlo de processos biológicos comuns e independentes, este é muitas vezes um período de vulnerabilidade e ajustamento crescentes. Por conseguinte, o desenvolvimento normativo na adolescência pode ser compreendido com proveito no que toca à coordenação de inclinações e capacidades emocionais, intelectuais e comportamentais.

Psicologia do desenvolvimento, neurociências e adolescência

A Psicologia do desenvolvimento nas suas diversas vertentes e níveis de análise — social, emocional e cognitiva — promove a pesquisa científica das mudanças psicológicas estruturais e funcionais que as pessoas sofrem ao longo da vida. Sejam elas de ordem física, intelectual, emocional ou social, a Psicologia do desenvolvimento pressupõe a existência de uma sistematicidade dos processos de mudança a par de uma causalidade de direcção múltipla: "o desenvolvimento pode ser o resultado de forças biológicas (um processo geralmente referido como «maturação»), forças comportamentais (um processo geralmente referido como «aprendizagem») ou, como é usualmente o caso, alguma combinação de ambos" (Steinberg & Schwartz, 2000, p. 21; *vd.* Lerner & Steinberg, 2004). Contudo, será conveniente realçar que estes princípios denunciam já uma clara ruptura com a perspectiva clássica da Psicologia do desenvolvimento

---

centes em comportamentos de risco relativos à saúde. Ao admitir, tal como a teoria do Traço Fluido, a existência de um processamento dual experiencial / analítico, a sua abordagem compromete-se, no entanto, com a explicação do tipo de decisão reactiva (não deliberativa) (Reyna & Farley, 2006). Estabelece os constructos de disponibilidade (*willingness*) e protótipo que organizam o processo de tomada de decisão em torno da motivação pessoal, atitudes e valores condensados em imagens mentais modelares de comportamento (para uma revisão da proposta, *vd.* Gerrard *et al.*, 2008).

preconizada durante quase todo o século XX, e que corresponde à equação mais ou menos sofisticada do desenvolvimento enquanto acumulação veccionada, ou seja, "linear e cumulativa, porque sistematicamente ligada, estádio após estádio, à ideia de aquisição e de progresso" (Houdé, 2008, p. 28; cf. Oliveira, 1996). Para tal estado de coisas muito contribuiu a produção de evidência convergente (Houdé, 2007) entre, de um lado, a observação experimental, longitudinal e transversal (*cross-sectional*) [9] do comportamento e, do outro, de forma hoje patente, a imagiologia cerebral (Posner & Raichle, 2001).

Em poucas palavras, tudo aponta para que o período de desenvolvimento rotulado de adolescência não constitua mera aquisição e activação de estratégias cognitivas mas, também, senão mesmo especialmente, a sofisticação progressiva do seu controlo e inibição (Casey *et al.*, 2008; *vd*. Luna, neste livro). Estes mecanismos fundamentais de controlo e inibição aparentam ter o seu esteio num modo de funcionamento ou de processamento dual da informação (*vd*. Quadro 1) (Epstein, 2008; Gerrard *et al.*, 2008; Sanfey & Chang, 2008; Steinberg, 2008). Tal processamento dual resulta num complexo funcional que se manifesta em determinadas etapas na primazia de certos processos de controlo sobre outros de activação (*arousal*), noutras no seu contrário, noutras ainda numa sua coordenação. Acresce que as supostas 'irracionalidades' das acções dos adolescentes parecem ser inerentes ao próprio processo psicológico de decisão e não são, de um ponto de vista descritivo, sinal indiciador de menos racionalidade de decisão (*vd*. Rivers *et al.*, 2008). Aliás, a maior parte da evidência existente pretendente ao estabelecimento de um "padrão racional" de decisão decorre, precisamente, da investigação levada a cabo com jovens adultos e, em particular, com adultos leigos e / ou especialistas (Kahneman *et al.*, 1982) [10]. Ou ainda, como é o caso da percepção de risco e vulnerabilidade, em que, na comparação entre pais e filhos adolescentes, nem sempre parecem existir as diferenças esperadas (Reyna & Farley, 2006).

---

[9] Estudos longitudinais seguem um sujeito ou vários ao longo do tempo de desenvolvimento em diversas dimensões e os estudos transversais permitem a mensuração de uma ou várias dimensões comportamentais em diferentes amostras (diferentes idades) num mesmo momento (*vd*. Raudenbush, 2001).

[10] Aquilo a que alguns autores chamaram o efeito GNAHM que é o acrónimo para *Generalized Normal Adult Human Mind*, Mente Humana Adulta Normal Generalizada (Shanteau, 1999).

Este é, incidentalmente, um facto a explicar: como é que no desenvolvimento do padrão adolescente para o padrão adulto ganham proeminência os processos de simplificação da avaliação que sustentam as decisões, portanto menos deliberativos, predominantemente intuitivos e, mais ainda, passíveis de gerar erros? O carácter mais prudencial que a evidência actual permite recortar dos processos de decisão do adulto (Kahneman, 2003; Reyna, 2005) quando comparados com o pendor deliberativo, sustentado no detalhe e no cálculo puro no adolescente, parece sugerir que a experiência cumpre um papel que está naturalmente ausente na adolescência (Reyna & Farley, 2006; Rivers et al., 2008). Precisamente aquele em que a busca de sensações e experiências é mais prevalente. Veremos adiante, quando discutirmos alguma da evidência de natureza comportamental, como estes delineamentos se integram numa proposta singular de explicação do fenómeno da decisão na adolescência: a Teoria do Traço Fluido.

Maturação cerebral e desenvolvimento

É hoje notório que o conhecimento das trajectórias de desenvolvimento cognitivo e emocional dos adolescentes beneficiou da evolução de técnicas de imagiologia cerebral que fornecem descrições mais completas e precisas do desenvolvimento neuroanatómico do cérebro humano (Casey et al., 2005; Casey et al., 2008; Paus, neste livro; Spear, 2000). As imagens estruturais e funcionais [11] de regiões cerebrais obtidas através das técnicas não-invasivas e efectuadas *in vivo* — Ressonância Magnética estrutural (sMRI) e Ressonância Magnética funcional (fMRI), Tomografia por Emissão de Positrões (PET) ou, ainda, Imagens do Tensor de Difusão (DIT) — aliadas à análise histológica do Sistema Nervoso Central (cf. Imbert, 2006;

---

[11] O racional da técnica de fRMI é o de que a "activação neuronal associada à actividade cognitiva resulta numa crescente exigência metabólica e que tal requer, por sua vez, um crescente fluxo sanguíneo para a região. O acréscimo de fluxo sanguíneo produz uma mudança no ratio do sangue oxigenado para o sangue desoxigenado, o que altera as propriedades magnéticas do sangue de um modo detectável nos estudos de RMI" (Luna & Sweeney, 2001, p. 448; *vd.* Aue et al., 2009; Casey et al., 2005, 2008; Dehaene et al., 1998; Dobbs, 2005; Heeger & Ress, 2002; Paus, neste livro; Shermer, 2008, para as limitações metodológicas e de interpretação).

Nolte, 2002) e à análise comportamental de variados registos (Posner & Raichle, 2001) permitem ultrapassar as limitações inerentes às análises *post mortem* (Casey *et al.*, 2005; Paus, neste livro). A potência analítica destas técnicas resulta na possibilidade de estabelecer padrões genéricos de desenvolvimento (*e. g.*, mudanças estruturais associadas a determinados períodos de tempo), descrever articulações intra- e inter-temporais desses padrões (*e.g.*, sincronia / assincronia da maturação de diferentes regiões cerebrais) e, ainda, assinalar as eventuais correlações desses padrões com outros de natureza comportamental (*e.g.*, comportamentos de risco) descritos por meio de avaliação e/ou observação psicológica (experimental ou não).

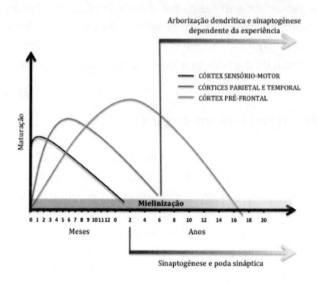

Figura 1. Esquema da maturação dos diferentes córtices cerebrais (adaptado a partir de Casey *et al.*, 2005).

Não é, pois, surpreendente que Luna e Sweeney (2001, p. 446) preconizem o uso destas técnicas para estabelecer em que consiste o "desenvolvimento saudável durante a adolescência". Apesar das diversas limitações inerentes a estas técnicas e das dúvidas de interpretação que suscitam, a neurociência actual permite avançar com um traçado de desenvolvimento desde a infância até à adolescência e mesmo à idade adulta que se revela, a vários títulos, psicologicamente significante (cf. Luna & Sweeney, 2001; Casey *et al.*, 2008, Spear, 2000). Ainda assim, Steinberg (2008) classifica o valor de síntese interpretativa que a confluência dos resultados destas técnicas oferece como uma "razoável especulação". Esta precaução deve, pois, acompanhar a descrição do que parece ser o resultado somado e relativamente consensual do processo de maturação cerebral que caracteriza o desenvolvimento [12]: "em geral, a sequência pela qual o córtex amadurece ocorre em paralelo com as etapas cognitivas do desenvolvimento humano" (Casey *et al.*, 2005, p. 104; *vd.* também Casey *et al.*, 2008). A sequência está bem estabelecida (*vd.* Fig. 1) e corresponde a uma maturação inicial das regiões mobilizadas para funções primárias — sensoriais e motoras — seguida da maturação de áreas de associação — linguagem e atenção espacial (córtices temporal e parietal) — para culminar numa maturação tardia e mais prolongada de regiões recrutadas por processos cognitivos de ordem superior — com funções de integração de processos sensório--motores e de modulação da atenção e linguagem (córtices pré-frontal e temporais laterais) (*vd.* Fig. 2). Contudo, um dado interessante para a compreensão da escala em que esta sequência ocorre, e para adiante se perceber o papel que os chamados "refinamentos" maturacionais têm em todo o processo, é aquele que estabelece o tamanho do cérebro aos seis anos de idade como constituindo cerca de 90% do tamanho do cérebro adulto (Casey *et al.*, 2005, 2008; *vd.* Paus, neste livro).

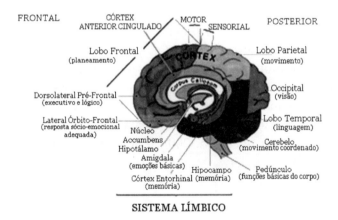

Figura 2. Áreas cerebrais e respectivas funções.

---

[12] É de referir também que, em larga medida, muitos dos processos de maturação cerebral atribuídos a humanos são deduzidos de modelos animais (Spear, 2000).

Tais refinamentos significativos que o cérebro dos adolescentes sofre são três *(vd.* Nolte, 2002; *vd.* Luna, neste livro) (*vd.* Fig. 1):

Eliminação de sinapses (*synaptic pruning*) — eliminação selectiva de sinapses pouco utilizadas conduzindo a diferentes processos de modulação, inibição / activação (fluxo de neurotransmissores) e optimização da conectividade entre regiões cerebrais.

Sinaptogénese e arborização dendrítica — formação das ligações sinápticas entre neurónios e que ocorrem, em grande parte, de forma geneticamente programada. Garantem a passagem do influxo nervoso entre neurónios servindo, nessa função, processos de inibição / activação da informação conduzida através dos neurónios. A formação de sinapses ocorre durante toda a vida mas pode passar a ter como causa já não a mera programação maturacional mas a experiência sócio-emocional e cognitiva.

Mielinização — processo bioquímico geneticamente programado de isolamento dos axónios [13] por revestimento com mielina, responsável pelo aumento da velocidade de propagação dos sinais eléctricos dos Sistemas Nervoso Central e Periférico através de uma crescente e extensa rede de circuitos cerebrais, promovendo assim a associação de áreas distintas [14].

Durante este período, para além destas alterações, o volume de massa cinzenta decresce devido à eliminação de sinapses, depois de ter alcançado um pico máximo na infância (*vd.* Fig. 1). Tal parece ocorrer simultaneamente no corpo estriado — envolvido no processamento de recompensas e calibragem da informação sobre riscos — e nas áreas ventromediana (orbitofrontal) e dorsolateral do córtex pré-frontal — associadas, respectivamente, ao controlo cognitivo da emoção e ao processamento mnésico (memória de trabalho, memória de trabalho espacial e planeamento) (*vd.* Fig. 2; Casey *et al.,* 2005, 2008; Luna, neste livro; Spear, 2000; Steinberg, 2005).

---

[13] Prolongamentos dos neurónios que se ligam sinapticamente a outros neurónios através de extensões celulares especializadas chamadas dendritos. A "massa branca" é a formação densa de fibras feitas de axónios que se prolongam entre formações massivas de corpos celulares dos neurónios às quais se chama "massa cinzenta".

[14] Este processo prolonga-se até cerca dos 30 anos de idade. A parte cognitiva da emoção suportada na circunvolução parahipocampal amadurece (mielinização) até aos 60 anos de idade (Luna & Sweeney, 2001).

Todos estes fenómenos de maturação são importantes para a optimização dos circuitos neuronais, o mesmo acontecendo com as projecções entre diversas áreas cerebrais e o córtex pré-frontal suporte dos processos cognitivos — por exemplo, promovendo a redução de entradas activadoras (dopamina) — significando um intenso aperfeiçoamento da função executiva (controlo) que inclui o planeamento a longo prazo, a metacognição (auto-conhecimento sobre os processos de conhecimento), a autoregulação e a auto-avaliação (Steinberg, 2005) (*vd*. Fig. 3).

É consensual entre investigadores do Desenvolvimento que o controlo cognitivo (inibição) aumenta com a idade, da infância até à adolescência, e que este aumento está associado à maturação do córtex pré-frontal (Casey *et al*., 2008). Não surpreende, pois, que Reyna e Farley (2006) não hesitem em afirmar, com base nos conhecimentos actuais sobre a adolescência (Lerner & Steinberg, 2004), que os adolescentes são, do ponto de vista cognitivo, suficientemente avançados para conseguir atingir coerência lógica — um critério de racionalidade normativa exigido pela forma axiomática da Teoria da Maximização da Utilidade Subjectiva Esperada (von Neumann & Morgenstern, 1944; Savage, 1972). Todavia, tal capacidade cognitiva, por si só, parece não ser garantia de adequação da decisão. O bom funcionamento do sistema de controlo cognitivo do topo para a base (*top-down*) corresponde à possibilidade da manutenção em linha (*online*) dos processos de regulação que servem a integração da percepção e a avaliação afectiva dos elementos estimulares internos e externos que conduzem a acções adaptativas a longo prazo (Luna & Sweeney, 2001). Mas também, e principalmente, "a capacidade de suprimir pensamentos e acções inapropriadas em favor de outros orientados para objectivos, especialmente na presença de incentivos atraentes" (Casey *et al*., 2008, p. 64). É neste sentido que hoje se afirma, em termos gerais, que a adolescência parece ser caracterizada "pelo aumento da capacidade para manipular o ambiente através do pensamento abstracto, planeamento, e flexibilidade cognitiva que ocorre concorrentemente com a significativa reorganização da conectividade neuronal no neocórtex" (Luna & Sweeney, 2001, p. 445). Concomitantemente, o padrão de forte activação (*arousal*) e intensa orientação para recompensas (principalmente as imediatas) indiciado no processo maturacional cerebral das áreas subcorticais (*vd*. Fig. 3) parece contribuir para a produção de resultados de decisão desadequados (critério descritivo de racionalidade da decisão).

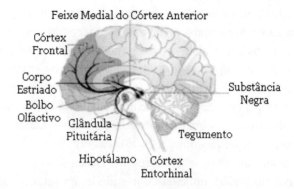

Figura 3. Sistema Dopaminérgico — As vias dopaminérgicas (a negro) projectam-se no córtex pré-frontal. Este sistema de difusão do neurotransmissor dopamina parece ter uma participação crítica nos sistemas neuroanatómicos de recompensa.

Durante este período, as diferenças específicas de maturação regional ou funcional do córtex pré-frontal permitem alguma destrinça do desempenho destas funções na comparação com períodos anteriores (infância), revelando-se a maior capacidade do adolescente para controlar impulsos (principalmente, manter informação na memória de trabalho) e planear comportamentos. Por exemplo, a partir dos 10-12 anos é notório o grau de automatização de processos básicos (*e.g.*, reconhecimento de padrões visuais) que libertam o sistema cognitivo para tarefas mais complexas ou exigentes em termos de controlo (*e.g.*, manutenção, na memória de trabalho, de elementos importantes para realizar uma tarefa), sendo que o padrão de funcionamento aferido por diversas medidas e tarefas é muito próximo do padrão adulto (Casey et al., 2008; Luna & Sweeney, 2001; Luna, neste livro). Já as aptidões de planeamento, resolução de problemas complexos, fluência verbal e sequenciação motora parecem requerer mais tempo e progredir a um ritmo mais lento, podendo radicar aqui as diferenças mais marcadas entre adolescentes e adultos. Mais ainda quando se trata da inibição (supressão voluntária de respostas) resultante do controlo cognitivo *top-down*, associada, desta feita, a outros factores maturacionais — tempo e activação acentuada de estruturas muito específicas. Com efeito, Luna e Sweeney (2001; *vd.* Luna, neste livro) conduziram tarefas de oculometria muito exigentes — medida dos movimentos oculares e dos seus padrões envolvidos na realização de testes relativos à supressão voluntária de respostas — sondando, assim, processos como a memória de trabalho ou a inibição voluntária de resposta. Por exemplo, em tarefas de anti-sacada [15] os adolescentes mostraram ser menos eficientes que os adultos (embora se aproximem mais do desempenho destes do que do das crianças), sugerindo que o recrutamento das estruturas cerebrais de controlo cognitivo é menos focalizado e eficaz. Todavia, as diferenças mais subtis entre adolescentes e adultos parecem resultar de processos de integração cada vez mais profunda de estruturas largamente distribuídas por todo o cérebro. Isto sugere que o controlo mais eficaz do comportamento orientado por objectivos depende de uma coordenação e consolidação de massas imensas de informação sediadas e filtradas em áreas associativas cuja maturação ou integração funcional (eliminação de sinapses e mielinização) é mais patente no padrão adulto (*vd.* Luna, 2009, capítulo neste livro; *vd.* Fig. 1).

Esta distinção, entre adolescentes e adultos, que os processos de integração de áreas mais distribuídas estabelecem, torna-se ainda mais significativa no que à tomada de decisão diz respeito, pois sugerem que maior integração e recrutamento de áreas, que continuam ao longo da vida, contraria o impacto negativo da pressão de tempo e do *stress* no processo de decisão. Estas últimas circunstâncias parecem influenciar mais fortemente as capacidades cognitivas de controlo usadas no processo de decisão nos adolescentes do que nos jovens adultos e nos adultos (Spear, 2000; para uma revisão sobre *stress* e decisão, *vd.* Hammond, 2000).

A estes aspectos estruturais e funcionais que apontam para uma mais fraca capacidade regulatória do cérebro adolescente face ao cérebro adulto, acresce ainda a dominância que o sistema sócio-emocional parece exercer sobre o sistema de controlo cognitivo, um fenómeno que emerge com a puberdade e que coloca o adolescente num quadro genérico de imaturidade decisional (Steinberg, 2004, 2007, 2008).

---

[15] Sacadas: movimentos saltatórios muito rápidos, automáticos e, geralmente, coordenados dos globos oculares, que ocorrem entre fixações de muito curta duração (*e. g.,* na leitura). Por exemplo, a supressão voluntária de uma sacada, olhar para o lado oposto a um ponto de luz que surge de forma inesperada (que automaticamente chama a atenção), indicia o recrutamento eficaz de redes neuronais de inibição.

O contributo especial da puberdade — activação e orientação para a recompensa

O processo maturacional conhecido por puberdade é complexo e pleno de consequências para o desenvolvimento ulterior. A sua complexidade decorre da variabilidade do início da puberdade (*puberty timing*) [16] e do significado social das mudanças que promove para os próprios, para a sociedade e mesmo para os investigadores (Susman & Rogol, 2004). O peso que as alterações maturacionais da puberdade têm na forma característica de decisão do adolescente parece ser elevado (Susman & Rogol, 2004). Contudo, a avaliação do impacto que *de facto* esse período tem na adolescência está por fazer (Steinberg, 2005, 2008). Um dos indícios diz respeito à especial intensidade com que o púbere busca sensações (*sensation-seeking*) especialmente na presença de pares (Steinberg, 2005, 2008), que está frequentemente correlacionada com comportamentos anti-sociais e de delinquência precoce (Monahan, Steinberg, Cauffman & Mulvey, no prelo; Steinberg, 2009; Susman & Rogol, 2004).

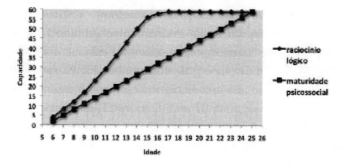

Figura 4. Esquema da maturação dos sistemas sócio-emocional e de controlo cognitivo. O desfasamento que ocorre entre os dois processos pode determinar a dominância de regime característico do primeiro sobre o segundo (adaptado a partir de Steinberg, 2007).

---

[16] É importante fazer notar que a temporização precoce/tardia, para além de muito variável, parece ser universal no que toca ao género (mais precoce no género feminino), mas "sabemos também que tem havido uma queda significativa na idade de início da maturação pubertária ao longo dos últimos 200 anos" (Steinberg, 2007, p.58). O início do processo é considerado "normal" se ocorrer entre os nove e os 14 anos para as raparigas, em média, um ano mais para os rapazes (Marshall & Tanner, 1986).

A maturação cerebral do sistema sócio-emocional (*sistema límbico*) ocorre precisamente durante a puberdade e precede a maturação do sistema de controlo cognitivo (córtex pré-frontal, dorsolateral e orbitofrontal) (Casey *et al.*, 2008; Reyna & Rivers, 2008; *vd*. Figs. 2 e 3).

O amadurecimento mais lento e prolongado do sistema de controlo — atingindo, no entanto, um pico de maturação e funcionamento por volta dos 16 anos — face ao mais precoce e linear desenvolvimento do sistema sócio-emocional (*vd*. Fig. 4), parece determinar uma situação que Steinberg (2005, p. 70) descreve figurativamente como se "se estivesse a arrancar com um automóvel sem ter ainda um condutor experimentado ao volante". Por exemplo, os dados da neurobiologia do desenvolvimento relativos à puberdade (Steinberg, 2008) oferecem uma explicação plausível para a intensa busca de sensações que caracteriza a transição da puberdade para o período intermédio da adolescência. Esta corresponderia a um "síndroma de deficiência na recompensa" que envolveria o desenvolvimento precoce do *núcleo accumbens* (Galvan *et al.*, 2006) conduzindo a uma

> perda temporária da capacidade de amortecimento associada ao desaparecimento de auto-receptores de dopamina no córtex pré-frontal, ao serviço da função de *feedback* auto-regulatório durante a infância, que resultaria no incremento da saliência avaliativa das recompensas, mesmo para estímulos pouco recompensadores (Steinberg, 2008, p. 85) [17].

Esta proposta sugere assim que a escolha impulsiva ou impaciente de recompensas imediatas, típicas das descrições dos comportamentos de decisão dos adolescentes (Reyna & Farley, 2006; Rivers *et al.*, 2008; Steinberg, 2008, 2009), seria genericamente explicada pelo desfasamento de desenvolvimento das diferentes estruturas que suportam os dois tipos de resposta à recompensa [18].

---

[17] Este padrão é visto como reflexo de um comportamento orientado para a activação neuronal que as torna mais salientes, presente também nos adultos com vias cerebrais próprias, do que por uma incapacidade total de regulação (McClure, Laibson, Loewenstein & Cohen, 2004; Zink, Pagnoni, Chappelow, Martin-Skurski & Berns, 2006).

[18] *vd*. Casey e colaboradores (2008) para a discussão sobre a diferença entre controlo da impulsividade e procura preferencial do risco na literatura sobre tomada de decisão — dois aspectos considerados na prática indistintos mas que surgem associados ao funcionamento de estruturas cerebrais diferentes (*vd*. tam-

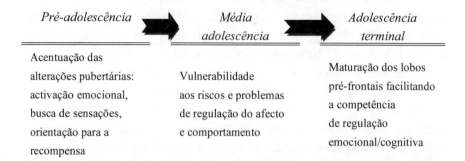

Figura 5. Diferentes temporizações de maturação no período da adolescência e padrões de funcionamento característicos associados (adaptado de Steinberg, 2005).

Algumas reflexões sobre os dados do desenvolvimento neuronal

A adolescência parece ser o período em que, precisamente, o aumento de conectividade entre regiões dedicadas à avaliação afectiva e regiões de controlo se intensifica sem que os resultados da integração que implica revertam de imediato para a coordenação dos dois modos de processamento (Steinberg, 2007). E é a crescente integração de estruturas cerebrais cada vez mais distribuídas (*vd*. Luna, neste livro) e o seu recrutamento simultâneo que parecem indicar o trajecto "normal" que a adolescência percorreria em direcção ao padrão de funcionamento adulto.

O marcador somático exemplo de integração cognitivo-emocional de estruturas cerebrais

Um exemplo interessante do problema da integração funcional de estruturas cerebrais com finalidades diferentes e que tem impacto directo na qualidade da decisão é o do marcador somático (Bechara, Damásio, Tranel, Damásio, 1997; Bechara, Damásio, Tranel, Damásio, 2005; Damásio, 1995; Damásio, Tranel & Damásio, 1990). O seu interesse resulta de dois aspectos que importa aqui realçar.

---

bém Boyer & Byrnes, 2009, para distinção entre 'impulsividade' e 'busca de sensações').

Um primeiro aspecto diz respeito à integração adaptativa da avaliação afectiva e do processamento cognitivo. Com efeito, a consideração de elementos afectivos como inerentes aos processos de decisão (Loewenstein *et al.*, 2001; Slovic *et al.*, 2005, 2007) levaram Damásio e colaboradores (1990; Bechara *et al.*, 1997, 2005; Damásio, 1995) a atribuir às sinalizações fisiológicas ocorridas por meio da conexão entre estruturas cerebrais um papel antecipatório do afecto na decisão. Este mecanismo de prévia avaliação afectiva, não consciente, de estímulos presentes em situações de decisão que se caracterizam pela complexidade, ambiguidade ou grande incerteza, funciona como um marcador somático formado no longo curso da aprendizagem individual (Damásio, 1995). Fruto da experiência e produto da maquinaria fisiológica cerebral, o marcador somático é um sinal sumário indicativo da avaliação experiencial (emocional) dos elementos estimulares em presença. Esta característica antecipatória é sugerida por alguns autores como sendo um elemento que incorpora um processo global de percurso rápido, paralelo e de apreensão exaustiva de informação armazenada na nossa memória de longo prazo que, no momento de decisão, corresponde a um "ténue suspiro de emoção" (*a faint whisper of emotion*; Slovic *et al.*, 2007) determinante da acção a desencadear (Betsch, 2008). António Damásio e colaboradores (1990) levaram a cabo um programa de investigação destinado a averiguar por que razão determinados indivíduos que, aparentando capacidade cognitiva intacta à observação comum e avaliada por meio de tarefas psicométricas e experimentais, apresentavam comportamentos de decisão altamente lesivos para si mesmos e para os que os rodeavam. O facto de tais indivíduos apresentarem em comum lesões no lobo frontal do cérebro guiou estes investigadores em direcção ao teste da hipótese do marcador somático, designadamente, procurando saber em que medida o comprometimento dessa área impede o processamento de avaliações afectivas da informação cognitivamente processada.

Estes estudos, implementados por meio de uma tarefa de decisão, a *Iowa Gambling Task* (IGT) [19] permitiram concluir que os sujeitos estudados com lesões do córtex pré-frontal ventromediano (*vd.* Fig. 2), quando

---

[19] Ver Bechara e colaboradores (2005), Dunn, Dalgleish e Lawrence (2006), Maia e McClelland (2004), Sanfey e Cohen (2004), para uma discussão da tarefa IGT.

comparados com sujeitos sem lesão nessa área, ou com sujeitos normais, apresentam diferenças significativas de comportamento de decisão, concomitantes com a ausência de sinalização antecipatória relativa aos riscos que a tarefa apresentava. Os comportamentos de decisão dos sujeitos lesionados revelaram-se ruinosos apesar de estes estarem na posse das capacidades de processamento de informação necessárias para a compreensão da tarefa e cálculo dos possíveis ganhos e perdas a aprender ao longo da sua realização.

O segundo aspecto que sublinhamos diz respeito à comparação que é possível estabelecer entre integração adaptativa da avaliação afectiva e do processamento cognitivo em doentes clinicamente avaliados e adolescentes. Avaliados como tendo as mesmas estruturas cerebrais íntegras, comportam-se, no entanto, "como se" sofressem da mesma lesão. O interesse directo desta evidência está, pois, no paralelismo comportamental e neurobiológico que é possível estabelecer entre sujeitos lesionados ventromedianos e adolescentes normais no plano da tomada de decisão. Isto remete para o papel crítico que a ausência de ou incipiente regulação emocional (controlo) do cérebro adolescente assume na eliciação de decisões adequadas e adaptativas e, por força de razão, para a compreensão dos comportamentos de risco que parecem fazer parte do seu quadro de conduta típico.

Em resumo, embora a investigação levada a cabo por estes autores não incidisse especificamente sobre a adolescência, fornece informação relevante, designadamente sobre o processamento dual de informação, as estruturas cerebrais que o suportam, bem como a sua integração que, como vimos, no caso dos adolescentes parece ocorrer a diferentes ritmos: (1) promoção da activação intensa de avaliação afectiva durante a puberdade que redunda em comportamento orientado para a recompensa imediata; (2) evolução lenta e prolongada, mas consistente, das capacidades de memória de trabalho e de inibição voluntária de resposta ao longo de toda a adolescência, que desemboca em capacidades de controlo e planeamento aperfeiçoadas; e, (3) integração ou coordenação crescente de regiões cerebrais na fase final da adolescência, justificando as diferenças nos padrões de decisão devidas à idade entre infância e adolescência e entre esta e adultez. Esta caracterização neuro-desenvolvimental do adolescente autoriza, assim, uma primeira interpretação dos comportamentos e acções de risco a ele tipicamente associados. Casos como abuso de substâncias (álcool, tabaco e estupefacientes), prática sexual desprotegida, condução irresponsável e, mesmo, comportamento mais marcadamente anti-social ou delinquente (Steinberg, 2009), parecem configurar outros tantos casos de ineficiente controlo do comportamento face a objectos ou estímulos que oferecem recompensas imediatas de prazer e consequências destrutivas a longo prazo.

Dados comportamentais

Importa agora caracterizar, de forma mais pormenorizada, o que a ciência do comportamento oferece sobre atitudes e comportamentos face ao risco que possam sugerir correspondências válidas com a caracterização resultante dos dados da neurobiologia. Para o fazer iremos delinear os contornos desses comportamentos e atitudes ao longo de dois eixos fundamentais: as diferenças individuais e os contextos. Por fim, daremos conta das interpretações e modelos que se perfilam actualmente na produção e interpretação dos dados bem como do desenho de políticas de intervenção.

Como vimos acima, os trajectos de desenvolvimento delineados em torno dos fenómenos de estruturação e funcionamento neuropsicológico revelam um modo de processamento dual ao nível cerebral (Reyna & Rivers, 2008) em que os adolescentes parecem passar, na transição para a idade adulta, de uma utilização predominante do sistema sócio-emocional para o sistema de controlo cognitivo, correspondendo finalmente a uma melhor integração da regulação emocional com o controlo executivo.

Ora, um dos aspectos mais interessantes que permite a convergência destes dados com os da psicologia do desenvolvimento, do juízo e da tomada de decisão é a verificação de que, ao nível psicológico, também parecem existir dados que correspondem à existência de dois sistemas de processamento de informação: o sistema experiencial e o sistema analítico (*vd.* Quadro 1). O vislumbre de que no adulto os dois sistemas funcionam de um modo interactivo — com dominâncias e coordenação contingenciais de um e outro (Kahneman, 2003; Epstein, 1994; Stanovich & West, 2000) — autoriza a conjectura de que o trajecto de desenvolvimento do adolescente para o adulto é precisamente aquele que favorece o pleno funcionamento integrado dos dois sistemas. Este traduzir-se-á em comportamentos adaptativos capazes, portanto, de produzir decisões adequadas cuja qualidade se poderá aferir no jogo dos critérios prescritivos — ligação entre o ideal de racionalidade e as reais capacidades de decisão.

Alguns dados empíricos

Um ponto de contacto entre os dois níveis de explicação — neurobiológica e comportamental — diz respeito aos comportamentos tipicamente associados aos adolescentes como sejam a impulsividade, a busca de sensações e a influência da pressão dos pares no envolvimento em comportamentos de risco. Na ponderação da evidência até hoje conhecida sobre percepção de risco, percepção de vulnerabilidade e suas relações com a tomada de decisões de risco ou busca de risco na adolescência, três aspectos do juízo/comportamento devem ser tidos em consideração: riscos, benefícios e respectivos valores de utilidade e probabilidade (Reyna & Farley, 2006). Se os dois primeiros enquadram os aspectos afectivos/motivacionais da procura de risco, os dois últimos representam os elementos instrumentais e de avaliação de consequências mais tradicionalmente ligados à Teoria da Decisão.

O que a investigação tem mostrado sobre as relações entre a percepção de risco (*e.g.*, vulnerabilidade) e a inibição de comportamentos de busca de risco ou de decisão de risco, em adolescentes, não permite traçar um quadro absolutamente claro (Steinberg, 2007, 2008). Contudo, alguns aspectos relativos aos elementos de utilidade e probabilidade acima referidos estão já relativamente bem estabelecidos. Por exemplo, estudos laboratoriais realizados com crianças pequenas revelaram que, apesar de exibirem propensão para o risco, estas trocam (*trade-off*) a probabilidade de ganhar um prémio pelo número de prémios a ganhar, fazendo uso cabal da competência analítica (multiplicando as probabilidades de ganhar pela quantia a ganhar, e escolhendo adequadamente) (Reyna & Ellis, 1994; Schlottmann, 2000, 2001; *vd.* Reyna & Farley, 2006). Estudos análogos em adultos têm servido para demonstrar, pelo contrário, como o seu funcionamento menos analítico e mais qualitativo ou categorial é fonte de inúmeros erros ou ilusões cognitivas — ignorância ou distorção de informação objectiva (*e.g.*, negligência das probabilidades prévias) — sustentando as respostas em enviesamentos ou ilusões cognitivas (Gilovich, Griffin & Kahneman, 2002; Kahneman *et al.*, 1982). Isto não significa, porém, que tais capacidades analíticas sofram, no processo, uma depreciação. A sua permanência e desenvolvimento linear desde cedo conferem ao comportamento do adolescente, como veremos mais abaixo a propósito da Teoria do Traço Fluido, um carácter que se diria ultra-racional na apreciação dos riscos, i. e., baseada no detalhe analítico dos estímulos e situações.

No que respeita aos elementos afectivos/motivacionais (dos riscos e benefícios), estudos recentes têm procurado lançar luz sobre as diferenças de idade entre pré-adolescentes, adolescentes e adultos, através de questionários de auto-relato e de medidas comportamentais da *impulsividade* e da *busca de sensações* (*e.g., Tower of London*, ou mesmo tarefas experimentais como o jogo *Spotlight* e uma versão modificada da *Iowa Gambling Task*; vd. Cauffman et al., no prelo; Steinberg et al., 2008). Estes dois constructos pretendem estabelecer o modo de acesso à recompensa (imediata ou não) e a relação dos conteúdos afectivos / motivacionais das recompensas com as decisões, respectivamente. A impulsividade refere-se à falta de auto-controlo ou deficiência na inibição voluntária de resposta — comportamento precipitado, não planeado — não significando que conduza necessariamente a experiências estimulantes e recompensadoras (*e.g.*, decidir acabar um namoro). A definição que Zuckerman (1979) dá da busca de sensações, i. e., a tendência para procurar experiências novas, variadas e estimulantes, com a disposição para correr riscos, não implica que esta tenha de ser conduzida, necessariamente, de forma impulsiva (*e. g.*, planear saltar com elásticos de uma ponte). A distinção é importante pois as formas de acesso e a relação avaliativa com os conteúdos inerentes às recompensas traduzem modos de juízo (deliberação ou sua ausência) e envolvimento com experiências específicas que podem significar maior ou menor vulnerabilidade percebida dos riscos objectivos.

As propostas relativas ao traçado normativo de desenvolvimento da impulsividade e da busca de sensações, que parecem intricadas na adolescência, apontam para uma trajectória da tomada de riscos em U-invertido (Steinberg et al., 2008). Num estudo recente, Steinberg e colaboradores (2008) conseguiram estabelecer os distintos trajectos que impulsividade e busca de sensações parecem seguir no desenvolvimento da pré-adolescência para a adolescência, numa amostra de 935 indivíduos de ambos os géneros com idades compreendidas entre os 10 e os 30 anos. Enquanto a busca de sensações parece estar ligada à maturação pubertária (*vd.* acima *O contributo especial da puberdade*) manifestando uma relação curvilinear com a idade (crescimento entre os 10 e os 15 anos com declínio ou estabilização daí em diante), a impulsividade, não estando relacionada com a puberdade, segue um padrão linear decrescente a partir dos 10 anos. Isto mesmo parece acontecer quando as medidas se referem à decisão afectiva tal como é aferida por meio da tarefa IGT (*vd*. acima *O marcador somático*...). Numa amostra de 901 indivíduos dos 10 aos 30 anos a quem foi administrada a IGT numa versão modificada (Cauffman *et al*., *no prelo*), verificou-se que os comportamentos de aproximação — tendência para jogar crescentemente ao longo da tarefa com os baralhos mais vantajosos — têm um traçado em forma de U-invertido em relação à idade, com o pico máximo na fase intermédia da adolescência, decrescendo em seguida até à idade adulta. Por seu lado, os comportamentos de evitamento — tendência para refrear o jogo a partir dos baralhos desvantajosos — crescem linearmente com a idade, com os adultos a manifestar taxas mais elevadas de evitamento dos baralhos mais desvantajosos do que os pré-adolescentes e adolescentes. Temos, pois, no primeiro como no segundo caso, situações semelhantes relativamente à busca de sensações e à impulsividade. Em resumo, parece que a forma de U-invertido da busca de sensações é acompanhada por uma linearidade decrescente da impulsividade com a idade, que revela, contudo, valores bem significativos quando a busca de sensações atinge o seu máximo na fase intermédia da adolescência (i. e., 14-15 anos).

Este padrão desenvolvimental, comportamentalmente estabelecido, parece convergir com aquele que atrás fora traçado relativamente aos dados neurobiológicos e que se podem resumir na Fig. 4: a elevada vulnerabilidade na fase intermédia da adolescência poderá resultar da assincronia entre o crescimento da busca de sensações (desencadeado na puberdade e maximizado pelos 14-15 anos) e uma impulsividade firmemente decrescente desde a puberdade mas ainda presente nessa fase (*vd*. também Fig. 5). Estes dados sugerem, pois, um quadro de vulnerabilidade objectiva particular que se torna mais acentuado quando evocamos os dados de outros estudos: uns sobre a vulnerabilidade percebida face a riscos objectivos (*e.g.*, doenças sexualmente transmissíveis, fumar, consumir álcool, etc.), outros sobre a influência dos pares e que indiciam também a existência de um padrão de desenvolvimento em U-invertido.

Porém, o grau de vulnerabilidade do adolescente deve ser aferido não apenas pela ligação directa entre o risco objectivo (verificável na realidade) e comportamentos de risco observados, mas também pela percepção da própria vulnerabilidade ao risco. Contrariamente à ideia enraizada de que os adolescentes não têm suficiente capacidade para tomar decisões, existe considerável evidência de que aos 14 anos de idade ou mais podem e devem ser considerados nas suas decisões (Fischhoff, 2008). Este assunto tem sido discutido e estudado desde a década de 1970, designadamente, nos EUA, existindo hoje um conjunto de documentos legislativos sobre a competência de decisão dos adolescentes nos vários Estados bem como ampla investigação desenvolvida (Grisso & Vierling, 1978; Group for the Advancement of Psychiatry, 1989; Midwest Bioethics Center, 1995). Talvez o melhor exemplo de competência possa ser aferido pelos casos em que adolescentes, doentes crónicos, críticos e terminais, são chamados a dar, ou não, o seu consentimento informado quanto à manutenção de sistemas de suporte avançado de vida, quanto à participação em formas de tratamento altamente intrusivas e invasivas, ou quanto à participação em programas de investigação. Weir e Peter (1997) referem que existe um crescente reconhecimento, por parte dos profissionais de saúde, da necessidade de tomar em consideração a capacidade que os adolescentes "neurologicamente normais" possuem para decidir quanto ao seu próprio tratamento e sobre a sua vida e morte.

Mais importante ainda é reconhecer que, mesmo para além do problema da competência dos adolescentes para tomar decisões, tendo em consideração apenas o que pensam e não o que fazem (Fischhoff, 2008) — apesar do que possa dizer-se acerca do seu nível de maturação, eles até são bastante bem sucedidos nas decisões que tomam — estes não parecem sentir-se invulneráveis, tal como se poderia deduzir a partir da visão da adolescência devedora da descrição de Elkind (1967; *vd*. Reyna & Farley, 2006). A este propósito, deve apontar-se o trabalho de Fischhoff e Quadrel (1991) em que a comparação de 86 pares de adolescentes e adultos resultou na conclusão de que ambos os grupos etários apresentam um nível de optimismo semelhante. Concretamente, ambos os grupos consideraram que os "pais" (adultos) são menos vulneráveis do que os "filhos" (adolescentes). Mesmo quando as questões são colocadas em termos absolutos (*e. g.*, total invulnerabilidade relativamente a acidentes de viação) verifica-se que os adolescentes atribuem o dobro das vezes risco nulo a si próprios do que em relação a amigos ou seus conhecidos. Já os adultos atribuem a si próprios ainda mais risco nulo do que os adolescentes. Neste particular, os adultos coincidem nas crenças que os adolescentes mantêm relativamente aos pais (Quadrel, Fischhoff & Davis, 1993; *vd.* Reyna & Farley, 2006, para revisão de mais resultados).

Os adolescentes parecem, também, conhecer relativamente bem as suas vulnerabilidades relativamente a domínios específicos (*e.g.*, SIDA, drogas, morte, etc.) ainda que, por vezes, com distorções assinaláveis (Fischhoff, 2008; Fischhoff *et al.*, 1998). O muito citado trabalho de Millstein e Halpern-Felsher (2002) ilustra bem este quadro de percepção de vulnerabilidade a riscos naturais e comportamentais. Numa amostra de 577 adolescentes (do 5.º, 7.º e 9.º anos do ensino básico) apenas residualmente ocorreram avaliações que traduziam percepção de invulnerabilidade face aos riscos. Em geral, não só os adolescentes apresentavam menor probabilidade de emissão de juízos de invulnerabilidade em comparação com jovens adultos, como tendiam a perceber as consequências negativas de comportamentos pessoais numa relação inversa com a idade. No entanto, os adolescentes, em especial de grupos situados no 9.º ano de escolaridade básica, tendiam a sobrestimar grosseiramente os riscos em que incorriam. Portanto, ao invés dos sentimentos de invulnerabilidade com que usualmente se descrevem os adolescentes, estes tendem a exagerar a sua vulnerabilidade, como é o caso da estimação da probabilidade de que vão morrer cedo (Fischhoff *et al.*, 1998, Tabela 1). Acresce que a consistência etária destes padrões de percepção de vulnerabilidade é patente através de diferentes tipos de risco e configurações sócio-demográficas (Millstein & Halpern-Felsher, 2002).

Afigura-se, pois, que a percepção da vulnerabilidade própria não é a responsável única por uma atitude mental típica que leva ao comportamento de risco, apesar de ser claramente favorecida por uma competência cognitiva plena para deliberar, como atrás se afirmou existir desde a puberdade. Parece, antes, mais indicado focalizar a origem do envolvimento com o risco nos mecanismos de percepção e avaliação de recompensas, como vimos acima. E, contudo, estaríamos ainda a relevar apenas o lado do jogo entre a maturidade psicossocial (relação com a recompensa) e a capacidade de controlo instalada (inibição) sustentadas em sistemas neurobiológicos mais ou menos integrados. Levando em linha de conta a observação devida a Gardner e Steinberg (2005, p. 625) de que "uma vez tidas em conta as diferenças em maturidade psicossocial entre adolescentes e adultos, as diferenças de tomada de decisão em condições de risco desaparecem", parece ser útil procurar outra fonte de explicação que esteja para além das diferenças individuais, embora com elas conectadas. Trata-se dos contextos de actuação dos adolescentes que são, certamente, distintos dos dos adultos.

E é neste particular que podemos evocar o incontornável fenómeno da influência dos pares no envolvimento em comportamentos de risco. Esta tem sido alvo especial de observações, apesar da escassa colheita de dados gerados experimentalmente (Gardner & Steinberg, 2005; Steinberg & Monahan, 2007). Todavia, Gardner e Steinberg (2005) realizaram recentemente um estudo comparativo de três grupos etários (adolescentes, jovens adultos e adultos) em que, a juntar a dois questionários de auto--relato destinados à avaliação das preferências de risco e da tomada de decisão em condições de incerteza, implementaram uma tarefa experimental que encenava situações que envolviam riscos como resultados das respostas. Tratava-se de uma situação em que o participante conduz um automóvel (à semelhança dos videojogos) devendo decidir, como em situações reais da vida, "queimar" ou não um sinal amarelo ou, ainda, passar ou parar num cruzamento sem prioridade. Todas as medidas foram efectuadas pelos grupos previamente separados e aleatoriamente atribuídos para realização das tarefas com ou sem a presença de pares das mesmas idades. Para além da tendência geral de decréscimo da adopção de comportamentos de risco da adolescência para a adultez, este padrão revelou outros dois aspectos importantes: a maior focalização nos benefícios do que nos custos por parte dos adolescentes e, mais interessante ainda, o superior impacto da presença de pares nos grupos de adolescentes quando comparado com os adultos [20].

Na sequência do trabalho de Gardner e Steinberg (2005), um outro estabeleceu com maior acuidade o papel da influência dos pares em diversos grupos etários no que toca à decisão em condições de risco. Steinberg e Monahan (2007) conduziram um estudo sobre a influência dos pares numa amostra de 3600 sujeitos, diferenciados em grupos entre os 10 e os 30 anos idade. A partir de dados anteriores sobre a pressão dos pares

---

[20] Devemos fazer notar que há um carácter directo e outro indirecto da influência dos pares. Por um lado, pode existir pressão directa que corresponde a diversas formas de coacção para a realização de actividades que comportam riscos; por outro, o desejo de aprovação ou aceitação no grupo que pode conduzir à tomada de riscos que promovam tal aprovação (Steinberg, 2009).

e seus efeitos na produção de comportamentos pró e anti-sociais (Berndt, 1979), este estudo procurou assestar o foco na tomada de decisão em condições de incerteza em geral, tentando demarcar-se daquela tradição (*vd*. Gardner & Steinberg, 2005, para uma revisão da tradição). A despeito das diferenças demográficas presentes nos diferentes grupos etários, o estudo revelou que a influência dos pares cresce linearmente entre os 14 e 18 anos. Em oposição a este resultado específico, nenhum crescimento parece ocorrer entre os 10 e os 14 anos ou em grupos entre os 18 e os 30 anos. Estes resultados apontam, pois, claramente, para o período entre os 14 e os 18 anos como aquele em que a influência e a pressão dos pares mais se faz sentir. Este fenómeno parece, portanto, seguir de perto os dados do desenvolvimento neurobiológico acima referido que, em conjunto, tendem a destacar a saliência maior dos ganhos que parece poder ser exacerbada durante a adolescência devido a um mecanismo de activação de estruturas especialmente vocacionadas para a avaliação de recompensas (*vd*. Steinberg, 2008) e que entronca na ligação observada entre processos de decisão sustentados em estruturas e funcionamento cerebral e avaliação em contexto social (Rilling et al., 2008; Sanfey, 2007; Scheres & Sanfey, 2007; van't Wout, Kahn, Sanfey & Aleman, 2006).

Em resumo, da pré-adolescência para a adultez, o sistema de controlo cognitivo (analítico), presente desde a infância de forma incipiente mas crescendo sempre em eficiência, desenvolve-se em direcção a um equilíbrio com os processos de avaliação afectiva da informação. Estes são ainda permeáveis às pressões do contexto, designadamente à dos pares, tornando-os reféns de mecanismos neuronais que potenciam a saliência perceptiva das recompensas imediatas (físicas ou sociais). Essa avaliação parece, pois, resultar da percepção exclusiva de benefícios em detrimento dos riscos, ou do peso maior daqueles face ao dos riscos percebidos. Depois, tudo indica que, decorrente de uma progressiva integração funcional dos dois sistemas cognitivo e sócio-emocional, a evolução dessincronizada entre controlo e avaliação afectiva, vai permitindo efectuar mais e mais revisões das opções disponíveis para decidir, tornando a tomada de decisão crescentemente independente da presença de pares ou das recompensas físicas/sociais atraentes imediatas. Esta evolução, que dura aproximadamente entre os 12 e os 18 anos de idade, desemboca, enfim, num padrão de percepção de risco e tomada de decisão que se assemelha cada vez mais com o do adulto.

E, contudo, tal como atrás se referiu, o padrão adulto é precisamente aquele que, surpreendentemente, se revela pejado de ilusões cognitivas e enviesamentos, somado a algumas das características de funcionamento afectivo já presentes no adolescente (*e.g.*, o processamento de recompensas), pese embora a maior autonomia face às pressões do contexto.

Integração dos sistemas analítico e experiencial
— a interpretação da Teoria do Traço-Fluido

Na origem da Teoria do Traço-Fluido (Rivers *et al.*, 2008), que do nosso ponto de vista permite acomodar grande parte dos dados que atrás apresentámos, está a tentativa de explicação deste fenómeno de desenvolvimento aparentemente paradoxal em que: 1) o sistema analítico, cognitivo e deliberativo, desenvolvendo-se em relação linear com a idade, favorece, após a puberdade, um padrão de avaliação sócio-afectiva quase reflexa, orientada para o imediato e seguindo um curso impulsivo e/ou de procura de sensações, em direcção aos riscos percebidos; 2) depois de atingir o zénite de influência na percepção, juízo e decisão face aos riscos, o sistema experiencial/afectivo não cessa de modular o carácter deliberativo do sistema analítico na direcção de uma crescente prudência — a *aversão ao risco* registada pelas descrições originais do comportamento de decisão (*e.g.*, paradoxo de São Petersburgo, J. Bernoulli, século XVIII; *vd.* Oliveira, 2005) e secundada pelas mais recentes como as que são fornecidas no âmbito da Teoria dos Prospectos (*vd.* acima). Tal característica prudencial parece fundar-se no valor da experiência indutora de maior confiança nas avaliações afectivas simples e intuitivas que resumem o âmago ou essência (*gist*) das situações.

Teoria do Traço-Fluido [21]

De acordo com Reyna e Farley (2006; Reyna & Brainerd, 1995; Rivers *et al.*, 2008), verifica-se, no desenvolvimento, uma tendência de evolução do processamento de informação altamente detalhado ou *verbatim*, fruto da capacidade cognitiva se encontrar num pico de exe-

---

[21] Para uma definição de traço ver Tulving (2007).

cução por volta dos 14-16 anos, dando lugar, paulatinamente, a um processamento mais "intuitivo", feito de representações sumárias essenciais, e mais fluido, o que parece caracterizar o processamento de informação decisional típico no adulto. Tal modo de processamento parece dever-se à influência das emoções que têm impacto directo nas decisões (Loewenstein & Lerner, 2003), nomeadamente, determinando o uso de certos valores para avaliar as opções de decisão (*e.g.,* favorecendo ou desfavorecendo a sua recuperação mnésica) e / ou a própria escolha do uso de uma representação *verbatim* ou *gist* da informação (um predicado de "metacognição" que podemos referir como "decidir a decidir").

Aliás, quanto ao impacto que o jogo da valência (valor afectivo simples do tipo bom/mau), emoções e sentimentos (*feeling states*) e activação fisiológica (*arousal*) têm na tomada de decisão, devemos reter alguns aspectos importantes, a considerar adiante enquanto elementos psicossociológicos cruciais do desenho de intervenções destinadas à redução de risco em adolescentes. Desde logo o carácter ambíguo ou complexo das situações: terreno fértil para a interferência dos aspectos afectivos e emocionais incidentais ou directos (Forgas, 1995; Loewenstein & Lerner, 2003; Slovic *et al.*, 2007). É avisado, porém, considerar o contributo que estes também têm para a experiência e para o repertório de conhecimento — emoção enquanto informação (Schwarz & Clore, 2003) — que consiste em representações sumárias necessárias à formação de decisões adequadas. A estes elementos podem adicionar-se, ainda, outros de natureza externa e interna como sejam o *stress*, a pressão de tempo, a motivação e o excesso de carga cognitiva que determinam um processamento de informação mais superficial, favorecendo a saliência de detalhes não relevantes para a avaliação da situação (*vd.* Hammond, 2000). O contrário é também verdadeiro, i. e., a procura motivada de informação na memória ou no ambiente podem reduzir a interferência marcada de estados emocionais ou de humor (Forgas, 1995).

Em oposição ao perfil funcional que a tradição reservou para o adolescente — na senda de Stanley Hall (1904; *vd.* Arnett, 1999) — em que o envolvimento com o risco decorreria exclusivamente de sentimentos de invulnerabilidade e de diminuta capacidade analítica para avaliar valor e probabilidade das consequências (irracionalidade), a Teoria do Traço Fluido propõe (*vd.* Rivers *et al.*, 2008, Tabela 1) que a evolução para um crescente processamento por representação sumária de significado de uma situação (*gist*) é concomitante com a redução significativa da assunção de riscos. Esta função de extracção de significado a partir da experiência (pela repetição de contacto com estímulos ou situações) redunda num processo de avaliação intuitiva/afectiva, por vezes roçando a estereotipia, que se aproxima de uma forma essencialmente prudencial da avaliação dos riscos (*vd*. Reyna & Farley, 2006). Ao contrário do que se poderia pensar, pois, a confiança excessiva nas capacidades analíticas e de controlo executivo (memória, atenção, raciocínio), favorecendo um funcionamento baseado no detalhe preciso e específico da informação (*e.g.*, a probabilidade objectiva de ficar infectado pelo VIH por não utilização de preservativo), leva a admitir que, no caso do adolescente, existe uma forma de deliberação propriamente racional do ponto de vista normativo — Maximização da Utilidade Esperada. Esta parece basear-se numa avaliação socioemocionalmente imatura dos riscos — focalização nas recompensas atraentes mais imediatas em detrimento das recompensas diferidas e/ou desprezo pelas punições ou consequências negativas. Tudo isto na ausência do contrabalanceamento efectuado pelos mecanismos de inibição voluntária de resposta (adquiridos por meio de experiência directa e continuada com as situações) típico do padrão adulto.

Façamos um rápido resumo dos princípios fundamentais desta teoria:

Hierarquia das representações — A informação a ser processada é codificada em paralelo, com precisões específicas a diversos níveis: quer os detalhes mais básicos, *verbatim* (*e.g.*, a cor em que um texto se encontra escrito), quer a representação sumária do significado essencial, *gist* (*e. g.*, de algo complexo como um filme ou um problema de decisão; *vd*. Rivers *et al*., 2008, Tabela 2), ou outras representações de níveis intermédios, são registados e integrados ao longo da vida (experiência) formando deste modo uma hierarquia de representações.

Independência da codificação, armazenamento e recuperação — Estes tipos diversos de representação *verbatim* e *gist* não apenas são diferentemente codificados como se revelam independentes no armazenamento e na recuperação mnésicas (cf. Rivers *et al*., 2008).

Preferência pelo processamento fluido — Traduz-se no progressivo aumento de confiança depositada em representações mais simples e sumárias ao longo do desenvolvimento, fruto da acumulação de experiência. Tal processamento significa tomar decisões tendo por base representações simples, vagas e imprecisas. É de assinalar o facto de que as representações sumárias permitem avaliações rápidas, concentrando informação tão distinta quanto a valência emocional (bom/mau), o grau de activação, os sentimentos, e emoções discretas (*e.g.*, medo, surpresa) associadas a acontecimentos, recolhida ao longo da experiência e determinante para escolhas adequadas e mesmo entre os próprios tipos de registo detalhado e sumário (*e.g.*, em fenómenos como os efeitos de *framing*, *vd.* nota 4; e os juízos de probabilidade; Rivers *et al.*, 2008) [22] (*vd.* Fig. 6).

No caso da adolescência, a incipiente integração dos dois modos de processamento (experiencial e analítico) poderá explicar a dificuldade de comutação eficiente, em linha, entre tipos de processamento e a excessiva confiança preferencial pelos detalhes, embora com crescente capacidade para reter e utilizar representações sumárias, em fases mais adiantadas de desenvolvimento.

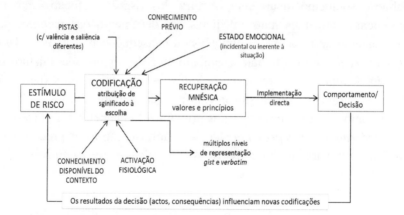

Figura 6. Esquema de decisão de envolvimento num comportamento de risco de acordo com o modelo de Traço-Fluido (Rivers *et al.*, 2008).

Conhecimento categorial, menos quantitativo e mais qualitativo — A experiência continuada com estímulos ou situações permite o armazena-

---

[22] Este princípio pode bem ser ilustrado através do modo como médicos experientes e noviços usam informação para realizar diagnósticos: os primeiros baseiam-se preferencialmente em representações simplificadas do tipo tudo-ou-nada (*e.g.*, tem ou não enfarte do miocárdio) (*vd.* Reyna, 2008), não obstante conseguirem comutar com registos do tipo *verbatim* (*e.g.*, recuperar da memória uma alteração num registo electrocardiográfico).

mento de conhecimento categorial (afectivamente avaliado) que pode ser automaticamente recuperado no confronto com pistas presentes no contexto de escolha ou decisão.

A Teoria do Traço-Fluido faz predições contra-intuitivas que enquadram bem os dados conhecidos sobre a integração da cognição e da emoção nos processos de escolha congruentes com propostas teóricas como a Heurística Afectiva de Slovic e colaboradores (2002). A explicação para os adolescentes revelarem maior tendência para correr mais riscos sublinha o funcionamento em registo *verbatim*, consistente com a descrição normativa da Maximização da Utilidade Esperada, em detrimento do uso do tipo tudo-ou-nada da avaliação afectiva qualitativa, conducente à aversão ao risco típica da idade adulta. Perante uma situação de risco (*e.g.*, oportunidade de ter sexo sem protecção), o adolescente, capaz de raciocínio e controlo cognitivo eficiente (*e.g.*, manutenção na memória de trabalho dos dados da situação), dispersará a sua atenção pelos detalhes fornecidos pelas pistas do contexto, diferencialmente avaliadas na sua valência (bom / mau) (*e.g.*, um corpo atraente, indumentária especial). Estas serão ou não congruentes com o grau de activação (*e.g.*, sob influência de substâncias ou álcool) e o estado emocional em que se encontra (*e.g.*, bom humor, confiante, deprimido), aliados à sua pouca ou nenhuma experiência — portanto, a um curto repertório de representações sumárias de situações semelhantes. Nestas condições, com muita probabilidade, o adolescente será conduzido à alternativa que apresenta um benefício imediato, não obstante poder perceber a magnitude do risco de infecção por VIH (que pode até ser sobrestimado), porque impera um deficiente controlo afectivo do impulso, verosimilmente favorecido pela oportunidade de "provar" algo aos seus pares e / ou motivado pela necessidade de encontrar sensações novas (*e.g.*, ter sexo com um / a desconhecido / a e "fintar" o VIH). Portanto, conhecedor dos riscos e benefícios, ou seja, da sua vulnerabilidade objectiva, o nosso adolescente optará, provável e racionalmente, i. e., na relação adaptativa entre as suas capacidades de processamento de informação, avaliação afectiva e aquilo que o contexto lhe oferece, pelo benefício de um encontro sexual sem protecção.

O trajecto comportamental da tomada de decisão que se inicia na puberdade parece ser, resumidamente, o seguinte: à medida que se desenvolvem, as pessoas vão abandonando o uso de procedimentos quantitativos, analíticos e deliberativos, em favor de representações mais simplificadas e qualitativas da informação. Estas beneficiam da aprendizagem que permitiu a formação de um "armazém de conhecimento" que fornece os indicadores de valência positiva ou negativa (Rivers *et al.*, 2008) associados a imagens mentais — repositório afectivo de imagens (Slovic *et al.*, 2005) — registadas ao longo da vivência de determinados estímulos ou situações.

Intervenção

Não são poucas, pois, as ilações e precauções a ter em conta face uma leitura de comportamentos como esta que propõe a Teoria do Traço-
-Fluido. Mantendo em mente esta precaução, alinhamos alguns apontamentos relativos aos dados e interpretações teóricas apresentadas deixando ao leitor um conjunto de considerações ou, se se quiser, de pistas que permitam o delineamento de intervenções e políticas que as possam integrar e sustentar. Isto, sem esquecer que à questão da relevância social de certos comportamentos de risco na adolescência corresponde uma outra precaução necessária, relativa à apreciação dos comportamentos ditos desviantes (Steinberg, 2009) que, como afirma Sunstein (2008), deverá ter em conta o tempo, o espaço, a cultura e, claro, como esperamos que este texto demonstre, o patamar de desenvolvimento.

Em primeiro lugar, destacamos dois princípios organizadores de qualquer política ou intervenção a levar a cabo junto de adolescentes. Desde logo, os contextos (*e.g.*, família, escola, centro de saúde, grupos) terão de estar interligados nos seus diversos níveis de actuação, não apenas pela razão teórica de integração política que reverta para o acordo dos vários agentes sobre quais são e como devem ser alcançados os resultados desejáveis — "O que são boas decisões de evitamento de risco?", "Como aferimos a sua qualidade?", "Que latitude admitimos conferir àquilo que designamos por «boa qualidade» das decisões?" Esta seria a razão prescritiva a que aludimos anteriormente a propósito da Teoria da Decisão: procurar um consenso sobre qual deverá ser a distância admissível entre a idealidade das normas sociais e os comportamentos saudáveis/
/não saudáveis a promover/extinguir que se pretende que os adolescentes, com as suas capacidades próprias de processamento e compreensão, possam implementar nos diversos contextos em que vivem, não esquecendo

os pais, educadores, profissionais de saúde e todos os demais actores eventualmente envolvidos.

Todavia, esta razão não poderá, por si só, justificar a necessidade do consenso prescritivo. Pela razão, não menos lógica, de que os destinatários não são apenas os adolescentes, mas todos aqueles que com eles lidam encarnando os diversos papéis que lhes cabem nos mais diversos encontros contingentes e necessários. A razão é, pois, desde logo, pragmática: não apenas teremos de estar de acordo sobre o que queremos alcançar mas, também, temos de saber o que pode ser feito, ou não, num sentido técnico e científico. Este é um preceito racional de avaliação das actuações que implica um conhecimento robusto daquilo que existe factualmente, das medidas e técnicas que escolhemos para descrever e explicar os fenómenos com que temos de lidar, bem como dos seus limites. É, pois, preciso conhecer as comunidades e os sujeitos que as compõem e informar os agentes directos e indirectos da intervenção sobre "o que" e "como" fazer com base em sólida evidência científica. A propósito da educação baseada na evidência, Reyna (2004, p. 57) afirma que ela não pode ser considerada como um luxo; pelo contrário: "[a] evidência é uma necessidade porque muitas crenças comuns sobre o que é útil para os estudantes acabou por se tornar tragicamente errado, tal como muitas crenças comuns em medicina acabaram por se revelar erradas quando foram testadas cientificamente". A informação de cariz científico pode, pois, orientar globalmente as intervenções desenhadas por técnicos e agentes no terreno, desafiando as crenças comuns e os desejos pessoais que estes carregam, mas também as dos próprios destinatários (adolescentes, pais, educadores).

É finalmente aqui que assoma um conjunto de pistas que se pretende façam justiça ao que atrás fomos descrevendo e que poderão informar e enformar intervenções e políticas de redução de risco junto dos adolescentes, tendo em conta as suas especiais vulnerabilidades objectivas.

Em primeiro lugar, admite-se hoje que ao nível dos contextos de intervenção, uma das medidas mais importantes é a de seguir o princípio geral de reduzir as oportunidades de contacto com os riscos (especialmente durante a puberdade e a fase intermédia da adolescência) dado o carácter marcadamente maturacional do desenvolvimento das áreas cerebrais que sustentam o controlo cognitivo, a avaliação de recompensas / punições e a inibição voluntária de respostas (Rivers *et al.*, 2008;

Steinberg, 2008). Entre algumas formas de reduzir, legislativamente, as oportunidades de contacto com substâncias legais perniciosas como o álcool, estão medidas como limitar as idades em que podem ser vendidas e a admissão a locais onde se vendem. Sendo uma realidade no presente, não existe ainda uma cultura de responsabilidade cívica conducente a uma efectiva aplicação da lei. Este princípio, por força de razão, deverá alargar-se, ainda na forma de regulamentação de proximidade (*e.g.*, escola), interditando consumos ou contactos com substâncias legais e ilegais. Estas últimas, pela sua própria natureza, escapam a regulamentos restando apenas a possibilidade de evitar que as vias de contacto e de venda se mantenham operantes.

No plano familiar ou comunitário, este princípio poderá transmutar-se num outro, solidário do primeiro: a supervisão. São conhecidos os efeitos da sua ausência: é o exemplo das festas sem supervisão parental em que um adolescente, não obstante poder debater-se com tentações de consumo de álcool, sexo ou violência, dado o processamento preferencial de elementos beneficiais e não existindo qualquer sinalização de risco e punição ou mal-estar consequente (*e.g.*, um adulto que ponha cobro a circunstâncias que propiciam o consumo de substâncias ou o sexo desprotegido), terá maior probabilidade de se envolver em comportamentos de risco.

Um outro aspecto, ainda com este relacionado, já referido acima, é o da crença vulgarizada de que existe um sentimento de invulnerabilidade do adolescente que é normativo e generalizado. Tal não parece ser o que melhor define o sentimento do adolescente relativamente aos riscos que ele e os seus pares correm (cf. Fischhoff, 2008). Este bem documentado estado de coisas exige o conhecimento prévio daquele "sentimento" relacionado em concreto com os riscos específicos que se pretendem reduzir com a intervenção, comprometendo em igual medida quem concebe e quem executa as intervenções.

Daqui resulta uma consideração que, porventura, causará mal-estar entre alguns agentes mais afastados do terreno (*e.g.*, publicitários, gabinetes de imprensa ministeriais, institutos públicos com responsabilidades na concretização de políticas e mesmo académicos) ou outros mais próximos (*e.g.*, pais, educadores) das intervenções conduzidas junto dos adolescentes: tal como para certas doenças do desenvolvimento (físico e/ou mental), por vezes torna-se necessário esperar pelo crescimento, a maturação daquilo que sustentará o comportamento padrão desejável, i. e., o do adulto.

Sendo as intervenções, muitas vezes, intempestivas, elas podem revelar-se menos eficazes do que se poderia supor à partida. E, contudo, o não incremento das idades de consumo de álcool, a permissão de publicidade sobre alimentos não saudáveis, a profusão de imagens marcadamente violentas, sexualmente atraentes, aparecem inelutável e naturalmente ao adolescente (e à criança), aos pais e aos educadores. E é, também naturalmente, que ocorrem no adolescente a activação fisiológica, o processamento preferencial de benefícios imediatos, o processamento de imagens vívidas e salientes, compostas de detalhes minuciosamente desenhados para o efeito, capazes de dispersar a atenção das pistas centrais que sumariam o risco ou o benefício saudável de uma dada situação.

Seguindo exclusivamente este raciocínio, cairíamos, certamente, no desenho utópico de um ambiente asséptico e também ele "desenhado" para evitar o conflito quase permanente em que vive o adolescente, dada a sua condição de maturação dessincronizada dos sistemas experiencial e analítico. Uma vez mais o raciocínio prescritivo é necessário aqui para orientar as formas de intervenção de maior proximidade, i. e., no ambiente e ecologia habituais do adolescente. Sem o conflito, o próprio processo de maturação, que sendo biológico não se desenrola à revelia de trocas com o meio, não poderia cursar naturalmente. Mais ainda, como sublinhámos anteriormente, a experiência parece ser a chave que revela o trajecto que vai da adolescência à adultez: a construção da prudência. A experiência, como vimos, consiste num repertório dinâmico de registos mnésicos de vária ordem e precisão, recrutáveis em linha com as situações, favorecendo ou não a avaliação adequada das mesmas e a realização das consequentes decisões. Como vimos também, o conflito sistémico típico da adolescência corresponde à oscilação entre uma avaliação da situação de risco baseada nos seus detalhes periféricos e uma sua representação sumária central, sujeita às forças poderosas das emoções (inerentes ou não à situação de decisão), da activação fisiológica e da endémica falta de experiência que se traduz num pobre repertório de imagens afectivamente rotuladas (bom/ /mau) capazes de fazer decidir intuitivamente, sem deliberação.

Um outro aspecto importante prende-se com a forma como lidamos, de um ponto de vista muito geral, com as diferenças individuais. Não esquecendo a cautela interpretativa que Steinberg (2008) avança relativamente às conexões entre os dados conhecidos sobre a maturação do Sistema Nervoso Central e os relativos aos comportamentos (observados no terreno ou no laboratório), outra se lhe junta quando lidamos com as diferenças individuais em comportamentos relevantes para a tomada de decisão. Steinberg (2008, p. 92; *vd.* também Reyna & Farley, 2006) coloca o problema ao afirmar a necessidade de mais estudos sobre diferenças individuais:

> apesar do aumento observado de busca de sensações na fase mais precoce da adolescência poder ser operado maturacionalmente, é também importante realçar que nem todos os indivíduos manifestam tal inclinação na forma de comportamento perigoso, prejudicial ou irresponsável. [...] Presumivelmente, muitos factores moderam e modulam a tradução da busca de sensações em comportamentos de risco, incluindo o início da maturação (i. e., os mais precoces estão mais vulneráveis), as oportunidades de envolvimento em comportamentos de risco anti-sociais (*e.g.*, o grau em que o comportamento dos adolescentes é monitorizado por pais e outros adultos, a disponibilidade de álcool e drogas, e por aí adiante) e predisposições temperamentais que podem amplificar ou atenuar tendências para o envolvimento com actividades potencialmente perigosas. Espera-se que indivíduos que são por natureza comportamentalmente inibidos, propensos a elevado grau de ansiedade, ou especialmente receosos, evitem actividades prejudiciais.

A questão prática é, pois, agora, "como fornecer experiência?" Como garantir que no curso natural do desenvolvimento o adolescente disponha das oportunidades que lhe possam fornecer a experiência que fará dele um adulto — um decisor com aversão ao risco embora pejado de ilusões cognitivas? (Reyna & Farley, 2006).

Perfilhamos uma visão que permite edificar as intervenções sobre dois eixos relativos aos elementos psicológicos relevantes, decorrentes da interpretação fornecida pela Teoria do Traço Fluido: manipulação dos diversos registos de informação (*verbatim* e *gist*) e manipulação dos elementos emocionais/motivacionais[23].

A promoção, através do treino, do enfoque nas representações sumárias essenciais de situações de risco, em detrimento da apresentação de mais informação em detalhe é um princípio central. A ter de ser apresen-

---

[23] Como é evidente, estas linhas de actuação sistemáticas e desgarradas dos problemas concretos devem sempre revestir-se da precaução que atrás invocámos sobre a necessidade de evidência empírica sólida.

tada informação, ela deve tornar os riscos salientes, diminuindo os detalhes que possam sobredimensionar os benefícios (alvo preferencial dos raciocínios dos adolescentes), usando formas eficazes como a narrativa ou o enquadramento humorístico ou anedótico. Estes formatos de apresentação de informação promovem uma avaliação afectiva associada à activação e a estados emocionais positivos que podem facilitar a codificação e posterior recuperação de representações sumárias úteis para a escolha do comportamento a adoptar. Quando é necessário apresentar informação numérica (*e.g.*, sobre a probabilidade de ocorrência de um determinado risco) esta poderá ser veiculada num formato de frequência relativa (fracções). São vários os estudos (Slovic, Monahan & MacGregor, 2000; Reyna, 2008; Reyna & Brainerd, 2008) que indicam que a informação numérica, relativa à probabilidade de ocorrência de um acontecimento, apresentada num formato de frequência, favorece uma interpretação do risco mais conservadora, hipoteticamente, por tornar mais saliente o numerador devido à negligência com que perceptivamente o denominador da fracção é tratado, reduzindo desse modo a probabilidade de envolvimento com comportamentos de risco.

O conhecimento das componentes emocionais concretas susceptíveis de influenciar decisivamente os processos que levam à escolha de um caminho de acção é também importante por várias razões. Porque constituem a base de conhecimentos que permitem estabelecer quais e como estão as valências associadas às pistas contextuais, os estados emocionais incidentais ou inerentes podem influenciar o processo de decisão relativo a uma situação concreta (*e.g.*, fumar ou não um cigarro oferecido por um amigo / a). A dificuldade em extrair significado, i. e., formar representações sumárias essenciais relativamente à situação, aliada à inerente falta de experiência, poderá ditar uma escolha baseada num sentimento interpretativo de um detalhe periférico face ao risco (*e. g.*, uma pose corporal atraente). As intervenções deverão, em concordância, promover a formação e estabilização de representações sumárias, através da repetição e automatização da sua recuperação mnésica, de modo a que sejam recrutadas mesmo sob condições ambientais, emocionais e motivacionais negativas (*e.g.*, pouca relevância pessoal, *stress*, pressão de tempo, humor negativo).

As representações sumárias são assim cruciais e devem ser objecto de manipulação sob várias formas que se sabe favorecerem a saliência da informação relevante numa dada situação. Assim, a apresentação de informação em narrativas ou formatos humorísticos (Rivers et al., 2008; Slovic *et al.*, 2005), de indicações (rótulos) sobre a bondade/maldade de um dado elemento essencial (Peters, Lipkus & Diefenbach, 2006), de números sobre probabilidades em formatos de frequência (Slovic *et al.*, 2000; Reyna, 2008; Reyna & Brainerd, 2008), a promoção de comparações (a avaliabilidade dos estímulos, *vd.* Hsee, 1996), são formas de manipulação de informação conducentes à construção e recuperação de representações sumárias robustas mesmo em circunstâncias intrínsecas e extrínsecas adversas. Uma das razões para a aposta nesta manipulação orientada para a formação de representações sumárias releva do facto de estas conduzirem a avaliações categoriais (tudo-ou-nada) robustas de valência (bom / mau) (Slovic *et al.*, 2005). A indução deste regime de processamento de informação permite desviar o adolescente do típico funcionamento de atenção ao detalhe e deliberação sobre probabilidades e consequências, tornando-o vulnerável ao envolvimento com riscos desencadeados por activação e focalização na recompensa — não esqueçamos a fraca eficácia do sistema de inibição voluntária de resposta. Mas, mais ainda, permite estabelecer uma base de conhecimento experiencial, ou seja, um repertório de avaliação adequado e mobilizável automaticamente (precisamente o que parece faltar aos adolescentes). Por fim, o reconhecimento rápido, em especial, de valências negativas (indiciadoras de risco) associadas aos objectos relevantes das situações, permite a distinção consciente e precisa entre aquelas e os sentimentos incidentais (*e.g.*, humor deprimido, medo) que podem induzir escolhas desadequadas ou não saudáveis (Rivers *et al.*, 2008).

Considerações finais

Nos dias que correm somos testemunhas de avanços científicos e tecnológicos constantes, obrigando a uma mudança vertiginosa em muito daquilo que se admitia e defendia sem grande hesitação. Nesta voragem do tempo os "diagnósticos previsionais" (Ost, 2001) são cada vez mais solicitados, cada vez mais necessários para fundamentar e justificar decisões relativas aos novos problemas e desafios com que a sociedade contemporânea nos brinda.

O 'caso' particular da adolescência é um exemplo que, justamente, interroga tudo o que pensamos saber, considerando quer as disciplinas científicas e as políticas públicas que se lhe destinam quer o dia-a-dia vivido em nossas casas, com os nossos filhos adolescentes. Como se viu, a adolescência não pode mais ser considerada um processo que decorre por etapas, devendo, antes, ser vista como uma etapa longa, complexa e dinâmica, com diferentes momentos, conforme nos diz, desde logo, o conhecimento acerca da maturação cerebral. E não apenas do ponto de vista desenvolvimental os adolescentes estão numa espécie de intervalo — entre a infância e a adultez — mas, também, do ponto de vista do rearranjo conceptual a que nos obriga. A divisão entre adolescentes "atinados" e "rebeldes" mostra-se obsoleta. Hoje interpela-nos uma adolescência simultaneamente dócil, educada, com excelentes resultados escolares, mas ao mesmo tempo capaz de comportamentos de risco que não imaginaríamos no nosso tempo; capaz de envolver-se em práticas filantrópicas na mesma medida em que participam em actividades marginais com o grupo de amigos, ou em que participam em festas com múltiplos parceiros. Hoje, também, é difícil convencer um adolescente que terá um futuro risonho se, simplesmente, estudar bastante e acatar os constrangimentos sociais. O quotidiano nas escolas, a vida familiar e profissional dos pais, a vida dos seus amigos, as investidas da publicidade e as notícias na comunicação social ajudam a fazer crer o contrário. Há uma ideia generalizada de distribuição de possibilidades para todos, quando, afinal, apenas se trata de distribuição de desejos.

    Contudo, antes como agora os psicólogos são chamados a resolver problemas que passam pela identificação de sinais prodrómicos de desvio, sobretudo na e pela escola, e cada vez mais precocemente. Isto quer dizer que o pedido social não mudou, que se pensa que os problemas prevalentes da adolescência são, como sempre foram, de indisciplina, de desafio face à autoridade para encontrar um lugar de inscrição no grupo e na sociedade. Toda a competitividade e criatividade que evidenciam constituem, regra geral, para os adultos, meras tentativas de se aproximarem aos seus comportamentos quase exemplares e às suas melhores decisões. *Work in progress...* Porém, como se viu, a evidência recente advinda das áreas da psicologia do desenvolvimento, das neurociências e da teoria da decisão força a uma postura não paternalista mas de humildade perante os pedidos de intervenção nas mais diversas áreas: família (*e.g.*, rivalidade, violência), escola (*e.g.*, insucesso, abandono, violência), saúde (*e.g.*, VIH, DST, doença crónica e terminal, uso e abuso de substâncias tóxicas), justiça (*e.g.*, vítimas, agressores). Tem, necessariamente, que se dar atenção à forma como os adolescentes apreendem e interpretam a realidade, e como, em consequência, decidem realizar uma acção de risco, ou não. Mas igualmente os profissionais têm que dotar-se desse conhecimento para intervir e avaliar de outra forma.

Por isso, é preciso delinear modelos de investigação e de intervenção que contemplem os dados recentes e a evidência científica mais robusta; e, é preciso avaliar o que foi sendo feito, para aprender criticamente e não repetir o erro. Considere-se, então, a necessidade de estudar: a influência do grupo de pares nas decisões de assumir comportamentos de risco e o respectivo processo de autonomização face a tal influência; a selecção da informação a usar em campanhas publicitárias e de informação, com menor preocupação relativamente à quantidade de informação e maior quanto à valência positiva ou negativa de determinada característica ou de determinado protagonista; e, a influência de emoções e afectos, da maior ou menor experiência de vida (diversidade) sobre a decisão. Estes são, permitimo-nos afirmar, alguns dos caminhos mais urgentes a percorrer.

Referências

Anderson, N. H. (1981). *Foundations of Information Integration Theory*. Boston: Academic Press.

Anderson, N. H. (1991). A cognitive theory of judgment and decision. In N. Anderson (Ed.), *Contributions to information integration theory:* Vol. I – *Cognition* (pp. 105-142). Hillsdale, NJ: Lawrence Erlbaum Associates.

Arnett, J. J. (1999). Adolescent storm and stress, reconsidered. *American Psychologist, 54*, 317-326.

Aue, T., Lavelle, L. A. & Cacioppo, J. T. (2009). Great expectations: What can fMRI research tell us about psychological phenomena? *International Journal of Psychophysiology, 73*(1), 10-16.

Bechara, A., Damásio, H., Tranel, D. & Damásio, A. R. (2005). The Iowa Gambling Task and the somatic marker hypothesis: Some questions and answers. *Trends in Cognitive Sciences, 9*(4), 159-162.

Bechara, A., Damásio, H., Tranel, D. & Damásio, A. R. (1997). Deciding advantageously before knowing the advantageous strategy. *Science, 275*, 1293-1294.

Bell, D. E. (1982). Regret in decision making under uncertainty. *Operations Research, 30*, 961-981.

Bell, D. E., Raiffa, H. & Tversky, A. (1988). Descriptive, normative and prescriptive interactions in decision making. In D. E. Bell, H. Raiffa & A. Tversky (Eds.), *Decision making: Descriptive, normative and prescriptive interactions* (pp. 9-30). Cambridge, MA: Cambridge University Press.

Berndt, T. J. (1979). Developmental changes in conformity to peers and parents. *Developmental Psychology, 15*, 608-616.

Betsch, T. (2008). The nature of intuition and its neglect in research on judgement and decision making. In H. Plessner, C. Betsch & T. Betsch (Eds.), *Intuition in judgment and decision making* (pp. 3-22). New York: Erlbaum.

Bettman, J., Johnson, E. & Payne, J. (1990). A componential analysis of cognitive effort in choice. *Organizational Behavior and Human Decision Processes, 45*, 111-139.

Boyer, T. W. & Byrnes, J. P. (2009). Adolescent risk-taking: Integrating personal, cognitive and social aspects of judgment. *Journal of Applied Developmental Psychology, 30*, 23-33.

Brehmer, B. (1988). The development of social judgment theory. In B. Brehmer & C. R. B. Joyce (Eds.), *Human judgment: The SJT view* (pp. 13-39). Amsterdam: North-Holland.

Brehmer, B. (1994). The psychology of linear judgement models. *Acta Psychologica, 87*, 137-154.

Brunswik, E. (1955). Representative design and probabilistic theory in a functional psychology. *Psychological Review, 62*, 193-217.

Bureau of Labor Statistics (2009). *National longitudinal surveys.* In http://www.bls.gov/nls/home.htm, Retirado da WWW em Abril de 2009.

Casey, B. J., Getz, S. & Galvan, A. (2008). The adolescent brain. *Developmental Review, 28*, 62-77.

Casey, B. J., Tottenham, N., Liston, C. & Durston, S. (2005). Imaging the developing brain: What have we learned about cognitive development? *Trends in Cognitive Sciences, 9*, 104-110.

Cauffman, E., Shulman, E., Steinberg, L., Claus, E., Banich, M., Graham, S. & Woolard, J. (*no prelo*). Age differences in affective decision making as indexed by performance on the Iowa Gambling Task. *Developmental Psychology.*

Cooksey, R. (1996). *Judgment analysis: Theory, methods, and applications.* San Diego, CA: Academic Press.

Damásio, A. (1995). *O erro de Descartes: Emoção, razão e cérebro humano*. Lisboa: Europa-América

Damásio, A., Tranel, D. & Damásio, H. (1990). Individuals with sociopathic behavior caused by frontal damage fail to respond automatically to social stimuli. *Behavioural Brain Research, 41*, 91-94.

Darwin, C. (2004) *Voyage of the Beagle: Part 29*. Whitefish, MT: Kessinger Publishing.

Dehaene, S., Le Clec'H, G., Cohen, L., Poline, J.-B., van de Moortele, P.-F. & Le Bihan, D. (1998). Inferring behavior from functional brain images. *Nature Neuroscience, 1*(7), 549-550.

Dobbs, D. (2005). Fact or phrenology? The growing controversy over fMRI scans is forcing us to confront whether brain equals mind. *Scientific American Mind*, April.

Dunn, B. D., Dalgleish, T. & Lawrence, A. D. (2006). The somatic marker hypothesis: A critical evaluation. *Neuroscience and Biobehavioral Reviews, 30*, 239-271.

Edwards, W. (1954). The theory of decision making. *Psychological Bulletin, 51*, 380-417.

Elkind, D. (1967). Egocentrism in adolescence. *Child Development, 38*, 1025-1034.

Epstein, S. (1994). Integration of the cognitive and psychodynamic unconscious. *American Psychologist, 49*, 709-724.

Epstein, S. (2008). Intuition from the perspective of cognitive-experiential self-theory. In H. Plessner, C. Betsch & T. Betsch (Eds.), *Intuition in judgment and decision making* (pp. 23-37). New York: Erlbaum.

Fischhoff, B., Downs, J. S. & de Bruin, W. B. (1998). Adolescent vulnerability: A framework for behavioral interventions. *Applied & Preventive Psychology, 7*, 77-94.

Fischhoff, B. (2008). Assessing adolescent decision-making competence. *Developmental Review, 28*, 12-28.

Fischhoff, B. & Quadrel, M.J. (1991). Adolescent alcohol decisions. *Alcohol, Health & Research World, 15*, 43-51.

Forgas, J. P. (1995). Mood and judgment: The affect infusion model (AIM). *Psychological Bulletin, 117*, 39-66.

Galvan, A., Hare, T., Parra, C., Penn, J., Voss, H., Glover, G., et al. (2006). Earlier development of the accumbens relative to orbitofrontal cortex might underlie risk-taking behavior in adolescents. *Journal of Neuroscience, 26*, 6885-6892.

Gardner, M. & Steinberg, L. (2005). Peer influence on risk taking, risk preference, and risky decision making in adolescence and adulthood: An experimental study. *Developmental Psychology, 41*(4), 625-635.

Gerrard, M., Gibbons, F. X., Houlihan, A. E., Stock, M. L. & Pomery, E. A. (2008). A dual-process approach to health risk decision making: The prototype willingness model. *Developmental Review, 28*, 29-61.

Gigerenzer, G. (2001). The adaptive toolbox. In G. Gigerenzer & R. Selten (Eds.), *Bounded rationality: The adaptive toolbox* (pp. 37-50). Cambridge, MA: MIT Press.

Gigerenzer, G. & Selten, R. (Eds.) (2001). *Bounded rationality: The adaptive toolbox*. Cambridge, MA: MIT Press.

Gigerenzer, G., Todd, P. & ABC Research Group (1999). *Simple heuristics that make us smart*. New York: Oxford University Press.

T. Gilovich, D. Griffin, and D. Kahneman, (Eds) (2002). *Heuristics and Biases: The Psychology of Intuitive Judgment*. New York: Cambridge University Press.

Grisso, T. & Vierling, L. (1978). Minors' consent to treatment: A developmental perspective. *Professional Psychology, 9*, 412-427.

Group for the Advancement of Psychiatry, Committee on Child Psychiatry (1989). *How old is old enough?* New York: Brunner/Mazel Publishers.

Hall, G. S. (1904). *Adolescence: Its psychology and its relation to physiology, anthropology, sociology, sex, crime, religion, and education* (Vols. 1 & 2). Englewood Cliffs, NJ: Prentice-Hall.

Hammond, K. (1996). Upon reflection. *Thinking and Reasoning, 2/3*, 109-140.

Hammond, K. (2000). *Judgments under stress*. New York: Oxford University Press.

Harmon-Jones, E. & Winkielman, P. (2007). A brief overview of social neuroscience. In E. Harmon-Jones & P. Winkielman (Eds), *Social neuroscience: Integrating biological and psychological explanations of social behavior* (pp. 3-11). New York: Guilford Press.

Heeger, D. J. & Ress, D. (2002). What does fMRI tell us about neuronal activity? *Nature Reviews Neuroscience, 3*, 142-151.

Houdé, O. (2007). A nova psicologia da criança depois de Jean Piaget. In A. C. Fonseca, M. J. S. Santos & F. R. F. Gaspar (Coords.), *Psicologia e educação: Novos e velhos temas* (pp. 119-128). Coimbra: Nova Almedina.

Houdé, O. (2008). *Les 100 mots de la psychologie*. Paris: PUF.

Hsee, C. K. (1996). The evaluability hypothesis: An explanation for preference reversals between joint and separate evaluations of alternatives. *Organizational Behavior and Human Decision Processes, 67*, 247-257.

Imbert, M. (2006). *Traité du cerveau*. Paris: Odile Jacob.

Kahneman, D. (2003). A perspective on judgment and choice: Mapping bounded rationality. *American Psychologist, 58*, 657-720.

Kahneman, D. & Tversky, A. (1996). On the reality of cognitive illusions: A reply to Gigerenzer's critique. *Psychological Review, 103*, 582-591.

Kahneman, D. & Tversky, A. (1979). Prospect theory: An analysis of decision under risk. *Econometrica, 47*(2), 263-291.

Kahneman, D., Slovic, P. & Tversky, A. (Eds.). (1982). *Judgment under uncertainty: Heuristics and biases*. Cambridge, MA: Cambridge University Press.

Klaes, M. & Sent, E.-M. (2005). A conceptual history of the emergence of bounded rationality. *History of Political Economy, 37*(1), 27-59.

Kunreuther, H., Meyer, R., Zeckhauser, R., Slovic, P., Schwartz, B., Schade, C., Luce, M. F., Lippman, S., Krantz, D., Kahn, B. & Hogarth, R. (2002). High stakes decision making: Normative, descriptive and prescriptive considerations. *Marketing Letters, 13*(3), 259-268.

Lerner, M. & Steinberg, L. (Eds.) (2004). *Handbook of adolescent psychology* (2nd ed.). New Jersey: Wiley.

Loewenstein, G. & Lerner, J. (2003). The role of affect in decision making. In R. J. Davidson, K. R. Scherer & H. H. Goldsmith (Eds.), *Handbook of affective sciences* (pp. 619-642). New York: Oxford University Press.

Loewenstein, G., Weber, E. U., Hsee, C. K. & Welch, E. S. (2001). Risk as feelings. *Psychological Bulletin, 127,* 267-286.

Loomes, G. & Sugden, R. (1982). Regret theory: An alternative theory of rational choice under uncertainty. *Economic Journal, 92*, 805-824.

Luna, B. & Sweeney, J. A. (2001). Studies of brain and cognitive maturation through childhood and adolescence: A strategy for testing neurodevelopmental hypotheses. *Schizophrenia Bulletin, 27*(3), 443-455.

Machina, M. J. (1990). Choice under uncertainty: Problems solved and unsolved. In K. S. Cook & M. Levi (Eds.), *The limits of rationality* (pp. 90-132). Chicago, Ill.: Chicago University Press.

Machina, M. J. (1987, May 1). Decision-making in the presence of risk. *Science, 236,* 537-543.

Maia, T. V. & McClelland, J. L. (2004). A reexamination of the evidence for the somatic marker hypothesis: What participants really know in the Iowa Gambling Task. *Proceedings of the National Academy of Sciences, 101*(45), 16075-16080.

Marshall, W.A. & Tanner, J. M. (1986). Puberty. In F. Falkner & J. M. Tanner (Eds.), *Human growth: A comprehensive treatise* (2nd ed., pp. 171-209). New York: Plenum Press.

Massaro, D. & Cowan, N. (1993). Information processing models: Microscopes of the mind. *Annual Review of Psychology, 44*, 383-425.

McClure, S., Laibson, D., Loewenstein, G. & Cohen, J. (2004). Separate neural systems value immediate and delayed monetary rewards. *Science, 306,* 503-507.

Midwest Bioethics Center, Children's Rights Task Force (1995). Health care treatment decision making guidelines for minors. *Bioethics Forum, 11*, A1-A16.

Millstein, S. G. & Halpern-Felsher, B. L. (2002). Judgments about risk and perceived invulnerability in adolescents and young adults. *Journal of Research on Adolescence, 12*(4), 399-422.

Monahan, K., Steinberg, L., Cauffman, E. & Mulvey, E. (no prelo). Trajectories of antisocial behavior and psychosocial maturity from adolescence to young adulthood. *Developmental Psychology.*

Mongin, P. (1997). Expected utility theory. In J. Davis, W. Hands & U. Mäki (Eds.), *Handbook of economic methodology* (pp. 342-350). London: Edward Elgar.

Nolte, J. (2002). *The human brain: An introduction to its functional anatomy* (5th ed.). St. Louis, MO: Mosby.

Nygaard, P., Waiters, E. D., Grube, J. W. & Keefe, D. (2003). Why do they do it? A qualitative study of adolescent drinking and driving. *Substance Use & Misuse, 38*, 835-863.

Oliveira, A. M. (2007). A heurística afectiva segundo P. Slovic: Entre manipulação e democracia (pp. 69-93). In C. H. Antunes & L. C. Dias (Eds.), *Decisão: Perspectivas interdisciplinares.* Coimbra: Imprensa da Universidade de Coimbra.

Oliveira, M. (2005). *Racionalidade quebrada: A racionalidade ecológica das heurísticas rápidas e frugais.* Tese de doutoramento, não publicada. Coimbra: Faculdade de Psicologia e de Ciências da Educação da Universidade de Coimbra.

Oliveira, M. (1996). *Limitações sintácticas e não-categoricidade dos formalismos: Limite interno e problema crucial da teoria operatória de Jean Piaget.* Relatório de Síntese. Universidade de Coimbra.

Oliveira, M. & Alves, F. (2004). SondProc: Uma aplicação informática de sondagem de processos cognitivos (*process tracing*) em comportamentos de decisão. *Psychologica, Extra-Série,* 139-154.

Ost, F. (2001). *O tempo do direito.* Lisboa: Instituto Piaget.

Patton, G. C., Coffey, C., Sawyer, S. M., Viner, R. M., Haller, D. M., Bose, K., Vos, T., Ferguson, J. & Mathers, C. D. (2009). Global patterns of mortality in young people: A systematic analysis of population health data. *The Lancet, 374,* 881-892.

Payne, J. (1980). Information processing theory: Some concepts and methods applied to decision research. In T. S. Wallsten (Ed.), *Cognitive processes in choice and decision behavior* (pp. 95-115). Hillsdale, NJ: Erlbaum.

Payne, J. (1982). Contingent decision behavior. *Psychological Bulletin, 92,* 382-402.

Payne, J., Bettman, J. & Johnson, E. (1993). *The adaptive decision maker.* Cambridge, MA: Cambridge University Press.

Peters, E., Lipkus, I. & Diefenbach, M. A. (2006). The functions of affect in health communications and in the construction of health preferences. *Journal of Communication, 56,* S140-S162.

Plessner, H., Betsch, C. & Betsch, T. (Eds.) (2008). *Intuition in judgment and decision making.* New York: Erlbaum.

Posner, M. I. & Raichle, M. E. (2001). *Imagens da mente.* Porto: Porto Editora.

Quadrel, M. J., Fischhoff, B. & Davis, W. (1993). Adolescent (in)vulnerability. *American Psychologist, 48,* 102-116.

Raudenbush, S. W. (2001). Comparing personal trajectories and drawing causal inference from longitudinal data. *Annual Review of Psychology, 52,* 501-525.

Reyna, V. F. (2008). A theory of medical decision making and health: Fuzzy trace theory. *Medical Decision Making, 28,* 850-865.

Reyna, V. F. (2005). Fuzzy-trace theory, judgment, and decision-making: A dual-processes approach. In C. Izawa & N. Ohta (Eds.), *Human learning and memory: Advances in theory and application — The 4th Tsukuba International Conference on Memory* (pp. 239-256). Mahwah, NJ: Erlbaum.

Reyna, V. F. (2004). Why scientific research? The importance of evidence in changing educational practice. In P. McCardle & V. Chhabra (Eds.), *The voice of evidence: Bringing research to classroom educator,* (pp. 47-58). Baltimore, MD: Brookes Publishing.

Reyna, V. F. & Brainerd, C. J. (2008). Numeracy, ratio bias, and denominator neglect in judgments of risk and probability. *Learning Individual Differences, 18,* 89-107.

Reyna, V. F. & Brainerd, C. J. (1995). Fuzzy-trace theory: An interim synthesis. *Learning and Individual Differences, 7,* 1-75.

Reyna, V. F. & Ellis, S. C. (1994). Fuzzy-trace theory and framing effects in children's risky decision making. *Psychological Science, 5,* 275-279.

Reyna, V. F. & Farley, F. (2006). Risk rationality in adolescent decision making: Implications for theory, practice, and public policy. *Psychological Science in the Public Interest, 7*(1), 1-44.

Reyna, V. F. & Rivers, S. (2008). Editorial: Current theories of risk and rational decision making. *Developmental Review, 28,* 1-11.

Rilling, J. K., King-Casas, B. & Sanfey, A. G. (2008). The neurobiology of social decision-making. *Current Opinion in Neurobiology, 18,* 159-165.

Rivers, S. E., Reyna, V. F. & Mills, B. (2008). Risk taking under the influence: A fuzzy-trace theory of emotion in adolescence. *Developmental Review, 28,* 107-144.

Sanfey, A. G. (2007). Social decision-making: Insights from game theory and neuroscience. *Science, 318*, 598-602.

Sanfey, A. G. (2004). Neural computations of decision utility. *Trends in Cognitive Sciences, 8*(12), 519-521.

Sanfey, A. G. & Chang, L. J. (2008). Multiple systems in decision making. *Annals of the New York Academy of Sciences, 1128*, 53-62.

Sanfey, A. G. & Cohen, J. D. (2004). Is knowing always feeling? *Proceedings of the National Academy of Sciences, 101*(48), 16709-16710.

Savage, L. J. (1972). *The foundation of statistics* (2nd ed.). New York: Dover.

Savin-Williams, R. C. & Diamond, L. M. (2004). Sex. In R. M. Lerner & L. Steinberg (Eds.), *Handbook of adolescent psychology* (2nd ed., pp. 189-231). New York: John Wiley & Sons.

Scheres, A. & Sanfey, A. G. (2007). Individual differences in decision making: Drive and reward responsiveness affect strategic bargaining in economic games. *Behavioral and Brain Functions, 2*(35).

Schlottmann, A. (2001). Children's probability intuitions: Understanding the expected value of complex gambles. *Child Development, 72*, 108-122.

Schlottmann, A. (2000). Children's judgments of gambles: A disordinal violation of utility. *Journal of Behavioral Decision Making, 13*, 77-89.

Schwarz, N. & Clore, G. L. (2003). Mood as information: 20 years later. *Psychological Inquiry, 14*, 296-303.

Shafir, E. & LeBoeuf, R. (2002). Rationality. *Annual Review of Psychology, 53*, 491-517.

Shanteau, J. (1999). Decision making by experts: The GNAHM effect. In J. Shanteau, B. A. Mellers & D. A. Schum (Eds.), *Decision science and technology: Reflections on the contributions of Ward Edwards* (pp. 105-130). Boston: Kluwer.

Shermer, M. (2008). Five ways brain scans mislead us: Colorful scans have lulled us into an oversimplified conception of the brain as a modular machine. *Scientific American Mind*, October.

Simon, H. (1990). Invariants of human behavior. *Annual Review of Psychology, 41*, 1-19.

Simon, H. (1955). A behavioral model of rational choice. *The Quarterly Journal of Economics, 69*, 99-118.

Slovic, P. (2001). Cigarette smokers: Rational actors or rational fools? In P. Slovic (Ed.), *Smoking: Risk, perception, and policy* (pp. 97-124). Thousand Oaks, CA: Sage.

Slovic, P., Finucane, M., Peters, E. & MacGregor, D. G. (2007). A heurística afectiva. In C. H. Antunes & L. C. Dias (Coords.), *Decisão: Perspectivas interdisciplinares* (pp. 25-68). Coimbra: Imprensa da Universidade de Coimbra.

Slovic, P., Finucane, M., Peters, E. & MacGregor, D. G. (2005). Affect, risk and decision making. *Health Psychology, 24*(4, Supplement), S35-S40.

Slovic, P., Finucane, M., Peters, E. & MacGregor, D. G. (2004). Risk as analysis and risk as feelings: Some thoughts about affect, reason, risk, and rationality. *Risk Analysis, 4*(2), 311-322.

Slovic, P., Finucane, M., Peters, E. & MacGregor, D. G. (2002). The affect heuristic. In T. Gilovich, D. Griffin & D. Kahneman (Eds.), *Heuristics and biases* (pp. 397-420). New York: Cambridge University Press.

Slovic, P., Monahan, J. & MacGregor, D. G. (2000). Violence risk assessment and risk communication: The effects of using actual cases, providing instruction, and employing probability versus frequency formats. *Law and Human Behavior, 3*(24), 271-296.

Spear, P. (2000). The adolescent brain and age-related behavioral manifestations. *Neuroscience and Biobehavioral Reviews, 24*, 417-463.

Stacy, A. W., Bentler, P. M. & Flay, B. R. (1994). Attitudes and health behavior in diverse populations: Drunk driving, alcohol use, binge eating, marijuana use, and cigarette use. *Health Psychology, 13*, 73-85.

Stanovich, K. E. & West, R. F. (2000). Individual differences in reasoning: Implications for the rationality debate? *Behavioral and Brain Sciences, 23*, 645-665.

Starmer, C. (2000). Developments in non-expected utility theory: The hunt for a descriptive theory of choice under risk. *Journal of Economic Literature, 38*, 332-382.

Steinberg, L. (2009). Adolescent development and juvenile justice. *Annual Review of Clinical Psychology, 5*, 47-73.

Steinberg, L. (2008). A social neuroscience perspective on adolescent risk-taking. *Developmental Review, 28*, 78-106.

Steinberg, L. (2007). Risk-taking in adolescence: New perspectives from brain and behavioral science. *Current Directions in Psychological Science, 16*, 55-59.

Steinberg, L. (2005). Cognitive and affective development in adolescence. *Trends in Cognitive Sciences, 9*(2), 69-74.

Steinberg, L. (2004). Risk-taking in adolescence: What changes, and why? *Annals of the New York Academy of Sciences, 1021*, 51–58.

Steinberg, L., Albert, D., Cauffman, E., Banich, M., Graham, S. & Woolard, J. (2008). Age differences in sensation seeking and impulsivity as indexed by behavior and self-report: Evidence for a dual systems model. *Developmental Psychology, 44*, 1764-1777.

Steinberg, L. & Monahan, K. C. (2007). Age differences in resistance to peer influence. *Developmental Psychology, 43*(6), 1531-1543.

Steinberg, L. & Morris, A. (2001). Adolescent development. *Annual Review of Psychology, 52*, 83-110.

Steinberg, L. & Schwartz, R. G. (2000). Developmental psychology goes to court. In T. Grisso & R. G. Schwartz (Eds.), *Youth on trial: Developmental perspective on juvenile justice* (pp. 9-31) Chicago: The University Chicago Press.

Sunstein, C. R. (2008). Adolescent risk-taking and social meaning: A commentary. *Developmental Review, 28*, 145-152.

Susman, E. J. & Rogol, A. (2004). Puberty and psychological development. In R. M. Lerner & L. Steinberg (Eds.), *Handbook of adolescent psychology* (2nd ed., pp. 15-44). New Jersey: Wiley.

Tetlock, P. & Mellers, B. (2002). The great rationality debate [Feature Review of Daniel Kahneman & Amos Tversky's Choice, Values, and Frames]. *Psychological Science, 13*, 94-99.

Tulving, E. (2007). Coding and representation: Searching for a home in the brain. In H. L. Roediger III, Y. Dudai & S. M. Fitzpatrick (Eds.), *Science of memory: Concepts* (pp. 65-69). New York: Oxford University Press.

Tversky, A. & Kahneman, D. (1974). Judgment under uncertainty: Heuristics and biases. *Science, 185*, 1124-1131.

van't Wout, M., Kahn, R. S., Sanfey, A. G. & Aleman, A. (2006). Affective state and decision-making in the Ultimatum Game. *Experimental Brain Research, 169*, 564-568.

von Neumann, J. & Morgenstern, O. (1944). *Theory of games and economic behavior* (3rd ed.). Princeton, NJ: Princeton University Press.

Weir, R. F. & Peter, C. (1997). Affirming the decisions adolescents make about life and death. *Hastings Center Report, 27*(6), 29-40.

Weiss, J. W. & Weiss, D. J. (Eds) (2009). *A science of decision making: The legacy of Ward Edwards.* New York: Oxford University Press.

Zink, C. F., Pagnoni, G., Chappelow, J., Martin-Skurski, M. & Berns, G. S. (2006). Human striatal activation reflects degree of stimulus saliency. *Neuroimage, 29*, 977-983.

Zuckerman, M. (1979). *Sensation seeking: Beyond the optimal level of arousal.* Hillsdale, NJ: Erlbaum.

15

Desenvolvimento da memória autobiográfica na infância e na adolescência

Maria Salomé Pinho

Introdução

Este capítulo tem como objectivo expor e analisar algumas questões sobre o desenvolvimento da memória autobiográfica (MA) — área de investigação recente e na qual existe ainda pouco consenso. A relevância deste tema é central na discussão de aspectos como a formação da identidade pessoal, a capacidade de projecção no futuro e de planeamento a longo prazo, formação de atitudes e crenças, definição de orientações e hierarquia de valores e, como será mencionado adiante, este tema é também oportuno no debate sobre a idade mínima para prestar depoimento em tribunal.

Apesar de se tratar de um tipo de memória consideravelmente complexo, na abordagem que se segue procurou-se, tanto quanto possível, que esta fosse acessível ao leitor leigo em psicologia. Sempre que o rigor da exposição exigiu o uso de terminologia técnica, optou-se por recorrer a notas de rodapé para explicitar, brevemente, os termos empregues.

Nesta secção introdutória, define-se MA e indicam-se as suas funções.

A MA diz respeito à memória de episódios específicos e ao conhecimento genérico, conceptual e esquemático da vida do indivíduo (Conway

& Williams, 2008). Deste modo, engloba um componente episódico e outro semântico de memória declarativa [1] a longo prazo. O primeiro tipo de componente refere-se a episódios ou acontecimentos pessoais vividos em determinados períodos do passado e o segundo ao conhecimento ou factos a respeito da pessoa como, por exemplo, a data do seu nascimento ou endereços de locais onde viveu (Nelson & Fivush, 2004). Brewer (1986) sublinhou a natureza intrínseca da referência ao si próprio (*self*), ausente noutros tipos de memória a longo prazo, como característica peculiar da MA e, posteriormente, Schroots (2003) destacou a dimensão prospectiva (recuperação de expectativas e antecipação de acontecimentos futuros), adicionalmente à vertente retrospectiva (recordar experiências ou acontecimentos pessoais passados) deste tipo de memória. Aquilo que sabemos acerca de quem somos tem na sua base um conjunto de recordações de acontecimentos pessoais que incluem informação sobre 'quem', 'o quê', 'onde' e 'quando' (Howe, Courage & Rooksby, 2009). Deste modo, o sentimento de identidade de um indivíduo, ao longo das diversas transformações que ocorrem na sua vida, depende, em grande parte, do funcionamento da MA. Picard, Eustache e Piolino (2009) definem este tipo de memória como retenção de informação factual e de recordações específicas (componentes semântico e episódico, respectivamente) sobre o indivíduo, a partir das quais este constrói o seu sentimento de identidade e de continuidade.

A importância da MA pode ainda ser posta em evidência considerando as suas funções. Uma delas, já mencionada, refere-se ao desenvolvimento e continuidade do si próprio — aspectos que dependem da articulação com o conhecimento autobiográfico. Por sua vez, este tipo de conhecimento caracteriza-se pela coerência da memória com as metas, imagens e crenças sobre si próprio actuais (Conway, 2005; Conway & Pleydell--Pearce, 2000). Uma outra função da MA é a correspondência, i. e., a con-

---

[1] A memória declarativa refere-se ao 'saber que', i. e., a factos e acontecimentos ou episódios. A informação armazenada neste tipo de memória pode ser verbalizável e envolve a recuperação* consciente. Inclui-se neste sistema mnésico declarativo a memória semântica (respeitante a informação sobre factos, conceitos e vocabulário, sem referência a contextos espaciotemporais) e a memória episódica (relativa a informação de acontecimentos específicos com referência ao local e ao tempo em que estes ocorreram).

* Ver nota de rodapé n.º 2.

formidade com as experiências ocorridas. A MA encontra-se, deste modo, submetida a duas exigências que, em determinadas situações, podem apresentar algum antagonismo. O necessário equilíbrio entre coerência e correspondência, segundo Conway (2005), passa por uma diferenciação na ênfase destes dois requisitos, na memória recente e na memória mais antiga. Enquanto na memória recente seria privilegiada a correspondência em detrimento da coerência, na memória remota ocorreria o inverso.

De acordo com Bluck (2003; Bluck, Alea, Habermas & Rubin, 2005), a MA teria também uma função social ao serviço da interacção entre indivíduos. Assim, a partilha de recordações pessoais (*e. g.*, através da conversação) tornaria a comunicação interpessoal mais credível, persuasiva, favoreceria a compreensão, a empatia, e serviria de veículo para informar e ensinar outrem (*e. g.*, na relação entre pais e filhos). Ainda segundo os mesmos autores, a terceira função da MA seria de natureza directiva e inclui a formação de opiniões e atitudes que orientam o comportamento do indivíduo, além de possibilitar o uso da experiência passada na antecipação, planeamento e resolução de problemas.

A partir das alterações do funcionamento normal deste tipo de memória também se pode apreender a sua relevância. Entre essas perturbações, tem sido muito estudada a recuperação [2] sobregeneralizada, ou seja, a evocação sem detalhes particulares ou específicos. Este tipo de recuperação mnésica encontra-se relacionado com um aumento da vulnerabilidade à depressão e, em caso de ocorrência de trauma, ao desenvolvimento de perturbação de *stress* pós-traumático (Moore & Zoellner, 2007). Outra alteração conhecida refere-se à perturbação da relação entre o si próprio e a base de conhecimento de memória autobiográfica, em que os constrangimentos recíprocos entre estas duas estruturas se tornam enfraquecidos (*e. g.*, casos de lesões frontais) passando o indivíduo a apresentar planos e metas infundadas relativamente ao conhecimento autobiográfico (Conway e Pleydell-Pearce, 2000).

Nas secções subsequentes, proceder-se-á, primeiramente, à caracterização da MA, tendo como referencial o modelo actualmente mais proeminente, o de Martin A. Conway (2005; Conway & Pleydell-Pearce, 2000),

---

[2] A recuperação constitui a fase da memória respeitante aos processos pelos quais a informação armazenada, sob a forma de representação mental, pode ser utilizada.

denominado 'sistema si próprio-memória' (*self-memory system*) [3]. Serão consideradas as suas estruturas principais (o si próprio operatório e a base de conhecimento de memória autobiográfica) e a sua interacção. A concepção de memória episódica de Tulving (*e. g.*, 1993) funcionará, de certo modo, como contraponto nessa descrição. Em seguida, far-se-á a uma análise sobre a questão, ainda em aberto, do desenvolvimento da MA nos períodos da infância e da adolescência, sendo apenas indicada a importância deste tema do ponto de vista das suas implicações na prática forense.

1. O sistema si próprio-memória

O modelo de MA proposto por Conway e Pleydell-Pearce (2000) e revisto por Conway (2005) constitui uma abordagem que procurou integrar contributos de diversas áreas de investigação em psicologia (cognitiva, clínica, desenvolvimento, personalidade, neuropsicologia, entre outras) sobre este sistema complexo de memória. Nesta secção, será apresentado apenas o núcleo central do sistema si próprio-memória. Neste sistema coloca-se a ênfase na interacção entre esses dois elementos complexos, i. e., entre a memória, como base de dados do si próprio operatório (*working self*), e este último, enquanto conjunto de metas activas e também de imagens (combinação de histórias, narrativas, imagens reais e constelações de afecto), na formação de recordações autobiográficas específicas. Cada um destes elementos pode actuar de forma independente e contribuir para o processamento de informação não respeitante à MA, mas a sua relação recíproca torna-se imprescindível para que haja recordação autobiográfica.

1.1. Si próprio operatório

No que diz respeito à caracterização do si próprio operatório, trata-se de uma estrutura de controlo cuja função principal é a de assegurar a

---

[3] A tradução de *self-memory system* por 'sistema si próprio-memória' pretende sublinhar a existência das duas estruturas principais deste modelo: o si próprio (*self*) e a memória ou, mais especificamente, como se verá a seguir, a base de conhecimento de memória autobiográfica.

coerência entre metas intervindo nos vários níveis da formação de memórias específicas. É esta estrutura que modula a construção, a acessibilidade [4], a codificação [5] e a consolidação [6] deste tipo de memórias. Por outras palavras, o si próprio influencia o modo como a informação é armazenada na MA, assim como o tipo de informação que pode ser recuperado com base nesta memória.

A actuação do chamado princípio de conservantismo (Conway, Mears & Standart, 2004) ou a resistência à alteração de metas leva a que, por exemplo, se encontrem mais facilmente acessíveis as memórias de acontecimentos que tiveram grande relevância para o si próprio operatório. Consequentemente, quando um período do passado é explorado livremente (o indivíduo refere o que consegue recordar sem existir qualquer indicação que constranja o tipo de acontecimentos que se pretende que seja recordado) essas memórias tendem a surgir entre as primeiras que nos vêm à mente. Esse mesmo princípio determina que as memórias de acontecimentos discrepantes com a estrutura actual de metas apresentem um limiar de acessibilidade mais elevado e, no caso de a elas se ter acesso, o seu conteúdo seja modificado ou distorcido (*e. g.*, Conway & Pleydell-Pearce, 2000). Como corolário da coerência e do conservantismo, Conway (2005) afirma que será difícil, senão mesmo impossível, implantar ou induzir recordações falsas que desfaçam a coerência do si próprio operatório.

O si próprio operatório engloba, além de uma hierarquia de metas actuais e activas, o si próprio conceptual (*conceptual self*). Este último é constituído por estruturas conceptuais de conhecimento sem determinação temporal, tais como guiões (*scripts*) pessoais, possíveis si próprios, aspectos conceptuais de modelos operatórios internos, esquemas de relações com outrem, orientações, valores, atitudes e crenças (Conway, 2005). Note-se que, segundo Conway, tais estruturas abstractas, i. e., independentes

---

[4] Refere-se ao grau de facilidade com que a informação na memória pode ser recuperada.

[5] Fase da memória que corresponde à formação de uma representação mental, de modo a facilitar o armazenamento da informação. O formato ou tipo de representação (*e. g.*, proposicional ou figurativo) é designado por código.

[6] Diz respeito aos processos de estabilização mnésica que ocorrem, a vários níveis, no cérebro (Dudai, 2004).

da especificação temporal de incidentes concretos, articulam-se com a base de conhecimento de memória autobiográfica (formada pelo conhecimento autobiográfico e o sistema de memória episódica que serão referidos a seguir) permitindo a activação de instâncias particulares e, consequentemente, a exemplificação, contextualização e enraizamento dos seus conceitos e temas. Para a construção das categorias e esquemas que formam o si próprio conceptual, as interacções sociais têm um papel muito importante, nomeadamente as relações do indivíduo com os familiares, colegas, contextos em que ocorrem as interacções (*e. g.*, escola, emprego, religião), formas de comunicação (*e. g.*, histórias, contos de fadas, lendas, mitos) e meios de comunicação (*e. g.*, rádio, televisão).

1.2. Base de conhecimento de memória autobiográfica

A base de conhecimento de memória autobiográfica é apresentada de forma mais pormenorizada em Conway e Pleydell-Pearce (2000) tendo sido, em Conway (2005), reformulada e algumas das estruturas renomeadas, designadamente, o conhecimento de acontecimentos específicos (*event specific knowledge*) que passou a denominar-se memória episódica. Esta base de conhecimento inclui o conhecimento autobiográfico e as memórias episódicas. A interacção destes dois componentes permite a constituição de recordações autobiográficas específicas.

O conhecimento autobiográfico encontra-se organizado de forma hierárquica, de acordo com diferentes níveis de abstracção: no nível superior, situa-se o conhecimento marcadamente abstracto e conceptual e, na base, o conhecimento específico e próximo das experiências de vida do indivíduo (Conway, 2005).

A estrutura de conhecimento mais abstracta é a história de vida [7] que constitui parte do si próprio conceptual. A história de vida refere-se a conhecimento geral factual (que se pode agregar por assuntos, *e. g.*, 'trabalho', 'relacionamento') e, também, conhecimento avaliativo (*e. g.*, 'este foi um tempo em que as coisas não me correram bem'), o qual

---

[7] Esta estrutura, de algum modo, corresponde à proposta de Bluck e Habermas (2000) quanto à necessidade de existir um 'esquema da história de vida', i. e., uma organização mental do passado do indivíduo que gizaria o modo como este vivencia a sua vida.

possibilita, por exemplo, a formação de atitudes. Além disso, a história de vida é formada por imagens do si próprio que permitem dividi-lo e separá-lo em múltiplos si próprios (Conway, 2005; Conway & Pleydell--Pearce, 2000).

No nível seguinte de abstracção, encontram-se os períodos de vida que são estruturas de representação do conhecimento mais específicas (*e. g.*, 'o trabalho na empresa X', 'os amigos do tempo de escola').

Os acontecimentos gerais, cujo conteúdo também se pode agrupar tendo em conta o assunto, de modo a formarem-se mini-histórias (*e. g.*, 'aprender a conduzir um automóvel', 'o primeiro relacionamento romântico'), são representações conceptuais de acontecimentos mais próximas da representação das experiências vividas. As representações ao nível dos acontecimentos gerais baseiam-se no sentido geral ou tema (*gist*) e não no registo literal desses acontecimentos podendo assegurar o requisito de correspondência, anteriormente mencionado, de modo eficiente, ou seja, sem sobrecarregar a memória ao ponto de desencadear problemas de armazenamento e de recuperação (Conway, 2005).

Tanto os períodos de vida como os acontecimentos gerais contêm, em graus diferenciados de particularidade, conhecimento sobre metas, actividades, locais, outros indivíduos e avaliações (Conway, 2005). Uma recordação autobiográfica envolve, geralmente, mais do que um nível de conhecimento. O conhecimento armazenado ao nível de um período de vida fornece pistas que podem ser utilizadas para activar um conjunto separado de eventos gerais e o conhecimento situado a este nível permite indiciar memórias episódicas.

No modelo de MA de Conway (2005), a memória episódica refere--se a um sistema separado do conhecimento conceptual autobiográfico. As memórias episódicas consistem em resumos de registos de processamento, de natureza sensorial, perceptiva, conceptual e afectiva, processamento este realizado pela memória de trabalho [8]. Além desta característica, foram consideradas as nove seguintes: armazenar padrões de activação e de inibição durante períodos longos; conter, principalmente, representações de tipo visual; representar fragmentos breves de tempo

---

[8] Memória transitória implicada no controlo, regulação e manutenção activa de informação. Distingue-se da memória a curto prazo no sentido em que, além do armazenamento, envolve simultaneamente manipulação de informação.

correspondentes a mudanças no processamento de metas; representar, de modo aproximado, a ordem cronológica; reter, de forma duradoura, apenas memórias ligadas ao conhecimento conceptual autobiográfico (caso contrário, estas sofrem esquecimento rápido); ter como função principal o registo, a curto prazo, da evolução actual do processamento de metas; envolver, na recuperação, a recordação consciente (*recollection*) ou consciência autonoética (*autonoetic awareness*); atribuir especificidade à memória autobiográfica (acontece quando a memória episódica é incluída na construção de memórias autobiográficas); implicar, provavelmente, regiões cerebrais distintas das que estariam subjacentes a redes de conhecimento autobiográfico conceptual (Conway, 2005).

A consciência autonoética constitui o sentimento de recordar experienciado quando o indivíduo viaja mentalmente no tempo subjectivo (Tulving, 2001a; Wheeler, Stuss & Tulving, 1997). Assim, um indivíduo num acto de recordação consciente de um acontecimento do seu passado tem um tipo de experiência familiar que reconhece como 'recordação' (*e. g.*, Tulving, 2001b, 2005), i. e., a consciência autonoética sinaliza ao indivíduo que este se encontra no estado de recordação que é diferente de outros estados ou experiências mentais (*e. g.*, pensar ou imaginar algo). Embora para Tulving seja a memória episódica, que inclui como característica específica a consciência autonoética, que permite ao indivíduo projectar-se no futuro, de acordo com Conway (2005) este sistema mnésico estaria confinado ao processamento de metas a curto prazo. O planeamento a longo prazo (assim como o si próprio conceptual) apenas adviria com o desenvolvimento do componente denominado conhecimento conceptual autobiográfico. Considerando ainda que nem todas as memórias episódicas são retidas [9] e que Conway defende que tais memórias correspondem a um sistema filogenética e ontogeneticamente mais antigo, por comparação com o conhecimento conceptual autobiográfico, então o que no sistema si próprio-memória mais se aproxima do conceito de memória episódica, proposto por Tulving (1983, 2001a), seriam as memórias autobiográficas específicas (cf. Picard *et al.*, 2009).

---

[9] Apenas as memórias episódicas associadas de forma duradoura a metas actuais seriam conservadas e, subsequentemente, integradas com estruturas de conhecimento incluídas na base de conhecimento autobiográfico (Conway, 2005).

2. O desenvolvimento da MA nas crianças: terão as crianças MA?

A forma como se desenvolve a MA durante a infância [10] é um assunto sobre o qual se conhece pouco, sobretudo por comparação com a literatura disponível respeitante à caracterização e funcionamento deste mesmo tipo de memória em adultos (Howe *et al*., 2009). Recordar acontecimentos passados não apenas como algo que sucedeu ou que já não é presente, mas como tendo sucedido comigo, i. e., que pertencem ao meu próprio passado constitui um desenvolvimento tardio da função mnésica.

Uma dificuldade fundamental, associada à determinação da idade de início da MA, prende-se com a ausência de acordo sobre marcadores comportamentais não verbais da experiência consciente de recordação do passado pessoal. Existem várias perspectivas sobre os factores relevantes para o aparecimento da MA na infância que, em função desses factores, apontam períodos etários nem sempre coincidentes.

No que respeita às implicações do ponto de vista forense, a determinação da idade de começo da MA é considerada como tendo uma importância crucial para se poder avaliar a veracidade das recordações sobre episódios traumáticos que, presumivelmente, poderão ter ocorrido nos primeiros anos de infância (Howe, Courage, Shannon & Edison, 2003). Esta referência à MA justifica-se, facilmente, se se tiver em conta que é este tipo de memória que, entre outros aspectos, permite atribuir sentido ao passado pessoal, mediante o estabelecimento de ligações entre os acontecimentos de vida, viajar mentalmente nesse passado e experienciar esse estado como recordação, que se distingue, portanto, de outros estados mentais (*e. g.*, imaginar ou fazer inferências) e também recordar de forma específica os acontecimentos vividos.

Howe e Courage (1993, 1997) consideram a formação do si próprio cognitivo, no final do segundo ano de vida, como condição necessária e fundadora do início da MA. Seria esta estrutura que, após o período correspondente à amnésia infantil e precedendo a ocorrência de outras mudanças no desenvolvimento (*e. g.*, a linguagem) iria personalizar a memória. Dados de estudos no domínio da neurobiologia, nomeadamente de Charles A. Nelson, são utilizados por Howe e colaboradores (2009)

---

[10] Veja-se também o artigo de revisão de Carneiro (2008), pp. 55-57.

para enfatizar que, entre os 6 e os 12 meses, existiria uma mudança qualitativa no desenvolvimento da memória. Esta consistiria na passagem de um funcionamento mnésico de tipo exclusivamente pré-explícito ou não declarativo [11] para um tipo de memória explícito ou declarativo, possibilitada pela maturação de estruturas no lobo temporal médio (*e.g.*, amígdala), regiões temporais corticais e pré-frontais. Anteriormente, a memória basear-se-ia em estruturas neurológicas como o hipocampo, estriado, cerebelo e complexo olivo-cerebelar.

A memória procedimental (pré-explícita), nas crianças com menos de 6 meses (aproximadamente), está associada ao desempenho de tarefas como o reconhecimento (avaliado através da preferência pela novidade), aprendizagem não associativa (habituação), condicionamento clássico e instrumental e, ainda, tarefas de expectância visual (tarefas envolvendo a antecipação de características de alvos visuais mediante a apresentação prévia de pistas). O novo funcionamento explícito da memória possibilitaria a execução de novas tarefas como a correspondência diferida à amostra (*delayed non-match to sample*) [12], o reconhecimento inter-modal (*cross-modal recognition*) [13], a imitação diferida (*deferred*) e eliciada (*elicited*) [14] e tarefas de memória de trabalho. A maturação de algumas

---

[11] A memória não declarativa refere-se ao 'saber como', ou seja, p. ex., a habilidades perceptivas e motoras (memória procedimental), condicionamento, aprendizagem não associativa. O acesso à informação armazenada neste tipo de memória expressa-se pela acção e não requer a recuperação consciente.

[12] Nesta tarefa começa-se por apresentar um estímulo, o estímulo amostra e, após um período temporal variável sem mostrar qualquer estímulo, volta-se a apresentar o estímulo amostra e um outro estímulo. É obtida recompensa se a escolha for o estímulo novo.

[13] Refere-se à habilidade perceptiva que permite identificar, a partir do tacto, como é o objecto quando este se encontra sob alcance da visão e o inverso, i. e., determinar, com base na visão do objecto, como é que este seria sentido pelo tacto, se fosse agarrado com a mão (Bushnell & Baxt, 1999).

[14] Em ambas as tarefas de imitação a criança começa por observar uma sequência comportamental. Na imitação diferida, após um intervalo temporal, a criança irá imitar essa acção. Na imitação eliciada, que constitui uma variante da anterior, a criança é encorajada pelo experimentador a imitar a acção observada, a maior parte das vezes, imediatamente e, por vezes, só depois de decorrido um intervalo de tempo estipulado (Rovee-Collier & Cuevas, 2009). Neste caso, a principal distinção entre ambas as tarefas baseia-se em incluir ou não expressões de encorajamento ou ajudas (*props*).

estruturas, relacionadas com a entrada em funcionamento do sistema mnésico declarativo aos 6 meses, como a circunvolução dentada do hipocampo, córtex frontal e conexões recíprocas entre hipocampo e neocórtex, ainda estaria incompleta, prosseguindo até ao termo do primeiro ano ou início do segundo ano de vida pós-natal (Serres, 2001 cit por Howe *et al.*, 2009).

O surgimento da MA (tipo de memória declarativo) estaria sob controlo da entrada em funcionamento do si próprio cognitivo, no final do segundo ano de vida, como foi já mencionado, e o seu marcador comportamental, segundo Howe e Courage (1997), seria o reconhecimento da imagem de si no espelho. Este é avaliado através da tarefa de reconhecimento do próprio em que uma marca é sub-repticiamente pintada no nariz da criança e esta, quando capaz da diferenciação entre o eu (sujeito de conhecimento) e o mim (objecto de conhecimento), toca no seu próprio nariz, ao ver-se ao espelho. No entanto, Picard e colaboradores (2009), assim como Markowitsch e Welzer (2010), sublinham que o acesso às recordações neste período não inclui a consciência autonoética, encontrando-se o conhecimento de si confinado ao tempo presente, devido à inexistência de ligação entre presente e passado. Assim, seria sobretudo o componente semântico (e não o episódico) que predominaria na recordação de acontecimentos pessoais vividos. Resultados obtidos por Piolino, Hisland, Ruffeveille, Matuszewski, Jambaqué e Eustache (2007) apoiam esta ideia. Aplicando o paradigma recordar/saber [15] (Gardiner, 1988), estes investigadores verificaram que crianças dos 7 aos 8 anos recuperavam acontecimentos passados baseados em mais respostas de tipo 'saber' (i. e., envolvendo uma consciência de tipo noético) do que crianças com 9-10 e 11-13 anos. Assim, as crianças mais novas conhecem o passado pessoal, mas não o recordam ou re-experienciam como genuinamente

---

[15] Utiliza-se habitualmente em tarefas de reconhecimento, para as respostas 'sim' e envolve a emissão de juízos de dois tipos, respeitantes ao sentimento de conhecimento consciente que se pode ter durante a recuperação mnésica. Assim, as respostas 'recordar' têm subjacente uma viagem mental no tempo, de modo a reviver-se um evento passado (p. ex., a apresentação de um item numa lista); trata-se de recuperação mnésica consciente e que envolve esforço. As respostas 'saber' referem-se também ao conhecimento de experiências passadas, mas não implicam revivência mental; a pessoa apenas 'sabe' que determinado evento ocorreu anteriormente. Neste caso, tratar-se-ia de recuperação mnésica não consciente ou automática (*e. g.*, Dunn, 2004).

autobiográfico. Segundo Perner e Ruffman (1995) a presença de detalhes perceptivos e espaciotemporais na recordação surgiria apenas por volta dos 5 anos, o mesmo sucedendo com a memória da fonte ou da origem da informação recordada (Picard *et al.*, 2009). Ambos os aspectos são importantes para a possibilidade de revivência da situação de codificação mnésica envolvida na recuperação a partir da MA.

Para Nelson e Fivush (2004; Fivush, 1994, 2009) o desenvolvimento da capacidade linguística é apontado como essencial. A MA dependeria da integração de episódios pessoais isolados em histórias pessoais de vida mais abrangentes sendo para tal requerido o desenvolvimento da linguagem, da capacidade narrativa, da compreensão do tempo, assim como de si próprio e de outrem, que somente estariam presentes em crianças de idade pré-escolar (entre os 3 e os 6 anos ou aos 4-5 anos). Todavia, de acordo com Conway (2005), a linguagem não constituiria um pré-requisito do aparecimento de MAs específicas, uma vez que a verbalização das experiências vividas é independente da sua recordação. A aquisição da linguagem permite associar discurso verbal tanto a experiências cuja codificação mnésica esteja em curso como a experiências já codificadas.

O desenvolvimento da teoria da mente [16], por volta dos 4 anos de idade, foi considerado por Perner e Ruffman [17] (1995) um aspecto importante para o aparecimento da MA. Porém, Rosembaum, Stuss, Levine e Tulving (2007), com base no estudo de dois casos de pacientes com patologia cerebral, verificaram que as capacidades destes pacientes para inferir pensamentos de outrem (aspecto central da teoria da mente) estavam preservadas, apesar de não conseguirem reconstruir mentalmente episódios pessoais passados.

Assim, o desenvolvimento da linguagem e da teoria da mente, embora importante para o desenvolvimento da MA, não seria condição indispensável e necessária. Formulada nestes termos, esta posição é parti-

---

[16] A teoria da mente diz respeito à capacidade cognitiva que permite perceber que duas pessoas possam ter modos de ver e sentir, assim como intenções e crenças, diferentes sobre o mundo (Chae & Ceci, 2006).

[17] Estes investigadores, de certo modo, podem ser filiados na tradição sociolinguística de Nelson e Fivush, ao sublinharem a importância da comunicação entre mãe e filho(s) e deste(s) com os seus semelhantes (*e. g.*, irmãos) na formação da teoria da mente.

lhada por Howe e colaboradores (2003) ao defenderem, no essencial, que a MA não depende desses factores.

Retomando Conway (2005), a MA depende do si próprio operatório e da base de conhecimento de memória autobiográfica constituída pela memória episódica e pelo conhecimento autobiográfico pessoal (este ontogeneticamente mais tardio). Na ausência ou num estado de desenvolvimento incipiente deste último tipo de conhecimento, o indivíduo não seria capaz de planeamento a longo prazo — característica particular da MA (e, possivelmente, exclusiva dos humanos).

Newcombe, Lloyd e Ratliff (2007) sugerem que a MA não estaria presente na infância, antes dos 5 anos. Também Picard e colaboradores (2009) assinalam que tendo em conta a definição de MA de Conway ou mesmo a de Tulving seria, aproximadamente, a partir dos 7 (até aos 13) anos que este tipo de memória entraria em funcionamento.

Em síntese, pode dizer-se que, no seu estado actual, a investigação neste domínio aponta para o seguinte: apesar da ausência de acordo sobre marcadores comportamentais não verbais da experiência consciente de recordação do passado, antes dos 5-7 anos parece não estarem presentes características essenciais atribuídas à MA (*e. g.*, recordação consciente específica, i. e., com detalhes espaciotemporais e sensoriais).

3. A MA na adolescência: o aparecimento da história de vida

Antes dos 10 anos, apesar de já ser possível a articulação entre episódios temporalmente próximos, de modo a formar-se uma história organizada de acordo com metas pessoais (Habermas & Bluck, 2000), a solicitação 'fala-me sobre o teu passado' ainda faz muito pouco sentido. Os relatos obtidos são substancialmente breves e pouco detalhados (Holmes & Conway, 2000), provavelmente devido ao facto de as crianças com essa idade ainda não serem capazes de avaliar e integrar de forma coerente uma multiplicidade de episódios. Apenas cerca dos 9 – 11 anos, a estruturação dos acontecimentos em termos de narrativas atingiria o nível de desempenho encontrado nos adultos (Botvin & Sutton-Smith, 1977 cit. por Habermas & Bluck, 2000). Para alguns investigadores (*e. g.*, Habermas & Bluck, 2000; McLean, 2005) o surgimento de uma história de vida estaria entre os aspectos do desenvolvimento mais importantes do período da adolescência, dada a relação estreita entre história de vida e construção da identidade pessoal.

3.1. Breve caracterização do modelo de Habermas e Bluck (2000) sobre história de vida

Habermas e Bluck (2000) propõem um modelo conceptual para as histórias de vida. Estas histórias envolvem dois aspectos principais: as narrativas de vida e o raciocínio autobiográfico. Tais narrativas remetem para o contar, explicitamente, a sua vida constituindo, portanto, produtos acabados da história de vida. O raciocínio autobiográfico diz respeito ao processo mediante o qual se constrói e é utilizada a história de vida. Este tipo de raciocínio envolve a auto-reflexão sobre o passado pessoal. Estabelece, assim, relações entre o que é vivido e o si próprio, de modo a ligar o passado e o presente. Em suma, promove a compreensão sobre si, a qual é baseada na coerência entre os acontecimentos vivenciados e o si próprio.

Ao aparecimento da história de vida estariam associados, além das novas ferramentas cognitivas ao dispor do adolescente, nomeadamente o raciocínio hipotético, aspectos sociomotivacionais. A tarefa do desenvolvimento (no sentido de Havighurst) de formação da identidade seria um deles. Resultados de vários estudos mostraram que na adolescência há um aumento da frequência de pensamentos sobre si mesmo (Hansell, Mechanic & Brandolo, 1986 cit por Habermas & Bluck, 2000). Também o interesse que os adolescentes manifestam pela escrita de diários, a qual não se limita a simples listas de coisas ou acontecimentos nem decorre de sugestão feita por familiares, é amplamente partilhado na cultura ocidental, o que seria um indicador do início da importância atribuída à construção e organização da sua biografia, nesta fase da vida.

Constituem requisitos do raciocínio autobiográfico, segundo Habermas e Bluck (2000; Bluck & Habermas, 2000), a capacidade de ordenação ou sequenciação temporal, a coerência causal (estabelecimento de relações causais entre acontecimentos de vida), o conceito cultural de biografia e a coerência temática. No que diz respeito à capacidade de proceder à sequenciação temporal baseada em estruturas temporais cíclicas convencionais, ou seja, usar o calendário convencional, essa capacidade começaria a desenvolver-se por volta dos 8 anos, mas o seu aperfeiçoamento prolongar-se-ia até meados da adolescência (Friedman, 1993).

As descrições de si mesmo e de outrem estão igualmente sujeitas a progressão, segundo a qual o uso exclusivo de traços físicos concretos e a centração em acções dão lugar ao recurso a atributos mais estáveis e abstractos durante o período mais tardio da infância e início da adolescência (Habermas & Bluck, 2000). A mudança pessoal, na adolescência, passa a ser perspectivada como um processo, num contexto de continuidade ou de coerência (Bluck & Habermas, 2000).

Há ainda a considerar que a agregação de acontecimentos passados por assuntos ou temáticas, presente no conhecimento autobiográfico, depende de capacidades que se desenvolvem também no início da adolescência, como sejam a capacidade para resumir episódios extraindo o seu tema ou ideia geral (*gist*), interpretação espontânea dos acontecimentos e conhecimento consciente de que são necessários processos inferenciais para dar um sentido à vida. É a consciência da actividade mental inferencial que permite reconhecer que, por um lado, a história de vida não se restringe a tomar conhecimento dos factos e, por outro, existem várias perspectivas para perceber esses factos (Habermas & Bluck, 2000).

3.2. A MA na adolescência: síntese das características principais e questões em aberto

Durante esta fase da vida, o si próprio diferencia-se em múltiplos si próprios, de acordo com as características dos papéis que lhe são atribuídos em diferentes contextos relacionais, ou seja, no seu relacionamento com o pai, mãe, amigo(a), namorado(a), o si próprio no papel de estudante, no emprego e outros (Harter, Bresnick, Bouchey & Whitesell, 1997). O desenvolvimento do pensamento abstracto ou do raciocínio hipotético possibilita a construção de descrições de si próprio abstractas, a sua comparação e coordenação numa 'teoria' sobre a sua própria personalidade, que relaciona o passado distante e o futuro mais ou menos longínquo com o si próprio actual (Habermas & Bluck, 2000). A compreensão do sentido pessoal das experiências passadas e a articulação destas experiências numa história coerente estaria associada à capacidade de ligar perspectivas do si próprio em diferentes contextos, de modo a alcançar-se uma representação coerente das qualidades pessoais (Welch-Ross, Fasig & Farrar, 1999 cit. por Byrd & Reese, 2006). Neste processo complexo, algumas contradições poderão subsistir e gerar conflito nos adolescentes

(Harter *et al.*, 1997). No entanto, na adolescência, com mais ou menos facilidade, o si próprio, constituído pelas metas actuais activas e pelo si próprio conceptual (estruturas de conhecimento do si próprio), passa a poder funcionar em ligação com a base de conhecimento de memória autobiográfica durante o acto de recordação, permitindo a formação de MAs específicas.

A integração mais profunda entre o si próprio e a memória torna-se patente com o aparecimento da história de vida (Holmes & Conway, 2000). Essa história, segundo o modelo de Conway (2005) anteriormente descrito, faz parte do si próprio conceptual (que integra o si próprio operatório) e do nível mais abstracto do conhecimento autobiográfico. Este, por sua vez, está incluído na base de conhecimento de memória autobiográfica. Assim, a história de vida envolve a articulação entre as duas estruturas principais desse modelo: o si próprio operatório e a base de conhecimento de memória autobiográfica. O aparecimento da história de vida na adolescência, sob a forma de narrativas sobre o passado que o adolescente conta a si mesmo e a outrem, tem uma função de auto-definição ou de saber quem é (Fivush, 1994; McLean, 2005), assegurando a continuidade de si próprio e a auto-compreensão (Pillemer, 1998 cit por Habermas & Bluck, 2000).

A última característica da MA a ser adquirida, já no início da adultez, refere-se à capacidade de viajar mentalmente no tempo subjectivo, em que o passado é vivido através do conhecimento consciente de si mesmo (Blinder, 2007). Dito de outro modo, para que episódios vividos sejam recordados conscientemente como pertencendo ao seu próprio passado é decisivo o conhecimento consciente de si mesmo, como entidade que permanece ao longo do tempo, e esse conhecimento permite afastar-se do presente e percorrer um tempo subjectivamente experienciado.

Apesar dos resultados dos estudos anteriormente referidos, importa considerar dois aspectos encontrados na investigação neste domínio. Por um lado, é surpreendente que na literatura, exceptuando o domínio da psicopatologia, designadamente as perturbações do humor (*e. g.*, Johnson, Greenhoot, Glisky & McCloskey, 2005; Kuyken, Howell & Dagleish, 2006; Park, Goodyear & Teasdale, 2002), as referências à MA na adolescência sejam tão escassas. Há, até, quem considere que por se saber muito pouco acerca das mudanças na MA neste período da vida, o conhecimento sobre as suas causas seria secundário à identificação e caracterização dessas alterações, com base empírica (Holmes & Conway, 2000). Por outro lado, se na distribuição temporal da MA ao longo da vida sobressai o facto de se recordarem mais acontecimentos do período da adolescência e do início da idade adulta relativamente a outros períodos da vida (*e. g.*, Conway & Pleydell-Pearce, 2000; Janssen & Murre, 2008; Rubin, 2002), efeito denominado de 'bossa de reminiscência' (*reminiscence bump*), a própria escolha do termo 'bossa', assinala Rubin (2002), denota a ausência de conhecimento teórico sistemático e organizado sobre este efeito. As explicações existentes são avulsas e esparsamente submetidas a testes de natureza empírica. Num desses raros testes, Janssen e Murre (2008) observaram que os acontecimentos pertencentes à bossa de reminiscência não se referiam a informação emocional, raramente diziam respeito a primeiras vezes ou eram mais positivos ou mais importantes do que acontecimentos recordados pertencentes a outros períodos de vida. Além disso, verificaram que a maioria dos acontecimentos recordados da adolescência eram habituais, não emocionais, neutros e sem importância, contrariamente ao que é apontado por algumas explicações para a grande quantidade de recordações respeitantes a este período (*e. g.*, Berntsen & Rubin, 2002). Como articular estes resultados, de algum modo inesperados, com as concepções anteriormente mencionadas é uma questão que ainda permanece em aberto.

Conclusão

O surgimento da MA é apontado para marcar o limite etário mínimo no que diz respeito à capacidade das crianças prestarem depoimento sobre situações em que elas mesmas sejam alegadas vítimas (Gordon, Baker--Ward & Ornstein, 2001). Sobre esta questão também não deverá ser olvidado o ponto de vista da Convenção sobre os Direitos da Criança[18] que considera como referência a idade de 12 anos para prestar depoimento. Relativamente a este tópico, é importante ter presentes vários aspectos.

De acordo com o modelo proposto por Conway (2005), a MA compreende o si próprio operatório e a base de conhecimento de memória

---

[18] Adoptada pela assembleia geral das Nações Unidas em 20 de Novembro de 1989 e ratificada por Portugal em 21 de Setembro de 1990.

autobiográfica. Embora o si próprio se forme no segundo ano de vida (*e. g.*, Howe & Courage, 1993), a inclusão de detalhes perceptivos e referências espaciotemporais na recordação, assim como a memória da fonte (conhecimento da origem da informação acedida) apenas surgiria pelos 5 anos (Perner & Ruffman, 1995; Picard *et al.*, 2009). Antes desta idade, as crianças têm dificuldade em compreender e integrar o sentido das experiências vividas, uma vez que ainda não está constituído um si próprio historico-causal abstracto (Blinder, 2007). A própria origem das suas crenças também não é clara para estas crianças.

Com o aperfeiçoamento de outras funções cognitivas, nomeadamente ao nível da memória declarativa ou explícita, da linguagem e do raciocínio, no final da infância e durante a adolescência, a identidade do si próprio e a memória autobiográfica adquirem um grau de funcionamento mais complexo, próximo do observado na idade adulta.

Considerando os progressos no desenvolvimento acabados de referir e apesar da idade de referência poder ser os 12 anos, crianças de 5 anos, alegadamente vítimas de abuso, devem ser entrevistadas para apuramento dos factos e as entrevistas registadas em videogravador, em vez de se aguardar que atinjam a idade mínima para pessoalmente comparecerem no tribunal (Gordon *et al.*, 2001). Adoptar esta posição de espera seria descurar que neste intervalo grande de tempo ocorrem várias mudanças no que respeita o desenvolvimento da compreensão do mundo, de si e de outrem e também intervêm diversos factores susceptíveis de influenciar a sua memória (*e. g.*, exposição a informação enganosa após o(s) acontecimento(s), sugestionabilidade).

O conhecimento sobre os processos envolvidos na formação da MA comporta ainda grandes lacunas de que a disparidade de idades apontadas para a sua emergência é somente um dos sinais mais visíveis. Assim, tanto os modelos de funcionamento e de desenvolvimento da MA como as implicações práticas destes decorrentes, ao nível da prática forense e também da clínica, apenas poderão ser mais adequados e mais rigorosos mediante a continuação de investigação sistemática e aprofundada envolvendo várias áreas: psicologia cognitiva, psicologia do desenvolvimento, social, neuropsicologia.

Provavelmente, a MA entra em funcionamento sem que todas as características conhecidas no estado adulto tenham sido adquiridas e, nessa medida, reveste-se da maior relevância a compreensão detalhada da formação dos vários componentes ou estruturas, assim como dos processos envolvidos e, ainda, do que constitui a base mínima para que o seu funcionamento se distinga de outros tipos de memória. Em particular, no que diz respeito à caracterização, com base empírica, do funcionamento da MA, é importante atender à distinção sublinhada por Habermas e Bluck (2000) entre estudos sobre o nível de desempenho e o nível de competência. Este último nível prende-se com a análise do envolvimento de ferramentas cognitivas, designadamente o raciocínio autobiográfico, que é essencial, como foi mencionado, para se compreender a formação de uma identidade pessoal na adolescência. Dada a relação entre o sistema de memórias episódicas e a memória de trabalho, é, igualmente, importante averiguar o seu modo de articulação, ao qual não deverá ser alheio o facto de tanto a MA como a memória de trabalho incluírem uma estrutura de controlo.

Bibliografia

Berntsen, D. & Rubin, D. C. (2002). Emotionally charged autobiographical memories across the life span: The recall of happy, sad, traumatic, and involuntary memories. *Psychology and Aging*, *17*, 636-652.

Blinder, B. J. (2007). The autobiographical self: Who we know and who we are. *Psychiatric Annals*, *37*, 276-284.

Bluck, S. & Habermas, T. (2000). The life story schema. *Motivation and Emotion*, *24*, 121-147.

Bluck, S. (2003). Autobiographical memory: Exploring its functions in everyday life. *Memory*. *11*, 113–123.

Bluck, S., Alea, N., Habermas, T. & Rubin, D. C. (2005). A tale of three functions: The self-reported uses of autobiographical memory. *Social Cognition*, *23*, 91-117.

Brewer, W. F. (1986). What is autobiographical memory? In D. C. Rubin (Ed.), *Autobiographical memory* (pp. 24-49). New York: Cambridge University Press.

Byrd, A. & Reese, E. (2006). Emotional reminiscing and the development of an autobiographical self. *Developmental Psychology*, *42*, 613-626.

Bushnell, E. W. & Baxt, C. (1999). Children's haptic and cross-modal recognition with familiar and unfamiliar objects. *Journal of Experimental Psychology: Human Perception and Performance, 25*, 1867-1881.

Carneiro, M. P. (2008). Desenvolvimento da memória na criança: O que muda com a idade?. *Psicologia, Reflexão e Crítica, 21*, 51-59.

Chae, Y. & Ceci, S. J. (2006). Diferenças individuais na sugestionabilidade das crianças. In A. C. Fonseca, M. R. Simões, M. C. T. Simões & Pinho, M. S. (Eds.), *Psicologia forense* (pp. 471-496). Coimbra: Almedina.

Conway, M. A. & Pleydell-Pearce, C. W. (2000). The construction of autobiographical memories in the self-memory system. *Psychological Review, 107*, 261-288.

Conway, M. A. & Williams, H. L. (2008). The nature of autobiographical memory. In H. L. Roediger III & J. H. Byrne (Eds.), *Learning and memory: A comprehensive reference* (vol. 2, pp. 893-909). San Diego, CA: Elsevier.

Conway, M. A. (2005). Memory and the self. *Journal of Memory and Language, 53*, 594-628.

Conway, M. A., Mears, K. & Standart, S. (2004). Images and goals. *Memory, 12*, 525–531.

Dudai, Y. (2004). *Memory from A to Z: Keywords, concepts and beyond*. Oxford: Oxford University Press.

Dunn, J. C. (2004). Remember-Know: A matter of confidence. *Psychological Review, 111*, 524-542.

Fivush, R. (1994). Constructing narrative, emotion, and self in parent-child conversations about the past. In U. Neisser & R. Fivush (Eds.), *The remembering self: Construction and accuracy in the self-narrative* (pp. 136-157). New York: Cambridge University Press.

Fivush, R. (2009). Sociocultural perspectives on autobiographical memory. In M. L. Courage & N. Cowan (Eds.), *The development of memory in infancy and childhood* (pp. 283-301). Hove: Psychology Press.

Friedman, W. J. (1993). Memory for the time of past events. *Psychological Bulletin, 113*, 44-66.

Gardiner, J. M. (1988). Functional aspects of recollective experience. *Memory and Cognition, 16*, 309-313.

Gordon, B. N., Baker-Ward, L. & Ornstein, P. A. (2001). Children's testimony: A review of research on memory for past experiences. *Clinical Child and Family Psychology Review, 4*, 157-181.

Habermas, T. & Bluck, S. (2000). Getting a life: The development of the life story in adolescence. *Psychological Bulletin, 126*, 748-769.

Harter, S., Bresnick, S., Bouchey, H. A. & Whitesell, N. R. (1997). The development of multiple role-related selves during adolescence. *Development and Psychopathology, 9*, 835-853.

Holmes, A. & Conway, M. A. (2000). Proposal: Changes in autobiographical memory in adolescence. Acedido em 12 Mar, 2009, em http://www.psyc.leeds.ac.uk/cgi-bin/search/pubs/index.pl?--martinc--

Howe, M. L. & Courage, M. L. (1993). On resolving the enigma of infantile amnesia. *Psychological Bulletin, 113*, 305-326.

Howe, M. L. & Courage, M. L. (1997). The emergence and early development of autobiographical memory. *Psychological Review, 104*, 499-523.

Howe, M. L., Courage, M. L. & Rooksby, M. (2009). The genesis and development of autobiographical memory. In M. L. Courage & N. Cowan (Eds.), *The development of memory in infancy and childhood* (pp. 177-196). Hove: Psychology Press.

Howe, M. L., Courage, M. L., Shannon, C. & Edison, S. E. (2003). When autobiographical memory begins. *Developmental Review, 23*, 471-494.

Janssen, S. M. & Murre, J. M. (2008). Reminiscence bump in autobiographical memory: Unexplained by novelty, emotionality, valence, or importance of personal events. *Quarterly Journal of Experimental Psychology, 61*, 1847-1860.

Johnson, R. J., Greenhoot, A. F., Glisky, E. & McCloskey, L. A. (2005). The relations among abuse, depression, and adolescents' autobiographical memory. *Journal of Clinical Child and Adolescent Psychology, 34*, 235-47.

Kuyken, W., Howell, R. & Dalgleish, T. (2006). Overgeneral autobiographical memory in depressed adolescents with, versus without, a reported history of trauma. *Journal of Abnormal Psychology, 115*, 387-396.

Markowitsch, H. J. & Welzer, H. (2010). *The development of autobiographical memory*. Hove: Psychology Press.

McLean, K. C. (2005). Late adolescent identity development: Narrative meaning making and memory telling. *Developmental Psychology, 41*, 683-691.

Moore, S. A. & Zoellner, L. A. (2007). Overgeneral autobiographical memory and traumatic events: An evaluative review. *Psychological Bulletin, 133*, 419–437.

Nelson, K. & Fivush, R. (2004). The emergence of autobiographical memory: A social cultural developmental theory. *Psychological Review, 111*, 486-511.

Newcombe, N. S., Lloyd, M. E. & Ratliff, K. R. (2007). Development of episodic and autobiographical memory: A cognitive neuroscience perspective. In R. V. Kail (Ed.), *Advances in child development and behavior* (pp. 37-85). San Diego, CA: Elsevier.

Park, R. J., Goodyer, I. M., & Teasdale, J. D. (2002). Categoric overgeneral autobiographical memory in adolescents with major depressive disorder. *Psychological Medicine, 32*, 267-276.

Perner, J. & Ruffman, T. (1995). Episodic memory and autonoetic consciousness: Developmental evidence and a theory of childhood amnesia. *Journal of Experimental Child Psychology, 59,* 516-548.

Picard, L., Eustache, F. & Piolino, P. (2009). De la mémoire épisodique à la mémoire autobiographique: Approche développementale. *L'Année Psychologique, 9,* 197-236.

Piolino, P., Hisland, M., Ruffeveille, I., Matuszewski, V., Jambaqué, I. & Eustache, F. (2007). Do school-age children remember or know the personal past? *Consciousness and Cognition, 16,* 84–101

Rovee-Collier, C. & Cuevas, K. (2009). The development of infant memory. In M. L. Courage & N. Cowan (Eds.), *The development of memory in infancy and childhood* (pp. 11-41). Hove: Psychology Press.

Rosembaum, R. S., Stuss, D. T., Levine, B. & Tulving, E. (2007). Theory of mind is independent of episodic memory. *Science, 318,* 1257.

Rubin, D. C. (2002). Autobiographical memory across the lifespan. In P. Graf & N. Ohta (Eds.), *Lifespan development of human memory* (pp. 159-184). Cambridge, MA: MIT Press.

Schroots, J. J. F. (2003). Life-course dynamics: A research program in progress from The Netherlands. *European Psychologist, 8,* 192-199.

Tulving, E. (1983). *Elements of episodic memory.* Oxford: Oxford University Press.

Tulving, E. (1993). What is episodic memory?. *Current Directions in Psychological Science, 2,* 67-70.

Tulving, E. (2001a). Origin of autonoesis in episodic memory. In H. L. Roediger, J. S. Nairne, I. Neath & A. M. Suprenant (Eds.), *The nature of remembering: Essays in honor of Robert G. Crowder* (pp. 17-34). Washington, D.C.: American Psychological Association.

Tulving, E. (2001b). Episodic memory and common sense: How far apart?. *Philosophical Transactions of the Royal Society B, 356,* 1506-1515.

Tulving, E. (2005). Episodic memory and autonoesis: Uniquely human? In H. S. Terrace & J. Metcalfe (Eds.), *The missing link in cognition* (pp. 4-56). New York: Oxford University Press.

UNICEF (1989). A Convenção sobre os Direitos da Criança. Acedido em 16 Nov, 2009, em http://www.unicef.pt/docs/pdf_publicacoes/convencao_direi tos_crianca2004.pdf

Wheeler, M. A., Stuss, D. T. & Tulving, E. (1997). Toward a theory of episodic memory: The frontal lobes and autonoetic consciousness. *Psychological Bulletin, 121,* 331-354.

Secção IV

**RISCOS E DESAFIOS
NA INFÂNCIA E NA ADOLESCÊNCIA**

16

Problemas de ansiedade em crianças e adolescentes

António C. Fonseca

Introdução

A ansiedade é considerada como uma emoção básica que se caracteriza por um estado de apreensão difusa e desconfortável, geralmente acompanhado por reacções do sistema nervoso autónomo. Assume-se que a sua função natural é alertar o indivíduo para situações novas, inesperadas ou perigosas e, assim, permitir-lhe preparar-se para as enfrentar ou as evitar (Barlow, 2002). Por isso, à medida que, com a idade, as crianças vão tendo uma melhor compreensão do mundo que as rodeia, ganhando mais autonomia, e habituando-se a situações novas ou desconhecidas, os seus medos e ansiedades vão-se também alterando, diminuindo ou mesmo desaparecendo sem deixar graves sequelas. Foi essa, aliás, a conclusão de muitos trabalhos mais antigos sobre a ansiedade das crianças, os quais a encaravam como uma característica normal e importante do desenvolvimento humano (Muris, 2007).

O estudo de manifestações extremas de ansiedade como uma forma de psicopatologia da infância e da adolescência é bastante recente. Durante muito tempo, a sua conceptualização e o seu diagnóstico eram feitos com base em critérios, métodos e instrumentos construídos para o estudo dos adultos. Apenas nas últimas cinco ou seis décadas se registou, em psicologia e psiquiatria, um esforço sistemático de investigação que melhorou a compreensão da especificidade dessa condição (Treffers & Silverman, 2001). Para isso terá contribuído grandemente o aparecimento dos sistemas de diagnóstico de doenças mentais. Progressivamente foi-se, assim, aceitando que nas crianças e nos adolescentes também há perturbações de ansiedade, distintas das simples expressões de medos [1], característicos de várias fases do desenvolvimento do indivíduo, e que a sua correcta identificação deveria exigir critérios de diagnóstico adequados a cada idade.

O objectivo deste capítulo é apresentar uma breve revisão da literatura recente sobre os problemas de ansiedade na infância e na adolescência, os quais actualmente representam uma das formas de psicopatologia mais típica dessas idades. Entre os tópicos aqui abordados incluem-se a distinção entre ansiedade normal e patológica, as vantagens e desvantagens dos diversos sistemas de avaliação e diagnóstico destas perturbações, a importância de uma perspectiva desenvolvimental nesse processo, e a necessidade de se adaptarem os critérios de diagnóstico dos adultos às características próprias da ansiedade das crianças e dos adolescentes.

Manifestações normais e patológicas da ansiedade

Embora a ansiedade possa manifestar-se de diversas formas, qualquer delas inclui três componentes principais: uma resposta motora, uma resposta cognitiva e uma resposta fisiológica, as quais, por sua vez, podem integrar um grande número de reacções (Zinbarg & Barlow, 1996).

A *nível motor,* a ansiedade pode ser descrita como um comportamento de evitamento, irrequietude ou desassossego (*v. g.*, andar agitado, torcer as mãos, agarrar-se aos familiares ou aos pais e, ocasionalmente, gaguejar). Por vezes, dessa sintomatologia fazem parte, também, a imobilidade, ou os pedidos insistentes de ajuda. *A nível cognitivo,* a ansiedade caracteriza-se por grande apreensão, receios, distorções cognitivas relativas à segu-

---

[1] Apesar na literatura estes dois termos serem frequentemente utilizados como sinónimos, existem entre eles diferenças importantes. Os medos são geralmente descritos como reacções que envolvem evitamento e desconforto em relação a estímulos específicos (*v. g.*, aranhas ou sangue), enquanto que a ansiedade se caracteriza por um tipo de reacção mais difusa a estímulos menos específicos (*v. g.*, apreensão ou preocupação face ao futuro).

rança individual ou a falta de concentração. Finalmente, a *nível fisiológico*, a ansiedade caracteriza-se por uma activação acrescida do sistema nervoso autónomo (por exemplo, aceleração do ritmo cardíaco ou transpiração mais intensa) que frequentemente levam à apresentação de várias queixas somáticas. Estas componentes seriam comuns a todas as perturbações da ansiedade que mais adiante se descrevem, embora possam aparecer com combinações diferentes no quadro de cada perturbação.

A conceptualização da ansiedade, em função destes três sistemas de resposta, foi inicialmente apresentada por Lang (1968) numa tentativa de explicar as baixas correlações entre as múltiplas medidas de ansiedade, sendo, subsequentemente, retomada e aprofundada por diversos outros autores (Barlow, 2002; Rachman, 1978, 1990). E, apesar das numerosas críticas suscitadas e das mudanças propostas (Cone, 1998; Zinbarg, 1998), tem sido validada em vários estudos com adultos e com crianças (Brown & Barlow, 2002; Austin & Chorpita, 2004), fornecendo o quadro de referência para a organização das perturbações da ansiedade no Manual de Diagnóstico e Estatística da Associação Americana de Psiquiatria (DSM-IV; APA, 1994; 2000).

Níveis moderados de ansiedade e de medo aparecem em todos os humanos e têm sido considerados como característica essencial do processo de desenvolvimento normal do indivíduo, fornecendo-lhes os meios necessários para se adaptar a situações novas, inesperadas ou perigosas (Rosen & Schulkin, 1998). Consequentemente, as suas manifestações podem variar enormemente em função da idade do indivíduo e das características do seu meio. Alguns autores falam mesmo de uma relação estreita entre os padrões de evolução da ansiedade e o nível de desenvolvimento cognitivo do indivíduo. Assim, durante o primeiro ano, com o aparecimento da consciência da estabilidade do meio (*constância do objecto*), surgiria o medo dos estranhos e da separação das pessoas que cuidam da criança (Crowell & Waters, 1990; Klein, 1994). Entre as idades de dois e seis anos, haveria um aumento dos medos de animais, do escuro, de criaturas imaginárias, ameaças de perigo ou de ferimentos corporais, fogo, ridículo, ladrões ou morte. Depois, à medida que a criança continua a desenvolver-se no plano social e cognitivo, apareceriam e acentuar-se-iam os medos/receios relativos ao insucesso e à avaliação, com particular destaque para os primeiros anos da adolescência (Öst, 1987; Kashani et al., 1989).

O carácter normativo destas expressões do medo e da ansiedade está, aliás, bem documentado nas suas elevadas prevalências em diferentes países. Por exemplo, dados de estudos efectuados com o mesmo instrumento (a Escala de Medos Revista de Ollendick, 1983 – FSSC-R), em Portugal, Inglaterra, Turquia, E.U.A. e Austrália, revelaram que (apesar de algumas ligeiras diferenças) os medos mais frequentemente referidos por crianças e adolescentes eram basicamente os mesmos nesses países, independentemente das suas diferenças culturais e históricas. Como se pode ver pelo Quadro 1, tais medos não só são os mais frequentes, como ocupam também posições muito semelhantes nessa hierarquia.

Quadro 1: Os dez medos mais frequentemente reportados por crianças e adolescentes em 5 países (percentagens e rankings).

MEDOS	Reino Unido 8 anos %	Ranking	11-15 anos %	Ranking	Turquia %	Ranking	Portugal %	Ranking	EUA %	Ranking	Austrália %	Ranking
Ser atropelado por um carro	69	1	56	1	57	1	63	1	48	1	61	1
Não conseguir respirar	68	2	54	2	41	9	53	4	46	2	60	2
Ataque à bomba	62	3	40	4	50	3	60	2	39	3	58	3
Fogo/ /Queimar-se	59	4	46	3	37	-	48	8	38	4	53	4
Assaltantes	55	5	28	-	56	2	51	6	37	5	46	7
Cair de um lugar alto	54	6	39	5	43	7	54	3	37	5	49	6
Doença grave	50	7	27	-	31	-	50	7	-	-	40	8
Terramoto	50	7	26	-	49	4	52	5	29	10	53	4
Repreensão por mau comportamento	42	9	29	8	36	-	24	-	30	9	37	9
Morte / Morrer	40	10	39	5	47	5	36	-	36	6	34	10

Nota: Estes valores dizem respeito aos itens que, na Escala FSSC-R, foram referidos como causando "muito" medo.

Como no mesmo trabalho se verificou, as prevalências eram ainda mais elevadas relativamente a outros medos, acrescentados à versão original dessa escala, designadamente o medo de que o pai ou a mãe morram, o medo de uma explosão nuclear ou o medo da separação dos pais (Fonseca, Yule & Erol, 1994).

Uma possível explicação para estas percentagens tão elevadas de certos medos ou receios em países tão diferentes é a de que eles constituem respostas de adaptação a um mundo difícil de compreender e que, ao mesmo tempo, está cheio de situações, objectos ou acontecimentos perigosos, sem controlo ou imprevisíveis. Neste sentido, à medida que a capacidade cognitiva e a autonomia da criança vão aumentando, vão também surgindo novos medos e ansiedades, enquanto que outros vão desaparecendo. O conhecimento desses padrões de desenvolvimento emocional, e designadamente dos medos e ansiedades típicos de cada fase do desenvolvimento, é importante na medida em que pode indicar as idades e situações em que as crianças vulneráveis correm maiores riscos de perturbações de ansiedade. Mas se este é um processo normal de desenvolvimento observável em várias culturas e em diferentes épocas históricas, quando é que a ansiedade se transforma numa manifestação de psicopatologia?

A resposta a esta questão não é fácil, pois anda directamente associada à própria definição de doença mental. Utilizando o conceito de disfunção prejudicial — *harmful dysfunction* — introduzida por Wakefield (1992), e largamente partilhado actualmente pelos profissionais de saúde mental, pode dizer-se que as perturbações de ansiedade satisfazem o primeiro requisito, pois há muitos casos em que essas reacções emocionais atingem níveis tais que provocam um enorme sofrimento ou deficiência no indivíduo. Mas quando se analisa a segunda parte da definição — uma *disfunção* — parece haver poucos sinais de que algum mecanismo interno, relevante do ponto de vista evolutivo, tenha sido afectado ou alterado substancialmente nesses mesmos indivíduos (Wakefield *et al.*, 2004; 2005). Por exemplo, embora se tenha operacionalizado o conceito de perturbação de ansiedade em termos de uma percepção distorcida de falta de controlo sobre estímulos externos ou de sensações desencadeadoras de ansiedade (Barlow, 2002), não há provas de que isso reflicta uma disfunção em qualquer processo mental seleccionado por forças da evolução e indispensável à sua adaptação ou sobrevivência. Aliás, a demonstração da presença de um tal requisito, a propósito da maioria das perturbações de ansiedade, bem como de várias outras formas de psicopatologia, é actualmente quase impossível (Richters & Hinshaw, 1999). Por exemplo, é muitas vezes difícil determinar, nesses casos, se houve alteração numa função interna ou se, simplesmente, o contexto actual é diferente daquele a que ela inicialmente se destinava, resultando assim um desajustamento entre o indivíduo e o meio.

Isso não impede, todavia, que na prática haja um largo consenso entre investigadores e clínicos em relação à distinção entre ansiedade normal e patológica. Concretamente, fala-se de perturbações de ansiedade quando esta atinge uma intensidade que vai muito para além do que se esperava numa determinada idade, não tem uma causa observável, é desproporcionada ao perigo ou objecto ansiógeno, persiste durante longo tempo e causa graves deficiências num ou em diversos domínios do funcionamento do indivíduo. Como já anteriormente se referiu, as perturbações de ansiedade partilham uma série de características comuns a nível fisiológico (v. g., alterações do ritmo cardíaco ou da respiração), a nível cognitivo (v. g., dificuldades de concentração) e a nível comportamental (v. g., reacções de evitamento). Isso pode originar no indivíduo ansioso um intenso mal-estar e comprometer a sua adaptação social. De facto, como mais adiante se verá, dados de diversos estudos longitudinais têm revelado que as perturbações graves de ansiedade da criança nem sempre desaparecem espontaneamente com a idade, pelo menos a curto e médio prazo (Kim-Cohen et al., 2003). Perante tais casos, há geralmente um consenso intuitivo de que algo ficou perturbado no funcionamento natural desses jovens.

À semelhança do que acontece noutras áreas, para além destas características que remetem para processos básicos comuns, há outras que são típicas de cada perturbação de ansiedade. Na verdade, as pessoas com tais problemas podem apresentar constelações muito variadas de sintomas susceptíveis de causar níveis muito diversos de deficiência. Por exemplo, enquanto nuns casos a característica dominante é a preocupação com a separação dos pais, noutros casos, a característica dominante são os ataques de pânico. Como Ollendick, Grills e Alexander (2001) observam, a esse respeito, a expressão de cada perturbação de ansiedade está provavelmente relacionada com a interacção entre circunstâncias de vida, histórias de aprendizagem e processos biológicos ou do desenvolvimento. E, para dar conta dessa variedade de sintomas de ansiedade e aumentar o grau de concordância entre os profissionais de saúde mental, várias classificações e diagnósticos têm sido propostos (Morris & Kratochwill, 1983). Dois desses sistemas (abordagem categorial e abordagem dimensional) têm sido particularmente influentes, tanto para fins de diagnóstico e intervenção, como para fins de investigação.

Perturbações de ansiedade nos grandes manuais de diagnóstico

De acordo com uma abordagem categorial, as perturbações de ansiedade podem ser classificadas através de uma observação cuidadosa dos sintomas, mesmo que se desconheça a sua causa. O pressuposto subjacente a esta classificação é o de que as pessoas com tais perturbações diferem qualitativamente das que as não apresentam. Trata-se, pois, de uma decisão classificatória de "tudo ou nada", sem meio-termo, que reflectiria um problema objectivo no funcionamento natural do indivíduo e que não pode ser explicado simplesmente por valores sociais ou culturais. Como notam Weems e Stickle (2005, p. 111), "uma perturbação classificável deve ter um estatuto ontológico que, pelo menos em parte, transcende as fronteiras desenvolvimentais, individuais e culturais". A formulação destes diagnósticos é, geralmente, um processo difícil, porque os transtornos de ansiedade podem manifestar-se de maneiras muito diferentes: manifestações somáticas de pânico, sinais de desrealização, pensamentos invasivos, comportamentos de evitamento e vários outros sintomas. Neste processo de diagnóstico seguem-se regras previamente especificadas, que estabelecem os critérios para cada diagnóstico, os quais são em geral formuladas por um comité de peritos e testadas através da investigação empírica e do trabalho clínico.

A existência de critérios claros de identificação e classificação de uma doença mental deveria aumentar o grau de acordo entre os profissionais que trabalham neste domínio, evitando, assim, que diferentes especialistas diagnostiquem a mesma pessoa com os mesmos sintomas de maneira diferente. Tem sido esse o procedimento adoptado, pelas sucessivas edições do Manual de Diagnóstico e Estatística da Associação Americana de Psiquiatria (DSM; APA, 1994; 2000) e da Classificação Internacional das Doenças da Organização Mundial de Saúde (ICD-10; OMS/WHO, 1992). Habitualmente, nestes sistemas, a distinção entre ansiedade normal e patológica exige a presença de uma série de critérios, a saber: o número, a intensidade e a duração dos sintomas, bem como a gravidade das deficiências deles resultante.

Na última versão do DSM há apenas uma perturbação de ansiedade específica da infância e da adolescência: a Perturbação de Ansiedade de Separação. As outras perturbações encontram-se descritas na secção adulta do mesmo manual, mas podem ser aplicadas aos mais jovens, sempre que estes preencherem os requisitos necessários. Dessa lista fazem parte a perturbação de pânico, a agorafobia, as fobias específicas e a fobia social, a perturbação obessivo-compulsiva, a perturbação de stresse pós-traumático, a perturbação de stresse agudo, a perturbação de ansiedade generalizada, a perturbação de ansiedade resultante de outras condições médicas, a perturbação de ansiedade induzida pelo consumo de droga e as perturbações de ansiedade não classificadas noutras categorias. Quando comparada com edições anteriores do mesmo manual, a versão actual apresenta algumas mudanças importantes no que se refere ao diagnóstico de perturbação de ansiedade da criança e do adolescente. As perturbações de sobreansiedade e a perturbação de evitamento foram eliminadas como categorias independentes da secção da criança deste manual (devido à sua falta de validade e fidelidade), para serem incluídas nas perturbações correspondentes do manual adulto, a saber: o distúrbio de ansiedade generalizada e a fobia social, respectivamente.

A Perturbação de Ansiedade de Separação, que permaneceu inalterada no DSM-IV, caracteriza-se por uma excessiva preocupação da criança relativamente à sua separação da família ou de figuras de vinculação, perturbações do sono e pesadelos relacionados com a separação, chorar e pedir para ir com os pais quando estes partem, necessidade de estar sempre em contacto com as principais figuras de vinculação, alterações do comportamento e/ou por queixas somáticas durante a separação, medos persistentes de ficar só e evitamento da separação do cuidador (*v. g.*, no caso da recusa de ir à escola). De acordo com o DSM-IV, este diagnóstico exige que os sintomas se manifestem antes dos 18 anos de idade, estejam presentes pelo menos três dos seus oito sintomas, durem pelo menos quatro semanas e não sejam resultantes de outras perturbações, e que a sua intensidade (bem como o défice causado) vão para além daquilo que seria de esperar do nível de desenvolvimento do indivíduo. Sendo assim, aceitar-se-ia, por exemplo, que um indivíduo de dois anos (mas não um adolescente) possa normalmente apresentar ansiedade de separação das pessoas que cuidam dele. As taxas de prevalência deste transtorno na comunidade variam entre 1.8% e 12.9% (Campbell, 2006) e são geralmente mais elevadas em crianças do que em adolescentes. Por exemplo, Costello e colegas (1996), numa investigação levada a cabo na região de Great Smocky Mountains, obtiveram uma prevalência de 3.5%, Steinhausen e colaboradores (1998) reportaram 0,3% no seu estudo epidemiológico de Zurique, e

Keenan e colegas (1997) obtiveram 2.3% num estudo de crianças da comunidade de 5 anos de idade. No Reino Unido (*British Survey*), Ford, Goodman e Meltezer (2003) encontraram uma prevalência de 1.17%, enquanto que, mais recentemente, Bolton e colegas (2006), num estudo que envolveu uma larga amostra de gémeos, também no Reino Unido, estimam uma taxa de 2.8% para um diagnóstico actual. Crê-se que esta perturbação tem geralmente um início muito precoce (cerca dos 7 anos de idade), embora os seus sintomas se possam manter até à idade adulta.

O Distúrbio de Ansiedade Generalizada tem sido menos estudado nas crianças e nos adolescentes, uma vez que se trata de uma nova categoria introduzida no DSM-IV. As suas características principais são um receio excessivo e descontrolado de múltiplas situações e actividades (*v. g.*, o futuro), acompanhado por vários outros problemas graves, tais como desassossego, fraca concentração, alterações do sono e queixas somáticas. Alguns desses sintomas (*v. g.*, preocupação excessiva com o desempenho escolar) podem ser típicos da infância, mas têm de ocorrer frequentemente, durante pelo menos seis meses, para se poder formular um tal diagnóstico. Como os dados de estudos epidemiológicos sobre esta perturbação são ainda raros, os investigadores juntam, por vezes, as informações de estudos que utilizaram os critérios do DSM-III e do DSM-IV. Numa revisão desses trabalhos, Costello e colaboradores (2004) estimaram uma prevalência de cerca de 3% de crianças com esta perturbação, na população geral. Porém, há estudos em que se obteve taxas mais baixas, designadamente, 1.7% (Costello *et al.*, 1996), 2.1% (Steinhausen *et al.*, 1998), 1.1% (Keenan *et al.*, 1997), 1.8% (Bolton *et al.*, 2006) e 0.65% (Ford, Goodman & Meltezer, 2003). A idade do início desta perturbação tem sido situada entre os 10-14 anos de idade.

A Fobia Social é caracterizada por um medo intenso e persistente de situações sociais ou públicas nas quais se antecipa a avaliação por parte dos outros, acompanhado de expectativas irracionais de humilhação e embaraço. A exposição a estas situações ou acontecimentos provoca um mal-estar tão grande que leva ao seu evitamento. Nas crianças, essa ansiedade pode também expressar-se por choro, birras ou evitamento de situações em que há pessoas desconhecidas. Tais reacções surgem, geralmente, após a criança ter ficado exposta a situações ou factores de intenso stresse traumático. A formulação de um tal diagnóstico requer que a criança seja capaz de ter um relacionamento normal com outras pessoas, apropriado à sua idade. As taxas de prevalência deste distúrbio são geralmente baixas, oscilando entre 0.6% (Costello *et al.*, 1996), 0.32% (Ford, Goodman & Meltezer, 2003) ou 1.6% (Essau, Conradt & Petermann, 1999); mas há, também, investigadores que obtiveram taxas mais elevadas, por exemplo, 2.9% (Bolton *et al.*, 2006), 4.6% (Keenan *et al.*, 1997), 4.7% (Steinhausen *et al.*, 1998) ou 3.7% (Verhulst, 2001). Estudos de natureza retrospectiva, com amostras de adultos, sugerem que, em média, esta perturbação começa a manifestar-se sobretudo nos anos intermédios da adolescência, embora também haja estudos longitudinais que situam o seu início bem mais cedo, por volta dos 8 anos de idade (Essau & Peterman, 2001).

A Perturbação de Pânico caracteriza-se por períodos discretos, mas recorrentes, de medo intenso (*ataques de pânico*), os quais são seguidos de receio de novos ataques. Esses episódios podem ser acompanhados por sintomas cognitivos e fisiológicos, tais como impressão de desmaiar, tremores, taquicardia, medo de morrer, que atingem o seu pico muito rapidamente e que podem ser desencadeados por factores situacionais. Trata-se de uma perturbação muito rara na infância, mas um pouco mais frequente na adolescência. As suas taxas estimadas de prevalência oscilam entre 0.1% (Bolton *et al.*, 2006; Ford, Goodman & Meltezer, 2003), ou 0.5% (Essau & Petermann, 2001). No que se refere à infância, há também investigadores que não encontraram nenhum caso de distúrbio de pânico em amostras da comunidade (Anderson *et al.*, 1987) e outros que até questionam a possibilidade da sua ocorrência, devido às limitadas capacidades cognitivas das crianças mais novas (cf. Schniering, Hudson & Rapee, 2000). Em todo o caso, a posição dominante é a de que este distúrbio começa a aparecer entre os 15 e os 19 anos de idade ou, mesmo, bastante mais cedo.

A Agorafobia, frequentemente associada às perturbações de pânico, caracteriza-se por ansiedade e preocupações intensas resultantes do facto de o indivíduo se encontrar numa situação em que não dispõe de ajuda no caso do pânico ocorrer. A sua presença na adolescência está bastante bem documentada, mas é menos consensual na infância (Cartwright-Hatton, McNicol & Doubleday, 2006). Por exemplo, Ford, Goodman e Meltezer (2003), no seu estudo inglês acima referido, obtiveram uma taxa de prevalência de 0.07%, idêntica à reportada por Verhulst e colegas (1997) no seu estudo holandês. Mais recentemente, numa revisão dos principais trabalhos sobre essa questão, Costello, Egger e Angold (2004) indicam uma prevalência de 1.5%. Crê-se que as primeiras manifestações desta condição se situam nos últimos anos da adolescência ou no início da idade adulta.

As Fobias Específicas têm como característica central um medo persistente e excessivo de situações, seres ou objectos concretos (*v. g.*, sangue, seringas, escola, escuro, micróbios ou insectos). Estes medos podem manifestar-se de várias maneiras: fugir, agarrar-se às pessoas, chorar, ficar com os movimentos paralisados. O evitamento ou o sofrimento associados a esses estímulos devem durar pelo menos seis meses. Tais reacções distinguem-se do medo normal, na medida em que são involuntárias, inapropriadas, afectam o funcionamento normal das crianças ou dos adolescentes e têm uma duração excessiva. As fobias são consideradas como uma das perturbações da ansiedade mais frequentes, podendo as suas taxas de prevalência variar de 4.5% (Verhulst *et al.*, 1997) até 10.8% (Bolton *et al.*, 2006) ou 11.5% (Keenan *et al.*, 1997). Porém, numa revisão recente de estudos epidemiológicos, Cartwright-Hatton, McNicol e Doubleday (2006) concluem que as fobias específicas aparecem em menos de 1% dos sujeitos inquiridos e que a sua prevalência varia consideravelmente, em função do seu conteúdo. Entre as mais frequentes, contam-se as fobias de animais e de acontecimentos naturais, logo seguidas por fobias situacionais, ferimentos com sangue e outros tipos de fobias. Estudos, tanto com adultos (*retrospective recall*) como com crianças, revelam que estas perturbações têm geralmente início na infância. Por exemplo, de acordo com Essau e Petermann (2001), o início das fobias de ferimentos com sangue e de fobias específicas de tipo situacional ocorreria antes dos 10 anos de idade.

A Perturbação Obsessivo-compulsiva tem duas características principais — obsessões e compulsões. Por obsessões designam-se pensamentos, imagens, impulsos ou pensamentos invasivos e recorrentes (*v. g.*, relacionados com micróbios, ferimentos ou contaminação) que são desagradáveis, inapropriados e deixam o indivíduo muito incapacitado. Por sua vez, as compulsões são actos da mente ou do comportamento (*v. g.*, tocar, lavar, verificar, contar) destinados a reduzir a ansiedade ou o mal-estar resultante das obsessões e a prevenir a ocorrência dos eventos receados. Quando impedidas de levar a cabo esses rituais, as pessoas com este distúrbio experimentam ansiedade ou pânico intensos. Dados de estudos recentes sugerem que esta condição não é frequente na infância, tendo-se encontrado taxas de prevalências que vão de 0.25 % (Ford Goodman & Meltezer, 2003) até 0.6% (Bolton *et al.*, 2006). Suspeita-se, todavia, que muitas crianças e adolescentes escondem os seus sintomas e, por isso, o verdadeiro número de jovens com esses problemas na comunidade seja superior aos números dos registos oficiais. A idade do início desta perturbação situa-se entre os 9 e os 12 anos, embora, nalguns casos, ela possa ocorrer bem mais cedo (*v. g.*, entre os 6 e os 10 anos de idade).

O Distúrbio de Stresse Pós-traumático caracteriza-se pela experiência de ansiedade, horror ou desespero na sequência de um evento ou situação que envolvem ameaça de morte, bem como de danos ou perda de integridade física (para si ou para outrem). Da sua lista de sintomas fazem parte o reviver o evento traumático (*v. g.*, pesadelos frequentes, recordações perturbadoras ou jogos repetitivos), o evitamento de estímulos associados com o trauma, isolamento emocional, a activação acrescida (*v. g.*, explosões de cólera) e por vezes queixas somáticas. Nos casos em que a exposição aos acontecimentos traumáticos causa défices significativos, que durem mais de dois dias após essa experiência e persistam durante menos de 4 semanas, faz-se um diagnóstico de *perturbação de stresse agudo* (DSM-IV, APA, 1994; 2000). Embora durante muito tempo considerada como uma condição adulta, a perturbação de stresse pós-traumático pode também ser encontrada em crianças. Bolton e colaboradores (2006) referem uma taxa de prevalência de 0.3% no estudo nacional de gémeos na Grã-Bretanha; Ford, Goodman e Meltezer (2003) obtiveram uma taxa de 0.14% no seu inquérito nacional de saúde mental às crianças e adolescentes ingleses; e Essau e colegas (1999) apontam para uma prevalência de 1.6% numa amostra de adolescentes alemães.

No DSM-IV existe ainda uma categoria muito genérica de Perturbação de Ansiedade sem outra especificação, na qual se incluem indivíduos com sintomas que não satisfazem os critérios de nenhuma das perturbações acima descritas (*v. g.*, em relação ao número e duração dos sintomas). Embora escassos, os estudos sobre esta condição apontam para uma prevalência muito baixa. Por exemplo, Ford, Goodman e Meltezer (2003), no seu estudo inglês, encontraram uma taxa de cerca de 1%. Outras duas categorias contempladas no DSM-IV (mas menos estudadas e com dados insuficientes sobre a sua validade) são a Perturbação de Ansiedade Secundária a um Estado Físico Geral, e a Perturbação de Ansiedade Induzida por Consumo de Droga ou outras substâncias análogas. Finalmente, importa referir que a ansiedade surge como um elemento importante da Perturbação de Adaptação com Ansiedade ou com a Ansiedade e Humor Depressivo.

Por sua vez, na décima edição revista da *Classificação Internacional das Doenças* (ICD-10 — OMS/WHO, 1992), as perturbações de ansiedade da criança foram incluídas numa categoria geral de "perturbações emocionais com início especifico na infância", a qual inclui distúrbios fóbicos da infância, distúrbios de ansiedade social da infância e distúrbio de rivalidade fraterna. À semelhança do que se passa no DSM, o distúrbio fóbico de ansiedade é caracterizado por um medo excessivo de estímulos específicos (*v. g.*, animais ou lugares altos), enquanto que a perturbação de ansiedade social inclui medos persistentes de estranhos ou de situações sociais, cuja intensidade ultrapassa os limites do medo normal das crianças. Por sua vez, a rivalidade fraterna, que não tem equivalente noutros sistemas de diagnóstico, caracteriza-se por uma competição acentuada e persistente com os irmãos pela atenção parental, e vem associada a manifestações de hostilidade com sentimentos negativos para com as outras crianças e para com a família. Além disso, existe ainda, neste sistema de diagnóstico, *uma categoria mista de perturbações do comportamento e das emoções*, que envolve uma combinação de comportamentos anti-sociais e dificuldades emocionais (v.g. ansiedade e depressão). Finalmente, à semelhança do que acontece no DSM-IV, também a ICD-10 permite que as categorias diagnósticas da secção adulta deste manual sejam utilizadas com as crianças quando isso se revelar apropriado.

Como já anteriormente se referiu, tanto a abordagem da Associação Americana de Psiquiatria (DSM) como a da Organização Mundial de Saúde (ICD) ao diagnóstico de perturbações de ansiedade são de natureza categorial. Isto tem diversas vantagens: possibilita uma comunicação fidedigna entre clínicos e investigadores, facilita a predição de futuros sintomas a partir de outros sintomas da mesma síndrome já presentes, fornece critérios consistentes ou objectivos para se comparar resultados de diferentes estudos para, de modo geral, aumentar a concordância entre os profissionais que fazem o diagnóstico. Parafraseando Widiger e Samuel (2005), é mais fácil informar um colega de que um jovem tem uma determinada perturbação de ansiedade do que descrever-lhe o paciente em termos das várias dimensões ou facetas da sua personalidade. Esta identificação das perturbações de ansiedade (bem como de outras formas de doença mental) baseia-se nos sintomas apresentados pelos pacientes, e constitui o suporte de toda a política de investigação e de tratamento nesse domínio. Aliás, a sua importância extravasa, muitas vezes, o domínio da doença mental, podendo afectar a vida dos indivíduos de muitas outras maneiras. Como notam Horowitz e Wakefield (2007), "estas definições ultrapassam a arena da clínica da saúde mental e são utilizadas em estudos epidemiológicos das perturbações na comunidade, em investigações sobre os efeitos do tratamento no mercado farmacêutico, nos esforços de prevenção nas escolas, nos rastreios levados a cabo na comunidade pelas autoridades médicas, nos processos em tribunal e em muitos outros contextos" (p. 7). É natural, por isso, que a validade desses diagnósticos represente uma questão importante e, consequentemente, se tenha tornado o foco de vários debates e controvérsias recentes.

A validade das perturbações de ansiedade

Uma estratégia seguida para se melhorar a fidedignidade e validade dos diagnósticos de perturbação de ansiedade tem consistido em examinar até que ponto as crianças ou adolescentes com esses problemas se distinguem dos seus colegas não ansiosos em vários domínios (*v. g.*, variáveis biológicas, processos de aprendizagem, processamento de informação, relacionamento interpessoal, evolução com a idade, reacções ao tratamento). De modo geral, os dados da investigação empírica, levada a cabo na comunidade ou em populações clínicas, demonstram a validade de uma larga categoria de perturbações de ansiedade, especialmente quando se utilizam entrevistas estruturadas de diagnóstico ou medidas estruturadas de auto-avaliação (Dierker *et al.*, 2001; Saavedra & Silverman, 2002). Mas os resultados são menos conclusivos quando se trata de separar as perturbações de ansiedade de outras formas de psicopatologia, designadamente a depressão ou os transtornos da personalidade, uma vez que as fronteiras entre elas tendem, frequentemente, a esbater-se. Para ultrapassar esse obstáculo tem-se recorrido por vezes à criação de categorias mistas ou de diagnóstico de perturbação de ansiedade sem outra especificação. Há, todavia, uma dificuldade com estas novas categorias: é que elas próprias carecem de validade. Por exemplo, a categoria mista de ansiedade e perturbação de humor pode igualmente ser considerada um transtorno da personalidade (Widiger & Samuel, 2005). Do mesmo modo, num estudo com crianças enviadas para tratamento, Steinhausen e Reitzle (1996) encontraram poucos dados a apoiar a existência de uma perturbação do comportamento e das emoções (incluindo a ansiedade) tal como ela vem definida na ICD-10, uma vez que esta categoria partilha muitas das suas características com a perturbação pura do comportamento.

Os problemas de validade são ainda maiores quando se trata de diferenciar entre si as várias perturbações de ansiedade ou quando se contrapõe uma dimensão única de ansiedade às diversas categorias de diagnóstico acima definidas. Assim, analisando esta questão numa grande amostra da comunidade, Spence (1997) verificou que o modelo mais adequado para os seus dados era um modelo consistente com as diversas perturbações de ansiedade tais como elas estão especificadas no DSM-IV. Mas outros estudos mais recentes sobre essa mesma questão, utilizando igualmente grandes amostras de crianças e adolescentes de escolas regulares, têm produzido resultados inconclusivos ou mesmo opostos (Chorpita et al., 2000; Fonseca et al., 1999; Wadworth et al., 2000). Argumentos adicionais contra a validade discriminante destes diagnósticos têm sido encontrados no facto de certos elementos importantes da ansiedade, tais como afecto negativo, receios ou ansiedade social (Brown & Barlow, 2002) serem partilhados por outros diagnósticos, e no facto de as intervenções preparadas para perturbações específicas de ansiedade não produzirem melhores resultados do que outras intervenções de natureza mais geral (Dadds et al., 2004). Pode pois dizer-se que, apesar dos importantes avanços conceptuais e metodológicos registados no estudo dos problemas de ansiedade nas últimas décadas, a sua classificação e o seu diagnóstico nos jovens têm-se confrontado com grandes dificuldades sendo ainda necessária mais investigação (Saavedra & Silverman, 2002).

Comorbilidade

Um dos maiores desafios aos sistemas categoriais de classificação da doença mental reside na excessiva sobreposição de diagnósticos, também designada por comorbilidade. No caso das crianças, a ocorrência de vários diagnósticos num mesmo indivíduo é um fenómeno tão comum, que pode considerar-se quase normal. Em ordem decrescente esse diagnóstico adicional corresponde a outra perturbação de ansiedade (comorbilidade homotípica), a uma perturbação depressiva, a um distúrbio da conduta ou a comportamentos anti-sociais e perturbações do consumo de droga (comorbilidade heterotípica).

No que se refere à comorbilidade homotípica, Masi e colegas (2004), num estudo que envolvia uma amostra clínica de adolescentes italianos, verificaram que 75% dos pacientes com *perturbação de ansiedade generalizada* recebiam igualmente outro diagnóstico. Verduin & Kendall (2003), utilizando os critérios de diagnóstico do DSM-IV, verificaram que 57% dos que tinham um diagnóstico de fobia social também apresentavam critérios para um diagnóstico de ansiedade generalizada. Por sua vez, na sua revisão recente da literatura, Curry, March e Hervey (2004) verificaram que as taxas mais elevadas de comorbilidade diziam respeito à perturbação de ansiedade generalizada, à ansiedade de separação e às fobias específicas — que são também as perturbações de ansiedade mais frequentes na população clínica. Do mesmo modo, Lewinsohn e colegas (1997), num estudo que envolveu um grande número de alunos de escolas do Estado de Oregon (E.U.A.), verificaram que 18.7% dos adolescentes com um historial de perturbações de ansiedade apresentavam comorbilidade homotípica, enquanto que, na Alemanha, Essau (2003), num estudo com adolescentes da comunidade, obteve uma taxa de comorbilidade ligeiramente inferior (14.1%).

No que se refere à comorbilidade heterotípica, os dados da investigação mostram que as perturbações de ansiedade coexistem frequentemente com outras perturbações, designadamente com a depressão e a distimia. Por exemplo, Kovacs e Devlin (1998) obtiveram uma prevalência média de 41% de depressão nos jovens com perturbações de ansiedade, enquanto que Chavira e colegas (2009) verificaram que 26% das crianças com ansiedade tinham também uma perturbação comórbida de humor. Por sua vez, Brady e Kendall (1992) situavam essas taxas de comorbilidade entre 15.9% e 61.9%.

Os estudos são mais escassos quando se trata de comorbilidade entre perturbações de ansiedade e comportamentos disruptivos — uma categoria do DSM-IV que engloba os problemas de oposição e desafio, problemas de atenção/hiperactividade e distúrbios do comportamento. Na sua revisão da literatura, já acima mencionada, Costello e colaboradores (2004) referem valores que oscilam entre 0% e 21% para a comorbilidade com distúrbios do comportamento e entre 3% e 13% para a comorbilidade com o distúrbio de oposição e desafio. Por sua vez, Marmorstein (2007), examinando a relação entre ansiedade e problemas de externalização numa amostra da comunidade, concluiu que qualquer uma das perturbações disruptivas aparece significativamente associada a um grande leque de transtornos de ansiedade. Essa associação era mais forte no grupo dos rapazes do que no das raparigas, no grupo dos adolescentes do que no das crianças, e nas amostras clínicas do que nas amostras da comunidade. Porém, Wu e colaboradores (2010), num estudo de adolescentes, obtiveram resultados inconclusivos sobre a coexistência de perturbações de ansiedade e consumo de droga, um padrão de resultados que era, aliás, semelhante ao obtido em investigações com adultos. Por sua vez, Koltek, Wilkes e Atkinson (1998), num trabalho sobre jovens encaminhados para serviços de saúde mental, referem que a perturbação de stresse pós-traumático co-existe frequentemente com distúrbios do comportamento (36%) e com problemas de atenção/hiperactividade (33%). Igualmente interessante é a constatação de que os casos comórbidos apresentam também diversas outras perturbações e parecem mais afectados em vários domínios do seu funcionamento (Franco, Saavedra & Silverman, 2007) quando comparados com os seus colegas com distúrbios simples de ansiedade. Por exemplo, os seus problemas começam mais cedo e duram mais tempo; são mais resistentes ao tratamento; e têm maior risco de recaída (Moffitt *et al.*, 2007).

Resumindo, a frequente co-ocorrência de outras perturbações com os transtornos de ansiedade bem como as características desses casos comórbidos têm levantado sérias dúvidas sobre a validade das categorias nosográficas dos grandes sistemas de classificação. Esses problemas têm sido analisados em diversos trabalhos recentes de psicologia e de psiquiatria, relativos à preparação do DSM-V (Tackett *et al.*, 2008), e têm levado vários autores a alertar para a necessidade de serem definidos novos critérios ou utilizadas novas estratégias para a identificação e tratamento dos jovens com graves problemas de ansiedade.

A abordagem dimensional

Enquanto que numa abordagem categorial os critérios para o diagnóstico de doença mental são estabelecidos por um comité de peritos com base sobretudo na experiência clínica, e conduzem à constituição de categorias discretas de classificação, na abordagem dimensional utilizam-se informações obtidas dos pais, professores e crianças que, depois, são submetidas a análises estatísticas para identificar clusters de sintomas de ansiedade e limiares discriminantes entre o que é normal e o que é anormal. A informação é, geralmente, recolhida através de questionários ou escalas de ansiedade, de medos ou de receios, uns já bastante antigos, outros relativamente recentes (Shear et al., 2007; Silverman & Ollendick, 2005). Nesta perspectiva, o nível de deficiência (*impairment*) resultante da perturbação é definido em termos de desvios estatísticos dos valores normativos estabelecidos para a população geral e pode oscilar em função de diversos factores, designadamente o sexo, a idade ou o meio social e cultural dos indivíduos avaliados.

Utilizando esta metodologia, Quay (1979) obteve um factor de ansiedade-isolamento, caracterizado por "sentimentos de tensão, depressão, inferioridade e desvalorização, bem como comportamentos de timidez, isolamento social e hipersensibilidade". Do mesmo modo, Achenbach (1991a; 1991b; 1991c) identificou um factor de ansiedade/depressão na criança e no adolescente com base em informações recolhidas em diversas fontes (*v. g.*, pais, professores, os jovens) e diferentes contextos (*v. g.*, amostras clínicas e da comunidade). Incluídos nessa medida estão itens, tais como "chorar muito, medo de dizer ou fazer ou pensar coisas más, necessidade de ser perfeito, ser nervoso ou medroso, culpado ou consciencioso, preocupado, sentir-se triste, só e sem valor". Esta abordagem tem-se revelado particularmente promissora na resolução do problema da comorbilidade, uma vez que permite que o mesmo indivíduo pontue ao mesmo tempo em diferentes dimensões.

Uma boa ilustração desses novos desenvolvimentos é fornecida pelo modelo tripartido utilizado para explicar a coexistência entre ansiedade e depressão (Clark & Watson, 1991; Clark, Watson & Reynolds, 1995) e pela abordagem transdiagnóstica, recentemente proposta por diversos autores empenhados em desenvolver novas formas de tratamento, mais adequadas e eficazes, dessas perturbações (Mansell & Harvey, 2009). O modelo tripartido assume que a ansiedade e a depressão têm em comum uma componente de afectividade negativa, diferenciando-se pelo baixo afecto positivo (que andaria associado à depressão) e pela elevada hiperactivação fisiológica (que seria específico da ansiedade). Na versão mais recente deste modelo, juntou-se a ansiedade e a depressão de maneira a criar um construto de ordem superior — *a perturbação emocional* — organizado em três sub-classes: perturbações bipolares, perturbações de mal--estar (*distress disorders*) e perturbações de medo (Watson, 2005). Embora originariamente utilizado no estudo de populações adultas, este modelo tem recentemente vindo a ser também aplicado, com sucesso, à infância e à adolescência. Porém, devido à sua recente formulação, não há ainda investigações suficientes que permitam uma avaliação definitiva da sua validade. Por sua vez, a abordagem transdiagnóstica defende que as diversas perturbações de ansiedade têm subjacente um mesmo conjunto de processos psicológicos comuns (*v. g.*, enviesamentos interpessoais, atenção selectiva, afecto negativo). Nesta perspectiva, as distinções entre as várias perturbações residiriam mais nos conteúdos do que nos processos. Assim, uma pessoa com perturbação de stresse pós-traumático relativo a situações de combate prestaria uma atenção selectiva e redobrada a sinais relacionados com o evento traumatizante, enquanto que outra pessoa com uma fobia do sangue orientaria a sua atenção para os indícios relacionados com o sangue (Clark & Taylor, 2009). Ainda de acordo com esta abordagem, uma determinada perturbação de ansiedade poderá beneficiar de estratégias de intervenção desenvolvidas para lidar com outras formas de psicopatologia (*v. g.*, depressão, distúrbios da personalidade ou perturbações emocionais).

Uma consequência da abordagem dimensional foi o desenvolvimento de novas medidas (de banda larga), uma vez que a ansiedade pode coexistir com vários outros problemas nos mesmos indivíduos. Uma boa ilustração de novos instrumentos é o *Negative Affect Self-Statement Questionnaire* (Ronan, Kendall & Rowe, 1994), construído especificamente para avaliar os conceitos de Afectividade Positiva (PA) e Afectividade Negativa (NA) das crianças. Outro instrumento do mesmo género — o *Affect and Arousal Scale for Children* — foi criado mais recentemente por Chorpita e colegas (2000) e destina-se a avaliar as dimensões centrais do modelo tripartido da ansiedade e da depressão, já acima referido.

Apesar disso, várias dificuldades têm sido apontadas à abordagem dimensional no estudo da ansiedade ou de outras formas de psicopatologia. Primeiro, ela parece pouco apropriada para a detecção de sintomas menos frequentes (*v. g.*, sintomas obsessivo-compulsivos e distúrbios de pânico) na população geral. Segundo, a crença de que o recurso a uma abordagem dimensional permite análises com maior poder estatístico (Farrington & Loeber, 2000) nem sempre tem sido confirmada. Terceiro, para decidir se uma pontuação é normal ou anormal não basta basear-se simplesmente na soma de sintomas ou pontos de uma escala, mesmo que esta tenha excelentes qualidades psicométricas. Como notam Blanton e Jaccard (2006), é importante considerar também a combinação de diferentes dimensões, o ponto de vista dos outros, e vários níveis de deficiência em diferentes contextos. Em particular as pontuações nessas medidas podem não reflectir o nível de funcionamento e adaptação dos indivíduos no seu dia a dia. Quarto, não há ainda provas de que a abordagem dimensional à doença mental possa ser implementada em larga escala, em contextos clínicos. É, talvez, por isso que as recentes propostas para se incorporar esta abordagem na próxima edição do DSM, como meio de ultrapassar as limitações dos esquemas tradicionais de diagnóstico categorial, têm sido objecto de várias críticas, que se prendem, tanto com a falta de uma sólida base conceptual para tais mudanças, como com as dificuldades práticas (*v. g.*, tempo) para as implementar (Barlow, 2002; Pilgrim, 2007).

Outras abordagens

Ao longo dos anos, outras estratégias têm vindo a ser utilizadas, embora com menor frequência, na identificação e classificação das perturbações de ansiedade. Dois bons exemplos são, respectivamente, a classificação baseada na natureza dos estímulos desencadeadores dos medos e da ansiedade e a classificação baseada numa análise funcional das reacções ansiosas. A primeira, amplamente utilizada em estudos mais antigos, tem-se revelado muito útil para identificar alvos específicos para o tratamento. Mas, ao mesmo tempo, a sua utilização coloca alguns problemas, na medida em que pode conduzir a um conjunto de categorias praticamente interminável (*v. g.*, aquafobia, microfobia, xenofobia, etc.) e assume a homogeneidade ou equivalência entre tais categorias de diagnóstico, quando, de facto, uns problemas são muito mais frequentes ou mais perturbadores do que outros (Morris & Kratochwill, 1983). Além disso, trabalhos recentes, já acima referidos a propósito da perspectiva transdiagnóstica, têm chamado a atenção para a possibilidade de haver mecanismos comuns subjacentes a diferentes perturbações de ansiedade, bem como para o facto de a mesma abordagem terapêutica poder ser utilizada no seu tratamento.

Por sua vez, a segunda estatégia caracteriza-se pelo seu enfoque sobre comportamentos-alvo muito específicos e sobre as situações ou contextos em que esses sintomas se manifestam. Nesta perspectiva, a mesma reacção de medo ou de ansiedade pode ser desencadeada e mantida de muitas maneiras diferentes; consequentemente, coloca-se a ênfase numa descrição detalhada dos problemas da criança ou do adolescente, sem a preocupação de os classificar numa categoria diagnóstica ou numa dimensão pré-estabelecidas. Uma tal abordagem está bem ilustrada numa série de trabalhos recentes sobre o fenómeno da recusa à escola (Kearney, 2001; 2008). Como nesses estudos se tem procurado demonstrar, o comportamento de recusa à escola pode ter diversas funções bem distintas: evitar a ansiedade e a depressão; escapar de situações aversivas no contexto escolar; atrair a atenção dos adultos ou dos colegas; e facilitar o acesso a reforços concretos e imediatos, tais como ficar mais tempo na cama ou a ver televisão, em vez de ir para as aulas. Assim, enquanto uns alunos recusam ir à escola devido a reforços positivos, outros poderão ter a mesma conduta devido a reforços negativos. Com base nesse quadro de referência, foi possível construir novos instrumentos de avaliação, designadamente a *School Refusal Assessment Scale* (Kearney & Silverman, 1990; 1996), e desenvolver novas formas de intervenção focalizadas nas funções desse comportamento de recusa que, em cada caso, sejam mais relevantes (Kearney, 2001).

Ainda uma outra maneira de classificar os medos e as ansiedades é subdividi-los de acordo com a relevância evolutiva dos estímulos ansiógenos. Por exemplo, Seligman (1971) distinguiu entre medos preparados e medos não preparados. Os medos da primeira categoria *(v. g.*, medos da escuridão, lugares altos, serpentes) teriam maior valor evolutivo, surgiriam mais facilmente e seriam mais difíceis de tratar. Em contrapartida, os medos da segunda categoria (*v. g.*, medos de flores ou de borboletas) podem ser provocados experimentalmente e, de modo geral, são mais fáceis de tratar. Ainda de acordo com os dados de vários estudos recentes, os medos do primeiro tipo seriam processados de maneira mais automática e rápida do que os do segundo tipo. Para dar conta desse fenómeno, alguns autores, utilizando o modelo de LeDoux (2000), avançam com a hipótese segundo a qual a informação, relativa a ameaças ou à imprevisibilidade das situações que sejam relevantes do ponto de vista evolutivo, poderia chegar à amígdala mais rapidamente, na ausência de qualquer processamento cortical ou de qualquer avaliação consciente de tais estímulos (Öhman & Mineka, 2001; Öhman, 2005). A confirmação desta hipótese, todavia, tem-se deparado com numerosas dificuldades, designadamente com a falta de provas de natureza anatómica ou electrofisiológica (Adolphs, 2008).

Concluindo, apesar dos grandes progressos alcançados, o diagnóstico das perturbações de ansiedade nos jovens continua, ainda, a deparar-se com grandes dificuldades. Uma das questões frequentemente discutidas, em psicologia e psiquiatria da criança, diz respeito à necessidade de definir critérios de diagnóstico e instrumentos de avaliação que tenham em conta as características específicas das ansiedades e medos dos mais jovens. Dados da psicopatologia do desenvolvimento têm mostrado que essas perturbações coexistem com diversos outros problemas e que os seus factores de risco e a sua sintomatologia podem sofrer grandes variações com a idade. Isso deverá conduzir à construção de novas medidas que integrem diferentes dimensões de ansiedade, bem como outras perturbações associadas, e que tenham maior sensibilidade às mudanças do desenvolvimento específicas da infância e da adolescência. Tais preocupações estão, aliás, bem reflectidas em muitos dos trabalhos recentes sobre o desenvolvimento normal ou patológico da ansiedade (Warren & Sroufe, 2004).

Qual a evolução dos problemas de ansiedade das crianças e dos adolescentes?

Uma das questões que, frequentemente, os investigadores se colocam neste domínio é a de saber se as perturbações de ansiedade da criança e do adolescente se mantêm estáveis até à idade adulta, se diminuem e desaparecem ou se evoluem para outras perturbações. Por exemplo, a perturbação de pânico do adulto consistirá numa continuação do distúrbio de ansiedade de separação da criança? Andarão os sintomas de ansiedade associados com tarefas ou desafios específicos de cada fase do processo normal de desenvolvimento? As perturbações de ansiedade aparecerão sempre antes das perturbações depressivas?

Para além do seu interesse conceptual e teórico, estas questões podem ter também importantes implicações clínicas e políticas. Na verdade, se as perturbações de ansiedade da criança não tiverem qualquer ligação com as perturbações de ansiedade (nem com outras formas de psicopatologia) do adulto, então não haverá necessidade de canalizar recursos humanos ou financeiros para a sua prevenção nem para o seu tratamento. E o que nos diz a investigação a esse respeito?

No estudo longitudinal, Christchurch (Nova Zelândia), Woodward e Fergusson (2001) constataram que quanto maior fosse o número de perturbações de ansiedade na adolescência maior seria o risco de perturbações de ansiedade, de depressão, de toxicodependência e de abandono escolar, vários anos mais tarde. E essa associação mantinha-se, mesmo depois de se controlar o efeito de outros problemas da infância. Todavia, isso não significa que tais perturbações de ansiedade da criança apresentem necessariamente uma grande estabilidade temporal. Por exemplo, Essau e colaboradores (2002), num estudo de adolescentes alemães, verificaram que apenas 22.6% dos que tinham sido diagnosticados com uma perturbação de ansiedade continuavam com uma perturbação de ansiedade após um ano de *follow-up*. Do mesmo modo, Foley e colaboradores (2004), num estudo de gémeos da comunidade, mostraram que a grande maioria dos que tinham inicialmente recebido um diagnóstico de perturbação da ansiedade, não apresentava qualquer sintomatologia dezoito meses mais tarde; em contrapartida, uma parte considerável, isto é, 26% daqueles que não tinham perturbações de ansiedade, apresentava no *follow-up* outras formas de psicopatologia. Mesmo assim, a ideia prevalecente é a de que as crianças com graves perturbações de ansiedade se encontram em risco acrescido de futuros distúrbios de ansiedade e de outras formas de patologia (Silverman & Ginsburg, 1998); as discrepâncias frequentemente encontradas entre os estudos resultariam, em grande parte, das suas diferenças metodológicas.

Uma outra conclusão que desses trabalhos se pode retirar é a de que a continuidade / descontinuidade varia em função do tipo de perturbação de ansiedade em análise. Assim, Wetzer e colegas (2001), num estudo de *follow-up* de jovens em tratamento por causa de uma perbução obsessivo-compulsiva, verificaram que, apesar das suas melhorias, muito deles não se encontravam livres dos seus sintomas, dez anos mais tarde. Concretamente, 35% continuavam a sofrer da mesma perturbação (muitas vezes associada a outras perturbações de ansiedade ou à depressão) enquanto que 71% preenchiam critérios para outras perturbações (*v. g.*, transtornos da personalidade). No que se refere à fobia social, os resultados são igualmente marcados por uma grande variação. Assim, Newman e colaboradores (1996) reportam que 80% dos adolescentes com esta perturbação conservaram o mesmo diagnóstico durante um período de *follow-up* que podia ultrapassar os três anos, enquanto que outros estudos apresentam estimativas de estabilidade bastante mais baixas (Last *et al.*, 1996). O quadro não é muito diferente quando se trata das outras perturbações de ansiedade: escassez de investigação, ampla variação de índices de estabilidade e, acima de tudo, associações longitudinais com outras formas de psicopatologia. Por exemplo, Kaplow e colegas (2001) mostraram que a perturbação de ansiedade generalizada da infância andava associada com o aumento do consumo de álcool na adolescência, enquanto que noutros estudos se tinha constatado que as perturbações de ansiedade nos jovens são também um factor de tentativas de suicídio e de depressão (Boden, Fergusson & Horwood, 2006; Moffitt *et al.*, 2007).

Esta frequente inconsistência dos resultados dos estudos sobre a evolução das perturbações de ansiedade da criança ten sido objecto de várias leituras. A primeira é que a estabilidade temporal das diversas perturbações de ansiedade é fraca. A segunda é que as perturbações de ansiedade são válidas, mas carecem de continuidade desenvolvimental (isto é, com o passar dos anos, uma perturbação de ansiedade é substituída por outra). A terceira, ainda, é que, pelo menos num pequeno grupo de indivíduos, as perturbações de ansiedade da infância apresentam uma considerável estabilidade, podendo afectar seriamente o seu desenvolvimento psico-social, pelo menos a curto prazo. A questão que então se coloca é a de saber quais os factores responsáveis por essa continuidade/descontinuidade. Dados da psicologia (e da psicopatologia) do desenvolvimento sugerem que esses factores são de natureza muito diversa: vulnerabilidade genética, distorções cognitivas, experiências de vida negativas e exposição a diversos outros factores de risco na família, na escola ou na comunidade. Mas o efeito dessas variáveis pode, em muitos casos, ser reduzido ou neutralizado pela presença de factores de protecção (*v. g.*, auto-regulação, temperamento fácil, envolvimento emocional com a família, contexto de vida bem estruturado). Neste sentido, a explicação da continuidade / descontinuidade das reacções de ansiedade ao longo da infância e da adolescência exigiria um modelo complexo, assente na interacção de factores de risco e de protecção (Muris, 2007). O equilíbrio entre esses factores pode, por sua vez, ser alterado em função de numerosas variáveis tais como a idade, cultura, meio social ou sexo, surgindo, então, as perturbações de ansiedade.

Caberá, por isso, ao avaliador determinar se os sintomas de um determinado jovem são desviantes ou normais, tendo em conta o que são os medos e as manifestações ansiosas mais comuns em cada fase do seu desenvolvimento, em cada sexo e em cada meio cultural. Mas para tal, é indispensável que os instrumentos utilizados se adequem às capacidades da criança para discriminar diferentes estados afectivos e, designadamente, às suas capacidades de verbalização de sentimentos e emoções complexos. Por exemplo, é sabido que as medidas de auto-avaliação e as entrevistas estruturadas de diagnóstico são menos fidedignas quando utilizadas com crianças do que com adolescentes (Silverman & Ollendick, 2005).

Diferenças sexuais

A questão das diferenças sexuais nas perturbações de ansiedade pode ser analisada em função de diversos parâmetros: taxas de prevalência, tipo de perturbação, trajectórias de desenvolvimento e comorbidade. Até agora, os dados mais consistentes (e também os mais abundantes) dizem respeito à sua prevalência e, de modo geral, mostram que as perturbações de ansiedade são mais comuns nas raparigas do que nos rapazes. Essas diferenças mantêm-se mesmo quando se tem em conta os efeitos de outros factores associados. Assim, no Reino Unido, Ford, Goodman e Meltezer (2003) obtiveram uma prevalência de 3.5% para os rapazes e uma prevalência de 4.04% para as raparigas, enquanto que, nos E.U.A, Costello e colaboradores (2003) obtiveram uma prevalência de 7.7% para os rapazes e 12.1% para as raparigas. Além disso, essas diferenças são observáveis desde cedo, nalguns casos logo aos 6 anos de idade (Lewinsohn *et al.*, 1998). Em contrapartida, não parece haver diferenças sexuais, no que se refere à idade do aparecimento das primeiras manifestações dessa ansiedade, nem quanto à sua duração (Kendall, Hedtke & Aschenbrand, 2006). Ainda no capítulo das prevalências, tem-se verificado que as diferenças sexuais variam de acordo com o tipo de perturbação de ansiedade. Numa revisão recente da literatura, Curry, March e Hervey (2004) encontraran um rácio mulher / homem de 2:1 nas perturbações de ansiedade generalizada, na ansiedade de separação, nos ataques de pânico e na agorafobia; um rácio de 6:1 na perturbação de stresse pós-traumático; e um rácio de 3:1 nas fobias específicas. No que se refere à perturbação obsessivo-compulsiva, os rapazes superaram as raparigas, mas apenas na infância e nos primeiros anos da adolescência (Chorpita et al., 2000). Os resultados eram inconclusivos quando se tratava da fobia social (embora haja estudos a apontar para prevalências mais elevadas entre as mulheres) bem como a propósito de outras perturbações.

A investigação sobre possíveis variações das diferenças sexuais com a idade tem sido, até agora, escassa e os seus resultados parecem variáveis. Bosquet e Egeland (2006) verificaram que os sintomas de ansiedade eram mais estáveis entre a infância e a pré-adolescência nos rapazes, e entre os anos intermédios e os anos finais da adolescência nas raparigas; Hale e colegas (2008), acompanhando uma larga amostra da comunidade durante 5 anos, concluíram que a perturbação de ansiedade generalizada se agravava nas raparigas, mas melhorava nos rapazes; e Serba, Prinstein e Cox (2007), analisando as trajectórias de problemas de internalização ao longo da infância, mostraram que havia duas vezes mais raparigas com uma trajectória de estabilidade elevada e duas vezes mais rapazes com uma trajectória de aumento ou de diminuição da ansiedade. Por sua vez, Eley (2001) refere que o efeito da hereditariedade na ansiedade diminui regularmente com a idade nos rapazes, mas segue uma trajectória bastante diferente nas raparigas: aumenta até aos anos intermédios da adolescência para, em seguida, diminuir. Mais recentemente, num trabalho recente de revisão da literatura, Wu e colaboradores (2010) verificaram que a coexistência de ansiedade e perturbação disruptiva do comportamento era um factor de risco de consumo intenso de álcool no grupo dos rapazes, mas não no grupo das raparigas; e, ainda de acordo com estes mesmos autores, os rapazes com fobia social tinham mais probabilidades de se tornarem fumadores do que os colegas abstinentes, enquanto que nas raparigas se observava a tendência oposta.

Por fim, no que se refere às diferenças sexuais nos casos de ansiedade com comorbilidade, Cartwrihgt-Hatton, McNicol & Doubleday (2006), num dos raros estudos a abordar esta questão, concluíram que a probabilidade de coexistência de problemas de externalização é maior nos rapazes com ansiedade, enquanto que os riscos de coexistência de depressão ou sintomas depressivos é maior nas raparigas. Do mesmo modo, Lewinsohn e colaboradores (1998), num estudo já acima referido, verificaram que as raparigas ansiosas apresentam mais problemas associados do que os rapazes, designadamente a nível da auto-estima, doenças físicas, queixas somáticas ou experiências de vida negativas. Por fim, Essau (2003), na sua investigação com adolescentes alemães, constatou que, nos casos de comorbilidade, as raparigas procuravam mais frequentemente ajuda especializada em serviços de saúde mental do que os rapazes.

Uma conclusão que destes estudos se pode retirar é, pois, a de que, embora escassos, eles mostram que é necessário prestar atenção às diferenças sexuais na avaliação e no tratamento das perturbações de ansiedade na infância e na adolescência. Infelizmente, este é um aspecto que tem sido descurado nos grandes manuais de classificação que utilizam, de modo indiscriminado, os mesmos critérios de diagnóstico para rapazes e raparigas. Um outro ponto, igualmente importante, que continua por esclarecer (e que tem merecido até agora muito pouca atenção) é o da origem (biológica ou cultural) dessas diferenças. Alguns autores sugerem que essa maior vulnerabilidade das raparigas para a ansiedade tem uma base genética. Mas, como assinalam Albano, Chorpita e Barlow (2003), esse pressuposto deve ser analisado com muita prudência, pois vários outros factores podem estar aí igualmente implicados. Uma maneira de esclarecer essa questão seria, por exemplo, examinar se nas últimas décadas, caracterizadas por uma maior autonomia das mulheres, essas diferenças sexuais têm vindo a aumentar ou a diminuir.

Estarão as perturbações de ansiedade a tornar-se mais comuns?

Numa revisão de estudos realizados com amostras da comunidade, Twenge (2000) encontrou um aumento claro nas pontuações em medidas da ansiedade, tanto nos jovens adultos como nas crianças, ao longo do último meio século. A sua conclusão era que "a ansiedade é agora tão frequente que as médias das amostras de crianças normais dos anos 1989 são superiores às dos grupos psiquiátricos dos anos 1950" (p. 1018). Perante tais mudanças, diversos autores têm defendido que estamos a atravessar uma época de grande ansiedade, pelo menos nos países industrializados do mundo ocidental. A lista dos factores responsáveis por esse agravamento seria extensa e diversificada: novas formas de prestação de cuidados às crianças, maior instabilidade de relacionamentos na família e na comunidade, maior exposição a desastres ou a acontecimentos traumatizantes, violência nas ruas ou no lar, aleitamento materno menos frequente, menos contacto cutâneo entre mães e bebés, e menos apoio interpessoal. Neste sentido, o aumento acentuado da ansiedade nas últimas décadas aparece como uma resposta natural a circunstâncias históricas e a problemas sociais que requerem uma resposta política ou colectiva. Aliás, esta ideia já tinha sido expressa por Auden (1947), que cunhou a expressão "idade da ansiedade" para designar o mal estar sentido após a Segunda Guerra Mundial. Na origem desse agravamento estariam circunstâncias tão extraordinárias como a devastação causada pelos combates, o horror dos campos de concentração, a ameaça aniquiladora das armas nucleares ou os temores e receios resultantes do ambiente da guerra fria que, a partir dessa data, se foi adensando.

Outros autores, porém, têm traçado um quadro bem mais optimista das tendências seculares neste domínio. Assim, Canino e colaboradores (2004), no Porto Rico, examinaram as taxas de prevalência da perturbação de ansiedade de separação recolhidas em dois estudos afastados por um intervalo de vinte anos, e obtiveram as mesmas taxas de prevalência, ou seja, 2% nas duas épocas. Por sua vez, Achenbach, Dumenci e Rescorla (2003), numa investigação levada a cabo nos E.U.A., compararam os dados de três estudos da comunidade, recolhidos em épocas diferentes, ao longo de um período de 20 anos, com os mesmos instrumentos. Os resultados puseram em evidência uma considerável estabilidade nas taxas de prevalência das perturbações de ansiedade, apesar das mudanças nos critérios de diagnóstico do DSM durante esse período. Tais estudos sugerem, pois, que a vida moderna se, por um lado, origina novos medos e ansiedades (*v. g.*, SIDA, terrorismo religioso, guerra, acidentes nucleares, crime violento), por outro lado permite lidar com esses medos e ansiedades através da reorganização do meio em que os jovens vivem (Grinde, 2005).

Serão as perturbações de ansiedade um grave problema de saúde mental?

Embora as perturbações de ansiedade constituam uma das formas de psicopatologia mais comuns da infância e da adolescência nos estudos de inquérito à comunidade (logo a seguir às perturbações do comportamento ou às perturbações de tipo depressivo), a sua prevalência em populações clínicas parece ser relativamente baixa. Vários factores podem contribuir para essa discrepância. Primeiro, os problemas de ansiedade andam associados a outras perturbações mais disruptivas (*v. g.*, problemas de droga ou comportamentos anti-sociais) que, devido à sua grande visibilidade social, facilmente deixam na penumbra os problemas de ansiedade. Segundo, as perturbações de ansiedade, mesmo quando graves, podem ser consideradas pelos adultos como um fenómeno normal que, com o tempo, desaparecerá sem intervenção especializada e sem deixar graves sequelas. Terceiro, pode acontecer também que, apesar da sua gravidade, os sintomas de ansiedade das crianças não satisfaçam os critérios de diagnóstico estabelecidos para a população adulta. Esse tem sido, aliás, um ponto frequentemente denunciado por diversos investigadores e clínicos contemporâneos no domínio da psicopatologia da criança e do adolescente. Quarto, a correcta identificação e o tratamento eficaz desses jovens requerem não só um bom conhecimento dos factores que estão na origem das perturbações de ansiedade e das suas trajectórias de desenvolvimento, mas também grande familiarização com a maneira como os sintomas de ansiedade são percebidos numa determinada sociedade ou comunidade. É de lembrar, a esse propósito, que crianças educadas numa cultura colectivista tendem a expressar mais facilmente os seus sintomas de ansiedade, enquanto que noutras culturas mais individualistas essas manifestações parecem ser consideradas como menos normais (Weisz *et al.*, 1987). Infelizmente, a investigação empírica sobre esse tema é ainda escassa, sobretudo quando comparada com os estudos relativos à mesma questão, nos adultos (Barlow, 2002).

Conclusão

Os dados da investigação discutidos ao longo deste capítulo mostram bem que as perturbações de ansiedade são tão frequentes e perturbadoras como qualquer outra forma de psicopatologia da criança e do adolescente. A diversidade dos seus sintomas, e provavelmente das suas causas, põe em evidência a necessidade de abordagens complexas à sua avaliação e ao seu diagnóstico. Tradicionalmente, o modelo categorial de classificação, de que o DSM é um bom exemplo, tem sido o mais utilizado, sobretudo em contexto clínico. Porém, as informações, entretanto acumuladas em psicologia e psicopatologia do desenvolvimento, têm vindo a mostrar que há plasticidade e variações na expressão de ansiedade ao longo da vida, bem como um grande número de factores responsáveis pela sua continuidade / descontinuidade (Feng, Shaw & Silk 2008; Sweeney & Pine, 2004). Em consequência, novas abordagens ao diagnóstico da psicopatologia da criança têm sido propostas em alternativa aos sistemas categoriais tradicionais. E, nesse âmbito, tem-se prestado uma maior atenção ao processo geral de desenvolvimento da criança, bem como a outras variáveis, que poderão afectar a manifestação dos seus sintomas em diferentes meios e culturas. Paralelamente, diversos esforços têm sido feitos para desenvolver novos métodos e instrumentos que permitam a identificação e caracterização das diversas perturbações de ansiedade, bem como de outras perturbações comórbidas. O importante, agora, é que os profissionais de saúde mental e da educação saibam beneficiar de tais avanços, conceptuais e metodológicos, de maneira a que os jovens com esses problemas possam ser diagnosticados com rigor e tratados com sucesso.

Bibliografia

Achenbach, T. M. (1991a). *Manual for the Youth Self-Report and 1991 Profile*. Burlington, Vermont: University of Vermont Department of Psychiatry.

Achenbach, T. M. (1991b). *Manual for the Child Behaviour Checklist/4-18 and 1991 Profile*. Burlington, Vermont: University of Vermont Department of Psychiatry.

Achenbach, T. M. (1991c). *Manual for the Teachers Report Form and 1991 Profile*. Burlington, Vermont: University of Vermont Department of Psychiatry.

Achenbach, T. M., Dumenci, L. & Rescorla, L. (2003). Are American children's problems still getting worse? A 23-year comparison. *Journal of Abnormal Child Psychology, 31*(1), 1-11.

Adolphs, R. (2008). Fear, faces, and the human amygdala. *Current Opinion in Neurobiology, 18,* 1-7.

Albano, A. M., Chorpita, B. F. & Barlow, D. (2003). Childhood Anxiety Disorders. In E. J. Mash & R. A Barkley (Eds.), *Child Psychopathology* (2nd ed.). New York: The Gilford Press.

American Psychological Association (1994). *Diagnostic and Statistical Manual of Mental Disorders, 4th ed.* Washington, DC: Author.

American Psychological Association (2000). *Diagnostic and Statistical Manual of Mental Disorders, 4th ed - Text Revision.* Washington, DC: Author.

Anderson, J. C., Williams, S. M., McGee, R. & Silva, P. (1987). DSM-III disorders in preadolescent children: Prevalence in a large sample from the general population. *Archives of General Psychiatry, 44,* 69-76.

Auden, W. H. (1947). *The Age of Anxiety: A baroque eclogue.* New York: Faber & Faber.

Austin, A. A. & Chorpita, B. F. (2004). Temperament, Anxiety and Depression: Comparisons Across Five Ethnic Groups of Children. *Journal of Clinical Child and Adolescent Psychology, 33*(2), 216-226.

Barlow, D. H. (2002). *Anxiety and its disorders: The nature and treatment of anxiety and panic* (2nd edition). New York: Guilford.

Birmaher, B., Khetarpal, S., Brent, D. A., Cully, M., Ballach, L., Kauffman, J. & McKenzie-Neer, S. (1997). The Screen for Child Anxiety Related Emotional Disorders (SCARED): Scale construction and psychometric characteristics. *Journal of the American Academy of Child and Adolescent Psychiatry, 36,* 545-553.

Blanton, H. & Jaccard, J. (2006). Arbitrary metrics in psychology. *American Psychologist, 61*(1), 27-41.

Bodden, D., Dirksen, C. & Bogels, M. (2008). Societal burden of clinically anxious youth referred for treatment: A cost-of-illness study. *Journal of Abnormal Child Psychology, 36,* 487-497.

Boden, J., Fergusson, D. & Horwood, J. (2006). Anxiety disorders and suicidal behaviors in adolescence and young adulthood: findings from a longitudinal study. *Psychological Medicine, 37,* 431-440.

Bolton, D., Eley, T., O'Connor, T., Perrin, S., Rabe-Hesketh, S., Rijsdijk, F. & Smith, F. (2006). Prevalence and genetic and environmental influences on anxiety disorders in 6-year-old twins. *Psychological Medicine, 36,* 335-344.

Bosquet, M. & Egeland, B. (2006). The development and maintenance of anxiety symptoms from infancy through adolescence in longitudinal sample. *Development and Psychopathology, 18,* 517-550.

Brady, E. U. & Kendall, P. C. (1992). Comorbidity of anxiety and depression in children and adolescents. *Psychological Bulletin, 111,* 244-255.

Brown, T. A. & Barlow, D. H. (2002). Classification of Anxiety and Mood Disorders. In D. H. Barlow (Ed.), *Anxiety and its Disorders: The Nature and Treatment of anxiety and panic.* (2nd ed., pp. 292-327). London: The Guilford Press.

Campbell, J. M. (2006). Anxiety Disorders. In R. Kamphaus & J. Campbell, (Eds.), *Psychodiagnostic Assessment of Children, Dimensional and Categorical Approaches* (pp. 212-245). New Jersey: Wiley & Sons.

Canino, G., Shrout, P., Rubio-Stipec, M., Bird, H., Bravo, M., Ramirez, R., Chavez, L., Alegría, M., Bauermeister, J., Honmann, A., Ribera, J., Garcia, P. & Martinez-Taboas, A. (2004). The DSM-IV Rates of child and adolescent disorders in Puerto Rico. *Archives of General Psychiatry, 61*, 85-93.

Cartwright-Hatton, C., McNicol, K. & Doubleday, E. (2006). Anxiety in a neglected population: Prevalence of anxiety disorders in pre-adolescent children. *Clinical Psychology Review, 26*(7), 817-833.

Chavira, D. A., Garland, A., Yeh, M., McCabe, K. & Hough, R. (2009). Child anxiety disorders in public systems of care: comorbidity and service utilization. *The Journal of Behaviour Health Services and Research, 36*(4), 492-500.

Chorpita, B. F., Yim, L., Moffitt, C., Umemoto, L. A., Francis, S. E. (2000). Assessment of symptoms of DSM-IV anxiety and depression in children: A revised child anxiety and depression scale. *Behavior Research and Therapy, 38*, 835-855.

Clark, D. A. & Taylor, S. (2009). The transdiagnostic perspective on cognitive-behavioral therapy for anxiety and depression: New Wine for old Wineskins? *Journal of Cognitive Psychotherapy: An International Quarterly, 23*(1), 60-66.

Clark, L. A. & Watson, D. (1991). Tripartite model of anxiety and depression: Psychometric evidence and taxonomic implications. *Journal of Abnormal Psychology, 107*, 74-85.

Clark, L.A., Watson, D. & Reynolds, S. (1995). Diagnosis and classification of psychopathology: challenges to the current system and future directions. *Annual Review of Psychology, 46*, 121-153.

Cone, J. D. (1998). Hierarchical views of anxiety: what do they profit us? *Behaviour Therapy, 29*, 325-332.

Costello, E. J., Angold, A., Burns, B. J, Stangl, D. K., Tweed, D. L., Erkanli, A. & Worthman, C. M. (1996). The great smoky mountains study of youth: goals, design, methods, and the prevalence of DSM-III-R disorders. *Archives of General Psychiatry, 53*, 1129-1136.

Costello, E. J., Egger, H. L. & Angold, A. (2004). Developmental Epidemiology of anxiety disorders. In J. March & T. Ollendick (Eds.), *Phobic and Anxiety Disorders in Children and Adolescents: A Clinician's Guide to Effective*

Psychosocial and Pharmacological Interventions (pp. 61-92). Oxford: Oxford University Press.

Costello, E. J., Mustillo, S., Erkanli, A., Keeler, G. & Angold, A. (2003). Prevalence and Development of Psychiatric Disorders in Childhood and Adolescence. *Archives of General Psychiatry, 60*, 837-844.

Costello, E. J., Costello, A. J., Edelbrock, C. S., Burns, B. J., Dulcan, M. J., Brent, D. & Janiszewski, S. (1988). DSM-III disorders in pediatric primary care: Prevalence and risk factors. *Archives of General Psychiatry, 45*, 1107-16.

Crowell, J. A. & Waters, E. (1990). Separation anxiety. In M. Lewis & S. Miller (Eds.), *Handbook of Developmental Psychopathology* (pp. 209-218). New York, NY: Plenum Press.

Curry, J. F, March, J. S. & Hervey, A. S. (2004). Comorbidity of Childhood and Adolescence Anxiety. In In March, J. & Ollendick, T. (Eds.), *Phobic and Anxiety Disorders in Children and Adolescents: A Clinician's Guide to effective Psychosocial and Pharmacological Interventions* (pp. 116-141). Oxford University Press.

Dadds, M. R., James, R. C., Barrett, P. M. & Verhulst, F. C. (2004). Diagnostic Issues. In J. March, & T. Ollendick (Eds.), *Phobic and Anxiety Disorders in Children and Adolescents: A Clinician's Guide to Effective Psychosocial and Pharmacological Interventions* (pp. 3-33). Oxford: Oxford University Press.

Dierker, L., Albano, A. M., Clarke, G. N., Heimberg, R.G., Kendall, P. C., Merikangas, K. R., Lewinsohn, P. M., Offord, D. R., Kessler, R. & Kupfer, D. J. (2001). Screening for anxiety and depression in early adolescence. *Journal of the American Academy of Child and Adolescent Psychiatry, 40*, 929-936.

Eley, T. C. (2001). Contributions of behavioural genetics research: Quantifying genetic, shared environmental and non-shared environmental influences. In M. W. Vasey & M.R. Dadds (Eds.). *The developmental psychopathology of anxiety* (pp. 45-59). London: Oxford University Press.

Essau, C. A. (2003). Comorbidity of anxiety disorders in adolescents. *Depression and Anxiety, 18*, 1-6.

Essau, C., Conradt, J. & Petermann, F. (1999). Frequency and comorbidity of social phobia and social fears in adolescents. *Behavior Research and Therapy, 37*, 831-843.

Essau, C., Conradt, J. & Petermann, F. (2000). Frequency, comorbidity, and psychosocial impairment of anxiety disorders in German adolescents. *Journal of Anxiety Disorders, 14*, 263-279.

Essau, C., Conradt, J. & Petermann, F. (2002). Course and outcome of anxiety disorders in adolescents. *Journal of Anxiety Disorders, 16* (1), 67-81.

Essau, C. A. & Petermann, F. (2001). *Anxiety Disorders in Children and Adolescents, Epidemiology, Risk Factors and Treatment*. New York: Brunner-Routledge.

Farrington, D. P. & Loeber, R. (2000). Some benefits of dichotomization in psychiatric and criminological research. *Criminal Behavior and Mental Health, 10,* 100-122.

Feng, X., Shaw, D. S. & Silk, J. S. (2008). Developmental trajectories of anxiety symptoms among boys across early and middle childhood. *Journal of Abnormal Psychology, 117*(1), 32-47.

Field, A. P., Cartwright-Hatton, S., Reynolds, S. & Creswell, C. (2008). Future directions for child anxiety theory and treatment. *Cognition and Emotion (Special Issue), 22*(3), 385-394.

Foley, D. L., Pickles, A., Maes, H. M., Silberg, J. L. & Eaves, L. J. (2004). Course and short-term outcomes of separation anxiety disorder in a community sample of twins. *Journal of the American Academy of Child and Adolescent Psychiatry, 43,* 1107-1114.

Fonseca, A. C., Rebelo, J. A., Ferreira, A. G., Pires, C. L., Formosinho, M. D., Silva, J. T. & Gregório, M. H. (1999). Uma nova escala de ansiedade para crianças: a escala de Spence. *Psychologica, 21,* 97-111.

Fonseca, A. C., Yule, W. & Erol, N. (1994). Cross-cultural issues. In T. H. Ollendick, N. J. King & W. Yule (Eds.), *International handbook of phobic and anxiety disorders in children and adolescents* (pp. 67-84). New-York: Plenum.

Ford, T., Goodman, R. & Meltezer, H. (2003). The British Child and Adolescent Mental Health Survey 1999: The Prevalence of *DSM-IV* Disorders. *Journal of the American Academy of Child and Adolescent Psychiatry, 40(10),* 1203-1211.

Franco, X., Saavedra, L., & Silverman, W. (2007). External validation of comorbid patterns of anxiety disorders in children and adolescents. *Journal of Anxiety Disorders, 21,* 717-729.

Grinde, B. (2005). An approach to the prevention of anxiety-related disorders based on evolutionary medicine. *Preventive Medicine, 40,* 904-909.

Hale, W., Radijmakers, Q. Muris. P., van Hoof, A. & Meeus, W. (2008). Developmental trajectories of adolescents. *Journal of the American Academy of Child and Adolescent Psychiatry, 45*(5), 556-564.

Horowitz, H. V. & Wakefield, J. C. (2007). *The loss of sadness: how psychiatry transformed normal sorrow into depressive disorder*. Oxford: Oxford University Press.

Kaplow, J. B., Curran, P. J., Angold, A. & Costello, E. J. (2001). The prospective relation between dimensions of anxiety and the initiation of adolescent alcohol abuse. *Journal of Clinical and Child Psychology, 30,* 316-326.

Kashani, J. H., Orvaschel, H., Rosenberg, T. K. & Reid, J. C. (1989). Psychopathology in a community sample of children and adolescents: A developmental perspective. *Journal of the American Academy of Child and Adolescent Psychiatry, 28,* 701-706.

Kearney, C. A. (2001). *School refusal behaviour in youth: A functional approach and treatment.* Washington, DC: American Psychological Association.

Kearney, C. A. (2006). Confirmatory factor analysis of the school refusal assessement scale revisted: child and parent versions. *Journal of Psychopathology and Behavioural Assessment, 28*(3), 139-144.

Kearney, C. (2008). School absenteism and school refusal behaviour in youth: a contemporary review. *Clinical Psychology Review, 28,* 451-471.

Kearney, C. A. & Silverman, W. K. (1990). A preliminary analysis of a functional model of assessment and treatment for school refusal behaviour. *Behavioural Modification, 14,* 344-360.

Kearney, C. A. & Silverman, W. K. (1996). The evolution and reconciliation of taxonomic strategies for school refusal behaviour. *Clinical Psychology Science and Practice, 3,* 339-354.

Keenan, K., Shaw, D. S., Walsh, B., Delliquadri, E. & Giovanelli, J. (1997). DSM-III-R disorders in pre-school children from low income families. *Journal of the American Academy of Child and Adolescent Psychiatry, 36,* 620-627.

Kendall, P., Hedtke, K. & Aschenbrand, S. (2006). Anxiety Disorders. In D. A. Wolfe & E. J. Marsh (Eds.), *Behavioral and emotional disorders in adolescents: nature, assessment, and treatment.* New York: The Guilford Press.

Kim-Cohen, J., Caspi, A., Moffit, T., Harrington, H., Milne, B. & Poulton, R. (2003). Prior juvenile diagnoses in adults with mental disorder. *Archives of General Psychiatry, 60*(7), 709-717.

Klein R. G. (1994). Anxiety disorders. In M. Rutter & L. Hersov (Eds.), *Child and Adolescent Psychiatry: Modern Approaches* (pp. 351-374). London: Blackwell Scientific Publications.

Koltek, M., Wilkes, T. C. R. & Atkinson, M. (1998). The prevalence of post-traumatic stress disorder in an adolescent inpatient unit. *Canadian Journal of Psychiatry, 43,* 64-68.

Kovacs, M. & Devlin, B. (1998). Internalizing disorders in childhood. *Journal of Child Psychology and Psychiatry, 39(1),* 47-63.

Lang, P. J. (1968). Fear reduction and fear behaviour. In J. Schlein (Ed.). *Research in psychotherapy* (pp. 85-103). Washington DC: American Psychological Association.

Last, C. G., Perrin, S., Hersen, M. & Kazdin, A. E. (1996). A prospective study of childhood anxiety disorders. *Journal of the American Academy of Child and Adolescent Psychiatrs, 35,* 1502-1510.

LeDoux, J. (2000). Emotion circuits in the brain. *Annual Review of Neuroscience, 23*, 155-184.

Lewinsohn, P., Gotlib, I., Lewinsohn, M. & Allen, J. (1998). Gender differences in anxiety disorders and anxiety symptoms in adolescents. *Journal of Abnormal Psychology, 107*(1), 109-117.

Lewinsohn, P., Zinbarg, R., Seeley, J. R., Lewinsohn, M. & Sack, W. H. (1997). Lifetime comorbidity among anxiety disorders and between anxiety disorders and other mental disorders in adolescents. *Journal of Anxiety Disorders, 11*, 377-394.

Mansell, W. & Harvey, A. (2009). Conceptual foundations of the transdiagnostic approach to CBT. *Journal of Cognitive Psychotherapy: An International Quarterly, 23*(1), 6-19.

March, J. S., Parker, J. D., Sullivan, K., Stallings, P. & Conners, C. (1997). The Multidimensional Anxiety Scale for Children (MASC): Factor structure, reliability, and validity. *Journal of the American Academy of Child and Adolescent Psychiatry, 36*, 554-565.

Marmorstein, N. R. (2007). Relationship between anxiety and externalizing disorders in youth: The influences of age and gender. *Journal of Anxiety Disorders, 21*, 420-432.

Masi, G., Millepiede, S., Mucci, M., Poli, P., Bertini, N. & Milantoni, L. (2004). Generalized anxiety disorder in referred children and adolescents. *Journal of the American Academy of Child and Adolescent Psychiatry, 43*, 752-760.

McGee, R., Feehan, M., Williams, S. & Anderson, J. (1992). DSM-III disorders from age 11 to age 15 years. *Journal of the American Academy of Child and Adolescent Psychiatry, 31*, 50-59.

Mellon, R. & Moutavelis, A. G. (2007). Structure, developmental course, and correlates of children's anxiety-related behaviour in a Hellenic community sample. *Journal of Anxiety Disorders, 21*, 1-21.

Moffit, T., Caspi, A., Harrington, H., Milne, B., Melchior, M., Goldberg, D. & Poulton, R. (2007). Generalized anxiety disorder and depression: childhood risk factors in a birth cohort followed to age 32. *Psychological Medicine, 37*, 441-452.

Morris, R. J. & Kratochwill, T. R. (1983). *Treating Children's Fears and Phobias: A Behavioral Approach*. New York: Pergamon Press.

Muris, P. (2007). *Normal and abnormal fear and anxiety in children and adolescents*. New York: Elsevier.

Newman, D. L., Moffitt, T. E., Caspi, A., Magdol, L., Silva, P. A. & Stanton, W. R. (1996). Psychiatric disorder in a birth cohort of young adults: Prevalence, comorbidity, clinical significance, and new case incidence from ages 11 to 21. *Journal of Consulting and Clinical Psychology, 64*, 552-562.

Öhman, A. (2005). The role of the amygdale in human fear: Automatic detection of threat. *Psychoneurendrocrinology, 30*, 952-958.

Öhman, A. & Mineka, S. (2001). Fear, phobias and preparedness: Toward an evolved module of fear and fear learning. *Psychological Review, 108*, 483-522.

Ollendick, T. H., Grills, A. E. & Alexander, K. L. (2001). Fears, Worries, and Anxiety in Children and Adolescents. In C. A. Essau, & F. Petermann, *Anxiety Disorders in Children and Adolescents, Epidemiology, Risk Factors and Treatment* (pp.1-37). New York: Brunner-Routledge.

Ollendick, T. H., Yang, B., King, N. J., Dong, Q. & Akande, A. (1996). Fears in American, Australian, Chinese, and Nigerian children and adolescents: A cross-cultural study. *Journal of Child Psychology and Psychiatry, 37*, 213-220.

Ollendick, T. H. (1983). Reliability and validity of the Revised Fear Survey Schedule for Children (FSSC-R). *Behavior Research Therapy, 21*(6), 685-692.

Öst L. G. (1987). Age of onset of different phobias. *Journal of Abnormal Psychology, 96*, 223-229.

Pilgrim, D. (2007). The survival of psychiatric diagnosis. *Social Science and Medicine, 65*, 536-547.

Pine, D. S., Cohen, P., Gurley, D. Brook, J. &, Ma, Y. (1998).The risk for early adulthood anxiety and depressive disorder in adolescents with anxiety and depressive disorders. *Archives of General Psychiatry, 55*, 56-64.

Quay, H. C. (1979). Classification. In H. C. Quay & J. S. Werry (Eds.). *Psychopathological Disorders of Childhood,* (2nd ed.) (pp. 1-42). New York: John Wiley.

Rachman, S. J. (1978). Human fears: a three systems analysis. *Scandinavian Journal of Behavior Therapy, 7*, 237-245.

Rachman, S. J. (1990). *Fear and courage* (2 nd ed). New-York: W. H. Freeman.

Richters, J. E. & Hinshaw, S. P. (1999). The abduction of disorder in psychiatry. *Journal of Abnormal Psychiatry, 105*, 438-445.

Ronan, K. R., Kendall, P. C. & Rowe, M. (1994). Negative affectivity in children: Development and validation of a self-statement questionnaire. *Cognitive Therapy and Research, 18*, 509-528.

Rosen, J. B. & Schulkin, J. (1998). From normal fear to pathological anxiety. *Psychological Review*, 105, 325-350.

Roza, S. J., Hofstra, M-B., Van der Ende, J. & Verhulst, F. C. (2003). Stable prediction of mood and anxiety disorders based on behavioral and emotional problems in childhood: A 14-year follow-up during childhood, adolescence, and young adulthood. *American Journal of Psychiatry, 160*, 2216-2121.

Saavedra, L. & Silverman, W. (2002). Classification of anxiety disorders in children: what a difference two decades make. *International Review of Psychiatry, 14*, 87-101.

Schniering, C. A., Hudson, J. L & Rapee, R. M. (2000). Issues in the diagnosis and assessment of anxiety disorders in children and adolescents. *Clinical Psychology Review, 20(4)*, 453-478.

Seligman, M. (1971). Phobias and preparedness. *Behavior Therapy, 2*, 307-320.

Shear, M. K., Bjelland, I., Beesdo, K., Gloster, A. & Wittchen, H. (2007). Supplementary dimensional assessment in anxiety disorders. *International Journal of Methods in Psychiatric Research, 16*, 52-64.

Silverman, W. K. & Ginsburg, G. (1998). Anxiety disorders. In T.H. Ollendick & M. Hersen (Eds). *Handbook of Child Psychopathology* (3rd ed., pp. 239-268). New York: Plenum.

Silverman, W. K. & Ollendick, T. H. (2005). Evidence-Based Assessment of Anxiety and Its Disorders in Children and Adolescents. *Journal of Child and Adolescent Psychology, 34*(3), 380-411.

Spence, S. H. (1997). Structure of anxiety symptoms among children: A confirmatory factor-analytic study. *Journal of Abnormal Child Psychology, 22*, 280-297.

Steinhausen, H. C., Metzke, C. W., Meier, M. & Kannenberg, R. (1998). Prevalence of child and adolescent psychiatric disorders: the Zurich Epidemiological Study. *Acta Psychiatrica Scandinavica, 98*, 262-271.

Steinhausen, H. C. & Reitzle, M. (1996). The validity of Mixed Disorders of Conduct and Emotions in Children and Adolescents: A research note. *Journal of Child Psychology and Psychiatry, 37*, 339-343.

Sterba, S., Prinstein, M. & Cox, M. (2007). Trajectories of internalizing problems across childhood: Heterogeneity, external validity, and gender differences. *Development and Psychopathology, 19*, 345-366.

Sweeney, M. & Pine, D. (2004). Etiology of fear and anxiety. In T. H. Ollendick & J. S. March (Eds.), *Phobic and anxiety disorders in children and adolescents: A clinician's guide to effective psychosocial and pharmacological interventions* (pp.34-60). New York: Oxford University Press.

Tackett, J. L, Sellbom, M., Quilty, L. C., Rector, N. A. & Bagby, R. M. (2008). Additional evidence for a quantitative hierarchical model of mood and anxiety disorders for DSM-V: The context of personality structure. *Journal of Abnormal Psychology, 117(4)*, 812-825.

Treffers, P. & Silverman, W. (2001). Anxiety and its disorders in children and adolescents before the twentieth century. In W. Silverman & P. Treffers (Eds.), *Anxiety Disorders in children and adolescents: Research, Assessment and Intervention*. Cambridge: Cambridge University Press.

Twenge, J. M. (2000). The age of anxiety? Birth cohort change in anxiety and neuroticism, 1952-1993. *Journal of Personality and Social Psychology, 79*(6), 1007-1021.

Velez, C. N., Johnson, J. & Cohen, P. (1989). A longitudinal analysis of selected risk factors for childhood psychopathology. *Journal of the American Academy of Child and Adolescent Psychiatry, 28*, 861-864.

Verduin, T. L. & Kendall, P. C. (2003). Differential Occurrence of Comorbidity Within Childhood Anxiety Disorders. *Journal of Clinical Child and Adolescent Psychology, 32*(2), 290-295.

Verhulst, F. (2001). Community and epidemiological aspects of anxiety disorders in children. In W. Silverman & P. H. Treffers (Eds.), *Anxiety Disorders in Children and Adolescents* (pp. 1-22). Cambridge University Press.

Verhulst, F. C., Van der Ende, J. Ferdinand, R. F. & Kasius, M. C. (1997). The prevalence of DSM-III-R diagnosis in a national sample of Dutch adolescents. *Archives of General Psychiatry, 54*, 329-336.

Wakefield, J. C., Horewitz, A. V. & Schmitz, M. (2004). Are we overpathologizing the socially anxious? Social phobia from a harmful dysfunction perspective. *Canadian Journal of Psychiatry, 49*, 736-742.

Wakefield, J. C., Horewitz, A. V. & Schmitz, M. (2005). Social disadvantage is not mental disorder: response to Campbell-Sills and Stein. *Canadian Journal of Psychiatry, 50*, 317-319.

Wakefield, J. C., (1992). The concept of mental disorder: On the boundary between biological facts and social values. *American Psychologist, 47*, 373-388.

Wardworth, M. E., Hudziak, J. J., Heath, A. C. & Achenbach, T. M. (2000). Latent class analysis of Child Behaviour Checklist anxiety/depression in children and adolescents. *Journal of the American Academy of Child and Adolescent Psychiatry, 40*, 106-114.

Warren, S. L. & Sroufe, L. A. (2004). Developmental issues. In T. H. Ollendick & J. S. March (Eds.), *Phobic and Anxiety Disorders in Children and Adolescents: A clinician's guide to effective psycho-social and pharmacological interventions* (pp. 92-115). New York: Oxford University Press.

Watson, D. (2005). Rethinking mood and anxiety disorders: a quantitative hierarchical model for DSM-V. *Journal of Abnormal Psychology, 114*(4), 522-536.

Weems, C. & Stickle, T. (2005). Anxiety disorders in Childhood: Casting a nomological net. *Clinical Child and Family Psychology Review, 8*(2), 107-134.

Weisz, J. R., Suwanlert, S., Chaiyasit, W., Weiss, B., Achenbach, T. M. & Walter, B. R. (1987). Epidemiology of behavioral and emotional problems among Thai and American Children. *Journal of the American Academy of Child and Adolescent Psychiatry, 26*, 890-897.

Wetzer, C., Jans, T., Muller, B., Neudorfl, A., Bucherl, U., Remschmidt, H., Warnke, A. & Herpertz-Dahlmann, B. (2001). Long-term outcome and prognosis of obsessive-complusive disorder with onset in childhood or adolescence. *European Child and Adolescent Psychiatry, 10*, 37-46.

Widiger, T. & Samuel, D. (2005). Diagnostic categories or dimensions? A question for the Diagnostic and Statistical Manual of Mental Disorders – fifth edition. *Journal of Abnormal Psychology, 114*(4), 494-504

Woodward, L. J. & Fergusson, D. M. (2001). Life-course outcomes of young people with anxiety disorders in adolescence. *Journal of the American Academy of Child and Adolescent Psychiatry, 40*, 1086-1093.

World Health Organisation (1992). *The International Classification of Mental and Behavioural Disorders: Clinical Descriptions and Diagnostic Guidelines, 10th edition (ICD-10)*. Geneva: World Health Organisation.

Wu, P., Goodwin, R. D., Fuller, C., Liu, X., Corner, J. S., Cohen, P. & Hoven, C. W. (2010). The relationship between anxiety disorders and substance use among adolescents in the community: specificity and gender differences. *Journal of Youth and Adolescence, 39*, 177-188.

Zinbarg, R. (1998). Concordance and synchrony in measures of anxiety and panic reconsidered: a hierarchical model of anxiety and panic. *Behavior Therapy, 29*, 301-323.

Zinbarg, R. E. & Barlow, D. H. (1996). Structure of anxiety and the anxiety disorders: A hierarchical model. *Journal of Abnormal Psychology, 105*, 181-193.

Trabalho realizado no âmbito do Projecto "(P1OC/PSI-PED/104849/2008) e no âmbito do subprojecto n.º 3 "Desenvolvimento Humano e Comportamento de Risco" do Centro de Psicopedagogia da Universidade de Coimbra (FEDER/POCI2010-SFA-160-490).

17
Prevenção e tratamento das perturbações do consumo de droga na adolescência *

Ana Abrantes

Introdução

As perturbações do consumo de droga na adolescência constituem, no seu conjunto, um importante problema de saúde pública. Dados do Projecto ESPAD (*European School Survey Project on Alcohol and Other Drugs*) de 2007 mostraram que 82% dos alunos de 15-16 anos de idade consumiam bebidas alcoólicas e 39% tinham-se embebedado no último ano (Hibell *et al.*, 2009). Além disso, cerca de 1 em cada 5 (14%) dos adolescentes já tinham consumido canábis alguma vez na vida. E estas prevalências elevadas não se limitavam apenas ao simples consumo. Na verdade, o número dos que sofriam de perturbações do consumo de substâncias era também relativamente elevado. Por exemplo no Inquérito Nacional dos Estados Unidos da América sobre consumo de droga e saúde verificou-se que 8,9% dos adolescentes, entre os 12-17 anos de idade, preenchiam os critérios para uma perturbação de abuso de droga (SAMHSA, 2004a). É também sabido que essas perturbações aparecem associadas a graves problemas em diversas outras áreas do funcionamento do indivíduo: fraco desempenho escolar (*e. g.*, Tu, Ratner & Johnson, 2008), mau funcionamento da família (*e. g.*, Pinheiro *et al.*, 2006), problemas de

---
* Tradução de António Castro Fonseca.

saúde (*e. g.*, Brown & Tapert, 2003) e comorbilidade psiquiátrica (*e. g.*, Abrantes, Brown & Tomlinson, 2003). Acresce, ainda, que os transtornos de consumo de substâncias adictivas são bons preditores de diversos problemas na idade adulta tais como padrões instáveis de trabalho, taxas mais elevadas de divórcio, conduta delinquente e outras perturbações físicas ou psicológicas (*e. g.*, Aarons *et al.*, 1999). Apesar disso, até agora, os investigadores e os clínicos têm tido pouco sucesso nos seus esforços de prevenção e tratamento desses problemas. Pode-se mesmo dizer que há uma notória escassez de programas de tratamento e prevenção adequados às características e necessidades específicas das diferentes fases do desenvolvimento dos indivíduos, nesta área. O objectivo deste capítulo é analisar a natureza dessas perturbações na adolescência, prestando particular atenção aos factores de risco e de protecção, aos seus aspectos desenvolvimentais e aos esforços de prevenção.

Critérios de diagnóstico

As abordagens mais comuns ao diagnóstico deperturbações de consumo de droga na adolescência baseiam-se no Manual de Diagnóstico e Estatística de Doenças Mentais (APA, 2000) e na Classificação Internacional das Doenças da Organização Mundial da Saúde (OMS, 2007). Estas duas abordagens são muito semelhantes e classificam os problemas de consumo de droga em duas categorias distintas — abuso (DSM) ou consumo (ICD) e dependência. Ambos estes tipos de diagnóstico se caracterizam por um padrão desadequado de consumo e de sintomas que resulta em défices clínicos. Faz-se um diagnóstico de abuso quando há um padrão recorrente de consumo de substâncias apesar de o indivíduo falhar no cumprimento das suas obrigações, consumir em situações fisicamente arriscadas e experienciar problemas legais, sociais ou interpessoais. Em contrapartida, o diagnóstico de dependência caracteriza-se pela tolerância, ressaca, consumo de droga em quantidades maiores do que desejado, insucesso nos esforços para reduzir o consumo, gastar demasiado tempo a consumir e a procurar droga, reduzir ou abandonar as actividades sociais, ocupacionais ou recreativas, e um consumo recorrente apesar dos problemas físicos e psicológico persistentes. Não se faz o diagnóstico de abuso se estiverem preenchidos os critérios para diagnóstico da dependência da droga. Refira-se também que a dependência de droga pode envolver ou não dependência fisiológica (i. e., com ou sem sinais claros de tolerância ou de ressaca).

Tanto as abordagens do DSM como as abordagens do ICD ao diagnóstico dos distúrbios de abuso de substância são de natureza categorial (i. e., ou se tem ou não se tem o diagnóstico), o que apresenta certas vantagens. Entre outras coisas, isso permite uma comunicação mais fidedigna entre clínicos e investigadores (Connors, 1995)e uma utilização mais consistente dos critérios de diagnóstico — o que é particularmente importante para comparar dados de diferentes estudos ou para comparação de resultados entre diferentes contextos clínicos. Adicionalmente, graças a esta abordagem, torna-se mais fácil predizer certos sintomas quando outros sintomas estão presentes, uma vez que o diagnóstico é feito com base na análise de um determinado cluster de sintomas, no mesmo indivíduo.

Apesar destas vantagens os sintomas categoriais de diagnóstico também possuem certas limitações, particularmente quando utilizados com populações de abusadores adolescentes. Tanto os critérios do DSM como os do ICD foram criados para uma população adulta e, por isso, têm surgido receios de que não sejam adequados ao diagnóstico de distúrbios de consumo de substâncias na adolescência. Por exemplo, os critérios do DSM-IV para abuso e dependência de substâncias podem resultar num diagnóstico de não abuso (i. e. órfãos de diagnóstico) mesmo quando os jovens apresentam múltiplos problemas de consumo de substância. Uma vez que não existe sobreposição entre sintomas de dependência e sintomas de abuso é possível que um jovem apresente múltiplos problemas associados com o consumo de droga sem preencher os critérios para o diagnóstico de dependência nem para o diagnóstico de abuso, enquanto que outros podem apresentar um sintoma de abuso e qualificar para o diagnóstico de abuso de substâncias. Num estudo sobre adolescentes com consumo regular de álcool, Pollock e Martin (1999) descobriram que 31% da amostra apresentava sintomas de dependência de álcool mas não preenchia os critérios necessários nem para o abuso, nem para a dependência de álcool. Além disso, verificou-se que quando eram seguidos durante um ano, esses adolescentes pareciam-se mais com os abusadores do que com os não-abusadores, em diversas medidas utilizadas no *follow-up*. Outros estudos com adolescentes vieram confirmar que esses "órfãos de diagnóstico" apresentavam mais tarde um risco elevado de consumo danoso e de dependência de substâncias (Deas, 2006; Degenhardt, Coffey, Carlin, Swift & Patton, 2008; McBride, Adamson, Bunting & McCann, 2009). Por isso, os critérios de dependência do DSM-IV podem não ser muito bons quando se trata de identificar problemas de consumo de droga na adolescência.

Entretanto, têm sido sugeridas maneiras alternativas de classificar os problemas de abuso de substâncias dos adolescentes. Em geral, os estudos de psicopatologia da criança têm apoiado uma conceptualização dimensional da psicopatologia (Angold, Costello, Farmer, Burns & Erkanli, 1999; Lewinsohn, Solomon, Seeley & Zeiss, 2000). Do mesmo modo, no domínio da toxicodependência, alguns autores têm sugerido que se combinem os sintomas de abuso e dependência, de maneira a reflectir uma medida contínua do distúrbio (Harrison, Fulkerson & Beebe, 1998). Mais recentemente, Gelhorn e colaboradores (2008) numa análise do processo de abuso e dependência na adolescência, à base da teoria de resposta aos itens, verificaram também que a avaliação da gravidade do consumo de droga podia ser melhorada de maneira significativa se se combinassem conjuntamente os sintomas de abuso e de dependência. Na mesma ordem de ideias, outros autores examinando os sintomas de abuso e de dependência do DSM-IV, com base em grandes amostras dos inquéritos nacionais aos agregados familiares, apresentaram dados que apoiam uma abordagem dimensional do diagnóstico deperturbação de consumo de substâncias nos adolescentes (Harford, Yi, Faden & Chen, 2009). Por isso, são necessárias abordagens cuidadosas e rigorosas de avaliação quando se trata de identificar e categorizar os problemas de consumo de droga em populações adolescentes.

Factores de risco e factores de protecção

Factores de risco

Factores biológicos. Graças aos estudos de família, de gémeos, de adoptados e de genética do comportamento foi possível estabelecer uma relação entre o abuso de álcool e de droga por parte dos pais e a dependência da droga por parte dos filhos, particularmente nos rapazes (*e. g.*, King *et al.*, 2009; Poelen, Engels, Scholte, Boomsma & Willemsen, 2009; Rose *et al.*, 1997; Schuckit, 1988). Embora outros factores associados (*v. g.*, distúrbios do comportamento) possam influenciar esse efeitos, o certo é que se tem observado diferenças entre os filhos de pais alcoólicos (Family History Positive – FHP) e não alcoólicos (Family History Negative – FHN) em medidas de natureza comportamental, cognitiva e neurológica. Por exemplo, quando os adolescentes do grupo FHP são comparados com adolescentes FHN apresentam maior impulsividade e mais tendência para a rebeldia (Knop, Teasdale, Schulsinger & Goodwin, 1985), mais fraco desempenho em provas neuropsicológicas (Tapert & Brown, 1999; Tarter & Edwards, 1988), iniciação mais precoce ao consumo de droga (Averna & Hesselbrock, 2001) e menos efeitos fisiológicos e subjectivos do álcool (Newlin, 1994; Schuckit, 1988). Dados de estudos recentes mostraram que um baixo funcionamento do sistema dopaminérgico predizia o consumo de droga nos adolescentes FHP de sexo masculino (Conner, Hellemann, Ritchie & Noble, 2009). Cadoret e colegas (1995) encontraram duas vias genéticas que prediziam, de maneira independente, o abuso de droga entre rapazes adoptados: (1) uma via directa que conduzia do alcoolismo biológico dos pais ao abuso e dependência de droga nos filhos; e (2) uma via indirecta que conduzia do distúrbio de personalidade anti-social nos pais biológicos aos comportamentos de externalização e, eventualmente, de abuso de droga e dependência nos filhos. Do mesmo modo, há dados de investigações transculturais, com um enfoque desenvolvimentista, que têm revelado que há diversas vias geneticamente determinadas que conduzem à dependência (*e. g.*, Dick, Rose, Viken, Kaprio & Koskenvuo, 2001). É interessante referir aqui, a esse propósito, que King e colegas (2009), examinando as influências (da hereditariedade e do meio) do alcoolismo parental na desinibição dos filhos em famílias adoptivas e não adoptivas, concluíram que a desinibição comportamental podia ser mais facilmente atribuída à transmissão genética do que aos factores de meio, enquanto que os comportamentos de consumo de álcool dos adolescentes apareciam mais directamente associados à exposição ao consumo de álcool por parte dos pais. Todavia, apesar destas influências genéticas no desenvolvimento de perturbações de abuso de álcool e de droga, a maioria das crianças FHP não se tornava toxicodependente. O risco de iniciação e de agravamento do abuso de droga depende de vários factores do indivíduo e do meio.

Factores ligados à personalidade. Diversos factores de personalidade podem influenciar, de maneira directa e indirecta, o envolvimento no consumo de droga na adolescência (Sher, 1994; Windle, 1990; Zucker & Gomberg, 1986). As características que, de maneira mais consistente, têm aparecido associadas com o aumento do risco de envolvimento em problemas do consumo de droga na adolescência são a elevada procura de sensações (Cloninger, Sigvardsson & Bohman, 1988; Schepis *et al.*, 2008; Zuckerman, 1994), a desinibição comportamental (King *et al.*, 2009; McGue, Slutske, Taylor & Iacono, 1997), a impulsividade (Baker & Yardley, 2002); a agressão (Kuo, Yang, Soong & Chen, 2002), a falta de controlo comportamental (King & Chassin, 2004), e os padrões de comportamento anti-social (Zucker *et al.*, 2000). Por exemplo, num estudo de adolescentes de Taiwan, entre os factores de personalidade associados com o consumo de droga encontravam-se os seguintes: elevada extraversão, elevada procura de novidade e comportamentos agressivos (Kuo *et al.*, 2002). Além disso, tem-se verificado que a ansiedade-traço e a sensitividade à ansiedade são preditoras da motivação dos adolescentes para o consumo de álcool, cigarros e marijuana (Comeau, Stewart & Loba, 2001; Dorard, Berthoz, Phan, Corcos & Bungener, 2008).

Psicopatologia. Entre os distúrbios psiquiátricos que, frequentemente, coexistem com os transtornos do consumo de droga encontram-se tanto os problemas de externalização (perturbações do comportamento, défice de atenção/hiperactividade, distúrbio de oposição e desafio) como problemas de internalização (*v. g.*, depressão e ansiedade). Muitas vezes, torna-se difícil determinar até que ponto os transtornos de abuso de droga e os outros problemas de saúde mental concomitantes se desenvolvem de maneira independente, até que ponto um causa ou agrava o outro, ou até que ponto os dois são expressões diferentes de um mecanismo subjacente comum (Meyer, 1986). Não obstante, tem aparecido dados a mostrar que as perturbações psiquiátricas prececedem, muitas vezes, o início dos problemas do consumo de droga na adolescência (Abrantes *et al.*, 2003; Deas, 2006; Wilens, Biederman, Abrantes & Spencer, 1997). Isso é particularmente notório no caso dos problemas de externalização e, mais concretamente, do défice de atenção/hiperactividade e dos distúrbios do comportamento. Estes últimos também ajudam a explicar a comorbilidade entre o abuso de álcool e o abuso de drogas ilícitas na adolescência (Button *et al.*, 2007). É ainda de referir que, numa revisão dos factores de risco para o consumo de meta-anfetaminas nos jovens se verificou que um historial de perturbações psiquiátricas aparecia como um dos mais significativos (Russell *et al.*, 2008). Frequentemente, os abusadores de droga apresentam também um historial de abusos físicos e / ou sexuais, para além dos problemas de internalização e de externalização atrás mencionados. Por exemplo, num estudo que envolvia 803 adolescentes de vários centros de tratamento de droga, 59% das raparigas e 39% dos rapazes referiam um historial de abusos físicos ou sexuais (Grella & Joshi, 2003). Finalmente, a automedicação tem sido apontada como um dos mecanismos pelos quais a psicopatologia influencia o início dos problemas de consumo de droga na adolescência (Hussong, Gould & Hersh, 2008).

Expectativas relativas ao álcool e à droga. Estas expectativas referem-se à antecipação das consequências do consumo de uma droga específica (Brown, 1993) e surgem como consequência da experimentação vicariante ou directa da droga, incluindo a modelagem pelos pares e pelos colegas ou ainda a exposição aos *media* (Dal Cin *et al.*, 2009; Goldman, Brown, Christiansen & Smith, 1991). Há dados a mostrar que as expectativas relativas à droga e ao álcool servem de mediadores da relação entre uma história familiar de problemas de consumo de droga e o envolvimento dos adolescentes no consumo de droga (Sher, 1994) bem como entre características da personalidade (v. g. procura de sensações) e o consumo de álcool (Urban, Kokonyei & Demetrovics, 2008). Adicionalmente, a progressão da fase de início do consumo para um consumo problemático tem maiores probabilidades de ocorrer entre adolescentes que esperam obter, através do álcool, efeitos positivos mais globais, uma melhoria na facilitação social e o fortalecimento de desempenho cognitivo ou motor (Brown, Creamer & Stetson, 1987; Christiansen, Smith, Roehling & Goldman, 1989; Smith, Goldman, Greenbaum & Christiansen, 1995). As expectativas relativas ao álcool e à droga têm também aparecido associadas a consequências mais negativas, a médio e longo prazo, nos adolescentes que abusam de droga (Vik, Brown & Myers, 1997). Geralmente, as expectativas positivas relativas ao álcool e à droga andam associadas a uma aceleração do envolvimento na droga e a problemas relacionados com a droga, enquanto que as expectativas de consequências negativas do consumo podem funcionar como factores de protecção contra a iniciação do consumo de droga (Alfonso & Dunn, 2007; Brown, 1993; Carvajal, Evans, Nash & Getz, 2002).

Funcionamento da Família. Perturbações nas relações e funcionamento familiares têm sido identificadas como precursores, correlatos, e consequências dos problemas do abuso de droga nos adolescentes (Pinheiro *et al.*, 2006; Zucker *et al.*, 2000). O comportamento desviante dos pais (v.g. comportamento anti-social e abuso de droga), a falta de envolvimento parental, e a ausência de afecto pais-filhos aparecem também associados com um risco acrescido de problemas de consumo de droga na adolescência (Pinheiro *et al.*, 2006; Zucker *et al.*, 2000). Outros factores de risco são a falta de consistência na disciplina por parte dos pais, a fraca monitorização do comportamento dos filhos, castigos excessivos, um meio hostil, bem como a permissividade e as interacções negativas entre pais e filhos (Brody & Forehand, 1993; Chilcoat & Anthony, 1996; Gilvarry, 2000; Williams & Hine, 2002). A análise das diferenças estruturais e funcionais das famílias, com e sem jovens abusadores de droga, tem revelado diferenças significativas entre os dois grupos a nível da triangulação e da confusão (enmeshment) de papéis (Pinheiro *et al.*, 2006). Além disso, Zucker e colegas (2000) verificaram que os conflitos na família, são preditivos de mais comportamento perturbado e disruptivo nas crianças, o que por sua vez aumentaria o risco de envolvimento no consumo de droga na adolescência (Loukas, Zucker, Fitzgerald & Krull, 2003; Zucker *et al.*, 2000). Do mesmo modo, o grau de monitorização das actividades dos adolescentes pode influenciar, indirectamente, a selecção dos seus colegas (Chassin, Pillow, Curran, Molina & Barrera, 1993). Dado o elevado grau de disfunção das famílias com adolescentes consumidores de droga, a terapia da família é uma abordagem terapêutica das mais reconhecidas no tratamento dos adolescentes com problemas de álcool e de droga.

Colegas. A influência dos colegas tem sido considerada como um dos factores de risco mais determinantes para o envolvimento dos adolescentes no consumo de droga (Bates & Labouvie, 1995; Fergusson, Horwood & Lynskey, 1995; Parsai, Voisine, Marsiglia, Kulis & Nieri, 2009). Os adolescentes com inicio mais precoces e com consumo mais intenso de droga e/ou de álcool apresentam, em geral, uma percepção mais elevada do consumo por parte dos colegas e têm mais colegas que se envolvem no consumo de álcool e noutros comportamentos desviantes (Barnes, Farrell & Banerjee, 1994; Chuang, Ennett, Bauman & Foshee,

2009; Epstein & Botvin, 2002; Perez, Ariza, Sanchez-Martinez & Nebot, *no prelo)*. As redes sociais de colegas consumidores facilitam o acesso à droga e conduzem à adopção de crenças e valores em sintonia com um estilo de vida favorável ao consumo dessas substâncias (Tapert, Stewart & Brown, 1999). Por exemplo, Bryant e Zimmerman (2002) verificaram que os estudantes afro-americanos que percebiam atitudes negativas contra a escola nos seus colegas, tinham também mais probabilidades de apresentar um aumento do consumo de cigarros e de marijuana. Do mesmo modo, tem-se verificado que a associação com colegas abusadores de droga e com colegas desviantes medeia a relação entre alcoolismo parental, baixo nível socioeconómico ou conflitos na família, por um lado, e o abuso de droga dos adolescentes, por outro lado (Fergusson & Horwood, 1999). Além disso, tais associações com colegas desviantes podem facilitar o acesso à droga, a exposição a situações de *stress* bem como uma modelagem de *coping* inadequada.

Stress. As experiências de vida causadoras de stress aumentam substancialmente durante a adolescência do mesmo modo que a elevada reactividade ao *stress*, especialmente entre as raparigas (Vik & Brown, 1998). Diversos acontecimentos de vida geradores de *stress* (*v. g.*, fim de um namoro, acidentes rodoviários, insucesso escolar) têm aparecido associados ao consumo de droga. Concretamente, há dados a mostrar que o stress psicossocial bem como a adversidade económica andam associados com factores de risco para o início precoce e para o agravamento do consumo de droga (Pandina & Schuele, 1983; Wills, Vaccaro & McNamara, 1992). Além disso, os jovens de famílias com abuso de droga experimentam mais *stress* na vida e avaliam os acontecimentos de vida que o causam como mais negativos do que os jovens provenientes de famílias em que os pais não se envolvem no abuso de droga ou de álcool (Brown, 1989). Tal associação é bidireccional, uma vez que o envolvimento no álcool e na droga também provoca grande *stress* nos jovens sob a forma de problemas subsequentes de natureza física, académica, legal, familiar, emocional bem como problemas com os colegas (Vik *et al.*, 1997). Além disso, a via que conduz das experiências de vida causadoras de *stress* até aos problemas de consumo de droga em meios familiares de alto risco pode ser moderada pela psicopatologia da criança (Marshal, Molina, Pelham & Cheong, 2007). Refira-se, igualmente, que Fishbein e colegas

(2006), na sua análise dos mediadores neurocognitivos e de competência social da relação *stress*-consumo de droga na adolescência, verificam que aquele afecta a capacidade dos jovens para produzir e executar decisões e comportamentos prossociais. Obviamente são necessárias mais investigações que permitam avançar no conhecimento dos mecanismos pelos quais os acontecimentos de vida causadores de *stress* afectam o consumo de droga nos jovens.

Factores de protecção

Os factores de protecção não consistem apenas na ausência de factores de risco; eles representam, antes, características ou circunstâncias associadas à diminuição da probabilidade de comportamentos prejudiciais à saúde (Jessor, Van Den Bos, Vanderryn, Costa & Turbin, 1995). A lista dos factores de protecção associados com a diminuição do consumo problemático de droga é extensa, incluindo temperamento positivo ou fácil, inteligência elevada, apoio social, envolvimento com colegas bem comportados, religiosidade e baixa tomada de risco (Fergusson & Lynskey, 1996; Gilvarry, 2000; Nasim, Belgrave, Jagers, Wilson & Owens, 2007). Num estudo recente, Epstein e colegas (2002) identificaram diversas competências (*e. g.*, tomada de decisão e auto-eficácia) e o bem-estar psicológico (wellness) como factores protectivos contra o consumo de álcool em 1 459 estudantes dos primeiros anos do ensino secundário. Além disso, certas características da vizinhança têm sido identificadas como factores de protecção no caso de adolescentes Afro-Americanos residentes em zonas urbanas (Clark, Belgrave & Nasim, 2008). Noutra investigação, em larga escala, com adolescentes espanhóis, o bom desempenho escolar e o bom funcionamento da família emergiram como factores de protecção importantes contra o consumo de droga, dois anos após o início do estudo (Beato-Fernandez, Rodriguez-Cano, Belmonte-Llario & Pelayo-Delgado, 2005). Alguns investigadores têm defendido a importância da interacção entre factores de risco e factores protectivos na predição do consumo e do abuso de droga (Brown, Aarons & Abrantes, 2001; Glantz & Leshner, 2000).

Um outro dado da investigação é que, nos adolescentes, o consumo de álcool e de droga aparece negativamente associado com a actividade física. Os jovens que regularmente participam em actividades físicas consomem muito menos cigarros e droga do que os seus colegas sedentários (Duncan, Duncan, Strycker & Chaumeton, 2002; Pate, Trost, Levin & Dowda, 2000; Peretti-Watel, Beck & Legleye, 2002; Tur, Puig, Pons & Benito, 2003). E mais: num estudo longitudinal prospectivo que envolveu 2.548 adolescentes e jovens adultos da comunidade (idades compreendidas entre 14 e 24 anos), seguidos durante 4 anos, a actividade física regular aparecia significativamente associada com uma diminuição do risco de transtornos do consumo de droga e de perturbações de humor e ansiedade (Strohle *et al.*, 2007). Em geral, o envolvimento em actividades de grupo tais como clubes desportivos, clubes escolares e grupos religiosos tem sido considerado como factor de protecção contra o desenvolvimento de problemas de abuso de droga na adolescência (Piko & Fitzpatrick, 2004).

Resumindo, a investigação sobre o desenvolvimento de problemas de consumo de droga na adolescência tem identificado múltiplos factores que preparam o terreno para essa perturbação, designadamente variáveis de tipo biológico, individual e ambiental Além disso, estudos anteriores identificaram também importantes factores de protecção contra o desenvolvimento de consumo problemático de droga nos adolescentes.

Percurso do desenvolvimento e consequências do consumo de droga

É óbvio que nem todos os adolescentes que experimentam substâncias psicoativas vão, mais tarde, apresentar uma perturbação do consumo de droga. Não obstante, há dados da investigação a mostrar que o início precoce do consumo de droga é um factor de risco de futuras consequências negativas. Por exemplo, dados do Inquérito National às Famílias (National Household Survey) sobre abuso de drogas indicam que enquanto 11.8% dos adolescentes, cujo primeiro consumo de droga ocorreu antes dos 15 anos de idade, desenvolviam uma síndrome de dependência, só 2.1% daqueles que se iniciaram no consumo de marijuana após os 17 anos de idade acabaram por satisfazer os critérios de dependência. O início precoce do consumo de álcool e de marijuana foram também considerados como bons preditores de consumos impulsivos de álcool (binge drinking) na adolescência (D'Amico *et al.*, 2001). Além disso, no Inquérito Nacional Longitudinal aos Jovens (National Longitudinal Survey of Youth

– NLSY), as probabilidades (odds) de chegar à dependência do álcool diminuíam de 9% por cada ano que adiava *a iniciação ao consumo de droga* (Grant, Stinson & Harford, 2001). No caso de adolescentes que participam em programas de tratamento, o início do consumo de álcool tem sido situado aos 11 anos de idade, registando-se depois uma progressão para o consumo semanal por volta dos 13 anos de idade, enquanto que a iniciação ao consumo de outras drogas se faz por volta dos 13.7 anos de idade, registando-se depois uma progressão para o consumo regular no prazo de um ano (Brown, Gleghorn, Schuckit, Myers & Mott, 1996). No grupo dos adolescentes consumidores de droga com psicopatologia comórbida, a idade de início do consumo é mais baixa, situando-se à volta dos 12.4 anos, enquanto que o seu consumo regular se situa, geralmente, por volta dos 13.3 anos (Abrantes *et al.*, 2003). Segundo Dawson e colegas (2008), a associação entre a idade do primeira bebida alcoólica e os riscos de dependência dependem de défices das funções executivas tais como fracas competências na tomada de decisão e défices nas competências de processamento de informação relativa a prémios. No caso dos jovens profundamente envolvidos no consumo de droga há diversas trajectórias que eles podem seguir. Para muitos, o consumo de droga e outros problemas associados atingem o seu pico no fim da adolescência e no início da idade adulta para, depois, desaparecerem definitivamente (Zucker, Fitzgerald & Moses, 1995). Porém, noutros casos, o consumo de droga pode evoluir para um padrão recorrente de abuso, de outros problemas persistentes ou de toxicodependência, os quais podem necessitar de tratamento. Nestas circunstâncias, as consequências negativas associadas ao consumo de droga vão-se acumulando durante a adolescência e a idade adulta. Por exemplo, Newcomb e Bentler (1988) seguiram 654 adolescentes, durante 8 anos, e verificaram que o consumo (sobretudo o consumo intenso na adolescência) predizia problemas de saúde, problemas na família, funcionamento emocional disfórico e relações sentimentais perturbadas na idade adulta. No caso dos jovens com problemas mais graves que necessitavam de recorrer a serviços especializados de tratamento (*v. g.*, de álcool e de droga, de saúde mental e de justiça de menores), a evolução do consumo de droga pode variar muito. Para classificar esses padrões de consumo no tempo podemos apoiar-nos nas trajectórias do desenvolvimento. Por exemplo, num estudo recente esses adolescentes foram classificados como abstinentes (22%), consumidores pouco frequentes (24%), os que foram piorando (36%) e os consumidores frequentes (18%) em função do consumo de álcool durante um período de 8 anos (Abrantes, McCarthy, Aarons & Brown, 2002).

Estas trajectórias apareciam associadas a diferenças nos níveis de envolvimento no consumo de droga, bem como a importantes consequências funcionais no fim da adolescência e no início da idade adulta (v. g., a nível do funcionamento da família, da adaptação emocional, do envolvimento afectivo, e das relações interpessoais). Padrões semelhantes de desenvolvimento têm sido obtidos em vários outros estudos (Chung et al., 2003). A análise deste tipo de trajectórias pode fornecer informações preciosas para a tomada de decisões no processo de tratamento continuado desses indivíduos. Por exemplo, o facto de se poder predizer que um indivíduo tem grandes probabilidades de se tornar um consumidor pode sugerir que, nesse caso, será mais adequado um internamento em centros de tratamento em vez de um encaminhamento para um tratamento ambulatório.

Um factor de risco frequentemente associado com o consumo de drogas é o comportamento sexual dos adolescentes. Os jovens abusadores de droga, quando comparados com os seus pares abstinentes, têm tendência a envolver-se em condutas sexuais de risco e a sofrer de vários problemas que daí resultam (Brook, Brook, Pahl & Montoya, 2002). Mais concretamente, Tapert, Aarons, Sedlar e Brown (2001) verificaram que, por comparação com os jovens da comunidade com as mesmas características sócio-demográficas, os jovens com perturbações do consumo de droga referiam mais parceiros sexuais, uma utilização menos sistemática de preservativos, mais doenças sexualmente transmitidas e a realização de mais testes de HIV nos seis anos que se seguiram à sua participação num programa de tratamento.

Do mesmo modo, Otto e colegas (2002) verificaram que níveis mais elevados de consumo de álcool na adolescência apareciam associados com comportamentos de risco de HIV. Os distúrbios de consumo de droga na adolescência têm também aparecido associados com um número substancialmente mais elevado de problemas de saúde. Em particular, tem-se verificado que o consumo de droga anda associado com as três causas mais frequentes de morte entre os jovens, a saber: acidentes, suicídios e homicídios (Aarons et al., 1999; Galaif, Sussman, Newcomb & Locke, 2007; Granero, Poni & Poni, 2008). Adicionalmente, Clark e colegas

(2001) referem que os adolescentes com problemas do consumo de álcool têm mais probabilidades de apresentar problemas de saúde do que os seus pares abstinentes (*v. g.*, problemas de sono, problemas dentais, metabólicos, neurológicos, urinários). Por sua vez, Aarons e colaboradores (1999) mostraram que os jovens abusadores de droga, quando comparados com os de um grupo de controlo da comunidade, experimentavam mais problemas de saúde durante um período de cinco anos. Além disso, o historial de álcool e de droga anda associado com danos resultantes de traumatismos, designadamente ossos partidos, cicatrizes, e contusões (Linakis, Chun, Mello & Baird, 2009; Walton *et al.*, 2009). Num estudo de revisão dos registos médicos dos casos que deram entrada nos serviços de urgência no Canadá examinaram-se os ferimentos de adolescentes relacionados com o consumo de droga. Os seus autores concluíram que os ferimentos não intencionais constituíam a ocorrência mais comum, sendo os ferimentos auto-infligidos mais frequentes nas raparigas do que nos rapazes, enquanto que os ferimentos que envolvem violência eram mais comuns nos rapazes (Black, Asbridge & Lea, 2009).

Outras investigações recentes têm analisado o impacto do consumo de droga dos adolescentes sobre o funcionamento neuropsicológico dos jovens adultos. Durante a adolescência, a maturação do cérebro atravessa um período de desenvolvimento do córtex frontal que é responsável pelo refinamento do raciocínio, estabelecimento de objectivos e prioridades, controlo de impulsos e avaliação dos prémios a curto e longo prazo (Crews, He & Hodge, 2007). Ora o consumo de álcool e de droga durante esse período do desenvolvimento afecta negativamente o processo de maturação do cérebro resultando num funcionamento cognitivo deficitário, de modo particular a nível das funções executivas (Crews *et al.*, 2007). Tapert e colegas (2002) compararam um grupo de jovens com um historial de distúrbios de abuso de droga e um grupo, emparelhado, de controlo em medidas de funcionamento neuropsicológico durante um período de oito anos. Depois de controlada a linha de base de funcionamento, verificou-se que o consumo de droga durante esse período predizia um fraco desempenho em medidas de memória e de atenção. Além disso, os sintomas de ressaca (withdrawal) apareciam associados sobretudo com problemas de funcionamento viso-espacial. Não obstante, os mecanismos pelos quais o consumo de droga influencia o desempenho neurocognitivo na transição da adolescência para a idade adulta, são ainda mal conhecidos, requerendo, por isso, mais investigação.

A comorbilidade e a sintomatologia psiquiátricas parecem ser uma consequência negativa do consumo precoce de droga. Taxas elevadas de problemas do foro psiquiátricos têm sido encontrados nos adolescentes que procuram tratamento para os seus problemas de droga e, geralmente, andam associados a níveis elevados de défice funcional (Carballo et al., 2007; Fidalgo, da Silveira & da Silveira, 2008; Roberts, Roberts & Xing, 2007). Uma vez que a etiologia dos sintomas é, frequentemente, pouco clara, a identificação de perturbações psiquiátricas independentes dos distúrbios induzidos pela droga, torna-se difícil tanto para os investigadores como para os clínicos. Por exemplo, a intoxicação pelo álcool e pela droga bem como a privação (withdrawal) dessas substâncias podem originar sintomas depressivos, ansiosos e psicóticos (Anthenelli, Smith, Irwin & Schuckit, 1994; Brown et al., 1995). Importa aqui referir que são necessárias, muitas vezes, várias semanas de privação antes que os adultos possam receber o diagnóstico de outra perturbação independente. Do mesmo modo, as taxas de prevalência de distúrbios do comportamento podem ser artificialmente elevadas nos adolescentes consumidores de droga devido ao risco de "confusão" introduzido pelo consumo de álcool ou droga no contexto de comportamentos disruptivos (Brown et al., 1996; Morihisa, Barroso & Scivoletto, 2007). Falta, ainda, examinar o intervalo temporal necessário para se distinguir entre diagnósticos psiquiátricos independentes nos adolescentes que abusam de droga.

Diferenças entre adolescentes e adultos

A adolescência, que corresponde à transição da infância para a idade adulta, é uma fase única do desenvolvimento, marcada por mudanças biológicas, cognitivas e emocionais que podem influenciar o funcionamento psicossocial do indivíduo (Brooks-Gunn, Graber & Paikoff, 1994; Crews et al., 2007; Huttenlocher & Dabholkar, 1997; Masten et al., 2005; Sowell, Thompson, Tessner & Toga, 2001). Estas mudanças podem desempenhar um papel importante na iniciação e na persistência do consumo de álcool bem como na superação desse mesmo problema (Irwin & Millstein, 1992). Além disso, as dificuldades resultantes do consumo de álcool na adolescência são diferentes das dos adultos. Concretamente, o percurso dos distúrbios de consumo de droga, as características do envolvimento com a droga, o contexto da recaída, e os padrões temporais de consumo são diferentes nos adultos e nos adolescentes (Deas, Riggs, Langenbucher, Goldman & Brown, 2000). Porque mais novos, os adolescentes não experimentaram ainda toda a extensa gama das consequências físicas e psicossociais do seu comportamento problemático. Talvez devido ao acesso limitado e ilegal às drogas nessa idade, os adolescentes bebem menos frequentemente mas em maiores quantidades do que os adultos. Na mesma ordem de ideias, os jovens consomem drogas em diferentes contextos sociais e desenvolvimentais (Bukstein, 1995), têm maiores probabilidades de se envolverem num consumo impulsivo porque são menos sensíveis às propriedades sedativas do álcool (Silveri & Spear, 1999), e são mais sensíveis à sua neurotoxidade (Monti *et al.*, 2005). Além disso, o consumo dos adolescentes é altamente influenciado pelo consumo dos colegas, pelo desejo de autonomia, pela experimentação de atitudes e estilos de vida alternativos, por níveis mais baixos de supervisão da parte dos pais, e por outros factores de natureza psicossocial (Bukstein, 1995). Portanto, há diferenças claras entre adolescentes e adultos no que diz respeito aos problemas de consumo de droga, incluindo padrões de consumo, comorbilidade psiquiátrica, motivação para o tratamento e influências da família e dos colegas (Deas *et al.*, 2000). Nestas circunstâncias, é fundamental que os programas de tratamento da toxicodependência nos adolescentes integrem uma componente desenvolvimentista adequada.

Tratamento

Tem-se registado um aumento significativo no número de adolescentes encaminhados para tratamento de abuso de droga, nas últimas duas décadas. O Serviço de Dados de Ocorrências do Tratamento (Treatment Episode Data Set – TEDS), uma compilação dos casos admitidos para tratamento do abuso de droga nos EUA revelou que, no ano de 2002, havia 156 000 adolescentes em tratamento por causa do abuso de substâncias psico-activas, número que representava um aumento de 65% em relação à década anterior (SAMHSA, 2004b). Além disso, enquanto que, em 1992, menos de metade dos encaminhamentos para tratamento por abuso de droga eram feitos pelo sistema de justiça de menores, em 2002, a maioria das admissões era constituída por jovens que procuravam tratamento directamente para os seus problemas de toxicodependência (SAMHSA, 2004b). Este aumento nas admissões para tratamento de adolescentes com problema de abuso de substância, tem sido acompanhado, simultaneamente, por um aumento na oferta de programas especializados de tratamento (Godley & White, 2005).

Nas páginas que se seguem, faz-se uma revisão da literatura relativa às abordagens terapêuticas mais comuns no tratamento dos transtornos de consumo de substâncias: intervenções baseadas na família, abordagens centradas no reforço da motivação, terapia cognitivo-comportamental, farmacoterapia e comunidades terapêuticas. Além disso, discutem-se outras abordagens, que não constituem, em sentido estrito, um tratamento estruturado mas que podem ser consideradas opções terapêuticas, designadamente a participação no programa dos 12 passos e as estratégias de transformação de si próprios (*self-change*).

Intervenções baseadas na família. Os pressupostos fundamentais das intervenções baseadas na família são os de que as relações disfuncionais entre os adolescentes e a sua família podem resultar na iniciação e manutenção dos problemas de consumo de droga (Repetti, Taylor & Seeman, 2002). Por exemplo, é possível que as relações disfuncionais na família contribuam para que um adolescente tente juntar-se a um grupo de pares que provavelmente se vêem também confrontados com relações familiares problemáticas. Estes colegas podem, por sua vez, ser consumidores de álcool ou de outras drogas e envolverem-se em comportamentos de alto risco. Seja como for, essa associação entre relações familiares perturbadas e o envolvimento dos jovens no consumo de droga pode ser bidireccional. Assim, é também possível que, devido ao envolvimento do adolescente no consumo de álcool e de droga, as relações familiares se tornem problemáticas e, consequentemente, a disfunção familiar daí resultante venha a contribuir contribuir para a manutenção do consumo de substância dos jovens.

O objectivo da terapia familiar é identificar e modificar as interacções negativas entre os membros da família, ensinando-lhes competências de resolução eficaz de problemas, de modo a resolver essas áreas de conflito. Além disso, presta-se atenção a influências ecológicas tais como o meio social da família, designadamente a factores de *stress* da vizinhança, assiduidade dos jovens às aulas, os problemas académicos e diferenças entre adolescentes e seus pais por processo de aculturação (Liddle, 2004). Por isso, as terapias baseadas na família têm, por objectivo, lidar não só com o envolvimento directo do adolescente no consumo de droga mas também com os efeitos negativos, que este comportamento pode ter sobre os restantes membros da família e sobre outras relações sociais (Galanter, Glickman & Singer, 2007). Quando comparadas com outros tratamentos do abuso de droga nos adolescentes, as abordagens baseadas na família têm-se revelado mais eficazes tanto a curto como a longo prazo (Waldron, Slesnick, Brody, Turner & Peterson, 2001). As intervenções baseadas na família têm sido também as que têm originado mais investigação entre todas as abordagens terapêuticas ao consumo de droga nos adolescentes. Em consequência, com o passar dos anos, as abordagens baseadas na família têm ficado disponíveis sob a forma de manuais, de maneira a facilitar a sua utilização pelos profissionais envolvidos no tratamento dos transtornos de consumo de droga. Foi, assim, aparecendo um número considerável de intervenções que inclui modalidades tão diversas como a terapia multissistémica (MST; Henggeler, 1998), Terapia Familiar Estratégica Breve (BSFT; Szapocznik, Kurtines, Foote, Perez-Vidal & Hervis, 1986), Terapia Familiar Funcional (FFT; Alexander & Parsons, 1982) e Terapia Familiar Multidimensional (MDFT; Liddle, 2002). Existe também actualmente um número considerável de estudos a demonstrar que a MST é eficaz no tratamento de jovens delinquentes violentos com problemas de consumo de droga (Perepletchikova, Krystal & Kaufman, 2008). Esta forma de terapia é muito abrangente e, muitas vezes, decorre no âmbito da família e/ou da comunidade do adolescente. A MDFT é semelhante à MST, na medida em que se assume que os problemas do consumo de substância são a consequência das dificuldades experimentadas pelos jovens a diversos níveis: família, escola, colegas e sistemas de assistência social (Perepletchikova *et al.*, 2008; Szapocznik, Hervis & Schwartz, 2003). Por sua vez, o enfoque da BSFT é, antes de mais, a família, não se prestando grande atenção às influências ecológicas tidas em consideração na MST e na MDFT.

Abordagens destinadas a fortalecer a motivação. Os tratamentos de reforço da motivação (Motivation Enhancement Treatments - METs) são, geralmente, intervenções breves, podendo variar entre uma sessão de poucos minutos até cinco sessões (Bien, Miller & Tonigan, 1993). Os METs são uma forma de intervenção de baixa intensidade que consiste em dar *feed-back*, encorajar o jovem a aceitar a responsabilidade pela mudança, e fornecer-lhe um menu de opções de mudança. Habitualmente, na condução das METs recorre-se a técnicas de entrevista motivacional tais como compreensão empática, escuta reflexiva, e optimismo relativo à possibilidade de mudança (Colby, Lee, Lewis-Esquerre, Esposito-Smythers & Monti, 2004; Winters, 1999). Como os adolescentes estão, frequentemente, pouco disponíveis para o tratamento do abuso de droga, uma intervenção baseada na motivação pode resultar numa menor resistência (Myers, Brown, Tate, Abrantes & Tomlinson, 2001). O objectivo das METs é resolver o problema da ambivalência dos adolescentes relativamente à mudança do consumo de droga e aumentar a sua motivação para a modificação do seu comportamento (Perepletchikova *et al.*, 2008). Por fim, os METs são menos dispendiosos do que outros tratamentos de consumo de droga, podendo ser executados numa grande variedade de situações, designadamente em contexto de cuidados primários, serviços de urgência e escolas.

Embora haja uma quantidade considerável de estudos sobre a utilidade das METs no tratamento do abuso de álcool e droga nos adultos, as investigações sobre os seus efeitos nos adolescentes são muito menos numerosas. Mesmo assim, diversos investigadores têm defendido, de maneira convincente, que se justifica a utilidade destes tratamentos na adolescência. O que caracteriza os indivíduos nesta fase de transição da infância para a idade adulta é a busca de autonomia e duma identidade própria. Isso explicaria que os adolescentes desafiem a autoridade frequentemente, tanto de maneira benigna (*v. g.*, discutindo com os pais) como de maneira mais grave (*v. g.*, consumindo drogas). De acordo com Baer e Peterson (2002), a ambivalência é comum na adolescência e, por isso, as abordagens clínicas que mostrem respeito pelos adolescentes, que aceitam as suas escolhas ou a sua ambivalência, e que não aumentem a sua resistência serão as mais adequadas para lidar com essa população. A entrevista motivacional, para além de possuir todas estas características, também apoia a mudança pessoal, que é consistente com a busca de autonomia pelos adolescentes. Acresce, ainda, que as intervenções para o aumento da motivação são frequentemente breves e, por isso, mais apropriadas para os indivíduos que ainda não atingiram o extremo mais grave do espectro de um determinado problema específico do comportamento. Uma outra característica destas intervenções é que elas têm por objectivo a redução de comportamentos problemáticos (v. g. abordagens baseadas na redução de danos), e não tanto o abandono ou evitamento, a longo prazo, de um comportamento, resultando assim em metas mais realistas e mais fáceis de atingir para os jovens. Por fim, as intervenções destinadas a aumentar a motivação são suficientemente flexíveis para se tornarem viáveis numa grande diversidade de contextos, tais como contextos de prestação de cuidados, maximizando assim as probabilidades de que as necessidades dos adolescentes serão contempladas. Este é um ponto importante, sobretudo, se tivermos em conta que, de modo geral, há uma falta de cuidados adequados às necessidades comportamentais e de saúde mental das crianças e dos adolescentes (NAMHC, 2001). É de salientar, a esse propósito, que estudos recentes sobre a eficácia de intervenções breves com os adolescentes que abusam de droga têm produzido resultados promissores. Por exemplo, Monti e colegas (1999) mostraram que uma intervenção motivacional breve, levada a cabo num contexto de internamento de urgência num hospital, aparecia associada a uma diminuição de problemas relacionados com o álcool. Do mesmo modo, Spirito e colaboradores (2004) realizaram uma intervenção motivacional breve, destinada a reduzir as consequências do consumo de álcool entre adolescentes tratados num serviço de urgência (ED) na sequência de um incidente relacionado com o álcool. Os adolescentes identificados como tendo um problema de consumo de álcool (na linha de base), que depois beneficiaram de uma intervenção motivacional, reportavam mais melhorias em três ou mais indicadores de consumo de álcool (v.g. número médio de dias de consumo por mês e frequência do consumo das bebidas com maior continuidade) do que os seus pares que apenas receberam a assistência padrão ou comum.

Para além dos contextos de cuidado de família em que, geralmente, ocorrem, as intervenções METs têm sido levadas a cabo nos primeiros anos da escola secundária. Assim, McCambridge e Strang (2004) analisaram a eficácia de uma única sessão de entrevista motivacional com o objectivo de reduzir o consumo de droga nos adolescentes. Duzentos jovens (entre os 16 e 20 anos) inscritos no sistema escolar britânico, que tinham sido identificados como consumidores de droga ilícita, foram distribuídos aleatoriamente por um grupo que participava numa sessão individual, de uma hora, destinada a aumentar a sua motivação e por um grupo de controlo que beneficiava da educação habitual. Ao fim de 3 meses de *follow-*

-*up*, os participantes que tinham recebido a intervenção MET mostravam uma diminuição significativa no consumo de cigarros, álcool e marijuana, particularmente entre aqueles que, na linha de base, apresentavam o consumo mais acentuado. Do mesmo modo, Werch e colegas (2000) analisaram a eficácia de uma intervenção breve sobre o abuso de álcool, destinada a estudantes dos primeiros anos do secundário que estavam a fazer exames físicos relacionados com o desporto. Os resultados mostraram que após um *follow-up* de 6 meses, havia menos estudantes com intenção de beber álcool ou que tinham consumido álcool nos grupos de intervenção do que no grupo de controlo. Por fim, D'Amico e Fromme (2002) verificaram que um programa de treino de competências de risco, de 50 minutos, levado a cabo numa escola secundária, aparecia associado com uma diminuição no consumo de álcool e com uma diminuição na condução de veículos automóveis sob efeito do álcool.

Terapia cognitivo-comportamental. A terapia congnitivo-comportamental (TCC) para os problemas de consumo de droga baseia-se na premissa de que o consumo de droga é um comportamento condicionado que desempenha um papel funcional na vida das pessoas e que é influenciado por factores sociais e cognitivos (Deas & Thomas, 2001). Na TCC, identificam-se as situações de alto risco (i. e., desencadeadores do consumo de droga) e desenvolvem-se respostas alternativas (i. e., estratégias de *coping*) para lidar com essas situações. Estas estratégias destinadas à construção de competências de *coping* podem ser tanto comportamentais (*v. g.*, evitamento de colegas que consomem droga, participar em actividades livres de droga) como cognitivas (*e. g.*, mudar as crenças erradas relativas ao consumo de substâncias ou utilizar imagens para moderar o afecto). Além disso, a TCC pode ser realizada individualmente ou em grupo e inclui modelagem, ensaio comportamental, *feedback*, processamento de pensamentos distorcidos e a aprendizagem de competências de resolução de problemas (Kaminer & Slesnick, 2005; Perepletchikova *et al.*, 2008).

Num estudo, com grupo de controlo, Kaminer e colegas (1998) compararam a eficácia da TCC com um grupo de terapia interaccional em adolescentes abusadores de substância que apresentavam também perturbações psiquiátricas. A sua hipótese era a de que a TCC seria mais eficaz para adolescentes com distúrbios comórbidos de externalização, enquanto que aqueles com distúrbios de internalização iriam apresentar melhores resultados a nível do consumo de droga no grupo de interacção. Embora este emparelhamento não fosse confirmado, eles verificaram que a TCC, independentemente do grupo comórbido, apresentava menos consumo de droga, 3 meses mais tarde, do que o grupo de interacção. Além disso, a TCC revelou melhorias em vários domínios: funcionamento da família, relações com colegas, problemas legais e funcionamento psiquiátrico. Estes resultados iniciais foram depois replicados num segundo ensaio em que participaram 88 adolescentes (Kaminer, Burleson & Goldberger, 2002). Por fim, estudos recentes têm combinado a TCC com terapia familiar: os resultados mostraram melhorias a nível do consumo de droga, por comparação com a TCC sozinha (Waldron et al., 2001) ou com um grupo de controlo psico-educativo (Latimer, Winters, D'Zurilla & Nichols, 2003).

Numa meta-análise recente de tratamentos psicossociais empiricamente baseados para adolescentes consumidores de droga, Waldron & Turner (2008) concluíram que a TCC levada a cabo tanto individualmente (TCC-I) como em grupo (TCC-G) era um modelo de tratamento de abuso de droga, bem estabelecido e empiricamente validado. Além disso, a TCC-G foi considerada como uma abordagem eficaz do ponto de vista dos custos económicos no tratamento dos problemas do consumo de droga dos adolescentes (Dennis et al., 2004). Estas conclusões contradizem abertamente as acusações anteriores de que o tratamento do abuso de droga em grupo tinha efeitos iatrogénicos (Dishion, McCord & Poulin, 1999). Por exemplo, estes autores sugeriram que as interacções com grupos de colegas desviantes em contextos terapêuticos poderiam resultar em mais problemas de comportamento. Porém, apesar desta preocupação, a TCC-G revelou-se como uma abordagem eficaz no tratamento dos adolescentes (Waldron & Turner, 2008).

Farmacoterapia. Pode-se dizer que os ensaios sobre a eficácia de agentes farmacológicos para o tratamento dos transtornos de consumo de substâncias ou de problemas de saúde mental comórbidos dos adolescentes encontram-se ainda no seu início (Solhkhah & Wilens, 1998). Além disso, embora largamente incorporada no tratamento de adultos com abuso de droga, a farmacoterapia, quando aplicada aos adolescentes com esse problema, suscita algumas preocupações (Kaminer, 1995). Os motivos de preocupação são vários: riscos no processo de desenvolvimento, incerteza quanto às consequências a longo prazo, possibilidades de abuso da medicação, estigma associado à medicação de crianças e adolescentes, problemas relativos ao consentimento dos menores ou falta de conhecimento das propriedades farmacológicas de certos medicamentos. Apesar de, no caso dos jovens, a investigação ser limitada e da taxa de tomada de medicação permanecer desconhecida, a medicação tem sido receitada para: (1) resolver problemas relacionados com o álcool e a droga, designadamente a redução dos efeitos da privação (*v. g.*, naltrexone), terapia de substituição (*v. g.*, pastilha de nicotina, metadona) e terapia aversiva (*v. g.*, disulfiram); e (2) tratar perturbações psiquiátricas comórbidas tais como depressão ou ADHD (Bukstein, 1995; Solhkhah & Wilens, 1998). Embora o disulfiram seja o tratamento farmacológico mais utilizado para a dependência do álcool nos adultos, existe apenas um estudo sobre a utilização com adolescentes (Niederhofer & Staffen, 2003b). Neste estudo, o disulfiram foi utilizado como um auxiliar do tratamento da dependência do álcool em contexto clínico. Os resultados sugerem uma boa adesão ao tratamento por parte dos adolescentes e um efeito positivo da medicação. Noutro estudo semelhante, examinou-se o naltrexone (um antagonista opióide aprovado para o tratamento da dependência do álcool), utilizado como suplemento da intervenção psicossocial para pacientes adolescentes com dependência do álcool; os resultados mostraram uma diminuição no consumo de álcool e na ressaca (Deas, May, Randall, Johnson & Anton, 2005). Além destes, outros tipos de medicação tais como acamprosate (Niederhofer & Staffen, 2003a) e tianeptine (Niederhofer, Staffen & Mair, 2003) têm sido examinados com resultados preliminares encorajadores no tratamento de adolescentes que abusam de droga. Mesmo assim, ainda há uma grande necessidade de novas investigações sobre agentes farmacológicos no tratamento dos adolescentes abusadores de droga.

Estudos recentes têm também revelado a eficácia da farmacoterapia no tratamento de problemas de abuso de droga em adolescentes com comorbilidade psiquiátrica. Por exemplo, Cornelius e colegas (2001) avaliaram a eficácia da fluoxetina no tratamento de adolescentes abusadores de droga com uma depressão *major* concomitante. Os resultados mostraram uma redução significativa nos sintomas depressivos bem como na quantidade e frequência do consumo de álcool, 12 semanas mais tarde. Porém, estudos mais recentes (com grupo de controlo submetido a um tratamento *placebo*) não revelaram nenhum efeito da fluoxetina no caso de adolescentes com depressão comórbida e com transtorno do consumo de droga (Cornelius *et al.*, 2009; Findling *et al.*, 2009). Do mesmo modo, num estudo destinado a examinar os efeitos do Buproprion em adolescentes com perturbação de défice de atenção e hiperactividade comórbida e com transtorno de abuso de droga obteve-se uma redução nos sintomas de défice de atenção/hiperactividade e do envolvimento no consumo de droga (Riggs, Leon, Mikulich & Pottle, 1998). Por sua vez, Deas e colegas (2000) examinaram a eficácia de sertraline, um inibidor selectivo da retoma de serotonina, num grupo de 10 adolescentes dependentes de álcool com depressão comórbida, e obtiveram uma diminuição tanto no consumo de álcool como nos sintomas depressivos. Uma questão importante, quando se considera a utilidade clínica dos agentes farmacológicos no tratamento dos adolescentes é da sua conformidade à prescrição médica. Importa lembrar, a esse propósito, que 25% dos adolescentes que abusavam de droga não tomavam a medicação receitada (Wilens *et al.*, 1997). São, pois, necessários mais estudos para se identificar os preditores da recusa da medicação por parte dos jovens bem como estratégias que facilitem essa aceitação, dentro de um quadro de referência desenvolvimentista.

Comunidades terapêuticas. As comunidades terapêuticas são programas residenciais, envolvendo estadias que podem variar dos 6 meses até a um ano. Este tipo de programas tem sido utilizado no tratamento de adolescentes com formas mais graves de abuso de droga que, ao mesmo tempo, apresentam problemas de comportamento significativos, designadamente distúrbios de conduta e de oposição. Muitas vezes esses jovens são encaminhados para tratamento pelo sistema de justiça. As comunidades terapêuticas têm um programa altamente estruturado onde os residentes participam no grupo de terapia e nas tarefas necessárias à manutenção das instalações (Winters, 1999). Os estudos que se têm interessado pela análise da eficácia dessas comunidades no tratamento de problemas relacionados com o abuso de droga são ainda escassos. Jainchill e colegas (2000) publicaram uma investigação, com 485 adolescentes de comunidades terapêuticas, no qual se verificou que 31% completaram o programa, 52% abandonaram o programa e os restantes tiveram alta. Quando comparados com os outros dois grupos, os que levaram o programa até ao fim apresentavam melhores resultados no que dizia respeito ao posterior consumo de droga bem como maiores reduções na actividade criminal. Recentemente, Morral, McCaffrey e Ridgeway (2004) compararam os efeitos da comunidade terapêutica com os efeitos de um regime de prova alternativo utilizando, para esse efeito, os seguintes parâmetros: medidas de consumo de droga, funcionamento psicológico e evolução a nível do crime, durante um ano. Os resultados mostraram que a participação na comunidade terapêutica andava associada com resultados significativamente superiores aos das outras formas de intervenção. Concretamente, verificou-se que a permanência na comunidade terapêutica aparecia associada com melhorias nas atitudes para consigo próprio, no empenhamento na abstinência, no reconhecimento de problemas, na existência de uma rede social de apoio que, por sua vez, estava relacionada com uma evolução mais positiva na fase de pós-tratamento (Edelen *et al.*, 2007).

Os programas dos 12-Passos. Os programas dos 12-Passos que são derivados da filosofia dos alcoólicos anónimos, constituem uma parte integral da maioria dos programas de tratamento para adolescentes e adultos com abuso de droga. A participação nesses programas envolve a aprendizagem e a prática dos 12-Passos ou recomendações sequenciais de abstinência, partilha de experiências com outras pessoas com problemas semelhantes numa situação de grupo, bem como receber orientação e ajuda de um outro membro do grupo designado como o apoiante. Em tais programas, a ênfase é colocada no anonimato e na abstinência completa. Surpreendentemente, apesar da longa história e da grande popularidade dos programas dos 12-Passos, só recentemente se começou a investigar, empiricamente, a sua eficácia no tratamento dos transtornos do consumo de droga. A assiduidade às reuniões tem sido associada a um aumento da motivação para a abstinência, o que por sua vez prediz a redução subsequente do consumo nos adolescentes abusadores de droga (Kelly, Myers & Brown, 2005). Os estudos disponíveis indicam, sobretudo, um efeito positivo a curto prazo (Chi, Kaskutas, Sterling, Campbell & Weisner, 2009; Kelly *et al.*, 2005; Winters, Stinchfield, Opland, Weller & Latimer, 2000). Quanto aos estudos sobre o efeito destes programas a longo prazo, eles são mais raros, mas os resultados apontam no mesmo sentido. Num desses estudos, Kelly e colegas (2008) seguiram pacientes adolescentes aos 6 meses e, depois, anualmente, durante um período de oito anos após o seu tratamento inicial do abuso de droga, em regime de internamento. A assiduidade aos 12-Passos era uma forma de pós-tratamento inicial comum e intensiva, mas que caía abruptamente e de modo sustentado, ao longo dos 8 anos de *follow-up*. Os pacientes com formas mais graves de dependência e os que acreditaram que não podiam consumir droga de forma moderada eram os que tinham mais probabilidades de frequentar esse programa. Apesar de se registar uma diminuição na assiduidade, os efeitos resultantes da participação nos 12-Passos permaneciam significativos e consistentes. Há, no entanto, necessidade de mais estudos controlados para testar a eficácia e a efectividade desta abordagem. Além disso, como estas abordagens foram originalmente criadas para populações adultas com abuso de droga, não está automaticamente garantido que elas forneçam uma resposta adequada às necessidades do desenvolvimento específicas dos adolescentes. Por exemplo, o forte empenhamento numa abstinência total, neste programa, pode ser menos atractivo para os adolescentes que, devido á sua pouca idade, vêm isso como um fim irrealista e inatingível. Além disso, a participação do adolescente nas reuniões dos 12-Passos dependerá da gravidade do seu consumo de droga, da sua capacidade para compreender os conceitos desse programa e do leque de idades dos participantes nessas reuniões (Kelly *et al.*, 2005; Passetti & Godley, 2008).

Transformação de si próprio. Embora haja muitos adultos que conseguem modificar com sucesso o seu comportamento de consumo problemático de álcool e de outras substâncias, sem recorrer a nenhum programa de tratamento, o processo de transformação de si próprio na adolescência tem sido, até agora, objecto de pouca investigação. Num desses estudos, verificou-se que quase metade dos adolescentes com problemas de álcool foram capazes de resolver esse problema (designadamente o consumo excessivo) durante o período de 2 anos sem necessidade de qualquer tratamento formal (Wagner, Brown, Monti, Myers & Waldron, 1999). Além disso, 25% dos bebedores correntes referiram que tinham feito uma tentativa pessoal para controlar o consumo de álcool. Noutro estudo prospectivo, com alunos da escola secundária, verificou-se que os casos de consumo acentuado de álcool (5 ou mais bebidas por ocasião) apresentavam uma taxa de remissão de 17% por ano (D'Amico & Fromme, 2002). Para facilitar o processo de mudança tem-se desenvolvido estratégias centradas na motivação dos alunos das escolas secundárias, centradas na redução e no abandono do consumo de droga (Brown, 2001; Tubman, Wagner, Gil & Pate, 2002). Os objectivos dessas intervenções são (1) responder às preocupações dos jovens quando se lhes fornece informação prática, e (2) colocar à sua disposição meios e estratégias comportamentais socialmente aceitáveis, que lhes permitam mudar o seu consumo de droga. Os poucos dados da investigação até agora disponíveis demonstram a eficácia desta abordagem na redução ou abandono do consumo de álcool (Brown, Anderson, Schulte, Sintov & Frissell, 2005). Do mesmo modo, Tubman, Wagner, Gil e Pate (2002) desenvolveram o Guia para a transformação de si próprio — uma intervenção motivacional breve para a mudança no consumo de droga entre delinquentes juvenis, focalizada na construção de competências destinadas a ajudar os jovens a compreender o seu consumo de droga e identificar apoios ou obstáculos aos seus esforços de modificação desse tipo de comportamento.

Os resultados do tratamento

Embora o estudo da evolução dos consumidoes de droga se encontre bastante atrasado em relação ao tratamento dos adultos, registaram-se, mesmo assim, importantes progressos a esse respeito, na última década. Há muitos estudos descritivos das abordagens ao tratamento dos adolescentes mas apenas um pequeno número de estudos que testaram empiricamente os efeitos dos diferentes modelos de tratamento. Além disso, muitos destes estudos estão limitadas por problemas de natureza metodológica tais como pequenas dimensões da amostra e falta de distribuição aleatória dos sujeitos (Muck *et al*., 2001; Williams & Chang, 2000). Por isso, embora a investigação nesta área se encontre em clara expansão, são ainda necessárias mais abordagens específicas e inovadoras ao tratamento do consumo e abuso de droga na adolescência. Até agora, não se demonstrou que haja tratamento com sucesso a longo prazo para adolescentes com esse problema. De acordo com alguns estudos, quase metade dos adolescentes a receber tratamento para o seu transtorno de consumo de droga recaíram nos três primeiros meses a seguir a essa intervenção (*e. g*., Cornelius *et al*., 2003). Na sua revisão da literatura sobre o tratamento de adolescentes com distúrbios do consumo de droga, Mark e colegas (2006) afirmaram que muitos programas bem conhecidos para jovens estão longe de satisfazer os padrões exigidos pelo painel de peritos (Brannigan, Schackman, Falco & Millman, 2004) para o tratamento eficaz de adolescentes com perturbações do consumo de droga. Estes e outros estudos põem em evidência as limitações dos tratamentos de adolescentes, que têm falhado na resposta às necessidades de saúde mental, médicas, desenvolvimentais e culturais dos jovens (Jaycox, Morral & Juvonen, 2003; Olmstead & Sindelar, 2004; Williams & Chang, 2000).

Importa, no entanto, referir também que em várias revisões dos estudos sobre os efeitos do tratamento do abuso de droga, os jovens tratados mostraram reduções significativas no consumo de droga bem como em problemas noutras áreas da vida (Chung et al., 2003; Grella, Hser, Joshi & Rounds-Bryant, 2001; Tomlinson, Brown & Abrantes, 2004). As recaídas ocorrem muitas vezes logo a seguir ao tratamento, com 50% dos adolescentes a consumir nos primeiros 90 dias e entre 20 a 32% dos adolescentes a permanecer abstinentes durante um ano (Ciesla, Valle & Spear, 2008). O completamento de programas de tratamento, a menor gravidade do consumo de droga nas fase de pré-tratamento, o apoio social da parte dos colegas e dos pais, a ausência de comorbilidade psiquiátrica e a participação em grupos dos 12 passos após o tratamento têm aparecido associados a uma evolução positiva dos adolescentes que consomem droga (*e. g.* Brown et al., 2001; Grella et al., 2001). Não obstante, dadas as limitações metodológicas de muitos destes estudos, não nos é possível determinar se uma modalidade de tratamento é melhor do que qualquer outra, embora haja algumas indicações de que a terapia familiar sozinha ou em conjunção com outras modalidades surja como superior a outras abordagens terapêuticas no tratamento de problemas de consumo de droga na adolescência (Williams & Chang, 2000; Hser et al., 2001). Os tratamentos ambulatórios centrados nas abordagens motivacionais e na TCC têm também sido considerados como superiores (Becker & Curry, 2008).

Por outro lado, os adolescentes abusadores de droga com perturbações psiquiátricas comórbidas parecem ter menos probabilidades de beneficiar dos programas de tratamento. Por exemplo, os dados do *Drug Abuse Treatment Outcome Study for Adolescents* (DATOS – A) mostraram um maior envolvimento em condutas ilegais no pós-tratamento por parte dos adolescentes com problemas concomitantes de saúde mental quando comparados com outros consumidores sem perturbações comórbidas (Grella *et al.*, 2001). Do mesmo modo, num estudo recente, os adolescentes internados por causa dos seus problemas de consumo de droga que apresentavam também um transtorno adicional do Eixo I recaíam mais depressa, após o tratamento, do que os adolescentes abusadores de droga sem comorbilidade (Tomlinson *et al.*, 2004). A conclusão semelhante chegaram Rowe, Liddle, Greenbaum e Henderson (2004) que, num estudo comparativo de terapia familiar e do TCC para adolescentes abusadores de droga, com e sem comorbilidade psiquiátrica. Neste estudo, a psicopatologia concomitante aparecia associada, de maneira significativa, a piores resultados a nível do consumo de droga. No conjunto, os resultados até agora obtidos mostram que há necessidade de se desenvolver e estudar intervenções integradas para se tratar tanto os problemas de consumo de droga como os de saúde mental nos jovens.

Diversos factores afectam a maneira como os estudos sobre os efeitos do tratamento nos adolescentes são realizados. Primeiro, embora um número considerável de adolescentes experimente problemas de consumo de droga e esteja preocupado com esse comportamento, muito poucos procuram ajuda (*e. g.*, Johnson, Stiffman, Hadley-Ives & Elze, 2001) e muitos dos jovens que recebem tratamento, buscam esse tratamento em sistemas / serviços que não estão orientados, especificamente ou prioritariamente, para o abuso de droga, como acontece com os serviços de justiça de menores ou de saúde mental (Aarons, Brown, Hough, Garland & Wood, 2001). Embora pouco se saiba sobre as escolhas dos adolescentes no que se refere a serviços de tratamento do abuso de droga, é possível que eles se mostrem resistentes a essa procura devido à sua falta de conhecimento dos programas disponíveis, aos medos relativos à confidencialidade, bem como ao embaraço e aos receios relativos ao fornecedor do tratamento (Brown, 2001). Do mesmo modo, a reduzida consciência (ou a experiência) das consequências negativas do consumo de droga tem aparecido associada a uma baixa motivação para o tratamento de abuso de substância nos adolescentes (Battjes, Gordon, O'Grady, Kinlock & Carswell, 2003). Além disso, um problema importante entre os adolescentes que recorrem a serviços para pessoas com problemas de abuso de droga é a sua continuação no tratamento: cerca de 50% dos participantes abandonam ou terminam antes que se tenha registado qualquer progresso (SAMHSA, 2004b). A hipótese frequentemente avançada para explicar este fenómeno é a de que ele anda associado à fraca motivação dos adolescentes para o tratamento bem como a dificuldades colocadas pela família (Colby et al., 2004). A esse propósito, alguns investigadores de programas de intervenção para jovens referem que os tratamentos centrados na retenção/continuidade dos participantes (e. g., MST) têm maiores probabilidades de conseguirem mudanças comportamentais a longo prazo (e. g., Henggeler, 1998).

O facto de os adolescentes serem tratados em grupo ou individualmente pode também influenciar os resultados. Assim, por um lado, Dishion e colegas (1999) referem que as intervenções à base de grupo de pares podem produzir efeitos iatrogénicos tais como o agravamento dos problemas de comportamento do adolescente e efeitos negativos a longo prazo, na idade adulta. Mas, por outro lado, também há estudos a mostrar que os adolescentes preferem a terapia de grupo para discutirem problemas relacionados com o consumo de álcool e de droga em geral (O'Leary et al., 2002), a qual parece ser tão eficaz como a terapia individual (Waldron & Turner, 2008). Por isso, há necessidade de mais investigação para se identificar em que condições os adolescentes devem (ou não) ser tratados em grupo.

Um dos melhores preditores de efeitos positivos do tratamento de adolescentes com distúrbios de consumo de droga é o envolvimento em serviços de tratamento ou cuidados após o internamento. Numa revisão da literatura sobre este tema, os cuidados continuados revelavam-se como os mais benéficos para jovens com problemas do consumo de droga (Daniel, Goldston, Harris, Kelley & Palmes, 2004). Por exemplo, Latimer e colegas (2000a; 2000b) verificaram que a quantidade de tratamento e a participação nos serviços de pós-cuidados andava associada com uma redução significativa do consumo de álcool e de marijuana, 6 meses depois do tratamento, num grupo de adolescentes com abuso de droga. Num outro estudo, Godley e colegas (2007) compararam um grupo de jovens em cuidados continuados de tipo tradicional com outro grupo de cuidados continuados assertivos (este último envolvia visitas ao domicílio após se receber alta de programas residenciais para abusadores de droga) e verificaram que neste grupo havia uma maior adesão aos cuidados continuados, o que, por sua vez, aparecia associado a um efeito mais positivo no consumo de droga. Por isso, a utilização de serviços de pós-internamento surge como uma componente crucial dos cuidados continuados do adolescente. Falta, porém, mais investigação para se determinar as melhores estratégias conducentes ao planeamento dos programas de tratamento, bem como para um melhor encaminhamento dos adolescentes com problemas do abuso de droga para esses programas.

Um factor que tem contribuído para resultados geralmente pobres no tratamento do consumo de droga na adolescência parece residir no facto dos programas para toxicodependentes não prestarem a devida atenção ao desenvolvimento positivo dos jovens. Blum e Ellen (2002) defendem que a sociedade tem a responsabilidade de não só prestar atenção aos problemas dos jovens mas também lhes fornecer a oportunidade de se desenvolverem e de se tornarem adultos saudáveis e bem adaptados. Por isso, não basta tratarmos os transtornos de consumo de droga. Os programas de intervenção devem igualmente integrar programas que "facilitem um desenvolvimento saudável e promovam factores associados com a resiliência" (Blum & Ellen, 2002). Uma vez que diversos comportamentos de risco surgem na adolescência, a saúde e o desenvolvimento devem ser objectivos interligados (Aujoulat, Simonelli & Deccache, 2006). E se é certo que os programas de tratamento se centram nos comportamentos problemáticos (*v. g.*, abuso de droga), as suas probabilidades de sucesso aumentarão se se prestar, ao mesmo tempo, a devida atenção aos factores de protecção e ao desenvolvimento positivo dos jovens. É de salientar, a esse propósito, que na medida em que anda associada com as respostas a desafios da existência, a auto--estima positiva pode ser um mecanismo através do qual os adolescentes atingem o bem-estar e a recuperação da droga e do álcool (Modrcin-Talbott, Pullen, Ehrenberger, Zandstra & Muenchen, 1998). Em suma, a necessidade de tratamentos do abuso de droga que sejam apropriados, do ponto de vista do desenvolvimento, torna-se mais clara à medida que as taxas de internamento vão aumentando. É, pois, muitíssimo importante levar a cabo investigações neste domínio de modo a melhorar a evolução a longo prazo no que se refere ao funcionamento psico-social dos adolescentes com abuso de droga.

Prevenção

Os esforços de prevenção têm recebido uma atenção crescente ao longo das últimas décadas. Esses programas variam de acordo com a população-alvo. Por exemplo, os programas de prevenção universal destinam-se a todos os jovens, independentemente do nível de envolvimento no consumo de droga. Ao invés, os programas de prevenção selectiva centram-se sobre os jovens que se encontram em risco elevado de envolvimento precoce no consumo de substância ou de progressão para uma perturbação do consumo de droga. Por sua vez, a prevenção indicada tem como alvo os jovens que começaram a apresentar problemas de consumo de droga, mas que não demonstram ainda um padrão de abuso que exija tratamento. Porém, há sinais de que uma prevenção universal do abuso de droga pode também ser eficaz junto dos jovens com alto risco de envolvimento precoce no consumo de droga (Griffin, Botvin, Nichols & Doyle, 2003).

Os programas mais comuns de prevenção de abuso de droga nos jovens têm sido os de natureza universal baseados na escola. Estas abordagens têm sido classificadas como: (1) abordagens de difusão da informação; (2) abordagens à educação afectiva; (3) abordagens baseadas na influência social; e (4) abordagens baseadas na influencia social e no reforço da competência (Botvin, Botvin & Ruchlin, 1998). As abordagens à base da de disseminação de informação consistem em fornecer educação sobre as consequências do consumo de droga com o objectivo de, assim, levar os jovens a ter medo de consumir droga. A abordagem à educação dos afectos contra-se na construção da auto-estima, na intuição pessoal e na consciência de si próprio, como meio de diminuir o risco do consumo de droga nos adolescentes (Botvin et al., 1998). Porém, até agora, tem havido muito poucos dados a mostrar que qualquer destas duas abordagens é eficaz na redução do risco do envolvimento no consumo de droga nos adolescentes (Botvin et al., 1998; Cuijpers, 2002). Botvin (2000) defende que estas abordagens não têm sido eficazes porque não têm tomado em consideração a heterogeneidade dos abusadores de droga nem as múltiplas vias que conduzem a esse comportamento.

No que se refere às abordagens baseadas na influência social, há alguns dados empíricos a demonstrar a sua eficácia na prevenção do consumo de droga nos jovens (Tobler et al., 2000). O seu quadro de referência é a teoria cognitiva da aprendizagem social de Bandura (1986), a qual defende que os factores sociais exercem uma grande influência na iniciação dos jovens ao consumo de droga. Na prática, este tipo de intervenção consiste na inoculação psicológica (i. e., exposição a mensagens favoráveis ao consumo de tabaco inicialmente fracas, as quais progressivamente se transformam em mensagens fortes), correcção de expectativas normativas acerca do número real de colegas que consomem droga, e treino de competências de resistência. Além disso, as abordagens baseadas na influência social em combinação com o reforço de competências envolvem a aprendizagem de competências gerais de vida tais como assertividade, competências de comunicação, competências sociais, capacidade de resolução de problemas e estratégias de enfrentamento (*coping*) para lidar com a ansiedade e o *stress*. O fortalecimento dessas competências é levado a cabo através de técnicas tais como instruções, *feed-back*, reforço, e a repetição / ensaio comportamental (Botvin *et al.*, 1998). Apesar da escassez de dados em favor do seu efeito a longo prazo, Botvin e colegas (1995) obtiveram reduções importantes no consumo de álcool, marijuana e tabaco seis anos depois num grupo de jovens que tinham participado num desses programas baseados na escola (i. e., Life Skills Training).

Por sua vez, numa revisão exaustiva da literatura sobre a prevenção baseada na escola, Cuijpers (2002) identificou uma série de critérios para os programas de prevenção efectiva de abuso de droga. Tais programas recorriam a estratégias interactivas (*v. g.*, troca de ideias entre participantes e exercícios de treino de competências de recusa de droga) *vs* não-interactivas (*v. g.*, à base de instruções) integravam uma abordagem baseada na influência social, centravam-se, sobretudo, nas normas, no empenhamento pessoal e na instrução para não consumir, tinham componentes a nível da comunidade, recorriam ao treino de competências de vida e utilizavam colegas líderes em vez de líderes adultos. Embora Cuijpers (2002) tenha concluído que não havia provas suficientes a apoiar um efeito positivo do recurso a sessões de reforço (*booster sessions*), são necessários ainda mais estudos para se determinar se tais sessões podem ou não contribuir de maneira significativa para a eficácia a longo prazo de tais programas.

Dado que o consumo de álcool e de droga na adolescência têm originado grandes preocupações de saúde pública, justificam-se também os esforços de prevenção que têm sido desenvolvidos a nível internacional. O ensaio europeu de prevenção de abuso de droga (Faggiano *et al.*, 2008) testou a eficácia de um programa baseado no currículo escolar que integrava uma abordagem abrangente de influência social em 170 escolas de sete países europeus. A avaliação dos efeitos do programa num estudo de *follow-up* de 3 meses revelou que havia efeitos positivos significativos no consumo diário de tabaco e em episódios de embriaguez, mas não no consumo de canábis. Além disso, na Suécia, os investigadores desenvolveram um programa de prevenção do abuso de droga que consiste no treino social e emocional dos jovens nas escolas e obtiveram efeitos médios ou grandes no que se refere ao adiamento do início do consumo de droga (Kimber & Sandell, 2009). Num programa de grandes dimensões destinado à prevenção do abuso de droga na adolescência, na Islândia, integrou-se o reforço de factores de protecção ligados aos pais e à comunidade. Os resultados mostraram uma diminuição significativa da iniciação ao consumo de droga nos últimos anos (Sigfusdottir, Thorlindsson, Kristjansson, Roe & Allegrante, 2009).

Estes novos esforços para desenvolver programas de prevenção eficazes baseados na escola têm sido acompanhado de outros esforços no sentido de se alargar o "ambiente" social dessas intervenções de modo a incluir a família, os *mass media* e a comunidade bem como outras abordagens baseadas no desenvolvimento positivo dos jovens. Por exemplo, os estudos que incluem o treino de pais nos programas de prevenção da sala de aulas têm revelado efeitos positivos no consumo de droga (Battistich, Schaps, Watson & Solomon, 1996; Hawkins, Catalano, Kosterman, Abbott & Hill, 1999). Concretamente, o Midwestern Prevention Project (Riggs, Chou & Pentz, 2009) é um programa abrangente de prevenção (que inclui a escola, os *media*, os pais, organização da comunidade e componentes de política de saúde) que foi planeado para se centrar no consumo de tabaco, álcool e marijuana — substâncias estas cujo consumo é considerado como o primeiro passo para o consumo de outras drogas. Este projecto tem-se revelado eficaz, pois os indivíduos que dele beneficiam têm apresentado taxas mais baixas de consumo de droga do que os colegas de um grupo de controlo, e estes efeitos perduram até à idade adulta (Riggs et al., 2009). Além disso, numa meta-análise efectuada por Tobler e Stratton (1997), os participantes neste programa apresentavam um tamanho do efeito maior do que os grupos que tinham beneficiado apenas de programa baseados na escola. Uma outra inovação interessante neste domínio apoia-se no aparecimento das intervenções na saúde por *e-mail* (Marsch, Bickel & Grabinski, 2007) e na disposição dos adolescentes para a tecnologia. Adoptando esta perspectiva, alguns investigadores australianos começaram a desenvolver programas de prevenção do consumo de álcool e droga através da internet e obtiveram mudanças promissoras no conhecimento relativo ao álcool e à canábis bem como uma diminuição do consumo de droga nos estudantes do ensino secundário (Newton, Andrews, Teesson & Vogl, 2009; Vogl et al., 2009). Igualmente interessante é a proposta feita por Werch e colegas (2005) para que se considere a boa forma física como uma componente importante dos programas de prevenção de abuso de droga, os quais devem, além disso, integrar diversos comportamentos de saúde. Mais concretamente, estes autores compararam um grupo de participantes num programa de intervenção que integrava a actividade física e prevenção do consumo de droga com um grupo de controlo de um programa de bem-estar; os resultados mostraram efeitos significativos na actividade física bem como uma redução no consumo de droga, um ano mais tarde (Werch et al., 2005).

Alguns autores têm-se interessado também pelos mediadores responsáveis pelos resultados positivos desses programa de prevenção. Entre os mais importantes parecem estar as crenças normativas, as percepções de danos e as competências de recusa e de tomada de decisão (Stephens et al., 2009). Estes efeitos parecem, todavia, ser maiores para os rapazes do que para as raparigas (Kumpfer, Smith & Summerhays, 2008; Vigna--Taglianti et al., 2009). Além disso, tais programas são mais eficazes quando os participantes pertencem a redes ou grupos de pares que não consomem drogas (Valente et al., 2007).

Conclusão e orientações para o futuro

O consumo de droga na adolescência continua a constituir uma preocupação importante de saúde pública, que anda associada a défices significativos de tipo psicossocial e neurocognitivo e que pode afectar negativamente o funcionamento do adulto. Apesar dos avanços consideráveis até agora efectuados na compreensão de algumas características únicas dos problemas do consumo de droga na adolescência, são ainda necessários estudos sobre a avaliação, o tratamento e a prevenção destes problemas, nos quais se adopte uma perspectiva desenvolvimentista. Por exemplo, são necessárias técnicas inovadoras para facilitar o acesso ao tratamento e para se aumentar ou fortalecer o empenhamento dos jovens encaminhados para tratamento. Do mesmo modo faltam novas abordagens, mais eficazes, para lidar com diversos problemas de saúde mental dos jovens consumidores de droga. Por exemplo, é possível que os programas concebidos para motivar os jovens e para lidar com os problemas relacionados com o consumo de droga aumentem as taxas de persistência no tratamento e servir de base para esforços posteriores de abstinência. Mas, para se avançar, com segurança, nessa direcção será necessário integrar nesses programas uma componente que promova o desenvolvimento positivo e saudável dos jovens encaminhados para tratamento por causa dos seus problemas de consumo de droga. Os benefícios que as novas abordagens ao tratamento e prevenção do consumo de droga poderão ter para a sociedade são consideráveis.

Bibliografia

Aarons, G. A., Brown, S. A., Coe, M. T., Myers, M. G., Garland, A. F., Ezzet-Lofstram, R. et al. (1999). Adolescent alcohol and drug abuse and health. *Journal of Adolescent Health, 24*(6), 412-421.

Aarons, G. A., Brown, S. A., Hough, R. L., Garland, A. F. & Wood, P. A. (2001). Prevalence of adolescent substance use disorders across five sectors of care. *J. Am. Acad. Child Adolesc. Psychiatry, 40*(4), 419-426.

Abrantes, A. M., Brown, S. A. & Tomlinson, K. L. (2003). Psychiatric comorbidity among inpatient substance abusing adolescents. *Journal of Child and Adolescent Substance Abuse, 13*(2), 83-101.

Abrantes, A. M., McCarthy, D. M., Aarons, G. A. & Brown, S. A. (2002). *Trajectories of alcohol involvement following addiction treatment through 8-year follow-up in adolescents.* Paper presented at the 25th Annual Scientific Meeting of the Research Society for Alcoholism, San Francisco, CA.

Alexander, J. F. & Parsons, B. V. (1982). *Functional Family Therapy: Principles and Procedures.* Carmel, CA: Brooks/Cole.

Alfonso, J. & Dunn, M. E. (2007). Differences in the marijuana expectancies of adolescents in relation to marijuana use. *Subst. Use Misuse, 42*(6), 1009-1025.

Angold, A., Costello, E. J., Farmer, E. M., Burns, B. J. & Erkanli, A. (1999). Impaired but undiagnosed. *J. Am. Acad. Child Adolesc. Psychiatry, 38*(2), 129-137.

Anthenelli, R. M., Smith, T. L., Irwin, M. R. & Schuckit, M. A. (1994). A comparative study of criteria for subgrouping alcoholics: the primary/ /secondary diagnostic scheme versus variations of the type 1/type 2 criteria. *Am. J. Psychiatry, 151*(10), 1468-1474.

Association, A. P. (2000). *Diagnostic and Statistical Manual of Mental Disorders* (4th-revised ed.). Washington, D.C.: American Psychiatric Association.

Aujoulat, I., Simonelli, F. & Deccache, A. (2006). Health promotion needs of children and adolescents in hospitals: a review. *Patient Educ. Couns., 61*(1), 23-32.

Averna, S. & Hesselbrock, V. (2001). The relationship of perceived social support to substance use in offspring of alcoholics. *Addict. Behav., 26*(3), 363-374.

Baer, J. S. & Peterson, P. L. (2002). Motivational interviewing for adolescents and young adults. In W. R. Miller & S. Rollnick (Eds.), *Motivational Interviewing: Preparing people for change* (2nd ed.). New York: Guildford Press.

Baker, J. R. & Yardley, J. K. (2002). Moderating effects of gender on the relationship between sensation seeking-impulsivity and substance use in adolescents. *Journal of Child and Adoescent Substance Abuse, 12*, 27-43.

Bandura, A. (1986). *Social foundations of thought and action: A social cognitive theory*. Englewood Cliffs, NJ: Prentice Hall.

Barnes, G. M., Farrell, M. P. & Banerjee, S. (1994). Family influence on alcohol abuse and other problem behaviors among black and white adolescents in a general population sample. *Journal of Research on Adolescence, 4*, 183-201.

Bates, M. E. & Labouvie, E. W. (1995). Personality-environment constellation and alcohol use: A process-oriented study of intraindividual change during adolescence. *Psychology of Addictive Behaviors, 9*, 23-35.

Battistich, V., Schaps, E., Watson, M. & Solomon, D. (1996). Prevention effects of the Child Development Project: Early findings from an ongoing multisite demonstration trial. *Journal of Adolescent Research, 11*, 12-35.

Battjes, R. J., Gordon, M. S., O'Grady, K. E., Kinlock, T. W. & Carswell, M. A. (2003). Factors that predict adolescent motivation for substance abuse treatment. *J. Subst. Abuse Treat., 24*(3), 221-232.

Beato-Fernandez, L., Rodriguez-Cano, T., Belmonte-Llario, A. & Pelayo-Delgado, E. (2005). Risk and protective factors for drug abuse in adolescents. A longitudinal research. *Actas Esp. Psiquiatr., 33*(6), 352-358.

Becker, S. J. & Curry, J. F. (2008). Outpatient interventions for adolescent substance abuse: a quality of evidence review. *J. Consult. Clin. Psychol., 76*(4), 531-543.

Bien, T. H., Miller, W. R. & Tonigan, J. S. (1993). Brief interventions for alcohol problems: a review. *Addiction, 88*(3), 315-335.

Black, K., Asbridge, M. & Lea, S. (2009). An overview of injuries to adolescents and young adults related to substance use: data from Canadian emergency departments. *CJEM, 11*(4), 330-336.

Blum, R. W. & Ellen, J. (2002). Work group V: increasing the capacity of schools, neighborhoods, and communities to improve adolescent health outcomes. *J. Adolesc. Health., 31*(6 Suppl), 288-292.

Botvin, G. J. (2000). Preventing drug abuse in schools: social and competence enhancement approaches targeting individual-level etiologic factors. *Addict. Behav., 25*(6), 887-897.

Botvin, G. J., Baker, E., Dusenbury, L., Botvin, E. M. & Diaz, T. (1995). Long-term follow-up results of a randomized drug abuse prevention trial in a white middle-class population. *JAMA, 273*(14), 1106-1112.

Botvin, G. J., Botvin, E. M. & Ruchlin, H. (1998). School-based approaches to drug abuse prevention: Evidence for effectiveness and suggestions for determining cost-effectiveness. In W. J. Bukoski & R. I. Evans (Eds.), *Cost-benefit/Cost-effectiveness research of drug prevention. Implication for programming and policy (NIDA Research Monograph, 176, NIH Publication No. 98-4021)*. Rockville, MD: National Institute on Drug Abuse.

Brannigan, R., Schackman, B. R., Falco, M. & Millman, R. B. (2004). The quality of highly regarded adolescent substance abuse treatment programs: results of an in-depth national survey. *Arch. Pediatr. Adolesc. Med., 158*(9), 904-909.

Brody, G. H. & Forehand, R. (1993). Prospective associations among family form, family proces, and adolescents alcohol and drug use. *Behaviour Research and Therapy, 31*, 587-593.

Brook, D. W., Brook, J. S., Pahl, T. & Montoya, I. (2002). The longitudinal relationship between drug use and risky sexual behaviors among colombian adolescents. *Arch. Pediatr. Adolesc. Med., 156*(11), 1101-1107.

Brooks, T. L., Woods, E. R., Knight, J. R. & Shrier, L. A. (2003). Body modification and substance use in adolescents: is there a link? *J. Adolesc. Health., 32*(1), 44-49.

Brooks-Gunn, J., Graber, J. A. & Paikoff, R. L. (1994). Studying links between hormones and negative affect: Models and measures. *Journal of Research on Adolescence, 4*, 469-486.

Brown, S. A. (1989). Life events of adolescents in relation to personal and parental substance abuse. *Am. J. Psychiatry, 146*(4), 484-489.

Brown, S. A. (1993). Drug effect expectancies and addictive behavior change. *Experimental and Clinical Psychopharmacology, 1*, 55-67.

Brown, S. A. (2001). Facilitating change for adolescent alcohol problems: A multiple options approach. In *Innovations in Adolescent Substance Abuse Interventions* (pp. 169-187).

Brown, S. A., Aarons, G. A. & Abrantes, A. M. (2001). Adolescent alcohol and drug abuse. In C. E. Walker & M. C. Roberts (Eds.), *Handbook of clinical child psychology* (3rd ed., pp. 757-775).

Brown, S. A., Anderson, K. G., Schulte, M. T., Sintov, N. D. & Frissell, K. C. (2005). Facilitating youth self-change through school-based intervention. *Addict. Behav., 30*(9), 1797-1810.

Brown, S. A., Creamer, V. A. & Stetson, B. A. (1987). Adolescent alcohol expectancies in relation to personal and parental drinking patterns. *J. Abnorm. Psychol., 96*(2), 117-121.

Brown, S. A., Gleghorn, A., Schuckit, M. A., Myers, M. G. & Mott, M. A. (1996). Conduct disorder among adolescent alcohol and drug abusers. *J. Stud. Alcohol., 57*(3), 314-324.

Brown, S. A., Inaba, R. K., Gillin, J. C., Schuckit, M. A., Stewart, M. A. & Irwin, M. R. (1995). Alcoholism and affective disorder: clinical course of depressive symptoms. *Am. J. Psychiatry, 152*(1), 45-52.

Brown, S. A. & Tapert, S. F. (2003). Psychological consequences and costs of use. In *Health Consequencs and Costs of Adolescent Alcohol Use.* Washington, D.C.: National Academy Press.

Bryant, A. L. & Zimmerman, M. A. (2002). Examining the effects of academic beliefs and behaviors on changes in substance use among urban adolescents. *Journal of Educational Psychology, 94*, 621-637.

Bukstein, O. (1995). *Adolescent substance abuse: Assessment, prevention, and treatment.* New York: Wiley & Sons.

Button, T. M., Rhee, S. H., Hewitt, J. K., Young, S. E., Corley, R. P. & Stallings, M. C. (2007). The role of conduct disorder in explaining the comorbidity between alcohol and illicit drug dependence in adolescence. *Drug Alcohol Depend., 87*(1), 46-53.

Cadoret, R. J., Yates, W. R., Troughton, E., Woodworth, G. & Stewart, M. A. (1995). Adoption study demonstrating two genetic pathways to drug abuse. *Arch. Gen. Psychiatry, 52*(1), 42-52.

Carballo, J. J., Bird, H., Giner, L., Garcia-Parajua, P., Iglesias, J., Sher, L. et al. (2007). Pathological personality traits and suicidal ideation among older adolescents and young adults with alcohol misuse: a pilot case-control study in a primary care setting. *Int. J. Adolesc. Med. Health, 19*(1), 79-89.

Carvajal, S. C., Evans, R. I., Nash, S. G. & Getz, J. G. (2002). Global positive expectancies of the self and adolescents' substance use avoidance: testing a social influence mediational model. *J. Pers., 70*(3), 421-442.

Chassin, L., Pillow, D. R., Curran, P. J., Molina, B. S. & Barrera, M., Jr. (1993). Relation of parental alcoholism to early adolescent substance use: a test of three mediating mechanisms. *J. Abnorm. Psychol., 102*(1), 3-19.

Chi, F. W., Kaskutas, L. A., Sterling, S., Campbell, C. I. & Weisner, C. (2009). Twelve-Step affiliation and 3-year substance use outcomes among adolescents: social support and religious service attendance as potential mediators. *Addiction, 104*(6), 927-939.

Chilcoat, H. D. & Anthony, J. C. (1996). Impact of parent monitoring on initiation of drug use through late childhood. *J. Am. Acad. Child Adolesc. Psychiatry, 35*(1), 91-100.

Christiansen, B. A., Smith, G. T., Roehling, P. V. & Goldman, M. S. (1989). Using alcohol expectancies to predict adolescent drinking behavior after one year. *J. Consult. Clin. Psychol., 57*(1), 93-99.

Chuang, Y. C., Ennett, S. T., Bauman, K. E. & Foshee, V. A. (2009). Relationships of adolescents' perceptions of parental and peer behaviors with cigarette and alcohol use in different neighborhood contexts. *J. Youth Adolesc., 38*(10), 1388-1398.

Chung, T., Martin, C. S., Grella, C. E., Winters, K. C., Abrantes, A. M. & Brown, S. A. (2003). Course of alcohol problems in treated adolescents. *Alcohol Clin. Exp. Res., 27*(2), 253-261.

Ciesla, J. R., Valle, M. & Spear, S. F. (2008). Measuring relapse after adolescent substance abuse treatment: A proportional hazard approach. *Addictive Disorders & Their Treatment, 7*, 87-97.

Clark, D. B., Lynch, K. G., Donovan, J. E. & Block, G. D. (2001). Health problems in adolescents with alcohol use disorders: self-report, liver injury, and physical examination findings and correlates. *Alcohol Clin. Exp. Res., 25*(9), 1350-1359.

Clark, T. T., Belgrave, F. Z. & Nasim, A. (2008). Risk and protective factors for substance use among urban African American adolescents considered high-risk. *J. Ethn. Subst. Abuse, 7*(3), 292-303.

Cloninger, C. R., Sigvardsson, S. & Bohman, M. (1988). Childhood personality predicts alcohol abuse in young adults. *Alcohol Clin. Exp. Res., 12*(4), 494-505.

Colby, S. M., Lee, C. S., Lewis-Esquerre, J., Esposito-Smythers, C. & Monti, P. M. (2004). Adolescent alcohol misuse: methodological issues for enhancing treatment research. *Addiction, 99 Suppl 2*, 47-62.

Comeau, N., Stewart, S. H. & Loba, P. (2001). The relations of trait anxiety, anxiety sensitivity, and sensation seeking to adolescents' motivations for alcohol, cigarette, and marijuana use. *Addict. Behav., 26*(6), 803-825.

Conner, B. T., Hellemann, G. S., Ritchie, T. L. & Noble, E. P. (2009). Genetic, personality, and environmental predictors of drug use in adolescents. *J. Subst. Abuse Treat.*.

Connors, G. J. (1995). Screening for alcohol problems. In J. P. Allen & Columbus (Eds.), *Assessing Alcohol Problems*. Bethesda, M.D.: National Institute of Health.

Cornelius, J. R., Bukstein, O. G., Birmaher, B., Salloum, I. M., Lynch, K., Pollock, N. K. *et al.* (2001). Fluoxetine in adolescents with major depression and an alcohol use disorder: an open-label trial. *Addict. Behav., 26*(5), 735-739.

Cornelius, J. R., Bukstein, O. G., Wood, D. S., Kirisci, L., Douaihy, A. & Clark, D. B. (2009). Double-blind placebo-controlled trial of fluoxetine in adolescents with comorbid major depression and an alcohol use disorder. *Addict. Behav., 34*(10), 905-909.

Cornelius, J. R., Maisto, S. A., Pollock, N. K., Martin, C. S., Salloum, I. M., Lynch, K. G. *et al.* (2003). Rapid relapse generally follows treatment for substance use disorders among adolescents. *Addict. Behav., 28*(2), 381-386.

Crews, F., He, J. & Hodge, C. (2007). Adolescent cortical development: a critical period of vulnerability for addiction. *Pharmacol. Biochem. Behav., 86*(2), 189-199.

Cuijpers, P. (2002). Effective ingredients of school-based drug prevention programs. A systematic review. *Addict. Behav., 27*(6), 1009-1023.

D'Amico, E. J. & Fromme, K. (2002). Brief prevention for adolescent risk-taking behavior. *Addiction, 97*(5), 563-574.

D'Amico, E. J. & McCarthy, D. M. (2006). Escalation and initiation of younger adolescents' substance use: the impact of perceived peer use. *J. Adolesc. Health., 39*(4), 481-487.

D'Amico, E. J., Metrik, J., McCarthy, D. M., Appelbaum, M., Frissell, K. C. & Brown, S. A. (2001). Progression into and out of binge drinking among high school students. *Psychol Addict. Behav., 15*(4), 341-349.

Dal Cin, S., Worth, K. A., Gerrard, M., Stoolmiller, M., Sargent, J. D., Wills, T. A. *et al.* (2009). Watching and drinking: expectancies, prototypes, and friends' alcohol use mediate the effect of exposure to alcohol use in movies on adolescent drinking. *Health Psychology, 28*(4), 473-483.

Daniel, S. S., Goldston, D. B., Harris, A. E., Kelley, A. E. & Palmes, G. K. (2004). Review of literature on aftercare services among children and adolescents. *Psychiatr. Serv., 55*(8), 901-912.

Dawson, D. A., Goldstein, R. B., Chou, S. P., Ruan, W. J. & Grant, B. F. (2008). Age at first drink and the first incidence of adult-onset DSM-IV alcohol use disorders. *Alcohol Clin. Exp. Res., 32*(12), 2149-2160.

Deas, D. (2006). Adolescent substance abuse and psychiatric comorbidities. *Journal of Clinical Psychiatry, 67 Suppl 7*, 18-23.

Deas, D., May, M. P., Randall, C., Johnson, N. & Anton, R. (2005). Naltrexone treatment of adolescent alcoholics: an open-label pilot study. *J. Child Adolesc. Psychopharmacol., 15*(5), 723-728.

Deas, D., Randall, C. L., Roberts, J. S. & Anton, R. F. (2000). A double-blind, placebo-controlled trial of sertraline in depressed adolescent alcoholics: a pilot study. *Hum. Psychopharmacol., 15*(6), 461-469.

Deas, D., Riggs, P., Langenbucher, J., Goldman, M. & Brown, S. (2000). Adolescents are not adults: developmental considerations in alcohol users. *Alcohol Clin. Exp. Res.*, *24*(2), 232-237.

Deas, D. & Thomas, S. E. (2001). An overview of controlled studies of adolescent substance abuse treatment. *Am. J. Addict.*, *10*(2), 178-189.

Degenhardt, L., Coffey, C., Carlin, J. B., Swift, W. & Patton, G. C. (2008). Are diagnostic orphans at risk of developing cannabis abuse or dependence? Four-year follow-up of young adult cannabis users not meeting diagnostic criteria. *Drug and Alcohol Dependence*, *92*(1-3), 86-90.

Dennis, M., Godley, S. H., Diamond, G., Tims, F. M., Babor, T., Donaldson, J., et al. (2004). The Cannabis Youth Treatment (CYT) Study: main findings from two randomized trials. *J. Subst. Abuse Treat.*, *27*(3), 197-213.

Dick, D. M., Rose, R. J., Viken, R. J., Kaprio, J. & Koskenvuo, M. (2001). Exploring gene-environment interactions: socioregional moderation of alcohol use. *J. Abnorm. Psychol.*, *110*(4), 625-632.

Dishion, T. J., McCord, J. & Poulin, F. (1999). When interventions harm. Peer groups and problem behavior. *Am. Psychol.*, *54*(9), 755-764.

Dorard, G., Berthoz, S., Phan, O., Corcos, M. & Bungener, C. (2008). Affect dysregulation in cannabis abusers: a study in adolescents and young adults. *Eur. Child Adolesc. Psychiatry*, *17*(5), 274-282.

Duncan, S. C., Duncan, T. E., Strycker, L. A. & Chaumeton, N. R. (2002). Relations between youth antisocial and prosocial activities. *J. Behav. Med.*, *25*(5), 425-438.

Edelen, M. O., Tucker, J. S., Wenzel, S. L., Paddock, S. M., Ebener, P., Dahl, J. et al. (2007). Treatment process in the therapeutic community: associations with retention and outcomes among adolescent residential clients. *J. Subst. Abuse Treat.*, *32*(4), 415-421.

Epstein, J. A. & Botvin, G. J. (2002). The moderating role of risk-taking tendency and refusal assertiveness on social influences in alcohol use among inner-city adolescents. *J. Stud. Alcohol.*, *63*(4), 456-459.

Epstein, J. A., Griffin, K. W. & Botvin, G. J. (2002). Positive impact of competence skills and psychological wellness in protecting inner-city adolescents from alcohol use. *Prev. Sci.*, *3*(2), 95-104.

Faggiano, F., Galanti, M. R., Bohrn, K., Burkhart, G., Vigna-Taglianti, F., Cuomo, L. et al. (2008). The effectiveness of a school-based substance abuse prevention program: EU-Dap cluster randomised controlled trial. *Prev. Med.*, *47*(5), 537-543.

Fergusson, D. M. & Horwood, L. J. (1999). Prospective childhood predictors of deviant peer affiliations in adolescence. *J. Child Psychol. Psychiatry*, *40*(4), 581-592.

Fergusson, D. M., Horwood, L. J. & Lynskey, M. T. (1995). The prevalence and risk factors associated with abusive or hazardous alcohol consumption in 16-year-olds. *Addiction, 90*(7), 935-946.

Fergusson, D. M. & Lynskey, M. T. (1996). Adolescent resiliency to family adversity. *J. Child Psychol. Psychiatry, 37*(3), 281-292.

Fidalgo, T. M., da Silveira, E. D. & da Silveira, D. X. (2008). Psychiatric comorbidity related to alcohol use among adolescents. *Am. J. Drug Alcohol Abuse, 34*(1), 83-89.

Findling, R. L., Pagano, M. E., McNamara, N. K., Stansbrey, R. J., Faber, J. E., Lingler, J. *et al.* (2009). The short-term safety and efficacy of fluoxetine in depressed adolescents with alcohol and cannabis use disorders: a pilot randomized placebo-controlled trial. *Child Adolesc. Psychiatry Ment. Health, 3*(1), 11.

Fishbein, D. H., Herman-Stahl, M., Eldreth, D., Paschall, M. J., Hyde, C., Hubal, R. *et al.* (2006). Mediators of the stress-substance-use relationship in urban male adolescents. *Prev. Sci., 7*(2), 113-126.

Galaif, E. R., Sussman, S., Newcomb, M. D. & Locke, T. F. (2007). Suicidality, depression, and alcohol use among adolescents: a review of empirical findings. *Int. J. Adolesc. Med. Health, 19*(1), 27-35.

Galanter, M., Glickman, L. & Singer, D. (2007). An overview of outpatient treatment of adolescent substance abuse. *Subst. Abuse, 28*(2), 51-58.

Gelhorn, H., Hartman, C., Sakai, J., Stallings, M., Young, S., Rhee, S. H. *et al.* (2008). Toward DSM-V: an item response theory analysis of the diagnostic process for DSM-IV alcohol abuse and dependence in adolescents. *J. Am. Acad. Child Adolesc. Psychiatry, 47*(11), 1329-1339.

Gilvarry, E. (2000). Substance abuse in young people. *J. Child Psychol. Psychiatry, 41*(1), 55-80.

Glantz, M. D. & Leshner, A. I. (2000). Drug abuse and developmental psychopathology. *Dev. Psychopathol., 12*(4), 795-814.

Godley, M. D., Godley, S. H., Dennis, M. L., Funk, R. R. & Passetti, L. L. (2007). The effect of assertive continuing care on continuing care linkage, adherence and abstinence following residential treatment for adolescents with substance use disorders. *Addiction, 102*(1), 81-93.

Godley, M. D. & White, W. L. (2005). A brief history and some current dimensions of adolescent treatment in the United States. *Recent Dev. Alcohol., 17*, 367-382.

Goldman, M. S., Brown, S. A., Christiansen, B. A. & Smith, G. T. (1991). Alcoholism and memory: broadening the scope of alcohol-expectancy research. *Psychol. Bull., 110*(1), 137-146.

Granero, R., Poni, E. & Poni, C. (2008). Suicidal ideation among students of the 7th, 8th, and 9th grades in the State of Lara, Venezuela: the Global School Health Survey. *P. R. Health Sci. J., 27*(4), 337-342.

Grant, B. F., Stinson, F. S. & Harford, T. C. (2001). Age at onset of alcohol use and DSM-IV alcohol abuse and dependence: a 12-year follow-up. *J. Subst. Abuse, 13*(4), 493-504.

Grella, C. E., Hser, Y. I., Joshi, V. & Rounds-Bryant, J. (2001). Drug treatment outcomes for adolescents with comorbid mental and substance use disorders. *J. Nerv. Ment. Dis., 189*(6), 384-392.

Grella, C. E. & Joshi, V. (2003). Treatment processes and outcomes among adolescents with a history of abuse who are in drug treatment. *Child Maltreat., 8*(1), 7-18.

Griffin, K. W., Botvin, G. J., Nichols, T. R. & Doyle, M. M. (2003). Effectiveness of a universal drug abuse prevention approach for youth at high risk for substance use initiation. *Prev. Med., 36*(1), 1-7.

Harford, T. C., Yi, H. Y., Faden, V. B. & Chen, C. M. (2009). The dimensionality of DSM-IV alcohol use disorders among adolescent and adult drinkers and symptom patterns by age, gender, and race/ethnicity. *Alcohol Clin. Exp. Res., 33*(5), 868-878.

Harrison, P. A., Fulkerson, J. A. & Beebe, T. J. (1998). DSM-IV substance use disorder criteria for adolescents: a critical examination based on a statewide school survey. *Am. J. Psychiatry, 155*(4), 486-492.

Hawkins, J. D., Catalano, R. F., Kosterman, R., Abbott, R. & Hill, K. G. (1999). Preventing adolescent health-risk behaviors by strengthening protection during childhood. *Arch. Pediatr. Adolesc. Med., 153*(3), 226-234.

Henggeler, S. W. (1998). *Multisystemic Therapy*. Denver, CO: C&M Press.

Hibell, B., Guttormsson, U., Ahlstrom, S., Balakireva, O., Bjarnason, T., Kokkevi, A., et al. (2009). *The 2007 ESPAD Report--Substance Use Among Students in 35 European Countries*. Stockholm, Sweden: The Swedish Council for Information on Alcohol and Other Drugs (CAN).

Hser, Y. I., Grella, C. E., Hubbard, R. L., Hsieh, S. C., Fletcher, B. W., Brown, B. S. et al. (2001). An evaluation of drug treatments for adolescents in 4 US cities. *Arch. Gen. Psychiatry, 58*(7), 689-695.

Hussong, A. M., Gould, L. F. & Hersh, M. A. (2008). Conduct problems moderate self-medication and mood-related drinking consequences in adolescents. *J. Stud. Alcohol. Drugs, 69*(2), 296-307.

Huttenlocher, P. R. & Dabholkar, A. S. (1997). Regional differences in synaptogenesis in human cerebral cortex. *J. Comp. Neurol., 387*(2), 167-178.

Irwin, C. E. & Millstein, S. G. (1992). Risk-taking behaviors and biopsychosocial development during adolescence. In E. J. Susman, L. V. Feagans & W. J.

Ray (Eds.), *Emotion, Cognition, Health, and Development in Children and Adolescents* (pp. 75-102). Hillsdale, NJ: Lawrence Erbaum Associates.

Jainchill, N., Hawke, J., DeLeon, G. & Yagelka, J. (2000). Adolescents in therapeutic communities: one year posttreatment outcomes. *Journal of Psychoactive Drugs, 32*, 81-94.

Jaycox, L. H., Morral, A. R. & Juvonen, J. (2003). Mental health and medical problems and service use among adolescent substance users. *J. Am. Acad. Child Adolesc. Psychiatry, 42*(6), 701-709.

Jessor, R., Van Den Bos, J., Vanderryn, J., Costa, F. M. & Turbin, M. (1995). Protective factors in adolescent problem behavior: Moderator effects and developmental change. *Developmental Psychology, 31*, 345-356.

Johnson, P. B. & Richter, L. (2002). The relationship between smoking, drinking, and adolescents' self-perceived health and frequency of hospitalization: analyses from the 1997 National Household Survey on Drug Abuse. *J. Adolesc. Health., 30*(3), 175-183.

Johnson, S. D., Stiffman, A., Hadley-Ives, E. & Elze, D. (2001). An analysis of stressors and co-morbid mental health problems that contribute to youth's paths to substance-specific services. *J. Behav. Health Serv. Res., 28*(4), 412-426.

Kaminer, Y. (1995). Issues in the pharmacological treatment of adolescent substance abuse. *Journal of Child and Adolescent Psychopharmacology, 5*, 93-106.

Kaminer, Y., Burleson, J. A., Blitz, C., Sussman, J. & Rounsaville, B. J. (1998). Psychotherapies for adolescent substance abusers: a pilot study. *J. Nerv. Ment. Dis., 186*(11), 684-690.

Kaminer, Y., Burleson, J. A. & Goldberger, R. (2002). Cognitive-behavioral coping skills and psychoeducation therapies for adolescent substance abuse. *J. Nerv. Ment. Dis., 190*(11), 737-745.

Kaminer, Y. & Slesnick, N. (2005). Evidence-based cognitive-behavioral and family therapies for adolescent alcohol and other substance use disorders. *Recent Dev. Alcohol., 17*, 383-405.

Kelly, J. F., Brown, S. A., Abrantes, A., Kahler, C. W. & Myers, M. (2008). Social recovery model: an 8-year investigation of adolescent 12-step group involvement following inpatient treatment. *Alcohol Clin. Exp. Res., 32*(8), 1468-1478.

Kelly, J. F., Myers, M. G. & Brown, S. A. (2005). The Effects of Age Composition of 12-Step Groups on Adolescent 12-Step Participation and Substance Use Outcome. *J. Child Adolesc. Subst. Abuse, 15*(1), 63-72.

Kimber, B. & Sandell, R. (2009). Prevention of substance use among adolescents through social and emotional training in school: a latent-class analysis of a five-year intervention in Sweden. *J. Adolesc., 32*(6), 1403-1413.

King, K. M. & Chassin, L. (2004). Mediating and moderated effects of adolescent behavioral undercontrol and parenting in the prediction of drug use disorders in emerging adulthood. *Psychol. Addict. Behav., 18*(3), 239-249.

King, S. M., Keyes, M., Malone, S. M., Elkins, I., Legrand, L. N., Iacono, W. G. *et al.* (2009). Parental alcohol dependence and the transmission of adolescent behavioral disinhibition: a study of adoptive and non-adoptive families. *Addiction, 104*(4), 578-586.

Knop, J., Teasdale, T. W., Schulsinger, F. & Goodwin, D. W. (1985). A prospective study of young men at high risk for alcoholism: school behavior and achievement. *J. Stud. Alcohol., 46*(4), 273-278.

Kumpfer, K. L., Smith, P. & Summerhays, J. F. (2008). A wakeup call to the prevention field: are prevention programs for substance use effective for girls? *Subst. Use Misuse, 43*(8-9), 978-1001.

Kuo, P. H., Yang, H. J., Soong, W. T. & Chen, W. J. (2002). Substance use among adolescents in Taiwan: associated personality traits, incompetence, and behavioral/emotional problems. *Drug Alcohol Depend., 67*(1), 27-39.

Latimer, W. W., Newcomb, M., Winters, K. C. & Stinchfield, R. D. (2000a). Adolescent substance abuse treatment outcome: the role of substance abuse problem severity, psychosocial, and treatment factors. *J. Consult. Clin. Psychol., 68*(4), 684-696.

Latimer, W. W., Winters, K. C., D'Zurilla, T. & Nichols, M. (2003). Integrated family and cognitive-behavioral therapy for adolescent substance abusers: a stage I efficacy study. *Drug Alcohol Depend., 71*(3), 303-317.

Latimer, W. W., Winters, K. C., Stinchfield, R. & Traver, R. E. (2000b). Demographic, individual, and interpersonal predictors of adolescent alcohol and marijuana use following treatment. *Psychol. Addict. Behav., 14*(2), 162-173.

Lewinsohn, P. M., Solomon, A., Seeley, J. R. & Zeiss, A. (2000). Clinical implications of "subthreshold" depressive symptoms. *J. Abnorm. Psychol., 109*(2), 345-351.

Liddle, H. A. (2002). Multidimensional Family Therapy Treatment (MDFT) for Adolescent Cannabis Users. In *The Cannabis Youth Treatment (CYT) Manual Series, 5*. Rockville, MD: Center for Substance Abuse Treatment, Substance Abuse and Mental Health Services Administration.

Liddle, H. A. (2004). Family-based therapies for adolescent alcohol and drug use: research contributions and future research needs. *Addiction, 99 Suppl 2*, 76-92.

Linakis, J. G., Chun, T. H., Mello, M. J. & Baird, J. (2009). Alcohol-related visits to the emergency department by injured adolescents: a national perspective. *J. Adolesc. Health, 45*(1), 84-90.

Loukas, A., Zucker, R. A., Fitzgerald, H. E. & Krull, J. L. (2003). Developmental trajectories of disruptive behavior problems among sons of alcoholics: effects of parent psychopathology, family conflict, and child undercontrol. *J. Abnorm. Psychol., 112*(1), 119-131.

Mark, T. L., Song, X., Vandivort, R., Duffy, S., Butler, J., Coffey, R. *et al.* (2006). Characterizing substance abuse programs that treat adolescents. *J. Subst. Abuse Treat., 31*(1), 59-65.

Marsch, L. A., Bickel, W. K. & Grabinski, M. J. (2007). Application of interactive, computer technology to adolescent substance abuse prevention and treatment. *Adolesc. Med. State Art Rev., 18*(2), 342-356, xii.

Marshal, M. P., Molina, B. S., Pelham, W. E. & Cheong, J. (2007). Attention-deficit hyperactivity disorder moderates the life stress pathway to alcohol problems in children of alcoholics. *Alcohol Clin. Exp. Res., 31*(4), 564-574.

Masten, A. S., Roisman, G. I., Long, J. D., Burt, K. B., Obradovic, J., Riley, J. R. *et al.* (2005). Developmental cascades: Linking academic achievement and externalizing and internalizing symptoms over 20 years. *Developmental Psychology, 41*, 733-746.

McBride, O., Adamson, G., Bunting, B. P. & McCann, S. (2009). Characteristics of DSM-IV alcohol diagnostic orphans: drinking patterns, physical illness, and negative life events. *Drug Alcohol Depend., 99*(1-3), 272-279.

McCambridge, J. & Strang, J. (2004). The efficacy of single-session motivational interviewing in reducing drug consumption and perceptions of drug-related risk and harm among young people: results from a multi-site cluster randomized trial. *Addiction, 99*(1), 39-52.

McGue, M., Slutske, W., Taylor, J. & Iacono, W. G. (1997). Personality and substance use disorders: I. Effects of gender and alcoholism subtype. *Alcohol Clin. Exp. Res., 21*(3), 513-520.

Meyer, R. E. (1986). *Psychopathology and addictive disorders.* New York: Guildford Press.

Modrcin-Talbott, M. A., Pullen, L., Ehrenberger, H., Zandstra, K. & Muenchen, B. (1998). Self-esteem in adolescents treated in an outpatient mental health setting. *Issues Compr. Pediatr. Nurs., 21*(3), 159-171.

Monti, P. M., Colby, S. M., Barnett, N. P., Spirito, A., Rohsenow, D. J., Myers, M. *et al.* (1999). Brief intervention for harm reduction with alcohol-positive older adolescents in a hospital emergency department. *J. Consult. Clin. Psychol., 67*(6), 989-994.

Monti, P. M., Miranda, R., Jr., Nixon, K., Sher, K. J., Swartzwelder, H. S., Tapert, S. F., et al. (2005). Adolescence: booze, brains, and behavior. *Alcohol Clin. Exp. Res., 29*(2), 207-220.

Morihisa, R. S., Barroso, L. P. & Scivoletto, S. (2007). Labeling disorder-the relationship between conduct problems and drug use in adolescents. *Rev. Bras. Psiquiatr., 29*(4), 308-314.

Morral, A. R., McCaffrey, D. F. & Ridgeway, G. (2004). Effectiveness of community-based treatment for substance-abusing adolescents: 12-month outcomes of youths entering phoenix academy or alternative probation dispositions. *Psychol Addict. Behav., 18*(3), 257-268.

Muck, R., Zempolich, K. A., Titus, J. C., Fishman, M., Godley, M. D. & Schwebel, R. (2001). An overview of the effectiveness of adolescent substance abuse treatment models. *Youth and Society, 33*(143-168).

Myers, M. G. & Brown, S. A. (1994). Smoking and health in substance-abusing adolescents: a two-year follow-up. *Pediatrics, 93*(4), 561-566.

Myers, M. G., Brown, S. A., Tate, S., Abrantes, A. & Tomlinson, K. L. (2001). Toward brief interventions for adolescents with substance abuse and comorbid psychiatric problems. In P. M. Monti, S. M. Colby & T. A. O'Leary (Eds.), *Adolescents and Substance Abuse*. New York: Guldford.

NAMHC. (2001). *Blueprint for change: Research on child and adolescent mental health*. Washington, D.C.: National Institutes of Health, NIH publication No. 01-4985.

Nasim, A., Belgrave, F. Z., Jagers, R. J., Wilson, K. D. & Owens, K. (2007). The moderating effects of culture on peer deviance and alcohol use among high-risk African-American Adolescents. *J. Drug Educ., 37*(3), 335-363.

Newcomb, M. & Bentler, P. (1988). *Consequences of teenage drug use: Impact on the lives of young adults*. Newbury Park: Sage.

Newlin, D. B. (1994). Alcohol challenge in high-risk individuals. In R. Zucker, G. Boyd & J. Howard (Eds.), *The Development of Alcohol Problems: Exploring the Biospsychosocial Matrix of Risk (DHHS Publication No. ADM 94-3495, pp 47-68)*. Washington, D.C.: U.S. Government Printing Office.

Newton, N. C., Andrews, G., Teesson, M. & Vogl, L. E. (2009). Delivering prevention for alcohol and cannabis using the internet: a cluster randomised controlled trial. *Prev. Med., 48*(6), 579-584.

Niederhofer, H. & Staffen, W. (2003a). Acamprosate and its efficacy in treating alcohol dependent adolescents. *Eur. Child Adolesc. Psychiatry, 12*(3), 144-148.

Niederhofer, H. & Staffen, W. (2003b). Comparison of disulfiram and placebo in treatment of alcohol dependence of adolescents. *Drug Alcohol Rev., 22*(3), 295-297.

Niederhofer, H., Staffen, W. & Mair, A. (2003). Tianeptine may be a useful adjunct in the treatment of alcohol dependence of adolescents. *Alcohol Clin. Exp. Res., 27*(1), 136.

O'Leary, T. A., Brown, S. A., Colby, S. M., Cronce, J. M., D'Amico, E. J., Fader, J. S. et al. (2002). Treating adolescents together or individually? Issues in adolescent substance abuse interventions. *Alcohol Clin. Exp. Res., 26*(6), 890-899.

Olmstead, T. & Sindelar, J. L. (2004). To what extent are key services offered in treatment programs for special populations? *J. Subst. Abuse Treat., 27*(1), 9-15.

Organization, W. H. (2007). *The ICD-10 Classification of Mental and Behavioural Disorders: Clinical Descriptions and Diagnostic Guidelines.* Geneva: World Health Organization.

Otto, S., Laura, L., Gore-Felton, C., McGarvey, E. & Canterbury, R. J. (2002). Psychiatric functioning and substance use: Factors associated with HIV risk among incarcerated adolescents. *Child Psychiatry and Human Development, 33*, 91-106.

Pandina, R. J. & Schuele, J. A. (1983). Psychosocial correlates of alcohol and drug use of adolescent students and adolescents in treatment. *J. Stud. Alcohol., 44*(6), 950-973.

Parsai, M., Voisine, S., Marsiglia, F. F., Kulis, S. & Nieri, T. (2009). The protective and risk effects of parents and peers on substance use, attitudes and behaviors of Mexican and Mexican American female and male adolescents. *Youth Soc., 40*(3), 353-376.

Passetti, L. L. & Godley, S. H. (2008). Adolescent substance abuse treatment clinicians' self-help meeting referral practices and adolescent attendance rates. *J. Psychoactive Drugs, 40*(1), 29-40.

Pate, R. R., Trost, S. G., Levin, S. & Dowda, M. (2000). Sports participation and health-related behaviors among US youth. *Arch. Pediatr. Adolesc. Med., 154*(9), 904-911.

Perepletchikova, F., Krystal, J. H. & Kaufman, J. (2008). Practioner Review: Adolescent alcohol use disorders: assessment and treatment issues. *Journal of Child Psychology and Pscyhiatry, 49*(11), 1131-1154.

Peretti-Watel, P., Beck, F. & Legleye, S. (2002). Beyond the U-curve: the relationship between sport and alcohol, cigarette and cannabis use in adolescents. *Addiction, 97*(6), 707-716.

Perez, A., Ariza, C., Sanchez-Martinez, F. & Nebot, M. (2010). Cannabis consumption initiation among adolescents: a longitudinal study. *Addict. Behav., 35*(2), 129-134.

Piko, B. F. & Fitzpatrick, K. M. (2004). Substance use, religiosity, and other protective factors among Hungarian adolescents. *Addict. Behav., 29*(6), 1095-1107.

Pinheiro, R. T., Pinheiro, K. A., Magalhaes, P. V., Horta, B. L., da Silva, R. A., Sousa, P. L. et al. (2006). Cocaine addiction and family dysfunction: a case-control study in southern Brazil. *Subst. Use Misuse, 41*(3), 307-316.

Poelen, E. A., Engels, R. C., Scholte, R. H., Boomsma, D. I. & Willemsen, G. (2009). Predictors of problem drinking in adolescence and young adulthood. A longitudinal twin-family study. *Eur. Child Adolesc. Psychiatry, 18*(6), 345-352.

Pollock, N. K. & Martin, C. S. (1999). Diagnostic orphans: adolescents with alcohol symptom who do not qualify for DSM-IV abuse or dependence diagnoses. *American Journal of Psychiatry, 156*(6), 897-901.

Repetti, R. L., Taylor, S. E. & Seeman, T. E. (2002). Risky families: family social environments and the mental and physical health of offspring. *Psychol. Bull., 128*(2), 330-366.

Riggs, N. R., Chou, C. P. & Pentz, M. A. (2009). Preventing growth in amphetamine use: long-term effects of the Midwestern Prevention Project (MPP) from early adolescence to early adulthood. *Addiction.*

Riggs, P. D., Leon, S. L., Mikulich, S. K. & Pottle, L. C. (1998). An open trial of bupropion for ADHD in adolescents with substance use disorders and conduct disorder. *J. Am. Acad. Child Adolesc. Psychiatry, 37*(12), 1271-1278.

Roberts, R. E., Roberts, C. R. & Xing, Y. (2007). Comorbidity of substance use disorders and other psychiatric disorders among adolescents: evidence from an epidemiologic survey. *Drug Alcohol Depend., 88 Suppl 1*, S4-13.

Rose, P. D., Kaprio, J., Pukkinen, L., Koskenvuo, M., Viken, R. J. & Bates, J. E. (1997). FinnTwin 12 and FinnTwin 16: Longitudinal twin-family studies in Finland. *Behavior Genetics, 27*, 603-604.

Rowe, C. L., Liddle, H. A., Greenbaum, P. E. & Henderson, C. E. (2004). Impact of psychiatric comorbidity on treatment of adolescent drug abusers. *J. Subst. Abuse Treat., 26*(2), 129-140.

Russell, K., Dryden, D. M., Liang, Y., Friesen, C., O'Gorman, K., Durec, T., et al. (2008). Risk factors for methamphetamine use in youth: a systematic review. *BMC Pediatr., 8*, 48.

SAMHSA. (2004a). *Results from the 2003 National Survey on Drug Use and Health: National Findings* Rockville, MD.

SAMHSA. (2004b). *The DASIS Report: Adolescent Treatment Admissions: 1992 and 2002 October 15, 2004.*

Schepis, T. S., Desai, R. A., Smith, A. E., Cavallo, D. A., Liss, T. B., McFetridge, A. et al. (2008). Impulsive Sensation Seeking, Parental History of Alcohol Problems, and Current Alcohol and Tobacco Use in Adolescents. *J. Addict. Med., 2*(4), 185-193.

Schuckit, M. A. (1988). Reactions to alcohol in sons of alcoholics and controls. *Alcohol Clin. Exp. Res., 12*(4), 465-470.

Sher, K. J. (1994). Individual-level risk factors. In R. Zucker, G. Boyd & J. Howard (Eds.), *The Development of Alcohol Problems: Exploring the Biopsychosocial Matrix of Risk (DHHS Publication No. ADM 94-2495 pp. 77-108)*. Washington, D.C.: Government Printing Office.

Sigfusdottir, I. D., Thorlindsson, T., Kristjansson, A. L., Roe, K. M. & Allegrante, J. P. (2009). Substance use prevention for adolescents: the Icelandic Model. *Health Promot. Int., 24*(1), 16-25.

Silveri, M. M. & Spear, L. P. (1999). Ontogeny of rapid tolerance to the hypnotic effects of ethanol. *Alcohol Clin. Exp. Res., 23*(7), 1180-1184.

Smith, G. T., Goldman, M. S., Greenbaum, P. E. & Christiansen, B. A. (1995). Expectancy for social facilitation from drinking: the divergent paths of high-expectancy and low-expectancy adolescents. *J. Abnorm. Psychol., 104*(1), 32-40.

Solhkhah, R. & Wilens, T. E. (1998). Pharmacotherapy of adolescent alcohol and other drug use disorders. *Alcohol Health Res. World, 22*(2), 122-125.

Sowell, E. R., Thompson, P. M., Tessner, K. D. & Toga, A. W. (2001). Mapping continued brain growth and gray matter density reduction in dorsal frontal cortex: Inverse relationships during postadolescent brain maturation. *J. Neurosci., 21*(22), 8819-8829.

Spirito, A., Monti, P. M., Barnett, N. P., Colby, S. M., Sindelar, H., Rohsenow, D. J. et al. (2004). A randomized clinical trial of a brief motivational intervention for alcohol-positive adolescents treated in an emergency department. *J Pediatr, 145*(3), 396-402.

Stephens, P. C., Sloboda, Z., Stephens, R. C., Teasdale, B., Grey, S. F., Hawthorne, R. D. et al. (2009). Universal school-based substance abuse prevention programs: Modeling targeted mediators and outcomes for adolescent cigarette, alcohol and marijuana use. *Drug Alcohol Depend., 102*(1-3), 19-29.

Strohle, A., Hofler, M., Pfister, H., Muller, A. G., Hoyer, J., Wittchen, H. U. et al. (2007). Physical activity and prevalence and incidence of mental disorders in adolescents and young adults. *Psychol. Med., 37*(11), 1657-1666.

Szapocznik, J., Hervis, O. E. & Schwartz, S. (2003). *Brief strategic family therapy for adolescent drug abuse* (NIH Publication No. 03-4751). NIDA Therapy Manuals for Drug Addiction. Rockville, MD: National Institute on Drug Abuse.

Szapocznik, J., Kurtines, W. M., Foote, F., Perez-Vidal, A. & Hervis, O. (1986). Conjoint versus one-person family therapy: further evidence for the effectiveness of conducting family therapy through one person with drug-abusing adolescents. *J. Consult. Clin. Psychol., 54*(3), 395-397.

Tapert, S. F., Aarons, G. A., Sedlar, G. R. & Brown, S. A. (2001). Adolescent substance use and sexual risk-taking behavior. *J. Adolesc. Health, 28*(3), 181-189.

Tapert, S. F. & Brown, S. A. (1999). Neuropsychological correlates of adolescent substance abuse: four-year outcomes. *J. Int. Neuropsychol. Soc., 5*(6), 481-493.

Tapert, S. F., Granholm, E., Leedy, N. G. & Brown, S. A. (2002). Substance use and withdrawal: neuropsychological functioning over 8 years in youth. *J. Int. Neuropsychol. Soc., 8*(7), 873-883.

Tapert, S. F., Stewart, D. G. & Brown, S. A. (1999). Drug abuse in adolescence. In A. J. Goreczny & M. Hersen (Eds.), *Handbook of pediatric and adolescent health psychology* (pp. 161-178). Boston: Allyn & Bacon.

Tarter, R. E. & Edwards, K. (1988). Psychological factors associated with the risk for alcoholism. *Alcohol Clin. Exp. Res., 12*(4), 471-480.

Tobler, N. S., Roona, M. R., Ochshorn, P., Marshall, D. G., Streke, A. V. & Stackpole, K. M. (2000). School-based adolescent drug prevention programs. *The Journal of Primary Prevention, 20*, 275-336.

Tobler, N. S. & Stratton, H. H. (1997). Effectiveness of school-based drug prevention programs: A meta-analysis of the research. *The Journal of Primary Prevention, 18*, 71-128.

Tomlinson, K. L., Brown, S. A. & Abrantes, A. (2004). Psychiatric comorbidity and substance use treatment outcomes of adolescents. *Psychology of Addictive Behaviors, 18*(2), 160-169.

Tu, A. W., Ratner, P. A. & Johnson, J. L. (2008). Gender differences in the correlates of adolescents' cannabis use. *Subst. Use Misuse, 43*(10), 1438-1463.

Tubman, J. G., Wagner, E. F., Gil, A. G. & Pate, K. N. (2002). Brief motivational intervention for substance-abusing delinquent adolescents: guided self-change as a social work practice innovation. *Health Soc. Work, 27*(3), 208-212.

Tur, J. A., Puig, M. S., Pons, A. & Benito, E. (2003). Alcohol consumption among school adolescents in Palma de Mallorca. *Alcohol Alcohol., 38*(3), 243-248.

Urban, R., Kokonyei, G. & Demetrovics, Z. (2008). Alcohol outcome expectancies and drinking motives mediate the association between sensation seeking and alcohol use among adolescents. *Addict. Behav., 33*(10), 1344-1352.

Valente, T. W., Ritt-Olson, A., Stacy, A., Unger, J. B., Okamoto, J. & Sussman, S. (2007). Peer acceleration: effects of a social network tailored substance abuse prevention program among high-risk adolescents. *Addiction, 102*(11), 1804-1815.

Vigna-Taglianti, F., Vadrucci, S., Faggiano, F., Burkhart, G., Siliquini, R. & Galanti, M. R. (2009). Is universal prevention against youths' substance misuse really universal? Gender-specific effects in the EU-Dap school--based prevention trial. *J. Epidemiol. Community Health, 63*(9), 722-728.

Vik, P. W. & Brown, S. A. (1998). Life events and substance abuse during adolescence. In T. W. Miller (Ed.), *Children of Trauma: Stressful Life Events and Their Effects on Adolescents* (pp. 179-205): International University Press, Inc.

Vik, P. W., Brown, S. A. & Myers, M. G. (1997). Adolescent substance abuse problems. In E. J. Mash & L. G. Terdal (Eds.), *Assessment of childhood disorders* (3rd ed., pp. 717-748). New York: Guildford Press.

Vogl, L., Teesson, M., Andrews, G., Bird, K., Steadman, B. & Dillon, P. (2009). A computerized harm minimization prevention program for alcohol misuse and related harms: randomized controlled trial. *Addiction, 104*(4), 564-575.

Wagner, E. F., Brown, S. A., Monti, P. M., Myers, M. G. & Waldron, H. B. (1999). Innovations in adolescent substance abuse intervention. *Alcohol Clin. Exp. Res., 23*(2), 236-249.

Waldron, H. B., Slesnick, N., Brody, J. L., Turner, C. W. & Peterson, T. R. (2001). Treatment outcomes for adolescent substance abuse at 4-and 7-month assessments. *J. Consult. Clin. Psychol., 69*(5), 802-813.

Waldron, H. B. & Turner, C. W. (2008). Evidence-based psychosocial treatments for adolescent substance abuse. *J. Clin. Child Adolesc. Psychol., 37*(1), 238-261.

Walton, M. A., Cunningham, R. M., Goldstein, A. L., Chermack, S. T., Zimmerman, M. A., Bingham, C. R. *et al.* (2009). Rates and correlates of violent behaviors among adolescents treated in an urban emergency department. *J. Adolesc. Health, 45*(1), 77-83.

Werch, C. C., Moore, M. J., DiClemente, C. C., Bledsoe, R. & Jobli, E. (2005). A multihealth behavior intervention integrating physical activity and substance use prevention for adolescents. *Prev. Sci., 6*(3), 213-226.

Werch, C. E., Carlson, J. M., Pappas, D. M., Edgemon, P. & DiClemente, C. C. (2000). Effects of a brief alcohol preventive intervention for youth attending school sports physical examinations. *Subst. Use Misuse, 35*, 421-432.

White, H. R., Tice, P. C., Loeber, R. & Stouthamer-Loeber, M. (2002). Illegal acts committed by adolescents under the influence of alcohol and drugs. *Journal of Research in Crime and Delinquency, 39*, 131-152.

Wilens, T. E., Biederman, J., Abrantes, A. M. & Spencer, T. J. (1997). Clinical characteristics of psychiatrically referred adolescent outpatients with substance use disorder. *J. Am. Acad. Child Adolesc. Psychiatry, 36*(7), 941-947.

Williams, P. S. & Hine, D. W. (2002). Parental behaviour and alcohol misuse among adolescents: A path analysis of mediating influences. *Australian Journal of Psychology, 54*, 17-24.

Williams, R. J. & Chang, S. Y. (2000). A comprehensive and comparative review of adolescent substance abuse treatment outcome. *Clinical Psychology: Science and Practice, 7*, 138-166.

Wills, T. A., Vaccaro, D. & McNamara, G. (1992). The role of life events, family support, and competence in adolescent substance use: A test of vulnerability and protective factors. *American Journal of Community Psychology, 20*, 349-374.

Windle, M. (1990). Temperament and personality attributes of children of alcoholics. In M. Windle & J. S. Searles (Eds.), *Children of Alcoholics: Critical Perspectives* (pp. 129-167). New York: Guildford Press.

Winters, K. C. (1999). Treating adolescents with substance use disorders: An overview of practice issues and treatment outcome. *Substance Abuse, 20*, 203-225.

Winters, K. C., Stinchfield, R. D., Opland, E., Weller, C. & Latimer, W. W. (2000). The effectiveness of the Minnesota Model approach in the treatment of adolescent drug abusers. *Addiction, 95*(4), 601-612.

Zucker, R., Fitzgerald, H. E. & Moses, H. D. (1995). Emergence of alcohol problems and the several alcoholisms: A developmental perspective on etiological theory and life course trajectory. In D. Cicchetti & D. Cohen (Eds.), *Manual of developmental psychopathology* (Vol. 2, pp. 677-711). New York: Wiley.

Zucker, R. A., Fitzgerald, H. E., Refior, S. K., Puttler, L. I., Pallas, D. M. & Ellis, D. A. (2000). The clinical and social ecology of childhood for children of alcoholics: Description of a study and implications for a differentiated social policy. In H. E. Fitzgerald, B. M. Lester & B. S. Zuckerman (Eds.), *Children of addiction: Research, health, and public policy issues* (pp. 109-141). New York: Routledge Falmer.

Zucker, R. A. & Gomberg, E. S. (1986). Etiology of alcoholism reconsidered. The case for a biopsychosocial process. *Am. Psychol., 41*(7), 783-793.

Zuckerman, M. (1994). *Behavioral Expressions and Biosocial Bases of Sensation Seeking*. New York: Cambridge University Press.

18

Os adolescentes perante a Lei *

Kaitlyn McLachlan, Nathalie Gagnon, Sarah Mordell & Ronald Roesch

Introdução

O objectivo deste capítulo é apresentar uma síntese das questões mais relevantes para os adolescentes que, por diversos motivos, se vêem confrontados com o sistema de justiça criminal. Os temas aqui abordados, todos de natureza bastante abrangente, não são exclusivos de um país ou de uma região específicos, mas podem antes ser encontrados em todo o mundo. O capítulo começa com uma descrição do sistema de justiça de menores bem como dos problemas mais frequentes no estudo da delinquência. Segue-se uma curta introdução ao desenvolvimento dos adolescentes em vários domínios, de modo a melhor se compreender a sua importância para o sistema judicial. Depois, analisam-se questões legais mais específicas, designadamente avaliações clínicas da capacidade do adolescente para compreender os seus direitos no momento da detenção, a avaliação das competências para participar no seu próprio julgamento, assim como diversas questões relativas à transferência dos jovens para o tribunal de adultos e à avaliação do risco. Por fim, discute-se a importância da intervenção psicossocial no sistema da justiça de menores, com vista à reabilitação dos jovens delinquentes.

---

* Tradução de António Castro Fonseca & Lília Forte.

Os jovens e as suas circunstâncias especiais

Há numerosos dados da investigação empírica sobre o desenvolvimento cognitivo, psicossocial e neurológico da adolescência a mostrar que os jovens são diferentes dos adultos em muitos aspectos importantes. Tais diferenças têm profundas implicações para o tratamento adequado dos delinquentes juvenis, no âmbito do sistema de justiça criminal. Em particular, as mudanças registadas nessa idade em diversas áreas (*v. g.*, tomada de decisão, compreensão e raciocínio, influência do grupo de colegas, capacidade de orientação para o futuro, avaliação de riscos e capacidade de auto-organização) são muito relevantes para o desenvolvimento da culpabilidade (*blameworthiness*) e para a adequação das sanções. Além disso, essas mudanças podem ter um impacto igualmente importante sobre a capacidade dos adolescentes para lidar, com sucesso, com o sistema de justiça criminal.

A maioria dos sistemas de justiça criminal considera os adolescentes que cometem crimes como uma categoria legal separada: nem como crianças cujos crimes são desculpados, nem como adultos completamente responsáveis pelos seus actos. Tratar os adolescentes como uma categoria legal independente é algo de singular. No que se refere à maior parte das outras questões legais, os indivíduos com menos de 16 anos em Portugal (e com menos18 anos no Canadá e nalguns outros países) são considerados como menores (e, consequentemente, como incompetentes), dependentes e não responsáveis. Os sistemas de justiça de menores dos vários países foram, de um modo geral, construídos tendo essas características como ponto de referência. Os indivíduos que tiverem atingido o limiar da maioridade são definidos, por lei, como adultos e, assim, considerados como autónomos e competentes. Todavia, no sistema de justiça, defende-se, em geral, que as características dos adolescentes justificam que eles sejam tratados como uma classe separada e distinta.

O sistema de justiça de menores

Este sistema abrange diversos serviços e instituições cuja principal responsabilidade é tratar dos delinquentes juvenis. A sua organização e o seu funcionamento variam muito de estado para estado ou de país para país. Mesmo assim, a maioria desses sistemas pode ser descrita por um dos seguintes modelos: protecção, justiça e controlo do crime.

A ideia unificadora do primeiro modelo é a de que os jovens devem ser protegidos e educados, em vez de punidos. A filosofia subjacente a este sistema de justiça é a doutrina do "parens patriae" (pais da pátria), a qual confere poder ao Estado para activamente promover o bem-estar das crianças e de outras pessoas vulneráveis. No mundo anglo-saxónico (onde essa expressão é correntemente utilizada) essa doutrina teve origem na Idade Média, quando o rei tinha o direito de controlar a propriedade dos herdeiros órfãos que necessitavam de protecção. Essa doutrina desenvolveu-se muito, desde então, tendo sido integrada tanto na lei comum (*common law*) como nos códigos legais (*statutory law*).

De acordo com este modelo orientado para a protecção, o crime é visto como o resultado de factores do indivíduo ou do seu meio social e, consequentemente, o objectivo do sistema de justiça baseado neste princípio é reabilitar e reintegrar o jovem delinquente. A intervenção é preparada em função das características e circunstâncias de cada indivíduo e não em função das características das suas transgressões. Além disso, uma vez que o modelo incide sobre esquemas de reabilitação, a sentença tem uma duração indeterminada — continuando até que o jovem tenha sido reabilitado ou reintegrado.

Contrastando com o modelo de protecção que dá ao Estado um poder enorme, o enfoque do modelo de justiça, centra-se nos direitos do indivíduo (e designadamente nos seus direitos a um processo justo), procurando-se interferir minimamente com as suas liberdades. Nesta perspectiva, o crime é visto como o resultado de uma vontade livre, colocando-se a ênfase na responsabilidade da pessoa. Por isso, neste modelo, o enfoque é posto no crime e, em consequência, as sanções são proporcionais à transgressão e estão claramente especificadas (*v. g.*, para tal crime, tal pena).

Embora muito menos popular que os modelos de protecção e justiça, o terceiro modelo é o do *controlo do crime*. O seu objectivo consiste na protecção da sociedade, ou seja, na manutenção da ordem social e na responsabilidade do Estado nessa tarefa. Nesta perspectiva, os jovens têm de responder pelos seus crimes, e as intervenções têm não só uma função de protecção da sociedade mas também de dissuasão ou de retribuição.

Embora numa determinada época o sistema judicial seja melhor caracterizado por um modelo do que por outro, a justiça de menores é, geralmente, considerada como um processo em constante evolução. Ou seja, aparece como um ciclo que se revolve sobre si próprio, onde as políticas concretizadas numa determinada data estão sempre a transformar-se. Baseando-se numa análise dos dois séculos de justiça criminal nos E.U.A., Bernard (1992) observa:

"Este ciclo permanente resulta do facto de, numa determinada altura, as pessoas se convencerem de que o problema das elevadas taxas de prevalência do crime é recente e não existia nos "bons velhos tempos". Essas pessoas concluem que o problema reside nas políticas adoptadas para se lidar com os delinquentes juvenis, quer se trate de sanções duras ou de tratamentos brandos. O resultado é um ciclo de reformas em que os castigos severos são responsabilizados pelas elevadas taxas de crime juvenil e, em consequência, são substituídos por tratamentos mais brandos; e, depois, estes tratamentos são, por sua vez, considerados como causas das taxas elevadas da delinquência juvenil e substituídos por tratamentos mais severos" (p. 22).

Importa observar a este propósito que, embora admitindo a existência de diferenças acentuadas no tempo e nas jurisdições, se assume cada vez mais, que os desenvolvimentos observados numa jurisdição não podem ser completamente explorados ou compreendidos como se se tratasse de fenómenos isolados, sem se reconhecer o impacto que sobre eles exercem as forças e regulações internacionais (Muncie & Goldson, 2006).

Regulações internacionais

Provavelmente o instrumento internacional mais relevante para a justiça de menores, é a Convenção dos Direitos da Criança das Nações Unidas (1989). Esta convenção coloca o supremo interesse da criança como a consideração fundamental para todas as acções que digam respeito às crianças, designadamente nos órgãos legislativos e nos tribunais de direito. A mesma convenção ocupa-se da questão do estatuto e das necessidades das crianças, bem como do conceito dos "melhores interesses", dos direitos da criança e dos sistemas de justiça de menores. Aí se encontram reafirmadas as preocupações de um outro instrumento internacional importante — a Declaração dos Direitos da Criança (1959) que estabelece que "a criança, devido à sua imaturidade física e mental, precisa de segurança e cuidados, nomeadamente de protecção legal apropriada" (art.º 3).

Cento e dezanove Estados são actualmente signatários da Convenção dos Direitos da Criança das Nações Unidas de 1989. Os Estados Unidos da América e a Somália recusaram-se a ratificar essa convenção em parte por causa do art.º 37 *(a)* que proíbe a pena capital e a prisão perpétua sem possibilidade de libertação, por crimes cometidos por pessoas com menos de 18 anos de idade. Porém, uma decisão recente do Supremo Tribunal dos Estados Unidos da América pode ter implicações para a decisão deste país sobre a ratificação da convenção num futuro próximo. Concretamente, em 2005 o Supremo Tribunal concluiu, no caso *Roper* vs *Simmons* que o recurso à pena de morte nos casos em que os indivíduos têm menos de 18 anos de idade no momento do crime era inconstitucional. O tribunal citou a Convenção dos Direitos da Criança, como uma das várias indicações de que os "Estados Unidos, estão agora sozinhos num mundo que se pronunciou abertamente contra a pena de morte para os jovens".

Taxas de crime violento e delinquência

A Organização Mundial de Saúde (OMS) identificou a violência juvenil como "uma das formas mais visíveis de violência nas sociedades (2000, p. 25). Em 2000, houve aproximadamente 199.000 jovens (9,2 por 100.000) que foram vítimas de violência fatal em todo o mundo. Este fenómeno varia de região para região, mas tende a aparecer como mais grave nos países em vias de desenvolvimento que se caracterizam por frequentes conflitos económicos e sociais, sistemas de segurança social fracos, enormes desigualdades sociais e uma cultura de violência. Em geral, a África e a América Latina têm as taxas mais elevadas de homicídio entre jovens (*v. g.*, 84,4 por 100 000 na Colômbia e 52,2 por 100 000 em El Salvador) enquanto a Europa Ocidental, partes da Ásia e a região do Pacífico apresentam as taxas mais baixas (*v. g.*, 0,6 por 100 000 na França, e 1,3 por 100 000 em Portugal), de acordo com a Organização Mundial de Saúde (OMS, 2002). Neste quadro, os Estados Unidos da América constituem uma sólida excepção com uma taxa de homicídio juvenil de 11 por 100 000 habitantes.

É, porém, arriscado especular sobre as tendências mundiais na delinquência juvenil, dadas as grandes diferenças no modo como os países organizam as suas estatísticas oficiais e, designadamente, calculam as suas taxas de prevalência ou de incidência do crime, ao longo do tempo. Apesar destas dificuldades, o criminólogo Clayton Hartjen (2008) chama a atenção para o facto de a delinquência juvenil se ter tornado um problema maior no nosso planeta, um problema em constante crescimento numa grande parte do mundo. Os dados da investigação indicam, de modo geral, que as taxas de delinquência aumentam acentuadamente da adolescência até ao início da idade adulta, atingindo um pico por volta dos vinte e tais anos de idade. Este aumento é seguido por um declínio abrupto na idade adulta, produzindo assim um padrão curvilíneo de distribuição do comportamento delinquente também conhecido como processo de maturação que leva à desistência do crime (*maturing out*). Ou seja, os adolescentes aparecem como responsáveis por uma quantidade maior de crime do que qualquer outro grupo etário porque as pessoas, à medida que envelhecem, têm menos probabilidade de se envolverem em actividades criminosas. No que diz respeito ao género, as taxas de delinquência são mais elevadas (em frequência e gravidade) no grupo de rapazes do que no grupo das raparigas, em todo o mundo. Um outro dado das estatísticas é que o tipo de violência em que os jovens se envolvem é também muito variado, incluindo lutas físicas, assaltos, homicídios ou participação em bandos delinquentes, violentos ou não (OMS, 2002). Mas, no geral, a violência dos jovens não deve ser considerada como um fenómeno independente de vários outros problemas do comportamento. Pelo contrário, os jovens violentos tendem a envolver-se noutros tipos de crime e apresentam vários outros problemas, tais como insucesso escolar, vadiagem e abuso de droga (OMS, 2002).

Perspectivas desenvolvimentistas

O trabalho de Terrie Moffit (1993; 2003) tem contribuído muito para uma melhor compreensão das trajectórias do desenvolvimento do comportamento delinquente. Baseando-se inicialmente nos dados de uma investigação em curso na Nova Zelândia, esta autora identificou dois tipos de delinquentes. O primeiro foi designado como o grupo dos indivíduos com comportamento anti-social persistente ao longo da vida. Os indivíduos deste grupo caracterizam-se por problemas do comportamento que tendem a aparecer, cedo na infância. Os preditores desse tipo de comportamento anti-social persistente ao longo da vida são um temperamento descontrolado, um desenvolvimento motor atrasado, défices de atenção e hiperactividade, fraca capacidade verbal e diversos défices neuropsicológicos, observáveis desde os 3 anos de idade (Moffit & Caspi, 2001). Estas crianças podem envolver-se em comportamentos de agressão e intimidação na escola primária e apresentar mais tarde dificuldades no seu relacionamento com colegas. Além disso, também se encontram em risco mais elevado de delinquência juvenil e de criminalidade adulta. Felizmente, esta categoria de transgressores é responsável por menos de 10% da delinquência na comunidade.

O outro grupo é o dos indivíduos com delinquência limitada à adolescência. As suas características distintivas são a ausência de transgredir antes dos 10 anos de idade ou da adolescência. De um modo geral, eles não apresentam os comportamentos anti-sociais da infância, observados nos transgressores com comportamento anti-social ao longo da vida. Moffitt e Caspi (2001) consideram que o comportamento delinquente é normal e normativo neste grupo, representando uma maneira de afirmar a sua autonomia em relação aos pais e de conquistar a aceitação dos colegas. Na verdade, os jovens com comportamentos anti-sociais limitados à adolescência são profundamente influenciados por colegas quando se envolvem em condutas delinquentes. Este último tipo de comportamento anti-social é, de longe, a forma de delinquência mais frequente na comunidade; mas, em contrapartida, os indivíduos do grupo dos anti-sociais persistentes ao longo da vida, embora menos numeroso, são mais resistentes e têm mais patologia.

A importância da categoria de comportamento anti-social de origem precoce está bem ilustrada no trabalho de Loeber e Farrington (2001), que fornecem algumas estatísticas interessantes, provenientes dos E.U.A, sobre taxas de crime de crianças delinquentes (i. e., com idades entre os 7 e os 12 anos). Estes autores reportam que, em 1997, duzentas e cinquenta mil crianças delinquentes foram detidas nos EUA, numa proporção de 4 rapazes para 1 rapariga. Os seus crimes eram, muitas vezes, crimes menores; mas Loeber e Farrington referem que os delinquentes precoces se envolveram em cerca de 2% (cerca de 600) dos homicídios cometidos por todos os menores num período de 18 anos. Além disso, essas crianças também tinham praticado outros crimes graves, sendo responsáveis por uma em cada três detenções de menores por fogo posto, uma sobre cinco detenções por crimes sexuais, e uma sobre oito detenções por assaltos a residências e violações acompanhadas de violência. Do mesmo modo, esses mesmos autores verificaram que as taxas de crime violento de crianças delinquentes aumentaram de 45% entre 1988 e 1997 e que as suas violações da lei relativas ao porte de armas aumentaram setenta e seis por cento no mesmo período. Com base nos dados de estudos longitudinais rigorosos, Loeber e Farrington verificaram "que cerca de um a dois terços de crianças delinquentes se encontram em risco de escalada de delinquência grave" (p. xxii). Extrapolando, a partir da teoria de Moffitt, pode-se dizer que esses indivíduos também se encontram em risco de conduta criminosa que persistirá até à idade adulta.

Convém não esquecer que os comportamentos delinquentes desses dois grupos podem não ser muito diferentes, designadamente no que se refere a crimes violentos. A diferença reside apenas no facto de o comportamento anti-social persistente ao longo da vida poder ser predito a partir dos problemas do desenvolvimento e do comportamento de início precoce. Recorde-se também que o estudo de Moffitt foi inicialmente efectuado sobre amostras masculinas, mas que a autora estendeu, mais tarde, a sua investigação à população feminina. A sua conclusão é a de que o seu modelo prediz o comportamento anti-social dos dois sexos, mas numa proporção muito menor, visto que o comportamento anti-social persistente ao longo da vida é extremamente raro nas mulheres. Enquanto que o rácio de criminalidade persistente ao longo da vida é de cerca de 10:1, nos rapazes com problemas de comportamento de início precoce, essa rácio é de 100:1, nas raparigas. Assim, a maioria das mulheres com comportamentos delinquentes enquadra-se bem no grupo do comportamento anti-social limitado à adolescência, numa proporção maior do que a dos rapazes.

Outros estudiosos do desenvolvimento do comportamento anti-social ao longo da vida (*v. g.*, Sampson & Laub, 2005) têm vindo a colocar a ênfase nas razões pelas quais alguns delinquentes desistem do crime enquanto que outros continuam a transgredir até a idade adulta. Muitos destes investigadores defendem que os factores de risco da infância não desempenham papel importante nesse processo. As explicações dessa desistência têm antes a ver com o papel de diversos acontecimentos de vida na redução da criminalidade, graças à diminuição do potencial anti-

-social dos jovens adultos, ao aumento da estrutura e rotina de vida, às mudanças nas oportunidades, ganhos, custos e vinculações (cfr. para uma revisão Farrington, 2009). Nesses acontecimentos de vida podem incluir--se os empregos bem remunerados, o início de uma relação sentimental estável ou o facto de ter filhos.

Maturidade psicossocial

Uma outra linha de investigação teórica e empírica nesta área tem incidido na maturidade psicossocial, ou seja, no desenvolvimento das competências sociais e emocionais dos jovens. Adoptando essa perspectiva, Scott, Reppucci e Woolard (1995) propuseram um quadro de referência para explicar o juízo e a tomada de decisão dos adolescentes. Uma ilacção que daí se tirou foi a de que o sistema legal deve ter em conta que os adolescentes não tomam decisões do mesmo modo que os adultos, devido a possíveis diferenças em factores psicossociais tais como a influência dos colegas, a tomada de risco ou a perspectiva temporal. Cauffmann e Steinberg (2000) basearam-se nesse modelo para definir o conceito de maturidade do juízo, que eles descrevem como a "complexidade e sofisticação do processo de tomada individual de decisão tal como ele é afectado por um leque de factores cognitivos, emocionais e sociais" (p. 743). Nessa concepção de maturidade do juízo, estão incluídos três factores psicossociais:

> 1. Responsabilidade. Este factor refere-se à capacidade para fazer escolhas autónomas e independentes de influências externas, designadamente da influência dos adultos e, sobretudo, dos colegas. À medida que os adolescentes vão amadurecendo, tornam-se menos influenciáveis pelos seus pares e também mais independentes dos pais. Além disso, a responsabilidade também envolve o desenvolvimento de um sentido coerente de identidade, que se desenvolve ao longo da adolescência.
> 2. Temperança. Designa-se aqui, por este termo, a capacidade de controlo dos impulsos e o exercício de domínio de si próprio. Os adolescentes caracterizam-se, frequentemente, por uma elevada busca de sensações e pela impulsividade bem como por serem susceptíveis a mudanças de humor, resultantes de variações hormonais. Uma outra característica desta idade é a elevada tendência a tomar riscos. Steinberg (2004) defende que o aumento da tomada de risco nos adolescentes resulta de um aumento na

busca de sensações típica da puberdade, que não é acompanhada pelo desenvolvimento de competências reguladoras que só surgem, mais tarde, na adolescência.

3. Perspectiva. Este termo é aqui utilizado para designar a capacidade de prever as consequências do comportamento a curto e médio prazo (perspectiva temporal), bem como a capacidade para compreender como é que as suas acções podem afectar as outras pessoas (perspectiva social) e a capacidade para pesar os custos e os benefícios de uma decisão. Borum e Grisso (2007) referem que "antes da adultez as pessoas atribuem mais importância à aquisição de eventuais ganhos do que ao evitamento de possíveis perdas; do mesmo modo, dá-se mais importância aos ganhos a curto prazo do que às consequências a longo prazo" (p. 559).

Cauffmann e Steinberg (2000) examinaram essas três dimensões numa amostra de mais de 1000 indivíduos cujas idades variavam entre os 12 e os 14 anos. Os resultados mostraram que os indivíduos diferiam significativamente entre si nessas três dimensões da maturidade psicossocial, em função da idade. O processo de maturação estabilizaria por volta dos 19 anos de idade. De modo geral, o adolescente tem menos maturidade psicossocial do que o adulto, e os adolescentes mais novos são menos maduros do que os mais velhos. Todavia, essas diferenças na capacidade de tomada de decisão não são explicadas apenas pela idade, pois há grandes variações na capacidade de julgamento dentro de um mesmo nível etário. Assim, um indivíduo com 13 anos de idade pode ser mais maduro e mais eficaz a tomar decisões do que outro indivíduo com 17 anos de idade, embora os adolescentes com 17 anos sejam, em média, mais maduros do que os indivíduos com 13 anos.

Estudos mais recentes têm procurado estabelecer uma relação directa entre maturidade psicossocial e a delinquência juvenil (*v. g.*, Cruise *et al.*, 2008; Modecki, 2008). Concretamente, tem-se verificado que a imaturidade psicossocial prediz o comportamento anti-social dos adolescentes na escola secundária e em grupos de delinquentes juvenis. Verificou-se também em ambos os casos, que a temperança e a perspectiva andavam associadas com a transgressão, mas que o mesmo já não acontecia em relação à responsabilidade. Além disso, constatou-se que os factores psicossociais tinham um efeito directo no comportamento anti-social, independentemente do seu efeito nos processos de tomada de decisão (Modecki, 2008).

O desenvolvimento do cérebro

Uma das razões pelas quais os adolescentes parecem ter mais fraca capacidade para tomar decisões importantes é a de que o seu cérebro ainda não atingiu o nível de maturidade do dos adultos. Por exemplo, há estudos a mostrar melhorias no desempenho dos adolescentes em testes de fluência verbal, memória, aprendizagem, raciocínio e atenção, à medida que vão amadurecendo (*v. g.*, Levin *et al.*, 1991; Klaczynski, 2001). A continuação do desenvolvimento do cérebro é particularmente notória nos lobos frontais, que controlam as funções executivas, relacionadas com a tomada de decisão (*v. g.*, Davies & Rose, 1999). Habitualmente, considera-se que essa área cerebral não está inteiramente desenvolvida antes dos vinte anos de idade (Giedd *et al.*, 1999). À medida que os adolescentes amadurecem, vão tendo melhores capacidades de resolução de problemas, são menos influenciáveis pelos colegas, e tornam-se menos impulsivos e mais sofisticados na maneira como pensam e como tomam decisões. Este desenvolvimento cognitivo dos adolescentes pode ser muito relevante para o sistema de justiça em diversas situações. Por exemplo, para a participação nos interrogatórios da polícia fazer algum sentido, é preciso que os suspeitos tenham os requisitos, do ponto de vista da capacidade de memória e de atenção, para compreender e se lembrar daquilo que a polícia lhes disse sobre os seus direitos bem como para entenderem as acusações que lhes são feitas. Os mesmos indivíduos precisam, igualmente, de competências executivas suficientes para organizar ou controlar o seu comportamento na sala de audiências no tribunal (Viljoen & Roesch, 2005). É de referir, também, que os estudos que examinam as capacidades jurídicas dos adolescentes (*v. g.*, capacidade para renunciar aos seus direitos, capacidade para participar no seu julgamento) têm demonstrado que o desenvolvimento cognitivo explica, em grande parte, as diferenças nas capacidades jurídicas baseadas na idade (*v. g.*, Viljoen & Roesch, 2005). Do mesmo modo, importa relembrar que as investigações sobre a relevância legal do desenvolvimento do cérebro têm sido citadas por organizações profissionais tais como a Associação Americana de Psicologia [1] (APA) no seu parecer para o Tribunal Supremo dos E.U.A. no caso *Roger*

---

[1] O relatório da APA pode ser consultado em *http://www.apa.org/psyclaw /roper-v-simmons.pdf.*

vs *Simmons* (2005). Esse caso tinha a ver com a constitucionalidade da pena capital a que fora condenado um adolescente acusado de vários crimes graves. Embora o Supremo Tribunal Americano não cite explicitamente esta investigação na sua decisão (segundo a qual a pena capital é inconstitucional no caso de menores), a opinião maioritária utilizou vários dos argumentos da APA.

Igualmente relevante para o sistema legal são os resultados de vários estudos sobre a maturidade cognitiva do adolescente, demonstrando que esta ainda se encontra no seu início, nessa fase da vida. Uma das questões que, nesse âmbito, se tem colocado é a que se prende com a utilidade da investigação para a determinação da culpa dos adolescentes. Aronson (2007) refere, a esse propósito, que embora certos investigadores defendam o seu uso no sistema legal, outros hesitam em utilizar provas científicas no sistema legal antes que se compreenda bem como é que certas características específicas do cérebro estão relacionadas com o comportamento e com a tomada de decisão dos adolescentes, em situações de stresse elevado na vida real (p. 134).

Avaliação dos jovens no sistema de justiça de menores

Os psicólogos e outros profissionais de saúde mental podem ser chamados a realizar avaliações forenses de jovens, relativamente a um grande número de questões: compreensão dos seus direitos no momento da detenção, competências para participar no julgamento, transferência para o tribunal de adultos, perigo para a comunidade, risco de reincidência, sentenças e sua execução.

**Capacidade para compreender
os seus direitos no momento da detenção**

Descreveram-se, atrás, as grandes tendências das políticas de justiça de menores em diversos países, as quais oscilam entre modelos centrados na reabilitação, por um lado, e abordagens que colocam a ênfase na responsabilidade do indivíduo, por outro lado. Owen-Kostelnik, Reppucci e Meyer (2006) resumiram assim o estado da arte nesse domínio: "a caracterização dos jovens tem oscilado entre, por um lado, modelos de lógica paternalista que apresentam os menores como crianças que necessitam de protecção (e, assim, os privam de certos direitos quando eles são interrogados) e, por outro lado, modelos com uma lógica liberacionista que apresentam os jovens como indivíduos autónomos que têm os mesmos direitos dos adultos quando forem submetidos a um interrogatório" (p. 287-88). Graças, em grande parte, a estas mudanças, é aceite em muitas jurisdições de lei comum (*common law*) que os suspeitos adultos e adolescentes em custódia da polícia têm o direito de evitar declararem-se culpados e de exigirem a presença de um advogado, durante o processo de detenção e interrogatório (Grisso, 2003). E o que nos diz a investigação científica a este propósito? Há um número crescente de estudos, sobre as capacidades dos adolescentes em contextos de interrogatório, a mostrar que muitos deles não compreendem inteiramente nem avaliam correctamente os seus direitos; muitos renunciam mesmo a esses direitos e continuam a prestar declarações à polícia durante o interrogatório (*v. g.*, Grisso, 1981; Peterson--Badali, Abramovitch, Koegl & Ruck, 1999). A literatura sobre possíveis factores de risco associados a uma fraca compreensão dos próprios direitos mostra que os adolescentes mais novos e aqueles que possuem capacidades cognitivas mais fracas também apresentam as maiores dificulddes quando se trata de compreender e tomar decisões informadas sobre os seus direitos (*v. g.*, Viljoen & Roesch, 2005; Goldstein, Condie, Kalbeitzer, Osman & Geier, 2003). Isso é motivo de grande preocupação, se tivermos em conta que os adolescentes também se encontram em risco acrescido de fazer confissões falsas durante os interrogatórios, em consequência da sua relativa imaturidade intelectual e emocional (Oberlander & Goldstein, 2001).

Não admira, por isso, que os psicólogos forenses sejam, cada vez mais, chamados a avaliar a capacidade dos jovens para compreender os seus direitos no momento da detenção (Viljoen & Roesch, 2007). Tais avaliações são feitas retrospectivamente e, em geral, incluem uma avaliação dos procedimentos de renúncia aos direitos utilizados pela polícia *(v. g.*, como foi feita a apresentação dos direitos no interrogatório ou como foi avaliado o nível de compreensão desses direitos?). Além disso, os avaliadores têm também de considerar um certo número de factores individuais (*v. g.*, capacidades cognitivas, capacidades de leitura, nível de desenvolvimento, sugestibilidade) e contextuais, designadamente em que condições o indivíduo eventualmente renuncia aos seus direitos. Por exemplo, houve privação de sono ou intoxicações? Foram utilizadas pela polícia, no processo de renúncia, técnicas tais como pressões ou promessas de compaixão que podem comprometer a legalidade da renúncia aos direitos? (Cf. Roesch, McLachlan & Viljoen, 2008, para uma revisão destas questões).

Para auxiliar os avaliadores nessa tarefa, diversos instrumentos de avaliação forense têm sido construídos e publicados, a maioria dos quais se destina a ser utilizada nos E.U.A. e nas jurisdições da América do Norte. O mais comum de todos é o "Instrumento para a Compreensão e Apreciação dos Direitos Miranda" (Ryba, Brodsky & Sclisberg, 2007). A maioria desses instrumentos encontra-se, actualmente, disponível apenas em inglês.

Competência para participar no próprio julgamento

Os requisitos necessários para a admissibilidade dos procedimentos de renúncia aos seus direitos no momento da detenção variam de uma jurisdição para a outra; mas, geralmente, exige-se que os interrogados compreendam quais os seus direitos e tomem decisões informadas no que se refere à protecção que estes direitos oferecem.

Nesse sentido, a maioria dos sistemas de justiça ocidentais tem provisões que permitem adiar ou suspender o julgamento criminal se um réu for considerado incompetente para participar na sua própria defesa. No Canadá e na Grã-Bretanha essa prática é designada como *competência para participar no próprio julgamento*. Como já acima se discutiu, muitos tribunais de menores têm vindo a orientar-se, cada vez mais, para o castigo, havendo uma possibilidade crescente de que os jovens sejam transferidos para tribunais de adultos. Por tudo isso, as questões de competência legal são de uma grande actualidade nos tribunais de menores de vários países.

Concretamente, tem havido um debate intenso sobre se os critérios legais utilizados na avaliação da competência jurídica dos réus adultos podem ser também utilizados como ponto de referência para se determinar a incompetência dos menores (Grisso, 1997, 2003). Uma vez que os critérios legais para a determinação da competência para participar no julgamento variam de país para país e de uma jurisdição para a outra, a nossa discussão, neste capítulo, manter-se-á a um nível geral. Feita essa ressalva, pode-se afirmar o seguinte: do ponto de vista das competências funcionais que, geralmente, são exigidas de um réu, durante o processo de julgamento (*v. g.*, compreensão das acusações contra ele formuladas e possíveis consequências do julgamento; compreensão e apreciação do papel dos diversos participantes no processo legal, etc.), os requisitos que são necessários, no caso dos adultos, podem aplicar-se, igualmente, no caso dos menores.

Nos adultos, certos diagnósticos psiquiátricos tais como a psicose (especialmente quando envolvem ideias delirantes ou a deficiência mental) são as principais razões para se declarar um réu como incompetente, quando as capacidades funcionais se encontram diminuídas ou ausentes (Zapf & Roesch, 2005). Porém, a componente causal é menos clara no caso dos menores (Grisso, 2003). Embora muitos delinquentes juvenis tenham problemas de saúde mental, a maioria não apresenta sinais de doença mental grave. Há, efectivamente, dados da investigação a mostrar que só menos de 20% dos adolescentes com incompetência jurídica apresentam transtornos psicóticos (McGaha, Otto, McClaren & Petrila, 2001). No caso dos delinquentes juvenis, as questões mais relevantes neste domínio prendem-se com a idade, o desenvolvimento cognitivo e a maturidade (Scott, Reppucci & Woolard, 1995; Viljoen & Roesch, 2005). Outros factores que podem afectar a capacidade dos adolescentes para participar no seu próprio julgamento são os défices de atenção, hiperactividade, défices das capacidades verbais e fraca inteligência (Viljoen & Roesch, 2005).

Embora se tenham criado numerosos instrumentos para avaliar a competência jurídica dos adultos, existe apenas um (tanto quanto é do nosso conhecimento) especificamente construído para avaliar a competência dos menores — a entrevista de avaliação da competência juvenil (*Juvenile Competency Assessment Interview* – JACI, Grisso, 2005). A JACI é uma entrevista estruturada que pode ser utilizada por psicólogos forenses para obter informações sobre capacidades legais relevantes e outras questões de desenvolvimento, no quadro de uma avaliação de competências jurídicas dos menores. Adicionalmente, o *Fitness Interview Test* (FIT – R. Roesch, Zapf & Eaves, 2006), apesar de originalmente destinado à avaliação de adultos, tem também sido utilizado na avaliação de menores. É de referir, a esse propósito, que Viljoen, Vincent e Roesch (2006) fornecem dados a apoiar a sua fidedignidade e validade nos adolescentes. Os mesmos autores verificaram também que os adolescentes mais novos e, de modo especial, os que têm QI mais baixos apresentavam défices maiores do que os adolescentes mais velhos ou do que os adultos. Mesmo assim, é possível que os mais incompetentes se tornem competentes num prazo relativamente curto (McGraha et al., 2001).

No caso de um jovem se revelar incompetente para participar no julgamento, fornecem-se serviços de restauração dessa competência na comunidade, a menos que haja provas de que é necessário um internamento para esse efeito (Redding & Frost, 2001). Essa recuperação pode ser difícil de conseguir especialmente se a incompetência do jovem resultar de défices graves no seu desenvolvimento. Por exemplo, Viljoen, Odgers, Grisso e Tillbrook (2007) constataram que o recurso a um módulo de ensino preparado para a restauração da capacidade legal do réu não produzia nenhuma redução significativa nas diferenças, a nível da compreensão jurídica, entre jovens e adultos na compreensão legal.

Julgamento de menores em tribunais de adultos

Há muitos sistemas de justiça que permitem a transferência dos jovens do tribunal de menores para o sistema de justiça dos adultos em determinadas circunstâncias. Na verdade, a transferência dos jovens do primeiro tipo de tribunal para o segundo foi uma prática bastante comum em muitos países no século passado (Weijers, Nuytiens & Christiaens, 2009). Porém, essa transferência tem sido considerada por muitas pessoas como um passo extremamente punitivo para os jovens. É de lembrar, nessa ordem de ideias, que as sanções no sistema de justiça dos adultos colocam normalmente a ênfase na responsabilidade, na retribuição e na dissuasão mais do que na reabilitação e na reintegração. Nesse sentido, elas podem ser mais punitivas e implicar maior perda de liberdade, isto é, mais encarceramento. A natureza punitiva das sanções adultas torna-se ainda mais clara quando elas são vistas à luz dos sistemas de justiça de menores que, em princípio, utilizam modelos de protecção em vez de modelos orientados para a justiça e para o controlo do crime.

O processo e os objectivos da transferência

Os critérios para a transferência dos menores (para o tribunal de adultos) variam conforme os diferentes sistemas de justiça. Nuns, a transferência resulta da natureza do crime, sendo os delitos mais graves julgados em tribunais de adultos (Weijers *et al.*, 2009). Noutros sistemas (*v. g.*, na Bélgica) o mais importante é a personalidade do transgressor, designadamente o facto de ele mostrar ou não sinais de remorso ou o facto de ele ter uma atitude negativa (Christiaens & Nuytiens, 2009). Noutros sistemas, ainda, atende-se à combinação das características dos jovens e das características dos crimes quando se decide se um menor vai ser julgado (ou não) num tribunal de adultos. É, por exemplo, o que sucede no Canadá.

O recurso crescente à transferência para tribunais adultos, registado em diversas jurisdições (McNulty, 2008), parece resultar, pelo menos em parte, da aceitação, cada vez mais generalizada, da ideia de que são necessárias sanções mais pesadas para os delinquentes juvenis. Outra explicação pode estar no medo do crime violento na sociedade e na convicção de que é importante obrigar os jovens a responsabilizarem-se pelos seus crimes. O aumento das transferências para os tribunais de adultos, observado, recentemente, em vários países pode, assim, atribuir-se a uma filosofia da justiça que aceita que os jovens são demasiado violentos para se poder lidar com eles no âmbito do sistema de justiça de menores, que alguns jovens não podem ser reabilitados e que uma abordagem (política) mais orientada para o castigo (e para sentenças potencialmente mais longas) fornecerá uma melhor protecção ao público. No caso dos E.U.A, a força do apoio da opinião pública às transferências de menores para tribunais adultos ficou bem demonstrado num inquérito nacional. Mais especificamente, Mears (2001) verificou que 87% dos inquiridos defendiam a transferência dos jovens acusados de crimes graves. E essa atitude não se limitava aos que eram acusados de crimes violentos. Na verdade, o mesmo investigador constatou que 64% da amostra apoiava a transferência de jovens acusados de crimes contra a propriedade. Porém, isto não nos deve fazer esquecer que a transferência coloca também importantes questões ao sistema de justiça do adulto, designadamente se leva a uma redução do crime (*dissuasão*), se é justa (*processo justo*) e se vai aumentar o número de jovens no sistema de justiça dos adultos (*alargamento da rede*).

Avaliações

Os peritos de saúde mental são cada vez mais solicitados para avaliar os jovens envolvidos nesse processo de transferência. Embora os critérios para uma tal decisão possam variar de uma jurisdição para a outra, as avaliações incidem geralmente em 3 factores: risco para a comunidade, maturidade/sofisticação e disposição para o tratamento. As avaliações podem incluir a utilização de instrumentos estandardizados de risco tais como a Avaliação Estruturada de Risco de Violência para Jovens (SAVRY; Bartel, Borum & Forth, 1999), a avaliação da personalidade através de testes como o Minnesota Multiphasic Personality Inventory – Adolescent (MMPI – A; Butcher *et al.*, 1992), testes de inteligência e medidas de *responsividade* ao tratamento. Neste contexto, Salekin (2004) criou um instrumento para avaliar estes três factores — o Inventário de Risco-Sofisticação-Tratamento (*Risk-Sophistication-Treatment-Inventory* – RSTI). Esta medida consiste numa entrevista semi-estruturada e numa escala construída para ajudar os clínicos a avaliar o risco de perigosidade, a sofisticação-maturidade dos jovens, a sua disponibilidade para aceitar o tratamento, bem como as suas necessidades de tratamento. Os itens são cotados com base numa entrevista e noutras informações colaterais, designadamente registos da escola, da polícia, da detenção e de tratamento anteriores. Além disso, as entrevistas com os pais ou com os encarregados de educação podem também fornecer informações importantes.

Impacto da transferência para o tribunal de adultos

O pressuposto de que a transferência para o tribunal de adultos reduz o crime não tem sido, até agora, confirmado pela investigação. Nos E.U.A, Lotke e Schiraldi (1996) compararam as taxas de homicídios dos Estados que têm taxas elevadas de transferência com as taxas dos Estados com menos transferências. Os resultados mostraram que a transferência dos jovens não afecta as taxas de homicídios. Por exemplo, o Connecticut (onde havia a taxa mais elevada de transferência) tem a mesma taxa de homicídio que o Colorado, cuja taxa de transferência era próxima de zero. Por sua vez, o Michigan e o Massachusetts têm taxas de transferência semelhantes; mas as suas taxas de homicídio encontram-se entre as mais elevadas e as mais baixas, respectivamente. Estes estudos sugerem, pois, que o aumento da taxa de transferência não se traduziu numa maior protecção do público, pelo menos em termos de taxas mais baixas de homicídio nos Estados Unidos da América.

Outro pressuposto é o de que um aumento do número das transferências resultará em taxas mais baixas de reincidência. Ora, na verdade, o que se verifica é o contrário. Bishop, Frazier, Lanza-Kaduce e Winner (1996) compararam as taxas de reincidência dos jovens transferidos para os tribunais adultos com as taxas de reincidência dos que permaneceram no sistema de justiça de menores [2]. A análise dos dados centrou-se nas taxas de reincidência (definidas em termos de detenções repetidas), gravidade das acusações aquando da nova detenção e o tempo decorrido até à nova detenção. Os resultados contradizem a expectativa (hipótese), segundo a qual o facto de fazer entrar o jovem para o sistema de justiça do adulto reduziria a sua reincidência. Em vez disso, verificou-se que as taxas de reincidência eram, de facto, mais elevadas no grupo transferido. Mais exactamente, 30% dos indivíduos deste grupo acabavam por ser novamente detidos num período de *follow-up* que podia durar 4 anos, enquanto que a taxa de reincidência era apenas de 19% no grupo emparelhado dos não-transferidos. E esta diferença mantinha-se quando se controlavam os dias em que eles estiveram em risco (pois, dado que os transferidos tinham uma detenção mais longa, também tinham menos dias de risco até uma nova detenção). O grupo de transferidos tinha, em média, 1,9 crimes *por ano de exposição ao risco*, enquanto que o grupo de controlo não-transferido tinha apenas 1,7 crimes. Igualmente interessante foi a constatação de que o grupo transferido tinha mais probabilidades de crimes graves e cometia novos delitos a um ritmo mais rápido do que o grupo não-transferido.

**Encarceramento na cadeia adulta
vs detenção em instituições de menores**

As prisões com o seu enfoque no castigo não têm, geralmente, programas de reabilitação comparáveis aos que são oferecidos pelas insti-

---

[2] Estes estudos têm, geralmente, uma grande limitação: os jovens dos dois grupos não são comparáveis do ponto de vista da gravidade dos crimes que levaram à transferência, número de acusações, registo criminal anterior, gravidade das crimes anteriores, bem como do ponto de vista de outros factores sociodemográficos tais como idade, género e raça. Para contornar esse problema, os autores deste estudo recorreram à solução seguinte: emparelhamento dos jovens nessas variáveis, de modo a que as duas amostras fossem comparáveis nas dimensões mais relevantes.

tuições de menores, pois estas últimas são mais orientadas para responder às necessidades dos adolescentes. Além disso, as prisões são meios mais violentos, o que faz com que os menores corram aí um maior risco de vitimação do que os adultos. De acordo com um relatório da Associação de Justiça Criminal (1997), os jovens encarcerados em instituições de adultos têm cinco vezes mais probabilidades de serem vítimas de abusos sexuais, duas vezes mais probabilidades de serem espancados pelo *staff* e 50% mais probabilidades de serem atacados com uma arma do que os seus pares que se encontram em centros de menores.

Resumindo, a investigação mostra que a transferência dos menores para tribunais de adultos e o seu encarceramento em cadeias de adultos (em vez do seu envio para centros juvenis) parece contradizer as expectativas de que a experiência da cadeia adulta funcionaria como um factor de dissuasão, que as taxas de reincidência seriam mais baixas e que o público ficaria mais protegido. Na realidade, os estudos mostram que as taxas de reincidência dos jovens transferidos são mais elevadas do que as do grupo dos não-transferidos. Além disso, uma vez colocados a cumprir a pena numa prisão de adultos, esses jovens correm aí mais riscos de vitimação.

Avaliação do risco

Os dados da investigação apoiam a conclusão segundo a qual não há uma causa que, sozinha, seja responsável por todo o tipo de delinquência, como também não existe uma trajectória que, sozinha, leve o indivíduo para uma vida de crime (Loeber & Farrington, 1998). Por isso, também não há nenhuma forma de intervenção que sirva para todo o tipo de delinquentes juvenis. O interesse da investigação sobre os riscos de violência ou reincidência está, justamente, em ajudar-nos a identificar os factores que podem orientar as estratégias de intervenção e indicar os jovens que se encontram em mais elevado risco de reincidir. A identificação dos factores de risco é importante por duas razões. Primeiro, fornece informações sobre a probabilidade de futuros comportamentos criminosos, embora seja importante lembrar que as predições, a longo prazo, podem ser menos exactas, especialmente no caso dos jovens. Segundo, a investigação sobre factores de risco permite identificar áreas para as quais se podem planear intervenções apropriadas, capazes de ajudar a reduzir a probabilidade de reincidência dos jovens. A avaliação dos riscos deveria incidir sempre neste uso da informação de risco, dado que aquilo que, em última análise, se pretende é identificar e controlar o risco. A avaliação do risco fornece, pois, uma excelente oportunidade para identificar ou planear intervenções que podem mudar os resultados negativos geralmente esperados na evolução dos indivíduos delinquentes ou anti-sociais.

No entanto, a avaliação de riscos, quer se trate de riscos presentes ou futuros, é tarefa que implica sempre grandes dificuldades (Borum, 1996; Monahan & Steadman, 1994). Embora a exactidão das predições tenha melhorado na última década, continua a haver uma taxa elevada de falsos positivos (i. e., predição errada de que um indivíduo vai ser violento). É sabido, em especial no que se refere aos jovens, que as predições a curto prazo são, em geral, mais rigorosas do que as predições a longo prazo. Ou seja, na medida em que o intervalo temporal da predição aumenta, diminui a sua exactidão (Mulvey, 2005). Recomenda-se, por isso, que os avaliadores façam avaliações e recomendações orientadas para o curto prazo, quando lidam com suspeitos jovens (Viljoen, Elkovitch & Ulmann, 2008).

Esta recomendação é relevante, particularmente para a avaliação de futuros riscos dos adolescentes, uma vez que a maioria dos delinquentes juvenis não continua a cometer crimes na idade adulta. É o que acontece, por exemplo, com jovens que se envolveram em condutas violentas: a investigação mostra que menos de 30% desses jovens são detidos, por comportamentos violentos na idade adulta. Neste sentido, pode dizer-se que a maioria dos jovens violentos não corre grande risco de violência a longo prazo (Elliott, Huizinga & Morse, 1986). As razões para isso podem ser complexas e variadas; mas, numa perspectiva desenvolvimentista, têm a ver com o facto de os adolescentes, por comparação com os adultos, tenderem a responder, de maneira mais impulsiva, a tomar riscos maiores, a pensar menos nas consequências a longo prazo do seu comportamento e a serem mais facilmente influenciados pelos colegas (Arnett, 1992). Os adolescentes têm sido descritos como "alvos em movimento", no âmbito das avaliações de riscos futuros, devido às rápidas mudanças que ocorrem durante este período do desenvolvimento (*v. g.*, Borum, 2003; Mulvey & Cauffmann, 2001). Por isso, há peritos a defender que os psicólogos clínicos ou os psiquiatras devem assumir que os jovens têm, a longo prazo, poucos riscos de violência, a menos que haja provas do contrário em cada caso concreto (*v. g.*, Grisso, 1998b).

Instrumentos para a avaliação do risco

Há, presentemente, diversas medidas disponíveis para avaliar o risco e para identificar áreas, nas quais a intervenção pode servir para reduzir futuros riscos de comportamentos delinquentes (cfr. Corrado, Roesch, Hart & Gierowski, 2002, para uma revisão). O Quadro 1, em apêndice, mostra os itens daquele que é, provavelmente, o instrumento mais completo para uma avaliação estruturada e profissional de risco nos jovens — a avaliação estruturada da violência nos jovens (*Structured Assessment of Violence Risk in Youth* – SAVRY), construído por Random Borum, Patrick Bartel e Adelle Forth (2000). A SAVRY é um guião com 30 itens, bem estruturados, para a avaliação do risco de violência em adolescentes dos 12 aos 18 anos. Os seus itens baseiam-se em factores identificados pela investigação como estando associados com o risco de violência futura (cf. Loeber & Farrington, 1998) e encontram-se distribuídos pelas seguintes categorias: a) Itens históricos, b) Sociais/Situacionais, c) Factores clínicos de risco; bem como d) Factores de protecção. Cada item pode ser avaliado como representando um baixo, médio ou elevado risco, com base nos critérios fornecidos pelo manual respectivo. Por sua vez, os *factores de protecção* contemplados nessa medida são cotados como estando *presentes* ou *ausentes*. A resposta a cada um dos itens é dada com base nas informações colhidas das seguintes fontes: entrevista, registos anteriores, testes psicológicos e entrevista com outros membros da família. Os resultados de estudos americanos e europeus têm sido até agora promissores, produzindo correlações significativas da SAVRY com futuras manifestações de violência (*v. g.*, Borum & Verhaagen, 2006; Gammelgard, Koivisto, Eronen & Kaltiala-Heino, 2008; Lodewijks, Doreleijers & de Ruiter, 2008). Não menos interessante é o facto de os factores de protecção apresentarem uma relação negativa com a conduta violenta. Isso significa que variáveis tais como o envolvimento em actividades pró-sociais, uma forte vinculação e o apoio social, bem como os traços resilientes da personalidade podem, de facto, ter uma função protectora contra a violência.

Diferenças sexuais nos factores de risco

A maioria das investigações sobre factores de risco de delinquência juvenil tem utilizado amostras masculinas. Mas, recentemente, os dados de investigações sobre raparigas delinquentes juvenis têm mostrado que as taxas de violência neste grupo tem vindo a aumentar, embora a violência das raparigas continue menos grave do que a dos rapazes (Moretti, Odgers & Jackson, 2004). Tem-se verificado também que, embora haja uma sobreposição de factores de risco, alguns desses factores são mais comuns nas raparigas delinquentes. Por exemplo, Cauffmann, Feldman, Waterman e Steiner (1998) verificaram que 65% das raparigas em centros de reeducação de menores, na Califórnia, apresentavam sintomas de stresse pós-traumático por comparação com 11% das raparigas na população geral. Deve-se isso, provavelmente, às taxas mais elevadas de vitimação física ou sexual e a outras formas de violência sofrida na família. Por sua vez, estudos sobre jovens encarcerados têm mostrado que as percentagens de vitimação sexual podem chegar a 50% no caso das raparigas, enquanto que os rapazes raramente são vítimas desse tipo de abuso. Taxas de depressão, suicídio e outras formas de doença mental são igualmente mais elevadas nas raparigas. Por exemplo, Moffitt, Caspi, Rutter & Silva (2001) verificaram que, aos 21 anos de idade, as mulheres diagnosticadas na infância e na adolescência, com um distúrbio do comportamento, tinham significativamente mais probabilidades de apresentar sintomas de saúde mental (*v. g.*, ansiedade, depressão, psicose, mania, tendências suicidas), mais problemas de natureza médica, mais necessidade de assistência social, maior risco de vitimação por parte dos seus parceiros e, em contrapartida, maior probabilidade de abuso físico contra os seus parceiros ou cônjuges. Importa salientar que a maioria dos estudos sobre riscos e sobre intervenções tem sido efectuada com base em amostras masculinas. Ora como os rapazes ultrapassam, de longe, as raparigas, no que se refere à prevalência, frequência e gravidade dos comportamentos violentos (Odgers, Schmidt & Reppucci, 2004), é possível que os instrumentos de avaliação de riscos, cujas normas foram estabelecidas a partir de amostras masculinas, não se adequem à avaliação das mulheres (Moretti *et al.*, 2004). Este é, sem dúvida, um problema que necessita de ser estudado urgentemente.

A coexistência de outras perturbações de saúde mental

Um factor de risco que merece especial atenção é a presença de problemas de saúde mental nos indivíduos violentos. Há dados a mostrar que a taxa de prevalência desses problemas é mais elevada nos jovens enviados para o sistema judicial do que entre os seus pares da população geral nos E.U.A, na Grã-Bretanha e na Austrália (*v. g.*, Wilson & Tully, 2009). As ameaças e as tentativas de suicídio por parte dos delinquentes juvenis também não são raras. Além disso, sabe-se que muitos desses indivíduos experienciaram abuso físico ou sexual, bem como negligência por parte dos pais (Smith & Thornberry, 1995). Tais experiências, que têm um efeito profundo na saúde mental bem como na auto-estima das vítimas, podem ser consideradas como factores de risco, uma vez que andam associadas com a conduta delinquente.

Um estudo realizado por Teplin, Abram, McCleland, Dulcan e Mericle (2002), em que participaram 1829 jovens de um centro de detenção dos E.U.A. revelou que 2/3 dos rapazes e 3/4 das raparigas apresentavam uma ou mais perturbações psiquiátricas, cerca de 20% tinham uma depressão *major* e, aproximadamente, 16% dos rapazes e 21% das raparigas tinham um diagnóstico de problemas de atenção/hiperactividade. As perturbações de natureza psicótica eram raras nesta amostra mas, em contrapartida, 21% dos rapazes e 31% das raparigas tinham um transtorno da personalidade. Outras investigações têm demonstrado que o distúrbio do comportamento é muito frequente nessa população (cerca de 90% dos participantes nalgumas investigações) — o que faz com que esse distúrbio não seja um alvo muito útil nem para a avaliação do risco nem para a intervenção nesse contexto. Outros distúrbios mentais frequentemente encontrados nos delinquentes juvenis são a depressão, o abuso de droga, os problemas de atenção/hiperactividade e os transtornos de ansiedade (Lexcen & Redding, 2002). Ora isso pode ter, naturalmente, importantes implicações para a intervenção. Num estudo com 419 jovens americanos dos 12-18 anos, Sterling e Weisner (2005) mostraram que o tratar apenas o abuso de droga não dá resultados, devido à taxa elevada de outras perturbações apresentada pelos mesmos indivíduos. Verificou-se ainda nesse estudo que os jovens que recebiam tratamento para o abuso de droga e para os problemas de saúde mental tinham maiores probabilidades de deixarem de consumir álcool e outras substâncias psicoactivas do que os jovens cujo tratamento se destinava exclusivamente ao abuso de droga.

Dada a elevada prevalência dos problemas de saúde mental nos grupos de delinquentes juvenis, é importante que os serviços de menores façam uma avaliação psicológica de todos os jovens que para aí são encaminhados a fim de se chegar a interpretações mais rigorosas. Embora uma tal prática não esteja ainda generalizada, há presentemente sinais de que as coisas estão a começar a mudar, em parte devido ao aparecimento de testes de rastreio. Um desses instrumentos é o *Massachusets Youth Screening Instrument* (MAYSI – 2), construído por Grisso e Barnum (2006). O MAYSI – 2 é um instrumento de rastreio, composto por 52 itens, que pode ser administrado por não-profissionais e que se destina a identificar sinais de perturbação mental/emocional ou de stresse. O seu preenchimento demora cerca de 15 minutos, e consiste em descrever o comportamento de cada jovem nos últimos meses. Para tal, responde-se *sim* ou *não*, relativamente a cada item (*v. g.*, tem tido muitas dificuldades de concentração? Tem-se sentido sozinho a maior parte do tempo?). Estes itens estão agrupados em 7 sub-escalas: consumo de álcool/droga, furioso/irritável, deprimido/ansioso, queixas somáticas, ideação suicida, perturbações do pensamento e experiências traumáticas. Os resultados nele obtidos permitem determinar se o jovem está acima de 2 scores críticos: *Atenção* ou *Aviso*. *Atenção* indica a possível relevância clínica do score obtido numa determinada escala. No seu estudo, Grisso e Barnum (2006) verificaram que 66% dos rapazes e 79% das raparigas tiveram pelo menos uma escala com uma pontuação a esse nível; e 45% e 57% tiveram pelo menos duas escalas com pontuações acima desse nível. Por sua vez, o *Aviso* indica que os jovens tiveram pontuação excepcionalmente elevada numa determinada escala, designadamente quando se situavam entre os 10% que apresentavam os valores mais elevados, por comparação com os outros jovens. Por exemplo, no estudo acima referido, 27% dos rapazes e 40% das raparigas tiveram pelo menos um score numa das escalas, nesse intervalo; enquanto que 11% dos rapazes e 18% das raparigas tiveram scores, pelo menos em duas escalas, acima deste limiar.

Avaliação das disposições do indivíduo

Grisso (2003, p. 319) identificou quatro questões que devem ser consideradas na avaliação forense dos jovens condenados por crime:

1. Quais são as características importantes desses jovens (*v. g.*, personalidade, factores da família, problemas mentais e intelectuais, historial de delinquência)?

2. O que precisa de mudar (*v. g.*, quais os factores que, tendo contribuído para a delinquência, precisam de ser *recodificados* com vista a reduzir a probabilidade da reincidência)?
3. Que modos de intervenção poderão ser utilizados com vista à reabilitação?
4. Qual é a probabilidade de mudança, se houver uma intervenção adequada?

Um relatório para o tribunal que analise estas questões será útil para a escolha da sentença mais apropriada, designadamente quando o tribunal se decide pela participação dos jovens em programas de reabilitação que os ajudem a identificar e a lidar com aspectos da sua vida que necessitam de mudança.

Intervenções

Há bastantes dados a mostrar que a intervenção, sobretudo a intervenção "precoce", pode reduzir a delinquência, designadamente as ofensas graves e violentas. Lipsey (1995) efectuou uma meta-análise de 400 estudos sobre o tratamento da delinquência juvenil e a sua conclusão foi a de que, em geral, o tratamento era eficaz na redução global da reincidência delinquente, em cerca de 10%. Um tal resultado pode sugerir que não houve um efeito substancial da intervenção; mas o impacto, do ponto de vista da redução dos custos com o encarceramento, dos custos com as vítimas, bem como do ponto de vista dos benefícios positivos que daí resultam para os jovens que não reincidem, pode ser, mesmo assim, importante. Os investigadores que se têm interessado pela avaliação de risco identificaram diversos factores que podem ser utilizados como ponto de partida para intervenções destinadas a reduzir ou gerir esse risco. Por exemplo, a investigação mostrou que os filhos de mães solteiras e jovens se encontram em maior risco de delinquência (Yoshikawa, 1994). Essa informação tem sido de grande utilidade para a intervenção. É o caso dos programas do tipo Parceria Enfermeiras-Famílias (*Nurse-Family Partnership* – NFP), um programa de visita ao domicílio, no qual enfermeiras trabalham com famílias de fracos rendimentos económicos e com pais que acabam de ter o primeiro filho. O objectivo do NFP era fortalecer as competências parentais, melhorar as actividades de prevenção da saúde e melhorar a auto-suficiência económica dessas famílias. Um estudo de *follow-up* de um desses programas mostrou que, aos 15 anos de idade, os filhos de mães solteiras de nível sócio-económico baixo, que foram visitadas por estas enfermeiras, continuavam a apresentar menos detenções, menos condenações, menos consumo de álcool e de tabaco bem como menos parceiros sexuais do que as crianças de famílias semelhantes que não receberam tais visitas (Olds *et al.*, 1999). Actualmente, tais programas são oferecidos em diversos países na Ásia, na Europa, na América do Norte e na Austrália (OMS, 2002) e têm confirmado a ideia de que uma intervenção, iniciada desde tenra idade, pode ter benefícios a longo prazo.

Do mesmo modo, a investigação sobre os factores de risco tem mostrado que os jovens sinalizados, desde cedo, pelos seus problemas na escola (*v. g.*, *bullying*, problemas de atenção e dificuldades interpessoais) correm maior risco de, mais tarde, se envolverem em comportamentos anti-sociais (Loeber & Farrington, 1998). Isso sugere que os programas de intervenção baseados na escola podem ser eficazes na resolução dos problemas do comportamento e, assim, contribuir para baixar a incidência de problemas subsequentes, designadamente a delinquência juvenil e a violência. Uma boa ilustração disso é o programa de combate ao *bullying*, criado por Olweus (1993), na Noruega.

Do ponto de vista conceptual, podemos conceber as intervenções segundo duas dimensões: o *timing* da intervenção e o *alvo* da intervenção (Roesch, 1995). Tanto a primeira como a segunda são consideradas como aspectos importantes no desenvolvimento das intervenções destinadas aos delinquentes juvenis. No que se refere ao *timing*, a prevenção pode ser de três tipos: primária, secundária e terciária. As intervenções de *prevenção primária* têm lugar antes que um problema se desenvolva e são orientadas para a população geral (e não para indivíduos particulares). Um bom exemplo desse tipo de prevenção é a campanha dos *media* a alertar para os riscos do consumo de álcool durante a gravidez. É actualmente sabido que o consumo de álcool ou drogas durante a gravidez pode resultar em Perturbações do Espectro do Álcool Fetal (*Fetal Alcohol Spectrum – FASD*) que, por sua vez, anda associado com o início de problemas de saúde mental e outros problemas do comportamento, designadamente maiores riscos de criminalidade juvenil e adulta. Por exemplo, Streissguth, Barr, Kogan, Bookstein e colaboradores (1996) realizaram um estudo que consistiu no *follow-up* de cerca de 400 indivíduos com FASD até a idade adulta. Os resultados mostraram que 60% tinham sido suspensos ou expulsos da escola, 60% tinham sido acusados ou condenados por crime, 50% tinham sido encarcerados ou internados para tratamento de doença mental ou de abuso de droga, 50% exibiam comportamento sexual inapropriado, e 30% tinham problemas de consumo de álcool ou de drogas.

Uma outra estratégia de prevenção primária — o *Triplo-P* — Programa Positivo para cuidar dos filhos (*Positive Parenting Program* – Triple P), utilizado em vários países, recorre a campanhas nos *media*, que incidem sobre as práticas educativas dos pais, com vista a reduzir os comportamentos anti-sociais dos filhos (Sanders & Prinz, 2008). Mas, para além destes, vários outros programas de prevenção primária têm sido construídos e aplicados, com maior ou menor sucesso, nas últimas décadas. É o caso de um programa que visa dar resposta aos problemas de vitimação na escola primária, através de um *curriculum,* para professores e alunos, centrado no ensino de competências para lidar com o comportamento agressivo (Leadbetter, Dhami, Hoglund & Dickinson, 2004). Outro exemplo, frequentemente citado na literatura da especialidade, é o programa *Head Start* (Zigler, 1994) que se destinava a promover a preparação para a escola, em crianças em idade pré-escolar de elevado risco, através da promoção do seu desenvolvimento cognitivo e social. Os resultados mostraram que esse tipo de intervenção diminuía os riscos de futuros problemas de adaptação à escola, designadamente comportamentos anti-sociais. Embora destinado a alunos mais velhos, o programa de Olweus (1993) para a prevenção da violência nas escolas (*bullying*), pode ser também incluído nesta categoria de prevenção primária.

Por sua vez, *os programas de prevenção secundária* dirigem-se a grupos específicos, mas a intervenção é iniciada desde cedo, antes que apareçam problemas graves. Os jovens que apresentam esses sinais de risco (já anteriormente discutidos neste capítulo) são escolhidos como alvo para programas especiais. Um bom exemplo é o programa de prevenção de Montreal (Canadá), destinado a rapazes de 7-9 anos de idade, cujos problemas de comportamento disruptivo tinham sido identificados logo no jardim de infância. O programa, que durava 2 anos, incidia no treino de competências relacionadas com a escola e no treino de competências parentais (Tremblay, Masse, Pagani & Vitaro, 1996). Estudos de *follow--up* revelaram que os jovens tratados apresentavam, alguns anos mais tarde, melhorias no desempenho escolar bem como níveis mais baixos de delinquência do que os seus pares que não tinham beneficiado desse programa. Um outro exemplo são os programas alternativos ao encarceramento ou ao sistema de justiça. É o caso do Projecto "*Back-on-Track*", de 4 semanas de duração, que envolve terapia de grupo e terapia da família, educação psicológica, projectos de serviço à comunidade e/ou exercícios de desenvolvimento da empatia. A avaliação deste programa mostrou uma diminuição das transgressõess, num *follow-up* de 12 meses, mais acentuada no grupo experimental do que no grupo de controlo (Myers *et al*., 2000).

Finalmente, a *prevenção terciária*, tem lugar muito depois dos problemas se terem desenvolvido ou agravado. Os programas deste tipo são, geralmente, dispendiosos dado que, muitas vezes, envolvem cuidados institucionais e gestão intensiva de casos. Além disso, essas formas de intervenção são habitualmente levadas a cabo depois de crimes graves terem sido cometidos (*v. g*., crimes com grande violência). Obviamente, a prioridade, nesses casos, é reduzir o risco de futura conduta criminal, não havendo qualquer possibilidade de prevenção desse tipo de comportamento. Por isso, a maioria destes programas são executados em centros de detenção, para onde esses jovens foram previamente enviados. Mas são também conhecidas alternativas bem sucedidas ou promissoras, na comunidade. Um bom exemplo disso é o Programa Multidimensional *Treatment Foster Care*, no qual famílias de acolhimento devidamente treinadas fornecem tratamento e supervisão intensivos em casa, na escola ou na comunidade (Chamberlin, 2003). Estudos de follow-up revelaram que os sujeitos que beneficiaram desse programa apresentavam taxas mais baixas de detenção, menos consumo de droga e mais assiduidade à escola do que os seus pares de um grupo de controlo.

No que se refere ao *alvo* da intervenção — a segunda dimensão atrás referida — muitos programas para jovens que se encontram em centros de detenção incidem sobre as suas necessidades específicas (*v. g*., abuso de substâncias, psicoterapia). Porém, os investigadores estão cada vez mais conscientes da importância e necessidade de se trabalhar também sobre os sistemas ligados à vida dos adolescentes, designadamente comunidades, escolas, pares e famílias. Embora haja diversos programas de intervenção de natureza sistémica, tem sido talvez a Terapia Multissistémica que tem produzido a redução mais significativa das transgressões e de outros problemas de comportamento dos jovens delinquentes (Curtis, Ronan & Bordion, 2004). Este tipo de intervenção fornece um apoio intensivo a nível do indivíduo, da família e da comunidade, que envolve, em média, 60 horas de serviços directos prestados aos clientes. Henggeler e colaboradores (1996) mostraram que esse programa tinha efeitos positivos bem visíveis, em áreas tão diversas como o relacionamento na família e a delinquência revelada pelos próprios jovens (*self-report*). Num *follow-up* de 59 semanas, o grupo submetido a este tipo de tratamento apresentava, por comparação com um grupo de controlo, menos de metade das detenções, menos 73 dias de encarceramento e menos agressões contra os colegas. Além disso, dois anos mais tarde, os jovens que tinham beneficiado dessa intervenção continuaram a apresentar só metade dos riscos de detenção quando comparados com os seus pares do grupo de controlo. Mesmo assim, importa salientar que um estudo posterior, no Canadá, não encontrou quaisquer diferenças significativas entre o grupo de tratamento e o grupo de controlo em nenhuma das variáveis dependentes utilizadas no *follow-up* (Cunningham, 2002).

Análise de custos e benefícios

Como se pode ver pelo Quadro 2, há importantes ganhos a longo prazo nos programas de prevenção, para crianças e jovens com comportamentos anti-sociais. Aos, Phipps, Barnoski e Lieb (2001) calcularam esses ganhos no *folow-up* de um vasto leque de programas de prevenção. Mais concretamente, estes autores estimaram o impacto que uma redução da reincidência iria ter em termos dos benefícios resultantes de uma diminuição dos custos com o encarceramento, de um aumento do emprego desses indivíduos, e de uma diminuição das despesas com a segurança social e a saúde. Os programas especificamente orientados para os delinquentes juvenis (*v. g.*, Terapias Multissistémicas e a Terapia Familiar Funcional) apareciam associados, de maneira sistemática, aos maiores ganhos económicos. Em contrapartida, os programas focalizados em crianças e jovens que ainda não tinham sido apanhados nas malhas da justiça criminal (*v. g.*, programas destinados à educação de crianças, desde cedo na infância) produziam ganhos mais pequenos, mas mesmo assim significativos.

Conclusão

O período do desenvolvimento do indivíduo habitualmente designado por adolescência caracteriza-se, frequentemente, por importantes desafios ao sistema de justiça e designadamente à justiça de menores. O envolvimento dos jovens em actividades delinquentes é um grave problema em muitos países. Para se lidar convenientemente com esse fenómeno é necessário um sólido conhecimento dos princípios do desenvolvimento do indivíduo e do sistema de justiça.

O objectivo deste capítulo era fornecer uma visão panorâmica desses problemas da adolescência que, muitas vezes, estão na origem dos primeiros confrontos dos jovens com o sistema de justiça. Foram, assim, discutidos vários modelos de justiça de menores e analisadas diversas informações sobre a natureza e prevalência da delinquência juvenil. Descreveram-se, também, vários processos de maturação (*v. g.*, a nível cerebral) que têm impacto sobre a capacidade dos jovens para lidar com o mundo judicial, nomeadamente a interacção com os agentes da polícia, com os procedimentos legais e com o sistema de justiça de adultos. Os profissionais de saúde mental que, frequentemente, são chamados a apoiar o processo de tomada de decisão dos tribunais que lidam com esta população, devem utilizar técnicas e procedimentos assentes em sólidas bases empíricas, quando fazem as suas avaliações desses jovens. Acima de tudo, convém não esquecer que a adolescência é um período crítico para a intervenção (preventiva e/ou de reabilitação) cujo objectivo seja permitir uma redução das consequências negativas do crime, tanto para a sociedade como para os próprios delinquentes.

Referências

Aos, S., Phipps, P., Barnoski, R. & Lieb, R. (2001). *The comparative costs and benefits of programs to reduce crime*. Olympia, WA: Washington State Institute for Public Policy.

Aronson, J. D. (2007). Brain imaging, culpability, and the juvenile death penalty. *Psychology, Public Policy, and Law, 13,* 115-142.

Arnett, J. (1992). Reckless behavior in adolescence: A developmental perspective. *Developmental Review, 12,* 339-373.

Borum, R., Bartel, P. & Forth, A. (2000). *Structured Assessment for Violence Risk in Youth (SAVRY):Consultation Edition.* Tampa: Louis de la Parte Florida Mental Health Institute, University of South Florida.

Bauer, N. S., Lozano, P. & Rivara, F. (2007). The effectiveness of the Olweus Bullying Prevention Program in public middle schools: A controlled trial. *Journal of Adolescent Health, 40,* 266-274.

Bernard, T. J. (1992). *The cycle of juvenile justice.* New York: Oxford University Press.

Bishop, D. M., Frazier, C. E., Lanza-Kaduce, L. & Winer, L. (1996). The transfer of juveniles to criminal court: Does it make a difference? *Crime and Delinquency, 42,* 171-191.

Borum, R. (1996). Improving the clinical practice of violence risk assessment. *American Psychologist, 51,* 945-956.

Borum, R. (2003). Managing at risk juvenile offenders in the community: Putting evidence based principles into practice. *Journal of Contemporary Criminal Justice, 19,* 114-137.

Borum, R. & Grisso, T. (2007). Developmental considerations for forensic assessments in delinquency cases. In A. L. Goldstein (Ed.), *Forensic psychology: Emerging topics and expanding roles* (pp. 553-570). New York: Wiley.

Borum, R. & Verhaagen, D. (2006). *A practical guide to assessing and managing violence risk in juveniles.* New York: Guilford.

Butcher, J. N., Williams, C. L., Graham, J. R., Archer, R. P., Tellegen, A., Ben--Porath, Y. S., et al. (1992). *Minnesota Multiphasic Personality Inventory – Adolescent (MMPI-A): Manual for administration, scoring, and interpretation.* Minneapolis: University of Minnesota Press.

Cauffman, E., Feldman, S. S., Waterman, J., Steiner, H. (1998). Posttraumatic stress disorder among female juvenile offenders. *Journal of the American Academy of Child and Adolescent Psychiatry, 37,* 1209-1216.

Cauffman, E. & Steinberg, L. (2000). (Im)Maturity of judgment in adolescence: Why adolescents may be less culpable than adults. *Behavioral Sciences & the Law, 18,* 741-760.

Chamberlin, P. (2003). *Treating chronic juvenile offenders: Advances made through the Oregon Multidimensional Treatment Foster Care model.* Washington, DC: American Psychological Association.

Christiaens, J. & Nuytiens, A. (2009). Transfer of juvenile offenders to adult court in Belgium: Critical reflections on the reform of a moderate practice. *Youth Justice, 9,* 131-142.

Corrado, R. R., Roesch, R., Hart, S. D. & Gierowski, J. K. (2002). *Multi-problem violent youth: A foundation for comparative research on needs, interventions, and outcomes.* NATO Science Series. Amsterdam: IOS Press.

Cruise, K. R., Fernandez, K., McCoy, W. K., Guy, L. S., Colwell, L. H. & Douglas, T. R. (2008). The influence of psychosocial maturity on adolescent offenders' delinquent behavior. *Youth Violence and Juvenile Justice, 6,* 178-194.

Cunningham, A. (2002). *Lessons learned from a randomized study of multisystemic therapy in Canada.* London, ON: Centre for Children and Families in the Justice System.

Curtis, N. M., Ronan, K. R. & Borduin, C. M. (2004). Multisystemic treatment: A meta-analysis of outcome studies. *Journal of Family Psychology, 18,* 411-419.

Davies, P. L. & Rose, J. D. (1999). Assessment of cognitive development in adolescents by means of neuropsychological tasks. *Developmental Neuropsychology, 15,* 227–248.

Elliott, D. S., Huizinga, D. & Morse, B. (1986). Self-reported violent offending. *Journal of Interpersonal Violence,* 472-514.

Farrington, D. P. (2009). Advancing knowledge about desistance. *Journal of Contemporary Criminal Justice, 23,* 125-134.

Gammelgård, M., Koivisto, A., Eronen, M. & Kaltiala-Heino, R. (2008). The predictive validity of the Structured Assessment of Violence Risk in Youth (SAVRY) among institutionalised adolescents. *Journal of Forensic Psychiatry & Psychology, 19,* 352-370.

Giedd, J., Blumenthal, J., Jeffries, N., Castellanos, F., Liu, H., Ijdenbos, A., Paus, T., Evans, A. & Rapoport, J. (1999). Brain development during childhood and adolescence: A longitudinal MRI study. *Nature Neuroscience, 2,* 861-863.

Goldstein, N. E., Condie, L. O., Kalbeitzer, R., Osman, D. & Geier, J. L. (2003). Juvenile offenders' Miranda rights comprehension and self-report likelihood of offering false confessions. *Assessment, 10,* 359-369.

Grisso, T. (1981). *Juvenile's waiver of rights: Legal and psychological competence.* New York: Plenum Press.

Grisso, T. (1997). The competence of adolescents as trial defendants. *Psychology, Public Policy, and Law, 3,* 3-32.

Grisso, T. (1998a). *Instruments for assessing understanding and appreciation of Miranda rights.* Sarasota, FL: Professional Resources.

Grisso, T. (1998b). *Forensic evaluations of juveniles.* Sarasota, FL: Professional Resource Exchange.

Grisso, T. (2003). *Evaluating competencies: Forensic assessments and instruments.* New York: Kluwer Academic/Plenum Press.

Grisso, T. (2005). *Evaluating juveniles' adjudicative competence: A guide for clinical practice.* Sarasota, FL: Professional Resource Press.

Grisso, T. & Barnum, R. (2006). *Massachusetts Youth Screening Instrument--Version 2: User's manual and technical report (2006 edition).* Sarasota, FL: Professional Resource Press.

Hartjen, C. A. (2008). *Youth, crime, and justice: A global inquiry.* New York: Rutgers University Press.

Henggeler, S. W., Cunningham, P. B., Pickrel, S. G., Schoenwald, S. K. & Brondino, M. J. (1996). Multisystemic therapy: An effective alternative to incarcerating serious juvenile offenders. *Journal of Adolescence, 19,* 47-61.

Klaczynski, P. A. (2001). Analytic and heuristic processing influences on adolescent reasoning and decision-making. *Child Development, 72,* 844-861.

Leadbetter, B. J., Dhami, M. K., Hoglund, W. L. & Dickinson, E. M. (2004). Prediction and prevention of peer victimization in early elementary school: How does gender matter? In M. M. Moretti, C. L. Odgers & M. A. Jackson (Eds.), *Girls and aggression: Contributing factors and intervention principles* (pp. 181-194). NY: Kluwer Academic/Plenum.

Levin, H. S., Culhane, K. A., Hartmann, J., Evankovich, K., Mattson, A. J., Harward, H., Ringholz, G., Ewing-Cobbs, L. & Fletcher, J. M. (1991). Developmental changes in performance on tests of purported frontal lobe functioning. *Developmental Neuropsychology, 7,* 377-395.

Lexcen, F. & Redding, R. (2002). Mental health needs of juvenile offenders. *Juvenile Correctional Mental Health Report, 3,* 1-16.

Lipsey, M. (1995). What do we learn from 400 research studies on the effectiveness of treatment with juvenile delinquents? In J. McGuire (Ed.), *What works? Reducing reoffending* (pp. 63-78). New York: Wiley.

Lodewijks, H. P., Doreleijers, T. A. & de Ruiter, C. (2008). SAVRY risk assessment in violent Dutch adolescents: Relation to sentencing and recidivism. *International Journal of Law and Psychiatry, 31,* 263-271.

Loeber, R. & Farrington, D. P. (1998). Never too early, never too late: Risk factors and successful interventions for serious violent juvenile offenders. *Studies on Crime and Crime Prevention, 7,* 7-30.

Loeber, R. & Farrington, D. P. (Eds.). (2001). *Child delinquents: Development, intervention, and service needs.* Thousand Oaks, CA: Sage.

Lotke, E. & Schiraldi, V. (1996). *Analysis of juvenile homicides: Where they occur and the effectiveness of adult court intervention.* Alexandria, VA: National Center on Institutes and Alternatives.

McGaha, A., Otto, R. K., McClaren, M. D. & Petrila, J. (2001). Juveniles adjudicated incompetent to proceed: A descriptive study of Florida's competence restoration program. *Journal of the American Academy of Psychiatry and the Law, 29,* 427-437.

McNulty, E. W. (2008). The transfer of juvenile offenders to adult court: Panacea or problem? *Law & Policy, 18,* 61-75.

Mears, D. P. (2001). Critical challenges in addressing the mental health needs of juvenile offenders. *Justice Policy Journal, 1,* 41-61.

Modecki, K. (2008). Addressing gaps in the maturity of judgment literature: Age differences and delinquency. *Law and Human Behavior, 32,* 78-91.

Moffitt, T. E. (1993). Adolescence-limited and life-course-persistent antisocial behavior: A developmental taxonomy. *Psychological Review, 100,* 674-701.

Moffitt, T. E. (2003). Life-course persistent and adolescent-limited antisocial behavior: A 10-year research review and research agenda. In B. B. Lahey, T. E. Moffitt & A. Caspi (Eds.), *Causes of conduct disorder and juvenile delinquency* (pp. 49 -75). NY: Guilford Press.

Moffitt, T. E. & Caspi, A. (2001). Childhood predictors differentiate life-course persistent and adolescence limited antisocial pathways, among males and females. *Development & Psychopathology, 13,* 355-375.

Moffitt, T. E., Caspi, A., Rutter, M. & Silva, P. A. (2001). *Sex differences in antisocial behavior: Conduct disorder, delinquency, and violence in the Dunedin Longitudinal Study.* Cambridge University Press.

Monahan, J. & Steadman, H. J. (Eds.) (1994). *Violence and mental disorder: Developments in risk assessment.* Chicago, IL: University of Chicago Press.

Moretti, M. M., Odgers, C. L. & Jackson, M. A. (Eds.). (2004). *Girls and aggression: Contributing factors and intervention principles.* NY: Kluwer Academic/Plenum.

Mulvey, E. & Cauffman, E. (2001). The inherent limits of predicting school violence. *American Psychologist, 56,* 797-802.

Mulvey, E. P. (2005). Risk assessment in juvenile justice policy and practice. In K. Heilbrun, N. E. Sevin Goldstein & R. E. Redding (Eds.), *Juvenile delinquency: prevention, assessment, and intervention* (pp. 209-231). New York: Oxford University Press.

Muncie, J. & Goldson, B. (2006). States of Transition: Convergence and Diversity in International Youth Justice. In J. Muncie & B. Goldson (Eds.), *Comparative youth justice* (pp. 111-26). London: Sage.

Myers, W. C., Burton, P. R. S., Sanders, P. D., Donat, K. M., Cheney, J., Fitzpatrick, T. M. & Monaco, L. (2000). Project Back-on-Track at 1 year: A delinquency treatment program for early-career juvenile offenders. *Journal of American Child and Adolescent Psychiatry, 39,* 1127-1134.

Oberlander, L. B. & Goldstein, N. E. (2001). A review and update on the practice of evaluating *Miranda* comprehension. *Behavioral Sciences and the Law, 19,* 453-471.

Odgers, C. L., Schmidt, M. G. & Reppucci, N. D. (2003). Reframing violence risk assessment for female juvenile offenders. In M. M. Moretti, C. L. Odgers & M. A. Jackson (Eds.), *Girls and aggression: Contributing factors and intervention principles* (pp. 195-210). NY: Kluwer Academic/Plenum.

Office of Juvenile Justice and Delinquency Prevention. (1997). *Juvenile justice reforms initiatives in the states 1994-1996.* Retrieved from http://ojjdp.ncjrs.org/pubs/reform/contents.html

Olds, D. L., Henderson, C. R., Kitzman, H. J., Eckenrode, J. J., Cole, R. E. & Tatelbaum, R. C. (1999). Prenatal and infancy home visitation by nurses: Recent findings. *The Future of Children, 9,* 44-65.

Olweus, D. (1993). *Bullying at school.* Oxford: Blackwell.

Owen-Kostelnik, J., Reppucci, N. D. & Meyer, J. R. (2006). Testimony and interrogation of minors: Assumptions about maturity and morality. *American Psychologist, 61,* 286-304.

Peterson-Badali, M., Abramovitch, R., Koegl, C. J. & Ruck, M. D. (1999). Young people's experience of the Canadian youth justice system: Interacting with police and legal counsel. *Behavioral Sciences and the Law, 17,* 455-465.

Redding, R. & Frost, L. (2001). Adjudicative competence in the modern juvenile court. *Virginia Journal of Social Policy and the Law, 9,* 353-410.

Roesch, R. (1995). Creating change in the legal system: Contributions from community psychology. *Law and Human Behavior, 19,* 325-343.

Roesch, R., McLachlan, K. & Viljoen, J. L. (2008). The capacity of juveniles to understand and waive arrest rights. In R. Jackson (Ed.), *Learning forensic assessment* (pp. 265-289). New York: Erlbaum.

Roesch, R., Zapf, P. A. & Eaves, D. (2006). *Fitness Interview Test—Revised: A structured interview for assessing competency to stand trial.* Sarasota, FL: Professional Resource Press.

Roper v. Simmons, 543 U.S. 551 (2005).

Ryba, N. L., Brodsky, S. L. & Shlosberg, A. (2007). Evaluations of capacity to waive Miranda rights. *Assessment, 14,* 300-309.

Salekin, R. (2004). *Risk-Sophistication-Treatment Inventory.* Lutz, FL: Psychological Assessment Resources.

Sampson, R. J. & Laub, J. H. (2005). A general age-graded theory of crime: Lessons learned and the future of the life-course criminology. In D. P. Farrington (Ed.), *Integrated developmental and lifecourse theories of offending* (pp. 165-181). New Brunswick, NJ: Transaction.

Sanders, M. R. (1999). Triple P-Positive Parenting Program: Towards an empirically validated multilevel parenting and family support strategy for the prevention of behavior and emotional problems in children. *Clinical Child and Family Psychology Review, 2,* 71-90.

Sanders, M. R. & Prinz, R. J. (2008). Using the mass media as a population level strategy to strengthen parenting skills. *Journal of Child and Adolescent Clinical Psychology, 37,* 609-621.

Scott, E. S., Reppucci, N. D. & Woolard, J. L. (1995). Evaluating adolescent decision-making in legal contexts. *Law and Human Behavior, 19,* 221-244.

Smith, C. & Thornberry. T. P. (1995). The relationship between childhood maltreatment and adolescent involvement in delinquency and drug use. *Criminology, 33,* 451-481.

Sterling, S. & Weisner, C. (2005). Chemical dependency and psychiatric services for adolescents in private managed care: Implications for outcomes. *Alcoholism: Clinical and Experimental Research, 25,* 801-809.

Streissguth, A. P., Barr, H. M., Kogan, J. & Bookstein, F. L. (1996). *Understanding the occurrence of secondary disabilities in clients with Fetal Alcohol Syndrome (FAS) and Fetal Alcohol Effects (FAE).* Final Report to the Center for Disease Control and Prevention (CDC). Seattle, WA: University of Washington, Fetal Alcohol & Drug Unit, Technical Report No. 96-06.

Steinberg, L. (2004). Risk taking in adolescence: New perspectives from brain and behavioral science. *Current Directions in Psychological Science, 16,* 55-59.

Teplin L. A., Abram K. M., McClelland G. M., Dulcan M. K. & Mericle A. A. (2002) Psychiatric disorders in youth in juvenile detention. *Archives of General Psychiatry. 59,* 1133-1143.

Tremblay, R. E., Masse, L., Pagani, L. & Vitaro, F. (1996). From childhood physical aggression to adolescent maladjustment: The Montreal Prevention Experiment. In R. D. Peters & R. J. McMahon (Eds.), *Preventing childhood disorders, substance abuse, and delinquency* (pp. 268-298). Thousand Oaks: Sage.

Viljoen, J. L., Elkovitch, N. & Ullman, D. (2008). Assessing risk for violence in adolescents. In R. Jackson (Ed.), *Learning forensic assessment* (pp. 347-416). New York: Erlbaum.

Viljoen, J. L., Odgers, C., Grisso, T. & Tillbrook, C. (2007). Teaching adolescents and adults about legal proceedings: A comparison of pre-and post-teaching scores on the MacCAT-CA. *Law and Human Behavior, 31,* 419-432.

Viljoen, J. L. & Roesch, R. (2005). Competence to waive interrogation rights and adjudicative competence in adolescent defendants: Cognitive development, attorney contact, and psychological symptoms. *Law and Human Behavior, 29,* 723-742.

Viljoen, J. L. & Roesch, R. (2007). Assessing adolescents' adjudicative competence. In R. Jackson (Ed.), *Learning forensic assessment* (pp. 291-312). NY: Taylor & Francis.

Viljoen, J. L., Vincent, G. M. & Roesch, R. (2006). Assessing adolescent defendants' adjudicative competence: Interrater reliability and factor structure of the Fitness Interview Test-Revised. *Criminal Justice and Behavior, 33,* 449-466.

Weijers, I., Nuytiens, A. & Christiaens, J. (2009). Transfer of minors to the criminal court in Europe: Belgium and the Netherlands. In I. Dünkel & J. Junger Tas (Eds.), *Reforming juvenile justice* (pp. 105-124). New York: Springer.

Wilson, A. & Tully, P. (2009). Reintegrating young offenders into the community through discharge planning: A review of interventions and needs of youth in secure care. *Australian Journal of Primary Health, 15,* 166-172.

World Health Organization (2002). *World report on violence and health.* Retirado online de http://www.who.int/violenceinjuryprevention/violence/worldreport/en/

Yoshikawa, H. (1994). Preventions as cumulative prevention: Effects of early family support and education on chronic delinquency and its risk. *Psychological Bulletin, 115,* 28-54.

Zapf, P. A. & Roesch, R. (2005). An investigation of the construct of competence: A comparison of the FIT, the MacCAT-CA, and the MacCAT-T. *Law and Human Behavior, 29,* 229-252.

Zigler E. F. (1994). *Head start: The inside story of America's most successful educational experiment.* New York: Basic Books.

APÊNDICE A

Quadro 1: Avaliação Estruturada do Riscos de Violência nos Jovens
(SAVRY– *Structured Assessement of Violence Risk in Youth*)

	FACTORES DE RISCO HISTÓRICOS
1	Historial de violência
2	Historial de transgressões não violentas
3	Iniciação precoce na violência
4	Falhas passadas da supervisão/ intervenção
5	Historial de tentativas de suicídio ou ferimentos a si próprio
6	Exposição à violência em casa
7	Historial de maus tratos na infância
8	Criminalidade dos pais ou cuidadores
9	Perturbação dos cuidados na infância
10	Fraco desempenho escolar
	FACTORES DE RISCO SOCIAIS/CONEXTUAIS
11	Delinquência dos colegas
12	Rejeição pelos colegas
13	*Stress* e fraca capacidade de *coping*
14	Supervisão e controlo parentais fracos
15	Falta de apoio pessoal/social
16	Desorganização da comunidade
	FACTORES DE RISCO INDIVIDUAIS/CLÍNICOS
17	Atitudes negativas
18	Tomada de risco e impulsividade
19	Dificuldades com o consumo de substâncias (droga)
20	Problemas de gestão/controlo da raiva
21	Traços de psicopatia
22	Problemas de atenção/hiperactividade
23	Fraca obediência/aceitação
24	Pouco interesse/empenhamento na escola
	FACTORES DE PROTECÇÃO
P1	Envolvimento pró-social
P2	Forte apoio social
P3	Fortes vínculos e ligações
P3	Atitudes positivas para com a intervenção e a autoridade
P5	Forte empenhamento na escola
P6	Traços de personalidade resiliente

Fonte: Borum, Bartel & Forth (2002).

Quadro 2. Análise dos custos/benefícios do impacto económico das intervenções

Programa	Tamanho médio do efeito da redução do crime*	Custos directos líquidos por participante	Custos directos líquidos por participante (benefícios menos custos)**
Monitorização (*v.g.*, irmãos ou irmãs mais velhas)	-0.04	$1,054	$225 a $4,524
Regime de prova intensivo (*vs* lista de casos regular)	-0.05	$2,234	$176 a $6,812
Educação nos primeiros anos de infância (*v. g.*, Pré-escola de Perry)	-0.10	$8,936	-$4,754 a $6,972
Projecto de desenvolvimento social de Seattle	-0.13	$4,355	-$456 a $14,169
Terapia Familiar Funcional	-0.25	$2,161	$14,149 a $59,067
Parceria Enfermeiras-Família	-0.29	$7,733	-$2,067 a $15,918
Terapia multisistémica	-0.31	$4,743	$31,661 a $131,918

* Um tamanho do efeito negativo significa mais baixo nível de crime.
** A extremidade inferior da série inclui apenas os benefícios dos contribuintes; o extremo superior da série inclui os benefícios dos contribuintes e da vítima do crime.
Fonte: Aos *et al.*, 2001.